英宗天順四年庚辰起
武宗正德十三年戊寅止

國榷

三

中華書局

國榷卷三十三

庚辰天順四年

正月癿朔庚辰虜孛來犯延綏井兒坪。

癸未作輕車五百輛銃砲各三千。

丁亥上南郊。

太常寺卿李希安爲禮部右侍郎署寺事。

戊子。前工部尙書謹身殿大學士高穀卒。穀字世用。揚之興化人。永樂乙未進士。選館。授中書舍人。甲辰進右春坊司直郎。洪熙初進翰林侍講。正統初直經筵。戊午進侍講學士。乙丑進工部右侍郎。兼侍講學士直內閣。己巳留守。尋進工部尙書兼翰林學士。議迎駕直千戶龔遂榮之獄。已進少保兼東閣大學士。壬申進太子太傅。巡災南京。救給事中林聰獄。丙子復兼謹身殿大學士。天順初。辭宮銜致仕。性簡峻寡交。淳謹廉靜。工詩善書。晚歲不給。至爲里中童子師。有問正統景泰天順間事者。默不應。賜祭葬。贈太保。謚文義。

虜數萬寇榆林。總兵官彰武伯楊信禦之。虜復入。信分兵追至金雞峪。擒十二人。斬三十五級。獲馬百匹。

禮科給事中張寧等劾翰林學士呂原彭時林文劉定之等郊祀至西天門不下馬。宜付法司。上宥之。

夜。月犯井宿。

辛卯。南京工部左侍郎孟鑑卒。博野人。□□□□進士。

壬辰。夜。月犯軒轅。

乙未。右都督過興爲征蠻將軍總兵官鎮守廣西。

己亥。敕諭入覲官。

夜。大星青白光自中台流紫微西藩。

庚子。令巡撫甘肅右副都御史芮釗奔母喪還任。

中軍帶俸都督同知杜清故石亨戚也以怨望下獄。降雲南都指揮同知。

豐潤伯曹義卒。義儀眞人。洪武末襲燕山左衞指揮僉事。宣德五年以湖廣署都指揮僉事捕江西梅花峒賊。十年以中軍都督僉事總兵官鎮遼東捕虜。進左都督。天順初封義廉介有守。號令嚴明。卒。繼室李氏自經殉之。詔旌之。贈義豐潤侯。謚莊武。

辛丑。許山東蜀秫黃黑蓁豆准米。

壬寅。定西侯蔣琬印馬山東河南受餽逮下獄。奪祿一年。

左僉都御史程信奏事不實。改南京太僕寺少卿。

前都督僉事任啓卒。

癸卯。錦衣衞指揮同知逯杲上言。忠國公石亨怨望益甚。其姪孫進士後。詐疾削籍。後與亨怨謗。造爲妖言曰。土木掌兵權。亨有所愛都督同知杜清。其云土木。杜也。邇者光祿寺火。亨曰。此天火。亨畜亡賴二十餘人。專伺朝廷。覦其心怏怏。且不軌。上曰。朕念亨微勞。犯罪累曲貸。乃怨謗生他望。其下錦衣獄廷鞫之。

甲辰。籍石彪家。

乙巳。吏部大計罷斥九百三十人。

籍石亨家及莊田之在渭南大同者。

丙午。左布政使賈銓梁槩蕭晅徐璟李顒按察使劉孜知府丘陵胡濬。知州張福知縣張瑄各賜錦衣一襲。鈔千貫。宴禮部。初上諭李賢曰觀官大集旌異當如祖宗之典故有是命

二月帳朔己酉。興安侯徐亨卒。亨嗣爵宣德丁未。從征交趾。正統甲子。征迤北。功進封侯。鎮守陝西日費十二金。民頗苦之。賜祭葬謚武襄

庚戌。廣西獞賊流刼永州陷桃川枇杷二千戶所。永明江華二縣。

辛亥。敕諭文武羣臣以石亨爲戒。

壬子。盜陷梧州

癸丑。戶部尚書沈固致仕。

甲寅。前兵部尚書兼翰林院學士苗衷卒。衷字秉彝。定遠人。己丑進士。授編修歷修撰侍講。正統初實錄成進侍講學士。久之直閣。丁丑進兵部右侍郎。景泰初進尚書致仕。衷溫厚典重。文章典實。獲保榮名有由然矣。賜祭葬贈少保謚文康

乙卯。翰林院學士呂原尚寶司少卿兼翰林修撰柯潛主禮闈。

戊午。重作鳳陽大龍興寺。正統五年火。

壬戌。夜月掩太微垣上相星。

癸亥。石亨瘐死刑部獄。法司請梟示榜罪天下。上竟瘞之。亨渭南人。儀幹修偉。姪彪亦如之。嘗飲酒肆相工見之曰今太平安得此兩侯哉。家世寬河衞指揮僉事。伯父巖亡子。亨得嗣。英果有膽氣。善騎射。提大刀飛舞。彪持斧挽強。每戰亨先登。彪從之。亨累功都指揮使。彪以舍人授大同衞鎮撫。正統亨進都督僉事爲大同左參將。守萬全。彪亦遷都指揮。己巳亨坐失援。同楊洪並獄也先寇京城赦出使將兵亨與彪出安定門擊虜。追至

城西。卻之。又令彪誘至彰義大戰。虜潰。追及淸風店。虜懼。且出倒馬關。亨使紿曰。石將軍行未至。彼假其名耳。虜信而反戰。亨等復擊殺數百人。始知石將軍在也。盡棄羊馬輜重而遁。亨名震虜中。封武淸伯。更進侯。兼太子太師。總京營兵。彪進都督僉事。爲大同左參將。諸子姪並陞千戶。當時于謙本兵。亨與楊洪爲將。皆朝廷所倚。及迎駕奪門。進封忠國公。召彪爲都督同知。充游擊將軍。家人石寧等十餘人。皆陞指揮千百戶。有差。文武競趨石氏。擅權納賂。嘗命工部爲治第。上登翔鳳樓。恭順侯吳瑾撫寧侯朱永侍。上指顧而問。永謝不知。瑾曰。必王府耳。上笑曰。非也。瑾曰。非王府孰敢然。上顧太監裴富曰。而聞之。人乃不敢言石亨自是上益疏石氏。以至于敗。

南大吉曰。亨雖不學。性亦直爽。軒豁而無機變之巧。當英皇北狩。羣胡進圍京城。四方震恐。中外戒嚴。大將元老束手無策。微亨則國家幾殆。然則亨此功雖謂再造社稷可也。使其後無迎駕奪門之事。則威權不赫。彪亦何恃而驕哉。夫何王文輩希圖富貴。頓起邪謀。遂至亨承內旨。率兵迎立。功歸臣下。威震朝宁。讒媚既作。媒孽亦隨。當是之時。謂亨恃寵驕恣。則固有之。若曰大逆不軌。蓋亦莫須有耳。乃闔門就僇。以快仇隙之心。哀哉。

李贄曰。使石亨早沒于未奪門之前。豈不足稱武烈名臣哉。馬昂之本兵。有貞李賢之進閣。皆亨所薦也。

何喬遠曰。石亨淸風店之捷。李夢陽所爲賦石將軍戰場歌者也。予讀而悲之。亨威名震主。不知挹損。以及于難。彪誅。一時稱快。久之謂朝廷失驍將焉。

談遷曰。石亨非逆也。彼一介武夫。起隴畝。出入行間。提尺刃。冒百死。以取封侯。而又出太上于幽潛之中。日月並曜。若曰富貴由我。自非赤舄之上。詰黃綺之素心。能毋驕乎。學士大夫明詩書。踐禮道。穹階連組。猶渝其度。乃欲以回天浴日之烈。敦循墻飲露之風。亦自古所難也。此蓋裕陵失之于初耳。假復辟之後。早釋其兵柄。效宋藝祖之杯酒。或借鉞湖貴閒斐夷叛類。則趨附之輩。何至走死地如騖哉。語云。嬰兒常病傷于飽。貴臣常病傷于寵。寵之甚。死亡乘之矣。雖然奪其帶礪。稍優以渭南之餘田。世秩萬戶。庶于功過相劑。而覔籍滅之。俾無聞焉。則李文達所議奪門之非。不無溢罰矣。

甲子。改湖廣金沙洲船鈔收米賑饑。

乙丑。靈州千戶所土官國初人授田百畝。故不祿。止歲給布三匹。後歷進千百戶。停歲布。仍不祿。告困。上閔之。概予祿。

丙寅。復右僉都御史韓雍。

丁卯。殺定遠侯石彪。彪驍勇善戰。累功北邊。胡人俱畏之。

戊辰。應天府丞陳宜淮安知府丘陵爲雲南湖廣左右布政使。

辛未。雲南帶俸都指揮同知杜清削籍。安置金齒。誅石後。籍其家。

前國子監祭酒陳詢卒。詢字汝同。華亭人。□□進士。選館。負才氣。久不得遷。同鄉學士沈度規以徇時。面斥之。太宗聞而嘉其直。尋擢編修。歷修撰侍讀。進侍講學士。坐累謫守安陸。正統己巳。拜大理少卿。巡撫畿內。景泰初。改太常少卿。兼侍講學士。尋改祭酒。善草書。言論慷慨。頗使酒妨業云。

癸酉。上幸南苑。

甲戌。夜。大星赤光。自軒轅流北河。

乙亥。遣太監王定書迎襄王瞻墡入朝。

丙子。左副都御史年富爲戶部尙書。雲南左布政使賈銓爲左副都御史。巡撫山東。

廣西蠻賊陷信宜縣。

三月戭朔。策貢士陳選等百五十六人于奉天殿。賜王一夔李永通鄭環等進士及第出身有差。

己卯。上幸南苑。

壬午。協贊廣西軍務監察御史吳禎平田州賊呂趙。斬之。

甲申。襄陽府同知李孟芳爲湖廣布政司右參議。提督泰嶽太和山事。

免開封去年田租十三萬八千七百三十餘石。

乙酉。大雨雪。

丙戌。進士劉健張賑李溫張謹楊德張頤周經王範蔡霖張溥楊瑛鄭紀董璲汪諧張元禎選翰林院庶吉士。以學士劉定之侍讀學士錢溥敎習。王一夔等俱肄業。

辛卯。上幸仰山窪。

福建右布政使石瑁爲南京吏部左侍郎。

戊戌。免蘇州去年田租四十三萬八百八十餘石。

己亥。鎭守湖貴太監阮讓。私閹東苗俘童千五百六十五人。死三百二十九人。復買足閹之。敕責讓。

癸卯。進士雷霖屈祥楊完劉誠爲翰林檢討。侍德王。

丙午。武平侯陳友卒。友其先西域人。寓全椒。永樂中。以騎卒從征虜。捕獲忠勇王也先土干部。宣德初。授百戶。復招降捕虜。進副千戶。正統初。屢招虜降。累陞都督同知。充左參將。征湖貴苗。克之。進後軍右都督。留鎭湖廣。累勦銅鼓五開等苗。天順初。封伯。與虜戰鎭番。五十餘。捕獲千餘。進流侯。卒。子能。嗣伯爵。後贈沔國公。謚武僖。

四月朾朔。戊申。凡三品以上子孫求入監者不許。

己酉。太監羅永羅珪少監馮讓內使何能閘辦浙江雲南福建四川銀課。

壬子。襄王瞻墡來朝。

戊午。翰林院學士倪謙戍遼東。初。謙主試順天。門人章黼下第。銜之甚。邏校言謙使遼府。遼庶人貴燮以母與謙妻皆武定侯郭氏。因餽謙。謀復爵。謙還。庶人婿魏玉武縉謀復儀賓。謙草奏得之。庶人又酬謙。奏上。下謙錦衣獄。遣戍。

庚申。朝鮮貢白雉。安南入貢。

交城王美垸妃曹氏妬悖。勒自盡。

夜。月暈。

乙丑。免松江蘇州去年旱災田租四十一萬三千七百十三石。

己巳。命藩府無子方許請繼室。子八歲方請名。女十五歲方請封。著爲令。

庚午。致書襄王曰。叔父來覲。晤間屢聞嘉言。裨益良多。及敍親情。乃知世子妃病。未有出。而庶長子已十歲。知向學。朕甚喜之。重闈之下。宜有令孫。茲特立見淑爲襄世孫。以遂叔父裕後之懷。

進士于欽爲吏部主事。

貴州賊王阿榜等作亂。副總兵都督僉事李貴等擊之。斬二百三十餘級。賊遁。命捕阿榜等。

壬申。致書襄王曰。叔父國家至親。雅有賢譽。宜享優遊之樂。每歲秋冬間。可出城遊賞三五次。或世子郡王從。亦可玩覽山川。獵取禽獸。暢懷怡情焉。

癸酉。夜大星青白光。自河鼓流雲中。

甲戌。敕朝鮮國王李瑈爾殺毛憐衞都督邵卜兒哈。謂通謀煽亂。然殺鄰之人。宜其子阿比車忿然思報也。聞阿比車母尚在。宜送遼東。令阿比車完聚。庶可釋憾。

起復右副都御史林聰。

夜大星青白光自角宿流軒轅。二小星隨之。

乙亥襄王辭上送至午門外握手泣別王拜。上亦拜。王起行數步顧且拜。上使中官掖之。王起行且數顧上數拜。上目送出端門御製峴山漢水二賦及襄陽四時歌以榮之。

安南臣黎壽域起兵討黎淙殺之。立濬弟灝僭號光順。

五月丙朔丁丑。召致仕戶部左侍郎張睿督理京儲。

鎮守寧夏都督僉事張義卒。

通事都督同知馬顯都督僉事季鐸道值襄王不下騎錮錦衣獄。

貢士萬經禮闈下第訐考官修撰劉宣以鄉人故見斥命試之謬甚械禮部前削籍。

壬午免廣平杭州去年災租三十三萬三千餘石。

萬安人羅學淵上詩三百餘首多淺俚下獄錮之。

癸未禱旱。

甲申占城入貢。

丙戌靖遠伯王驥卒。驥字尚德。束鹿人。永樂丙戌進士。授兵科給事中。進山西按察副使。洪熙初拜順天尹。宣德二年拜兵部右侍郎。歷尚書。討陝西虜阿台朶兒只伯有功尋征麓川功封景泰初予世驥沈毅有方略屢立功邊徼。年八十三。贈靖遠侯。謚忠毅。

王世貞曰。靖遠才而欲。武略則優。與濟（楊善）才而巧。武功（徐有貞）才而躁。其陰忮忍刻。皆有陰慝。然而靖遠差寬之矣。不然。以麓川之三役。塗炭幾天下半。而卒以長世也。武功之占候奇矣。其事再驗一不驗。幾遂悞國世之所謂不祥人也耶。

戊子。大理寺左少卿廖莊。服闋調南京。

庚寅。增蘇州通判。長洲吳江常熟崑山嘉定吳縣主簿各一。專理農稅水利。

彭城衞指揮使蔣謙忿石亨瘐死。嘗曰。逯杲陷之也。詭稱皇太后夢亨訟寃上聞之。戍謙鐵嶺衞。

乙未。南京前軍都督僉事王善卒。

丙申。都督同知翁信爲征西將軍總兵官。鎮守寧夏。

己亥。故泰寧衞左都督革干帖木兒子脫脫孛羅襲都督僉事。

太監阮忍請遣內使韋肯往浙直織幣。不許。

癸卯。夜。大星赤光。自婁宿流雲中。

六月辆朔。丁未。也先不花奏求高麗布樂器藥品。命量予之。

丙辰。通州新倉成。曰大運南倉。

己未。免順天逃租二萬餘石。

庚申。夜月食。

壬戌。南京後軍右都督杜忠卒。

癸亥。免常德去年災租百三十七萬餘石。

乙丑。保定伯孟俊卒。

戊辰。陳能嗣武平伯。陳友子。原流侯故襲伯爵。

己巳。進士李綱張祚展毓吳遠方佑端宏韓祺監生李傑賈俊梁覲袁愷呂瑮方漢荊綸馮徽唐震常振爲監察御史。

壬申，朝鮮國王李瑈欲遣子弟入學習文字漢語，敕止之。篤志經籍自有餘師，漢音有譯人無惧也。

甲戌，南京尚寶司丞夏瑄爲少卿。

七月乙亥朔，日食。

丁丑，山東道監察御史王越爲山東按察使。

金星犯右執法星。

戊寅，曹振嗣豐潤伯。曹義孫。

庚辰，徵天下逃匠三萬八千四百餘人。

壬午，徽寧府臨川王磐烺及長子奠堎入京，以僭侈厭呪，奠堎以聞。

癸未，故大理寺少卿古鏞既黨廢，鄉人訐其怨望不軌，械入京，杖釋。

甲申，後軍都督僉事王斌致仕。

安南使臣程稜等云，國王黎濬游湖溺死，且釋服乞免弔，從之。

夜，金星犯左執法星。

丙戌，金吾右衛指揮同知高文受賍露，自經，命梟示。

丁亥，上足疾，不朝累日。

戊子，夜，月犯牛宿。曉，刻火星犯天罇星。

己丑，虜酋孛來、毛里孩、阿羅出、肯者伯顏以萬五千人屯詵泥山，窺寧夏迤西。敕甘肅太監蒙泰等飭備。

辛卯，鳳陽府奏淮水橫潰，沒田廬亡算，命巡按御史、中都留守司各遣官存恤，漸築治。

甲午。上朝罷。召李賢王翺馬昂。慰問良久。賜金及宴。
進士黃綰陳鉞爲給事中。
廉州知府李遜爲鎮守珠池內使譚紀誣其縱盜。下錦衣獄。遜悉訐紀罪。逮紀錮于獄。復遜官。
湖廣當造紙。遣中官阮棗。工部言楚饑。當更造于稔地。上皆罷之。
丙申。貴州淸軍監察御史郭本上言。各鎮守總兵等官多帶京衛官。罔利生事。宜悉徵回。上怒。下錦衣獄。因敕戒各布政司并各淸軍御史。謂不修本職。預他事也。謫本雲南永平主簿。
戊戌。夜。月犯天高星。
己亥。夜。大星青白光。自女宿流近濁。
辛丑。遣勘應天淮安鎮江揚廬蘇常池太平徐和杭州嘉興紹興金華處水災。青州桂林旱災。
癸卯。徐賢嗣興安伯。徐亨子。
工部右侍郎翁世資降衡州知府。上欲于蘇松浙西增織綵幣七千匹。工部請減。忤旨。謂事出世資。下獄。戍之。
工部左侍郎霍瑄督運大木。
八月甲辰朔。免武昌漢陽襄陽德安常德黃荊辰水災田租。
遣勘順天眞定保定廣平河間大名開封汝寧濟南登甘肅水旱。
夜。大星青白光燭地。自北斗杓流近濁。
辛亥。瓜哇國王都馬班入貢。
夜。大星青赤光。大如斗。聲如雷。自昴宿流近濁。
癸丑。後軍都督同知劉信卒。三河人。

甲寅。占城國王槃羅悅入貢。

乙卯。河南永寧軍金聲進白兎。僅給鈔足道費。

丙辰。宣府大同屢被寇。命撫寧伯朱永等巡邊。

夜。火星入鬼宿。

戊午。上諭戶部曰。四方奏報水旱。民多困苦。朕甚閔焉。其檄撫按覆視。災甚者租稅悉除。輕則量蠲之。賑其不給。

前通政司使李錫卒。咸寧人。貢士。授蒲州學正。超吏科給事中。歷禮科。通政司左參議。左通政。正統九年進通政使。景泰中加太子少保。踰年致仕。專諂近習致通顯。貪黷無厭。雖告老。久滯都下。卒賜祭葬。

己未。安南世子黎淙入貢。

禁假校尉行事害人者。時錦衣衛指揮同知逯杲數使校尉察事中外。下指揮使門達煅獄。于是鎮巡宴犒無虛使。雖親藩亦畏之。每一遣。勘至。輒傾數巨室。在京占田攬稅人莫敢誰何。多假稱校尉乘傳需索矣。杲恐事敗。請都察院榜禁之。

壬戌。通政司左參議尹旻。禮科給事中王豫。封故安南國王黎麟庶長子淙爲安南國王。黎濬無子。

甲子。虜酋孛來犯大同。趣玉林衞。敕宣府總兵楊能援之。

蠲安慶池寧國廣德去年災租七萬三千石有奇。

虜入涼州。掠官馬。

丙寅。復王槩河南按察使。初槩入覲。邏校誣其受賂。下錦衣獄。果失實。襄王初入朝。河南父老遮王車訟寃。王入言曰。從洛中來。洛父老無不言寃王按察者。上頷之。

丁卯。廣東韶州諸郡逃民萬計。命按察司分巡官撫之。

己巳。光祿寺大烹內門火。

庚午。夜天鳴。

辛未。遣監察御史錦衣衛官各二人。撫安畿內軍民。時訛傳寇至競避也。

南京刑部尚書耿九疇卒。九疇字禹範。盧氏人。永樂甲辰進士。授禮科給事中。正統初。進兩淮鹽運司同知。盡蠹宿弊。憂去。民留之。尋進鹽運使。戊辰進刑部右侍郎。尋撫安鳳陽。奉敕巡撫江北。景泰初。錄囚。復鎭陝西。威望益著。邊將請益戍臨洮諸衞。議宂食。已之。又曰。今邊民皆春夏出田。秋冬移入塞。夫民春夏田而秋冬塞。何以邊將爲。請有民移者罪之。明年。轉右副都御史。止買羊角燈寬耀州妖民反獄。天順初。召拜右都御史。屢言事。以曹石排下獄。降江西右布政。又陳汝言搆之。上終思其淸節。自四川左布政使進南京刑部尚書。上聞訃。歎惜之。賜祭葬。九疇性孝友。敦尙古道。奉身節儉。公退惟焚香讀書而已。交游不泛。請寄不至于門。雖權貴亦敬憚之。成化中。謚淸惠。

袁袠曰。國賦大半資蘇松。而鹽課惟兩淮爲最。然官運司者多墜汙。鮮克自樹。蓋士之自好者恥爲此官。而司銓者至。皆以闒宂耄昏者主之。亦不復敍遷。輒考斥而去。由是鹽法大蠹。奸弊百出。而商人皆不樂報中。竈丁且失。而國課日縮。殆不知所稅鬻也。安得如耿公者使久于其官。一掃淸之邪。

癸酉。召副都御史白圭南京戶部左侍郎馬諒。

九月艸朔。乙亥。夜大星青白光自宦者星流女宿。

丁丑。西苑凝和迎翠太素等殿飛香擁翠澄波歲寒會景映輝等亭成。上臨幸。召文武大臣遊賞竟日。

戊寅。蠲河間今年夏麥萬八百九十石有奇。

己卯。徵鄭世子祁鍈涇陽王祁銑訓戒之。
庚辰趙王祁鐵薨年三十。謚曰悼
揚州知府王恕爲江西右布政使。
廣圍大同右衞。
辛巳。臨朐福山縣蝗災。
馬諒爲戶部左侍郎。
丙戌命給事中王汝霖行人劉恕封故占城國王摩訶槃羅悅弟槃羅茶全爲占城國王。
丁亥夜。月犯壘壁陣。
戊子。封友墳石泉王友壿汶川王。豪埠衡陽王。
己丑夜月犯外屏東星。
庚寅。撫寧伯朱永都督僉事白玉鮑政以七千騎巡宣府。
壬辰。湖貴總兵官都督李震等追妖賊李天保敗之。斬三百七十五級。天保。痲城人。逋稅走苗中。糾衆僞稱唐王。改元武烈。屢攻城堡。然敗而未獲。
夜。月犯畢宿。
甲午南京左都御史蕭維楨爲南京刑部尙書。
蠲南昌吉安廣信瑞饒去年災租四十一萬五千一百九十七石有奇。
乙未。鎭守浙江都督同知李信卒。
夜。月犯天罇星。

巡撫湖廣右副都御史白圭還爲兵部右侍郎。

夜月入鬼宿。

壬寅夜。大星青白光燭地自壁宿流土司空。

是月。蠲香河深趙通六安肥鄉隆平桃源含山當塗蕪湖繁昌宣城泰興儀眞全椒懷寧桐城潛山太湖宿松貴池上海華亭宜興嘉定秀水嘉善景陵武陵龍陽沅江公安宜城嘉魚京山監利南漳江陵鈞裕鄧磁太康襄城柘城鹿邑陽武新鄭舞陽魯山內鄉鎭平南陽新野泌陽安陽臨漳湯陰河內修武溫孟登封水災田租。

十月⿰舟癸朔。庚戌。修徐王墓。

壬子。夜。月犯壘壁陣星。

乙卯。王瑺嗣靖遠伯。王驥子。

己未。錦衣衞帶俸都指揮僉事馬雲使撒馬兒罕至哈密。以乩加思蘭兵阻召回。

甲子。上閱騎射西苑。賜總兵官會昌侯孫繼宗等騎射官賜鈔有差。謂學士李賢彭時呂原尚書王翺馬昂曰。爲國重武。練武先騎射。皆頓首稱善。皆賜宴鈔。

戊辰。幸南苑。

庚午。夜。熒惑犯太微垣上將星。

壬申。夜。木水金星會氐宿。

十一月⿰酉癸朔。南京吏部左侍郎石瑁爲禮部尚書。禮部尚書蕭晅調南京。戶部右侍郎薛遠改工部。

甲戌。虜三百餘騎入花馬池。總兵官楊信追之。僅獲馬二十七匹。召信還京。命右參將都督同知張欽暫領其衆。

丁丑。南京禮部右侍郎章綸調南京吏部。

戊寅。孟昂嗣保定伯。孟俊子。

己卯。進士顧以山林桀王諫羅義爲南京監察御史。

南京右僉都御史張楷卒。楷字式之。慈谿人。登進士。授御史。歷陝西按察僉事副使。至右僉都御史。監軍閩浙。㓂坐罪免。天順初復秩致仕。又賂近幸。得募兵陝西。改南京。士論薄之。楷力學。嗜詩。日不絕吟。終無廉能聲。

甲申。夜。大星青白光。自弧矢流近濁。

乙酉。南京監察御史陳琳。憂居自鞫村盜。并訐奏知州程亭。徵下獄。謫岳池知縣。

己丑。夜。大星青白光。自鈎陳流北斗杓。一小星隨之。

庚寅。右僉都御史韓雍巡撫大同。陛辭。上諭之曰。善爲朝廷守北門。雍有智略。去奸練士。逾年。戎政大修。

金星晝見。

乙未。夜。月行太微垣中。犯三公下星。

丁酉。上復閱騎射于西苑。皆隨操武臣侍衞勇士。賞賜降將領一等。

辛丑。宣府總兵官武强伯楊能卒。能從伯父洪有功。累開平衞指揮使。敗虜灣河三岔口。擢都指揮僉事。從洪還朝。連敗虜紫荆倒馬二關。景泰初。擢都指揮同知。以游擊將軍禦虜宣府。敗之八里溝八里村。擢都指揮使。仍充游擊將軍。統神機京兵。尋擢後軍都督僉事。充左參將。鎮宣府。進都督同知。充左副總兵。召還總神機營。天順初。進左都督。宣大有警。能請行。敗虜磨兒山石灰站。封流伯。沈毅善騎射。累樹邊績。無子。

閏十一月。𩵋朔。致書襄王。瞻墡。曰。承惠藥及方。已祗領。惟衞生之術。先資藥餌。而方書不下數十家。非考驗參閱之至。疇得要且良叔父明達仁恕。留心于此。良方佳劑。親愛惠予。感慰之深。布此以謝。

庚戌。幸南苑。

戊午。曉刻月食四分有奇。署欽天監事禮部右侍郎湯序不預奏。上切責之。李賢曰。天戒有在。人君正欲因而儆懼。序奸不忠。乃不奏聞。凡遇災異。皆隱不言。見象變。必曲解說。或將天文書所載不祥語改削。進遇吉兆。卽詳呈。序奸不忠。無所容。遂及監正副等官皆下獄。降序太常寺少卿。

己未。幸鄭村壩。閱仗馬。

十二月。癸酉朔。武進伯朱瑛卒。

廢臨川王磐燁及世子奠壏俱爲庶人。磐燁守鳳陽祖陵。奠壏守寧獻王墓。

鎮守貴州內官鄭忠。右副總兵都督僉事李貴等。徵兵三萬五千。征西堡蠻賊。自普定分二道進。貴州宣慰使安隴富。以土兵二萬助之。

丙子。遣右副使李廣。駙馬都尉薛桓。錦衣衞指揮逯杲。勘事寧府。時錦衣衞校尉各刺外事。有妄言弋陽王奠壏蒸其母。上貽寧王奠培書按之。

丁丑。釋徐有貞還吳。

壬午。夜。月入畢宿。

癸未。虜十餘騎寇寧夏東路。出花馬池興武營。官軍追之。不獲。

乙酉。下高陽伯李文。太監陳瑄錦衣獄。以大同屢寇。按兵不出也。降文都督僉事。從征延綏。

夜。大星青白光。自北河流近濁。二小星隨之。聲如雷。

丙戌。太白晝見。

前刑部右侍郎李棠卒。縉雲人。宣德庚戌進士。授刑部主事。歷右侍郎巡撫廣西。著聲。廉介不苟取。天啓初謚恭懿。

丁亥。山東道監察御史閻鼎謫廣西平南縣主簿。鼎巡按浙江。言閘辦銀課內外等官擾害軍民狀忤旨下獄。謫之。

戊子。免文安縣災租二千四百二十餘石。

己丑。鞏昌府同知崔達任滿。吏民求爲知府。從之。

庚寅。方穀嗣南和伯。方瑛子。

刑科給事中曾瑄早朝遺溺。下法司。謫連江主簿。

甲午。署光祿寺事禮部右侍郎蔚能轉鬻食器。下錦衣獄。降南京光祿寺卿。

夜。月犯內屏星。

丙申。山東布政使劉孜爲右副都御史。

庚子。遣勘安慶南陽水旱。

大理寺左少卿李茂卒。吉水人。正統己未進士。

是年。賜致仕四川按察僉事錢塘王琦百金。琦家居清苦。嘗大雪。僵臥數日。終不受餽。杭州知府胡濬以聞。命周之。琦辭謝。竟餒卒。

陳善曰。世習混濁。在絕俗之操。如鳳麟曠見。乃王公多清貞。抗志塵表。脫屣軒冕。穢視一世。已而志甘溝壑。跡擬由夷。其壯節清風。輝映今古。推其心。雖與日月爭光可也。而悠悠者移訾爲苦節。何與

辛巳天順五年

正月甲辰朔。丁未。太白晝見。

戊申。敕巡撫兩廣右僉都御史葉盛往瓊州捕賊邵瑄。瑄故千戶邵偉子。糾衆行刼據城作亂。都指揮安福率兵攻城。瑄出走。追斬之。盡獲其黨。

己酉。夜月犯畢宿。

庚戌。上南郊。

丙辰。湖廣貴州總兵官都督僉事李震征西堡賊。擒渠帥十一人。斬三百五十九級。

戊午。虜犯平虜城。守備指揮孫廣等追敗之。旋中伏失利。

夜。火星入太微垣。

己未。增廣東布政司右參議。專理糧儲。

城大同聚落高山二站。

夜。月犯亢宿。

癸亥。遣鄭世子祁鍈涇陽王祁銑還國。

代府山陰王遜煁襄垣王遜熚還蒲州。宣寧王遜炓隰川王遜燪還澤州。靈丘王遜烇還絳州。懷仁王遜焴還霍州。

廣西流賊掠化州遂溪。廣東副總兵都督同知歐信等擊斬九十六級。賊遁還廣東。

甲子。起李賓大理寺卿。初少卿李茂卒。上謂李賢曰。大理法官。今止寺丞二名。位輕恐不敢與法司持辨。卿與王翺擇之。遂以李賓上。

乙丑。廣西總兵官右都督過興勦慶遠清潭賊。斬六百十二級。又征古河毛峒蠻賊。斬百三十級。

丙寅。巡撫南畿右副都御史崔恭爲吏部左侍郎。

湖廣妖賊李天保潛入貴州鬼池。誘絞峒苗攻中林長官司。總兵官李震捕送京師伏誅。

四川布政司左參政劉清卒。滁人。□□□進士。選館。授兵科給事中。監軍紫荆關。已參贊湖廣貴州軍務有功。拜刑部右侍郎。天順初降參政。雖有才而貪縱不檢。尤附權勢。人多鄙之。

二月軠朔。己卯。都指揮僉事海榮錦衣衛指揮使馬鑑使海西。

免濟南青萊登兖東昌去年災租二十四萬餘石。賑開封饑。

辛巳。通政司左參議尹旻禮科給事中王豫司禮太監柴眞等奏。奉使安南至橫州。則黎淙弑前國王黎濬。詭云溺死。請封。國人不服。故國王黎麟子灝主國事。淙自盡。臣等當返報。聞。

壬午。免肥鄉六縣去年災租萬三千一百餘石。

庚寅。停廣東採珠。巡撫葉盛言珠池已再採。俟時平。從之。

辛卯。諭法司辨寃獄毋避嫌。上諭李賢曰。錦衣指揮逯杲誣弋陽王奠壏敗倫事。今云不實。宗室如此。他枉多矣。

甲午。虜孛來萬餘騎屯莊浪攻掠。命副總兵仇廉率官軍士兵萬一千人禦之。

虜四百餘騎渡蘭縣河入掠。都指揮彭智以千騎值之葦子灣。擒四人。斬五級。賊遁走渡河。俱溺河北。賊駭遁。收畜產三千。

乙未。濬涇陽高陵櫟陽涇河水入渭。

丙申。都督僉事顏彪爲征夷將軍總兵官。征兩廣猺賊。徵九江等衛官軍萬人。

丁酉。進士沈琇魏元董振常寧王秉彝爲給事中。琇吏科。元振禮科。寧秉彝兵科。

庚子。免河間逃租萬八千餘石。

募商納粟蘭縣中鹽。

辛丑。貴州右參將都督僉事劉玉爲右副總兵。代李貴。

三月甲辰朔。癸卯。大星赤光。自紫微西藩流織女。

甲辰。夜大星青白光。自天乳流天市垣宦者星。三小星隨之。

丁未。貴州右參將都督僉事劉玉平西堡蠻。斬九百餘級。

戊申。廣東賊陷靈山縣。

辛亥。夜月犯內屏星。

壬子。免蘇松常鎭去年災租五十二萬餘石。

起復慶遠試知府周一淸。

癸丑。城順聖川。

安遠侯柳溥卒。溥嗣父陞爵。正統初。總大營。佩征蠻將軍印。鎭兩廣。弛縱蔓盜。召還。總神機營。景泰初。兼太子太傅。進太子太師。復鎭廣西。天順初召還。尋加太傅。拜平虜大將軍。西禦涼州虜。無功。奪太傅。溥雖廉愼。乏謀勇。軍威不振。卒。謚武肅。

甲寅。故武强伯楊能亡子。弟倫襲羽林右衞指揮使。

乙卯。浙江都指揮同知王政鎭守浙江。時鎭守都督李信卒。

己未。南京戶部尙書張鳳卒。鳳字子儀。安平人。丁未進士。授刑部主事。能廉謹。正統間特擢右侍郞。巡視倉場。

改南京户部。秩滿復轉左侍郎。尋進尚書。景泰中改南京兵部。踰歲召改户部。天順初仍改南京。性淳朴。雖短于才學。待故舊始終如一。不問貴賤。卒。賜祭葬。

癸亥。廣寧侯劉安掌中府。

昏刻火星犯太微垣右執法星。

丙寅。薊州永平右參將馬榮爲總兵官。鎮守□□。

湖廣貴州總兵官都督僉事李震平城步猺獞賊。斬千餘級。盡克其寨。

丁卯。總督糧儲左都督御史軒輗兼管淮揚倉糧。

夜木星退犯房宿上星。

南京朝天宮災。

四月粹朔城滄州。

壬申。命南京撫夷都指揮同知廉忠從征兩廣賊。領寓夷四百六十六人。留都指揮韋興撫夷。

癸酉。海寇掠揭陽等縣。

甲戌。亦力把力等國入貢。

丙子。命撫寧伯朱永領馬八百餘匹。俱牧宣府近城。

丁丑。虜犯莊浪。鎮守都督僉事林宏等擊卻之。

庚辰。游擊將軍都督同知和勇以兩京胡騎九百五十餘人從征兩廣賊。

蔚州衞草場火。

癸未。免眞定去年災租六千九百八石。

夜。曉刻。大星青白光。自北斗魁流雲中。

甲申。瓦剌太師也先弟伯魯王爲都督僉事。從子兀忽納爲指揮僉事。伯魯王卽哈密王母弩溫答失里弟。兀忽納母從子也。因也先亂。俱寓哈密。故王母上書請秩。

乙酉。大明一統志成。上序之。時總裁官吏部尙書兼翰林學士李賢。太常少卿兼學士彭時。學士呂原。副總裁學士林文劉定之錢溥。纂修官侍講萬安李泰左右中允孫賢劉珝修撰陳鑑劉吉童緣黎淳左贊善牛綸編修王倎戚瀾陳秉中楊守陳李本丘濬彭華田直徐瓊。編修兼校書徐溥。檢討邢讓張業。催纂官中書舍人馬麟韓定。謄錄官太常寺卿夏衡順天府丞佘謙禮部郎中王叔安員外郎陳綱凌耀宗林章葉琰何暹中書舍人謝宇曹晃溫良劉洪黃清焦瑞凌暉王暕。序班李惠陳福蔚瑄周璟吳震陳經王禮門升劉詢梁俊毛顯翰林院秀才姜立綱。

丁亥。順天府丞王晉（戶部尙書王佐子。）受賂。戍宣府。

戊子。雲南按察副使夏裕。松江知府葉冕。兗州知府郭鑑。延平知府胡欽。東昌同知陳清。岳州通判周鈍。郴州知州袁均哲。棗陽知縣夏亨。息縣知縣王思。密雲知縣郭堅。新安知縣强勉。高陽知縣魯能。寧津知縣周用。上海知縣李文。俱卓異。賜誥敕。

己丑。虜犯西寧。都指揮汪清禦之。失利。

辛卯。西安饑疫。遣太常寺丞丘晟祭西岳。

廣西流賊陷北流縣。

壬辰。進士李和劉昊爲吏兵科給事中。談倫爲吏部主事。

虜犯靖虜衞。官軍禦之。斬十三級。

前禮部右侍郎錢習禮卒。習禮吉水人。永樂辛丑進士。選館。授檢討。洪熙初進侍讀。兩朝實錄成。進侍讀學士。正統乙丑進禮部右侍郎。兼署吏部。致仕。恬靜寡欲。才敏思深。文行見重。年八十九。賜祭葬。謚文肅。

癸巳。敕兵部右侍郎白圭往陝西會兵討虜。

乙未。上諭李賢曰。朕每夙興拜天畢。省章奏。出朝。退謁母后。復省章奏。始膳。衣食從宜。賢頌儉德。又曰。朕讀尚書如典謨誠格言也。又曰。朕在宮暑不扇。冬不爐。賢曰。聖質之厚。聞宋仁宗亦然。上曰。聞景泰不與大臣接語。賢曰。先儒謂接賢士大夫之時多。君德大有益。上曰。然。

己亥。上諭李賢曰。軍官季俸至支十四萬餘。府庫入少出多。奈何。賢曰。自古國家患冗食。今衞官二千有奇。冗矣。上曰。令兼支布錢則何如。因召與吏戶兵三部尚書議之。且曰。議畢且復下廷議。否者不惟歸怨朝廷。亦怨于爾輩。

五月殰朔甲辰。南京禮部尚書蕭晅卒。晅泰和人。丁未進士。授南京吏部主事。歷雲南湖廣左右布政使。天順庚辰。卓異宴禮部。尋拜禮部尚書。重厚廉靜。有外譽。及在朝疎略。調南京。卒。賜祭葬。

丙午。朱雲嗣武進伯。朱瑛子。

虜犯宣府新河口。守備都指揮孫素戰敗。

丁未。免開封汝寧懷慶彰德河南南陽去年災租二十六萬七千九百十三石有奇。

辛亥。南京太僕寺少卿程信為刑部右侍郎。

虜犯涼州。總兵官宣城伯衞穎擊敗之。

夜大星青白光。自河鼓流近濁。

甲寅。夜月食。

乙卯。敕右都督馮宗往蘭縣會白圭梁珤衞穎禦虜。
己未。免南昌南康饒九江去年災租五萬一千三百六十餘石。
戊辰。弋陽王奠壏敗倫事既誣罔。仍令錦衣衞指揮逯杲按之。奏亡有上怒責問杲。杲懼言有之。命賜王母子自盡。舁尸出焚。大雷雨。平地水數尺。父老驚愕。皆歸罪杲。
南雄知府劉實卒于獄。實字嘉秀。安福人。宣德庚戌進士。選館。歷金華通判。順天治中。守南雄。廉介。毫不妄取。中官過南雄。索賂不得。叱捽之。從者擁實去。中官誣實毆之。實訴中官酷狀。俱逮入。上親聽之。俱下錦衣獄。論治中官罪。實垂出瘐死。實在官三十年。不攜家累。環堵蕭然。士論惜之。
劉定之曰。予聞安成大夫士云。君善著書。尤用意于春秋。中夜有得。蹴童子燃燈起書之。如獲至寶。斯可謂慕學矣。而其所行事。與古廉吏范丹塵甑者何異。學而知行之誠難。然以是律己可爾。以是求合于塗之人。欲與己不齟齬。豈可得乎。仕至郡太守。全而歸之。其託鑑于聖明。爲幸已多矣。
馮時可曰。昔原思于聖門問恥。而孔子以穀爲戒。則人生所最恥者貪也。思之居魯。楮冠藜杖。蓬戶甕牖。至孔子以爲宰。與之粟九百。猶介然而辭。其得于恥者如此哉。公仕三十年。家無長物。出守大郡。不以脂膏自潤。其與原思何異。然卒以無金錢中閹人之禍。廉吏安可爲。能不令人致慨。
何喬遠曰。劉實卽死獄中。顧上治閹罪。知其枉矣。其居職操履。可稱先進之民。
六月鋛朔。辛未。免杭湖嘉興寧波去年災租七萬三千五百七十五石。
夜。大星赤光自雲中流紫微西藩。
庚辰。陝西布政使譚溥爲南京戶部左侍郎。
壬午。虜入犯涼州莊浪。命兵部尚書馬昂總督軍務。懷寧伯孫鏜爲平虜將軍總兵官。右都督馮宗充副總兵

官。都督僉事鮑政趙勝充左右參將。統京營萬五千騎往擊之。又遣河南山東畿內班軍二萬人。先往陝西俟
命。通政司左參議尹旻往治餉。
命法司上重囚罪狀。
丁亥。南京大理寺左少卿廖莊爲南京禮部右侍郎。
時所在告訐及採訪事情。皆即遣錦衣官校籍其家。李賢言其多枉。因敕法司情重者以聞。餘悉下巡按御史
及所司詰治。
己丑。河南弘農衞指揮使李斌等坐謀反誅。初。千戶陳安忿詬同列。訴于斌。斌不問。安銜之。欲奏陷斌。斌因下之
獄。縊死。安家訴冤。斌賂石亨得寬。至是。校尉言斌通虜。逯杲以聞。逮籍其家。磔斌及弟健。坐誅二十六人。絞二
人。沒官奴婢四十六人。時論冤之。
虜二千餘騎掠西寧衞。
辛卯。故安南國王黎濬弟灝入貢乞封。
錦衣衞百戶曹福來。昭武伯曹欽舍人也。常販外郡。欽慮其生事。使福來妻告福來病狂外走。逯杲奏捕之。欽
追獲福來。箠之幾死。科道聞而劾欽。上是之。出劾章示欽。速改否。且罰無赦。
壬辰。李賢及會昌侯孫繼宗。吏部尚書王翺。兵部尚書馬昂。以所在兵災。人民艱窘。請下寬恤。以蘇疲困。許之。
命花木鳥獸梨板及追馬清匠刷卷採柴之役悉停罷。蓋所罷皆民最苦。而採柴之役。歲省可三十餘萬。
夜有星見天市垣宗正星旁。色粉白。乙未夜滅。
癸巳。懷仁王遜焨徙霍州。
戊戌。後軍都督僉事宗勝卒。徐州人。世沂州衞指揮僉事。

夜。彗星見東方芒二尺餘。

七月妃朔。敕勳戚都督等曰。昭武伯曹欽。百戶福來在逃。所司已奏捕。不給文引。令家人追獲。箠楚于私家。夫擅治職官。不奏送法司。與私令家人出不給文引。二者皆罪。爾等有似此者乎。朕念欽貸之。爾等各守分循理。毋顯縱干憲。欽哉聽朕命。

夕東方黑氣蔽天。

庚子。司設監太監曹吉祥及從子昭武伯欽反。官軍討捕之。下獄。先時吉祥監軍雲南福建。收番將能騎射者門下可百十人。奪門冒功賞。石亨敗。裁冒濫。吉祥門下自如。然吉祥不自安。已欽掠曹福來。言官持之急。敕諭欽。石亨敗前亦敕諭。欽度不免。謀擁兵立太子。推上爲太上皇。是日孫鏜馬昂西征陛辭。乘之叛。吉祥爲內應。開諸城門。計定。先夕飲諸番將。厚贈之。都指揮使馬亮懼禍。逸告恭順侯吳瑾廣義伯吳琮。時俱陪祀在直所。急趨以告鏜于長安右門上。變上。卽繫吉祥。命皇城都城門毋開。中夜。欽率弟鉉鐸番將伯顏也先等叩東長安門。不啓。知事泄。馳至錦衣衛指揮同知逯杲宅。殺之。杲故其黨。而後時操三尺陰擬之。所最切齒者也。時聞甲馬馳驟聲。意西征也。既大噪。朝士亡匿。殺左都御史寇深于直廬。執大學士李賢尚書王翺脅之疏。爲救疏入。攻焚長安門。宿衛官以磚石塞門。不得入。欲殺王李。吏部郎中萬祺懇曰。相公不爲尊人碑乎。忍忘之也。俱得脫。賢傷焉。昧爽。孫鏜馬昂合太平侯張瑾擊賊。瑾不敢出。鏜語其子曰。征西軍多從宣武門出。爾往號召之。官軍可二千。逐賊東長安門。工部尚書趙榮披甲躍馬。奮呼市中共殺賊。欽復縱火焚門。殺恭順侯吳瑾。及曙。賊稍稍散去。鏜子軏奮力斫欽中膊。欽走安定東直齊化諸門。俱鍵。恭順侯吳瑾以五六騎猝値之。戰死。欽遂竄歸家。拒官軍。鏜攻之。會昌侯孫繼宗亦以兵至。時大雨。欽黨猶數戰。鏜令能殺賊卽以貲予之。官吏奮勇入。欽投井死。誅都督鐸鐺指揮鉉等。其親黨皆先後誅。是夕。上御午門。下吉祥都察院獄。

夜。彗見井宿。

辛丑。命成國公朱儀等分守皇城都城門。蓋賊黨未殲也。

壬寅。命撫諭都人及被脅從者毋驚疑。

故恭順侯吳瑾追封涼國公。諡忠壯。故左都御史寇深贈太子少保。諡莊愍。各予祭葬。瑾正統己巳從父克忠北征。戰時克忠矢盡遇害。瑾守之不動。虜執之。其酋長義而釋之。還京嗣爵。深字文淵。唐縣人。永樂間以諸生告奸入國子監。宣德初授刑部主事。歷山西按察副使。拜右僉都御史。鎮守四川松潘。繕堡鑿道。諸番送款。進左副都御史。景泰二年召還。提督遼東軍務。平妖卻虜。憂去。起復之。上初令綜制。尋掌內臺。强敏敢任。百寮敬憚。然寡學術。貪殘修怨。初事曹氏。漸疎之。故及于禍。

黃河決開封土城。時復繕磚城。不二日。北磚城亦潰。壞公私廬舍。周府宮人并各官避水城外高阜。溺人畜無算。南陽河南懷慶衞輝汝寧彰德皆被其害。

癸卯。誅曹吉祥及欽鐸鏳等以殉。欽之敗也。其黨皆誅。獨欽妻父賀某免。先是欽貴盛。賀絕不往還。欽欲爲求一官。賀力辭。故以免。

高岱曰。甚哉吉祥欽之愚也。黨與不下數十輩。畜衆不滿千人。而上恬下熙。朝無可乘之隙。欲以此際謀爲逆。世豈有能濟者哉。王師捕誅。如孤豚腐鼠耳。雖然。亦幸其謀之泄也。假令門啓。欽輩得入。事倉卒起殿陛前。吉祥又爲之內應。雖天祚盛明。諸兇必就誅殄。而于國體不大有隳損哉。其得早發預圖。梟殲羣逆者。謂非天眷佑之不可也。

朱國楨曰。曹石並稱矣。曹反闕下。比姚令言朱泚尤甚。石氏叔姪。不過恃功驕恣。失人臣禮。初無反謀。亦安敢反。即劾詞亦止曰怏怏懷疑而已。乃俱坐死籍沒。與曹同事。同受寵。同得罪。罪本天淵。而議者不察。與之同科。以累戰有功而封侯之奇士。竟不良死。濫被惡名。不能自白。惜矣。上公夷于孱戶。干城等于孤豚。眞少恩哉。當時李賢之逮逯杲。摘之英宗。方恐恐焉紀過不賞其功。慮螫不留其種。卒激曹氏之變。夫石外疽也。曹內癰也。治外忘內。毒驟發幾至攻心。善醫國者固如是乎。天佑聖明。一旦剪滅。杲死賢獲存。君臣慰勞。至今讀之。心悸吁亦危也。

談遷曰。閹稱兵。趙高孫季昭曹吉祥。古今纔三人耳。吉祥久握兵。又狃于奪門之役。一而再之。習爲固然。卽遂其志。擁東宮。推太上。直南宋苗劉之已事也。且不獲死所。誰爲畫此策者。眞天奪其魄矣。噫。有靖難。遂有丙午八月之事。有奪門。遂有辛巳七月之事。漢庶人曹氏皆身預其成。而身蹈其禍。故倖不可以屢徼也。

乙巳。攸縣疫。

丙午。誅太常寺少卿署欽天監事湯序。以卜日舉兵也。

夜。彗見井宿。丙寅夜滅。

丁未。故錦衣衞指揮同知安平逯杲贈指揮使。杲起校尉。累官。陰險殘忍。專伺瑣細。株無辜。朝野側目。以杜門絕客。故上任之。

蠲應天太平池廬安慶寧國鳳陽淮安揚滁和徐去年災租五十九萬七千七百石有奇。

戊申。逆黨都督同知也先帖木兒竄通州。盜田瓜民毆之。吐實。逮獄錮之。

己酉。都指揮使馬亮阿的納爲右都督僉事。都指揮同知帖木兒孛羅完者禿爲指揮使。俱告變者。

庚戌。詔赦天下。

成山伯王琮爲征虜前將軍總兵官。鎭守遼東。

辛亥。大理寺卿李賓爲右都御史。李賢初薦蕭維楨。上以吉祥嘗稱之。曰。非端人也。賢因薦李賓。

癸丑。奪海寧伯董興爵復右都督。曹吉祥姻。

前南京吏部尚書曹義卒。義字子宜。句容人。永樂乙未進士。選館。授編修。轉禮部主事。進吏部員外郎。歷右侍郎。景泰初進南吏書。天順初致仕。平易不檢。官無清譽。年七十六。予祭葬。

乙卯。誅蔚州衛帶俸都指揮趙旺。錦衣衛帶俸都指揮侯通。致仕千戶慈谿馮益。皆吉祥黨。益初對簿不服。詆欽妻賀氏。賀氏曰毋多言。欽嘗問先生自古內臣子弟爲天子者乎。先生言有之。曹操乃曹節之後。欽喜甚命妾進酒。今何諱之深也。益語塞。

木星晝見。

丁巳。工部右侍郎薛遠往視開封決河。

磔曹欽妻賀氏。初擬沒之官。詔速欽反磔之。

戊午。懷寧伯孫鏜進封懷寧侯。

虜報旁午。命守備蘭縣右都督馮宗爲平虜副將軍總兵官。都督僉事趙勝李杲爲左右參將。往擊之。兵部右侍郎白圭左副都御史王竑俱參贊軍務。時京師新喋血。孫鏜馬昂不輕出。

庚申。進會昌侯孫繼宗太保。

夜月犯畢宿。

辛酉。兵部議。虜酋孛來三上書。求遣使講款。宜允之。報可。遂遣指揮僉事詹昇都指揮同知竇顯往。昇假都指揮使。

賑莊浪衞。

壬戌。左軍署都督僉事董宸總督揚州等處捕倭。都指揮僉事管斌鎮守蘭縣。

故翰林庶吉士楊瑛贈編修。瑛早朝值曹欽傷死。

夜。月犯井宿。

丙寅。工部右侍郎吳復往保定撫民。

是月。浙江大水。

八月䤆朔己巳。敕迤北太師淮王孛來曰。比邊臣奏太師書言通好。朕已悉知。朝廷故與北邊往來。亡間負恩搆怨。常在北邊。今歲復掠我河西。邊將追捕。兩致殺傷。廷臣咸請大發兵誅討。朕以生靈故。謝罷群議。太師書中亦言愛惜生命。朕與太師。既同此意。故使使往諭太師。自今其棄細故。行大道。散遣部落。毋爲邊患。使來賞犒。朕不爾吝。賫往綺幣。至可領也。

壬申。虜三千餘騎犯永昌衞。

癸酉。夜。木星犯鈎鈐星。月犯罰星。

甲戌。虜萬餘騎掠山丹甘州。右參將李榮擊敗之。斬十級。虜遁。

乙亥。曉刻。老人星見。

丁丑。浙江左布政使泰和梁㮚卒。正統丙辰進士。

己卯。前軍署都督僉事張榮充副總兵。協守寧夏。

辛巳。顏議襲翰林院五經博士。

壬午。兵部尙書馬昂進太子少保。工部尙書趙榮兼大理寺少卿。都督同知劉聚爲右都督。都督僉事趙勝喜信韓志苗成茹鑑季鐸馬良俱都督同知。

癸未。吏部尙書兼翰林學士李賢進太子少保。

甲申。夜大星青白光自華蓋流文昌星。

乙未。山西布政司右參議周顒子璟尙公主。進鴻臚寺卿。祿而不任。

九月戊戌朔。後軍帶俸都督僉事艾義爲都督同知。

庚子。夜大星青白光燭地。自危宿流北落師門。化蒼白雲南行。

浙江按察使王鏜致仕。

癸卯。夜大星青白光自畢宿流參宿。三小星隨之。又大星赤光。自紫微东藩流天苑。五小星隨之。

乙巳。進士白鳳徐茂監生張斆張海吳璘朱暟祝祥爲監察御史。

脫脫不花王子領萬餘騎襲孛來于石頭城。兵敗被殺。

戊申。夜大星青白光自參宿流弧矢。三小星隨之。

壬子。夜大雷雨。

癸丑。廣寧侯劉安進太子少傅。

許兩廣人納粟廉高慶遠授官。

乙卯。賑崇明嘉定崑山上海。以七月風潮溢溺萬二千五百三十餘人。

丁巳。夜月犯井宿。

戊午。夜大星青白光燭地。自文昌流鈎陳。

壬戌。安南使臣丁蘭求諭祭故國王黎濬。命行人劉秩往祭。

京師地震。

癸亥。釋河南按察使王槩。令終喪。槩前坐指揮李斌事下獄。

是月。遣勘揚廬淮安眞定河間廣平濟南靑登各縣雨。應天鎭江鳳陽各旱傷稼。
十月䣜朔。壬申。敕湖廣都指揮同知楊茂同總兵官右都督徐恭僣運糧儲。
丁丑。夜月犯壘壁陣星。
丙戌。夜大星靑白光自天苑流近濁。
己丑。致書襄王瞻墡。曰朕念宗室親賢無如叔父。玆仰體情懷。製神像畫軸服飾器玩數十品。物雖不腆。工作頗精。朕復製詩賦數首。用寫名藩山川風景之勝。以寓嘉美。至可目入。
夜。大星靑白光。自柳宿流游氣。後二小星隨之。
辛卯。復南京飯堂給孤貧日粥。二如永樂例。
十一月酊朔。日食。
己亥。夜月犯金星火土星聚牛宿。
丙午。致仕都督同知張泰爲征西將軍總兵官。鎭守寧夏。翁信還京。
丁未。至日値萬壽節。禮部言。二節當行慶禮。致詞各異。又萬壽節不傳制。冬至傳制。今請通致詞曰。玆遇律應黃鐘。日當長至。恭惟皇帝陛下萬壽聖節。臣等敬祝萬萬歲壽。然後惟傳冬至制詞。
壬子。夜月食。
癸丑。復提學憲臣。
戊午。召南京左軍都督同知許貴。協守遼東署都督僉事王英。
庚申。起復右副都御史王宇。改大理寺卿。
壬戌。幸南苑。

甲子。夜。金火二星聚虛宿。

乙丑。總兵官都督僉事李震爲平蠻將軍。鎮守湖廣。右副總兵都指揮僉事李安充副總兵。鎮守貴州。

十二月丁卯朔。夜。月犯井宿。

定贖罪例。

戊辰。京師多盜。下巡城御史張祚錦衣獄。錦衣官校及兵馬司官皆鎖項捕盜。著爲令。

癸酉。免蘇州松江災租七萬九千八百餘石。

乙亥。幸南苑。

己卯。夜。月犯井宿。

庚辰。右軍都督僉事劉玉坐曹黨。降南海衞副千戶。

辛巳。柳景嗣安遠侯。柳溥子。

太保會昌侯孫繼宗。兵部尚書馬昂等定五軍三千神機等營頭撥十一萬九百有奇。次撥十二萬六千有奇。

命雲南布政司仍徵歲辦差發銀。先是差發銀折金。

癸未。宣廟賢妃吳氏薨。謚榮思。

戊子。陳汝言獄死。汝言潼關衞軍餘。正統壬戌進士。授戶部主事。歷郎中。附曹石。奪門。進侍郎。至尚書。貪黷恣臆。舉朝畏之。及得罪。猶冀赦而不獲也。

己丑。釋岳正。陳循。蕭鎡爲編氓。陳循抵家一年卒。循泰和人。永樂乙未進士第一。授翰林修撰。從北狩。屢言事見採。仁宗時進侍講。宣德初同楊溥直南宮。五年進侍講學士。嘗救御史陳祚。張楷。正統七年進學士。九年直文淵閣。十年進戶部右侍郎。至尚書。景泰二年進少保。三年兼太子太傅。尋兼文淵閣大學士。修寰宇通志成。

進兼華蓋殿大學士。天順初。戍邊。最諳典故。初時人望其丰采。及柄國。乏廉介。嘗攻考官。爭基地。尤嗤于人焉。

廖道南曰。予觀景泰時陳循柄國。凡有猷有爲者。咸程厥能。放厥用。然而任怨太深。操權太重。怨叢則衆怒權踰則生疑。如江時用等才固可取。而志亦可惜也。循之明于知人。暗于知己。又胡足惜乎。

辛卯。免靑萊災租一萬七千口百餘石。放山東河南畿內民兵。

癸巳。都督同知許貴充副總兵。鎭守松潘。

金星晝見。

乙未。夜大星靑白光。自軒轅流近濁。

壬午天順六年

正月輌朔。庚子。內官周光使襄府索餽。還獻二馬。下錦衣獄。

辛丑。蠲南畿山東河南隨糧蘆葦。

程鄉縣賊劉寧等糾海賊攻陷揭陽興定縣。復圍長樂縣。

甲辰。參贊機務右侍郎白圭左副都御史王竑等分兵巡邊。適虜入寇固原。圭竑與馮宗李杲分擊之。圭值之固原川。擒九人。斬二級。竑宗值之紅崖川。擒四人。斬二級。虜奔靖虜城南。右參將李杲追斬二級。擒七人。

孛來將騎萬餘。欲毀大壩以灌寧夏。時精騎調援。總兵張泰募義勇三千人。付其子翊總攝以行。背河而營。堅壁不戰。比晚。翊諭衆曰。吾受父命。謂今夜寇必來襲。愼勿怖。宜奮力拒之。夜半果敗之。厥明。詭放牛馬于河之南。以善水者往來水中。嘗之。水不及腰。敵誤爲淺。突前。皆溺。斬獲數百。遂遁賀蘭山外。

夜。月犯井宿。

庚戌。敕諭各提學御史僉事曰。朕惟自古帝王。率以興賢育才爲首務。學校廢興。人才之盛衰。治道之隆替繫焉。曩嗣位之初。爰簡學行老成之士。授以憲職。俾專學政。行之十餘年。厥有成效。景泰中罷去。而廢壞日甚。今復行舊典。爾等往其欽哉。夫是一方表率也。率人必先己。其務端軌範。嚴條約。公勸懲。俾崇于正學。迪于正道。庶稱朕簡任之意。

南京戶部左侍郎譚溥卒。昌邑人。□□□□進士。

壬子。總兵官都督僉事顏彪等勦潯州大藤峽等獞賊。克七百二十一寨。斬三千二百十七級。賜獎敕。

癸丑。陝西督糧通政司左參議尹旻言。賊退河開。供輸困極。乞罷兵。時以後徼難之。李賢曰。兵可暫不可久。暫則爲壯。久則爲老。莫若令官軍且耕且守。罷戍兵。但留文武官提督。上然之。

鎭守莊浪奉御進保。縱蒼頭土軍獵塞外。傷于虜。召還進保。

夜。大星赤光。自北斗魁流天槍。

丁巳。虜酋孛來盜邊。分寇莊浪西寧甘涼。

己未。蜀王悅燹薨。諡曰和。繼妃徐氏年二十六。殉之。諡靜節。

二月[illegible]朔。增薦新船十二艘。

夜。大星青白光。自軒轅流北斗杓。

丁卯。皇第九子見沛生。德妃魏氏出。

己巳。崞縣知縣楊慶下錦衣獄。內官弓勝奉命捕虎。過縣索賂。欲杖慶。不服。斥去之。勝誣愬。重得罪。

壬申。吳鑑嗣恭順侯。吳瑾子。

癸酉。敕迤北太師孛來。既和。宜遠塞入貢。仍自大同陝西。險遠非太師便。朝廷亦無以待之。

夜。大星赤光。自北斗魁流鈎陳。
乙亥。陝西總兵官保定侯梁珤奏。虜寇靖虜。都指揮汪禮逐出之。
丁丑。下陵縣知縣□凱錦衣獄。凱驗淮府內使被訴也。
己卯。夜。月犯內屏星。
丁亥。藥庫火。
戊子。發千人開祥符之曹家溜。
庚寅。戎縣蠻作亂。
免河南班匠三年。停一切不急之務。
翰林院侍讀學士錢溥禮科給事中王豫往封黎灝安南國王。
復黃嵩平樂知府。
琉球入貢。
許巡撫南畿右副都御史劉孜奔母喪還任。
夜。大星青白色。自軒轅流柳宿。
癸巳。戶部左侍郎馬諒調南京。
乙未。文安伯張輗卒。輗以功臣子累戰功。任中軍右都督。迎駕封。頗孝友。而性陰忮。天順初多乘機中傷。追封文安侯。謚忠僖。
三月辛丙朔。夜。大星青白光。自右攝提流天市西垣。
己亥。夜。月犯畢宿。

庚子。夜。月犯六諸王星。

壬寅。書召淮王祁銓入京。

戶部尙書年富奔父喪。令還任。

戊申。榜招私販鹽徒。

壬子。右軍都督僉事阿的納賜姓名王義。

夜。大星靑白光。自軫宿流近濁。

癸丑。召副總兵右都督馮宗、左參將都督同知趙勝、參贊軍務兵部右侍郎白圭還京。敕左副都御史王竑都督李杲暫留防守。

丁巳。疏淮安南河。

夜。大星靑白色。自氐宿流游氣。

乙丑。夜。大星赤色。自太微東垣流翼宿。

四月䝼朔。壬申。免開封南陽河南汝寧懷慶衞輝彰德去年災租二十八萬四千一百六十餘石。

丙子。命沁州及沁源武鄉墾荒。

己卯。夜。月犯東咸星。

庚辰。夜。月犯天泣星。

壬午。戶部左侍郎張睿爲戶部尙書。初。上召禮部尙書石瑁。瑁趨疾。上語李賢曰。石瑁少容止。朕欲以戶部侍郎張睿代之。賢退語瑁。瑁求去。上曰。瑁大臣也。爲人誠。豈可坐小失求退。因留如故。進睿尙書。

江浦縣火。

丁亥。命浙直織紵絲紗羅萬匹。
南和伯方毅坐奸占奪爵。
戊子。夜大星青白光燭地自大角流近濁。
辛卯。吏科右給事中潘榮行人蔡哲往封琉球國王尚泰久子尚德爲琉球國王。
五月癸朔己亥。午日賜群臣扇及宴。仍題御詩二首於扇。分賜大臣。
庚子。總兵官都督僉事顏彪等駐大藤峽。勦龍山等獠人。直抵潯梧廉潮。皆擊破之。賜獎敕。
壬寅。禁中外官毋增置夾棍等刑具。
癸卯。設平陽管糧通判。
甲辰。夜月犯亢宿。
丁未。故錦衣衛指揮同知逯杲子增。廕錦衣衛指揮僉事。杲非軍功。不宜襲。特予之。
戊申。兵部右侍郎郝璜調南京工部。
進士李森毛弘左賢李翔爲給事中。森戶科。弘賢刑科。翔南京工科。
庚戌。大理寺左寺丞夏時正爲南京大理寺右少卿。
前右軍右都督田禮卒。淸苑人。世保定中衞指揮僉事。
丙辰。夜月犯壘壁陣星。
戊午。夜雷震南京郊壇門鴟吻。
己未。免西安去年災租二十三萬九千一百六十餘石。
六月甲朔丙寅。夜客星見策旁。色蒼白。

戊辰。淮王祁銓來朝。

下國子祭酒劉益錦衣獄。典簿徐敬盜糧竊官紙官木罪覺。奏益因釋奠支鈔治茶款各臣也。尋贖還秩。

己巳。夜。客星入紫微垣。

庚午。都督同知過興卒。宛平人。世副千戶。

乙亥。夜。客星犯天牢星。

召廣東按察副使陳泰。

己卯。免莊浪古浪涼州永昌鎮番衞屯糧五萬二千四百五十五石。

夜。大星赤光。自天津流閣道。

癸未。迤北孛來遣使察占等四百五人貢馬百二十九匹。

廣東道監察御史夏塤爲廣東按察使。

楚府火。

前右副都御史盧睿卒。東陽人。宣德□□進士。

甲申。起李秉南京右僉都御史。

湖廣總兵官都督僉事李震率兵自錦田江直抵雲川貴嶺橫江等寨。擊猺賊。斬二千五百餘級。擒三百餘人。

丙戌。前軍帶俸都督僉事薛忠卒。

戊子。夜。大星青白光燭地。自天井流天市西垣。三小星隨之。

月犯畢宿。

己丑。金星晝見。

庚寅。張斌嗣文安伯。張輗子。
虜侵高山衞總兵官彰武伯楊信會參將張鵬擊走之。
癸巳。雲南木邦土官罕落法作亂屢侵隴川。
七月钾朔乙未平陽妖人宋普貴等流刼汾州蔚顯等格捕之伏誅。
夜。大星青白光自室宿流近濁。
丙申淮王還國。
巡按直隸監察御史樊英下錦衣獄以過六合飲同年主事鄭瑛家納賂也。
鎭守西寧左監丞陳善免。
壬寅。翰林院修撰劉吉檢討邢讓主試應天。
甲辰。迤北使臣都督同知察占爲左都督。
伊王顒炔薨年四十六謚曰簡。
工科給事中劉斌言近諭葬南京吏部尙書曹義踰制十倍今後務遵舊制從之。
丙午。夜火星入鬼宿。
戊申。夜大星青白光燭地自天苑流參宿十餘小星隨之。
庚戌。鎭守居庸關都督同知李奇卒交河人祖玉新建伯廕都指揮同知累官貪黷。
壬子。文安知縣何源爲通州知州。
甲寅。湖廣貴州會攻敍州蠻破之斬二百餘級擒渠帥九人。
是月。淮安大水潮溢。

八月癸亥朔。賑東莞等縣水災。

乙丑。修各邊屯堡斥堠濠塹。

己巳。辰刻金星見酉。刻木星見。

庚午。翰林院修撰陳鑑劉宣主試順天。

都指揮僉事宋瑛鎭守居庸關。

癸酉。夜大星青白光自婁宿流雲中。四小星隨之。

戊寅。廣東按察副使陳泰爲左僉都御史。巡撫四川。

有告朵顏三衞欲三千人犯邊。先一二百人誘我中伏。敕邊將愼之。

前右副都御史韓福卒。膠州人。永樂乙未進士。自行人司正守鳳翔。大有聲。移鞏昌。壽。進右僉都御史。參理寧夏軍務。非其宜矣。

遼東寧遠備禦都指揮僉事韓斌分守義州。

眞人邵以正卒。蘇人。

己丑。巡按直隸監察御史李傑謫四川南溪典史。傑劾漕運右都督徐恭。薦右副都御史林聰代之。恭因摘其杖大河衞帶俸指揮同知張潛。私淮安知府楊昶。擅乘八人輿。逮下傑錦衣獄。謫之。

九月壬辰朔。癸巳。中書舍人楊貴芳言。誥敕勘合編號。國王以禮字。追封以文行忠信字。文官二品上以仁義禮智字。三品下以十干。新製武官誥命。初以二十八宿。續以千字文。後以急就章。今文官誥敕十干已盡。上命用十二支編之。

甲午。曉刻金火星聚張宿。

乙未。聖烈慈壽皇太后崩。

夜。金星犯軒轅左星。

戊戌。增禮部儀制司主事一。

南京工部尚書王永壽卒。永壽字延齡。太原人。正統貢士。授饒州推官。進御史。歷按山東貴州江南。進工部右侍郎。調南京。至尚書。尋改北京。奉敕巡撫湖廣。人甚安之。天順初。仍調南京。雖無他才。蓋淳謹寡默人也。賜祭葬。

巡撫甘肅右副都御史芮釗卒。釗寶坻人。□□進士。授御史。遷江西按察副使。天順初。累進右副都御史。巡撫甘肅。歷官二十餘年。至輒敬憚。第內鎮千進士論薄之。

大雷雨。夜。大星青白光。自北河流軒轅。

庚子。翰林院庶吉士劉健汪諧張元楨爲編修。鄭紀張頤周經爲檢討。張謹李溫張賑王範爲主事。溫禮部。賑戶部。範刑部。楊德爲大理寺左寺副。張溥蔡霖爲評事。

癸卯。南京左通政馮貫卒。涇陽人。都督府吏。歷通政司左參議。天順初。詔鄉人石亨。進右通政。

夜。大星青白光。自危宿流近濁。三小星隨之。

乙巳。夜。天鳴。

丙午。懷柔伯施聚卒。聚通州人。襲金吾右衛指揮使。累征虜有功。正統末。以右都督充總兵官。協守遼東。景泰三年。殺賊登州營。有功。封有膂力。善騎射。在邊以敢勇稱。贈懷柔侯。謚威靖。

丁未。戶部定古田縣銀課千二十五金。福寧千五十金。上各減其半。

己酉。上欲用都指揮谷登充副總兵鎮守涼州。李賢言登勇略不及薦劉玉可任。從之。

庚戌。錄故浙江按察僉事王晟子忠孝爲河南府經歷。
夜。月犯畢宿。
辛亥。夜。月犯六諸王星。
壬子。錦衣衞都指揮僉事門達請別置錦衣獄。從之。時多罪囚。獄隘不能容。
癸丑。禁鎭守總兵官參將理訟。
甲寅。前吏部尙書王直卒。直字用儉。泰和人。永樂甲申進士。選館。文學居優。授修撰。從北幸。進侍讀。仁宗初。進侍讀學士。尋進右庶子。宣宗初。進少詹事。正統初。進禮部左侍郞。癸亥。拜吏部尙書。天順初致仕。直學富才敏。持銓廉愼。時江西二王。東王謂直。西王謂英。直自登籍無少忤。年八十四。贈太保。謚文端。予祭葬。
袁袠曰。太宰百官之長也。得其人則衆正進而天下安。非其人則群枉登而天下亂。此不易之道也。明興。尤愼重此官。而以廉愼公明著聞者。前有蹇公。後有二王。豈不難其人哉。夫惟至公則官無私暱。至明則名實不眩。至恕則人無棄才。至剛則政出于一。若文端者。庶幾近之矣。
乙卯。夜。大星赤光。自羽林軍流近濁。三小星隨之。曉刻。火星犯太微垣上將星。
丁巳。暹羅等入貢。
奪戶部右侍郞江陰劉本道官。本道由吏進歷戶部員外郞。諂曹石超任。至是服闋赴京。追革之。
楚府東安王季𤩽薨。年三十七。謚恭定。
含山大長公主薨。年八十二。
己未。曉刻。金星犯太微左執法星。
庚申。上御西角門。諭禮部曰。大行皇太后遺詔服制二十七日除。朕不忍。朕仍素冠服視事西角門。爾群臣以素服朝參。待山陵祔廟畢。乃易淺色衣以朝。

十月壬戌朔。光祿寺請陶器萬餘件。上已之。

夜。大星青白光。自天船流天棓。

癸亥。復右都督董興海寧伯。爲鎭朔將軍總兵官。鎭守宣府。

丁卯。乩加思蘭脅奪哈密忠順王妃。掠赤斤罕東二衞。

戊辰。上孝恭懿憲慈仁莊烈齊天配聖章皇后尊謚。

己巳。夜。金星犯進賢星。

庚午。夜。大星青白光。自北河流中台。又星赤色。自畢宿流弧矢。三小星隨之。

辛未。頒謚詔。

丙子。日赤如血。薄暮。月亦赤。

戊寅。前太僕寺卿吳敬卒。上海人。善書。

丁亥。遣戶部右侍郎楊鼎以漕舟可至天津德州者。即收貯其粟。以便回運。

夜。大星赤光燭地。自參宿流近濁。三小星隨之。

十一月壬辰朔。癸巳。夜。大星赤光。自婁宿流近濁。

甲午。孝恭章皇后祔景陵。

丁酉。稷山王幼垬薨。年三十二。謚莊靖。

庚子。孝恭章皇后主祔太廟。

安順伯薛忠卒。

癸丑。召宣府副總兵都督同知董斌。

甲辰。虜孛來以二萬騎掠朵顏三衞，遣使貢馬。來獻捷，欲從獨石入。命從貓兒莊入。

乙巳。太監吳昱守備天壽山，兼提督黃花鎭軍馬。

丙午。夜，火星犯進賢星。

丁未。松潘副總兵都督同知許貴卒。江都人。

己酉。考郎兀衞來貢，進都督僉事哥哈爲都督同知。

壬子。都指揮使程俊使乩加思蘭。

左軍都督同知茹鑑卒。大寧人。

戊午。陝西行都司帶俸都指揮僉事趙英鎭守莊浪。

己未。進士紀欽、劉恭爲給事中。

庚申。復豐潤伯曹振爵。

守制翰林院學士呂原卒。原字逢原，秀水人。少孤，郡守黃懋拔異之。正統壬戌進士，授翰林編修。景泰初，進侍講。明年，以中允兼侍講。秋，進侍講學士。七年，進右春坊大學士，兼侍講。天順初，改通政司左參議，主禮闈，復直閣，尋進學士。憂去。性孝友，寬厚詳愼，不立崖岸。在閣預聞大政，多有裨益。所著介軒集。贈禮部左侍郎，謚文懿。予祭葬。

十二月辥朔壬戌。起復通政司右參議劉昭。

癸亥。協贊兩廣軍務監察御史吳禎爲右僉都御史，巡撫廣西。命右僉都御史葉盛專巡撫廣東。起復河南按察使王槩爲右副都御史，巡撫陝西。

乙丑。復海南衛副千戶劉玉爲右軍都督僉事右副總兵鎭守涼州。

丙寅。召廣東都指揮使張瑀。

丁卯。夜大星青白光自參旗流天廩。

戊辰。襄垣王遜燂薨。

巡撫山東右副都御史賈銓兼撫河南。

癸酉。修曲阜孔子廟。

召左副都御史王竑。

迤北太師孛來奏臣長諸部。勞賜宜加等。命增織金綵幣一。時孛來與毛里孩猛羅出猛可相仇殺。不敢深入。

限南京快船。惟冰物十五扛一艘。餘滿載毋分載滋擾。

乙亥。上仍御奉天門如常朝。

南京刑部尚書蕭維楨改南京兵部尚書。

丙子。勸陝西富民出粟賑饑。

丁丑。都督同知陳友充總兵官鎭守宣府。

戊寅。復郭鑑兗州知府。

復李匡左僉都御史。巡撫宣府。命韓雍專撫大同。

夜大星赤光燭地。自文昌流紫微東藩。三小星隨之。

己卯。大理寺右寺丞吳琛爲右僉都御史。巡撫甘肅。

甲申。禮部尚書石瑁卒。瑁字信之。應州人。宣德癸丑進士。授禮科給事中。守金華。歷今官。無他才識。致顯位。倖也。

乙酉。上不豫。

鎮守莊浪奉御進保忤都督林宏互訐。徵保還。下獄論死。

丙戌。免陝西買辦纓毛。

戊子。徵宣府右參將都督同知江福都指揮僉事張傑右監丞阮祿奉御陳莊還京。各私役軍士。縱寇失事也。

己丑。命有司捕逃匠。

庚寅。夜。大星青白光燭地。自井宿流五車。

癸未天順七年

正月辛卯朔。守備龍門都指揮僉事黃瑄充右參將。鎮守獨石馬營。

甲午。夜。大星青白光。自角宿流騎官星。

丁酉。南京西安門木廠火。

壬寅。停陝西山西御史清軍。

甲辰。東寧伯焦禮卒。禮字尙節。山後廣寧人。襲廣寧後衛指揮僉事。調守遼東。禦虜功。累進左都督。天順初。積勞封。有膽略。善寡擊衆。邊方賴之。追封東寧侯。謚襄毅。

丙午。上南郊。時足疾。掖而就事。

丁未。夜。月犯內屏星。

辛亥。吏部大計。罷斥千六百四十二人。

壬子。吏部左侍郎姚夔爲禮部尚書。
夜。大星自郎將流角宿五小星隨之曉刻火星入氐宿。
癸丑。哈密來貢。進使臣都督同知把帖木兒爲右都督。
祠故汀州推官王得仁于汀州。
甲寅。迤北使臣右都督納哈出爲左都督。
夜。月犯南斗杓星。
丙辰。貴州洪江苗二千餘人攻鎮遠屯寨。
丁巳。都指揮使李剛充右參將。鎮守萬全右衞。
廣東都指揮韋俊守德慶千戶所。賊陷之戍俊南丹衞。
戊午。廢遼府奉國中尉豪垸爲庶人。以淫暴也。
二月庚申朔。夜。木星犯牛宿。
壬戌。詹事陳文爲禮部右侍郎兼翰林院學士直文淵閣。
廣東道監察御史馬文升爲福建按察使。
癸亥。後軍帶俸都督僉事詹忠匿喪。調南京。
昏刻老人星見。
乙丑。禮部右侍郎兼翰林學士陳文尚寶司少卿兼翰林修撰柯潛主禮闈。
丙寅。風霾。
戊辰。琉球國中山王尚德入貢。

貢院火。貢士死者九十餘人。詔改試八月。

己巳。下禮部左侍郎鄒幹郎中俞欽主事張祥御史唐彬焦顯于獄。以焚闈也。尋宥幹。復之。餘外補。

辛未。都指揮同知海榮指揮使馬全使哈烈。指揮詹昇葛春使撒馬兒罕。指揮同知劉福普賢使哈失哈兒。都指揮僉事白全百戶白暹使阿速。都指揮同知桑斌正千戶劉俊使土魯番。都指揮同知古兒赤都指揮僉事金貴使哈密。都指揮同知柏貴副千戶楊貴使乩加思蘭。

陝西都指揮僉事汪禮守備延綏東路。

癸酉。賑甘州等衛。

陝西按察使項忠請罪人納粟賑饑。從之。

甲戌。蠲貴州宣慰司逋糧萬六百石。兩浙運司各場課萬四千引有奇。

乙亥。國子司業吳匯予告。

丙子。改定松潘中鹽例。

己卯。禮科給事中孔公恂右春坊右贊善司馬恂並爲少詹事。恂司馬光後。

復張喦荆州知府。

戶部尚書年富。以光祿寺廚料歲增。乞內臣同御史覈其出入。從之。

庚辰。河南布政司照磨金景輝言。黃河國初在封丘。後徙康王馬頭。尙有一支由沙門注運河。一支由金龍口以達徐呂二洪。正統間決滎澤入淮。舊河支河俱堙。阻運。景泰間水迫城。築隄四十餘里。水發輒潰。天順初漂沒北城磚門。言之可爲於邑。今不疏導以殺勢。止委之一淮。仍起隄防。恐開封終爲魚鱉區。今宜疏金龍口。畢濬舊河。以洩水患。從之。

壬午。命眞定浙江貢羊毛羊羢水竹白藤木料。

癸未。進士潘禮秦崇爲戶兵科給事中。

上杭賊平。餘孽復四千人。命捕之。

丙戌。上諭李賢曰。近聞空中有聲。天譴也。宜禳之。對曰。傳云。無形有聲曰鼓妖。君不恤民。天下怨叛。則妖生焉。乞行閔恤之政。上曰。朕心也。

下禮工部左侍郎霍瑄薛遠等錦衣獄。以擅移貢院于安仁坊草場上責之。命貢院如故。

丁亥。廣東都指揮使張瑀復署都督僉事副總兵鎮守宣府。

夜。大星赤光燭地。自軒轅流太陽旁。五小星隨之。

三月皷朔甲午。安南入貢。

戊戌。進士司福朱賢陳煒婁芳黃璩潘繽任璽曹英王聰彭昭徐斐俊英陳選宋瓛陳相劉驥知縣賈奭田濟吳瑞王璽孫逢吉監生王瀛張瑢周源劉忠爲監察御史。

己亥。天霾。夜。大星赤光。自參宿流至濁。

庚子。初。廣西總兵官都督過興疾。免。子得隆從還。道祁陽。以知縣李翰不賄。杖斃之。並及其子。事聞。興得隆俱論死。

壬寅。詔曰。畿內去冬少雪。今春不雨。四方之遠。亦恐或然。夫天時違和。地利未盡。吾民衣食何所自出。欲慰羣情。宜加寬恤。各條示于後。云云。於戲。代天理物。爰推一念之誠。節用愛人。用錫萬邦之福。

甲辰。敕左副都御史王竑總督漕運。

乙巳。木星晝見。

丁未。夜。大星青赤光。自貫索流弧矢星。

戊申。悉罷清軍監察御史。

辛亥。兵部右侍郎白圭爲工部尙書。起復通政司左參議尹旻爲吏部右侍郎。

山東左布政使原傑。先任江西按察使。武昌知府張勛。先任靑州。俱課最。賜誥命。

壬子。雲南右布政使李春爲禮部右侍郎。署光祿寺事。浙江左布政使沈義爲工部右侍郎。

癸丑。封蜀世子友垓爲蜀王。友埏廣靈王。

甲寅。太僕寺丞李侃爲少卿。

乙卯。減陝西納米冠帶例。凡納百斥予之。

曉。刻月犯壘壁陣星。

是月。廣西賊陷岑溪縣。鬱林州。

四月。朔。辛酉。命貴州四川湖廣雲南各輸米百石于貴州者。予冠帶。仍開納贖例。

夜。火星退犯氐宿。

癸亥。戶部右侍郎楊鼎爲左侍郎。工部右侍郎薛遠改戶部。

太僕寺少卿金輔卒。賜祭。

甲子。進士崔儀王誼爲兵刑科給事中。王徽爲南京刑科給事中。

召都督僉事李杲還京。

夜。大星青白光。自騎官流至濁。

乙丑。貴州左布政使范理爲南京工部左侍郎。理。台州人。庚戌進士。知江陵。諭民懇至。民皆誦之。雖衝衢權貴。

無敢漁一錢。楊博薦知德安府。民遮留不得。則奔餞十里。慟哭而返。理居官淸愼忠勤。一以惠利爲本。以最超遷貴州左布政。其去貴州也。民祖餞益甚。

弗提衛來貢。進都督同知察安奴爲右都督。

海西女直犯開原。左參將曹廣等擊卻之。

丙寅。通政司左右參議楊穟劉昭爲左右通政。

丁卯。薛瑤嗣安順伯。薛忠子。

己巳。南海子弘仁橋成。

巡撫大同右僉都御史韓雍爲兵部右侍郎。貴州按察使陳价爲右副都御史。

岳陽王季境薨。年五十。謚恭僖。

辛未。奉孝恭章皇后主太廟。

壬申。夜。月犯亢宿。

壬午。下巡按宣大監察御史李蕃錦衣獄。或譖其擅撻武弁。迎送用軍容也。已械長安左門卒。

癸未。修周府。

日赤如血。

丙戌。奉御來僧內使韋肅往浙直織幣。

戊子。前南京工部左侍郎吳政卒。麗水人。□□進士。授禮部主事。進員外郎。以幹濟稱。宣德中進右侍郎。巡撫湖廣。鋤强抑弱。正統中改南部。致仕卒。予祭葬。

五月玘朔。日食。

庚寅。黑婁地面毋塞亦王入貢。

丙申。裕州知州秦永昌貪暴。民訴之。逮至京。籍其家。誅之。仍榜示天下。并謫罰監司有差。

天鳴。

保定河間大名廣平順德濟南東昌青衞輝旱饑。

壬寅。書褒襄陵王沖烌孝行。

癸卯。南京左都御史石璞戶部左侍郎馬諒。前府忻城伯趙榮。都督同知范雄。右府都督同知張斌。倶罷。錦衣衞指揮僉事門達言其衰憒也。

戊申。太常寺卿夏衡致仕。

增置西安倉。

癸丑。知縣劉珂李昺監生方進李讓趙璉李□爲監察御史。進讓等倶南京。

遣諭海西女直。初左參將曹廣奏。都指揮馬鑑敗入寇海西女直于清河寨。斬四十餘級。至是海西嘔罕河衞頭目來朝。言悞殺清河寨歸順者。故有是命。

甲寅。監察御史楊璡巡按遼東。錦衣衞言其擅撻武弁。命械都察院門。并勅御史遵行憲綱。

丙辰。都督僉事李杲領京軍千人往代朔屯守防胡。

六月紀朔壬戌。夜大星赤光。自紫微西藩流五車。

癸亥。施榮嗣懷柔伯。施聚子。

甲子。命蘇松徽常浙江。以折糧銀十二萬石市青紅綠紵絲萬匹。

乙丑。左軍都督僉事靳忠卒。

丁卯。命各按察司管屯副使僉事。及兩畿巡按御史專理預備倉糧。
監察御史韓祺巡按山西回。門達以祺作威狎廝役。械長安左門。卒。
戊辰。安南入貢。
夜。大星赤色。自紫微東藩流文昌。
壬申。順天府尹王福奔母喪還任。
辛巳。敕諭迤北可汗及太師孛來。
甲申。錦衣衛旗校。多詐稱緝事。四出脅賂。指揮僉事門達謝罪。上宥之。初。逯杲數捕告謗訕。達嫉之。時論翕然歸達。及繼杲鎮撫。亦效杲以媚上。或語達曰。逯杲激叛。武臣不易察也。公欲行督責之術。則文臣易裁耳。于是分遣官校。行緝中外。搜求幽隱。吹毛批根。及于僚庶。上以爲能。至與學士李賢並委矣。
七月孜朔。福建奏事。先列布按二司。次都司。上以紊次責之。命今後塡奏序坐俱視品。
密雲縣大雨水。
庚寅。前軍署都督僉事都指揮僉事劉福卒。
壬辰。夜。火星犯氐宿。
丙申。釋左都督羅秉忠。初以曹氏株累。因疏辨。上原之。
丁酉。夜。大星青白光。自斗宿流雲中。
庚子。前工部尚書王巹卒。巹鄗人。國子生。授蘇州同知。歷應天治中山西右參政山東左布政使。輒有惠政。正統中。以行在工部左侍郎進尚書。王振數侮之。早退。廉慎精敏。才守俱足稱。卒賜祭葬。
癸卯。寧陽侯陳懋卒。懋字舜卿壽州人。靖難初以舍人從有功。授指揮僉事。累進右都督。封伯。七年。捕虜赤保

達進侯。累征虜。進太保。洪熙初鎮守甘肅。予世侯。正統初坐總兵守邊失機閒住。五年仍給祿。景泰三年加太
子太保。天順初革。年八十四。靖難功臣同時無存者。惟懋碩果。好聲伎。至老不衰。予祭葬。追封濬國公。謚武靖。
甲辰。大理寺卿王宇卒。宇字仲宏。祥符人。正統己未進士。授南京戶部主事。守撫州。繩金谿知縣劉綬之貪。散
饑盜。課最。天順初進山東右布政使。明年拜右副都御史。巡撫陝西宣大。還大理寺卿。宇頗嗜學。好爲文。洗寃
澤物。沒不能殯。李賢倡衆賻之。
丙午。西寧番賊入莊浪。
己酉。傳陞吏部郎中萬祺爲太常寺卿。
新會縣丞陶魯爲知縣。初猺屢犯境。魯以民兵屢卻之。稱保障焉。
庚戌。免陝西去年田租九十一萬二百八十餘石。
辛亥。敬妃劉氏薨。
壬子。山東按察使王越爲右副都御史。巡撫大同。
甲寅。夜火星入犯房宿。
丙辰。前軍都督僉事顏彪爲都督同知。都督同知和勇爲右都督。都指揮使楊麟爲後軍都督僉事。鄭眞爲南
京左軍都督僉事。先征大藤峽賊。殺降報功也。
閏七月戊朔。夜。土星逆行犯壘壁陣星。
己未。右副都御史陳价巡撫寧夏。王越巡撫大同。
諭廷臣。追復母后胡氏。
庚申。禁文職子孫乞廕。

翰林院檢討張業爲國子司業。

辛酉。金星晝見。

癸亥。蘇門答剌國入貢。

甲子。鎭遠侯顧興祖卒。興祖無將才。初征廣西諸峒寇。宣德初召還。正統中。總神機營。尤貪婪。己巳。降都督同知。仍復爵。幸矣。

乙丑。追上故靜慈仙師胡氏爲恭讓誠順康穆靜慈章皇后。修故廢后胡氏陵寢。

丙寅。夜月掩南斗魁星。

甲戌。追上故靜慈章皇后尊謚。禮部請頒詔。已之。第書告各王府。檄各布政司。初。宣宗晚悔廢后。欲復之。未果。孝恭太后崩。皇后錢氏力以請。上語李賢。對曰。盛德事也。奉其主陵殿如奉先殿禮。

談遷曰。裕陵釋建庶人。復胡后。俱出特斷。南陽因而從臾之。誠堯舜事也。仁聖在上。曠恩疊見。倘有能推緣其意。并復建文君。必蒙鑒允。未敢爲時賢望也。

乙亥。定明年正月朔廷試。

丙子。河南左布政使侯臣。參政蕭儼。謝佑。參議王鉉。按察使吳中。張諫。項聰。僉事王紹。奪俸三年。僉事高逵免。巡按御史吳珉。梁觀。浙江僉事陳璧。台州知府邢宥。俱謫縣丞。以誅秦永昌。幷逮監司。坐故縱也。

八月癸卯朔。戊子。代王仕壥薨。年五十。謚曰隱。

癸未。金星晝見。

曉。刻老人星見。

己丑。賑淮安鳳陽揚徐饑。

庚寅。漕運總兵官右都督徐恭致仕。

辛卯。夜，月犯東咸星。

甲午。太常寺少卿兼翰林院學士彭時、侍讀學士錢溥主禮闈。

丙申。文安伯張斌有罪，錮錦衣獄。

己亥。錦衣衞帶俸都指揮同知孫紹宗卒。

辛丑。懷寧侯孫鏜辭三千營。

癸卯。撫寧伯朱永領三千營。

乙巳。夜，火星犯南斗杓。

丁未。增沂州判官專督柴炭。

庚戌。夜，大星赤光，自敗瓜流天市垣，三小星隨之。

癸丑。夜，月犯內屏星。

甲寅。出帑金募商納鈔。

昏刻，大星赤光，自河鼓流斗宿，五小星隨之。

丙辰。前禮部尚書胡濙卒。濙字源潔，武進人，建文庚辰進士，授兵科給事中。太宗召對稱旨，進戶科都給事中。丁亥，命巡歷天下，名訪張三丰，實陰察建文在否也。丙申，還朝。憂去，起復，又進禮部右侍郎。明年，巡江浙楚襄。還報行在，密疏東宮七事，釋上之疑。洪熙初，進太子賓客、南京國子祭酒。宣德初，進禮部左侍郎，尋入朝，進行在禮部尚書。天順初致仕。濙節儉寬和，喜怒不形，以德重稱，而突梯多智，每大朝事皆豫定于中，而外迎合之，故歷任垂六十年，榮遇不衰。十知貢舉。年八十九。好接方士，遺讖幃簿云。賜祭葬，贈太保，謚忠安。

袁袠曰。老成人國之蓍蔡。而士之表儀也。胡公以碩德立朝。忠勤篤棐。夙夜匪懈。歷事六主。並受寵遇。晝接蕃庶。冠絕百寮。晏子有言。一心可以事百君。斯之謂矣。求之古昔。其文潞公之儔歟。

後軍右都督陶瑾卒。鳳陽人。襲揚州衞指揮同知。贈大同伯。謚武毅。

九月盯朔戊午。起復吏部左侍郎崔恭順天府尹王福。

昏刻。大星赤光。自列肆流近濁。

辛酉。夜。月犯南斗魁。

己巳。定國公徐永寧請封其母。下獄。停祿半年。

夜。大星青白光。自左旗流至濁。二小星隨之。

癸酉。夜。月犯六諸王星。

甲戌。廣西賊流刼雷廉高肇。敕責兩廣鎮守巡撫官。

乙亥。令巡撫大同右副都御史王越奔母喪還鎮。

丁丑。江寧主簿廖世清爲縣丞。

夜。金星犯南斗魁星。

己卯。翰林院編修王與爲侍講。

四川蒲江賊悟眞等據岳池。流刼榮昌遂寧銅梁等縣。

辛巳。故右都御史李實下錦衣獄。籍其家。以暴橫。鄉人訴之。

甲申。免長沙旱災田租。

鎮守臨淸平江侯陳豫卒。豫嗣伯爵。總京兵。平沙縣賊。進封平江侯。景泰初。鎮臨淸。歷河南山東南京。天順初。

復鎮臨清。豫讀書循禮。事期安靜。工詞翰。卒。賜祭葬。贈黔國公。謚莊敏。

乙酉。夜金星犯狗星。

十月丙戌朔。丁亥。賑武昌漢陽荆州水災。

己丑。昏刻。木火二星聚女宿。

丙申。夜月犯外屏星。

丁酉。賑陝西饑。共糧百八十三萬餘石。

總督漕運後軍右都督徐恭卒。和州人。世燕山右衞指揮同知。恭謙謹。行事安靜。

戊戌。陝西按察使項忠爲大理寺卿。陝西官民奏留之。命忠巡撫。以王槩爲大理寺卿。

甲辰。雨木冰。

乙巳。逮福建按察使馬文升。以奏名列都布二司前。

江上鹽盜劉清伏誅。

丙午。潮陽知縣陳瑄爲潮州試知府。巡撫葉盛言其能撫亡勦寇也。

丁未。流賊刼廣州。甚亟。敕巡撫廣西右僉都御史吳禎節制兩廣官軍。與廣東鎮守官計擒之。

戊申。夜月犯內屏星。

己酉。吏科給事中魯崇志爲南京太僕寺少卿。

夜月犯太微垣上相星。又大星青白光。自五車流文昌。

庚戌。夜金木二星聚女宿。

辛亥。監察御史朱賢降四川花林驛丞。初賢請廣進士額。下獄。

癸丑。夜。土星犯壘壁陣星。

十一月[illegible]朔。夜。火星犯土星。

戊午。昏刻月犯十二諸國代星。

庚申。夜大星赤光燭地自天倉流壁宿。四小星隨之。

乙丑。萬壽節。請賀。上曰。母后違養。未及大祥。朕何忍哉。至期。御奉天殿。諭羣臣如朔望儀。

丙寅。金華民訴其知府張瑄貪酷。上密遣官校察之。曰。卽不實。亦械至。遂下錦衣獄。

大藤峽賊七百人夜入梧州。執副使周璹。殺訓導任璩。總兵泰寧侯陳涇等駐城。擁卒自衞。不發一矢。致仕左布政蒼梧宋欽挺身諭賊。被殺。賊去之。

鄒平王泰塍薨。年四十五。謚莊靖。

丁卯。錦衣衞都指揮僉事袁彬調南京錦衣衞。帶俸閒住。彬雖得上重。畏滿好避。而鎭撫司都指揮僉事門達權勢隆赫。多縱子弟爲奸利。計廷臣中動上聽。惟李賢袁彬也。因譖李賢曰。是嘗受陸瑜金。酬尙書者。上疑之。復嗾游徼摭彬陰事劾奏。上時果于法。曰。是負我者。然故人不死足矣。此外以任若達。退則執彬苦之。彬自誣伏。有綵工楊塤憤而擊登聞鼓訟寃。詆達奸惡數十百事。事事有指。而極稱彬枉。有社稷功。不宜罪。詔併下達治。達刼之。使誣李賢。具草。塤詭諾。達大喜。罷笞。出湯沐沐塤。醪肉食之。持牘面訴上。曰。李賢令之。中臣爲袁彬地。獨不畏陛下法乎。上曰。明于東朝堂辨之。既廷鞫。塤出餘肉大呼曰。天乎寃哉。門指揮醪肉食我。而令引李也。李學士貴人。吾何從見之。且吾死固分。奈何寃他人爲也。達慚沮。釋彬。得分司南京。達寵頓衰。李賢德塤。欲見之。謝曰。小人卒也。寧敢面相君。不往。

黃瑜曰。石亨欲陷徐有貞。得馬士權不屈而免。門達欲陷李賢。以楊塤不屈而免。世曷嘗無義士哉。主使之風。今猶襲用之。豈成憲然哉。賢之不爲有貞。特天幸耳。

張弼曰。埧于彬無恩。于達無隙。又非言官以圖塞責也。特公論所激。挺身以突虎口。其不死者幸也。勇于行義者何如哉。然此公論具人面目者。皆能知之。而高冠長裾稱科第人物者。乃低回洟泗。甘爲之掃門捧溺。無所不至。而覥覥然自得誇謀于人。何利害之移人乃如是其烈耶。聞埧之風。亦可少媿矣。

馮時可曰。嗟乎。埧以一卒抗議。螭頭摘大憝伸大寃。奇節哉。事已則由由安安。神宇自如。若日用飲食而不知爲義爲德也。卻千金辭一官。豈曰徼名。其中博大不可量矣。

戊辰。金吾右衞帶俸都指揮同知聶愿鎮守臨清。

夜。月犯軒轅星。

己巳。召鄭世子祁鍈。以嬖婢致妃張氏自經。

庚午。巡按四川監察御史田斌故善漏刻博士單誠。誠使蜀府。斌從誠所受賂事覺。下獄。上曰。其拷訊。令言御史行人進士使出似此受贓者有幾。若不得問。問官罪無赦。

乙亥。虜使將至闕。欲卻之。李賢曰。夷性亡常。容則喜。卻則怒。莫若寬待之。其來千人。宜俱入京。令卽反。費自省。從之。

夜。月犯內屛星。

丁丑。昏刻。大星青白光。自參宿流近濁。

戊寅。夜。月犯亢宿。

庚辰。太子少保廣寧侯劉安致仕。

兀者衞來貢。進都指揮使察安察爲都督僉事。

辛巳。盜入廣安州殺知州柴良。

壬午下右都御史李賓右副都御史林聰錦衣獄。時福建按察僉事包瑛誣逮下臺獄。忿而自經。遂見劾疎脫也。尋釋。奪俸一年。

十二月乙亥朔丁亥以朶顏三衞貢自大同非例。令頭目四十四人赴京。餘留大同。

免丹陽當塗金壇武進江陰無錫宜興長洲常熟蕪湖銅陵上元江寧句容溧陽溧水江浦六合水災田租。

庚寅魏國公徐承宗卒。承宗嗜書。守備南京。廉謹自持。雖中貴同事。未嘗少附。

辛卯下刑部尚書陸瑜侍郎周瑄程信員外郎吳錫等錦衣獄。時械惡少逸之。尋釋瑜等。

談遷曰。天順之季。中外纓組塡獄。北司者比比也。偏信門達。羅織細故。雖閣部無少免。獄吏之貴固如是矣。初以校尉言巡按雲南御史張祚貪淫。清軍御史程萬鍾淫。逮入京。法司錦衣衞獄上。命更訊。祚萬鍾如其貪淫者有幾。蓋上嚴墨吏之誅。曰貪風息則天下治。

甲午夜月犯天街星。

戊戌陳潤嗣寧陽侯。陳懋子。

辛丑上不豫。

癸卯命成國公朱儀守備南京。

乙巳進士鄧本端王塤滕霄陳繼裕艾福胡涇監生任佐何傳董俊張恂蘇慶顧浩張覥王鉞劉源馮斐韓斐崔讓爲監察御史。

戊申北虜貢馬三千餘匹。留八百人大同。來朝凡千人。

己酉免眞定今年夏麥萬三千一百五十九石。

辛亥。廣西左參將都指揮使范信爲右軍都督僉事。廣東備倭都指揮使張通爲前軍都督僉事。仍鎮守備倭。

前戶部尙書李敏卒。敏新安人。以貢士授鳳陽府同知。薦守汝寧。課最。進應天府尹。能聲益著。景泰初進戶部右侍郎。巡撫南畿。尋進尙書。天順初。致仕。卒。賜葬。

是月。廣西流賊陷新興縣及樂民石城二千戶所。

甲申天順八年

正月鉀朔。乙卯。上不豫。

戊午。昏刻。月犯外屛星。夜大星青白光燭地。自郎位流天紀。二小星隨之。

己未。召太子視事文華殿。初上召李賢便殿曰。今庶事頗寧。而大者反掕。奈何。賢曰。此國本也。上曰。然則傳太子位乎。賢頓首曰。宗社幸甚。遂立召太子。

庚申。金星晝見。

甲子。太保會昌侯孫繼宗攝南郊。

大霧。咫尺不辨人物。

乙丑。雨木冰。

戊辰。廣西流賊夜入淸遠衞。執都指揮尹通、按察僉事王鼎。

蠻賊破懷集縣及梧州。

己巳。上大漸。召諭皇太子及太監牛玉、傅恭、裴當、黃順、周善于榻前。命東宮卽位。百日而婚。定后妃名分。止嬪御殉葬。歛時衣器用袍服繫腰條環。皇后同東宮自選。帶皮鞓者易條鞓。擇葬地。皇后他日同合葬。惠妃亦遷來。餘妃以次祔葬梓宮之陵。遣親王護行。毋用多牛玉奉諭示閣臣李賢曰。所言關大體。止殉尤盛德也。

庚午。上崩乾清宮。年三十八。上閑習騎射。時御琴書。自奉儉約。宮壼嚴于外廷。臨朝淵默。岳峙。近侍莫窺其際。百司奏章。一覽卽記。親自裁決。無所旁落。嘗與李賢彭時論事。賜賢菜。親袖納之。其敬天之誠。勤民之切。臣品心術。悉知高下。事皇太后之孝。待襄王叔會昌侯元舅之情禮兼至。所以處宗室戚畹。不用恩掩義。一代稱聖主焉。

鄭曉曰。上天資英明。冲年嗣位。孝敬重闈。信任舊臣。留心學問。不喜玩好。既親政。崇儉恤民。夙夜孜孜。蠲租省役。每勤詔諭。禮祀羣神。加俸百官。開薦舉。嚴考察。設提學。祀宋儒。謹災眚。勵風憲。輯戚里。文武將相。宰執侍從。臺諫。皆務擇人。久任。尤惓惓卹民間利病。卽嘗北狩。本爲社稷。非徒巡狩已也。復辟之後。殷憂啓聖。敬天勤民。石曹既誅。閔念于岳。進賢去奸。益加冰愼。萬幾精覈。號稱治平。若乃禮遇孝莊。追封恭讓。悼念建文。友愛景帝。升遐治命。言后妃禮分。止嬪御殉葬。尤盛德事也。

李維楨曰。主少而國不疑。母后臨朝而政不旁落。乘輿蒙塵而復辟。高皇帝在帝左右。式靈之矣。帝能出建文庶人。而深修郄于景帝。猶曰人我異觀。能誅石亨曹吉祥。而卒不罪王振。則事之不可知者也。

馬晉允曰。英廟超出古今者五事。禮遇孝莊。追謚恭讓。悼念建文。定后妃之分。止嬪御殉葬。皆仁明之盛事也。蓋正統末年。用王振而北狩。天順初年。任曹石而變多。若夫正統之初。三楊調護。天順之末。李賢柄國。其後續又有足多者。於乎。賢奸之繫國家治亂若此。可不愼與。

談遷曰。英廟狃承平之後。海內富庶。文武恬熙。首事麓川。繼以北伐。一時吏卒。尙有遡楡川之駕。覘石門之烈者。豈知魚潰獸駭。爲晉宋蹈亡哉。沙漠傳書。惓惓郕邸。蓋深爲社稷計也。倏而返蹕。倏而復祚。俱事出望表。史傳未聞。而帝處之坦如也。權不自制。驕及勳閹。石亨幾驂乘之誅。吉祥同甘露之逆。始躬決庶政。旁求者舊夙興夕惕。蓋無日忘穹廬南城時也。噫。一王振未已也。又吉祥潰之。一馬順未已也。又門達怙之。蓋英主慮失其權。爲人所竊。而其有敗有未敗者。禍有深淺也。

國榷卷三十四

憲宗繼天凝道誠明仁敬崇文肅武宏德聖孝純皇帝。諱見深。英宗睿皇帝之長子也。母貴妃周氏。正統丁卯十一月庚寅生。紅光滿室。歲大稔。越己巳。值北狩。郕王監國。奉皇太后命立爲皇太子。景泰三年。改封沂王。英宗復辟。仍皇太子。初名見濬。至是更今名。詔失言其故。海內驚疑。久之始得實。戊寅出閣就學。廣額豐頤。威容如神。英宗嘗卜其福德。

甲申天順八年正月甲寅朔。年十八。甲申。英宗賓天。

庚午。頒遺詔。

乙亥。上卽皇帝位。詔曰。洪惟我祖宗。誕膺天命。肇開帝業。爲生民主。幾百年矣。聖聖相承。志勤于治。武功文德。紹休前聞。暨我皇考皇帝恢宏政治。二紀于茲。厚澤深仁。有以衍皇明萬世無疆之祚。不幸奄茲遐棄。遺命神器付予眇躬。顧哀疚之方殷。奚遽忍于繼承。而親王文武羣臣及軍民耆老。累表勸進。誠切意堅。朕不得已。仰遵遺命。俯徇輿情。于正月二十二日。祗告天地宗廟社稷。卽皇帝位。自惟涼薄。勉懷永圖。嘉與中外親賢。率循至道。惟敬是持。惟誠是立。惟仁義是行。惟古訓成憲是式。庶臻于治康我兆民。其以明年爲成化元年。大赦天下。與民更始。所有合行事宜。條列于後。云云。於戲。體元居正。宜宏經世之規。發政施仁。用錫普天之澤。尙賴宗室親王。文武賢臣。協德一心。恭勤乃事。以弼予于至治。詔告中外。咸使聞知。

丁丑。北虜馬可古兒吉思王子及太師孛來入朝千人。貢馬三千匹。留八百人大同。來朝幾千人。

戊寅。禮部言。禮。君喪三年不祭。惟祭天地社稷。越紼而行事。不敢以卑廢尊。以己喪廢公事也。今二月祭太社太稷。請如禮行之。釋奠先師。遣官如故。但免傳制。從之。

勦岷州叛番。

己卯。量賜貢夷段匹。舊賜鈔。

故廣西布政司右參政羅綺釋獄。還其家産。

壬午。典璽局局丞王綸、翰林侍讀學士錢溥有罪下獄。溥嘗授內豎書。綸受業。大行時。溥意綸預事。密遣門人尙寶司丞朱奎致意。綸因飲溥所。大學士陳文鄰而知之。又奎以晉州知州鄒和遺綸書。或曰此溥所草密詔也。綸漸矜肆。加貂衰上。上惡之。司禮太監牛玉忌綸軋己。又贊善牛綸中允劉珝俱忤溥。嗾人白其事。逮綸。會赦。謫綸南京閒住。溥順德知縣。奎鹽運司副提舉。和雲南瀾滄衞經歷。株及夙好兵部右侍郎韓雍。貶浙江左參政。順天府尹王福。貶兩浙鹽運使。治中丘晟。貶福州同知。通政司右參議趙昂。貶瑞州同知。南寧伯毛榮。都督馬良。謫廣西都督。劉聚、馮宗。謫廣東。錦衣衞都指揮僉事門達。指揮同知郭英、陳綱。指揮僉事呂貴。俱謫貴州。達都勻衞。英安南衞。綱赤水衞。貴平越衞。皆帶俸差操。

敕責廣東總兵官泰寧侯陳涇等玩寇殃民。亟勦賊贖罪。

二月岬朔。上御西角門視事。

撫寧伯朱永、太監黃順治山陵。

丁亥。賚文武諸臣。

吏部尙書王翺祀先師。

戊子。祭太社太稷。

壬辰。石亨子浤。石彪子玉。俱給配會昌侯孫繼宗。釋爲編氓。

癸巳。敕總兵會昌侯孫繼宗訓練營兵。

乙未上英宗法天立道仁明誠敬昭文憲武至德廣孝睿皇帝尊謚。

戶科給事中童軒上五事。

門達怨望復下獄論死籍其貲萬計。初刑科都給事中金紳等論達罪浮于謫譴。命廷訊。法司言達恃恩寵藐法。玩弄威權。文網苛細。大獄屢興。內直垂簾。別舍置繫。假託上旨。恣行忍貪。官校驛騷。子弟交通。爲奸利。其黨指揮張山等亦論死。都指揮□循等戍斥有差。後錄囚。戍達南丹衞。都指揮袁彬已還職。率僚餞郊外。揮金爲裝。人多彬不宿惡有古長者風。

賜諸王金綺有差。

進李賢少保。幷陞宮寮。

匠役姚旺傳陞文思院副使。

召袁彬復署錦衣衞事。

頒詔朝鮮安南。

廣西巡撫右僉都御史吳禎劾總兵泰寧侯陳涇縱寇陷城之罪。下兵部議。

乙巳大風霾。

丙午土木金星聚危宿。金木犯壘壁第六星。

戊申傳陞太醫院等官。

賚南京參贊及各巡撫鎭守守備兵備官幷邊卒。

壬子。風霾晝晦。隱隱有雷聲。

是春。命尚寶司卿凌仕行人邵震頒詔安南。賜黎灝皮弁服常服各一襲。

三月甲朔。尊皇后錢氏爲慈懿皇太后。母貴妃周氏爲皇太后。初兩宮並尊。大學士李賢彭時力言錢后宜少異。從之。

減兩京供用庫及司苑等局歲白糧豆麥茶蠟各十之三。

揚州備倭都督僉事董宸巡撫都御史王竑修江北沿海斥堠。

乙卯。頒兩宮尊號詔。內雲貴川廣土司告嗣驗狀予之。襲不必詣闕。西南夷便之。而驕悍亦始此。

監生孔儒王鑰薛謙李瓛爲南京監察御史。

丙辰。安南國王黎灝乞冕服。不允。賜皮弁袍帶。

前府署都督僉事王端卒。通州人。世涿鹿中衞指揮同知。

廣西蠻入梧州北流等縣。

丁巳。刑科都給事中金紳上八事。持恒久以守新政。勤接見以論治道。納忠言以致躬行。舉賢才以備任使。擇重臣以備邊患。明黜陟以行新政。設武學以育將才。用武勇以除賊寇。上納之。

河南按察副使張諫爲順天府尹。

戊午。大學士李賢等請放宮人。釋浣衣局婦女。命卽行之。

御史呂洪等言八事。正君心。去倖進。獎忠直。嚴黜陟。明賞罰。汰冗濫。審罪囚。愼刑罰。上納之。

占城國王槃羅茶全貢馴象。訴安南侵擾。諭解之。

廣東嶺東道僉事毛吉屢破賊。進副使。賜敕。

己未。復樊英監察御史。

辛酉。大學士李賢乞遵祖訓嚴番僧宮門出入之禁。從之。
壬戌。前工部右侍郎吳復仍理柴炭。復致仕。恃奧援嗾柴役疏留。
乙丑。太常寺少卿兼翰林侍讀學士林文致仕。
丙寅。毁錦衣衛城西獄。門達私置。
戊辰。廷策貢士吳釴等二百四十七人。賜彭敎吳釴羅璟等進士及第出身有差。
夜。月犯氐宿。
己巳。南京翰林侍讀周洪謨言人主守神器之道三。力聖學。修內治。攘外侮。而力聖學之目一。曰正心。修內治之目五。曰求眞才。去不肖。旌忠良。罷宂職。恤漕運。攘外侮之目六。曰選將帥。練士卒。理陣法。治兵器。足饋餉。靖邊陲。命酌行之。
壬申。召各總兵官甘肅衛穎遼東王琮宣府董興延綏張欽薊州馬榮大同副總兵盛廣巡撫遼東延綏宣府都御史胡本惠徐瑄李匡入朝。俱年久聲不著。
復都督僉事郭登定襄伯。爲平羌將軍總兵官。鎭守甘肅。武安侯鄭宏爲征虜前將軍總兵官。鎭守遼東。都督同知顏彪爲鎭朔將軍總兵官。鎭守宣府。都指揮同知張傑爲靖虜副將軍署都督僉事總兵官。鎭守延綏。修武伯沈煜總兵官。鎭守薊州永平山海關。都指揮僉事李英爲右參將。分守大同西路。
起左僉都御史滕昭巡撫遼東。改南京右僉都御史李秉巡撫宣府。兵科都給事中徐廷章爲右僉都御史。巡撫延綏。
復岳正翰林修撰。楊瑄御史。
癸酉。琉球國中山王尙德入貢。

甲戌。廣西流盜入廣東。刼新興陽江及雷廉高州。官軍擊斬二百八十級。

乙亥。太監陶榮乞寺額。敕禁之。

翰林侍講李泰爲侍講學士。

丁丑。總督南京糧儲右都御史軒輗爲南京左都御史。

戊寅。禁匿名書。

南京戶部左侍郎陳翼總督南京糧儲。

太保會昌侯孫繼宗兵部尚書馬昂選京兵十二萬人。分十二營。奮武。耀武。練武。顯武。敢勇。果勇。鼓勇。效勇。立威。伸威。揚威。振威。遇操給事中御史巡察。

沈一貫曰。盡天下衞所軍。不能當九邊。盡九邊軍。不能當京師。此高皇帝居重馭輕之永計也。兵不强則有夷狄盜賊之憂。兵强又有兵憂。夫使其强而無憂。必有方矣。凡言京營弊者。不過曰寡。優卹也。勞。工役也。教練疎也。隱占多也。雖有堯舜。不能衣食天下貧人。今制于優卹。不薄矣。獨患不實。則有司之罪。而于振飭此也何有。兵興則廬舍井圊橋梁道路皆其事。豈復借役于他人哉。而用之執工。何礙于習勞。以此爲僃。則供張而坐奉之乎。敎練。將帥事耳。亦不爲難。惟隱占城社之奸。最不易問。而肅皇帝奮除中貴人不許監軍。則所謂大斷。此制既定。而猶不免有隱占。小偷也。且治之耳。由斯而談。諸弊可立去。猶無强卒。何哉。夫殺敵之事。非可以數習能也。必嘗從大將軍出塞。履鋋鏃。冒矢石。而後可。故徐珵之論。請出京軍燒荒。冬出春歸。庶幾習見邊情。而臨敵不懾。楊博之論。請摘兵萬餘。番戍諸邊。更涉勞苦。以轉其驕脆之習。皆至計也。正德間流賊四起。則兌調京營宣府兵各三千。往來操習。當其時人有引狼入室之憂。而不知盜賊不敢舉左足窺京師。蓋亦其功。庚戌之變。咸寧調邊兵入防。又請以京邊軍雜戍之。以幾轉弱爲强之效。然而人非之。何與。

此言出于徐珵楊博之口。未始不以爲可。此言出于江彬仇鸞之口。未始以爲可。存乎其人。亦存乎其時也。

若乃趙殿學分營練兵之說。終當採行。既防其獘。復蓄其焰。慮至遠矣。

廣西盜陷陸川平南等縣。

己卯。選翰林院庶吉士李東陽倪岳謝鐸張敷華陳音焦芳汪鐩郭璽計禮傅瀚張泰吳希賢劉大夏劉道王壿董齡杜懋史芳。太常寺少卿兼侍讀學士劉定之學士柯潛敎習。

庚辰。四川盜流刼銅梁定遠內江永川榮昌等縣。

楚府永安王子均鈋嗣楚康王。

辛巳。曉刻木星犯壘壁陣東第五星。

外戚錦衣衞正千戶周壽爲左府都督僉事。

四月楑朔。享太廟。奉孝恭章皇后神主。

酉刻。日食不見。天文生賈信下獄。初欽天監監正谷濱等言日食僅五十秒。例不救護。信言日食六分六十六秒。斥濱等。

廣西盜流入廣東石康等縣。殺烏家驛丞林安等。執海北鹽課司提舉鄒賢翕良等。

乙酉。四川安岳縣流盜平。

己丑。四川按察副使劉清都指揮劉雄值盜羅江。雄被殺。

中府都督僉事劉紀卒。世揚州衞指揮使。

庚寅。敕太保會昌侯孫繼宗太監劉永誠提督京營。

壬辰。始命內臣監槍。太監周中奮武營。右少監王亨耀武營。太監唐愼練武營。右少監林貴顯武營。太監張溫敢勇營。右少監趙永果勇營。奉御鄭達效勇營。太監來童鼓勇營。左副使高廉立威營。奉御王璇伸威營。右副使張璘揚威營。奉御張紳振威營。

設裕陵祠祭署。

甲午。孝恭章皇后神主祔太廟。

四川盜入漢州德陽縣。殺指揮夏正劉演千戶彭珍。

乙未。刑部尚書陸瑜請觀政進士同見任司官問刑。從之。

虜酋孛來窺邊。敕京東嚴備。

國子生封澄請討廣西大藤峽等盜。事下兵部。

戊戌。顧淳嗣鎮遠侯。顧興祖孫。

辛丑。戶部照磨黎獻請治兩廣失事官泰寧侯陳涇總兵顏彪參將范信等罪。上是之。

乙巳。罷遂安伯陳韶營務。

戶部尚書年富卒。富字大有。懷遠人。永樂丁酉貢士。訓導德平。擢吏科給事中。以直名。宣德乙卯。進陝西右參政。治餉稱職。歷河南左右布政使。左副都御史。提督大同軍務。痛革邊弊。忤石亨。劾罷。尋起兵部右侍郎。累進今官。性剛劾。治尚嚴核。人不可撓以私。嘗疏薦布政楊璿西安知府余子俊。右布政使孫毓。忤吏部尚書王翺。求退不允。賜祭葬。謚恭定。

袁袠曰。年公以朴忠歇歷中外。輒著聲績。其箕疇所謂有爲有守者乎。夫薦賢以爲國也。而隘者以侵官。然則古之所謂上臣以人事君者非耶。及考所薦余子俊等。皆立功邊陲。致位八座。知人之哲。年公其庶幾矣。

丁未。前南京右府都督同知張斌卒。丹徒人。世蔚州衞指揮僉事。

夜。大星自天市垣流斗宿。小星一隨之。
己酉。番賊入陝西寇岷州。
辛亥。刑部司務朱貴奏四川寇獗。命戶科給事中童軒往同鎭巡官議撫。
壬子。分將坐營。定西侯蔣琬奮武營。太平侯張瑾耀武營。廣平侯袁瑄練武營。遂安伯陳韶顯武營。廣義伯吳琮敢勇營。都督同知趙勝果勇營。都指揮同知白玉鼓勇營。都督同知芮成效勇營。都督僉事王瑛立威營。李杲伸威營。鮑政揚威營。孫廣振威營。各有協贊。
五月丁亥朔。夜。大星自中天流至大陵。
丁巳。京師大風雹。
庚申。英宗睿皇帝葬裕陵。
癸亥。夜。月犯氐宿。
甲子。敕修省。
大同副總兵都督同知曹安疾去。
乙丑。翰林編修張元禎上三事。勤講學。公聽政。廣用賢。報聞。
戊辰。英宗睿皇帝主祔太廟。
己巳。大理寺左寺丞高明爲南京右僉都御史。
夜。月犯十二諸國代星。
庚午。上始朝奉天門。
禁朝覲官科歛。

南京監察御史鄭安等上言二事。徙戎狄以安中國。平寇賊以靖邊疆。兩廣蠻賊。

癸酉。南京刑科給事中王徽王淵上言。皇上嗣位。屢詔求言。忠讜日開而言路不開者何也。臣謂有二端焉。庸劣之臣阻直言者也。諸臣之言。切皇上身者。固已行之矣。其有發下所司。多不便己。妄奏阻尼。即有施行。虛文而已。如此則言官諱無益而不言。且奸佞之臣。懼直言者也。于進言之人。多方鉗制。或指爲輕薄。或目爲狂妄。或尋其瑕釁。或幸其差失。言及更張。則曰變亂成法。言及薦舉。則曰專擅選官。言及彈劾。則曰排陷大臣。刑罰明加。怨恨暗懷。如此則言官懼禍害而不言。言路所以不開。臣又見比歲大臣犯公罪。繫累下獄。裸衣受刑。曾不數日。尋復舊職。臣謂如此。非所以重大臣也。夫大臣。羣僚之表也。誠重大臣。要使勿輕進而已。臣又見內外總兵官非倚勛戚。則馮賄賂。士卒內怨。夷狄外侵。皆本兵不得其人也。國家安危。未有不係將帥。將帥得人。未有不係本兵者。比見無恥大臣交結內官。鬻獄賣官。擅作威福。自古宦官委以國政。授以大權。卒致亂敗。卒用刑僇。皇上法高皇帝而已矣。毋使管軍管匠。置立田宅。文武官毋使交結。凡有政事。宸衷是斷。館閣大臣是議。毋使干涉。推擇謹厚。奉侍左右。安其位。厚其賞。不失富貴。無復外望。則已耳。上嘉之。

襄陵王沖[火朱]求遷江西湖廣。不許。

甲戌。襄王瞻墡請皇上選婚。禮部亦言之。報可。

順聖川牧地改屯田。

乙亥。府軍前衛百戶馬眞言。虜之長技在射。宜治火器。列陣前刀牌。後弓矢。止則爲籬。出則爲陣。則胡騎不能衝突。又陝西遼東大同邊民習射獵。請召募給械。復其徭役。秋冬備伍。春夏歸農。上納之。

國子祭酒劉益卒。吉水人。宣德癸丑進士。

前南京左都御史軒輗卒。輗字惟衡。鹿邑人。永樂甲辰進士。授行人。右司副。擢御史。歷浙江按察使。右副都御史。巡撫浙江。累進今官。性耿介。門絕私謁。按浙時。寒暑蔬布。宴不兼味。嘗飲同寮歸。指腹曰。此皆贓也。約其寮三日市一肉。聞喪。明日即去。及奪情復任。稍自矜。後撫浙。威望不及也。然冰蘖之操。終始不易。天下信之。賜祭葬。萬曆中。贈少保。謚端肅。

陳善曰。語云介不忤物。貞不近名。軒之指腹忤物矣。然以此擊貪殘。吏部內凜凜。奸猾者望風解去。所謂良臣如猛虎。高步曠野。而豺狼避路。豈不然哉。

丁丑。哈密使臣苦兒魯海牙奏國王卜列革死無子。亂加思蘭欲侵據之。西番安定王與我同祖。今兄弟七人。乞選一主哈密。許之。

辛巳。羽林衞指揮使吳俊爲中府都督同知。女選中宮。

六月癸朔。復前都御史耿九疇子裕編修。

甲申。山東沂水縣大水。

乙未。賑哈密麥種百石。

丁酉。補經筵官。太保會昌侯孫繼宗。少保大學士李賢知經筵事。吏部左右侍郞兼翰林學士陳文彭時。同知經筵事。太常寺少卿兼翰林侍讀學士劉定之。少詹事兼國子祭酒司馬恂。大理寺左少卿孔公恂。翰林學士柯潛。萬安侍講學士李泰。太常寺少卿兼侍讀孫賢。劉珝。牛綸。左庶子兼侍講王與。徐溥。修撰王獻。劉宣。黎淳。編修李本。尹直。直經筵。別敕李賢。陳文。彭時。率萬安。李泰。孫賢。劉珝。牛綸。日儤直。不用侍衞。

癸卯。夜。大星自室宿流至羽林軍。

乙巳。撫寧侯朱永總管神機營。都督僉事趙輔爲都督同知。同理軍務。

丙午。費淮嗣崇信伯。費釗子。

丁未。瀋府廣宗王幼埨薨。年二十七。謚懷靖。

戊申。正一嗣敎眞人張元吉改封體玄悟法淵默靜虛闡道弘化妙應大眞人。母高氏加封慈懿端惠貞淑太玄君。俱徇其請。

七月壬朔。遣官分祭歷代帝王先師陵墓。

乙卯。安南國寧遠州頭目刺孟刺羡寇雲南之臨安。知府周瑛不以聞。治其罪。寧遠本漢地。宣德初宥黎利。有司失考。併寧遠及廣西太平府之祿州陷焉。

己未。許彰武伯楊信世襲。

辛酉。南京禮部右侍郎章綸以山陵尙新。元朔未改。請來春大婚。時婚禮業行。不及止。

壬戌。嚴邊將侵漁軍士之禁。

甲子。刑部尙書陸瑜。吏部左侍郎崔恭。考屬吏止試文檄。被劾。上切責之。

丙寅。定祭天壽山四陵。分遣駙馬都尉二員。舊一員。疲于奔命。

戊辰。復調民兵守紫荆倒馬二關。

壬申。立皇后吳氏。

都察院都事金景輝言。會通河自安山抵臨淸。僅有汶水。若春月雨少。水微。舟必膠淺。宜再理別源。以備汴梁城北陳橋集有一古河。由長垣經曹州鉅野出運河。每水溢。舟行其間。誠開濬分引河沁水。置二閘啓閉。而徐州臨淸西河均得濟。且增衞水。可免長垣曹鄆飛輓之勞。又江淮民舟由徐州小浮橋抵陳橋以達。無濟寧壅滯之苦。甚利便。詔覈之。

庚辰。禮科都給事中張寧等請進講宋儒眞德秀大學衍義。納之。

辛巳。召甘肅總兵官定襄伯郭登總管神機營。撫寧伯朱永薦之。或曰。定襄宿將也。子已久在事。能下之乎。永曰。吾知治天子軍需才耳。吾安知下。

定西侯蔣琬爲平羌將軍總兵官。鎭守甘肅。

八月钍朔癸未。開經筵于文華殿。每月二日輒講。

甲申。始日講。

禮部左侍郎鄒幹展墓。

都督同知趙輔上戰車制云。虜恃弓馬。戰車足避矢拒馬。以戰車及鹿角互相爲用。則所向無敵矣。車如民間小車。前木板廣丈二尺。高六尺。板開匫。列銃矛。戰則陣。止則營。下兵部議之。

太原旱。

辛卯。兵部尙書馬昂調戶部。召總督漕運左副都御史王竑爲兵部尙書。巡撫宣府右副都御史李秉爲左都御史。

罷工部右侍郎吳復。復閩人。起掾曹倉大使。歷主簿知縣。進工部主事。管易州山廠。天順初。夤賂得右通政。尋侍郎。人鄙惡之。

壬辰。大學士李賢等以民困。暫停作鹵簿大駕從之。

乙未。巡撫四川左僉都御史陳泰爲右副都御史。總督漕運兼巡撫鳳陽。巡撫廣東右僉都御史葉盛爲左僉都御史。巡撫宣府。

丙申。景州獻嘉禾。

守備大同左衞都督僉事周廣疾去。

丁酉。太子少保吏部尚書王翺乞休不允。時翺年八十一。

戊戌。敕修英宗睿皇帝實錄。監修太保會昌侯孫繼宗。總裁少保大學士李賢。吏部左右侍郎兼翰林學士陳文。彭時。副總裁禮部右侍郎李紹。太常寺少卿兼翰林侍讀學士劉定之。南京國子祭酒吳節。纂修學士柯潛。召南京翰林侍讀周洪謨起服修撰。劉俊。陳鑑。劉吉。編修徐瓊。劉健。檢討邢讓。張頤纂修實錄。

敕保定侯孟昂。平鄉伯陳政分歷郡縣印馬。

庚子。巡撫廣西右僉都御史吳禎提督兩廣軍務。

都督同知歐信爲征蠻將軍總兵官。鎭守廣西。都督僉事范信爲副總兵。鎭守廣東。都督同知孫麒。都督僉事孫震爲左右參將。分守柳慶。潯梧。召還泰寧侯陳涇。

鎭遠侯顧淳占田下獄。尋釋之。

癸卯。廢皇后吳氏。司禮太監牛玉。吳熹。謫南京孝陵。都督同知吳俊戍登州。謂玉選后時。俊因熹賂玉。故俱下獄。廷議吳氏不可共承宗祀。遂白太后廢之。敕后曰。朕惟皇后所以共承宗祀。表正六宮。非德性淳淑。禮度閑習。不足以當之。爾言動輕浮。禮度粗率。留心曲調。習爲邪蕩。將何以共承宗祀。表正六宮。其上皇后冊寶。退處別宮。詔曰。朕勉遵先帝之命。冊立皇后。不意太監牛玉。偏徇己私。將先帝時選退吳氏。于母后前奏請立爲皇后。朕觀吳氏輕浮粗率。詩云。靡不有初。初尚不謹。何以克終。朕負天下之重。處禮之變。所遇如此。豈得已哉。敷告羣臣。悉予至意。后立未踰月而廢。史謂後宮先有擅寵者。被后杖責。故及。然宮禁事祕。莫得而詳也。

談遷曰。吳后廢不以罪。且席未暖。而長門之恨繼之。歸獄牛玉。玉誠專欲擅軒龍之柄。義所不出也。入宮之妬。實才人萬氏釀之。自來牀簣之愛。人主溺其私。雖法拂無所關其口。然唐宋時猶有力爭者。至國朝結盈廷之舌。將恕己諒主之說勝耶。

府谷知縣秦紘爲葭州知州。紘以謫吏廉能特著。

甲辰。罷三千營總兵官懷寧侯孫鏜太常寺少卿兼侍讀牛綸吏部員外郎楊琮。俱牛玉株及。鏜玉姻家。綸玉從子。琮玉甥。

乙巳。神機營總兵官撫寧侯朱永兼領三千營。

周府安鄉王有㣧薨。年五十五。謚恭莊。

戊申。前右都御史王暹卒。山陰人。永樂戊戌進士。館選。授刑部主事。

庚戌。四川都指揮使何洪爲右府都督僉事。征東苗功。

九月辛亥朔。丁巳。大學士李賢請擧官論四先帝令毋會閣臣。命仍之。

戊午。傳制封見潚荆王。申鈛蜀王。友壎慶符王。覲均上高王。

河間野蠶成繭。

伊府洛陽王勉漄薨。年三十四。謚安惠。

庚申。吳璽嗣淸平伯。吳英子。

免漕耗四萬六千餘石。

辛酉。增畿內諸生廩米月二斗。

虜孛來攻瓦剌。

甲子。復岳正翰林修撰。預修實錄。

戊辰。許郢府南漳郡主子周堈入監。

辛未。翰林修撰劉俊爲南京國子祭酒。

哈密忠順王母弩溫荅失里入貢。

乙亥。考察京官。戶部郎中江陰卞榮等罷斥有差。榮工詩不檢。故士論薄之。同榮稱詩都御史張楷。教授聶大年。

己卯。太僕寺少卿李侃上激勸四事。激勸武藝以收豪傑。激勸士民以守關口。激勸夷人使自攻擊（廣西猺獞）。激勸武臣以恤軍士。上納之。

戶部郎中龐勝乞開武舉。章下所司。

前陝西布政司右參政許彬復禮部左侍郎。仍致仕。

十月辟朔。壬午。翰林修撰劉吉爲侍讀。

徐俌嗣魏國公。（徐承宗子。）

癸未。金吾左衞指揮使王鎮爲中府都督同知。（女選中宮。）

巡撫延綏右僉都御史徐廷章。總兵官署都指揮僉事張傑互訐。詔刑部錦衣衞遣覈之。

甲申。前禮部左侍郎。兼翰林學士薛瑄卒。瑄字德溫。河津人。從宦補鄢陵諸生。舉河南第一。永樂辛丑進士。授御史。進山東提學僉事。行部親爲士子講解。擢大理寺右少卿。辨寃被誣除名。正統乙巳起大理寺丞。辛未起南京大理卿。轉北天順初以禮部右侍郎直閣五閱月。避曹石乞休。學尚踐履。不標門戶。雖大拜。家居時絕糧。年七十三。所著讀書錄。河汾集。贈尚書。謚文清。萬曆乙酉從祀孔廟。

王廷相曰。或問薛文清曰。潛心聖賢。急于踐履。純儒也。讀書錄何如。曰。信者之循轍也。聞所未發者鮮矣。

羅欽順曰。讀書錄有云。韓魏公范文正諸公。皆一片忠誠爲國之心。故其事業顯著。而名德孚動天下後世。人以私意小智自持其身。而欲事業名譽比擬前賢。難矣哉。其言甚當。薛文清蓋有此心。非徒爲此言而已。

唐樞曰。先生倡無前之學。垂有衆之宗。天下無賢愚信之。何也。貴踐履也。而近欲血食文廟。朝廷數議。詞館不識可乎。曰。文廟報德報功。天下不務力行。先生崛起而持之。使生民知有此大事。先生之功大矣。

袁袠曰。世多以薛公爲迂。嗟乎。是豈知薛公者哉。公之抗王振。遠石亨。垂死而不悔。見幾而不留。死生富貴。皆不足動其心。是豈迂者哉。及讀其言論。慥慥乎有德之言也。非所謂知而能行者哉。

丙戌。進士趙侃、丘弘、侯祥、官唐仁、吳原、高斐俱爲給事中。

庚寅。湖廣平溪衞卒李容僞稱總兵。謀叛。伏誅。

壬辰。立皇后王氏。王鎭女。

禮科都給事中張寧等。以皇太后壽節。禮部尚書姚夔率大臣建醮行香。使齋醮可以助國。殺身亦所不辭。但以無益徒傷大體。其于聖孝不無少損。上納之。

乙未。詔曰。先帝臨御之日。常爲朕簡求賢淑。定王氏。育後宮待期。逮馮几末命。猶以婚期責成有司。朕時迷疚。未敢與從。矧敢與知其事。不意牛玉朦朧奏請。請選吳氏。册立禮成。德不稱位。察其實。始知非豫定者。夫既遵先帝之命以成禮。而乃違命立非其人。何以主宮闈而相祭祀。用是請命母后。正玉罪。廢吳氏。退居別宮。與其非人。寧虛厥位。而在廷文武羣臣。陳請建立。仍遵先帝成命。册立王氏爲皇后。於戲。自古人倫有常有變。變而得正。何憚勿爲。朕之是舉。匪獨正家。抑恐上負先帝選授之命。于心有不安焉。誕告多方。使明知朕意。

四川按察僉事汪浩爲右僉都御史。巡撫四川。

丙申。東鹿知縣盛顒爲邵武知府。博羅知縣邵銅爲溫州知府。衡山知縣鄭冕爲衡州知府。襄陽知縣李人儀爲荆州知府。俱御史謫。善于撫字。命超異之。

丁酉。陳鋭嗣平江伯。陳豫子。

己亥。報虜孛來糾朶顏三衛窺邊。
崇安縣丞吳玘復御史。
庚子。南京右僉都御史高明以春夏霪雨三月。揚州人忽驚疑南奔。乞修人事。回天意。從之。
甲辰。大理寺左少卿孔公恂復爲少詹事兼左春坊左諭德。
立武舉法。
太常寺卿夏寅卒。寅華亭人。善書。薦授中書舍人。供奉最久。靜退兀坐。泊如也。年七十三。賜祭葬。
戊申。南京國子祭酒吳節爲太常寺少卿兼翰林院侍讀學士。南京翰林侍讀周洪謨改北。
十一月戊午朔辛亥。萬壽節。免宴賀。
壬子。守備代州都指揮同知上禦邊三策。禦寇在于練兵。安邊在于持重。隄備在于屯重戍。上是之。
癸丑。工部員外郎劉子鍾爲湖廣左參議。撫治荆襄漢陽流民。
巡撫陝西右副都御史項忠請濬涇陽瓠口鄭白二渠。從之。
丙辰。令兩廣入賀壽官各上平賊方略。廣東右參議王英。按察副使鄺彥譽請大征搗巢。廣西右布政使熊鍊按察副使袁凱言如之。俱下兵部議。
復設京衞武學。
陝西關內道改關西道。易印。
丁巳。敕四川巡撫都御史汪浩勦寇。
庚申。南京右僉都御史高明請分別納馬明經監生錄用。從之。
辛酉。虜犯天城。總兵官彰武伯楊信追之不及。

乙丑。四川盜掠保寧及漢州什邡等處。

丙寅。南京刑科給事中王徽上二事。明刑賞以正朝綱。鑒往事以防後患。俱罪太監牛玉。上以其瀆。謫徽普安州。王淵茂州。朱寬潼川州。李翶寧州。李鈞綏德州。俱判官。

庚午。戶科給事中童軒等還自四川。言賊求撫挾詐。決策用兵。從之。後以失事下獄。謫知壽昌。

辛未。都督僉事何洪擊德陽賊趙鐸于彰明。賊遁。追至梓潼之朱家河。陷陣死。洪素敢勇。嚴馭。贈都督同知。子節襲都指揮僉事。

甲戌。進士王讓唐盛朱清陳按翁信爲南京給事中。

十二月庚辰朔。上省牲。

壬午。廣西總兵官泰寧侯陳涇巡撫兩廣右僉都御史吳禎互訐。遣刑部錦衣衛官廉其事。

丙戌。設榆林城軍站。

丁亥。延綏西路左參將都指揮同知房能請搜河套。除潛寇。以靖邊疆。移營堡以固邊方。塞門堡白洛城去邊遠。耕牧反在堡外。宜據甎營榆林。製利器以破敵鋒。火器曰九龍筒。引火九箭俱發。又窩弓布地。人馬犯之。應弦而倒。事下兵部議之。

壬辰。都督同知張欽以營兵七千往居庸關防候孛來貢使。

傳陞左正一孫道玉爲眞人。給告身。道士封賞自此始。

甲午。都督僉事李杲爲靖虜副將軍總兵官。鎮守延綏。

巡撫陝西右副都御史項忠言。西安城中井鹹苦病民。請穿渠引龍首渠西入。從之。

丙申。肅王瞻焰薨。年五十七。謚曰康。

己亥。順天府丞盧祥爲右僉都御史。巡撫延綏。

庚子。前江西左布政使吳潤卒。潤武進人。永樂初徵修大典。授刑部主事。歷守建昌姚安廣信。進雲南按察使。

誅土官普覺謀叛者。遷江西。閱十二年。誠信浹洽。爲方伯稱首。

甲辰。重定分俸例。初京職六品下支本色三之仍支南京原數。至是止南京分給。

乙巳。進士閔珪楊琅胡深丁川李進劉餘慶傅實姚綬鄭銘監生劉城康永韶俱爲監察御史。

定西侯蔣琬鎮守甘肅。

是年。南京刑部郎中仁和項麒應詔言五事。務正學。納諫諍。崇節義。遠近習。弭天變。尋病免。家居二十七年卒。

甘貧閉戶。寄居于人。巡按御史唐鳳儀以麒同褚遂良王琦表爲忠清里。

乙酉成化元年

正月。配朔。上御奉天殿受賀。是日立春。順天尹進春。致詞云。茲値紀元成化。正旦逢春。氣節會同。天人交泰。

夜。大星色青白。自左攝提流天市西垣。

庚戌。廷臣朝諸王于奉天門東廡。

壬子。廣西猺賊夜陷桂陽州。殺千戶王鳳。總兵李震等于臨武縣擊斬二千餘級。

釋戍邊陳循江淵俞士悅于冕王宗彝朱驥還其產。

甲寅。曉。刻大星自內階東流至近濁。

丙辰。上南郊。

虜小王子及太師孛來入貢馬凡二千一百九十四人。太監葉達迎入京十之三。

辛酉。泗城土知州岑豹攻上林長官司。殺土官岑志。滅其族。奪印。

癸亥。昏刻。月犯軒轅。夜大星自紫微垣流至近濁。

甲子。中府都督同知趙輔爲征夷將軍總兵官。右都督和勇爲游擊將軍。浙江布政司左參政韓雍爲左僉都御史。贊理軍務。征兩廣蠻。太監盧庚陳宣監軍。戶部右侍郎薛遠督餉。先是兩廣蠻久不靖。大藤峽爲藪。其峽有藤。大如斗。亙潯江兩崖間。諸蠻蟻渡如梁也。地峻甚。前桂平。後象州。右貴縣。左藤縣。峽以北巢峒星列。懸度猿引。輒迷謬。南則山小廉瘠。諸村依江路。亦四塞。諸猺好殺輕生。憚見官吏。通向化猺老結城市豪。曰招主。自稱耕丁。招主賂官左右漏師。升峽巔四顧。數百里在睫。得預備。諺曰。盎有一升米。莫泝藤峽水。囊有一陌錢。莫上府江船。其殘掠如此。巡按御史王朝遠請擇謀勇將及威望大臣討之。編修瓊山丘濬上李賢書曰。兩廣蠻賊。自總兵顏彪行師無律。而我威始不振。自其縱兵擄掠。而民財始大絀。自其殺平民爲功。而人心始日離。賊徒始日盛。今用兵之策。大要有二。曰逐。曰困而已。逐在廣東。困在廣西。何言廣東賊當逐也。廣東故無賊。賊皆來自廣西猺獞。而居民從之。使其盡反巢穴。民無所從。莫煽以變。所以必逐也。何言廣西賊當困也。猺獞在峭嶺險隘中。雖官軍百萬。亦無能一鼓直抵而盡殲之也。所以必困也。今廣東十府。殘破者亦其地之相去遠者。或至千里。若逐之從一路。則敵之與我。彼此相避。必難成功。必分爲四路。一自廣州三江口趨肇慶。歷四會封川等縣。泝流而上至藤江。一自肇慶之新興。過陽江。抵高州界。擣電白信宜。出茂名化州。由間道經岑溪等縣。一自藤縣直泝北流江。登陸由鬱林博白陸川。出石城。抵雷州。復自雷州往廉州之靈山。下橫州江。一自廣州之連州。經賀縣。出平樂。四路之兵俱會潯州。窮搜極追。且招且勦。此逐策也。廣西猺寇所在有之。惟潯州大藤峽。前臨河。後抵柳慶。左界昭梧。右接邕貴。中皆高山峻嶺。惟其蓄積有限。必資火種力耕。其田盡在山外。若進兵屯守。蹂其青苗。使出不得擄掠。退不得耕耨。斃之不過一二年耳。春夏之交。蠻地大瘴。今欲進兵。宜以七月。春夏退屯于潯州。既秋復進。軍士乃完。此困策也。夫今日賊徒所以倍獲于昔者。皆良民耳。彼平居輸賦供力養兵奉吏。我保障賴之。寇旦夕來。焚蕩其室廬。戕殺其親屬。入城則閉不納。入山又與賊遇。不幸見擄。姑且順從冀須與無死。賊因而刼持虐用之。行使負擔。息使樵爨。攻城則驅以當矢石。反奔則棄以委官軍。民所僥倖不死。心語曰。我豈從賊。不得已耳。他日賊平。故可趨供賦役如平居。忽聞大軍之來。喜若更生。乃及既至。眞賊遁入深山不可得。捕從賊者盡甘心焉。與言及此。深可傷閔。今之總帥。宜戒前事。召諭父老子弟。指誓天日。使無疑顧。出榜招徠。許以自新。或與殺賊贖罪。然後良民可使不爲盜也。而又除去總兵等官旗牌及挽弓報效等項。以絕其驛騷。加意撫綏廣州。以固其根本。獎諭服順之土官。使聽調遣。厚加犒賞。所得賊財。盡以予之。以結其心。嚴私鹽之禁。以爲賞勞之資。以足其欲。被擄軍民自賊來者。或知其情勢。俾爲嚮導。以借其力。有欲執仇者。編爲義兵。隨軍調遣。以壯其氣。如是而賊不破者。未之有也。賢善濬策。以轉聞上。嘉納之。命錄示總兵巡撫。初。兵部尚書王竑薦韓雍文武才可將。雍方新得罪。衆難之。竑曰。天子方棄瑕卽瑜。疑雍罪不當。乃竑不以罪廢耶。議遂決。閫外事一聽雍節制。勅將士得自署置。監司而下不用命者。輒以軍法論。朕不中制。

乙丑。北虜使臣孛羅赤等六百六十餘人來朝。增門禁侍衞。

丙寅。漕運參將楊茂爲前府署都督僉事。漕運總兵官。

戊辰。西域烏思藏哈密等國來貢。

己巳。曉。刻月犯氐宿。

國子監助教李伸上五事。明從祀之典。子不先父食。顏路曾點孔鯉宜侑啓聖王廟。罷公伯寮荀況馬融杜預王弼。進劉因許謙。曰嚴學校之職。曰擇承襲之胤。曰廕大臣之子孫。曰盋小吏之倖。命行之。

辛未。兵部尚書王竑上兩廣勦賊事宜。俱納之。

寧遠伯任禮卒。禮臨潼人。從靖難。累功至左都督。正統戊午進封。起卒伍。雖不知書。頗自守。賜祭葬。贈寧遠侯。

諡僖武。

刑部主事馮俊言。臣生長廣西。深識夷情。國初立田州泗城等土官世職。遇警從征。懷德畏威。今流官兼攝。故反側靡常。趙輔南征事平之後。宜招撫餘孽。或近附土官。或別立長官司世襲。上納之。

甲戌。敕御史汪霦劉慶約束南征蕃漢諸軍。毋竄功騷擾。

夜。大星自紫微垣西藩流至天棓。二小星隨之。

乙亥。改吳禎止巡撫廣西兼提督軍務。

祠故汀州推官王得仁于汀州。

故右都御史李實自陳奉使功。求官。許冠帶閒住。

丁丑。起復程信兵部右侍郎。沈義工部右侍郎。大理寺右少卿董方爲刑部右侍郎。

懷柔伯施榮卒。

二月賊朔。辛巳。北虜小王子脫思可汗與孛來求報使。不許。答詔曰。朕嗣祖宗大統。政事悉遵太祖高皇帝成憲。今爾欲中國遣使。洪武無例。正統中雖嘗遣使。反失和好。天順初非不遣使。擾邊如故。英宗皇帝悔不復遣。朕不敢有違。蓋欲和好久遠。非有他故。其亮之。

壬午。弗提衞右都督察阿奴奏進海東青。上以野禽啓獵。卻之。

岷世子膺鈺以武岡淺隘。求還長沙。不許。

癸未。金星晝見。

乙酉。虜酋孛來爲三衞求增賞。敕曰。國家待四夷。輕重有等。成憲具存。三衞違貢道。貢由喜峯口。去年附北虜來朝。舍東而西。無誅爲幸。其又何厚焉。

己丑。御史趙敔訟故少保于謙之冤。上素閔之。亟議卹。

壬辰。先是延綏總兵官都督張傑上安邊方略七事。曰延綏慶陽。廣袤千里。甚宜耕牧。須增營堡。今東西營堡二十五。各不過一二百人。何以應敵。府谷縣處極東。西距諸營八百餘里。猝難援也。可簡卒九千。分六哨。列府谷神木龍州榆林高堡安邊。足相援應。又延安極邊。鄜州定邊慶陽俱內屬。遇警不即達。虜寇邊堡道延安膚施甘泉等縣。後至鄜慶乞調鄜慶防秋二千餘人戍沿邊要害。餘六事。亦行陣攻守之策。請鎮巡擇議。從之。

甲午。上祭先農。躬籍田。

丁酉。孛來寇遼河。總兵武安侯鄭宏追至長同山。擊斬五級。俘十人。

骨鹿惡市等番屢寇松潘。副總兵都督僉事盧能參將周貴等敗之。斬二百餘級。

戊戌。加賜齊庶人賢炼薪米。

己亥。翰林檢討劉誠趙銳爲秀府左右長史。

遣文武大臣祭告祖陵皇陵孝陵秦愍王等墓及歷代帝王先師陵廟嶽鎮海瀆諸神。

夜。東方流星光如椀。流至雲中。

辛丑。都督同知芮成總兵鎮守四川。

癸卯。夜。火星犯天籥東北星。

甲辰。守制翰林修撰陳鑑力辭實錄之召。許之。

乙巳。敕兵部尚書王竑簡閱十二營。

責川廣鎮守撫按三司失事。俱充爲事官。停俸圖贖。

丙午。命四川招漢州盜趙鐸等來降。善撫之。復業給居食。免其徭。

三月帗朔。虜孛來擣朵顏三衞苦堆等九萬騎入遼河。總兵官武安侯鄭宏等禦之。俘十一人。斬五級。

廣東按察副使毛吉討賊于陽江之雲岫山。敗之。逐北深入其營。賊殺我指揮閻華。師遂潰。毛吉死之。

楊守陳曰。嗚呼。兩廣之苦。一何酷耶。自昔任邊事者。賊至僞不聞。且亦不戰。戰亦不力。甚者十餘賊驅婦女數百過城下。亦莫肯以一矢相加。遣人以告。則詬箠之。賊去。乃始耀兵入墟落。殺掠齊民以爲功。王師南征。猶踵其故智。權貴右之。濫封溢賞。不吝也。朝奏捷。夕告急。不諱也。陷城棄師失律之將。不僇也。非誨之縱賊殘民耶。亦無異乎毒之酷矣。獨一宗吉。如兩廣何。人孰不死。而宗吉聲光將與日星照終古。彼偷生倖富貴者。竟何如哉。竟何如哉。

己酉。太子少保吏部尚書王翺進太子太保。吏部左侍郎兼翰林學士陳文爲禮部尚書。兼秩如故。

庚戌。敍州府山都掌等蠻分掠江安等縣。永寧等衞命捕之。

壬子。韓府漢陰王徵鍉薨。年十七。謚恭懷。

國子監學錄黃明善上平蠻三策。竄徙鄰境。以離其黨。分屬漢夷。以別其類。地接永寧。割隸永寧。地接芒部。割隸芒部。據險固守。以待其斃。自納溪登岸至永寧。自永寧至芒部。斷其後。使無可逃。彼不敢下山求食。半年皆餓殍矣。下兵部及鎭巡議之。

癸丑。翰林修撰曹恩爲尚寶司少卿。童緣爲右春坊右諭德。編修丘濬爲侍講。檢討邢讓爲修撰。故事。修撰秩滿陞侍讀。侍講。至是修撰王獻將秩滿。求李賢爲己地。故有是命。後遂爲例。

河南布政使司王恕爲右副都御史。撫治南陽荆襄流民。初。鄖陽介湖廣河南陝西間。國初鄧愈斥其地。虛無人。然地多山險。流民萃焉。旣贅聚。自相雄長。天順初。錦衣衞正千戶涿州楊英使河南。見流民。策其不早制必亂。宜選良吏賑饑。漸圖所以散之。願占籍者聽。盜鑛者宜絕。外民與通。不得食。勢自不可久。歸上書。不報。後副使鄧本端追謚英先見謂一言可當十萬師比于茂陵徐福。

甲寅。巡撫湖廣右僉都御史王儉奏禁約內外鎮守等官置田肆占牧卒。有旨田牧不必禁。餘從之。

丁巳。上視太學。始加牲用樂。停祭酒官以下宴。止宴衍聖公三氏子孫于禮部。

蔡復賞曰。釋菜比釋奠爲最簡。不酌鬯。不列饌。不作樂。不授器。我太宗躬謁先師。行釋菜禮。至憲宗則行釋奠。何若是其不同乎。伏覩太祖嘗諭禮部曰。祭享之禮。載牲贄帛交于神明。不費出己。希神必歆。之由是言之。如庶人陌錢瓣香皆可格神。由是言之。則釋奠釋菜。惟在于致力之何如。而不在于物之詳略也。

戊午。翰林侍讀周洪謨以山都掌蠻屢叛。地不過二百里。寨不過百餘。乞鎮巡監司親至其地。擇寨主服衆者。立爲長官司。統各寨夷人。仍隸敍州。其戎縣流官專轄漢民。下兵部議聞。行下四川巡撫汪浩都督芮成。諭諸蠻設官之意。諸蠻大悅。詣敍州見成。具馬二十七匹貢謝。成勞以布。令還戎縣以俟。奏報。汪浩議設都掌箐前大壩三長官司。令諸夷目擇首領三人。把事協贊三十四人。疏上。議鑄印。

己未。前南京前府都督同知范雄卒。杞縣人。襲錦衣指揮僉事。

癸亥。月食。

甲子。監察御史陳政爲山東按察副使。仍提督北畿學校。

丙寅。作承天門。

丁卯。謫延綏總兵官都督僉事張傑戍邊。巡撫右僉都御史徐廷章下獄。罰贖還職。停歲俸。蓋刑部郎中羅淮錦衣千戶趙瑾劾報也。

琉球國中山王尚德入貢。

戊辰。進士楊智監生王臣陳瑄爲南京監察御史。

己巳。左春坊左庶子兼翰林侍講王倎爲南京翰林學士。

庚午。覈天下屯田額。

四月丁丑朔。夜大星出犯漸臺。流雲中。

減曲阜孔氏田租三分之一。

戊寅。城宜章縣。

前巡撫河南右副都御史馬謹卒。新樂人。宣德初進士。授御史。以廉介稱。

壬午。鴻臚寺卿大同齊政致仕。監生選鴻臚寺序班。至是年七十七。

癸未。翰林編修李本爲侍讀。

甲申。鈞州地震有聲。至己亥止。

丁亥。巡撫陝西右副都御史項忠。請在外六品以下官犯罪。聽訊巡按御史按察使。餘不得擅攝。從之。著爲令。

戊子。錦衣衞帶俸都指揮僉事李珍使哈密。幷敕赤斤蒙古沙州三衞。初哈密王母請擇安定衞阿兒察王之弟嗣忠順王後。至是以巴失里聞。故命珍迎立。後阿兒察請王故忠義王脫歡帖木兒外孫把塔木兒。從之。

庚寅。定京衞武學規則。

兵部尚書王竑等推翰林修撰岳正可兵部右侍郎。禮科都給事中張寧可僉都御史。清理武選貼黃。上以會舉多徇私。不允。淸黃令侍郎王復都御史林聰。調岳正張寧外任。于是陞正興化知府。寧汀州知府。蓋李賢託歷練外之。

馬晉允曰。李文達賢相也。其立朝興利去弊。竭志盡誠。多可嘉者。獨其斥張寧。沮葉盛。不救王徽王淵。不用岳正。遂使直道不合于時。正士不究其用。君子譏焉。豈報復忌能之心猶不能忘而長厚集善有所未盡乎。

袁袠曰。張公以敢諫受知英皇帝。竟不得柄用。一麾出守。未竟厥施。夫才者。造物之所忌也。豈惟人哉。

虜脫脫犯邊。擒至京磔之。

京師大雨雹傷稼。

辛卯。改徐廷章仍巡撫甘肅。

壬辰。四川巡撫都御史汪浩等請益兵討趙鐸。兵部議襄城伯李瑾總兵。寧遠衞指揮同知韓斌爲署都指揮僉事參將。以京達軍往。有旨留瑾。

癸巳。刑部左侍郎周瑄爲右都御史。總督南京糧儲。

巡視四川戶科都給事中童軒。前寇情失事。下獄。

乙未。廣義伯吳琮爲征夷將軍總兵官。同贊理軍務右僉都御史吳琛。參將署都指揮僉事韓斌。征四川寇。

丁酉。巡撫陝西右副都御史項忠奏。城西安臨洮鞏昌鳳翔。時歲饑。故興役食其民。

己亥。盜掠英德等縣。

庚子。傳制封見濬趙王均鉳。楚王均鈋東安王。奇溶河中王。音泝岷王。均鈋以東安王進封。

丙午。翰林侍讀周洪謨上四川勦賊方略。曰阻絕路徑。曰先勦賊黨。曰固守重地。曰廣募士兵。曰多用利器。曰密行反間。上納之。

五月朾朔戊申。修汲縣比干廟致祭。

增戶部四川湖廣貴州廣西司主事。刑部四川廣西司主事各一。

己酉。復倪謙翰林學士。閒住。

癸丑。報大藤峽賊陷南平縣。殺典史周誠。

甲寅。命皇陵祠祭署汪氏世奉祀。劉氏世祀丞。國初汪文劉英子孫。
丁巳。妖人寧夏趙春景州張仲威伏誅。時嚴左道。邏校例官賞。始易犯。
戊午。夜火星留斗宿。
辛酉。京師大雨雹。
壬戌。敕廷臣修省。
甲子。四川盜趙鐸伏誅。鐸德陽人。賂縣官求陰陽訓術。久不遂。資罄。或誣其匿盜。捕之亟。乃叛。屢欵屢寇。至是戰敗。走彰明梓潼。參將周貴大破之。千戶田儀斬鐸于石子嶺。或云龍州土兵殺鐸。不之識也。儀紿取其首。重可十八斤。
乙丑。罷征蜀兵。召廣義伯吳琮。右僉都御史吳琛入朝。
丙寅。增西安府同知管糧。
丁卯。任壽嗣寧遠伯。任禮子。
己巳。夜火星退犯斗宿魁第四星。
庚午。總督漕運右副都御史陳泰請修高郵湖隄亥三十里。從之。
夜。大星隆隆有聲。流雲中。
辛未。前府都督僉事牟林卒。濰縣人。世大嵩衞百戶。
六月丁丑朔。德王婚。武城後衞千戶劉忠女。
戊寅。鎮守寧夏總兵官張泰致仕。
淮安大水傷稼。

己卯。定光祿寺歲牲毋過十萬。果毋粘槩。

延綏總兵官都督僉事李杲改征西將軍總兵官。鎮守寧夏。左參將都指揮同知房能爲靖虜副將軍總兵官。鎮守延綏。

庚辰。宣府風雹傷稼。

癸未。進士毛志鄧山張鐸吳檟王銓梁璟蕭彥莊王詔爲給事中。

甲申。監察御史張鸍等以戶部議增河南山東湖廣陝西參政參議各府同知。畿郡亦如之。專撫民栽桑棗。夫生一事不如省一事。興一利不如除一害。乞寢其議。從之。

丁亥。衍聖公孔弘緒來朝謝。

癸巳。西安多風雪雨雹傷稼。

朶顏衞右都督朶羅千入貢。求帳房鐵釜。非例。不許。

乙未。太子太保吏部尚書王翺乞休。不允。止朔望朝參。

丁酉。施鑑嗣懷柔伯。施聚子。

庚子。奪太平侯張瑾與濟伯楊琮爵。降瑾錦衣指揮使。琮指揮同知。

辛丑。廣西永康縣土官楊雄傑作亂。陷宣化縣。

總督兩廣軍務韓雍至南京。會趙輔和勇等。合兵十六萬。或請分部蹙賊入廣西。可破。雍曰。否否。古仗鉞臨戎制閫外。謂利國家得專之也。大兵有合爲正。分爲奇。兩廣地鮮完。大藤峽爲賊藪。本也。諸軍不先薄其本。乃分兵以趨末。分兵勢弱。趨末難盡。我全師至彼。南可以攻大藤。援高雷廉。東可以應南韶。西可以取柳慶。北可以斷陽峒諸路。勢若常山蛇。首尾互應。彼分而拒。我聚而攻。志曰。先人有奪人之心。茲行也必勝。我奪之矣。遂行。

趙輔以雍才。軍事一聽雍。
是月。大雨水。壞山海關永平薊州遵化等城堡斥堠。漂溺人畜甲仗無算。
七月丙午朔。丁未。都督僉事李震復總兵鎮守湖廣貴州
城江西安遠城。
戊申。瓜哇國入貢。
己酉。免天下軍衛屯糧十之三。
設四川鄰水樂至東鄉資陽縣。分隸順慶潼川夔州成都。
庚戌。釋戶科都給事中童軒。謫壽昌知縣。
辛亥。故廣東按察副使餘姚毛吉贈廣東按察使。海康知縣王麒贈雷州同知。驛丞秦瑄贈雷州府知事。毛吉。景泰初進士。授刑部主事。忤錦衣指揮門達。嘗疾失朝下獄。達痛杖之。幸不死。其操愈厲。進廣東潮惠兵備僉事。懲豪鉏逆。毋得漁弱如往時。程鄉賊曾玉謝瑩楊輝作亂。玉據石坑。瑩據龍歸峒。輝據寶龍峒。流劫累歲。吉調七百餘人皆破斬之。獲級千四百。而犒餉不煩于民。改巡海北道。盜熾甚。志在芟夷。率王麒擊賊敗之。進副使。敕奬。賊掠翁源。追斬百餘級。至是分兵三道。夜晦失期。賊休後山。吉斬二人。遂遇害。是日大雷雨陰晦。八日得屍。顏色不變。麒雷州通判。以援新會縣敗死雲岫山。麒雲南太和人。丁卯貢士。年四十四。方吉出師。有餉千金。已費十之三。主吏余文憫吉死。竟移授其蒼頭爲賻。俄婢狂語坐中堂。言動一如吉。速按察使夏塤至。曰吉受國恩。不幸死于賊分也。主藏私餉我。雖無籍。吉不能汚地下也。語訖。婢仆地而蘇。吉子科。麒從子晤。俱錄太學。科登進士。仕提學副使。成化末請謚曰忠襄。
泰和守制御史康驥。居家多不法。鄉人劾奏。逮下獄。

丁巳。詔疏錢法。凡商稅鈔一貫折錢四文。

魏縣人李堂等自宮求進。下錦衣獄發南苑。

戊午。趙府襄邑王祁鍟薨。年三十三。謚恭定。

己未。大理寺卿王槩請禁越訴代訟。從之。

庚申。撫治南陽荆襄右副都御史王恕賑饑。

辛酉。監察御史李志剛言。龍南縣監生廖世傑殲流賊百十餘級。宜褒錄。許之。

甲子。敕兩畿浙江河南撫按賑饑。

丙寅。定各邊城堡軍馬圖冊三歲一報。

己巳。撫治南陽荆襄右副都御史王恕內艱。許奔喪。已請終制。不允。

壬申。南京中府都督僉事趙倫卒。大興人。世龍江左衞指揮使。

癸酉。火星犯斗宿魁第四星。

虜犯天城兀窰口。守備右少監劉安都指揮僉事孫泰參將都指揮僉事鄭俊追虜敗績。命逮劉安孫泰鄭俊及指揮王黼百戶葛誠下錦衣獄。敕責鎮守太監王春總兵官彰武伯楊信都督僉事張鵬巡撫都御史王[越]。

八月朔丁丑。工部右侍郎沈義右僉都御史吳琛巡視民瘼。義往保定眞定。琛往淮揚。尋以奢僭不法下獄削籍。

戊寅。災傷停戶口鹽鈔逋課。

辛巳。瘗兩畿浙江河南饑骸。

壬午。監察御史趙敔上二事。曰革詐冒恩詔。五品上進階一級。今正五品束金帶。正四品花金帶。正三品犀帶。

正二品玉帶指揮使自稱都指揮僉事詐冒若此宜禁。曰禁奸頑文武官犯罪多逃匿僥倖恩宥俾證佐淹繫。奸頑若此宜禁有旨進階止易服色逃官即奪秩著爲令。
南京兵部尙書蕭維禎疾去。
甲申右都御史李賓爲南京兵部尙書。
丙戌知縣白行中爲廣東道監察御史。
許都督僉事周壽河間田四百四十八頃。
大赤星流至近濁三小星隨之。
丁亥提督廣西軍務右僉都御史吳禎報斬賊三千一百七十四級。時賊熾懼罪積先後斬獲覬功下兵部不報。
己丑即墨人于旺等自宫求進下錦衣衞戍貴州。
庚寅虜入河套突犯延綏總兵官房能等追至席把都川斬十二級。
辛卯文思院副使李景華陳斆任傑傳陞中書舍人俱夤內侍躐進。
丙申安南國王黎灝遣陪臣范伯生進香黎友直表賀登極又奏保樂州被掠事蓋鎭安土知府岑祖德爭地也。
己亥沐琮嗣黔國公。沐斌子。
暫停鳳陽淮揚安慶滁和徐馬課。
修山海等關隘。
庚子通州大雨水。

辛丑。翰林院庶吉士李東陽倪岳謝鐸焦芳陳音爲編修。吳希賢爲檢討。劉淳爲中書舍人。仍譯字。張敷華爲各部主事。

夜。月犯軒轅南第五星。

癸卯。玉牒成。

甲辰。兩畿河南山西湖廣江西浙江各奏郡縣水患百有四十餘所。詔戶部覈實。

九月乙巳朔丙午。浙江提督市舶內臣福住多不法。寧波知府張瓚稍裁之。兩相劾。下布按。罪在住。宥之。

癸丑。寧夏馬少。給鹽引四十萬易馬。

甲寅。崇王冠。

己未。兵部尚書王竑引疾去。

壬戌。封偕滱廣安王。恩錢枝江王。同鍨沈丘王。同鋘內鄉王。仕墳襄垣王。

巡撫陝西右副都御史項忠上三事。曰爲治莫要于求賢。得人莫嚴于考課。近考察官吏。不才既斥。而才未見旌。漢宣帝時。二千石有治理。璽書勉勵。增秩賜金。唐太宗疏刺史名于屛風。下注宦蹟。備黜陟。故致治之美。光耀史冊。乞敕吏部于撫按請旌異者。量爲擢用。或給敕勉諭。庶賢否不溷。曰至重者將也。至危者兵也。昔之遣將。分之以閫。誓莫干也。授之以鉞。俾專斷也。將之統兵。若驅羣羊而莫知所之。若決積水于千仞之谿。然後得以建功。今陝西邊帥遇敵逗遛。無一肯前。雖智勇未逮。蓋亦委任有不專焉。況鋒鏑交于原野。機會變于斯須。呼吸之間。有生有死。若不軍法從事。孰肯輕生以禦敵哉。今吏卒但畏敵。不畏總兵之號令。總兵之權輕也。使畏總兵甚于畏敵。進有可生。退有必死。則人心豈有不奮。而敵豈有不克者。宜敕各邊總兵。後有大敵。軍中如違令。悉軍法從事。庶成功可必。曰國家詔舉將才年餘矣。騎射之間。尚無一人應詔。況才堪大將者乎。且陝西風土强勁。郭子儀李晟輩皆由此出。而弓馬閑習。膂力過人。不可謂無。但拘于答策之難。不能進也。自昔屠狗販繒。皆能建立大功亦不拘答策。若專執此。恐終不能用人也。命卽行之。

戊辰。定烏思藏番僧三年一貢初宣德正統間貢僅三四十人景泰時至三百人。天順時且二三千人。故禮部請降敕諭。從之。

祠宋儒楊時于延平。侑祀羅從彥李侗。時蕭山人求祀時孔廟。大學士李賢學士劉定之等議。時論西銘。程子謂未釋然。解中庸。朱子多辨其非。晚從蔡京之名。無大建明。遂祀之于鄉。

己巳。裁寧夏河渠提舉司。

辛未。巡撫陝西右副都御史項忠。以陝西終南山河南盧氏永寧等俱有銀鑛媒盜。宜禁採。從之。

壬申。項忠又請稅茶易馬逃戶罷徵。從之。

癸酉。漕船帶貨免稅。

韓雍趙輔等至全州。以陽峒西延苗賊梗道。擊平之。指揮李英等失律。斬以徇。吏卒不寒而栗。又修仁荔浦賊爲藤峽翼。先剪之。分五道入。窮追至力山。斬七千三百餘級。俘千二百餘人。雍問潯州父老藤峽當云何。咸曰。天險也。重岩密箐。人不旋踵。且瘴甚。土人不能得要領。賊聞討之。益自備。不若屯兵圍而徐斃之。雍曰。否否。山峽遼遠。紛披錯雜六百餘里。安能圍也。且歷時能無變乎。今聲勢大振。吾豈留此窮寇。使復蔓哉。遂兵向峽。有儒生里老百十輩。道迎訴賊苦。今幸甚。願爲三軍鋒。雍大怒。叱曰。賊耳。收斬之。左右頗疑駭。及得所袖利刃。又服雍之神。

四川巡撫右僉都御史汪浩平趙鐸還成都。戎縣人不利土官者。詆都督同知芮成。招山都掌蠻酋。俱梟雄可慮。宜乘機誅之。浩不察。遂至戎縣。諸酋迎謁。入營伏甲責數之。殺二百七十餘人。芮成聞之。怒然不欲自異。竟合奏。夷始降終離。斬獲若干。而餘孽忿甚。忽報復亂。

十月妃朔。戊寅。吏科都給事中沈珤等言。學正教諭必會試乙榜。訓導限年五十以下方就試。從之。著爲令。

庚辰。許覲鏁嗣弋陽王。故弋陽王奠壏罪死。子覲鏁久未封。以罰勿及嗣。許襲。

廣西大藤峽賊夜入藤縣劫印。

辛巳。錄平趙鐸功。都知監右少監闍禮爲太監。右僉都御吏汪浩爲左僉都御史。參將都指揮使周貴爲署都督僉事。仍參將。

甲申。命諸司覆奏毋越五日。

丙戌。限哈密貢使不得過二百人。乩加思蘭五十人。土魯番亦力把力等國貢或三年五年。道哈密同入。不得過十人。時哈密殘破。流人附貢。輒千百。糜驛廩。

庚寅。戶部言。景泰末宣府總督邊儲都御史李秉。以餘卒耕墾荒。給牛種。收糧易馬。今巡撫宣府都御史葉盛倣之。然立法非難。守法爲難。乞申飭守臣。久而不廢。報可。

免河間粟萬九百十八石有奇。

辛卯。右都御史陳泰致仕。

壬辰。兵部右侍郎王復爲尙書。右侍郞程信爲左侍郞。

丙申。嚴寒。特賜京營兵及皇城軍衣屨。

辛丑。禮部右侍郎兼翰林學士彭時加兵部尙書。仍兼學士。

故昌平侯楊洪孫珍授京衞指揮使。

壬寅。荆襄盜起。西華流民劉通有膂力。嘗舉石獅千斤。衆稱之。糾衆自房縣至南漳數百里。恣攻掠。初劫鄧州李氏。氏以豪聞。云縣官不我捕。且入奏。縣捕之急。通遂叛。襄漢之間無寧日。

山都掌蠻赴貴州詐降。都指揮丁寔等迎之。入伏。官軍五千人皆沒。

十一月乙朔。四川巡撫汪浩等聞黔禍。夜奔長寧。迷道。人馬墜溪谷死甚衆。蠻賊追我不及。乃攻長寧三日。呼于城下曰。是爾周侍讀使都御史誘殺吾父兄。誓屠此城。道聞戎縣人刼其巢。乃解去。自是鋒日銳。貴州兵屯金鵝池。四川兵屯戎縣。俱堅壁不出。蠻循江之南。直抵江安、納溪、合江。焚掠無虛日。屠江安賈家砦五百餘人。縣官告于浩。浩怒曰。吾方報捷。豈又有賊耶。棰之幾死。實錄謂乙巳朔四川官兵攻大壩等賊。大敗之。

丁未。南京刑部右侍郎廖莊入朝。改刑部左侍郎。

己酉。水災。免河間、保定、永平田租萬八千六百六十石有奇。

辛亥。廣西叛猺夜入廉州、高州。刼印。

癸丑。虜入柴關墩。又掠黃甫川毛里孩擁衆屯四柳樹木瓜園。

甲寅。給孔顏孟三氏學印。

丙辰。免鳳陽、盧、揚田租。

丁巳。巡撫應天右副都御史劉孜爲南京刑部尚書。湖廣右布政使宋傑爲右副都御史。巡撫應天蘇松。

連山知縣孔鏞試高州知府。別給印。

己未。沁水知縣陳奎以廉能聞。薦擢澤州知州。

談遷曰。奎起甲科。累薦始拜刺史。今進士釋褐得州。輒邑邑不樂。視若畏途。何前後人相懸之如此。噫。可以觀世矣。

庚申。後府都督同知李鐸使諭朶顏三衞。歸獻馬。卻之。鐸奏敕責三衞。泰寧酋兀南帖木兒等犯邊。乃廸北毛里孩孛來相仇殺。故所部零竊。朵顏衞都督朵羅干獵開平。福餘衞頭目可台就食海西。我軟致之。兵部劾鐸獎諭朵羅干可台。上宥之。

辛酉。寧遠伯任壽總兵鎭守陝西。

癸亥。左府右都督過興鎭守廣西。還道祁陽。怒知縣李翰失候。令子得隆箠翰及其子釗。俱死。與尋道卒。翰妻訴于朝。得隆伏罪。其母擊登聞鼓稱寃。不聽。卽誅得隆。

甲子。臨安府同知劉文復吏部驗封司郎中。仍提督四夷館譯書。初冒迎駕功。進右通政。石亨敗。調外。

乙丑。承天門成。

免池州蘆役採辦一年。

夜。月犯太微垣上將星。

癸酉。進士何恂監生張駿戴曦沈瑜李應禎爲中書舍人。

十二月艸朔乙亥。翰林侍讀周洪謨爲侍讀學士。

丙子。曉刻金星犯鍵閉星。

泰寧等衞右都督劉玉兀南帖木兒乞邊地市牛隻農具。許之。求蟒衣。不許。

四川總兵官都督同知芮成報破西乖阿哥硬等賊寨。今進討珙縣山都掌蠻。

丁丑。南京大理寺卿義烏龔永吉致仕。永吉由國子生授兵部主事。進郎中。正統丙辰。罪戍平涼。尙書王驥錄之。復官。超大理右少卿。歷兵禮部右侍郎。改南寺。年七十卒。非有他才。得王驥引拔。致通顯。

戊寅。四川總兵官芮成等與貴州副總兵李安等互訐。命兵科給事中秦崇等按之。

己卯。虜寇延綏。命大同總兵彰武伯楊信率萬騎。寧夏總兵都督僉事李杲率五千騎。都督僉事王瑛寧遠伯任壽右副都御史項忠率萬人各赴之。仍信總制。皆無功。

昏刻。月犯壘壁陣東第四星。

庚辰。福建按察使馬文升爲南京大理寺卿。

癸未。敕戶部主事王臣徐源整陝西餉。

乙酉。翰林侍讀李本戶部郎中陳俊爲南京太常寺少卿。

戊子。守備涼州都指揮使王英湛淸俱莊浪功。爲都督僉事。

虜蹈冰渡河。大掠河曲指揮楊哲禦之失利。圍黃甫川堡三日。都指揮僉事錢能援之而敗。

壬辰。會昌侯孫繼宗定襄伯郭登撫寧伯朱永尙書姚夔分郊社禱雪。

癸巳。夜。月犯右執法星。

乙未。進士劉俊陳宏趙勝聶友良溫宗柳彰洪性石玉袁晟張璡監生邊鏞爲監察御史。

己亥。南京右府都督僉事詹忠卒。

庚子。貴州左布政使李浩爲右副都御史。巡撫貴州。

永寧衞指揮同知安琦戰死。命其孫暉爲都指揮僉事。

容城縣祀元儒劉因。初以助敎李伸言下廷議。同宋儒楊時祀于鄉。

癸卯。撫寧侯朱永爲靖虜將軍總兵官。都督同知喜信都督鮑政爲左右參將。以京營山東操卒萬五千人往討荆襄盜。太監唐愼右少監林貴奉監軍。工部尙書白圭提督軍務。

貴州都指揮使張鋭郭貴爲右府署都督僉事。帶俸。

韓雍乘勝入峽。分十五萬二千人爲左右二軍。以隸十三將軍。身駐高振嶺。夾攻之。破焚其栅。賊遁入桂州橫石寺塘九層樓。雍麾死士斧山開徑。焚其柵。生擒侯大狗等七百八十餘人。斬三千三百餘級。斷其大藤。名斷藤峽。猺獞利刀矛。雍初調胡騎千人。諸短兵不能當。騎射。狄青破儂智高。亦以番落騎兵取勝。即此策也。

田汝成曰。自予涉嶺右。按圖牒。詢父老。躬覽山川。然後稍稍知破賊之略也。大抵藤峽府江相爲表裏。然治藤峽宜速。而府江宜緩。速則賊無所逃。緩則可得要領。蓋藤峽前阻重江。後臨大野。面勢雖迂。猶可邏遏。故曰宜速。至于府江。上起陽朔。下抵蒼梧。遼繞三百餘里。萬山參錯。草樹淒迷。一有警。卽狼竄麕遁。無復踪跡。故曰宜緩。至于調發土官。往往方命不受節制。賊未及平。而所過良民已遭荼毒。爲時通患。大抵皆吾輩取之也。

高岱曰。趙充國不用辛武賢決征之策。而屯田以困先零。韓雍則不用諸將久困之謀。而深入以破藤峽。此地利夷情有同事而異形者。固不可執一論也。

丙戌成化二年

正月辟朔。虜三萬騎近屯安邊營。敕各鎭嚴備。

辰刻。日暈。左右珥色黃赤。

丙午。虜犯花馬池。寧夏總兵官都督僉事李杲等拒之。七日。斬十三級。俘十六人。

丁未。大學士李賢請撫諭荆襄流民。從之。

戊申。昏刻。月犯外屏星。

復三大營舊制。令給事中御史巡視。

己酉。命巡撫貴州右副都御史李浩。副總兵李安會討山都掌蠻。

少詹事兼左春坊左諭德孔公恂言兵事。請留撫寧伯朱永。別選將。科道以阻師劾下臺獄。降漢陽知府。蓋諸將以公恂獨推永。譁然不平。故被劾。

靖虜將軍撫寧伯朱永至南漳。疾不任戰。尚書白圭太監唐愼都督僉事李震左僉都御史王儉自南漳進潭頭坪。少監林貴奉自安遠進良馬坪。都督喜信都指揮王信自房縣進。右副都御史王恕都指揮劉清自穀城進。劉通移壽陽官兵。截其奔路。通退保大市。

湖廣總兵官都督僉事李震奏征荊襄賊。隘門關大木廠分水嶺梯兒崖戰屢捷。震追及馬腦關梅溪。失利。都指揮陳昪等死者三十八人。

庚戌。月犯天陰下星。

辛亥。武功左衞帶俸都指揮僉事王信爲後軍署都督僉事。鎭守山西。

太僕寺少卿李侃爲右僉都御史。巡撫山西。

壬子。部院大計罷降斥千七百八人。

癸丑。夜大星自雲中流至近濁。

甲寅。虜寇慶陽環縣。

乙卯。上南郊。免慶成宴。

丙辰。湖廣貴州總兵官都督僉事李震專鎭湖廣。

辛酉。英宗睿皇帝主祔廟。

壬戌。皇長子佑口生。母萬氏。

癸亥。山東布按官分管遼東餉。歲更。至是定期三年。

定襄伯郭登上言。增騎兵。整步伍。舉將才。去奸民。上納之。

乙丑。丹陽削籍典史孟浩妄造妖言誣人伏誅。

丁卯。曉刻金星犯牛宿。

禮部條禮闈事宜供給屬順天尹。至是改禮部司官提督。

己巳。會舉布政按察二司官。

荆襄用兵亟餉。開輸納例。

二月醶朔。闕里孔廟成。上自記之。

乙亥。進士譚慶費臻馮貫監生左鈺胡靖呂史爲監察御史。

丁丑。虜犯寧夏韋州。掠苑馬寺馬三百餘匹。

戊寅。虜三百餘騎掠環縣。都指揮林盛擊走之。斬九級。

己卯。太常寺少卿兼翰林侍讀學士劉定之學士萬安主禮闈。

庚辰。大學士李賢請精選守令。從之。

辛巳。定納豆贖罪資馬。

癸未。禮部左侍郎鄒幹巡視北畿民瘼。

廣西總兵官泰寧侯陳涇。提督軍務右僉都御史吳禎。俱玩寇下獄。

乙酉。夜月犯軒轅南第五星。

己丑。虜犯保德州。致仕巡檢□□倡衆三百餘人。追斬一級。

庚寅。盜刼安吉寧國。

辛卯。巡視順天工部右侍郎沈義奢僭不法。下獄削籍。

壬辰。禮闈首科廣額三百五十人。

癸巳。減徐淮中鹽則例。

昏刻火星犯天陰下星。

甲午。都指揮田廣擊劉通于雁坪。追至石路山。明日。合諸將攻之。斬僞通子劉聰僞都司苗虎等百餘人。追至枚蔞山。

丙申。湖廣總兵官李震攻其右。喜信王信等攻其左。鮑政衛中堅。劉清等相率襲其後。冒險深入。大敗之。斬二千五百六十餘級。擒劉通等二千五百七十餘人。獲賊屬萬一千六百餘人。畜產萬計。初。指揮張英誘降劉喜。諸將忌英功。譖于朱永。謂獲賊賄。捶殺之

丁酉。南中護衛軍餘杜貴誣唐王瓊炟奸謀不法。戍廣西。

辛丑。截漕十萬石賑淮徐。

三月甲辰朔。廷策貢士章懋等三百五十人。賜羅倫程敏政等進士及第出身有差。

甲辰。周府永寧王有光薨。年七十四。謚靖僖。

己酉。少保大學士李賢憂去。令葬訖入朝。乞終制。不許。

辛亥。冊貴妃萬氏。賢妃柏氏。

減京官折俸鈔。舊俸一石折鈔二十五貫。後定十五貫。至是裁其五。時鈔日輕。每貫不過十錢。舊鈔僅一二錢。下吏祿薄無以養廉。

復南京官吏戶口食鹽之半。

乙卯。選庶吉士林瀚劉釪章懋李傑翟瑛陸𣶏之黄仲昭謝天祥李瑢□誥畢瑜宋應奎邵有良商良臣鄭巳張純章鎰何純莊㫤□晟王俊石淮施純王常以太常少卿兼學士劉定之學士柯潛敎習

虜寇花馬池楊柳墩。寧夏總兵李杲追斬三十級。俘四十八人。

丁巳。許進士觀政還里各半之。

翰林修撰黎淳爲左春坊左諭德。

己未。前太常寺少卿署尙寶司事蹇英卒。少師義子。廕尙寶司丞。

延綏紀功兵部郎中楊琚言。延綏慶陽東距偏頭關。西距寧夏花馬池。袤二千里。營戍少。致套虜爲患。有百戶朱長年七十餘。嘗遊河套。言套中廣腴。民多出望堠外耕食。正統間。寧夏副總兵黄鑑奏偏頭關東勝關河西岸榆溝至寧夏黑山嘴馬營。計立城堡十七。斥堠七十三。東西七百餘里。實與偏頭關寧夏相接。惟隔黄河耳。時以其地平漫寢之。石亭又欲移延綏營堡。從直道府谷堡移于柴關故城間。故孤山東村二堡移于野蘆川。神木堡移于楊家城。柏林高家二堡移于石落澗。雙山堡移于眞溪灘。榆木城移于樺林白澗灘。響水波羅二堡移于白土窯。土門堡移于白蠟峯。大兔鶻堡移于濫柴關。龍州城移于北城。塞門堡移于古窯。淸邊營移于覅河。寧塞營移于察罕腦兒。直與安邊定邊相對。前二策不行。至今貽患。臣質之土人云。此雖暫勞。實永利也。下兵部議。

薛應旂曰。嘗歷延綏慶陽。往復于偏頭關花馬池二千里間。凡諸營堡。皆爲稽考。詢之將官故老。猶能記憶楊琚之策。且曰。曾毓幾于復套。其計蓋不出此。惜乎垂成而殺身也。

庚申。夜。月犯房星。

癸亥。進士曹卿林璧薛綱金忠余諒監生戴琥張俌陳燮貢璧葉茂爲監察御史。

停民生納粟入監。許度僧牒賑饑。

改汝寧南陽兵備曰汝南道。

甲子。南京前軍都督李德卒。許州人。靖難功。

丁卯。忠勇前衛署指揮僉事湯胤勣爲署都指揮僉事右參將。分守延綏東路。

辛未卯刻。白氣衡三尺餘亙天。

巡撫延綏右僉都御史盧祥言。營堡兵少。延安慶陽邊民多驍勇敢鬭。選爲土兵。各護其家。當用命。兵部覆從之。綏德葭寧州共得五千餘人。量免戶租。

嚴從簡曰。土兵之法。不但可行于延綏。若九邊行之。則邊民不困于賦役。而心皆內向。無復北走之人。虜雖欲入誰爲嚮導。此實久安長治之至計。竟無有申明此意者。延綏此法亦就廢弛。而各邊多事。兵力財賦日不暇給矣。安得如盧祥者當事而力主此議也。

閏三月壬朔。順德知縣錢溥復翰林侍講學士。

曉刻。大星自郎位流至濁。

癸酉。截漕十萬石賑鳳陽淮安徐州饑。

湖廣靖州銅鼓五開武岡等苗作亂。敕總兵官李震討之。

夜。流星自亢宿行入天市垣。三小星隨之。

乙亥。琉球國中山王尚德入貢。

丁亥。巡視淮揚民瘼右僉都御史吳琛貪虐下獄。命巡撫淮安右副都御史林聰代琛。

戊子。兵部言。延安知府王鑑言。神木府谷等縣堡。以至安邊定邊等營寨。相去千餘里。撫按分巡。鮮至其地。邊卒爲官旗侵漁虐使衣食不給戰馬未暇飼器械未得整豈能禦虜乞令撫按分巡時常行邊禁革奸弊詔可。

夜月犯心宿大星。

辛卯湖廣按察使羅篪爲右副都御史巡撫湖廣兼贊理軍務時巡撫王儉奉命討靖州等叛苗辭荆襄賊未平兵部劾免。

癸巳溢額度僧道五萬人從僧錄司右闡教道堅等之請。

夜月犯壘壁陣西第二星又大星自天市垣流尾宿。

丙申曉刻月犯外屏西第二星。

丁酉發松江粟十萬石助賑淮徐。

修壽州安豐塘。

戊戌兵部言廣西猺賊陷洛容博白縣掠全州臨桂宜山平樂乞令趙輔韓雍分勦從之。

己亥命哈密國王毋弩溫荅失里還國時乩加思蘭侵掠已退

四月辟朔壬寅遣二御史捕沿河盜賊。

甲辰巡按河南御史婁芳上五事廣儲蓄（河南考滿官免赴部令納粟。）息科徵（派祭祀牛八十黃蠟果品十七萬八千餘斤。俟秋稔）薄賦歛蕃戶口（河南淮徐饑民鬻男女宜收贖）減轉運從之。

乙巳夜大星自紫微西垣東北行貫華蓋。

宣府隕霜殺苗。

丙午冊皇妹嘉善長公主尚駙馬都尉王增。

復江西左布政使翁世資世資先被誣降衡州知府。

戊申。故都督同知范廣妻宿氏訟冤。命子昇仍襲寧遠衛指揮僉事。廣驍將立功先朝。天順初被禍。子戍廣西。家籍。婦宅賜降虜皮兒馬黑厮。人爲不平。至今諺曰。京城米貴。安得飯廣。

己酉。巡撫山西右僉都御史李侃言。宣大邊戍其士兵不畏寒風之裂膚。不憚驚沙之慘目。寧其居而狎其敵。今南人補伍。怯寒懾寇。惟欲遁逃。而北人戍南。不習水土。亦復逃回。彼此俱病。今欲以南人補南。北人補北。庶兩得其便。兵部覆行之。

昏刻月犯上將星。

辛亥。治大同失事罪。都指揮焦謙侯謙等追虜出塞。潰圍走。

巡撫陝西右副都御史項忠言。巡撫久任易玩。乞三年爲期。人知警勵。廷議非之。卒寢。

癸丑。湖廣苗糾廣西猺獞陷溆浦縣。

丙辰。前太常寺少卿陳贄卒。贄餘姚人。舉經明行修。授杭州訓導。擢翰林待詔。教內書館。歷典籍五經博士。尋薦陞廣東右參政。景泰癸酉內遷。年七十五。賜祭。子嘉猷進士。

丁巳。荆襄賊平。捷上。惟石和尚逸去。撫脅從流民萬八千五百三十餘人。

乙丑。兩廣賊平。韓雍報斬四千四百餘級。俘二百餘人。

署新會縣事廣州同知陶魯爲廣東按察僉事。專守新會新興陽江陽春瀧水等縣。魯初膺新會丞。不任事。隸韓雍麾下。嘗侍食。有峒賊强險難下者。魯請行。雍謂丞妄。當笞。曰。蔣琬龐統。廢邑事矣。後爲蜀名臣。明公毋棄魯。當悉縛諸賊以獻。雍異之。請擇兵三百人。約力舉百鈞。矢射二百步者。于十五萬衆中得之。魯自將。操習甘苦共之。士爭爲死。所向無不克。累進同知。

王世貞曰。士有遇有不遇也。魯雖才。非韓雍。幾失魯。後之大將。其無忽哉。

丁卯。曉刻月犯昴宿。

遂安伯陳韶往南京操江捕盜。

戊辰。巡撫甘肅右僉都御史徐廷章言邊事。選才能以撫番夷。移邊堡以保居人。西寧水溝堡。水遠不便汲。宜移舊站。設學校以訓邊民。肅州衞 決功賞以激人心。任勇智以固封守。廣賢路以資任使。命決功賞。任勇智。卽行之。

右軍都督僉事廣東副總兵范信卒。密雲人。世指揮僉事。信驍勇善用兵。調剿象衞。征桑江。下龍寨大藤峽。俱立功。及守潯梧。受賂縱寇。故移廣東。

五月梓朔。巡撫陝西右副僉都御史項忠言。套虜日衆。謀內寇。請重臣總督。廷議以河南京操兵赴之。仍選武大臣赴延綏總制調度。

癸酉。翰林修撰羅倫言。比聞朝廷以楊溥故事起復大學士李賢。臣竊謂李賢大臣。起復大事。綱常風化所繫。惟陛下亮之。宋仁宗嘗起復富弼。辭不赴。孝宗嘗起復劉珙。亦辭不赴。陛下以宋爲鑒。使賢盡孝于親。不得罪于名教。臣之願也。亦賢之分也。陛下任賢。在信與不信。不在起與不起。賢身不可起。賢口則可言。宜降溫詔。俾如劉珙言事。聞之必行。行之必力。猶起賢也。忤旨。謫福建市舶司副提舉。

王世貞曰。三年通喪。惟兵革無避。高皇極重此制。以劉基宋濂章溢當幃幄方面之重。于天造草昧之時。而聽其終喪。了不之强起。文皇急于事。寄中外臣寮。始有奪情者。或有于制中起用。漸以奪情爲能。成化羅倫有扶植綱常疏。于是奪情之風稍息。雖不能盡然。而靦顏在位者寡矣。

丙子。大學士李賢奪情入朝。再乞終制。不允。編修尹直以文彥博還唐介事勸賢還羅倫。賢曰。潞公市恩。吾不爲也。

談遷曰。李文達奔喪。卽遣內臣偕往。蓋促其上道也。大臣受知如此。勢不能恝然。羅彝正所謂依富弼故事守制。依劉珙故事言事。誠文達之忠告矣。然奪情初下。卽以是說進。庶得倚其廬不越此苫塊。迨脂車而北。槐棘成望。攖人主之鱗。固難乎免矣。

丁丑。永平同知劉瑤常州通判劉文徽蘇州推官宋徵俱著蹟。特賜誥敕。

戊寅。召提督荆襄軍務工部尚書白圭還朝。

己卯。石龍復寇大昌縣。夔州通判王禎往禦之。戰死。吉水人。建文忠臣濟陽教諭王省之子。禎蒞任五月。同知王蘭受牒捕賊。引疾。禎毅然往援巫山。斬三十餘人。至是同瞿塘衛指揮曹能柴成勒民兵赴之。戰旗山子公子死。求把總都指揮黃鉞知府黃振援。不行。同姪官度敗死。失亡六百餘人。幷殺奉節典史□□百戶□□。夜大雪。賊棄所掠而去。禎所乘馬奔三百餘里入府。哀鳴如告急狀。後馬歸同知王蘭。夜且半哀鳴特甚。蘭自視櫪間。被嚙死。事聞。贈禎夔州同知。制曰。蘇緘擊智高于雝管。借孫子以捐軀。馬曁攻海牙于靜江。傾將士而絕命。禎之節義。奚讓古人。禎宣德乙卯貢士。名山藏作慶遠府同知。贈廣西右參議。既誤。實錄作六月辛亥。事非其日。

柯潛曰。嗟乎。王君職民牧。其所爲發政施仁而已。至于陳兵旅。攘寇暴。則武臣所宜效力者。而君亦任之。誠不忍視民之遭夫荼毒。率子姪淩難危。委命于鋒鏑之下。當是時。涼烟白草之間。積屍卓如丘。幾何而不湮沒而無聞乎。幸朝廷顯忠遂良。使天下之義夫烈士咸有所勸。則君之志雖不就而忠有餘。身雖沒而有譽于世。蓋昭昭也。

郭棐曰。公爲職死。馬爲公死。公固有臣子大義也。馬何亦甘一死以報公。非忠誠之所感。能然耶。烈哉烈哉。予獨慨公之忠能感于馬。乃不能行于寮宷。又嗤蘭之奸不齒于馬。惡能逸于公。嗚呼。一薰一蕕。凜然足爲萬世勸戒矣。乃世之險夫睢睢然以擠善良爲得計。獨何心哉。

庚辰。虜寇榆林紅山墩。官軍禦卻之。

癸未。兵部議量留趙輔兵殄餘寇。

南京右軍都督僉事馬亮卒。淇縣人。世彭城衞指揮使。

甲申。鎮守通州都指揮同知陳廷。捕盜功進都督同知。

中兩淮長蘆河東鹽四十萬引于西邊。

乙酉。協守廣東都督僉事張通仍總督備倭。

鄭王瞻埈薨。王仁宗次子。母賢妃李氏。國鳳翔。以隴人多獷。正統九年改懷慶。好暴怒。杖死人。英宗爲置强相。御史周□爲長史。後稍戢。年六十三。謚曰靖。

丙戌。報虜酋毛里孩屯河套。命都督僉事趙英游擊。

夜。月犯南斗魁第一星。

丁亥。四川總兵芮成等攻山都掌蠻。自納溪入貴州兵自永寧入。合斬一百八十三級。尋又斬一百九十餘級。

庚寅。南寧伯毛榮都督同知馬良還自兩廣理京營

辛卯。召大同總兵官彰武伯楊信計事。

少保大學士李賢請大舉搜河套。一勞永逸。計之上也。下廷議。初虜居沙漠。山以黃河爲限。水凍而入。冰解而去。邊人止防秋。冬春夏以餘力墾田修城。後虜入居河套。河套黃河之隈也。廣袤數千里。草茂獸肥。前代及國初列城置戍。後弛防。虜遂據之。出沒無時。邊方大困。

修武伯沈煜爲征西前將軍總兵官。鎮守大同。

監察御史楊琅請還王徽羅倫等官。切責之。

壬辰。通政司使張文質爲兵部左侍郎。仍署通政司事。

丙申。麓川遺孽思明發俘入京安置登州衞。
丁酉。罷貴州鎭守副總兵都指揮僉事李安以南寧伯毛榮鎭守貴州。
六月庚子朔。辛丑。儀封知縣胡澄調杞縣以儀封人奏留。
癸卯。巡撫山東河南左副都御史賈銓回院。
甲辰。命兩廣監軍太監盧永總兵官趙輔班師留太監陳宣鎭守。游擊將軍右都督和勇巡撫兩廣左僉都御史韓雍撫勦餘寇。
乙巳。免天下今年屯田子粒十分之三。
丁未。夜木星流守昴宿。
戊申。以定襄伯郭登言。造京營步隊小車。
己酉。鄖盜石龍陷巫山縣。
庚戌。彰武伯楊信管三千營。
辛亥。翰林學士倪謙改南京。謙既復銜入謝。命直東閣。言官劾之。故徙。
翰林修撰陳鑑爲侍讀。
南京左軍都督僉事鄭眞卒。大寧人。世千戶。
壬子。彰武伯楊信爲平虜將軍總兵官。率京兵萬人。大同五千人。宣府三千騎。寧夏二千騎。往延綏討虜。都督同知趙勝副總兵都督僉事湛清參將都指揮同知秦傑守備柴溝堡署都指揮僉事許寧俱游擊將軍。太監裴富監軍。右少監廖亨監槍。延綏總兵官都指揮同知房能爲署都督僉事。戶部員外郎嚴祖與治餉。御史□□□紀功。

癸丑。福建沙縣訓導周復上平夷十事。調選將士。激發智勇。預察地宜。計算方略。修飭兵器。廣備糧糗。嚴明號令。採納衆謀。即行賞罰。儲養武俊。上納之。

甲寅。戶部郎中王育督餉四川。

乙卯。夜。月犯壘壁陣西第一星。

丙辰。夜。流星自北行東南。數小星隨之。

丁巳。釋輕囚。

辛酉。都結州土官儂安謀叛。侵萬承州臘浪等十七村土族。許彬以聞。事下韓雍。

壬戌。逆寇劉通等四十八人伏誅。

乙丑。禮部右侍郎李銘疾去。

寧陽侯陳潤卒。

丙寅。巡撫四川左僉都御史汪浩討武隆彭水縣盜。

丁卯。安遠侯敎讀訓導戴仲衡請選岷洮河州土達土人精壯一二萬。戰功先登者上。擒獲次之。斬級又次之。兵部言。先登每濫。如報三十級。先登千餘人。豈足信。上是之。

右都督馮宗爲總兵官。鎭守廣東。初廣東止副總兵。有總兵官自宗始。

戊辰。南京翰林學士倪謙爲禮部右侍郎。

定州久雨。城傾。

七月戊朔。辛未。禮部右侍郎倪謙。以科道交劾。命致仕。

壬申。吉王見浚冠。

癸酉。守備偏頭關都指揮僉事錢能失事被劾。逮下獄。戍遼東。

丙子。虜寇寧夏花馬池平涼掠開城廣寧等苑馬千六百餘匹。

丁丑。西安知府余子俊。平涼知府王正。保寧知府李正方。保定知府謝鶱。永平知府□晟。鎮江知府姚堂。東昌知府徐琅。登州同知宋璽。蘇州同知盧忠。□□同知王貴。濟南同知楊必貴。北通州知州李琪。高唐知州郭昇。曹州知州伍禮。鈞州知州彭述。安慶推官宋瓊。山東布政司理問楊愷。順義知縣徐晟。漷縣知縣賈貞。長垣知縣劉弘。吳江知縣韓槃。嘉定知縣龍普。華亭知縣石玫。當塗知縣韓泰。歙縣知縣吳遜。儀封知縣胡澄。柘城知縣李琳。新鄉知縣楊清。獲嘉知縣邢表。汲縣知縣盧信。信陽知縣尚璣。臨漳知縣戴昕。光山知縣段永。郟縣知縣王璽。陽信知縣白旻。商河知縣寇源。嘉祥知縣張慶。福山知縣段堅。太湖縣丞彭賢。俱廉能。著錫誥敕旌異。

己卯。流星自天苑行至近濁。

辛巳。封皇弟見治忻王。見沛徽王。

少詹事兼國子祭酒司馬恂卒。恂山陰人。正統甲子貢士。授給事中。天順初。改左贊善。直東宮。素謙厚。癸未超少詹事。覬相頗改其度。晚怏望見薄。賜祭贈禮部左侍郎。孫公鞾恩廕中書舍人。

壬午。兵部尚書兼翰林學士彭時歸省。

南京大理寺卿馬文升憂去。

甲申。魯王肇煇薨。年七十九。謚曰靖王。恭謹好士。以奉法聞。

丙戌。工部右侍郎蒯祥陸祥俱爲左侍郎。蒯祥梓人。陸祥石人。

丁亥。安南國王黎灝入貢。

湖廣都指揮莊榮等破靖州苗。斬千四百十九級。擒百五十餘人。

己丑。逮寧夏總兵官都督僉事李杲下獄。太監王清劾其貪怯。杲亦訐之。

虜抵于寧夏。諸將不禦。遂入興武營。尋入靈州。總兵李杲張榮俱不出。都指揮焦政戰死。

廣東流賊敗于徐聞。

庚寅。戒朝臣出使藩府受宴餽。

癸巳。虜寇寧夏。

甲午。廣義伯吳琮爲征西將軍總兵官。鎮守寧夏。

順天保定開封青州大水。

東寧伯焦亮卒。

乙未。虜窺花馬池。命提督軍務右副都御史項忠游擊將軍趙英速禦之。

戊戌。虜毛里孩寇固原。圍都指揮盛統于羣牧營堡。命速援。

時土達滿俊有二志。犒虜羊酒。孛來酬之馬。都御史項忠陳介巡撫寧夏。致仕都督張泰富馬耕牧于鳴沙洲。與土達偕。獨遭掠。或言土達張把腰爲之也。

己亥。東阿嶧縣大雨水。溺人畜甚衆。

虜寇寧夏。

是月。太原隕霜殺穀。

八月⿰子庚朔。辛丑。禮科給事中丘弘上十事。畏天戒。容直言。清選法。抑奢僭。通錢法。息紛爭。廣儲蓄。閔窮民。革弊政。差役。飭邊備。上從之。

南京兵部左侍郎李震改兵部。

申淫侈之禁。
丙午昏刻。月犯昴宿東星。
丁未。進士馬誠梁翰爲翰林檢討。敎諭何璧周謹爲待詔。監生羅麟孫廸爲中書舍人。侍崇王。
戊申。兵部尚書王復左都御史李秉整飭邊備。復延綏以西。秉大同以東。
山東左布政使原傑爲右都御史。巡撫山東。戶部郎中閻本爲右僉都御史。巡撫薊州。
庚戌。浙江左布政使李顒爲工部右侍郎。
辛亥。浙江按察副使張岐爲右僉都御史。巡撫延綏。
宥南京兵部尚書李賓罪。賓私怨戶部員外郎范奎。嗾人訐奏。俱失實。
兩廣蠻平。復總參監司等官開俸。
周府原武王子⿰角寺薨。年四十三。謚安懿。
壬子。都督同知馬良協守南京。
固始知縣薛良秩滿。巡撫薦。陞正六品俸留任。
敕給事中劉昊紀欽清理草場。
進士周鑑避崇府選官稱疾。吏部劾其奸。除名。
淄川妖人趙覽惑衆伏誅。
癸丑。後軍都督同知艾義卒。高郵人。世大興左衞指揮僉事。
右軍都督僉事孫廣卒。利津人。蔚州衞百戶累功。
甲寅。東寧伯焦壽爲總兵官。鎭守薊州永平。

丁巳。毛里孩陷開城。殺知縣于達。敎諭湯敏。大使汪士讓。遂深入掠靜寧隆德。

戊午。夜月犯五車東南星。

己未。孛來虜入貢。

辛酉。紹興知府彭誼爲山東左布政使。

壬戌。翰林修撰邢讓爲國子祭酒。

癸亥。定納馬贖罪例。

乙丑。南京光祿寺卿蔚能卒。能朝邑人。起掾曹。授光祿寺典簿。積資至禮部右侍郎。最清謹。在光祿三十餘年。不私一臠。嘗嚴上供器具忤旨。下獄。獨引罪。調南京。人甚稱之。

丁卯。遣行人馬璇諭祭故少保兵部尚書于謙墓。曰。卿以俊偉之略。經濟之才。歷事先朝。茂著勞績。當國家之多難。保社稷以無虞。惟公道而自持。爲權奸之所害。在先帝已知其枉。而朕心實憐其忠。故復卿子官。于冕府軍前衞副千戶。遣人諭祭。嗚呼。哀其死而表其生。亦順乎天理。厄于前而伸于後。允愜乎人心。用昭百世之令名。式慰九泉之冥漠。靈爽如在。尙克鑒之。

兵科都給事中袁愷爲右僉都御史。巡撫遼東。

九月己巳朔。寧夏副總兵張榮報七月有女子逃自虜。云候雨雪掠蘭縣。右參將都指揮僉事王安報男子逃自虜。云十月自環縣直犯平涼。命嚴爲備。亡何。斡羅出犯邊。毛里孩襲斡羅出老營。斡羅出遁。

庚午。右軍署都督僉事林盛爲副總兵。協同廣義伯吳琮鎮守寧夏。

辛未。署都督僉事李昶管左府事。宰用魯鑑管右府事。

壬申。錄擒妖功。錦衣衞都指揮僉事袁彬爲都指揮同知。

甲戌。故戶部尚書王佐謚忠簡。兵部尚書鄺埜謚忠肅。

戊寅。曲阜知縣孔公錫加兗州通判。

朵顏衛右都督朵羅干遣使報邊情。且求印帳。敕曰。爾三衛皆我祖宗所立。衛我邊境。前人歲貢無有二心。爾等乃隨從毛里孩爲逆。今賞賜官職。誰與爾耶。既改悔來朝。幷報虜情。特從寬貸。仍賜表裏。以答爾意。

庚辰。左僉都御史王儉降山東布政司右參議。儉撫貴州。勦寇屢衄。歸罪前撫王恕。誣坐得左遷。

前後軍都督同知董斌卒。寧陽人。世□□衛指揮使。

辛巳。禁邊官不許假貸罔利。

四川戎縣夷阿晃九姓長官司夷會來等來朝貢馬。乞改設土官。然畏汪浩等。不敢言枉殺父兄事。浩等欲寘前奏。終不與設官。

壬午。南京御用監火。

甲申。敕右軍右都督劉聚爲副總兵。以京營萬人往慶陽邠乾遏虜。朝議謂毛里孩踏冰。必自寧夏中衛及靖虜蘭縣方入甘涼。而楊信獨謂或顧此失彼。故有是命。

丙戌。兀剌酋長阿失帖木兒入貢。卜剌罕衛使臣五十人亦冒遶北入貢。禮部謂卜剌罕衛朵顏同類。今混賞。且墮其奸。宜北使賞如例。卜剌罕仍從朵顏賞例。且戒諭之。報可。

己丑。災傷免太原大同田租二十萬石有奇。

辛卯。福餘衛夷寇遼東。

壬辰。錦衣衛鎮撫馮瑤正千戶朱驥俱指揮僉事。

乙未。延綏游擊將軍都指揮同知秦傑爲都指揮使。以敗虜龍州澗。擒虜二十六人。又獲甲仗畜產。

光祿寺求益歲費。禮部言正統時。牲畜歲費不過三四萬。天順來遞至十七萬。暴殄爲甚。宜如元年正月詔例裁省。從之。

虜寇遼東慶雲堡。

丙申。册皇妹淳安長公主。崇德長公主。駙馬都尉蔡震楊偉尙之。

赤斤蒙古衞阿速子瓦撒塔兒襲左都督。

丁酉。整飭大同邊備左都御史李秉提督遼東軍務。

十月乙丑朔。科道交劾都督同知趙輔玩寇殃民欺蔽諸罪。不聽。

復徵湖廣金沙洲江西九江船鈔始景泰年尋停。

庚子。守備義州都指揮使施英爲署都督僉事副總兵。

虜寇延綏東路。右參將署都指揮湯胤勣追擊。死之。胤勣故信國公和曾孫。强記能詩。好大言。棄諸生談兵西征。守孤山無城。戍卒七百人。方疾。起追虜。部卒亟呼勿進。不聽而敗。事聞。同固原衞指揮使哈昭賜祭。

癸卯。平虜將軍楊信言逐虜功。擒五人。斬五級。敕勞之。

中軍都督僉事顏通收牧馬受賄。下獄。

丁未。傳制封膺鉦岷世子膺鋪安昌王。

流賊石龍劉喜即石和尙劉長子。及劉通妻連氏僞國師王常僞給事中苗龍僞都指揮張石英僞千戶張剛等六百餘人俱漢中敗降。

戊申。故工部尙書兼東閣大學士高穀謚文毅。列傳作文毅。宗臣刊其文集十二卷。云文懿。見朱國禎湧幢小品。宗臣係同鄉後輩。必據高氏子孫。當不爽。

甲寅。整飭邊備左都御史李秉言建州毛憐海西野人女直等入貢。邊臣驗其方物。貂純黑。馬肥大。始入。否則拒之。且貂產黑龍江迤北。非建州毛憐所有。中國之待夷狄。嘉其慕義。不計其物。若必較厚薄。則虜性易漓。非厚往薄來之意。乞今後貢夷驗入。不得精擇起釁。從之。

丁巳。傳陞淩寰尚寶司卿。汪容少卿。李淳周庠光祿寺少卿。金溥王恒顧本俱光祿寺丞。王頤張頎夏文振董序俱大理寺右評事。匠人徐端錦衣衛鎮撫。朱貴營繕所丞。宣德時文華門東廡命中書舍人數人書楹帖聚扇之類。後雜進寫佛老書干寵。至是彌濫不能悉。

罷大同總兵官都督僉事張鵬。

河南上劉通再從子弟三十三人。且錄其產廷訊。俱疎屬。法不坐。釋之。

壬戌。虜千餘騎入遼東玉湖口。指揮張勝失利。遂掠佟家寨。殺指揮金榮。

乙丑。降順天府尹張諫萊州知府。御史黃琜常山縣丞。俱互訐失實。

富順知縣孫璹婪虐被劾。逃入京。夤緣命還任。士論駭之。

浙江布政司左參政閻鐸爲順天府尹。

鎮守涼州都指揮僉事劉玉進都督同知。

丙寅。增四川敍州馬湖兵備僉事。

是月。海盜犯廣東臨高縣。殺縣丞陳瑛。

十一月巳朔癸酉。協守涼州都督僉事趙瑛進都督同知。

設房縣均州安遠千戶所。房縣板橋山穀城石花街南漳七里頭襄陽油房灘當陽漳河口巡檢司。均州增撫民同知一。竹山鄖陽上津高彰穀城棗陽光化宜城當陽安遠各增撫民縣丞一。專捕盜。俱提督尚書白圭等議。

丙子。刑部員外郎彭韶劾左僉都御史張岐憸邪奔競不可用。宜召王竑李秉葉盛。上怒。下錦衣獄。給事中毛弘等疏救。不聽。進士林敷爲韶書奏。并罪納贖還秩。

夜。月犯外屏西星。

丁丑。命過冬至節。諭四給事中毛弘等謂非時。宜俟來年霜降。報可。

虜入陝西安定縣。

東虜犯遼東來鳳等寨。指揮劉英禦之。中矢死。

己卯。平廣寇功。中軍都督同知趙輔封武靖伯。祿千二百石。

韓府褒城王範墹薨。年四十四。謚昭裕。

癸未。祭故司禮太監王誠。天順初被誣死。

乙酉。左僉都御史韓雍進左副都御史。游擊將軍右都督和勇進左都督。加俸百石。戶部右侍郎薛遠爲左侍郎。御史汪霖劉慶爲大理右寺丞。餘陞賞有差。

戊子。磔叛黨劉龍等七十三人。誅家屬五十人。

己丑。整飭邊備。兵部尚書王復言。東自黃河岸府谷堡。西止定邊營。接寧夏花馬池。縈袤二千里。無有屏障。祗藉墩臺城堡爲守。舊城堡二十五。耕收在屯戍外。遇賊不及援。西南直至慶陽。相離五六百里。烽火不接。墩臺疎闊。今府谷堡移出芭州舊城。東村堡移出高漢嶺。響水堡移出黑河山。土門堡移出十頃坪。大兔鶻堡移出嚮鈴塔。白落城堡移出甑營。塞門堡移出務柳莊。不惟東西徑直。而水草亦各便。又于安邊營每二十里築墩臺。共二十四。接慶陽。定邊營每二十里築墩臺十。接環縣。又沿北築墩臺三十四。稠密聯絡。緩急可策應也。從之。

薛應旂曰。嘗巡歷其地。營堡墩臺。僅有遺址率多廢弛。虜出入如履平地。當事者自傳塘馳報收斂人畜外。一籌莫展。縱有請纓繫頸之心而委任權力則實有限言之督撫。漫不爲意。求如王復者且不可得矣。

庚寅。罷山東按察司官分巡遼東。

甲午。皇長子佑口薨。

乙未。平虜將軍楊信奏游擊將軍秦傑許寧都指揮江山何忠指揮神英等。擊虜小龍州澗。擒僞右丞把總十一人。斬二十八級。獻俘戮于市。

丁酉。都指揮使廉忠爲右府都督僉事。兩廣功。

遼東左參將孫璟敗虜于分水嶺。追出塞。擒十二人。獲男婦三百二十七人。璟驍將也。與女直戰連三日。凡數十合。虜人名爲騾孫。

除遼東大同寧夏甘肅帶俸差操之例。

十二月戊戌朔。己亥。監察御史嚴詮爲浙江按察副使。仍督南畿學校。

甲辰。國子生鄧瑛言調永順等土兵之害。請加約束。從之。

乙巳。進士俞藎郭瑞龔晟李琮羅明婁謙江孟綸劉鐵鄺文江沂劉瑀戴珊邵智行人王哲知縣梁昉監生姚明李大綱爲試監察御史。

丙午。夜。月犯昴宿。

丁未。瓦剌太師阿失帖木兒入貢。故事。北虜貢自大同。宴賞優于他夷。至是挾朵顏等三衞卜剌罕衞入喜峰口。命禮如三衞。貢北使哈三帖木兒不平。通事諭之。始悟。上番書伏罪。乃命仍其故禮。所求官秩。惟給冠帶。其蟒衣等不許。敕阿失帖木兒曰。爾祖脫歡以來。朝貢有常時。有定道。今無故糾卜剌罕朵顏而來。非制也。今後冬月來朝。不過三四十人。自大同入。阿失帖木兒。也先之子。

都督僉事李杲有罪。戍南丹衛。

刑部左侍郞廖莊卒。莊字安止。吉水人。宣德庚戌進士。館選。授刑科給事中。賑饑陝西。進大理寺左少卿。景泰甲戌。疏請復儲。大忤旨。居亡何。廷杖。謫定羌驛丞。天順初。復官。調南京。歷南京禮刑部左右侍郞。性剛坦。好面斥人。尋則釋然。喜賓客。或勸謝去。莊曰。門市心水。又何避焉。晚節稍不逮。贈刑部尙書。謚恭敏。

己酉。欒城知縣張瑄九年秩滿。邑人乞留。許之。

故四川都指揮僉事臨淮劉雄贈都指揮同知。予祭。擊賊趙鐸死。

庚戌。陝西布政司右參政朱英乞陝西各路設文臣總制。武臣總督。便調遣。報可。

辛亥。監察御史董廷圭等請禁越訴。從之。

四川鹽井衞瀘州地屢震。是夕尤甚。傾城郭廬舍。

壬子。給懷寧侯孫鏜原祿。

提督荆襄四川軍務工部尙書白圭父喪。乞終制。不許。

駙馬都尉焦敬卒。

甲寅。故事。申戶部定例。召商。有富人呂銘等。藉徑竇奏中淮鹽五萬五千引。得旨。戶部不執奏。鹽政始壞。

少保吏部尙書兼華蓋殿大學士李賢卒。賢字原德。鄧州人。宣德癸丑進士。授吏部驗封主事。歷考功文選郞中。景泰辛未。超兵部右侍郞。考察四川。頗不愜望。還。歷戶吏部。天順初。兼翰林學士。直閣。曹石忌之。降福建右參政。已拜吏部左侍郞。進尙書。進對無虛日。應變救時。薦文武大吏。多得人。相業過于前後。年五十九。贈太師。

謚文達。

談遷曰。睿皇之復辟也。旁求俊髦。布列三事。李公以特達見知。爰立作輔。言行計從。始終恩禮。雖馬周之遇太宗。不是過也。當是時。吉祥亨彪以翊戴之功。妄恣貪虐。覬覦神器。賴文達調停匡救。其間卒勘大亂。坐臻太平。其功烈偉矣。晚以起復。蒙訾毁。予嘗竊議文達亦不能去者。受先帝顧命。當主少國疑之時。四上章請不許。於乎。義之所在。將安所之。論者勿度時宜。聞者又復附和。使公之志遂不獲暴白。惜哉。

乙卯。故後軍右都督陶瑾贈大同伯。

太常寺少卿兼翰林侍讀學士劉定之直文淵閣。

太僕寺少卿陳端報畿內山東河南馬騾印共四萬三千九百九十七匹。

庚申。報斷藤峽遺盜夜入潯州。

辛酉。旌建德何永敬義門七世同居。

癸亥。鎮守開原右監丞韋朗失事。免。監丞張鑑代。巳遼東太監李良留朗。仍留任。改鑑遼東監槍。

甲子。始設巡河監察御史。（初巡鹽兼攝。）

乙丑。收京城貧民盡入養濟院。

飭邊。尚書王復奏陝西失事狀。命項忠林盛趙英王安韓斌俟處。

丙寅。黔國公沐琮爲征南將軍總兵官。鎮守雲南。都督同知沐瓚仍贊理。

禮部右侍郎李希安爲左侍郎。仍署太常寺事。

是年。南畿奏土不產馬。請輸金或三十金或二十四金。貯北太僕寺市馬各邊。

國榷卷三十五

丁亥成化三年

正月甒朔庚午。魯府鉅野王奉墱薨。諡僖順。

辛未。朝鮮國王李瑈貢海東青白鵲文魚。

諭建州毛憐二衞裁貢使。

壬申。錄荆襄功工部尚書白圭進太子少保。撫寧伯朱永進撫寧侯。益祿百二十石。喜信左都督。鮑政都督同知。

毛里孩近邊。命右都督劉聚都督同知張欽都督僉事王英練京兵五萬備警。

道錄司左玄義許祖銘。以雨雪應祈乞恩。不許。

癸酉。錦衣衞帶俸都指揮使武忠往諭建州毛憐等衞都指揮董山等。獎其悔罪歸順。

丙子。遼東廣寧衞地震。

毛里孩求貢。云太師孛來弑馬可古兒吉思可汗。我殺孛來。嗣立可汗某。少師斡羅出攻我。敗走。并殺可汗某。

制曰。無約而請和者。謀也。其謹備虜。

丁丑。命雲南按察副使呂洪專巡邊撫夷。

己卯。上南郊。

庚辰。虜犯遼東鹹場城堡鵶鶻山屯梁家臺。

錦衣衛帶俸署都指揮使武忠。以董山等俱都督。臣反位其下。遂進都督僉事。

壬午。藤峽賊陷容縣。

癸未。禮部言遼東薄貢夷致怨。命善禮之。

乙酉。毛里孩侵大同。

戊子。以朝鮮獻海青白鵲。諭後止勿上。

昏刻大星流游氣中。三小星隨之。

己丑。右軍署都督僉事宰用爲參將。協同鎮守四川。

庚寅。蘇州知府邢宥加浙江布政司左參政。賜敕。

前通政司使欒惲卒。齊河人。監生。授兵科給事中。

壬辰。洮州諸番作亂。

甲午。沔池知縣王賓九年秩滿。薦留任。

丙申。撫寧侯朱永爲平胡將軍總兵官。右都督劉聚都督同知鮑政爲左右參將。率京兵二萬勦虜。

二月丁酉朔。日食。

毛里孩三上書求貢。遣通事指揮使詹升往報。敕貢使毋過三百人。遵邊衛約束。

戊戌。起復南京戶部左侍郎陳翼。

己亥。浙江左布政使黃琛爲南京戶部右侍郎。

前戶部尚書沈固卒。丹陽人。貢士。授沂州同知。止採礦。擢戶部員外郎。郎中。進山東左參政。給邊餉。已同大同總兵武安侯鄭亨贊畫。正統初進戶部右侍郎。值北狩。括金帛犒虜。歷左右都御史。劾罷。天順初。起尚書。先後雖無大建明，在邊二十七年，深達虜情，上下安之。
庚子，翰林修撰劉宣爲右春坊右諭德。
吏部奏起兵部尚書王竑，中旨責竑避事，仍致仕。
辛丑，都督同知趙瑛爲平羌將軍，鎭守甘肅。
套虜移向寧夏，龍延綏調兵歸鎭。
癸卯，巡撫大同右副都御史王越贊理軍務，兼紀功。
甲辰，兵部尚書兼翰林學士彭時歸省還朝。
太子少保戶部尚書馬昂右副都御史林聰、左給事中潘禮、陳越清理京營軍士，司禮太監懷恩協贊。
眞定新成縣丞邢政言，各都布按及各府有斷事理問推官，專理刑獄，各州縣則否，獄情罔察，議擬罪名，多憑吏典，任意出入，或駁回再問，累歲未結，乞法司分官詣外，詳審輕重立裁，幸甚。議行之。
乙巳，宥彰武伯楊信罪。
丙午，英廟昭妃武氏薨，謚端莊。
猺賊陷北流縣，左參將夏鑑等追敗之。
丁未，昏刻金星犯婁宿。
戊申，復御經筵。
壬子，錄平劉通功，湖廣總兵官都督同知李震爲右都督，右副都御史王恕爲左副都御史。
故遼東署都指揮僉事鄧佐，贈都指揮僉事，諭祭。
夜，月犯角宿。

癸丑。德王見潾之國濟南。
乙卯。夜。流星自紫微東垣行閣道。
丁巳。進士賀欽胡智張謙成實俞澤陳鶴董旻楊理芮畿趙杲張林徐恪爲給事中。
湖廣總兵李震討靖州銅鼓等苗。斬二千一百餘級。擒二百五十餘人。
祀宋儒金華何基王柏金履祥許謙于鄉。從浙江按察僉事辛訪之請。
戊午。監察御史董廷圭熊祥劾都督僉事昌英題字悞廷杖。
庚申。江西紙廠火。
甲子。陝西文縣熟番作亂。殺百戶王昭。
三月𤣥朔戊辰。復商輅兵部左侍郎兼翰林學士。召直內閣。
己巳。虜犯大同。王越等禦之。擒酋長帖留木兒等三十九人。斬二十七級。
癸酉。廣西陸川縣印盜失之。更鑄陸川縣之印。
甲戌。南京右軍都督僉事房顯卒。
戊寅。罷兩廣提學僉事。以他官兼之。
辛巳。內承運庫請開採助匱。于是浙江福建各遣內臣採礦。四川雲南卽鎮守太監兼之。科道諫沮。不聽。
甲申。禮部尙書姚夔等條學校事宜。行之。
乙酉。琉球國中山王尙德入貢。
左都督毛忠封伏羌伯。歲祿千石。
丁亥。御馬監把總都指揮使李玉爲都督僉事。

戊子。曉刻金星犯外屏西星。
祭故司禮太監施良。
夜。月犯十二諸國代星。
己丑。北虜齊王孛魯乃黃苔王毛里孩入貢二百八十一人。
庚寅。南京操江遂安伯陳韶揚州備倭都督僉事董寬各巡上下江捕盜。
辛卯。逮遼東副總兵都督僉事施英下獄違節制失事。
癸巳。敕撫寧侯朱永壁代州左右參將劉聚鮑政各五千人屯大同宣府。
虜入遼東圍通遠堡。
甲午。京朝三品官子孫錄入太學。
召左都御史李秉還院。
四月朔丁酉。大風霾。
翰林編修江朝宗爲侍講。
命哈密故忠義王脫歡帖木兒外孫把塔木兒爲左都督。攝國王事。賜敕印。
己亥。右副都御史林聰爲右都御史。
敕諭考郎兀等四十四衛都督撒哈良等曰。我祖宗世授爾官。恩賞厚矣。當感報以全臣節。今背恩義。縱部下犯邊。邊將屢請兵擣穴。朕念爾部民俱朝廷赤子。不可概僇。仍敕示爾宜敬愼天道。深體朝廷好生之德。戒部屬革心向化。還原掠人畜。贖前罪。若長惡不悛。大軍一出。悔無及矣。
辛丑。馬昂林聰等同懷恩選五軍三千神機營見卒十四萬三千九百九人。上以其衆。仍分十二營。

壬寅。遣行人祭告四川山川。以鹽井衞沿邊寧夷等堡。直抵瀘州。去年六月迄今。地震三百七十有五。軍民疑駭不安。

敕各鎮守巡撫官嚴流民。給以牛種。俾復業。

癸卯。起復威州知州何淵。

丙午。北虜齊王孛魯乃黃苔王毛里孩等入貢。求報使。不許。敕勞之。時乜剌阿失帖木兒强。擎兵爭雄長。是以不得幷力寇邊。

丁未。宣城伯衞穎爲征虜前將軍總兵官。鎮守遼東。

宣府城震有聲。

庚戌。監生黃徵以祖少保尙書福不及廕。乞如夏原吉子孫例量授一官。下吏部。報寢。

辛亥。提督兩廣軍務韓雍等敗流盜于雞冠山。斬七百四十五級。俘賊屬八百四十九人。又敗之乜籠。斬四百餘級。俘賊屬三百七十一人。降敕獎諭。

壬子。巡撫遼東左僉都御史袁愷憂去。

前軍左都督喜信卒。西域人。任錦衣衞指揮僉事。累立功。性傾險。

癸丑。工部尙書白圭改兵部尙書。敕圭同定襄伯郭登太監裴富提督十二營。太監劉永誠傅恭及三大營總兵。月再赴團營會練。

兵部尙書王復改工部尙書。

左參將鎮守遼東開原都督僉事曹廣失事。降都指揮同知。遼東開原備禦右監丞韋朗左參將都指揮使孫璟同分守開原。

辰刻。金星晝見。夜月犯南斗杓星。

乙卯。平江伯陳鋭領奮武營。都督同知趙勝耀武營。都督僉事王瑛練武營。右都督劉聚顯武營。都督同知鮑政敢勇營。白玉果勇營。左都督和勇效勇營。都督同知馬良鼓勇營。都督僉事武忠立威營。湛淸伸威營。都督同知張欽揚威營。都督僉事李景振威營。各同內臣協理。

丙辰。太僕寺少卿陳端卒。端父文俊。永樂初自交趾降。版授韶州判官。入朝。改太僕寺主薄。端嗣職。氣貌凝重。與人交有禮。雖遐外。亦足多也。

戊午。北虜孛魯乃毛里孩入貢。求報使。不許。賜敕勞之。

己未。申令天下文武官軍折俸餉錢鈔兼支。

刑科左給事中毛弘等以上朝退內操。今災變迭見。正側身修行思患豫防之時。豈可以逸樂爲事。御史展毓等亦言之。報聞。

庚申。右僉都御史張岐撫諭保寧人民。召巡撫遼東。

癸亥。建州左衛女直都督董山等聽撫入貢方物。上以嘗犯邊。集諸夷闕下敕諭之。皆輸服。

五月乙丑朔。傳制封見淇汝源王。見洽昆陽王。陽鐯鄒平王。

夜。大星自河鼓流至奎宿。數小星隨之。

丁卯。虜寇大同。官軍擊斬三十九級。俘十二人。

壬申。宣府大同地震有聲。

癸酉。監察御史李綱爲太僕寺少卿。

遼東總兵署都督僉事施英再違命逗遛失事。論死。

代府山陰王遜煤薨。年四十九。謚康惠。
甲戌。停遼東人參一年。以頻歲中虜。巡撫袁愷以爲言。
乙亥。命御史給事中選畿內河南山東馬五萬匹。順天寄牧馬二萬匹入京。
丙子。襄陵王冲炑以平涼湫隘。求徙江楚。不許。
下陝西鎭撫三司議番僧入貢事宜。初陝西按察副使鄭時安言。番僧自烏思藏來者僅三之一。餘皆洮岷近境寺僧詭名希賞。宜有以節之。
丁丑。錄四川平蠻功。總兵官都督同知芮成進右都督。巡撫左僉都御史汪浩進左副都御史。餘陞賞有差。
辛巳。南京工部右侍郎郝璜爲左侍郎。
前順天府尹王賢卒。寧縣人。貢士鄢陵訓導。擢戶科給事中。居官有守。京尹循良爲稱首年八十三。
壬午。荆門州訓導閩縣高瑤上言。正統己巳之變。先帝北狩。皇上方在東宮。宗社危如一髮。使非郕王繼統。則禍亂何由而平。鑾輿何由而返。迨先帝復辟。其貪天功以爲己力者。遂加厚誣。俾不得正其終。願追加廟號。展親親之義。事下禮部。瑤景泰丙子貢士。
戊子。工部右侍郎霍瑄管易州山廠。
己丑。左都御史李秉提督軍務。武靖伯趙輔爲靖虜將軍總兵官。往遼東。進師征建州女直。
右都御史林聰署院。
癸巳。遣行人送建州女直董山等還。幷賜敕。初賜宴。董山罵坐語不敬。鴻臚寺通事署丞王忠言。董山恐前路難制。乞遣官送。庶不貽患。
六月钾朔丁酉。進士沈源蕭器用陳昭鄭節林榮張鸑朱謙陳莊爲南京監察御史。

庚子。淳安長公主崇德長公主請河間保定眞定閒田千餘頃。戶部謂軍民世業。上不許。

始榷蘇杭船鈔。

辛丑。成山伯王琮操江南京。

右副都御史賈銓卒。銓字秉鈞。邯鄲人。永樂甲辰進士。授刑科給事中。出守大理。値麓川用兵。區畫不擾。加右參政。歷左布政使。右副都御史。巡撫河南山東。績不甚著。以姻大學士陳文得內召。賜葬。謚恭靖。

丁未。忻城伯趙榮卒。

戊申。兵部左侍郎兼翰林學士商輅上言時事。勤聖政。納諫諍。儲將材。行武舉之法。飭邊備。汰冗濫。廣蓄積。崇聖道。謹士習。上嘉納之。

雷震南京午樓。

壬子。周府封丘王有熉薨。年六十一。謚康惠。

癸丑。靖虜將軍武靖伯趙輔報毛里孩擁數萬騎東行。或搆朵顏諸夷。不可不備。

甲寅。後軍都督僉事王順卒。山後人。初金吾右衞指揮使。

乙卯。福建市舶副提舉羅倫復翰林修撰。調南京。

太常寺少卿兼翰林侍讀學士劉定之言。宋儒陳澔注禮記功。宜祀。禮部謂行履未詳。下江西南昌詢訪。從之。

丁巳。刑科左給事中毛弘等乞召復前給事中王徽王源朱寬李鈞李翔。不允。

己未。大理寺右寺丞田景暘整飭山海等關邊備。

辛酉。四川戎縣山都掌蠻仍作亂。命襄城伯李瑾爲征蠻將軍總兵官。兵部左侍郎程信爲兵部尙書。提督軍務。太監劉恒監軍。御史方□紀功。戶部郎中俞田主事陳傑治餉。

壬戌。曉刻金星犯井宿。

癸亥。虜寇遼東奉集堡。指揮王昇等力戰敗之。擒二人。斬十六級。

七月甲子朔。大同稍寧。召監軍太監葉達。左參將都督劉聚。右參將鮑政還師。

禮部主事高岡以討女直上二策。曰攻取。乘董山來朝。命趙輔等拘于遼東。曰戰守。河西官軍不可動。宜選京兵二萬。半從征。半守要害。上是之。

戊辰。監察御史章璠爲右僉都御史。巡撫陝西。璠嘗巡按畿內。厚結管莊內臣。中旨特用。給事中沈瑤等劾其奸縱。不聽。

己巳。國子監學錄黃明善以征山都掌蠻。言宋時多剛縣夷叛。用白芳子兵破之。白芳子卽今之民壯。多剛縣卽都掌多剛寨也。宜選能吏招民兵協助。又水稻十月而稔。若收穀上寨。難于圍困。宜速令赴江安等縣取其田禾。不過三月。蠻俱餒死。大軍宜分三路。南自金鵝池進大壩。中自戎縣進箐前。北自高縣進都掌大壩。南百餘里界芒部。西南二百餘里界烏蒙。亟敕二郡土官自守。毋黨惡。彼據高崖峭壁。火器難施。宜用毒球行烟。順風燒之。自下而上。咫尺不辨。寨不能守。又烏頭藥箭。中虎豹立死。上命採之。

庚午。逮甘肅右參將都指揮黃裕下獄。裕淫部卒女。多不法。

癸酉。白虹見東北。

乙亥。旌山東按察使李裕等二十一人。嚴州知府張永。常州知府卓天錫。延安同知金奎。保安知州俞澤。和州知州劉隆。睢州知州謝光。寶慶通判閔寬。揚州推官王允。弋陽知縣吳滄。襄陽知縣李人儀。鄒平知縣李儒。益都知縣董淵。岳池知縣陳琳。定興知縣郭質。山陽知縣馮誠。荆門州判官俞誥。泗州判官張禮。長安主簿傅源。俱賜誥敕褒異。後遷擢不一。而增城吳滄以丁丑進士。年少治弋陽。不攜家累。公退宿後堂。推誠字民。政稱最有古循吏風。遷饒州同知卒。弋陽迄今祠之。

丙子。南京錦衣千戶喻瓛。百戶陳璡毆戶部主事陳懷經。俱贖杖還職。輿論不平。

丁丑。中旨改章瑠太僕寺少卿。

己卯。夜月食。

庚辰。進封漢董仲舒廣川伯。宋胡安國建寧伯。蔡沈崇安伯。眞德秀浦城伯。

巡撫寧夏右副都御史陳价改巡撫陝西。

提督軍務左都御史李秉言。拘留董山非所以明漢大。或先遣家屬歸。諭部落還所掠。從之。

辛巳。召左都督和勇還京。都督僉事廉忠爲游擊將軍赴兩廣。

開封彰德衞輝蝗。

壬午。太子太保吏部尙書王翺致仕。年八十四。

遂安伯陳韶操江南京。受鹽徒金棫入京。謫遼東。

甲申。曉刻金星犯積屍氣。

乙酉。諭羣臣修省。兩京各敕。

禮部尙書姚夔等乞避位。皆不許。

停河南採辦。

丙戌。召右參將都督同知鮑政還兵。

丁亥。靈藏僧塔兒巴堅粲嗣贊善王。

己丑。陝西左布政使强鎣爲右副都御史。巡撫寧夏。

庚寅。靖虜將軍趙輔等召諭虜夷董山等百一十五人于行臺。諭上旨。即出袖刀刺通事。其在驛百餘人亦鬨。俱囚之。
辛卯。太僕寺卿趙煜致仕。煜安南人。錄入太學。授光祿寺署丞。勤慎不失。後賜祭葬。
癸巳。都督僉事王瑛爲副總兵。王銓爲游擊將軍。赴遼東。
八月甲朔乙未。火星犯壘壁陣東星。
丙申。增江西督糧參政。南昌吉安臨江撫袁瑞饒管糧同知。
丁酉。英廟和妃宮氏薨。年三十八。諡恭安。
戊戌。南京國子祭酒劉俊爲南京通政司左通政。俊質樸少文。屢被論。
巡撫蘇松右副都御史宋傑致仕。
己亥。戶部尚書張睿。工部左侍郎霍瑄。南京禮部左侍郎俞綱。南京工部左侍郎郝璜。巡撫貴州延綏都御史李浩。盧祥。太僕寺少卿張弘。俱劾罷。
庚子。翰林侍讀學士周弘謨爲南京國子祭酒。
始遣御史陝西巡茶。以巡撫陝西都御史項忠言。勢家私茶行人職卑言輕。乞遣御史。
巡撫陝西右副都御史項忠召署院事。
賊陷化州。殺知州黃智。
敕毛憐海西衞以討董山毋黨逆。
癸卯。曉刻金星入軒轅。
戶部左侍郎薛遠爲尚書總理京儲。

丙午。署蘇州府事浙江左參政邢宥爲左僉都御史。巡撫蘇松兼總理糧儲。

丁未。雲南湖廣左布政使陳宜王銳爲右副都御史巡撫貴州延綏。

庚戌。後府帶俸都督同知季鐸都督僉事脫孫勤致仕。

前兵部右侍郎王偉復職。

吏科都給事中黃甄左右給事中董振紀欽。給事中王秉彝侯祥。御史魏瀚滕霄曾英姚綬。時延綏巡撫闕。吏部推甄瀚用其一。已御史聯署劾甄瀚非其任。因詰濫舉者。罪之。甄寧鄉霄富民英邵陽俱知縣。綬永寧瀚瀘川振泰州欽邠州祥乾州秉彝澧州。俱判官。

辛亥。成國公朱儀仍守備南京。

壬子。惠安伯張琮卒。

丁巳。英宗睿皇帝實錄成。賚諸臣金幣有差。

戊午。實錄恩。進監修會昌侯孫繼宗太傅。總裁尚書陳文彭時俱太子少保兼文淵閣大學士。副總裁太常寺卿兼侍讀學士劉定之進工部右侍郎兼學士。吳節進太常寺卿。仍兼侍讀學士。纂修學士柯潛萬安侍讀學士李泰俱少詹事。兼官如故。太常少卿兼侍讀學士孫賢劉珝並太常寺卿。侍讀陳鑑劉吉俱侍讀學士。侍講丘濬進侍講學士。左諭德黎淳進左庶子。右諭德童緣劉宣俱右庶子。修撰王一夔進右諭德。侍講江朝宗楊守陳俱司經局洗馬。編修彭華尹直俱侍讀。修撰彭敎。編修徐瓊陳秉中李永通俱侍講。檢討耿裕。編修鄭環劉健汪諧吳鉞羅璟俱修撰。檢討周經進編修。稽考參對編修李東陽倪岳謝鐸焦芳陳音程敏政。檢討吳希賢。俱進級。

定延綏燒荒直抵河岸。

庚申。前後軍都督同知季鐸卒。山後人。正統己巳以都指揮使再使虜。性戇恣。

辛酉。汜水成臯驛移于獲嘉。改亢村馬驛。

九月。𠔄朔。禮部左侍郎鄒幹爲南京禮部尚書。

進士方昇黎福吳文元楊守隨張進祿戴縉王濬程洪張瑋劉仁魏秉王賓張傑林誠董韜翟廷蕙王繼戴用陳蕙王相蕭蒼李錦監生馬進申剛劉謙陳廷玉毛存誠彭頎爲試監察御史。

甲子。巡撫宣府右僉都御史葉盛言。難民脫虜中例充御馬監勇士。否則回原籍。被侮多走虜爲間。今乞原籍免其徭。挾馬而來仍給馬。則逃人感慕也。又詔書優老民年八十以上有司給布絹帛米酒肉。九十以上給冠帶。而不及軍。軍民何異之有。上從之。

戊辰。巡撫宣府左僉都御史葉盛爲禮部右侍郎。葉盛言。百年來文武名臣。武臣如永寧伯譚廣。鎮守廣西都督山雲。浙江都督許亨。寧夏都督張泰。文臣忠樸如王直胡濙高穀。淸德如儀智薛瑄陳璉吳溥楊翥吳訥峻節如錢習禮李時勉。廉恭如師逵古樸顧佐王質魯穆李棠楊信民軒輗王宇。才望如金忠張本魏源張駿羅汝敬劉忠敷鄺埜王佐王翶侯璡徐琦王士嘉李嘉段民焦宏金問薩琦王恂張鳳沈翼年富賈銓。師道如胡儼陳敬宗。他如魏驥陳泰李敏馬謹亦有可稱。又殉節如鄧棨等。尤足矜念。當優䘏。下部令子孫各具官資行蹟以聞。從之。

辛未。湖廣江西旱饑。賑之。

壬申。巡撫大同右副都御史王越兼巡撫宣府。

癸酉。占城國王槃羅茶悅入貢。

丙子。兵部右侍郎李震爲左侍郎。

起服翰林修撰王獻。已許終制。

戊寅。錦衣衞正千戶萬貴爲指揮僉事。世襲。貴妃父。

故永寧伯譚廣。追封永寧侯。謚襄懿。

己卯。進士佘瓚爲翰林院庶吉士。仍譯書。

監察御史焦顯予告。銜右都御史林聰停俸。入朝誣聰貪婪。廷訊伏罪。降莊浪衞紅城子堡驛丞。

左春坊左庶子黎淳等以東宮專職非舊制。乞命大臣兼領。不許。

庚辰。增河南按察僉事提督屯種。

癸未。廣東電白縣移于神雷衞。

停江西湖廣災賦。

丙戌。石首人王宗義五世同居。旌其門。

提督遼東軍務左都御史李秉、靖虜將軍總兵官武靖伯趙輔等征建州夷。分左右哨五道各萬騎。是日出塞。

辛卯。傳制封泰堪魯王。陽鑄魯世子。見瀠樊山王。同鏁上洛王。同鈮魯陽王。子埸永寧王。

建夷屯薄刀山。左哨擊卻之。明日。以都指揮柯忠等三千騎薄賊。擒六人。斬百五十餘級。右哨歷尖産八李款赤馬木冬李古納等寨。擊斬九十七級。擒十三人。

壬辰。左哨追至五嶺。擒十八人。斬六十四級。又擊斬百三十八級。擒十四人。

是月。南京守備司禮太監覃包言。建庶人。吳庶人。天順初安置鳳陽。其家帳幔靴俱敝盡。又十八歲給布纊緜絮。今死五人。日減給。女奴四人俱無衣布。宜補給。從之。

十月癸巳朔。右哨至松林山。擒十七人。斬百三十九級。

乙未。禁豪强攬納商稅。

通政使右通政陳嘉猷卒。餘姚人。景泰辛未進士。授禮科給事中。嘗再使朝鮮滿剌加。歷今官。憂去。起復。

丁酉。左哨抵建州。先匿其族屬。僅驍騎二百餘逆戰。擒二十七人。斬五十六級。

己亥。右哨至摩天嶺松林子。擊斬三十九級。擒二人。

丙午。四川戶口食鹽鈔六貫。改收斗米。

戊申。翰林院庶吉士宋應奎李傑章懋黃仲昭商良爲編修。劉釪陸淵之畢瑜鍾晟王俊石淮授部主事。翟鋏章鎰施純授科給事中。謝文祥李瑢張誥邵有良鄭巳何純授御史。

戊午。英廟宸妃萬氏薨。年三十七。謚靖莊安穆。

己未。暫閉四川密勒山銀場。

增貴州解額六人。雲南四人。

壬戌。提督軍務左都御史李秉靖虜將軍總兵官趙輔告捷。擒九十九人。斬五百三十六級。詔善後班師。右哨至潑猪江。左軍至分水嶺。中軍至古城。俘畜産甚衆。朝鮮遣康純將兵萬人協攻破兀彌寨。斬李滿住及其子古納哈等三百餘級。擒二十餘人。焚其積聚。遣使獻俘。厚賜之。

十一月癸朔。丙寅。敕遼東巡撫右僉都御史張岐贊理軍務。

遼東左參將都指揮使孫璟卒。新鄉人。世衞指揮同知。驍勇善戰。東胡畏之。呼莽孫。

戊辰。前太子太保吏部尚書王翺卒。翺字九臯。鹽山人。永樂乙未進士。館選。授大理寺正。左遷行人。楊士奇薦御史。正統初。擢左僉都御史。鎭守江西。尋理鹽浙江。督兵松潘。歷鎭陝西遼東。謫邊。起進副都御史。歷左右都御史。出總兩廣。拜吏部。門無私謁。嘗曰。吏部豈報復恩仇地耶。方嚴質直。歷中外。俱鎭靜不煩。家無餘貲。始終清白保全名節。視古大臣無愧云。李賢言。皐陶九德公有其五。亂而敬。擾而毅。簡而廉。剛而塞。强而義。年八十四。贈少保。諡忠肅。

袁袠曰。世稱王公知人。喜推轂北士。夫立賢無方。豈分南北哉。蓋亦矯枉之過也。然王公所薦皆至公。非若今之務援引其鄉人。不問其才否。概置之津要。以樹私黨市恩也。以予觀之。若王公者。雖謂之九德咸備可也。

乙亥。封外戚都督同知周壽慶雲伯。

丁丑。朝鮮國陪臣參判南倫卒于京師。歸其喪。

己卯。遼府湘陰王貴熼薨。諡安僖。

乙酉。召提督軍務左都御史李秉還朝。

董山伏誅。初李秉言董山復歸苦邊。必大故。奏誅之。安置其黨於閩粵。

十二月癸巳朔。甲午。貴州猺楊光顯等五百餘人掠湖廣武岡。

乙未。南京內監舍人阮權等盜太廟神御珠冠。伏誅。

丙申。四川右布政使鄭寧爲太僕寺卿。

丁酉。毛憐衞女直指揮同知苦女等三人屢犯邊。磔于市。

戊戌。廣平同知郭和。南宮知縣李聰。邢臺知縣邢琉。平鄉知縣王濬。俱卓異。賜誥敕。

己亥。河南按察僉事宋棨受陽武知縣餽遺。除名。

庚子。禮部會議景泰廟號。俱不敢決。請上裁。左庶子黎淳奏。郕王卽帝位。承國于何君。受命于何主。在當時雖曰主少國疑。四方多事。然周成王時。姬旦實有功之叔父。何不遂取天位。雖曰神器久虛。不可無人。然共和之際。周召皆王國之懿親。何不共分姬室。特以君臣有定分而不敢耳。先帝明並日月。事處已久。人心已定。若悞聽高瑤。加郕王廟號。必祭告太廟行祔享之禮。必遷梓宮造山陵。必追贈皇太后皇后之稱。且高瑤有死罪二。誣先帝爲不明。陷陛下于不孝。必有小人指使之。否則草茅疎賤。敢上煩天聽哉。上報曰。景泰已事。朕不介意。臣下希恩。顯言獻諂。俱不必行。時謂淳長者。而傷郕王德。

談遷曰。昌邑王既廢。未聞復爲漢某帝。更始既廢。未聞復爲漢某王。景帝豈其倫哉。無論社稷功。即正位七禩。非甚失德。被一虛號。安見其溢。黎太僕。篤行君子也。力詆高瑤。至曰必小人指使之。此何異同文之獄也。獻諂希恩。赫哉明綸。庶子無所蒙其面矣。言行君子之樞機。可不愼哉。

辛丑。左都御史李秉爲吏部尚書。

鄭曉曰。泰和鹽山。始合房杜。終效蕭曹。秉正懸公。官評清允。繼之李崔姚尹。或方毅守文。或敏達應務。雖有煩言。亦能稱職。弘治初逐豐城而起三原。素負時望。羣情欣說。盧氏金陵鈞陽並稱名碩矣。

謫翰林編修章懋臨武知縣。黃仲昭湘潭知縣。檢討莊㫤桂陽州判官。時命詞臣撰明年燈夕詩詞。懋等上言。張燈之舉。陛下孝養兩宮。然大孝養志。四方多艱。民不聊生。此正宵旰焦勞之時。兩宮同憂天下之日。翰林論恩。代言爲職。雖曰供奉文字。然鄙俚不經之詞。豈宜進于君上。請一切禁止。上以祖宗故事。怒其譏議。各廷杖調外。時稱翰林四諫。并及羅倫。

癸卯。禁京城內外增修寺院。

敕薊遼宣大守臣曰。近海西女直報北虜毛里孩通朵顏三衛。聲言臘月同三衛掠遼東。毛里孩掠北邊。其善備之。

楊守謙曰。自景泰至今殆百年。言三衛與北虜交通者屢矣。卒未導北虜自其地入寇也。豈懲脫脫殺掠之

禍。雖交通而防之嚴耶。彼雖夷狄。豈不愛其妻孥牲畜哉。使北虜入其地。先不可保矣。此言三衞犯遼東。則其交通者固亦泰寧福餘哉

丁未。前禮部左侍郎兼翰林學士許彬卒。彬字道中。寧陽人。貢士。永樂乙未進士。館選。歷檢討編修修撰。已。大理寺少卿。改提督四夷館太常少卿。景泰初迎英宗塞上。進寺卿。復辟。進今官。已見擠。調南京。降陝西參政。致仕。性坦率無拘檢。交不擇類。狎習吟咏。晚執政欲謝客。而故交騰謗矣。年七十六。贈尚書。諡襄敏。

戊申。保定侯梁珤卒。珤仁恕。數總兵柄。未嘗妄僇一人。子弟從征。皆不受官。贈蠡國公。諡襄靖。

襄城伯李瑾尚書程信等進兵攻山都掌蠻。右都督芮成自戎縣入。右副都御史陳宜率參將吳經自芒部入。都指揮韓忠自普水腦入。貴州總兵吳榮爲左哨。自李子關入。左副都御史汪浩率參將宰用爲右哨。自渡船鋪入。俱會大壩。兵及李子關渡船鋪。賊據險飛梭下礧如雨。諸軍以神銃勁弩卻之。

甲寅。河南左布政使楊璿爲戶部右侍郎。少詹事兼翰林學士萬安爲禮部右侍郎。河南右布政使魯鞏爲刑部左侍郎。山東左布政使彭誼爲工部左侍郎。

乙卯。大軍焚落崖落魏等砦。自是日有斬獲。焚龍背豹尾等砦。

丙辰。清京營占役。命兵科給事中崔儀御史溫琮。

丁巳。御馬監葉達以江西長河峒功。求兄錦衣千戶葉成官。從之。進指揮僉事。

戊午。朝鮮國王李瑈奏獲建州賊屬。敕瑈閉關隘。絕董山奔道。躄誅之。

己未。許朵顏泰寧衞市耕牛農具。

戊子成化四年

正月壬戌朔。甲子。湖廣旱。停清軍御史。

戊辰。改臨武知縣章懋湘潭知縣黄仲昭南京大理寺左右評事。桂陽判官莊㫤南京行人司右司副。

朝鮮獻建州之俘。前遣中樞府知事康純夾攻。斬三百八十六級。擒二十三人。敕勞之。

辛未。申殿中糾儀及賜宴班次。中書舍人李應禎言。宴賀執事非舊制。故有是命。

甲戌。上南郊。

乙亥。四川都指揮唐聞等攻天井洞。洞幽暗不可入。窒洞月餘。殲之。初。山都掌蠻退保大壩。而貴州兵躡其後。

四川雲南兵已攻其左右。蠻驚潰。連破二十餘寨。斬五千級。擒二千餘人。餘走天井水磨二洞。

丙子。夜。月食。不宴。

戊寅。令江浦等縣輸紅土。止內臣採辦。

庚辰。上思州土官黄英宣化縣獞民班劉記等。互仇殺。遣勘。

廣西鬱林等盜殺署都指揮僉事林聰。陷興安縣。殺縣丞傅琛。入思恩古邕堡。殺百戶王祥。上切責韓雍等。

壬午。封川訓導萬顯。以保障功。薦試封川知縣。

韓雍告捷。諭令盡平餘寇。

甲申。分守荆襄右參將都指揮同知王信兼提督南陽軍務。

丙戌。夜。月犯南斗魁第二星。

己丑。敕大同宣府兵互援禦虜。

論平建州功。益太監黄順歲祿。少監張璘爲太監。右監丞韋朗爲右少監。左都御史李秉太子少保。武靖伯趙

輔進封武靖侯。右僉都御史張岐爲左僉都御史。都督僉事王銓王英。俱都督同知。署都督僉事武忠署都指

揮使黄欽署都指揮僉事韓斌周俊俱實授。餘陞賞有差。

二月瓩朔。免高郵去年田租六萬五百餘石。

乙未。許錦衣副千戶王玝世襲。王翺子。

戊戌。署太常寺事禮部左侍郎李希安爲尙書。徇蔣守約例。時謂執政之失。

己亥。昏刻。火星犯昴宿月星。

辛丑。定博徒輕重論罪。時械博徒。死三十餘人。

壬寅。府軍前衞副千戶于冕乞改文階。除兵部員外郎。

癸卯。國子司業張業歸省。

南京刑部尙書劉孜予告。

提督四川軍務兵部尙書程信上山都掌蠻之捷。獲銅鼓數十。斬五十級。擒二千人。

丙午。翰林修撰羅璟上六事。勵聖志。樂聖學。接群臣。辨賢否。優臺諫。崇節儉。上是之。

丁未。巡撫河南左副都御史王恕爲南京刑部左侍郎。

戊申。敕南京右僉都御史高明同太監王允中淸理兩淮鹽法。

己酉。昏刻。火星犯天街上星。

庚戌。夜。月犯房星。

辛亥。琉球國中山王尙德入貢。

御史艾福等論李希安羽士。罷經筵侍班。

癸丑。黔國公沐琮奏。太監羅珪梅忠同鎭雲南。今珪卒。乞毋再遣。上幷罷忠。中旨御用監太監錢能鎭守雲南。

能胡種兄弟四人俱入內舋緣出鎮滇患始棘。

丙辰。貴州二司官視雲南給驛。

戶部會上鹽法事宜。

己未。四川敍南衞指揮同知李鑛破山都掌凌霄城。城險峻不可登。賊梯其前巢。焉南則深箐數十里無人跡。鑛率三千人。從其南循崖而北。梯雪再宿至後山。賊不覺也。攻斬三百六十級。鑛手斬五級。墮崖死無算。當道削其二級。獨不進秩。大軍先後斬千餘級。俘賊屬四百。獲銅鼓十七。牛馬器械亡算。焚二百餘砦。始諸夷聞大軍至。留老弱守砦。壯者皆遁深箐。食木皮至饑死。困之一月。死且盡。然自昔攻圍者皆以他故而退。殆天不欲絕其類與。賊平奏捷。改大壩爲太平長官司。

庚申。羽林前衞都指揮使阮太遼東都指揮使夏林俱爲都督僉事。建州功。

三月辛酉朔。壬戌。增雲南布政司參議按察司僉事各一。管銀場。

甲子。免湖廣虛糧百七十餘萬石。

乙丑。夜月犯五車東南星。

丁卯。夜月犯五諸侯南第一星。

戊辰。戶部右侍郎楊璿改右副都御史。撫治荆襄南陽流民。

夜。月犯鬼宿。

己巳。都督同知馬良爲征蠻將軍總兵官。鎮守廣西。

庚午。夜月犯軒轅大星。

壬申。夜瓊州地震。

癸酉。命祭宋丞相李綱于邵武學舍從教授張儕之請。
免湖廣戶口鹽鈔二年。
丙子。虜自二月來連窺寧遠鐵嶺懿蒲瀋陽前屯命嚴備。
戊寅。免應天安慶逋租。
夜。月掩心宿東星。
辛巳。建州夷糾朶顏三衞寇遼東開原。
甲申。施州衞經歷黃溥復爲廣東按察使。
戒外戚請乞田土蓄爲令戶科左給事中丘弘言之。
丁亥。廣東左布政使陳濂爲右副都御史巡撫廣東。福建按察使張鵬爲左僉都御史巡撫廣西韓雍專提督軍務。
四月覲朔給慶雲伯周壽涿州田六十三頃時方厲禁壽冒請。
癸巳。錄故右都御史顧佐左都御史軒輗左副都御史馬謹禮部右侍郎王士嘉南京刑部尙書耿九疇南京戶部尙書沈翼子孫入太學。
昏刻木火星合于井宿。
甲午。故都督僉事周能贈慶雲侯諡榮靖。
進士曹言宏爲福建道監察御史。
乙未。陽武侯薛琮卒。
丙申。夜。大星自亢宿流軫宿二小星隨之。

丁酉。夜月犯軒轅大星。

戊戌。太僕寺立庫收馬價。

庚子。申三品以上績著者方廕。

巡撫遼東右副都御史張岐奸利事。部卒上訴。命給事中鄧山刑部員外郎周正方往按之。遂除名。

丙午。久旱。齋禱祭告。

夜。南京都察院獄逸六十四人。

戊申。工部左侍郎彭誼改右副都御史。巡撫遼東。

己酉。程信等班師。

罷修西山塔院。遣番僧阿吒哩還國。吏部尚書姚夔等言之。

安南兵千人據廣西憑祥縣地。

封西僧劄巴堅參爲萬行莊嚴功德最勝智慧圓明能仁感應顯國光教弘妙大悟法王。西天至善金剛普濟大智慧佛。劄實巴爲清修正覺妙濟普慈護國衍教灌頂弘善西天佛子大國師。鎖南堅參爲靜修弘善國師。端竹也失爲淨慈普濟國師。俱賜告身。時西僧以祕密教得幸。服食器用僭擬王者。出入乘椶輿。金吾仗前導。縉紳避路。每入宮誦經咒。贈予駢蕃。錦衣玉食者幾千人。封號至數十字。

壬子。兩京湖廣山東河南旱。

昏刻。金木星合井宿。

癸丑。還瀘州衛于渡船舖。改大壩曰太平川。設太平長官司。

甲寅。刑科給事中白昂上六事。謹命令以全大信。修治化以止流民。禁科斂以甦民困。專委任以革民奸。立期限以集庶物警虛僞以息刁風。命下諸司行之。

丙辰。錦衣衛指揮僉事朱驥提督五城兵馬治盜。

丁巳。旱災法司錄囚遞減等。

太僕寺卿鄭寧爲左僉都御史巡撫宣府。

銀課買辦段三萬匹俱減半。

太子少保禮部尙書兼文淵閣大學士陳文卒。文廬陵人。正統丙辰進士及第。授編修。進侍講。薦拜雲南右布政使。寬平得民。天順初。遷廣東左布政。憂去。戊寅拜詹事。癸未直閣。李賢當國。輒懷忿撓之。及代賢。遂恣贓通賂。聲望大損。贈少傅。謚莊靖。

戊午。戶科給事中賀欽言。姚夔等請修政弭災。明旨曰。內事朕自處置。外事便斟酌行。陛下遇災而懼之盛心也。陰曀頓開。次日微雨。自是以來。旱勢日增。豈陛下心勤于前而後怠與。抑羣臣虛文無爲助耶。伏望省躬責己。詔求直言。絕游宴之樂。正冒濫之賞。嚴君子小人之別。通君臣上下之情于宮闈。則正名溥恩于經筵。則延訪緝熙。將見天心之應。必成湯之禱桑林。周宣之訴雲漢。不轉災而祥。未之有也。欽又上章自劾。乞罷。不許。

五月庚朔。南京太僕少卿陳俊爲戶部右侍郎。署光祿寺事。禮部右侍郎李春爲工部左侍郎。

以兵科給事中陳鶴言。仍復天下附學生。

辛酉。四川按察僉事顏正爲整飭瀘敍兵備副使。山都掌初平故。

壬戌。通政司右通政劉璉爲光祿寺卿。

癸亥。京營把總都指揮使韓忠爲右軍都督僉事參將。統理四川永寧等衛。

禮部主事陸淵之論故大學士陳文貪德彰聞。縱子爲惡。莊靖美謚也。陳文何足當此。乞削其美名。更以惡謚。

上以傷逝不允。

乙丑。頒一統志。

郭子章曰。謚周降晉。施宜生仕金。劉整降元。而列之人物。則薰蕕同器。靖難死節諸臣。建言廷杖諸臣。不一立傳。則忠義落魄。尉遲迥宇文忠臣也。不著其死義。而反以爲作亂。冼氏高涼義婦也。不爲之立傳。而僅見于祠廟。費孝先皇甫坦術士也。奈何與紀信魏了翁同傳。戶口尺籍大政也。奈何不與土產衞所同編。諸如此類。不可枚擧。嗣有編者。似當釐正。

昏刻。月犯軒轅左角星。

丙寅。命南京守備太監安寧成國公朱儀尙書李賓錄囚。時旱久。應天府尹畢亨請緩刑弛力。

萊州知府張諫爲太僕寺卿。

監察御史李傑前巡按山西。市狐裘等不予直。被訐。下獄除名。

丁卯。工部右侍郞兼翰林學士劉定之上四事。曰求天地之心。皇上天也。中宮正后地也。今久旱風霾。天氣不和。是天地之心未暢。意者以遇中宮正后稍疏。欲上自正后及妃嬪進見。先後悉循其序。故垂戒如此。皇上宜體天地之心。俾嗣續蕃昌。宗祉永固。曰祖宗仁愛子孫。至無窮也。是以英宗皇帝出建庶人等。配耦生聚。蓋善繼善述之大者。今郕王妃女已及笄矣。宜命禮部爲擇婚。此爲體祖宗之意。亦和陰陽致雨澤之理也。曰伊傅告商嗣王。必法成湯。旦奭告周嗣王。必法文武。我太祖皇帝德業隆盛。臣願皇上取其御製諸書及史臣所纂寶訓。與大學衍義貞觀政要。相間進講。以比商周子孫取法文武成湯。曰帝天制治保邦。異端佛老不與焉。今太平日久。民生日衆。物產不足供奉。而內奉朝廷。外給邊境。日增月盛。又復糜費于此。其何以堪。今先朝所賜寺觀塔院。卽未能盡闢去之。姑存其舊。勿再增廓。上不報。

戊辰。傳制封祁鏌鄭王。祿埤肅王。見淊襄邑王。皷泳鎮安王。

歲貢生値事越三年外不補貢。

己巳。日本國王入貢。

壬申。召遼東總兵官宣城伯衞穎。

都督同知趙勝爲征虜前將軍總兵官鎭守遼東。都督同知趙英爲副總兵鎭守涼州。

月犯房宿。

甲戌。詔順天尹存恤孤貧。

監察御史謝文祥言陳文謚莊靖。夫睿通克服曰莊。愼以處位曰靖。制行不檢如文。貪墨如文。而猶獲此美謚。或慕而效之。天下國家尙奚賴哉。上不聽。

乙亥。曉刻月犯南斗魁第二星。

梁傳嗣保定侯。梁珤子。

己卯。增沿江捕盜指揮。

庚辰。昏刻火星犯鬼宿。

壬午。翰林侍讀陳秉中改南京。

癸未。遣刑部郎中陳儼大理左寺正劉濟往兩畿錄囚。各省令按察副使楊瑄等同巡按御史。

昏刻火星入鬼宿。犯積尸氣。

戊子。博羅縣訓導游宣乞從祀先儒熊禾。廷議羽翼朱註。命祀建陽。

六月乙巳朔。壬辰。前巡撫遼東左副都御史張岐有罪除名。

甲午。故右都督贈大同伯陶瑾謚武毅。

丙申。金星晝見。

戊戌。日本國譯使林從傑以寧波衞人陷倭乞便道省墓。許之。

己亥。南京刑部尚書劉孜卒。孜萬安人。正統乙丑進士。授御史。諫止南遷。擢山東按察使左布政使。薦進右副都御史。巡撫江南。民甚德之。遷南部。以嚴爲治。性淸執。持法或刻。年五十八。賜祭葬。

陝西開城縣土達滿俊作亂。俊故元平凉萬戶把丹孫也。降胡雜居。曰土達。初衆七百人。俊居凉州三岔溝。族類寖盛。時行刦。去年陳价招撫陝西。致仕都督張泰。卽告張把腰掠盜而鞏昌通渭逋民匿滿俊所。里長追捕。俊殺之。故通渭亦訴于价。命按察僉事石首蘇燮逮治。陳蘇皆南產。不諳夷情。會靖虜參將劉淸固原守備馮傑。皆索土達馬貨雁剟甚急。土達咸思亂。平凉衞檄指揮滿璹率鎭撫火敬等二十餘騎往捕張把腰滿俊等。遂聚衆陰殺之。刼璹。掠苑馬寺馬。據石城以叛。石城距固原州西北一百五里。四壁削立。中有石井五。各衡丈餘。惟一路可登。地甚險。卽唐石堡城。王忠嗣所謂非殺數萬人不能克者也。

庚子。錦衣衞指揮朱驥上禁盜安民事。設軍馬。增夫役。責典守。禁淫泆。究容隱。淸舖舍。命行之。

昏刻。月掩星宿。

癸卯。尚膳監太監潘洪以姪貴中兩淮鹽五萬九千引。許之。戶部言。祖制食祿之家不得中鹽。上曰。然。其勿與。

乙巳。廉州試知州林錦爲廣東按察僉事。撫治廉欽靈山石康等夷民。錦令靈山著聲。及試守殫厥力撫集流亡。

夜。月犯十二國秦星。

丙午。旱災免江西田租二百八十八萬六千三百餘石。

戊申。金星犯靈臺上星。

庚戌。監察御史鄭巳張浩謝文祥。劾尚書姚夔舉用張岐之罪。下文祥獄。

癸丑。陝西巡撫右副都御史陳价。總兵官寧遠伯任壽。寧夏總兵官廣義伯吳琮。參將劉淸。延綏都御史王銳。參將胡愷。會兵三萬討滿俊。寧夏兵道近先至。趨石城。賊請降。有卒馮淸頗知兵。曰。我軍夜至罷矣。卽行乏水飮。未可戰。姑許以乘賊。琮叱之。進兵。賊迎戰。都指揮邢端先遁。我大潰。失指揮王震等二百餘人。軍資盡喪。賊得舊元帥府印。部署其衆。脅諸夷土達同叛。南掠河西官道。得衣糧萬計。勢益張。价與壽琮走保東山

甲寅。慈懿皇太后崩。遺詔曰。予以菲德。獲配英宗皇帝。奉承宗廟。輯寧邦家。多歷年所。不幸裕陵上賓。予惸嫠鮮祜。賴今皇帝荷天之休。光嗣丕圖。海宇奠安。予與皇太后同受天下至養。又四五載。慈孝雍和。亦旣兩盡。茲予壽命有期。永終天年。復侍先帝左右。素願無歉焉。永惟祖宗創業垂統。弘大崇重。皇帝直以萬幾爲意。不得過于哀戚云云。后都督海州錢貴女。年十六。正中宮。英宗北狩。后每夜哀籲。倦則臥地。因損肢及目。從南宮七年。勤勞備至。英宗預屬后合葬。年四十三。

丙辰。禮部言。孟秋享太廟。大行皇太后哭臨未畢。移至七日。上命仍朔祭。不以卑廢尊也。

詔議山陵。大學士彭時曰。禮定矣。梓宮祔裕陵。主祔廟。復何言。疏引前代二后並祔。如漢文帝尊生母薄太后。仍祔嫡呂太后。宋仁宗尊生母李宸妃。仍祔嫡劉太后。今皇太后與慈懿皇太后存日雍和無間。自同陵廟。命下廷議。太監夏時謂皇太后。宣言裕陵法不宜動。時曰。慈懿母天下三十年所矣。今隔于先帝。何以明陛下孝也。

七月戊朔。禮部尙書姚夔等會議陵廟並祔。上以皇太后未允。當別葬如禮。翊日。少詹事柯潛國子祭酒邢讓等三十三人言不可。明日。魏國公徐俌等都督等錦衣衞指揮等三十五人言其不可。禮科左給事中魏元等二

十九人。御史康永韶等四十八人。禮部尚書姚夔等吏部尚書李秉等四十四人。言各如之。給事中毛弘曰。國是執論。此其時矣。于是百官伏文華門。諸大臣或觀望。給事中張賓呼曰。諸君受恩厚。奈何走。諸臣趨而哭聲聞。上懇請太后。自巳至申。允合葬。百官乃退。

談遷曰。慈懿祔陵廟。受命先帝。突有異議。則一二佞閹獻媚迎合。而諸臣堅執不遺餘力。伏闕洒泣。至情懇愍。能無動轉圜之聽哉。然茂陵孝奉兩宮。故傾葵易格。自非然者。將無事君之歎乎。

癸亥。巡按江西御史趙敔爲江西按察使。

甲子。曉刻土星犯天囷西第一星。

己巳。中軍帶俸都督僉事武忠爲都督同知。

謫謝文祥南陵縣丞。

庚午。賜廉州知府敕往大郡多賜敕。廉州多盜。故請之。

癸酉。命太監劉祥監軍。巡撫陝西右僉都御史項忠總督軍務。都督同知劉玉爲平虜副將軍總兵官。都指揮同知夏正劉清爲左右參將。以京邊兵討滿俊。戶部員外郎張賑督餉。

丙子。上孝莊獻穆弘惠顯仁恭天欽聖睿皇后尊謚。

己卯。頒謚詔。

庚辰。召太監王允中南京右僉都御史高明。

壬午。下宣城伯衞穎都察院獄。鎮遼東畏虜引疾被劾。

癸未。賜吉安知府許聰敕。吉安豪民健訟。故請敕。

乙酉。進士林正魏景釗薊盛徐完葉廷榮楊溥李釗張岫錢山王浩徐英馬震傅鼐鄭昱薛爲學張玉吳禋鄒儒監生李鑑邊完王漢爲試監察御史。

丙戌。趙溥嗣忻城伯。趙榮子。

夜。流星自外屏行至天苑。

丁亥。旌永寧宣撫司奢貴率兵濬運河協擊山都掌蠻。

八月戊子朔。庚寅。襄城伯李瑾還領五軍營。

南京大理寺右少卿夏時正爲南京太常少卿。

癸巳。京師地震有聲。

懷柔伯施鑑下獄。錦衣校尉從內臣領紅細車出城不避。且杖之。鑑贖杖奪祿三月。

夜。月犯房宿。

己亥。前巡撫延綏右僉都御史盧祥卒。東莞人。由進士授南京禮科給事中。好議論。頗通術數。在延綏。留心邊事。

戊申。逮陝西巡撫右副都御史陳价總兵官寧遠伯任壽右參將劉清廣義伯吳琮。趣項忠等進兵。時武臣各欲出師。閣議方遣項忠。不宜撓。故俟其區畫。

己酉。錦衣指揮僉事馮瑺緝捕沿江鹽販。

錄山都掌功。兵部尚書程信兼大理寺卿。襄城伯李瑾進封侯。左都督羅秉忠封順義伯。都督僉事穆義爲都督同知。餘陞賞有差。秉忠降胡沙州左都督困即來之子。

談遷曰。程襄毅以司馬受賑。凱旋之日。無宮銜武廕以優之。昔之愼賞乃爾。

庚戌。南京大理寺卿馬文升爲右僉都御史巡撫陝西。

壬子。定陝西軍興納米例。

癸丑。都督同知白玉鎮守陝西。

後府都督李英疾去。

甲寅。曉刻。月犯軒轅。

九月丁巳朔。戊午。減徵南畿鹽鈔。

停陝西布政使余子俊參政龐勝僉事胡欽等俸。滿俊亂故。

己未。夜客星見星五度。

庚申。孝莊睿皇后祔裕陵。隧道西通皇太后壽藏。隔先帝數丈而塞。上欲更定。欽天監以歲忌阻之。

辛酉。發粟賑陝西饑。

癸亥。客星色蒼白。芒三丈。變爲彗。

丁卯。部院諸大臣引咎乞罷。允戶部尚書馬昂致仕。餘皆慰留。

談遷曰。伏闕時。馬昂詿疾。蓋不欲忤母后也。反因之被劾解組。人亦自行其意。何至揣逐世好。并所守兩失之哉。

戊辰。彗見東北。

己巳。彗見室宿南。

追回西域僧劄實巴賜田。時乞靜海縣田宛平佃戶業。許之。兵科左給事中丘弘等劾其妄請。詔覈實。仍歸之民。

上幸萬貴妃居昭德宮。專夕。時戎服男飾。益嬖之。兄弟驟貴顯。萬通錦衣都指揮。婦王氏出入掖庭。朝士趨之。

□科給事中魏元等言。流聞陛下於中宮有參貳之者。尚書姚夔等言之。今昭德宮膳不減。中宮不增。衽席雖微。懸象甚著。且震宮尚虛。豈可以宗廟社稷之大計。竟愛專情一。不求所以固國本安民心哉。又旱澇盜賊。尚書馬昂等視爲泛常。遇喜則覆移彼處斟酌。遇怒則曰事體窒礙難行。微有利害。則伏乞聖裁。持尋常活套之言。爲終身經濟之策。是猶子訴饑寒。而父母罔聞也。乞罷征稅。亟遣官賑濟。又番僧奉養過于親王。乞革法王等號。發回本國。又賞賚無節。玩好太多。或印寫佛經。或畫像琢玉。願屏絕玩好。罷斥不急之務。其雲南礦場悉宜停止。上納之。

監察御史康永韶等言。大本未建。太子者。天下之大本也。古人主一娶九女。以廣繼嗣。今前星未耀。實切憂惶。伏望均六宮之愛。協宜家之祥。庶螽斯繩繩。麟趾振振。朝廷寵遇番僧。有佛子國師法王等號。儀衛過于王侯。服玩擬于供御。又中國之人。習番敎。圖寵貴。眞番僧尚無益。況此欺詐之徒哉。宜查係番僧。資遣還國。若係中國。追其成命。餘言賞罰財用賑濟備禦。上皆納之。

庚午。監察御史胡深等劾閣臣商輅兵部尚書兼大理寺卿程信禮部尚書姚夔太子少保戶部尚書馬昂。不聽。翊日早朝。兵科給事中董旻面疏上責其非制。蓋劾疏非廷宣則封入云。

昏刻。彗犯三公星。

辛未。孝莊睿皇后主祔廟。

昏刻。彗犯北斗搖光星。

壬申。上素服視事。敕羣臣修省。

癸酉。楚府永安王季埶薨。年六十。謚莊惠。

甲戌。吏科左給事中程萬里請有司存省。賑貸陝西。又毛里孩久不貢。宜簡京營萬騎。宣大各萬騎。每三千人爲一軍。驍將統之。探毛里孩所在。出不意。晝伏夜行。直抵其壘。破之必矣。廷議。毛里孩今不犯邊。興師非計。上是之。

丘濬曰。天下大勢。南北異域。江以南地多山澤。所生之物。無間冬夏。且多通舟楫。縱有荒歉。山澤所生。可食者衆。而商賈通舟貿販。爲易其大江以北。若兩淮。若山東。若河南。亦可通運。惟山西陝右之地。皆是平原。古時餫道。今皆堙塞。雖有河山。地氣高寒。物生不多。一遇歉歲。所資者草葉木皮而已。所以其民尤易爲流徙。宜特遣臣僚。尋商旅入關之舊路。按河船入渭之故道。若歲運嘗數有餘。分江南漕運之羨以助之。一遇荒歉。舟漕陸輦以往。是皆先事之備。有備則無患矣。

宥巡撫四川都御史汪浩。守備永寧都指揮林晟罪。

丁丑。昏刻。彗犯七公星。

戊寅。錦衣衞都指揮使白全。武成後衞都指揮使白紀。爲左右府都督僉事。金吾右衞都指揮使王受。湖廣都指揮使汪鐸。並爲前府都督僉事。平蠻功。

己卯。前中府帶俸都督僉事顏通卒。宛平人。世千戶。

辛巳。前廣西右布政使夏時卒。錢塘人。□□□□進士。嘗建均徭法。

壬午。昏刻。彗入天市垣。

甲申。廷訊給事中董旻等三人。御史胡深等八人。時商輅姚夔程信乞退。旻等論其求退。皆其欲進之意。飾非强辨。而攻夔尤力。上怒其違命再劾。下錦衣衞法司執訊。尋釋之。

十月丁亥朔。左副都御史項忠至固原。賊乞降。不許。忠及總兵官劉玉當其中。延綏參將胡愷軍酸棗溝。伏羌伯毛忠軍木溝。左參將夏正軍打剌池。寧夏副總兵林勝軍紅城。都指揮張貴軍羊房堡。

己丑。傳制封勉埤光陽王。禔鐮方城王。禔鉠西鄂王。禔釾郟城王。徵鉅褒城王。

復董旻胡深等官。

總督軍務左副都御史項忠上討賊方略。止濟師。時彗西見。或疑之。忠曰。賊無援食少可破也。兵法禁祥去疑。正在今日。

辛卯。增兩淮都轉運鹽司副使一。判官二。

鎭守金齒都督僉事胡誌卒。定遠人。世金齒指揮使。

甲午。吏部尚書李秉以庶官厲民取財。緣監生久以科目至貧乏。故仕而貪婪。請身言書判考分等第。四者無一。給冠帶還家。從之。秉自是買怨。

己亥。災異考察兩京官。降斥有差。詹事翰林不預考。

錄囚。上親覽獄詞。減釋甚衆。

甲辰。琉球國中山王尙德滿剌加頭目八剌思各入貢。

上午朝。尙書李秉姚夔白圭王復侍郎崔恭尹旻楊鼎陳俊萬安葉盛李震李春李顒等及科道不入侍。待罪。宥之。

乙巳。彗出天市垣漸微。

癸丑。兵部左侍郎兼翰林學士商輅爲兵部尙書。工部右侍郎兼翰林學士劉定之爲禮部左侍郎。兼官直閣如故。

甲寅。戶部左侍郎楊鼎爲尙書。

彗西犯天屛。

十一月丁巳朔。庚申。夜彗滅。

伏羌伯毛忠討滿俊于石城。擒二十四人。斬七十三級。旋師牟山。俄中流矢死。指揮周璽費澄力戰死。馬文升積芻欲焚賊柵。賊乘勝來襲。亦却潰。射傷劉玉。亡其傔四。賊以日暮入城。朝廷聞之大懼。議撫寧侯朱永出師。大學士彭時等以項忠必能辦賊。第擐甲俟報。項忠乃斬甘州先奔丁千戶以徇。督師陟山蒐兵塡行。遂圍之。而宣所獲以逮告。日梗賊汲道。汲者率爲師所獲。焚近城薪芻。賊始困。延綏師陳東山壓賊門。都指揮魯鑑以莊浪土兵爲殿。戰死者衆。馬文升遣驍騎候賊。邀東山兵橫擊之。獲數十級。都指揮劉晟以甘肅兵三千至。賊始懼。挾璹乞降。俊乘間柵山請戰。我砲焚其柵。縛木梯塡道陵城。內外多死傷。

甲子。虜二百餘犯遼東。官軍擊敗之。

浙江泰順縣多礦盜。命太監盧永鎭守浙江。吳昱鎭守福建。捕盜仍理銀場。

丁卯。修武伯沈煜爲征西將軍總兵官。鎭守寧夏。

南京科道會劾成國公朱儀。兵部尚書李賓。吏部右侍郎章綸。刑部右侍郎王恕。娶故劉指揮妻文氏爲繼室。工部右侍郎范理。大理少卿金紳。應天府尹畢亨。俱當治。命禮部右侍郎葉盛。刑科都給事中毛弘往按之。

遼府蘄水王貴熡薨。年四十五。謚靖和。

戊辰。朝鮮國王李瑈卒。訃聞。謚莊惠。

辛未。命游擊將軍許寧率宣大三千騎西援。

丁丑。土達滿俊就擒。官軍絕石城汲道。賊漸迫。驍將楊虎貍出降。總兵劉玉與之誓。若能擒俊。官指揮。賞五百金。此原購也。虎貍期明日戰東山上。詰朝。俊率銳數百人果出東山。官軍奮擊。虎貍以俊至。賊大敗。其黨漸潰散。偵其北走。追斬八千級。石城平。乃夷其險。班師。釋滿璹。調西安衞撫其餘衆。

高岱曰。滿俊之亂。起于邊將之不恤下云。雖然。非我族類。其心必異。狠子野心之衆。乃使之聚處邊境密邇塞下。王鮪北泳。越鳥南翔。能保其百年無異圖哉。今降胡多處畿輔之地。國家承平。彼何敢肆。萬一胡馬南牧。氣類感召。則滿俊之亂。不但固原已也。往也先寇京師。間亦有說。幸其驅蕩平定之早耳。當時云俟事定處之。而迄今晏然何哉。五胡之釁。往轍具存。江統郭欽之說。愚于滿俊事重有感也。

陳建曰。項襄毅坐困滿俊。可比趙充國之坐困西羌。而彭文憲商文毅主議不移。無愧魏相。朝廷有人。社稷之福也。使當時滿俊不殄。而與套虜連兵。則誠可懼。然則京軍雖往。徒費餉擾人心。何益耶。

甲申。旌蒲州知州徐孚。吉州知州伍琇。龍陽知縣李泰。和州判官張翀。臨朐知縣卜釗。淄川知縣劉文實。雞知縣馬傑。賜誥敕。

丙戌。翰林修撰王獻爲左春坊左諭德。

十二月刻朔。戊子。虜千騎寇延綏。

少詹事兼翰林學士柯潛憂去。乞祭葬。許之。

翰林檢討馬誠梁翰爲崇府左右長史。

駙馬都尉薛桓卒。桓尚常德大長公主。

辛卯。清中書舍人之選。時技術乞恩勳舊錄用。其濫不一。中書舍人黃理等乞如永樂宣德間皆進士監生例。從之。定甲乙榜擢員外郎。監生擢主事。其他光祿寺署正。大理寺寺副。著爲例。

乙未。旌眞定知府邢簡。濟南同知王璟。滁州知州周正。永平通判段璣。新樂知縣韓文。長洲知縣蘇鐸。賜誥敕。

戊戌。武昌地震。

庚子。雲南道監察御史戴用上六事。勵實行。精考察。公薦舉。均爵賞。弭盜賊。革宿弊。上納之。令四品以上官吏部具名請裁方面官如正統例保舉。餘付所司詳擬以聞。

甲辰。巡撫蘇松左僉都御史邢宥清理兩浙鹽法。

丙午吏部覆郎中夏寅奏設浙江福建巡撫都御史報寢。

己酉。故夔州通判王禎贈同知故戎縣知縣李旺贈敍州通判。

虜二千餘騎寇延綏。游擊將軍許寧提兵過宣府值于孤山堡擊敗之。

庚戌右參將李榮爲左副總兵鎮守甘肅都督僉事白全領右參將。

周府遂平王子墉薨年四十七。謚榮靖。

壬子。監察御史邵有良巡視光祿責報實費。吏不應。抶之。中官田保忌其强執。云會計上供。大不敬。上怒。杖有良。謫蒲江知縣。

遣太監鄭同崔安封世子李晄朝鮮國王。太監沈繪祭李瑈。已遼東巡按御史侯英言。鄭同等道擾困民。且同安俱朝鮮人。族墓皆在于故國。未免跽拜。如天朝何。乞改遣翰林或給事中。以行人副之。上深然其言。

己丑成化五年

正月厥朔丁巳。大星光燭地。自星宿流至近濁。

戊午。左府帶俸都督僉事夏霖乞仍遼東。不許。

乙丑。上南郊。

夜。月犯五諸侯南第一星。

丁卯。南京吏部右侍郎章綸右僉都御史高明考察庶官。綸欲就年齒別衰壯。而明于年六十以上者概留。又御史無斥者。坐是不協。互有改易。致猜忿。吏科給事中王讓妄自尊。考察時欲並坐九列。不見許。遂率諸僚不赴。綸等奏罷戶部郎中潘孟時等九十六人。上見各官不同署。疑之。綸言其故。讓等與御史劾綸子玄應冒籍登科。舉馬瑛貪人也。綸妄薦爲治中。及諸細事。綸明並乞罷。上命禮部右侍郎葉盛吏科都給事中毛弘覆考如舊。綸明置不問。

巡撫貴州右副都御史陳宣劾少監鄭忠南寧伯毛榮役占。又鎮守雲南太監錢能道橫需索。乞徵回從校。報聞。

戊辰。吏部尚書李秉大計罷斥千五百六人。

己巳。夜月入鬼宿犯積屍氣。

庚午。夜月食既。

壬申。許晉府奉國中尉鍾鋏嗣永和王。永和王濟烺孫美埆廢庶人。

甲戌。署都指揮僉事都勝鎮守儀眞幷提督揚州通泰兵。

乙亥。韓王徵釙薨。年三十。謚曰惠。

丙子。吏部尚書李秉罷。革太子少保。秉典銓。一意守法。侍讀彭華嘗囑其羣從彥寅立斥之。內臣某欲還鄉人官。不聽。左侍郎崔恭覬代位。右侍郎尹旻嘗學于秉。皆屈意下之。多聽從。人遂言權歸侍郎。秉自是不聽。兩人稍郤。秉鄉人爲小吏。適賂主事□道求升郎中。張宇功阻之。道因言宇功于秉。大訢堂上。宇功手案籍面質。颺言必是。乃公否者。私。今郎所持公乎私乎。乃公信讒枉我。我不能官。恭旻皆是宇功。以形秉失。秉爲宇功謝。乃罷。又御史康永韶嘗聞秉言姚夔商輅程信馬昂不稱前星變。永韶因合衆請汰京官。刺夔等。秉覆奏。考覈大臣。夔等皆銜。秉大計所罷斥科目人怏怏。卑官宂吏累奏。羣擯呼號道塗。旻上書請都御史覆考。得留九十餘人。旻恭時時外形秉短。刑科給事中泰和蕭彥莊。險而附勢。與大理寺卿王槩同郡有連。槩亦幾秉去代之。謂彥莊。李公二子治郡縣無狀。不自斥免。乃糾他人。彥莊合因劾秉職司考察。若布政孫遇之老懦。丘陵之嘰貪。僉事李齡之衰疾。並以親媢不在斥列。薦舉大臣。獨一張鵬。鵬亦秉私。至于監生入仕。初無考退之例。乃俾勸勞半生。不沾寸祿。保舉奏章。原有辦印之比。乃俾覓入選調。冒濫實多。任情去官。以片言爲怒喜。恣意選除。未一考輒遷徙。且暗結年深御史。附己專權。上下廷議。云當罷。革太子少保。致仕。并罷孫遇丘陵李齡等。復詰彥莊。以年深御史對。不輒具實。上怒。乃以劉璧吳遠馮徽對。俱下錦衣獄。贖杖。謫璧漳浦知縣。停彥莊俸三月。而丘陵訴彥莊嘗奉使過其治所。嗔無禮際。深用心仇怨。章五上。求與理。遂同下獄。廷鞫。坐彥莊奏事不實。降四川永寧驛丞。陵復山西左布政使致仕。方秉被劾時。人勸其辨。秉曰。辨涉固位。但語諸公毋傷國體。令秉入獄。貢士俱會試。投卷奮罵曰。李公天下正人。奸邪誣之。李公若罪。我曹願不試以贖。及秉薄責乃止。彥莊至永寧。未幾。署大寧縣。苛罰。怨家殺之。蘭陽丘陵。貢士。歷山西左布政使。福山孫遇。進士。歷河南左布政使。潮陽李齡。貢士。歷江西提學僉事。俱治才。仕路有聲。

談遷曰。銓地固怨府也。鑑空衡平。以自持則可。其遭挫受削。私旨怏怏。勢所必至。李執中急于進賢。奉法循職。不幸螫于讒口。拂衣歸田。亦甘之矣。相傳劾章出王槩。又彭時右之。商輅欲用姚夔。羣賢彙征。彼矛此盾。非國之幸也。

戊寅。夜月犯心宿。

己卯。夜流星自氐宿行至近濁。

辛巳。吏部左侍郎崔恭爲尚書。

岷州衞指揮劉通深入番寨。撫諭生番三十餘族。熟番十有四族。俱來歸。

二月炳朔。洮州番夷掠鐵城後川二寨。指揮同知張翰擊斬十二級。
戊子。許撫寧侯朱永世襲。
立西安衞。
庚寅。水旱免瀘州榮昌大足銅梁榮江安納溪去年田租。
壬辰。太常寺卿兼翰林侍讀學士劉珝侍讀學士劉吉主禮闈。
癸巳。曉刻金星犯牛宿。
甲午。謫御史康永韶順昌知縣。馮徽潞州判官。吳遠夷陵州判官。刑部主事佘志廣州通判。永韶等與志互訐。俱下獄無實。
乙未。南京戶部左侍郎陳翼爲尙書。
兵部右侍郎王偉疾去。
丙申。夜月犯木星鬼宿。
丁酉。追劣生食廩免充吏。
濟寧人李琳言貢夷擾驛。乞遣官約束命伴使禁之。
庚子。誅滿俊等三百五十七人。
癸卯。夜流星入井宿。
甲辰。宥南京刑部右侍郎王恕范理大理寺左少卿金紳等罪。以葉盛毛弘劾上也。
乙巳。召守備古北口都督僉事昌英兵三千人還京。
丁未。遷韓府襄陵王于鳳翔。慶府眞寧王于慶陽。

始賜田州土知府岑鏞誥命。以擊賊功。
戊申。琉球國中山王尚德入貢。
庚戌。遼府益陽王豪壋薨。年三十二。謚懿簡。
衍聖公孔弘緒有罪。命械入京。大學士彭時以聖裔乞免械。竟就訊。從之。
王世貞曰。欲尊孔子。則莫若尊其道而行其言。欲厚孔子。則莫若教之。今其爵者甘鮮肥而自比于纓弁。其它偷飽暖。依紈袴者。屢屢也。夫使貪縱放僻敗倫亂紀之人。而稱孔子徒。乳臭之人。鮮衣怒馬。而後孔氏。而曰尊之厚之。於乎。不亦舛哉。
辛亥。災傷止各巡撫入京議事。
癸丑。英廟德妃魏氏薨。年四十四。謚恭莊端惠。妃柔和。六宮敬仰。生徽王。
甲寅。進士張廉李顒爲翰林檢討。侍吉王。
乙卯。夜。南京大雨。雷震山川壇殿吻。
閏二月丙朔。己未。雨霾。黃塵四塞。
夜。月犯昴宿。
庚申。大理寺左評事申安言。旌異官失實。如紹興知府吉惠。先以上虞知縣旌。今貪酷百狀。自今必三年考滿後訪實。仍行連坐法。從之。
癸亥。延綏游擊將軍署都督僉事許寧。以虜掠康家岔。追出塞。敗之。
夜。月犯積薪及木星。
甲子。前南京左都御史石璞卒。璞字仲玉。臨漳人。貢士。授御史。宣宗征漢庶人。擢江西按察使。振綱決獄。雖婦孺知名。遷山西左布政使。值王振祭蔚州墓。曲事之。進工部尚書。討浙寇。加兼大理寺卿。景泰中。進太子太保。改兼兵部尚書。巡撫湖廣。天順初。罷。庚辰。起南臺。耄荒繆濫。始終如二人焉。

逆盜苗老潭伏誅。

夜。月犯軒轅御女星。

丁卯。兩廣從征土達留駐。送其家口。不願者聽還。

己巳。興化知府岳正致仕。

袁袠曰。季方之遇英皇。猶馬周之遇唐宗也。一旦拔起。遂秉中軸。言行若流。亦奇遇矣。然竟以剛直不能容其身。始忤曹石。終擯李賢。遠戍窮邊。出知外郡。卒坎壈以死。夫曹石不足言矣。而文達乃若是耶。世多議文達不能容羅倫岳正。噫。豈未讀泰誓之書耶。

戊寅。成安伯郭昂卒。

己卯。日色變白。土霾四塞。

南京考察。仍舊章。綸高明置不問。

庚辰。定南京諸司錄囚議事坐次。闕門文武分班前後坐。闕門直廬。正卿上坐。亞卿副僉院下坐。五品小京卿左列。六科右列。

癸未。夜。瓊山縣雨雹。大如斗。

三月乙朔戊子。陝西報達虜潛入河套。

辛卯。北虜斡失帖木兒部下作亂。其黨拜亦撒哈平章等走牧哈密。命嚴邊備。

戊戌。滿剌加國王滿速沙兒入貢。

南京刑部左侍郎王恕憂去。

己亥。廷策貢士費誾等二百四十八人。賜張昇丁溥董越等進士及第出身有差。

癸卯。衍聖公孔弘緒有罪奪爵。淫樂婦四十餘人。殺無辜四人。宜辟。特宥之。

五色雲見。

甲辰。總督南京糧儲右都御史周瑄爲南京刑部尚書。南京戶部尚書陳翼代瑄總督。

戊申。陞福建按察副使錢璡山東布政司左參議。江玭衢州知州。王高德安知府。周鐸賜告身。

己酉。忻王冠。

庚戌。錄平滿俊功。進項忠右都御史。王銳馬文升俱進左副都御史。都督同知白玉署右都督。署都督僉事林盛魯鑑俱都督僉事。鑑仍署都督同知。餘各陞賞。楊虎貍授固原衛指揮。虎貍一名虎力。

辛亥。選庶吉士張璲費誾陳斌蕭璵梁澤尹龍馮蘭喬維翰陳紀張晟李介王臣尹仁王錦徐謙方珪謝顯吳祚。翰林侍讀學士陳鑑。侍講學士丘濬敎習。

四月甲寅朔。巡撫永平贊理軍務右僉都御史閻本兼巡撫眞定保定河間。仍提督倉場屯種。

乙卯。復故太子少保戶部尚書兼翰林學士蕭鎡官。賜祭。

戊午。械正一嗣敎大眞人張元吉下刑部獄。元吉凶暴貪淫。强奪子女。掠殺四十餘人。論磔市。待決。妻吳氏革玄君號。擇䕃其族。有妄稱符籙者罪之。刑部尚書陸瑜以張氏虛誕。欲奪封䕃。毁府第。革管勾都目諸人。竟寢。

史臣曰。張氏之禍。起于符籙。禁之誠是。非但正元吉之罪。實杜後來惑世起亂之端。惜當時失于執論。不能絕其根源。其徒奉行自若也。

庚申。故國子祭酒李時勉贈禮部左侍郎。改諡忠文。先諡文毅 孫顒奏。以曹鼐例乞改諡。

甲子。工部右侍郎黎叔林子世榮廕中書舍人。叔林父澄。安南季犛子。俘至。善製神槍。官終工部尚書。叔林仍其業。

乙丑。御用監左監丞龍閏娶南和伯方瑛妾許氏爲妻。命離異。付司禮治罪。

丙寅。兵部右侍郎王偉卒于濟寧。偉字世英。攸縣人。從戍宣府。年十四。宣廟北巡。上安邊頌。令補保安州學生。正統丙辰進士。館選。授戶部主事。己巳。攝御史。募兵守廣平。進職方郎中。文符塡委。能立應。少保于謙任之。擢右侍郎。巡陽和。斬奸諜小田兒。邊患稍息。穎敏練事。頗任智數。嘗密言于謙短。謙聞之曰。王世英寧憂不吾代乃汲汲爲。天順初免官。成化三年。補官。言二事。曰勤政務。專將權。初石亨誣于謙等黨逆榜天下。預焉。至是特追所榜。起家年五十三。賜祭葬。

庚午。虜寇大同。

丙子。夜大星自天津流室宿。

丁丑。毛銳嗣伏羌伯。毛忠子

辛巳。皇子佑極生。賢妃柏氏出

五月。甲申朔。傳制封奇溧襄陰王。同鐵原武王。偕灊彰化王。膺鋹充城王。

乙酉。吏部尚書崔恭憂去。

丙戌。覆留察典知州余靖等三百三十五人。巡檢聶再昌等九十一人。再昌等初被斥。累奏。故侍郎尹旻等上書覆考。

辛卯。吏部右侍郎尹旻爲左侍郎。禮部右侍郎葉盛改吏部右副都御史。原傑爲戶部左侍郎。陳宜兵部右侍郎。左布政使翁世資秦敬爲右副都御史。巡撫山東貴州。

翰林侍讀學士劉吉爲禮部右侍郎。
復漢陽知府孔公恂爲南京少詹事。
丁酉。錄平兩廣盜功賞太監陳瑄王定都御史韓雍等。
己亥。申明大理寺參問刑官舊制。
辛丑。禮部左侍郎萬安兼翰林學士直內閣。
故大學士王文子戶部主事宗彝乞諭祭予之。
故右僉都御史楊信民謚忠惠。
甘肅總兵官定西侯蔣琬報瓦剌酋拜亦撒哈以四百人屯哈密。令哈密覘我約寇赤斤肅州。
壬寅。成山伯王琮卒。
癸卯。祠元臣賽典赤于雲南。
甲辰。前軍都督僉事常榮卒。濮州人。世大興左衞指揮使。
丁未。保定後衞帶俸都指揮使馮昇爲前府都督僉事。
西域速魯檀阿力王入貢。
六月丙戌朔。日食。
甲寅。謫寧遠伯任壽廣義伯吳琮右副都御史陳价戍邊。都指揮劉淸指揮馮傑棄市。
乙卯。定王府謚寶冊皆掌喪官順賚。餘下所司措辦。
故南京刑部尚書耿九疇謚淸惠。
庚申。禮部尚書姚夔改吏部尚書。召南京禮部尚書鄒幹。進國子祭酒邢讓禮部左侍郎。翰林侍讀學士陳鑑爲國子祭酒。初李秉去。商輅意在夔。彭時意在大理卿王槩。尹旻又覬之。後用崔恭。至是以夔代。南京工部左侍郎范理改南京吏部。南京吏部右侍郎章綸爲南京禮部左侍郎。左通政蕭彝爲南京工部右侍郎。南京大理少卿夏時正爲寺卿。

辛酉。河決開封杏花營。漁者拾一卵。大如人首。下鋭上圓。質青白。其文斑。摵之。中汩汩作水聲。氣暖潤。

癸亥。封前軍左都督和勇靖安伯。歲祿千一百石。

甲子。流盜入陽春縣。

乙丑。夜。流星自勾陳西至天紀。

戊辰。戶科右給事中李森上十事。正心。講學。親賢。無逸。納諫。重民。恤軍。用賢。選將。抑奢。上嘉納之。

己巳。南京選御史一。督五城捕盜。

壬申。修築陝西塞堡五十餘所。遏番寇。

乙亥。靖江王佐敬薨。年六十六。謚莊簡。

夜。山西行都司潰獄十五人。

丙子。宣府總兵官都督同知顏彪修築臺牆成。凡十一萬四千六百餘人。

七月紝朔。丙戌。定四川雜谷安撫司仍三年一貢。初雜谷貢由保縣。以董卜韓胡宣慰司仇殺。久不至。

丁亥。兀剌頭目拜亦撒哈擁衆至苦峪。大掠赤斤蒙古衛指揮敢班等。亦率衆追至莽來川。相仇殺。

戊子。淳安項宜求復故父吏部左侍郎文曜官。許之。賜祭。

辛卯。隆平侯張祐新寧伯譚祐印南北太僕寺馬。

夜。流星自大陵行至雲中。後三小星隨之。

壬辰。夜月犯南斗魁星。
癸巳。起復秦紘秦州知州民思其德詣闕請。
己亥。都督僉事湛清爲副總兵同太監盧能鎭守松潘。
夜。大星自井宿流雲中。
癸卯。陝西按察僉事楊冕專撫固原。
夜。月犯昴宿。
乙巳。建州左衞故董山子脫羅李古納哈襲都指揮同知姪完者禿襲都指揮僉事。兵部以董山逆命。難之。上特宥不問。
戊申。四川總兵官右都督芮成巡撫都御史汪浩互訐。逮入京。
己酉。曉刻木星犯軒轅。
廣東守珠池奉御陳彝言五月安南人數艘竊珠。適黎灝入貢使還。幷敕諭之。

八月壬子朔。甲寅。四川協守參將都督僉事宰用爲左參將鎭守威茂疊溪。
戊午。翰林侍講學士丘濬憂去。
廣西道御史李琮巡視內庫言四川儀隴縣去年例輸生漆二斤。五棓子十斤。直不四錢。驢費且十倍。今州縣課程數少者送布政司類解。從之。又內庫弓矢億萬計。多弓脫矢蠹。積于無用。宜額減十之一二。徵直。不許。
庚申。鄒幹召至補禮部尙書。
辛酉。直閣禮部左侍郞兼翰林學士劉定之卒。定之字主靜。永新人。正統丙辰進士及第。授編修。進侍講。景泰壬申。進洗馬。丙子。右庶子。天順初改通政左參議兼侍講。尋改學士。成化初直閣。進工部右侍郞。穎敏絕人。坦夷質直。不事矯飾。文不屬草。最稱博洽。徵泥古窒用。年六十一。贈禮部尚書。謚文安。

甲子。復故刑部尚書俞士悅官。賜祭。子瑋疏辨。

劉鳳曰。人臣衛社稷。死生以之。春秋之義。不有居者。其誰與守。叔武之復衛國。蓋權之有焉。功雖能定。所以忠上者則無方。與悅値劻勷。因時傅會。致位公卿。其忠計或有所效之矣。至同之一時用事者。謂不能廷爭。庸庸隨世。實亦有之。若彼持權則有人矣哉。悅無預也。

岷府江川王徽煟薨。年五十八。謚恭惠。

癸酉。上復御經筵。視午朝。

乙亥。兩廣游擊都督僉事廉忠衰疾罷。都督僉事馮昇代。

戊寅。安南國王黎灝入貢。

內使杜衡盜內庫金。法司擬城旦。特棄市。

九月辛巳朔。復解禎亮中書舍人。禎亮訴父縉勤勞。仍舊秩。

南京翰林修撰羅倫予告。

癸未。刑部郎中陳儼錄囚南畿。

丁亥。外戚錦衣衛帶俸指揮同知孫瓚視衛事。被論。仍帶俸。

壬辰。南京右僉都御史吳琛改巡撫廣東。

己亥。順德人姚銘等七人渡海掠安南之永安。誅于欽州。

辛丑。通政司右參議王詔爲工部右侍郎。仍督易廠。

開黃河東岸屯田七百餘頃。

壬寅。刑部郎中彭韶御史李琮下錦衣獄。初。錦衣衞指揮周彧請武强武邑閒田。以戶部主事戴玉會巡按御史黎福覈田皆民業。履畝僅得田七十四頃。或未覈。改韶琮往。韶不履畝但言民產不當奪。上責其市名。逮治。田仍歸民。

十月辛亥朔癸丑。晉府臨泉王鍾鏶薨。年二十九。謚悼昭。

甲寅。占城國王槃羅茶悅入貢。

乙卯。代府定安王成鐖薨。年三十五。謚悼隱。

己未。虜入遼東平頂山。執百戶詹勝。

辛酉。閩浙礦盜起。

壬申。旌雲南布政司左參政路璧。松江同知傅愷。開州知州謝鳳。眞定推官吳篪。無極知縣石倫。武邑知縣楊琇。臨城知縣張佐。新安知縣魏恭。山東按察司知事楊升。賜誥敕。

癸酉。進士呂鍾許進何淳李方沃頻王億葉稠李敬屠滽魏富甄希賢沈浩李聰戴祐藺澄方繡談俊行人鄭恭爲試監察御史。聰祐澄繡俊恭南京。

丙子。設固原衞。固原千戶所。增西安千戶所。

四川道御史傅鼐妾凌其母訴不孝。謫同官知縣。

己卯。陝西旱饑。增蘭縣中淮浙河東鹽八十萬引有奇。

徵士吳與弼卒。與弼字子傅。崇仁人。父司業溥。少力學。不應制舉。教授生徒。不專著述。曰。註箋繁無益。天順初。應聘入朝。辭歸。學者稱康齋先生。

何喬遠曰。胡居仁陳獻章皆淵源與弼。胡陳之學已著于世。而與弼尚有遺論。何哉。論者謂其訟田于公。及爲石亭作譜跋稱門下士而已有弟不飭而與弼計及先人之祭束腰跽廷用部民禮以見有司猶厲貿哉。予讀譜跋寥寥數言耳當時有震主之功巽以處之亦或當爾至其辭職不受意殊可見陳獻章曰東海張公弼能辨千古是非人物乃近遺吳公何耶夫吳公易知耳予遊小陂聞其論學多舉古人成法由濂洛關閩上達洙泗尊師道而勇負荷如立千仞之壁一代人傑也王守仁檄祀與弼鄉祠吳公方其貴近之薦固可見好德之同及夫官爵之辭尤足驗先幾之哲蓋宣和之疏于龜山無嫌而明堂之留在漢儒爲媿出處不至于失己學術何待夫立言。

十一月辛酉朔甲申廣東多盜巡撫右副都御史陳濂等議分兵四哨新興瀧水陽江新會曰左哨靈山永安曰右哨石城信宜及雷州曰前哨德慶抵連州曰後哨每哨四千人都指揮按察僉事統之分八班一守廉州一守高雷互援半載遞代報可。

乙酉高州知府孔鏞爲廣東按察副使專守高雷。

丙戌封子埜封丘王鍾鈌永和王楊鑾鉅野王銓鍙稷山王。

庚寅吏部文選郎中陳雲員外郎劉恒主事乙瑄陳道以吏訐其賂下刑部獄科道劾尚書姚夔等又論刑部尚書陸瑜朋比遂改錦衣獄已調南京雲瑄禮部恒道刑部。

辛卯興安伯徐賢卒賢足疾給半祿不任事。

乙未孛羅乃部落自仇殺分而爲三孛羅乃往騾駒河哈等卜花往西北故毛里孩子火赤兒往西又小石幷脫火赤駐圪兒海西謀寇大同脫脫孛來謀寇遼東于是大同參將都指揮范瑾爲游擊將軍備延綏。

設兩廣總府于梧州起服韓雍按察僉事陶魯言兩廣事權宜歸一如韓雍故事巡按御史龔晟言開府梧州便兵部言兩廣互爲唇齒廣東藉廣西之兵廣西藉廣東之儲宜如魯等言。

虜復寇延綏。

己亥。鄖府固安郡主適儀賓王憲。

太監陳瑄總制兩廣。起服韓雍。進右都御史總督兩廣軍務兼理巡撫。南寧伯毛榮平江伯陳鋭爲征蠻將軍總兵官。鎭守兩廣。都指揮夏正署都督僉事爲副總兵鎭守廣西。都指揮同知楊廣爲左參將分守高雷廉肇。

馬良代毛榮鎭守貴州。馮宗召還。巡撫都御史吳琛回院。

庚子。虜寇楡林。都指揮陳輝等迎戰焦家川。總兵房能邀其歸路。合擒七人斬六級。

癸卯。代府博野王成鍈薨。年二十八。謚悼恭。

南京右軍都督僉事張鋭卒。臨淮人。世保定前衞指揮使。

丁未。故鎭遠府通判楊瑄子廕入太學。瑄征靖州苗陣沒。

十二月戊申朔。辛亥。英國公張懋撫寧侯朱永武靖侯趙輔祭郊社禱雪。

工部左侍郎陸祥卒。祥無錫人。石工以技薦授營膳所丞。營造稱旨。擢工部主事。歷侍郎。有巧思。嘗鏤獻石寸許。爲方池中備魚龍荇藻之類。曲盡其致。雖雜流以謹愿稱。

丙辰。汝寧武昌漢陽岳州地震。

辛酉。慶王秩煃薨。年五十五。謚曰康。

甲子。韓府□□王範壄薨。年四十五。謚莊簡。

壬申。禁都門通州違例抽稅。

暫停兩京山東河南徵馬民間。

設浙江太平縣。隸台州。

甲戌。兵科都給事中秦崇上六事。省無益以實邊費。公輪操以便下情。重名器以節糧餉。工匠勇士授官。納粟軍職。資長策以安邊方。恤貧民以行實惠。正流俗以汰異端。上納之。定納粟世授軍職。止襲子孫二輩。

國榷卷三十六

庚寅成化六年

正月䞿朔壬午。虜駐河套。謀南侵。敕大同總兵官楊信簡兵嚴備。京營總兵官撫寧侯朱永飭兵聽遣。

甲申。命山東巡撫疏濟寧泉源。利漕。新泰萊蕪泰安肥城東平平陰汶上蒙陰之西。寧陽之北之泉。俱入南旺分流。曰分水派。泗水曲阜滋陽寧陽以南泉。俱入濟寧。曰天井派。鄒縣濟寧魚臺嶧縣之西。曲阜之北泉。俱入魯橋。曰魯橋派。滕縣諸泉近入獨山呂孟湖。以達新河。曰新河派。蒙陰諸泉與嶧縣許池泉俱入邳州。皆以濟漕。徐呂而下。黃河經行。無藉泉矣。

乙酉。鎮守貴州南寧伯毛榮卒。

丙戌夜。流星自右旗行至建星。

甘露降南郊松柏上。

丁亥。河南地震。

己丑。上南郊。

署太常寺事禮部尚書李希安等奏甘露。

庚寅夜。月犯井宿。

辛卯。敕諭建州三衞。旣悔罪後。果輸誠朝貢。朕賞如初。

壬辰。禮部言。木蘭河衞都指揮撒赤哈等濱行告領段多剪幅。今不能詰。乞自後賞幣同通事唱名面給。從之。

昏刻。月犯鬼宿。夜。流星自雲中流東南。三小星隨之。

丁酉。夜。月犯房宿。

戊戌。兵科給事中郭鏜言。正月丁亥河南地震。己丑李希安奏甘露。俱下禮部。尙書鄒幹等卽以甘露聞。心存容悅。罪在不宥。上以地震先奏。置之。

己亥。左右都督劉玉劉聚以耀武顯武營兵聽征。請補額。上謂團營選未久。何闕伍也。責營將置對。各引咎。宥之。

虜五千餘騎犯邊。彰武伯楊信與副總兵徐恕右參將張瑛戰胡柴溝。斬五十八級。再戰斬十六級。又追斬四十餘級。三戰皆敗之。

庚子。遣行人祭告湖廣山川。地震故。

辛丑。郭鏞嗣成安伯。郭昇子。

夜。月犯狗星。

壬寅。右副都御史王越巡撫大同。

癸卯。刑科給事中虞瑶等劾報四川巡撫都御史汪浩鎭守右都督芮成相訐事。浩酷暴。成獨石衞成貪鐫級。

丙午。鎭守松潘副總兵都督僉事羅能劾免。

翰林侍讀尹直等請刪諸司職掌爲大明會典。倣朱熹凡例爲綱目續編。從之。

戊申。兵部言。虜脫脫罕求貢自宣府野狐嶺。故事北使自大同猫兒莊朶顏三衞東自喜峯口。今宜遣通事諭從舊道。報可。

二月庚朔。辛亥。朝鮮國王李晄薨。子幼且疾。從子娎攝國。封朝鮮國王。遣內官金輿行人姜浩往。

庚申。水災免福漳去年田租。
虜寇延綏。馬蓮峴左參將都指揮同知錢亮敗之。擒斬四十餘人。
癸亥。守備洮岷都指揮使王欽言番賊千餘人攻陷塞堡。守備西固城指揮使張翰等以四百人巡平定關。戰
敗。失千戶李盤等。翰宜罪。上以新任宥不問。
丙寅。水災免平遙縣去年田租。
丁卯。故平江侯陳豫追封黔國公。謚莊敏。
戊辰。平江伯陳銳爲征蠻將軍總兵官。鎭守兩廣。
己巳。定四川雲南中鹽例。
巡撫大同右副都御史王越引兵還至偏頭關。敕止之。留備延綏。
辛未。刑部左侍郎曾翬往浙江。戶部左侍郎原傑往河南。右副都御史滕昭往福建。南京右僉都御史吳琛往
四川。南京大理寺卿夏時正往江西。大理寺少卿宋旻往大名廣平。各賜敕察吏安民。
壬申。進士徐霖張寬爲翰林檢討。侍忻王。
甲戌。魯山縣天鼓鳴。
乙亥。部院等官奉命各條時事。上採行之。
魯府樂陵王泰壆薨。年五十七。謚恭惠。
丁丑。上詣南郊禱雨。大風沙。天地昏暗。竟日始息。
開封晝晦。
戊寅。應山縣雨粟。

廣西盜入眉州。

三月庚朔。旱災。免汝州去年田租。

辛巳。翰林編修陳音言。養德之要。莫先學問。陛下雖日御經筵。勢尊易隔。有疑不問。有懷不盡。願朝退之暇。擇一二學行儒臣。便殿賜坐。有疑輒問。又異端害治。佛子法王眞人無片善寸長。尊位濫賞。乞降其位號。凡修建寺觀。悉置于法。上然之。第佛子眞人係舊制。毋更。

京師雨霾晝晦。陝西寧夏大風霾。

虜寇延綏。攻沙海子墩。至河山。巡撫左副都御史王銳總兵官房能擊走之。翌日。戰土門川。

癸未。昏刻月犯金星。

甲申。免湖廣去年田糧二十八萬餘石。山東二十九萬餘石。

戊子。趙府左長史雷霦改金華同知。霦不樂左官。嗾王辱彰德知府邢表等。遂互訐。逮表霦等入京。事白。表調衞輝。

庚寅。翰林編修陳音薦前吏部尙書李秉。翰林修撰羅倫。編修張元禎。貢士陳獻章。判官王徽。評事章懋。不納。

辛卯。虜萬餘騎分五道南入延綏。巡撫王銳王越等令游擊將軍許寧。都指揮陳輝等追之。擒十一人。斬四十餘級。虜潰而出。

壬辰。免蘇松常鎭去年田租二十四萬八千餘石。

開延綏屯田。

戊戌。署都督僉事劉清提督草場牧馬。

兵部議勦河套虜。時阿魯出住河套。有開元王斡失帖木兒。故漢人。欲降而仇阿魯出。阿魯出糾孛羅乃王爲援。
己亥。葉縣知縣宋璽。滿九年。績最。仍留任。
庚子。旌山西僉事胡謐。保定知府章律。淮安知府楊晸。杭州知府張僖。鳳陽同知戴耀。安州知州趙瑛。徐州知州王敍。南昌通判虞良。阜城知縣林恭。吳橋知縣張鐸。館陶知縣唐禎。安丘知縣謝續。賜誥敕。
前提督□關軍務右都御史羅通卒。通字學古。吉水人。永樂壬辰進士。授御史。嘗言事忤旨。會交趾平。遷清化知州。亡何。黎利叛來攻。力禦卻之。後棄安南。改戶部員外郎。坐法免。己巳起兵部職方郎中。整飭甘肅兵備。貪淫。謫東莞河泊所大使。己巳北狩。上戰守策。補兵部員外郎。守居庸關。歷副都御史。陳循薦其知兵。召還。參贊昌平伯楊洪軍務。至太子少保右都御史。天順初。冒迎駕功。通有文武才。好談兵。史謂其挾詐取功名。非端人。然守關之功不可泯也。
王世貞曰。通在清化。得異人授以遁甲諸書。習之精。重謫南荒。復起。詭跡。虜寇居庸。望烟雲草木若數萬人狀者。吁。奇矣哉。
辛丑。夜。大星自天津流至近濁。
壬寅。撫寧侯朱永為平虜將軍總兵官。都督劉聚為左右副總兵。太監傅恭顧恒監軍。右副都御史王越參贊軍務。往延綏備虜。以京兵萬人。宣大各五千人。時虜寇告急。
癸卯。夜。木星留守軒轅。
甲辰。虜五百餘騎渡遼河。官軍禦之。斬四級。擒男婦三十四人。
丙午。襄城侯李瑾提督團營。
丁未。四川左布政使林鶚為南京刑部右侍郎。吏科都給事中潘榮右庶子。劉宣為南京太常寺少卿。

免池州寧國去年田租萬八千七百餘石。

四月配朔庚戌琉球國中山王尙德入貢。

立夏未刻雷陰霾四塞。

癸丑進士沈純爲南京雲南道御史。

丁巳命貴州諸生免屬雲南提學僉事卽貴州分巡官攝之。

甲子水災免烏程歸安長興德清武康仁和田租六千二百餘石。

乙丑定烏思藏贊善闡敎闡化輔敎四王三年一貢各不過百五十人由四川入國師以下不許貢長河西董卜韓胡二長官司或間歲貢人不過百茂州番僧歲許三五十人其近烏思藏者貢不過五六十人仍降敕各番王示以期額。

丙寅水災免溧水溧陽句容六合江浦當塗蕪湖田租三萬六千四百餘石。

虜寇延綏安邊等堡總兵官房能等禦之擒毛里孩等二十人楡林兵擒可可帖木兒等九人。

壬申前南京工部尙書兼大理寺卿王來卒來字原之慈谿人宣德丙午貢士新建敎諭擢御史巡蘇松常鎭風望嚴切進江西左參政調廣東以河南左布政使進右副都御史巡撫河南歷右都御史征湖廣苗縛其魁韋同烈等遷南部善議論臨事明達奉命宣力幹辦之良也年七十六。

乙亥周府汝陽王子壂薨年五十諡安憲。

丙子曉刻月犯昴宿。

是月山東旱。

五月戊朔己卯工部右侍郎霍瑄卒瑄鳳翔人貢士授大同通判擢知府己巳北狩虜擁英宗至城下方嚴守瑄

出水竇謁上。獻服饌。括金帛犒虜。秩滿。遷山西左參政。天順初。徵拜工部右侍郎。轉左。坐事乞骸。質樸勤事。諳悉邊情。

工部右侍郎黎叔林卒。

辛巳。孔弘泰嗣衍聖公。弘緒弟。

邠州知州王諫。秩滿。州人乞留。仍任。

壬午。寧夏地震。

甲申。進王越左副都御史。范瑾都督僉事。許寧都指揮同知。

乙酉。報虜白革讚太師孛羅乃王孛羅丞俱東行。斡失帖木兒以四萬騎牧西北。阿羅出小石王。以萬騎同朵顏衞都督羅干男脫火赤二百騎而西。

虜咳失哈伏誅。先入掠賀蘭山。

丁亥。免雲南右衞澂江田租。

戊子。晉府方山王美垣薨。年六十四。謚莊憲。

己丑。山東旱。遣署太常寺事禮部尚書李希安祭告嶽鎮海瀆。

庚寅。降虜把都脫脫伯俱爲正千戶。脫脫卜羅副千戶。脫脫所鎮撫。俱北虜孛羅乃部。

辛卯。禮科給事中張賓言荆襄流民與其驅于旣來。不若止于未至。凡災傷處暫免賦稅。從之。

夜。大星自壘壁陣流至近濁。

甲午。曉刻。月犯斗宿下星。

丙申。套虜寇延綏西路。左都督劉玉禦之。明日。入掠東路。右都督劉聚擊敗之。

丁酉。夜。大星自紫微垣流至近濁。

戊戌。虜寇康家岔。劉聚追之黃草梁。伏發力戰。聚被創。失四十六人。以援解。

辛丑。刑部尚書陸瑜。以鄉人王銓干請下錦衣獄。銓訐瑜不法。特杖之百。戍鐵嶺衞。

癸卯。代府宣寧王遜烋薨。年四十八。諡靖莊。

都督僉事李文爲都督同知。

甲辰。罷西山佛閣。以給事中等言建佛閣不若賑饑勞軍。上從之。

乙巳。巡撫永平右僉都御史閻本致任。

丙午。寧夏地震。

丁未。復置湖廣興山縣。國初轄三里。宣德後省入歸州。

襄陵王沖烋請率子孫從征殄套虜。上報書宗室親重。難與諸將列。且祖宗來藩服不從軍。王其亮之。

高郵壽州合肥雨雹。大如雞子。

是月。松潘番寇入掠。副總兵都督僉事湛清等至黃盛草場射渠帥厤惹兒子死。斬五十餘級。

六月帳朔。日食。

秦府永壽王志埴薨。年五十七。諡安惠。

乙卯。陝西洵陽商縣湖廣鄖縣俱盜起。

丁巳。虜寇雙山堡。都指揮康永等六百騎赴之。虜大至。指揮盛銘創甚。適指揮李銳來援。乃退。又寇靑草溝。游擊范瑾大敗之。

戊午。周府宜陽王有𤇺薨。年七十二。諡憲穆。

己未。前巡撫鳳陽右副都御史陳泰卒。邵武人。幼冒姓。永樂癸卯貢士。安慶訓導。擢御史。潔守有才力。風稜甚峻。擢四川按察使。歷撫江南。名尤著于蜀。

癸亥。鄭王祁鍈初世子時。棄妃立妾。妃子見滋。不愛也。嘗言見滋母韓氏齟齬。百歲後難與同廟。見滋是我世子時子。如何嗣王。聞人諫輒忿怒。左長史張鐸以聞。上書戒之。

甲子。停方面會舉。仍吏部推擇著爲令。

夜。月犯泣星。

戊辰。順天河間永平眞定保定大水。

辛未。總兵官趙輔工部尚書王復太監黃順修京城九門。

壬申。陽信縣異雷隕石。碎而三。外黑中青。

七月丁丑朔。戊寅。阿羅出犯邊。平虜將軍朱永擊敗之。擒二人。斬十五級。

己卯。皇子生。宮人紀氏出。時萬貴妃妬甚。無他色。上偶御紀氏而娠。妃數苦之。紀氏引疾。生西宮。彌月。廢后吳氏謹事之。乳少。餵鷹爪一伏。雌日取卵。雜粉餌啖之。上勿聞也。

辛巳。給事中御史督五城兵馬賑災民。戶米各一石。死傷倍之。

免淮安鳳陽廬滁田租八萬八千九百九十石。

壬午。楚府通山王季垶薨。年六十四。謚莊肅。

虜數萬自雙山堡五道入寇。朱永分禦。都指揮孫鉞值之開荒川。方陣待。永大兵至。卻之。指揮郭勝戰死。都指揮馬儀等繼至。乃遁。

乙酉。孝莊睿皇后主祔太廟。

丙戌。命右都御史項忠吏部右侍郎□□賑饑畿內右府署都督僉事李杲撫治屯營。
辰刻金星見隨入井宿。
戊子。常德大長公主薨嫁駙馬都尉薛桓年四十七。
水災停兩京山東河南印馬一年。
命錦衣衞兵馬司捕盜。
申監生撥歷則例。
己丑。甘肅總兵官定西侯蔣琬劾巡按御史鄭已坐罪戍邊已頗倨移檄總兵官且欲核其役占遂被訐下獄。
庚寅。大理寺左少卿喬毅爲工部右侍郎。
翰林檢討張濂李顒爲吉王左右長史。
辛卯。大星自婁宿流至畢宿。
丁酉。設福建漳平縣。
戊戌。曉刻月犯昴宿。
庚子。都指揮王璽等敗虜于孤山堡。
辛丑。山西行都司都指揮使馬儀爲後府帶俸都督僉事。胡柴溝功。
虜萬餘自雙山堡分入平虜將軍朱永等擊之擒三人斬百有六級獲馬千六十餘匹。
八月丙午朔。免汾州去年田租二千五百七十石。
己酉。免臨洮鞏昌田租八萬一千餘石。
辛亥。免山西今年田租仍發粟賑饑。

壬子。定科甲歷任三年。不限內外。通選御史。

癸丑。水旱。下詔寬恤。

乙卯。巡按直隸御史楊守隨上六事。曰明諡法。郕王薨。諡曰戾。戾。罪也。乖也。當北狩。奉命監國。爲宗社計。即位。捍北狄。平南寇。功甚大。迎大駕。尊南宮。不爲賊臣離間。情甚厚。末有少愆。不掩衆善。乞敕議改諡。曰重大臣。（復李秉宮保。）曰備儲蓄。曰禁奸詐。曰息饋餉。報聞。

夜。大星自五車流北河。三小星隨之。

庚申。前太常寺卿夏㬅卒。㬅字仲昭。崑山人。永樂中進士。館選。善書。嘗扈從。授中書舍人。宣德中轉考功主事。加五品俸。仍內直。久之。出守瑞州。五載。景泰初入覲。遷太常少卿。性坦率。樂易。兼工詩繪。遠夷慕其名。居嘗好縱適。不拘細行。年八十三。賜祭葬。

壬戌。命延綏征西諸將分兵就餉。游擊將軍范瑾以大同三千五百人屯東路神木等堡。許寧以宣府兵三千五百人屯西路龍州等堡。餘三千人屯中路。山西寧夏副總兵林盛等兵各還黃河七堡花馬池甘涼莊浪。兵留環慶。右都督白玉兵還陝西。大同前衞指揮同知蔡瑄署都指揮僉事。山西都指揮王璽。寧夏都指揮張翊。俱游擊將軍。瑄援延綏。璽防黃河七堡。翊防花馬池。延綏總兵官房能疾罷。

癸亥。右軍都督僉事廉忠卒。（山後人。世金吾左衞千戶。）

甲子。都指揮同知許寧爲靖虜將軍。署都指揮僉事。總兵官。鎭守延綏。

丙寅。巡按雲南御史郭瑞以鎭守太監錢能才。今召歸。乞留任。能恃寵罔利。滇人苦之。瑞附勢無恥乃爾。

丁卯。巡撫蘇松右僉都御史邢宥致仕。

己巳。高雷地震有聲。夜。月犯天罇星。

癸酉。巡視浙江刑部左侍郎曾翬奏罷部吏左布政使巴縣張清預焉。清最廉峻。非賓祭不味。同官勿堪。訑以老疾。人多惜之。

占城國王槃羅茶全攻安南化州。安南國王黎灝自救之。占城退走。遂進克占城。執槃羅茶全以歸。

甲戌。把總指揮陳雲敗虜于酸刺海子。

九月甲辰朔。曉刻。金星犯軒轅左星。

庚辰。右副都御史滕昭巡撫蘇松常鎭。總理糧儲。

壬午。秀王見澍之國。

甲申。總督漕運署都督僉事楊茂爲都督同知。

夜。大星自井宿流至柳宿。

乙酉。南京兵部尙書李賓爲左都御史。

丙戌。右僉都御史袁愷服除。起南京鴻臚寺卿。

丁亥。雲南土官襲職。近令監司保勘。黔國公沐琮言非舊制。從之。命如正統例。仍歸沐氏。

戊子。兵部尙書兼大理寺卿程信改南京。

朱永調總兵許寧游擊將軍孫鉞等按伏平夷波羅等堡。遇虜被圍。援至乃遁。斬七十二級。我失亡四百七十六人。傷六百五十九人。

甲午。夜。金星犯左執法。

己亥。曉刻。金星犯木星。

發倉粟五十萬石平糶。尙書薛遠侍郎陳俊太監韋斌總其事。科道分理。

庚子。曉刻金星犯左執法。

十月乙巳朔。丙午。北虜孛羅忽等貢馬。

夜。大星自昴宿流井宿。

丁未。斷藤峽賊夜入神電衞。燬電白縣。

宥張元吉死。戍肅州。刑科都給事中毛弘言元吉罪重。不納。

己酉。留朱永王越仍督西軍。

旱災。免河南夏稅三十七萬七千七百二十九石有奇。屯糧八萬六百四十餘石有奇。

乙卯。山東博興知縣陳文偉上言。荆襄流民。治之不必屯戍。第南漳竹山遠安房縣選良吏。招流民。便宜處置。

俟效成超擢。章下戶部。

己未。免濟南東昌兗青田租二十八萬九千七百七十九石有奇。

庚申。夜月犯昴宿。

辛酉。放監生五百餘人歸省。京師米貴。

水災。免眞定田租五萬一千四百八十四石有奇。

進士王瑞徐與憲黃麟李謙張以弘李蕙趙良爲給事中。

癸亥。太僕寺卿沈琺卒。山陽人。丁丑進士。守官廉愼。

辛未。兵部右侍郎陳宜提督山西偏頭寧武等關。

太常寺卿兼翰林侍讀學士吳節致仕。

十一月乙亥朔。丁丑。高州地震有聲。

戊寅。英廟順妃樊氏薨。諡恭和安靜。

癸未。右都御史項忠總督河南湖廣荆襄軍務。

丙戌。中軍都督同知武忠卒。先女直人。世錦衣百戶。善射。嘗使朝鮮。射飛雁命中。

丁亥。四川按察使鄭紀掠治蜀府橫卒斃三人。蜀王怒。誣其端禮門不下車。逮下獄。會赦免。

辛卯。巡視河南戶部右侍郎原傑代項忠賑饑順天永平河間。

甲午。復設河南淅川縣。

虜酋孛羅渡河入套。與阿羅出合。

丁酉。南京禮部左侍郎章綸奏留臣鄉溫州知府范奎下吏部。

己亥。江浦縣大火。飛焚江淮衞馬船。

庚子。忻府翰林檢討襄陽張寬數論處置流民。項忠薦之南征。

十二月辟朔。丙午。西域鎖魯檀阿力王貢馬。

己酉。武靖侯趙輔禱雪山川壇。

庚戌。分遣戶部郎中桂茂芝往霸州文安大城保定。刑部郎中袁潔往香河三河寶坻。工部員外郎秦民悅往永清固安東安。大理寺右寺正薛璘往通州武清漷縣。御史梁昉往涿州良鄉房山。周源往大興宛平順義昌平。戶部郎中謝璵往靜海興濟青。兵部署員外郎張謹往滄州南皮慶雲鹽山寧津。禮部員外郎曹隆往景州吳橋東光阜城交河。大理寺左寺正劉翰往河間任丘肅寧獻。吏部員外郎王璽往冀深晉南宮新宮武邑衡永饒陽武强安平。刑部主事邢謹往趙定眞定欒城寧晉柏鄉隆平新樂。刑部郎中謝廉往安州高陽新安容城新城雄。戶部主事李雄往定興安肅博野慶都清苑蠡各賑饑民。

癸丑。給京師流民還鄉。

復故少保戶部尙書兼華蓋殿大學士陳循官。循前卒。子珊疏請。許之。

丙辰。遣禮部右侍郎邢讓祭恒山。太常寺卿萬祺祭醫無閭山。

戊午。傳陞尙寶司少卿汪景昂任道遜。

庚申。鎭守貴州前軍都督同知馬良卒。館陶人。世金吾左衞指揮使。良溫美。幼侍英宗。故被寵。天順中扈從營中道馳午門後。喪婦不數月繼娶。英宗聞鼓樂。謂其情薄。自是寵遂衰不復召。

辛酉。免順天河間眞定保定歲辦石靑等物件。

癸亥。順天府尹閻鐸失賑被劾。降衢州知府。

乙丑。禦套虜功。撫寧侯朱永世襲。總兵劉聚進左都督。王越進右都御史。秦剛房能賞金幣。范瑾都督同知。神英署都督僉事。

鴻臚寺卿周頤卒。安陽人。永樂癸卯貢士。歷趙城敎諭。河間敎授。進國子助敎。正統己巳。擢御史。天順初山西右參議。辛巳。子璟尙重慶公主。進鴻臚卿。食祿不視事。素和厚。子貴不改其度。

丙寅。陝西右布政使李裕爲順天府尹。

庚午。戶科都給事中丘弘等言。近來風俗尙侈。亡論貴賤。服飾概用織金寶石。飲宴皆簇盤糖纏。上下倣效。習以成風。京民屠宗順等數家專販寶石。至借進獻。或邀官。或倍利。蠹國病民。莫甚于此。乞加嚴禁。追宗順等倍價入官助賑。上是之。置宗順等不問。

逐京師游僧。

癸酉。再發京糧三十萬石平糶。

辛卯成化七年

正月戊甲朔。辛巳。陳瑛嗣寧陽侯。陈懋子。

左都御史李賓。請在京五品以上科道正官各舉一人。從之。不爲例。

壬午。故留守前衞帶俸都指揮僉事張雄。延綏戰沒。弟紀襲職都指揮。不世。以雄功錄之。

丙戌。上南郊。

夜。月犯天罇星。

丁亥。套虜犯邊。都指揮白玉戰十字澗。都督僉事馬儀戰東國。先後擒六人。斬三十一級。

戊子。以延綏邊備廢弛。切責鎭守三司。召還巡撫左副都御史王銳。

懷寧侯孫鏜卒。東勝州人。世指揮同知。正統末。平浙寇。禦虜。累官右都督。天順初。迎駕封侯。五年。誅曹欽。得世。成化初。奉朝請。起偏裨。致位大將。己巳之變。宿將多沒。鏜崛起奮戰。頗著勞績。後削奪門功。以鏜功出其上。年八十。追贈淶國公。謚武敏。

辛卯。浙江左布政使余子俊爲右副都御史。巡撫延綏。

癸巳。太常寺卿兼翰林侍讀學士劉珝憂去。

罷南京御史巡營。

下南京禮部郎中呂晟主事林孟和獄。自宣德來。駙馬都尉趙輝奉祀孝陵。至是母喪。推成國公朱儀。未得命。太常少卿潘榮劉宣仍主輝。晟等奏其不可。下禮部。尚書鄒幹等言。孝陵祝文稱孝曾孫嗣皇帝謹遣某官。若儀暫代。則祝文當改。然則輝仍主祭。重君命而不顧其私也。上是之。

丙申。曉刻。月犯天江星。

故靈山縣西鄉巡檢司巡檢歐陽福。勦欽州賊死。敕贈廣東布政司照磨。

辛丑。前禮部右侍郎李紹卒。紹字克述。安福人。宣德癸丑進士。館選。授檢討。景泰初。進洗馬。兼修撰。歷侍郎。癸未。知貢舉。剛直有器局。刻志問學。博雅好書。年六十五。方起國子祭酒。紹不待矣。賜祭葬。

癸卯。設浙江湯溪縣。

定長運法。故事。民運于徐淮臨清。漕卒受粟。轉通州天津。宣德甲辰。周忱令民運及瓜洲淮安。給贍漕卒轉運。變爲兌運。至是。巡撫滕昭奏。令漕艘抵各郡縣取直。曰長運。民便之。

廣西流賊寇廣東。屯上霜山。游擊將軍馮昇等擊敗之。斬六百餘級。

二月癸巳朔。乙巳。都督同知歐信爲征虜前將軍總兵官。鎮守遼東。

戊申。南京國子祭酒周洪謨憂去。

己酉。命陝西巡撫都御史集議茶馬法。

壬子。復九江蘇杭鈔關。

癸丑。昏刻。月犯井宿。

乙卯。水災。免福安連江龍巖去年田租萬五百餘石。

丙辰。靖遠伯王瑺卒。

戊午。毛文嗣南寧伯。毛榮子。

庚申。羽林前衞都指揮使柯忠。濟陽衞都指揮使劉能。武成後衞都指揮使高俊。爲後軍中軍左軍都督僉事。

陝西都指揮使神英。金吾左衞都指揮使章能。山西行都司都指揮使孫鉞。羽林前衞都指揮使奚秤。仕俱署都督僉事。延綏開荒川功。
丙寅。傳制封見滋鄭世子。規裕靖江王。申鑿通江王。申鋸南川王。晉坄江川王。同鈞臨淄王。同鉉堵陽王。
鎮守松潘前軍都督僉事湛清賄甚。逮入京。謫廉州衞都指揮僉事。
晉府寧化王美壤薨。年六十。謚僖順。宮人高氏崔氏俱自經殉葬。事聞。追封夫人。
丁卯。曉。刻月犯羅堰星。
行人沈玘閣佐博士吳道宏知縣宋賓爲監察御史。
戊辰。南京右僉都御史張鵬改總督漕運。兼巡撫淮揚。
故少詹事贈太子少保謚文敏鄒濟加贈太子太保禮部尚書。鄒幹父。
夜。大星自軫宿流至近濁。
庚午。陝西督餉戶部郎中谷琰言客兵久役。乞回鎮暫息。俟警復赴。從之。
夜。流星自角宿至庫樓。
辛未。巡視江西南京大理寺卿夏時正被劾致仕。
壬申。平虜將軍總兵官撫寧侯朱永上戰守二策。虜營數萬。我戰卒僅萬。又分戍益少。今宜京營宣大寧夏陝西徵兵數萬。期三月會榆林。聽臣等指蹤。相機擣巢。此戰策也。愼封守。沿邊耕牧。有警各入城堡。伺便邀擊。此守策也。兵部白圭主守。上從之。
癸酉。左春坊左庶子黎淳展祭。
三月。艸朔。乙亥。設福建歸化縣。隸汀州。
丁丑。昏。刻木星退入太微垣。犯左執法星。

戊寅。給靜海興濟靑縣麥種五百八十五石有奇。

增工部主事權蕪湖荊杭竹木。從尙書王復之議。是歲輸部僅千餘金。自後歲數遞增至萬數。賈人嗟訴。不問。

庚辰。虜寇延綏。游擊將軍都指揮僉事張翊。參將王安。邀之于鐵柱泉。追敗之。都指揮鄭英殿後被殺。

壬午。先是套虜阿羅出遣使扭歹該等十二人拘留大同。屢見索。朱永言留使無益。詔歸之。

癸未。進士李昊爲翰林檢討。侍忻王。

甲申。封後軍左都督劉聚寧晉伯。祿千石。聚御馬太監永誠姪。西征敗于黃草梁。被創。轉戰斬獲。屢陳其功。而祖宗來勳封論前後功。官極品始加爵。非如百戶進卽千戶。千戶再進卽指揮也。自趙輔賂封。舊制始壞。

琉球國中山王世子尙圓入貢。奏國王尙德薨。請封。

乙酉。上復御經筵。

丙戌。上復御午朝。

北虜萬騎分寇懷遠等堡。王越朱永遣游擊將軍孫鉞擊斬二十六級。虜仍駐塞外。已寇威武等堡。我預設伏拒之。虜奔。各軍追斬六十級。虜渡河。游擊孫鉞蔡瑄各乘之。斬八十三級。

丁亥。遣戶科都給事中丘弘。行人韓文使琉球。世子尙圓封琉球國王。

庚寅。昏刻。流星自紫微東藩流至近濁。夜。月犯心星。

辛卯。禮部左侍郎邢讓。國子祭酒陳鑑。司業張業。俱坐罪除名。監舊有椒油錢。諸生不時給。積爲贏費。邢讓凡造作輒任之。不立案。鑑循焉。至是檢討署助教葉時訐典簿王允之私。逮讓等置對。凡鈔三十三萬六千餘貫。錢百四十九萬餘。坐乾沒。疏辨不省。蓋翰林學士萬安李泰宿隙。因陷之。監生盧楷楊守阯等頌其寃。不聽。讓詞翰淸勁。負才氣。强忍狹中。銳進取。忌鑑辨博有聲。好傳無名子詩刺時。京師司寇陸三千之謠。陸瑜疑出鑑故重論業厚重深詣于餐錢不一涉。時以爲寃。名山藏作司業趙琬。惧邢讓□□□□進士。陳鑑正統戊辰及第。王業景泰辛未進士。

壬辰。虜先寇寧遠。總兵歐信令都指揮崔勝邀擊。擒一人。斬五十餘級。

湖廣總督軍務右都御史項忠以保靖土兵及河南等兵刻期會南陽。先招諭流民。擊斬渠帥王彪。李源敗遁。

夜。月犯南斗杓。

甲午。封安遠侯柳承慶卒。柳溥子。足疾。封安慶侯子景嗣。

南京翰林學士王㑊爲南京國子祭酒。

乙未。總理河道工部左侍郎王恕濬揚州河四百五十餘里。役九萬餘人。

丙申。襄府寧鄉王祁鏞薨。年四十二。謚莊憲。

戊戌。召予告禮部右侍郎李紹。先卒。

山東左布政使雷復爲禮部右侍郎。翰林修撰耿裕爲國子司業。

罕東衞故都指揮阿里巴子倉兒加赤斤蒙古衞故都督兀撒塔兒子賞卜塔兒嗣職。時舊敕無據。已甘肅總兵蔣琬言阿里巴實都督僉事也。遂改授。

平虜將軍朱永以虜遯。乞還京。不許。止歸各鎮兵。仍駐榆林調遣。

庚子。太常寺卿兼翰林侍讀孫賢爲侍讀學士。少詹事兼侍講學士李泰爲詹事。

壬寅。免滁州全椒來安田租千二百三十五石有奇。

四月癸朔。賜巡關御史敕。

甲辰。南京守備成國公朱儀奉祀孝陵。

下鎮守延綏太監秦剛巡撫左副都御史王銳于獄。總兵官房能疾免。兵科給事中章鎰等劾能不問。俱閒住。

乙巳。故大冶知縣安南黎庸坐贓除名。值例復冠帶。屢訴困。命給半俸

潁州大風雨雹傷稼。

丁未。昏刻。月犯井宿。

壬子。淮安知府楊景秩滿。吏民乞留。加右參政。

乙卯。免長蘆運司鹽六萬四百六十七引有奇。大水滲課。

巡撫應天蘇松右副都御史滕昭陳濂。巡按御史劉釪姚明劉忠。參政杜謙。參議甯珍劉潺傅允。按察使劉釺。

□。□□□龍晉李巽。俱推舉風憲失實。奪昭濂俸六月。餘一年。

雨土霾。夜。木星入太微垣。留守端門。

丙辰。京師雨黑沙如漆。

進士盧璣請設起居注。下所司。

辛酉。京師疫。命襄城侯李瑾禮部尚書鄒幹署太常寺。尚書李希安祭告山川。

癸亥。巡撫陝西左副都御史馬文升。請檢林築邊牆。自安邊營至鐵鞭川。戍守。從之。

甲子。許朱永暫駐朔州。

丙寅。嘉善知縣林弘貪虐。怒縣吏周顯。殺其家四人。累戚屬死十八人。獄上。磔于市。

丁卯。詔發粟十萬石平糶。

襄陽地再震。明日復震。夜流星自郎將旁行至近濁。

旌四川按察使僉事李瓛江西按察僉事史璀。廣平知府熊懷。台州知府阮勤。嘉興知府楊繼宗。眞定同知曾

達。淮安同知安鈍。東昌同知陳僑。杭州同知陳祥。九江同知相迪。階州知州楊冕。臨清知縣薛芳。樂平知縣金澤。皆給誥敕。楊繼宗以刑部主事成化元年夏知嘉興。不挈家累。惟攜幼子。廉正不奪。治一豪强。伏罪而釋之。其民改行。杜門五年不出。後以事入城。度治前橋。繼宗識之。召曰。爾今馴矣。遺粟一斛。勢人子由醫官謀署縣篆。大繫帑金。莫敢誰何。繼宗收治追金。御史行部。欲出之。詰失主何人也。曰朝廷。卽失主。又詰原告何人。曰知府。卽原告。御史慚而去。年踰壯。卽獨居。任九年。朝夕飯兩盂。蔬兩豆。婦自鄉來。閱三日促歸。晉江蔡清歎其絕欲爲難。秩滿引疾去。父老乞留遺一青紗衣。留三賢祠。

張寧曰。漢楊伯起以清白著聞。猶有可卻之金。承芳治郡久。終始無一足莫夜及門者。蘇子卿以死爲事。史外猶有餘事。承芳抵官以來。蕭然獨處齋閣。此二者尤非宿昔之所多見也。或謂公別白太明。節目太疏。言論太激。三者非自全之道。此蓋其細者也。

支立曰。爲官莫難于守令。爲守令莫難于不屈于勢。不疚于利。屈于勢則縱惡戕善。疚于利則厲正黨邪。政事之害。莫有甚于此者。公之爲政。大率以此二者爲先。宜乎得民心愛戴之如此也。

辛未。瓦剌平章拜亦撒哈入貢。已。哈剌忽思等四人盜馬先遁。

五月醆朔乙亥。置京城外叢塚。

戊寅。定陝西布政司收茶例。以銀布等市河南湖廣茶。運赴西寧等茶馬司。檄巡茶官同守備分巡官易番馬。

辛巳。中書舍人呂憲乞順天鄉試。從之。不爲例。

壬午。乩加思蘭部長兀沈塔罕來降。授浙江金鄉衞副千戶。

戊子。前戶部尙書張睿卒。睿鄢陵人。宣德庚戌進士。授吏科給事中。歷倉場右侍郞。正統己巳。移通州餉入城未盡。云虜至。欲火之。睿亟令力運。焚未晚也。幸得全。

太僕寺卿張諫卒。句容人。□□□□進士。授御史。矜持詳雅。歷中外克舉其職。
己丑。孫輔嗣懷寧侯。孫鏜子。
夜。月犯牛宿下西星。
癸巳。太僕寺少卿章璠爲寺卿。
乙未。召守制翰林學士柯潛于家。
庚子。巡視順天永平河間保定戶部左侍郎原傑還京。
安南國王黎灝入貢。諱攻陷占城。第言占城見侵。臣兵追至升華思義舊境而止。答敕戒其啓釁。
辛丑。蜀王申鈘薨。年二十四。謚曰懷。
六月戊申朔。許南京右僉都御史高明終養。
庚戌。王添嗣靖遠伯。王瑺子。
壬子。鄭王祈鍈薄其妃。幷惡世子見滋。遣駙馬都尉石璟敕諭之。王謝罪。
癸丑。處州礦盜流入建寧。
甲寅。先戶科給事中上杭丘弘使琉球。卒山東道中。改兵科給事中官榮往。
昏刻。木星犯左執法。夜。流星自雲中行至近濁。
乙卯。行人李勳。孫敬。知縣方中。潘瑄。王濬爲監察御史。
壬戌。周府鎮平王有爌薨。年七十二。謚恭靖。
乙丑。太常寺卿兼翰林侍讀學士孫賢致仕。且請立太子●不報。賢嘗侍上東宮。欲專國本功。故同乞休疏上。
丙寅。夜。大星自危宿行至羽林軍。

七月軠朔。代府潞城王遜烇薨年六十五謚僖順。

甲戌。復徙平夷清平鎭靖堡于舊城。

乙亥。延綏巡撫右副都御史余子俊言。三邊延慶。故內地也。高皇帝遣將斥虜黃河外。盡延慶無馬跡。正統初。稍渡殺掠吏士扼于東西邊不得逞。乃悉衆躪延慶間。後又獲間導。知河套饒水草。宜畜牧。屯聚不散。我延寧列戍置守反于外。臣請諸邊界空處築城。以次立砦。石堡地多高山斗崖。因形勢下厚剷削稍衍者累築濬延引相接。從之。

丙子。孛羅忽及乩加思蘭入貢。

丁丑。移朱永王越于大同宣府。有警西征。

戊寅。後府都督同知馬儀爲甘肅副總兵。

庚辰。北虜使臣平章完者禿等奏乞倉糧。不許。

陝西妖人李奉先等伏誅。

壬午。孛羅忽等乞還俘獲族屬。兵部以多道死。無可給。或彼借舋。令通事詹昇等省諭之。

丁亥。江西按察使牟俸爲太僕寺卿。

庚寅。南京刑部左侍郎林鶚憂去。

辛卯。羣臣請立皇太子。不允。凡三上。許之。

南京工部右侍郎蕭彝歸省。

甲午。總督荆襄軍務右都御史項忠。鎭守湖廣總兵官右都督李震。共斬盜千級。撫脅從二萬八千七百餘人。驅流民九十三萬八千餘人。流民或父祖世業不顧徙有司乘兵威驅逐不暇。盡棄其產。扶老攜幼。暍死無算庚子。遼王貴煖薨。年七十二。謚曰肅。
昏刻金木星合井宿。
八月𨐨朔。癸卯。金星晝見。
甲辰。賑山東浙江水災。
丁未。左春坊左庶子兼侍講徐溥憂去。
戊申。哈密兀孫沙嗣都督同知。塞卜兒沙子。
辛亥。太僕寺卿張瑨卒。會稽人。授嘉興訓導。擢御史。善事權貴。
乙卯。盜入西鄉縣。
庚申。賜陝西巡茶御史敕。
申贈官祭葬事例。
辛酉。免南宮無極稅絹九百五十四。
罷遣行人四川巡茶。
丁卯。給前南京吏部尚書魏驥月粟三石。巡按御史梁昉言驥年九十八。齒德鮮匹。敕行人存問。賜羊酒月粟。
九月𨦡朔。壬申。巡按山東御史張進祿。潞州知州孫琦。判官馮徽。會飲沁源王邸。索女樂。又刺時政事。聞。俱戍邊。
辛未。大風雨。山東及杭湖嘉興紹興海溢。渰田宅人畜無算。
癸酉。瀋府沁水王幼𡒄薨。年四十。謚安惠。
乙亥。巡視四川南京戶部右侍郎黃琛乞賜故翰林學士承旨宋濂贈謚。立祠祭葬。錄子孫。章下禮部。
丁丑。涼州鎮番衞地震。聲如雷。

己卯。太子少傅廣寧侯劉安卒。安宿遷人。劉榮子。嗣爵。正統末鎭大同。撫輯召募。出謁英宗。括金帛犒也先。被劾降都督同知。守備白羊口。尋復爵。天順初進侯。追封嶧國公。諡忠僖。

壬午。昏刻金星犯房宿。

癸未。總督漕運都督同知楊茂致仕。

甲申。封遂壁慶王。同鑴遂平王。芝垝□城王。芝埌承休王。偕欒高平王。豪垄蘄水王。

乙酉。行人劉簡太常寺博士方輅朱漢進士楊成爲南京監察御史。

陳選爲河南按察司提學副使。

丁亥。延綏總兵官署都督僉事許寧等言。北虜開元王把哈孛羅欲來降。乞撫慰。命擇彼所親厚往。

戊子。進士李俊陳鯉郭銓王坦祝瀾盧瑀劉昂鄒騏吳傑爲給事中。騏傑南京。

泰寧侯陳涇總督漕運總兵鎭守淮安。

己丑。前南京吏部尚書魏驥卒。驥字仲房。蕭山人。永樂貢士。松江訓導。進太常寺博士。歷吏部郎中。太常寺卿。恬夷寡嗜好。年九十八。方遣行人張和存問。未至。臨歿戒子完毋乞祭葬。累里人所著松江志水利切要。傳諡文靖。實錄明年正月卒。蓋訃聞。

丁酉。右都御史林聰巡撫大同。

戊戌。太常寺少卿林信卒。吳江人。能書。授中書舍人。

閏九月獉朔甲辰。召巡視四川南京戶部右侍郎黃琛還任。

乙巳。朱永王越專備延綏勦虜。

丙午。起復吏部尚書崔恭至京。改南京吏部尚書。

夜。月犯羅堰上星。
丁未。涼州地震聲如雷。
辛亥。設靖江縣。常州。
壬子。吏部尚書姚夔秩滿進太子少保。
乙卯。夜赤星自參宿流至近濁。
丙辰。夜月犯六諸王星。
戊午。昏刻金星犯南斗魁。月入井宿。
己未。工部右侍郎李顒祭浙江海神修隄岸。
辛酉。曉刻土星犯天高星。
虜三萬餘騎入黑土圪墖。官軍擒一人。斬二十二級。王越以聞。
十月巳朔壬申。行人范瑛爲監察御史。
殺吉安知府許聰。吉安好訟。刼聰特嚴。治獄死五十餘人。又倨見提學副使夏寅。按察使牟俸嫉寅。發其兇虐侵帑事。適南京大理寺卿夏時正考察。訐貪酷。削籍。聰不服。執下獄。事聞。遣勘。聰遂訐夏寅夏時正等搆陷。屢上訴。命逮入京。廷訊。宜論刑。科給事中白昂等請審錄。不聽。其毋覆奏。夜斬于市。蓋司禮太監黃高所善。吉安僧某嘗被箠辱。譖入之。
乙亥。南京刑部右侍郎王恕改刑部左侍郎。總理河道。工部郎中陸鏞、郭昇、山東按察副使陳善分理。
戊寅。巡撫大同右都御史林聰改宣府巡撫。鄭寧憂去。
甲申。望。夜月食。流星自天倉行至參旗二小星隨之。

虜千餘騎入延綏木瓜山。都指揮同知錢亮等禦之。斬四級。

丙戌。戶部尚書楊鼎。工部侍郎喬毅。上濬通惠河議。初。漕運總兵官都督楊茂奏。歲運張家灣。車轉至都下。僦費不貲。臣行視通州至京城。古有通惠河故道。石閘猶存。水約深二尺。第修閘儲水。令運船二十五艘共作一舟剝運。則車費省而困憊少蘇。從之。命鼎毅同漕運參將袁祐任之。

虜百餘騎入兔木河。署都督僉事神英禦之。斬一級。

夜。月犯井宿。

庚寅。陝西左布政使婁良爲右副都御史。巡撫甘肅。調右僉都御史徐廷章巡撫寧夏。

癸巳。巡撫直隸右副都御史楊璿言。順天。河間。保定。眞定。屢被水患。地勢平衍。水易瀦積。而滹沱河上源。隄岸多不葺。縱葺之。率皆庳薄。故値雨水漲決。臣愚以爲宜遣官求故道濬之。又築隄岸如衛河。則順天以西數郡無水憂。從之。命璿董其事。

丁酉。虜七百餘騎入榆林黑山墩。官軍擊走之。

十一月妃朔。曉刻。星犯亢宿。

癸卯。南京少詹事孔公恂卒。公恂。曲阜人。宣聖五十八代孫。景泰甲戌進士。授禮科給事中。以李賢薦。起少詹事。上初改大理左少卿。怏怏不樂。仍少詹事。言兵被劾。出守漢陽。未赴。憂去。服除。仍少詹事。改南京。尚氣凌物。然不汙屈。

甲辰。許柯濬終制。

兵部右侍郎陳宜憂去。

夜。大星自天津南行近濁。至昴宿。

丙午。水災。免鳳陽夏稅絲麥。

庚戌。秦府郃陽王公鏜薨。年四十。謚恭惠。

甲寅。立皇太子。祐極 頒詔大赦。

丙辰。大理寺卿王槩。先以河南按察使旌異。給誥命。至是再給同品。改京。換給自此始。

己未。荆襄南陽流盜悉平。

左都督劉玉卒。磁州人。太監劉曰壽姪。從征麓川。授副千戶。累功至今官。有勇力。善御士卒。每戰皆捷。贈固原伯。謚毅敏。子文錦衣衞指揮使。

甲子。都督同知孫安卒。高郵人。世大興左衞指揮僉事。正統己巳。以都督僉事守獨石馬營龍門等城。荒墟復業。有保障功。

丁卯。前巡撫延綏右僉都御史徐瑄卒。嘉定人。正統乙丑進士。授御史。

虜入延綏孤山等堡。朱永分道累敗之。斬三十六級。

十二月戊戌朔。己巳。前軍都督僉事張能卒。遷安人。世大寧衞指揮使。

甲戌。彗星見天田。諭修省。

乙亥。夜彗北犯右攝提。掃太微垣上將及幸臣太子從官。

丁丑。誅荆襄盜李原等二十三人。戍三十四人。李原。新鄭人。即李胡子。

夜。彗掃太微垣郎位星。

戊寅。併廣東石康縣于合浦。

庚辰。大學士彭時等上修德安民之要。正心術。謹命令。親接見。愼賞罰。納諫諍。勵官守。恤軍民。上納之。

彗入紫微垣。晝見。歷犯帝星北斗魁。

夜。月犯井宿鉞星。

辛巳。文武大臣科道各言時政闕失。

昏刻。彗入紫微垣。歷犯閣道文昌上台星。

壬午望。上避正殿。徹樂。御奉天門畢。往文華殿。召輔臣彭時等入見。內臣懼有言。乃云上初御文華。情疏。毋娓娓。俟再召詳之。及入。時等曰。天變可畏。上曰。已知矣。時又曰。減京官俸。在文臣可。武臣不可。上曰。然。萬安卽頓首謝萬歲。俱退。後不復召。內臣反曰。初恨不召對。比見。無奇謀至計。止呼萬歲耳。四方聞之。因稱萬歲閣老。

召還撫寧侯朱永。留王越專督諸路兵。

甲申。禁官司科罰。

乙酉。昏刻。彗南行犯婁宿。

丙戌。昏刻。彗犯天河。

己丑。起復工部左侍郎李春。改南京工部。

昏刻。彗犯天陰星。

庚寅。中旨召前左都御史李賓。

巡撫蘇松應天右副都御史滕昭爲兵部右侍郎。

左春坊左諭德王一夔上五事。正宮闈以端治本。親大臣以詢治道。開言路以決壅蔽。愼刑獄以廣好生。謹妄費以足財用。報國寺工畢。崇國寺役興。語多切。上迂之。不問。

辛卯。翰林院庶吉士費誾尹龍喬維翰王臣爲編修。張泰爲檢討。張璲陳斌梁澤陳紀李介徐謙爲監察御史。

癸巳。昏刻。彗犯外屏。

甲午。應天府尹畢亨爲右副都御史。巡撫應天。兼總理糧儲。

乙未。曉刻金星歷犯牛宿及羅堰星。

虜寇寧夏慶陽。

昏刻。彗犯天囷。夜流星自大角旁行至七公。

壬辰成化八年

正月戱朔。上御奉天殿。星變。免賀朝覲官行禮。

監察御史張斅等上修省八事。納之。其減文武官半俸。豐年復舊。不許。

壬寅。虜寇大同西路。

夜。大星自七公流近濁。

癸卯。瀋府平遙王幼壇薨。年四十二。謚恭惠。

虜乩加思蘭糾斡羅出犯固原寧夏。萬騎入安邊營。延綏左參將都指揮錢亮追至師婆澗。被圍五日。都指揮柏隆陳英中流矢死。失亡甚衆。命總督王越議方略。乩加思蘭舊居土魯番迤西。自六年入河套。與斡羅出相雄長。

乙巳。吏部大計。罷斥七百五十人。

募民納馬大同。

丙午。撫寧侯朱永還朝。仍掌右府事。陳西邊諸將罪狀治之。

降虜入罕海，授廣州前衞正千戶。

夜，彗行奎宿外屏星，漸微。

丁未，上南郊，免慶成宴。

戊申，提督團營太監裴富、撫寧侯朱永、定襄伯郭登閱各營兵。

夜，月犯軒轅。

己酉，工部言：惠通河已發卒九百人，因災異罷諸役，而修河一事宜取旨。命量役四萬人，先濬城濠。總兵官趙輔、郭登領之。太監黃順、工部尚書王復兼督。

乙卯，辰刻，金星晝見耀日。

定西侯蔣琬協守南京，東寧伯焦壽總兵鎮守甘肅，右都督馮宗總兵鎮守永平山海。

巡撫延綏右副都御史余子俊，以套虜馬弱，請暫休兵，有警調赴。從之。

丁巳，大星自紫微西藩流至近濁。

戊午，報廣西猺賊黃公剛等刼賓州。

己未，夜，月犯天江星。

督運平江伯陳鋭言：運河區畫分責，通州至德州責郎中陸鏞，德州至濟寧責副使陳善，沛縣至儀眞責郎中郭杲。從之。

庚申，江西左布政使夏塤爲右副都御史，巡撫四川。塤介直，所至鋤强植弱。

順天府丞彭信爲應天府尹。

起復太常寺少卿孫廣安，以科道言之，仍令終制。

癸亥。曉刻月犯金星。
皇太子祐極薨。謚悼恭。
二月戊朔。夜流星自天津行至匏瓜。
壬申。都督僉事楊名協守陜西。
癸酉。禮部左侍郎兼翰林學士萬安司經局洗馬江朝宗主禮闈。
丙子。戶部左侍郎陳俊總督陜西軍餉吏部右侍郎葉盛往延綏議兵事。
丁丑。知縣易居仁唐素爲南京監察御史。
壬午。禮部右侍郎雷復改右副都御史巡撫陜西。起復右副都御史陳濂巡撫河南。
甲申。曉刻金星犯壘壁陣東第五星。
乙酉。兵部尚書白圭請明年二月大舉搜套。上是之。
丙戌。會寧守備都指揮僉事董縉前拒虜猪肝坌北山。方陣忽二虜渡河通問。我師遂亂。虜畢渡。殺傷我甚衆。
下縉獄。
敕南京右副都御史羅篪巡視操江。
榜禁妖書。
丁亥。命薊遼宣大甘肅總兵修城堡邊垣臺塹。
戊子。琉球國世子尙圓入貢。
辛卯。忻王見治薨。王性孝友。年十五。謚曰穆。
癸巳。魯府安丘王泰埦薨。年六十二。謚靖恭。

丙申。旌岳州知府吳節。延平知府盛顒。金華知府李嗣。瑞州知府史宗禮。平陽知府吳睿。通判李杲。永平知府王璽。宿州知州劉槃。歷城知縣沈瑀。商水知縣羅楫。廣平知縣何琮。靈壽知縣冀賢。饒陽知縣張翰。鹽山知縣武震。滿城知縣劉翥。新河知縣蕭智。安平知縣王瑾。景州判官王佐。潞城知縣杜彪。俱給誥敕。

三月丁酉朔。行人柳淳樊瑩熊繡黃鍾知縣劉必賢毛驥吳貞推官章顒爲監察御史。貞顒南京。

戊戌。虜退延綏。客兵仍還鎭。

庚子。臨淸德州晝晦。黑氣自西北移時方散。

丙午。悼恭太子葬金山。

戊申。命團營兵每季上其籍。

辛亥。廷策貢士吳寬等二百五十人。賜吳寬劉震李仁等進士及第出身有差。

前南京兵部尚書蕭維楨卒。維楨廬陵人。宣德庚戌進士。授刑部主事。慮囚畿內多平反。歷郎中大理寺丞。從土木脫歸。進少卿。累拜右都御史。天順初。調南京。歷刑兵尚書。强敏有才幹。讀書通大略。得憲體。留樞鎭靜。俱時所稱。贈祭葬。謚文昭。

癸丑。南京大風雨。拔孝陵木。

乙卯。吏部右侍郎葉盛上言禦寇自守爲本。攻戰次之。虜西入之路。自寧塞入保安。抵鄜州。自安邊定邊入環慶。自寧夏花馬池興武營經鹽池高橋萌城入固原。自固原分路二。東自黑水口入開城鎭原平涼。西自海剌都入會寧靖寧。沿邊兵少不能禦。今秋調甘涼莊浪蘭縣之兵。分守安定會寧靖寧。俱臨鞏要地。每留二千騎守之。環慶當其衝。益千騎。共五千人守之。餘暫屯固原平涼。伺虜。固原平涼水草便利。可放牧。九月初方給芻豆。保安去榆林不遠。可調軍設伏。虜擁衆來侵。堅壁淸野。勿與戰。俟其返。伏兵邀擊。使彼大衂。若知我備。仍近邊屯駐。則我分數道裏糧夜進。彼戀孥畜。勢不敢敵。將必成擒。萬一匿套內不渡。則選死士迫其營放礮。或佯搜套。或詐刧營。彼且心恐渡河而去。勦虜方略。似不出此。事下兵部議之。

丙辰。命進士仍次第觀政諸部院寺司。禮科給事中黃麟言頃年進士理刑多在刑部。大理寺非故事。上從之。

丁巳。許張元吉子玄慶襲封眞人。

壬戌。翰林院庶吉士林瀚爲編修。

知縣嚴萱王瓚郭經簡嘉誥任英爲南京監察御史。

前兵部右侍郎陳宜卒。泰和人。正統壬戌進士。授工科給事中。歷應天府丞。雲南左布政使。撫貴州。平大壩蠻。

丙寅。寧晉伯劉聚乞故御馬監太監劉永誠謚祠。賜祠褒忠。閣部以謚非所有。乃寢。

四月丁卯朔。己巳。增築大同邊堡。

癸酉。京畿旱大風。漕河涸。遣官分道祭告。

湖廣按察使張剛爲右僉都御史。

乙亥。南京兵部右侍郎馬顯淮揚都御史張鵬專漕事。

丙子。始雷。

丁丑。費淮嗣崇信伯。費釗子。

南京右副都御史羅篪致仕。

己卯。封申鑿蜀王。遂坃豐林王。仕贏宣寧王。奇湒臨泉王。鍾鋌方山王。同銍汝陽王。槃澹永安王。

庚辰。夜月犯房宿。

辛巳。夜月食。

癸未。召還吏部右侍郎葉盛。盛歸朝上言。延綏沙深水淺。難以住牧。春遲霜早。不可耕種。搜河套復東勝。此皆事勢所難。惟增兵守險。可爲遠圖。從之。

陳建曰。秦蒙恬逐匈奴取河南地。漢武帝用主父偃策。言河南地肥饒。外阻長河。立朔方郡。因河爲固。後赫連勃勃李繼遷皆據此地。雄于北方。元昊繼之。遂稱夏帝。據河南之州九。皆在今套中。宋史稱其地饒五穀。尤宜稻麥。菽園雜記謂近時關中大饑。流民入其中求活者甚衆。踰年纔復業。九邊圖論亦謂彼時虜少過河。軍士得耕牧套內。益以樵牧圍獵之利。地方富庶。稱雄鎮焉。此皆鑿鑿名論也。葉文莊乃謂不可住牧耕種。何耶。況中國守邊。皆營屯在內。而拒虜于其外。今河套花馬池一帶。則虜反入吾之內。而吾寧夏之屯守反在其外焉。不亦危乎。嗚呼。唐張仁愿猶能築三受降城于河北。以絕虜南寇路。而我朝乃不能因河爲固守河南。而使虜入據。爲巢穴。以爲關陝無窮之害。我朝將帥。有愧前代矣。

詹事府詹事翰林院侍講學士李泰母喪。以後伯父司禮太監永昌。遂假葬三月還任。時論少之。

諭法司遣官錄囚。其兩京命司禮太監黃高。南京司禮監左少監宋文毅。

丙戌。兵科都給事中梁璟等劾項忠驅逐流民。慘于夷虜。如房縣編戶雖四里。永樂後僑增至四十餘里。今十不存一。他縣類此。乞正其濫殺之罪。上不聽。

丁亥。刑部郎中劉秩金文伍希淵周鼎馮俊劉恕員外郎武清徐演許盛周重大理寺寺正劉瀚王軾寺副王進魏政分往畿省錄囚。各賜敕。

宣府龍門守禦千戶所火燬積芻。

壬辰。召還寧夏總兵修武伯沈煜。游擊將軍都督同知范瑾爲征西將軍總兵官。鎮守寧夏。

癸巳。兵部尚書白圭言。右副都御史項忠荊襄報冊名數牴牾。先云擒五萬九千四百十七人。編戶隨住五萬九千三十五人。俘拘三百八十二人。斬一千三百九十人。今冊擒五千二百十六人。斬百九十人。捷奏內增級千四百四十一人。都御史楊璿報潼關南陽等官兵擒斬賊魁王彪楊俊王洪等九十餘人。今冊載內鄉縣民兵馬雲生擒一人。百戶孫廣生擒三人。張海王海等初非原俘。致廣等有言。且陣亡十八人。被創十五人。賊果聚鬬則損傷不止此。又陣亡豈多于被創耶。請下巡按河南陝西湖廣御史覈實論功賞。上諭第如所報冊論功不必覈。遂進項左都御史。餘陞賞有差。

乙未。光祿寺卿劉璉調遼東苑馬寺少卿。陳鉞王儼調吉安處州同知。初鉞請減浮費。責其獨奏。皆引罪。已互訐。俱下獄謫外。

丙申。定襄伯郭登卒。登字武元。武定侯英孫。選勳衞。從征麓川。授錦衣衞指揮僉事。後薦進署都指揮僉事。己巳。超都督僉事。同廣寧伯劉安守大同。尋鎮守。景泰初。進右都督。有沙窩之捷。封伯。天順初。被劾。降都督僉事。上卽位。復爵。出鎮甘肅。還掌中府。提督團營。博聞强記。善議論。料敵制勝。諳國家典故。能詩工書繪。勳武鮮其倫云。追封定襄侯。諡忠武。賜祭葬。

袁袠曰。韓定襄以敗卒守孤城。氣呑强虜。竟立封侯之業。觀其閉門不出。與城存亡。募兵入援。敵王所愾。有國士之風矣。其所論建。雖文士不如也。豈獨武臣哉。

五月酊朔戊戌。山西布政司左參政周騤爲光祿寺卿。

總督漕運左僉都御史張鵬請僧道空牒一萬鬻粟濟饑。上濫之。不許。

辛丑。巡撫順天右副都御史楊璿兼理山海居庸等關。

癸卯。左春坊左諭德王一夔復謝姓。

甲辰。復陳鉞光祿寺少卿。

戊申。免陝西山西河南夏稅及柴價十之二。
庚戌。令故官三品子孫當廕者入本學貢部入監。
巡撫大同宣府右都御史林聰致仕。
辛亥。停山西市馬。
壬子。起復左僉都御史鄭寧巡撫宣府。山東左布政使殷謙爲右副都御史巡撫大同。
癸丑。武靖侯趙輔爲平虜將軍總兵官統制諸路兵馬同總督右都御史王越赴延綏討乩加思蘭。
總督兩廣軍務右都御史韓雍奏忻城八寨洞蠻掠賓州。右參將都指揮張壽等擊斬五百六十一級。游擊將軍馮昇等擊山巢猺獞斬四百七十一級。
丙辰。浙江四川左布政使劉福胡拱辰並爲右副都御史。福總督南京糧儲。拱辰南京都察院。
丁巳。占城國遣使臣樂沙來告急。云安南索犀象寶貨。去年二月破國。擄國王槃羅茶全。今槃羅茶悅攝國。上命待安南使至。敕還之。
戊午。進項忠左都御史。李震左都督。御史劉潔浙江按察副使。檢討張寬雲南僉事。餘陞賞有差。
庚申。賜延綏東路右參將署都督僉事神英綵幣。時西師無功。獨英斬六級。
命廣西布政司檄安南國以侵上下凍州龍州地。諭之毋越界。且勘定其界。
壬戌。廣西左布政使黃鎬爲右副都御史總督南京糧儲。
虜屢從花馬池入興武營。
六月賆朔。己巳。增慶陽延安通判。專理邊儲。
詔雲南銀課止視舊煎辦。

庚午。曉刻金星入井。
壬申。□□知縣段正爲監察御史。
乙亥。翰林院庶吉士張晟爲禮科給事中。王錦方珪謝顯爲監察御史。
丁丑。前右都御史李賓赴召。被劾。道止之。
乙酉。右都御史項忠被劾。疏辨荆襄濫殺。乞休。不允。
談遷曰。流民非盡爲寇。多陷賊不自振耳。項襄毅兵驅之。矛鋋所及。踣道路。困圄奪。所在皆有。雖未盡誣。而百五十餘萬之遺黎。詎盡鬼籙爲也。天道神明。人不可獨殺。項氏世澤未艾。纍纓接組。豈濫殺之報爽乎哉。
丙戌。京衛武學國子監丞閻禹錫爲御史。提督北直隸學校。
丁亥。遣工科給事中陳峻行人李珊封欒羅茶悦占城國王。
辛卯。大同游擊將軍都指揮使緱謙爲後軍都督僉事。
甲午。禮部主客司員外郎曹隆主事康玠王宗下臺獄。中宮千秋節。奏殿下。誤書殿中。
七月輛朔庚子。都昌王祁鑑求徙建昌舊邸。不許。
丙午。隴州大雨雹。厚至四尺三四寸長七八寸。或大如斗。
隆善寺成。傳陞工匠三十人。文思院副使尙寶司少卿任道遜司丞程洛書碑。進道遜司卿。洛少卿。工科都給事中王詔等言其濫。寺工如此。彼西征北伐捐軀隕命者。將何以勸酬之哉。乞追寢前命。不聽。
庚戌。大學士彭時等言。皇莊之害。近故太監劉永誠亦欲立莊。深駭人情。宜還民間。畿內多湖濼。魚蝦螺蚌菱藕蘆葦。莫非自然之利。今民缺食。當不分官私。聽其採取。寄牧徵駒。亦有定期。但土狹民艱。遣官易擾。去冬詔騗四匹買其一。然有司追併。乞今歲暫停折買馬匹。上納之。劉永誠由朕自處分。

壬子。徽王冠。

癸丑。浙直大風雨。江海暴溢。壞郊壇陵廟。溺二萬八千四百七十餘人。因築海塘。自海鹽至上海。築三萬四千七百六十九丈。上海華亭至嘉定界。築一萬七千七百四十八丈。廣二丈。趾倍之。高丈七尺。

丙辰。延綏參將署都指揮岳嵩出至定邊營大沙頭。襲虜。敗之。

鎭守兩廣平江伯陳銳總督漕運總兵官鎭守淮安。

虜屯陝西近塞。輕騎掠花馬池靈州。

戊午。廣西鎭安土知府岑永壽從子宗紹糾黨破府城。都指揮岑瑛擒斬之。

庚申。平鄉伯陳政爲平蠻將軍總兵官。鎭守兩廣。

壬戌。寧夏地震。

癸亥。泰寧侯陳涇卒。

八月丙子朔。虜寇宣府。

戊辰。裁漕運理刑主事。

庚午。戶部左侍郎原傑憂去。

辛未。翰林院庶吉士尹仁吳祚爲監察御史。

壬申。巡撫淮揚右副都御史陳濂巡撫京畿。兼理永平山海邊務。徙右副都御史楊璿巡撫河南。

丁丑。兵科給事中郭鏜赴延綏。訪延綏事宜。

戊寅。吏部左侍郎尹旻往督運船。

辛巳。寧夏地震。

癸未。都督同知趙勝爲鎭朔將軍總兵官。亟赴宣府擊虜。時虜寇宣府。總兵官顏彪疾。不任戰。

乙酉。陝西榆林地震。聲如雷。

庚寅。進士黃璉鄭宏李鸞臧瓊爲南京給事中。

壬辰。石城知縣潮陽陳綱有善政。且能捕盜。韓雍薦授高州通判。撫治夷民。

癸巳。旌長沙知縣錢澍。常德知府楊宣。建昌知府謝士元。隆慶知州李鼎。靖州知州蔣琪。溫州通判余鼎。保定推官鄭傑。長沙知縣艾永旻。甌寧知縣喬銘。俱給誥敕。

修淮安抵儀眞堤岸。

虜寇遼東核桃嶺。分道入懿路。備禦都指揮僉事佟昱以五百人戰猪兒山。斬一級。我軍多傷。

虜犯靈州。守備署都指揮同知盧茂拒之歡喜嶺。敗之。孛羅忽引阿里孩子阿扯入河套。

九月钾朔。戊戌。占城國入貢。

己亥。安南國王黎灝入貢。

壬寅。雩都縣學生何京上禦虜車制。衡三尺。展可六尺。五十輛爲隊。用卒三百七十五人。車輕疾。一人可挽。垂鐵網。前列刃拒馬。發槍弩。命赴延綏行營。

甲辰。敕左僉都御史張綱整飭薊州永平山海密雲居庸邊備。兼巡撫順天永平。

丙午。敕諭安南勿侵占城。略曰。若占城啓釁。固爲不義。若王輒興忿兵。淩弱暴寡。亦豈得爲義乎。敕至。宜略小失。惇大義。盡歸所掠人口。戒飭邊吏。毋生事邀功。旋至報復。

戊申。封偕濟西德王。徵錸通渭王。公鋌永壽王。陽館樂陵王。鍾鈵寧化王。

夜。流星自勾陳衡文昌。四小星隨之。

壬子。夜月犯天関星。

癸丑。巡撫延綏右副都御史余子俊修築剷削邊山禦虜。

甲寅。禮部右侍郎劉吉爲左侍郎。太常寺少卿余欽爲右侍郎。

乙卯。秀王見澍薨。王孝友溫和。言動不苟。年二十一。亡子。國除。歸葬京城西山。謚曰懷。

巡撫山東右副都御史翁世資爲戶部□□□。太僕寺少卿牟俸爲左僉都御史。巡撫山東。福建廣東左布政使劉敷張瑄爲右副都御史。巡撫浙江福建。

戊午。敕宣城伯衞穎守備鳳陽。

辛酉。命進士趙英等百二十四人歸省。

都指揮同知王信爲署都督僉事。鎭守臨淸。

壬戌。北虜孛羅來降。貢馬八十五匹。授廣州前衞千戶。

癸亥。平虜將軍武靖侯趙輔參贊軍務右都御史王越上言。河套袤二千餘里。從征見卒僅二萬。邊騎亦然。調遣不足。須京營山陝精兵十五萬。分道並進。宜區畫芻餉以待。議者云。延綏窮極。重爲科徵。恐生內釁。暫退守散見卒。量留精銳。就糧鄜延等城。沿邊軍民。悉令內徙。其寇經之路。設坑塹。密置釘板蒺藜。山巔多置烽火。余子俊鑿山築牆。其寧夏花馬池高橋平漠難築。宜令都御史馬文升徐廷章等于鹽池萌城等處浚濠築牆。所調甘涼兵亦量留精銳。就糧固原等城。廷議謂其怯。命仍下趙輔等詳計之。

虜犯遼東定遠堡。左參將都指揮周俊等追之而遁。踰旬。以二千騎入。俊等追至亮子河。斬八級。敗之。

十月丣朔。丙寅。邊報異同。命趙輔等及寧夏總兵游擊等各議方略。

乙亥。前趙州訓導張傑卒。傑字世英。鳳翔人。正統辛酉貢士。講學厲行。親喪不復仕。嘗曰。讀孔孟書。學孔孟事。

知有未眞行有未至惟日孳孳以求其所無負也其勤勵如此年五十二未及著書郡守趙博立祠于家塾之左學者稱默齋先生

丁丑趙輔言搜套之難莫若防守省兵節費安民俱便請還兵圖後舉王越言如之兵部謂輔欺悞宜逮治俟郭鏜勘上定奪

戊寅夜月食

戊子夜流星自參宿行至狼星旁三小星隨之

己丑通政司左通政楊樅爲太僕寺卿

夜流星自女床行至天市垣

虜入延綏鎮靜堡殺千戶黃宗

十一月暎朔庚子都督同知鮑政爲平羌將軍總兵官鎭守甘肅

戊申工部右侍郎李顒疾去

己酉南京太僕寺少卿魯崇志爲應天府尹

趙輔疾免寧晉伯劉聚爲平虜將軍總兵官赴延綏

總督漕運右僉都御史張鵬專巡視淮揚

兵科給事中郭鏜還朝奏邊事有旨切責王越怠職

詹事兼翰林侍讀學士李泰卒泰香河人嗣伯父太監永昌正統戊辰進士館選授編修頗向學景泰間進左司直郎歷右中允尙寶司丞侍講侍講學士少詹事性狷僻寡合所善萬安汲引直閣自謂公輔可指取年四十三贈禮部左侍郎賜祭葬

廖道南曰。予讀小說家。見唐有皮思謙者。自中常侍魚朝恩之寵。登高科。歷顯仕。未有身爲其後。獲居宥密。如李泰者也。嗟乎。翰林清要。貴重匪宿儒不可以。斯人踐斯地。豈非子殿國師齊之辱乎。

鎭守甘肅總兵官東寧伯焦壽卒。故事。番將不總兵。雖衞所亦然。天順初。恭順侯吳瑾掌軍府。成化初。廣義伯吳琮鎭寧夏。沿爲例。

辛亥。曉。刻木星入房宿。

癸丑。曉。刻木星犯鉤鈐。

應天府尹彭信卒。仁和人。景泰辛未進士。館選。授御史。進順天府丞。

丙辰。廣德長公主下嫁駙馬都尉樊凱。

丁巳。巡撫北畿右副都御史陳濂總督漕運。

戊午。減光祿寺魚課等物。

十二月燚朔。前中軍都督僉事戚斌卒。世金吾衞正千戶。

甲子。陳桓嗣泰寧侯。陳經子。

丙寅。山西左布政使葉冕爲右副都御史。巡撫河間。

郭嵩嗣定襄伯。郭登姪。

庚午。免眞定田租。

癸酉。賑京城饑民。

夜。西南黑氣如矛。曰天鋒。

甲戌。□□知縣江弘濟爲陝西道監察御史。

廣寧侯宋讓卒。

戊寅。南京戶部尚書陳翼卒。翼虹縣人。正統丙辰進士。授戶部主事。進郎中。歷山西右布政使。進撫寧夏。南京戶部左侍郎。所至以幹辦稱。司南計。首劾免汚吏。司屬爲肅。

庚辰。內傳起服尙寶司卿朱奎光祿寺丞顧本儒士杜昌直內府書。

乙酉。曉刻。月犯氐宿。

丙戌。曉刻。月犯東咸下星。

昏刻。金星犯壘壁陣東第六星。

戊子。右府帶俸保定伯孟昂卒。

虜入興武營。寧夏總兵官范瑾戰沙井。追至沙窩。伏發。力戰敗之。擒二人。斬八級。

癸巳成化九年

正月。辛朔。乙未。平虜將軍劉聚值虜花馬池。擊斬三級。

戊戌。巡撫貴州右副都御史秦敬疾去。

庚子。夜。月犯天街下星。

壬寅。河南按察使宋欽爲右僉都御史。巡撫貴州。

癸卯。游擊將軍黃璽參將神英等擊虜于漫天嶺。斬三級。

丁未。上南郊。

戊申。太原地震。聲如雷。

庚戌。游擊將軍孫鉞黃璽及神英等遇虜劉家塢。擊斬五十級。追至井油山。虜據險拒戰三日而走。又追至北磨川。斬十九級。

壬子。錦衣衞越獄。

劉聚等還至雙山高家堡。虜入牛坡峯。敗之。追至漫天嶺。擒四人。斬百四十七級。

武靖侯趙輔還自延綏。被劾不問。

免武昌田租三十一萬八千六百餘石。

丙辰。海溢。免海康等田租三千石有奇。

戊午。命衞所運糧軍餘餉視正軍。

宥張元吉戍。還里。科道言其罪。不問。

庚申。右僉都御史李侃致仕。東安人。洪武壬戌進士。歷官太常寺丞。外艱。哀毁骨立。景泰初也先寇畿甸。親寓容城。晝夜號哭。乞假冒訪。從之。母晚瞽。侃講史傳以悅其意。比終。哀毁如喪父。其至性有過人者。

辛酉。秦府永壽王公鋌薨。年三十六。謚康定。

命順天府尹賑貧。勸農桑。

二月[illegible]朔。守備偏頭關都指揮戴廣報虜入紅沙烟。敗之。追至石人村。斬十九級。

免太原大同田租三十八萬四千餘石。

戊辰。夜金星並月。

庚午。太子少保吏部尚書姚夔卒。夔字大章。桐廬人。正統壬戌進士。授吏科給事中。遇事敢言。景泰初。擢南京刑部右侍郎。踰年改南京禮部。考察雲南。還朝留禮部。天順初改南京刑部。尋召改禮部左侍郎。改吏部。進禮部尙書。己丑。改吏部。留意人才。尤愼黜陟。凡大事集議。夔一言而決。豪俊慷慨。不拘細節。佐時練務。類唐杜黃裳。未免通餽謝見疵議也。然時罕其比矣。年六十。贈少保。謚文敏。

辛未。水旱。免順天河間保定田租六萬八千七百餘石。

壬申。翰林侍讀學士江朝宗憂去。

丁丑。梓宋儒朱熹通鑑綱目。附尹起莘發明。上序之。

戊寅。以旱災免平陽澤潞遼沁田租三十萬二千五百餘石。

南京中軍都督同知翁信卒。江都人。世□□衞指揮同知。嘗鎭廣東。專貨利。

癸未。陝西兵荒。遣禮科都給事中霍貴祭西嶽西鎭。

乙酉。戶部右侍郎黃琛卒。將樂人。正統己未進士。授戶部主事。歷任以幹治稱。

虜入寧邊墩。

三月辛卯朔。癸巳。寧夏地震。

甲午。南京右副都御史胡拱辰提督操江。

濟南長山鄒平臨邑等縣晝晦。

丙申。鎭遠侯顧淳卒。

虜犯廣寧左衞。總兵官歐信失利。

戊戌。鄭府左長史江萬程奏鄭王祁鍈疎庶子。屢諫。移怒臣。命英國公張懋太監王允中敕諭之。

己亥。吏部左侍郞尹旻爲尙書。右侍郞葉盛爲左侍郞。初王翺李秉俱北人。彭時在閣。李秉滿歲去。北人詆南黨。善傾。故用崔恭。南人又不悅。尋憂去。姚夔典銓五年。北人謂斬却姚夔頭。去祭王翺墓。尹旻代之。時又指北黨。

約論曰。記有之。邇臣守和。宰正百官。非謂臣人者當和衷守正。公命賞于天而不私耶。夫帝臣不蔽。簡天下才為天下用。在帝心。惟命。又何以南北睽也。奧極徵有向。而言者簧鼓瀾激。靡靡焉可畏哉。風始于□□□初以濫觴。迄于今。悲夫。

遣御史刷吏牘。聶友良洪性往兩京。龔盛浙江。程宏江西。馬震福建。魏秉四川。樊瑩湖廣。其雲貴遼東萬全都司巡按御史兼焉。

庚子。始遣御史巡河東鹽。

壬寅。減雲南銀課十之五。

進福寧縣為州。

癸卯。知縣強珍劉璋胡喬胡琮劉璟李珪為監察御史。

免淮安及徐邳宿亳虹靈璧田租。

乙巳。夜。南京大風雨。拔太廟社稷壇樹。

黃花鎮西水峪野火。燬林木。勢及天壽山。京營兵萬人救之。返風而滅。

戊申。旌廬州知府朱鏞。大名知府熊祥。陝西按察僉事任福。南昌同知李泰。冀州知州胡瑛。綏德知州郝清。臨江通判王維。台州通判孔彥綸。隴州同知張翊。城武知縣王達。曲陽知縣喬良。賜誥敕。

壬子。量減宣府中鹽米數。

乙卯。增築宣府雞鳴山坌道二堡。

丙辰。曉。刻木星犯東咸星。

丁巳。免長沙常德荆岳辰田租六十萬二千九百餘石。

庚申。賑畿內山東。

柳州潯梧等盜起。殺通判郭暉。

四月辥朔。享太廟。午刻日食。

壬戌。威州知州何淵有威惠。屢勦羌夷。任九年。軍民德之。留任。

福餘三衛糾海西女直犯義州廣寧。副總兵韓斌等馳擊。累敗之于興中小孤山。斬六十餘級。

癸亥。都指揮崔勝等敗虜南塔兒山。斬九級。

丙寅。右僉都御史徐廷章爲右副都御史。巡撫延綏。

土魯番速檀阿力侵哈密。據其城。王母署國。有威嚴。能御衆。阿力約其同掠赤斤蒙古。王母不從。遂執王母及金印以去。

丁卯。琉球國中山王尙圓入貢。

山東大風。紅光燭地。俄晦如夜。移時乃復。

戊辰。盡免山東今年田租。遣禮部左侍郎劉吉祭東嶽東鎭東海。

己巳。延綏游擊將軍都指揮僉事黃璽爲征西將軍總兵官。鎭守寧夏。

壬申。總理河道刑部左侍郎王恕改南京戶部左侍郎。

浙江按察副使呂政提督織幣不如法。降貴州布政司右參議。

徙南京神機營于城外。

甲戌。命凉州副總兵趙英等各還鎭。初以搜套集延綏。竟寢。

乙亥。京師雨土。

己卯。封聰泰博野王。成鉁寧津王。成釪棗强王。成鍙饒陽王。恩銅益陽王。榮濠通山王。

司設監太監沈繪下獄。繪怙寵稔惡。後疎外怨望。私蓄兵器。論死。

夜。金星犯五諸侯。

辛巳。誅新會人劉銘粱狗旌。吳金童妻莊氏爲烈婦。銘狗販穀海康。金童移家附其舟。還止銘舍。銘狗美莊氏。犯而不受。因挈金童漁。殺之投江中。因犯莊氏。拒益力。居無何。屍流于門。識之。得刃跡。痛不能報。抱幼女投水死。屍繞銘不去。事聞。立石葬所。梟銘狗以徇。

壬午。上御西苑。閱諸將騎射。矢三中僅四人。再中僅二十三人。單中九十九人。餘皆否。又多失馳勒控弦之節。切責撫寧侯朱永等。

丙戌。敕赤斤蒙古等衞。以土魯番速檀阿力侵據哈密。唇亡寒。不可不慮。宜結鄰援。勿聽其誘。

五月辛卯朔。壬辰。南京大理寺左評事章懋爲福建按察僉事。

甲午。暹羅國入貢。

庚子。傳陞都督僉事李玉。白玉都督同知。

北虜平章哈失帖木兒滿都督子。來降。授廣州前衞正千戶。

南京吏部左侍郎范理卒。理字道濟。天台人。宣德進士。令江陵。有惠政。擢德安知府。治如江陵。進福建右參政。歷貴州左布政使。南京工部右侍郎。淸愼有吏幹。更優文藝。著讀史備志。詩經集解。年六十六。賜祭葬。

壬寅。南京刑部主事張衎同巡撫牟俸賑山東。撥鹽引百萬。臨清粟十萬以往。衎道山東。貽俸書救饑。俸即薦之。

丁未。協守陝西都督僉事楊銘以失事貪暴逮入京。戍貴州。

己酉。夜木星犯鈎鈐。

辛亥。進直閣商輅戶部尚書。萬安禮部尚書。

寧夏地震有聲。

丁巳。京師雨雹。

戊午。起前禮部右侍郎倪謙翰林侍讀學士錢溥于南京。上念其舊勞。科道交劾。不聽。

六月帳朔。乙丑。昏刻木星犯房宿。

丙寅。禮部左侍郎劉吉還自山東奏祭告海嶽得雨。

丁卯。蜀府汝川王友壎薨。年三十。謚懿簡。

己巳。參贊軍務右都御史王越上守禦三策。以陝西計之。平涼固原實要地。都指揮僉事王璽。謀勇歷戰。近充寧夏副將。徒擁虛名。乞假以總兵鎮守。庶可成功。以延綏計之。見卒二萬一千。堪戰不及五千。若練士兵。可得萬六千。山西游兵三千。宜屯灰溝營。還大同游兵三千在大同右衞。或朔州。互援。以寧夏計之。官軍經戰少。虜輒肆侮。宜令總兵官范瑾游擊將軍祁雄等練士。値虜深入。與固原靖虜慶陽併力夾擊。上命劉聚駐固原。王越往來調遣。

壬申。漕運參將錦衣帶俸都指揮同知袁佑卒。潁上人。世南京留守衞指揮同知。轉漕十餘年。善撫士卒。特予祭。

癸酉。月犯建星。

甲戌。蘭谿大水。

乙亥。寧晉伯劉聚世襲。進王越少保。余子俊左副都御史。神英都督僉事。

丙子。虜犯薊鎮。左參將李銘追之失利。

丁丑。知縣洪冕孫緝康文爲南京監察御史。

己卯。免陝西夏稅。

癸未。順天府尹李裕爲右副都御史。總督漕運。

虜寇遼東義州。都指揮僉事常凱等追戰東長嶺。斬九級。

是月。河間蝗。廣平順德大名眞定保定懷慶大水。

七月賡朔。辛卯。浙江布政司左參政邢簡爲順天府尹。

南京盜因風雨入都察院。劫四三人出。

壬辰。敕都督同知李文右通政劉文往甘肅規復哈密。

癸巳。左軍都督府囚逸。

太原地震。聲如雷。

丁酉。慶府安塞王秩炅卒。王通敏嗜書。自稱滄洲野客。著隨筆二十卷。有氣概。標格雖不甚雅馴。而才情宏肆。世之人未有知也。年四十七。謚宣靖。

南京左府應城伯孫繼先貪暴僭侈。奪爵免。

壬寅。督學監察御史閻禹錫乞免諸生追廩之例。從之。

虜寇楡林澗。署都督僉事許寧等擊斬二十九級。擒十人。

庚戌。東直門火。

水旱。免應天安慶徽池去年田租九萬四千八百餘石。

癸丑。冊皇妹隆慶長公主。駙馬都尉游泰尚之。

顧溥嗣鎮遠侯。顧淳從弟。

復設蘇松常鎮湖勸農通判縣丞。

甲寅。免彰德衞輝去年田租六萬六千八百餘石。

乙卯。葉縣知縣宋璽有善治。薦進泗州知州。

丙辰。知縣劉瓚黃本徐溥爲監察御史。

八月帪朔壬戌。翰林編修謝鐸言。臣奉命校資治通鑑綱目畢。竊謂宋神宗集是書而不能講。理宗講是書而不能用。百世而下。未免追歎。陛下今日莫先于講學。孔子曰。知仁勇天下之達德。是書所載。必若漢昭帝辨上官傑之詐以伸霍光。庶可謂知。而苛察非也。必若漢文帝割鄧通之私以從申屠嘉。庶可謂仁。而姑息非也。必若唐憲宗不沮羣議。卒任裴度以收淮蔡。庶可謂勇。而亢暴非也。陛下汲汲于是書。誠反此心力求天下之賢而用之。增益此知。擴充此仁。堅忍此勇。以常享太平之業。章下所司。

山東大水旱蝗。

丁卯。署都督僉事劉清爲鎮朔將軍總兵官。鎮守宣府。

戊辰。刑部尚書陸瑜致仕。

己巳。改右副都御史殷謙巡撫宣府。右僉都御史鄭寧巡撫大同。

前軍都督同知楊茂卒。武昌人。世襲副千戶。累功成化初督運有稱。

壬申。令阮廷珪食縣丞祿。廷珪父遷千自安南降。官順慶知府。晚寓宣城。廷珪乞官。特許之。

癸酉。鎮守松潘都指揮僉事堯彧按察副使沈琮勦白馬路等番寨大克之。斬三百十六級。

丁丑。太子少保兵部尚書白圭憂去。

前少詹事兼翰林學士柯潛卒。潛字孟時。莆田人。景泰辛未進士第一。授修撰。明年進右中允。丙子。進洗馬。天順初改尚寶少卿。俱兼修撰。上卽位。拜翰林學士。署院勤于吏事。進少詹事。憂去。丰神峻整。高介有節。文峭厲。詩亦有致。

廖道南曰。予遊翰林。見有亭一區。曰柯亭。有柏二。曰柯學士柏。何其流風遺澤。永矢弗諼也。蓋孤介之節。剛正之氣。所漸被者遠矣。

戊寅。大理寺卿王槩爲刑部尚書。

己卯。戶部右侍郎陳俊改吏部左。通政劉昭爲工部右侍郎。湖廣左布政使杜銘爲戶部右侍郎。

廣西南丹州土官莫必勝攻刼荔波縣。又賊韋萬釋流刼天河懷遠桂平羅城義寧武緣柳城岑溪。

九月朏朔辛卯。鎮守浙江內官李義杖斃寧波衞指揮馬瑨宥之。

套虜乩加思蘭寇韋州。左都御史王越偵虜盡行。老弱巢紅鹽池可取也。率總兵許寧游擊將軍周玉以輕騎各四千六百。晝夜馳三百餘里。襲擊之。擒斬三百五十五級。獲女稚畜產甲械以萬計。焚其廬帳。比午。虜外返大哭。亟追我。越結陣徐行。再設伏敗之。虜始出套。徙帳二千里。

辛丑。各鎮兵會韋州。至紅城。左哨游擊將軍緱謙祝雄擊虜敗之。右哨副總兵王璽周賢又敗之。虜棄輜重遁。

丙午。修永平伯夷叔齊廟。曰淸節。致祭。從知府王璽之請。

丁未。錄遼東義州將士功。副總兵韓斌等陞賞有差。

戊申。封豪墭遼王子㻋鎭平王。仕埬潞城王。覲錐鍾陵王。芝坦新城王。芝埏湯陰王。

己酉。曉刻流星自中天行至近濁。
壬子。敕各邊都御史整飭邊備。
光州地震。
丙辰。免大名夏稅。
丁巳。定南京都城隍太常寺致祭。
南京前軍都督僉事阮勤卒。江都人。世衛指揮同知。
工部右侍郎喬毅卒。樂平人。正統戊辰進士。館選。授吏科給事中。寬和質直。不矯飾。賜祭葬。
十月紀。朔庚申。增順天河間淮安揚州通判各一。
甲子。夜金星犯左執法。
癸酉。曉刻月食。免朝。
起復戶部左侍郎原傑巡視江西。
夜。月犯畢宿。
丙子。土魯番速檀阿力等入貢。
丁丑。焦俊嗣東寧伯。焦壽弟。
戊寅。旌贛州知府謝景衢州同知魏安賜告身。
壬午。魯王泰堪薨。年六十三。諡曰惠。
免平陽夏稅麥二十五萬八千八百四十餘石。
甲申。河西務通濟河廠火。

虜亂加思蘭自花馬池復入陝西慶陽。

十一月孩朔。甲午。刑部右侍郎董方爲右都御史。

丙申。蜀府華陽王友堚薨。年五十一。謚康簡。

丁酉。復閱射西苑。把總指揮安通等九人以枉矢及定襄伯郭嵩安鄉伯張寧富陽伯李輿成安伯郭鑛以不任。俱免。

庚子。傳陞尚寶司卿朱奎任道遜。光祿寺少卿李淳。戶部郎中張福。尚寶司少卿汪景昂汪容程洛等。俱光祿寺丞。金溥王恒顧本禮部員外郎。王頤中書舍人張苗徐淮俱進級。

辛丑。前寧夏總兵都督同知張泰卒。合肥人。世□□衛指揮使。泰守寧夏十三年。隨虜應變。未嘗大敗。稱善守云。賜祭葬。

戊申。諭內閣編纂宋元續通鑑綱目。因分七館編纂。太常寺卿兼侍讀學士劉珝。學士王獻。侍讀學士彭華。侍講學士楊守陳尹直。左庶子黎淳。左諭德謝一夔。修撰鄭環劉健汪諧羅璟。編修程敏政陸簡林瀚。明年。侍講學士丘濬入。則八館云。

癸丑。戶部右侍郎杜銘爲工部左侍郎。

甲寅。免河間田租二萬九千三百餘石。

乙卯。鬻河東鹽四十萬引。濟山西饑。

長沙湘潭盜起。殺指揮韓輔。

溫州礦盜流刼福建。

十二月丁巳朔。己未。刑部左侍郎曾翬予告。

辛酉。武進伯朱雲卒。

丁卯。錦衣衞都指揮同知袁彬乞母祭葬。特許之。

己巳。山東京運邊運計百二十餘萬石。止徵二十萬。留支本省。

壬申。賜山海關中山王徐達祠曰顯功。

遣工科給事中韓文勘韋州功。以紀功兵部員外郎張謹劾諸將濫殺冒級也。

癸酉。太子少保兼兵部尚書白圭奔喪回部。

復設陝西河州及文縣禮縣。

前軍都督僉事白玘鎮守陝西。

戊寅。暫停徵畿內山東河南民馬。

癸未。免大名順德眞定廣平永平田租十一萬六千餘石。

乙酉。重修南京靈谷寺。

是年。張悅爲浙江提學僉事。試士不糊名。曰。我尙自疑。何以示信。

陳善曰。惟大賢不以形迹自固。彼以道義爲御。名節爲藩籬。安所事形迹哉。今糊名易書。往往而是。亡敢以張公自任者。甚則璽印襲封。委籍於下。是欲以按屬鈐己也。於乎。形迹甚矣。毋亦世變使然。不得不爾耶。

國榷卷三十七

甲午成化十年

正月癸巳朔。癸巳。巡撫陝西延綏馬文升余子俊。薦延安府經歷徐彬華州判官陳琦宜川縣丞董敬米脂縣丞吳瓘。彬試安定知縣。琦試安化知縣。敬試通渭知縣。瓘試洛川知縣。

福州地震。聲如雷。

丙申。遼東苑馬寺卿劉璉卒。大興人。正統乙丑進士。授刑科給事中。性剛介。被訾。自光祿卿調遼東。未究其才。時論惜之。

丁酉。上南郊。

癸卯。敕左都御史王越專駐固原。總督諸路兵馬。

甲辰。西番安定王領直俄卽爾入貢。

丙午。虜警少弭。散遣沿河客兵。召還寧晉伯劉聚紀功郎中張謹。

己酉。英廟賢妃王氏薨。年四十五。諡昭肅靜端。

辛亥。重給朵顏衞印。署衞知院脫火赤言印爲毛里孩掠之。

壬子。授哈密頭目脫脫不花指揮僉事。暫居甘州苦峪城。

甲寅。南京大風雨雷。

是月。朵顏三衞夷犯開原。右參將周俊追出塞百餘里。斬十一級。明日。追五十餘里。斬六級。

松潘番賊攻燬金瓶堡。

二月丙辰朔。免各巡撫赴京議事。

戊午。靖安伯和勇卒。勇祖和寧王阿魯台宣德九年被殺。子阿卜只奄來降。拜中軍左都督。勇襲錦衣指揮使。累功至左都督。成化初封爵。雖降胡。性廉謹。兩廣之役。人人危其橐。勇循理守朴。文武大臣媿之。贈靖安侯。謚武敏。

己未。南京大雨雪。傷麥。

癸亥。以浙江江西折漕銀濟邊。遼東陝西各十萬。金。大同八萬。宣府六萬。楡林三萬。密雲一萬。

木邦宣慰司夷婦曩罕弄聚衆刼掠。雲南總兵黔國公沐琮等累撫不從。

甲子。大雨雪。

己巳。旌岷府安昌王膺鋪孝行。岷王音埏風疾。膺鋪侍湯藥不刻離。

定郡王將軍以下邸宅差等。未五十年毋輒葺治。從荆州知府趙瑭議。

辛未。巡撫直隸甘肅右副都御史葉冕婁良。大同左僉都御史鄭寧。並劾罷。

甲戌。右都御史董方巡撫大同。右副都御史張鎣巡撫河間。陝西左布政使朱英爲右副都御史。巡撫甘肅。

乙亥。南京工部右侍郎蕭彝有罪劾免。

丁丑。土魯番入貢。

談遷曰。安南克占城。土魯番克哈密。俱罔上稱兵。而貢獻之使仍絡繹于道也。狡夷政不當狎視耳。

三月丙戌朔。罷總督兩廣軍務右都御史韓雍。初。鎭守廣西右少監黃沁。憚雍不得肆。布政使何宜拘迂。按察副使張斅婪暴。以見輕。同沁刺其短。沁訐奏玩寇不勦。且貪慾。宴飲濫賞妄費多不法。命禮科給事中張謙刑部郎中蔡麟。按之。勸致仕。雍在鎮。盡平劇寇。迄數十年無大患。即小盜出沒。功浮于罪。坐私忌免。時論不平。兩廣人至今思之。

免淮安鳳陽徐州去年夏稅六萬三千石有奇。

辛卯。崇王見澤之國汝寧。

壬辰。故豐城侯李賢追封豐國公。謚惠憲。

癸巳。吏部左侍郎葉盛卒。盛字與中。崑山人。正統乙丑進士。授兵科給事中。清白精采。景泰壬申。進山西右參政。協理獨石。時八城俱毀。僅餘一毀垣。盛鼎新之。蒐伍課屯。一軍爲雄。進右僉都御史。撫兩廣。移宣府。益課屯田。增築堡七百餘。俱著疆埸績。歷禮部右侍郎。有文武才。所著書惟水東日記存。年五十五。謚文莊。賜祭葬。崇禎末贈尚書。

袁表曰。才之難兼久矣。或以文學顯。或以節行著。而葉公兼之。可不謂難乎。方居諫垣時。嘗對仗讀彈文。詞氣慷慨。國家有大利害。必言之。無少避忌。巡撫兩廣。還舟無私載。篋中惟書史。檢家人匣。得一葛。即投江中。兩鎮北邊。其所經略。至于今猶賴之。斯亦可以折衝矣。好古博學。郁郁乎文章。揆之于古。希文之徒亞哉。

劉鳳曰。盛爲諫官。屢廷諍。引是非。指用事者。數忤不顧。其誠直哉。然才實能經變。圖慮緩急可仗。當夷虜並興。折衝之任。恒交揆之。作鎮方陲。遂乘勝千里。邊候不竦。其所規置鳩繕。用恢崇我王略。迄于今是賴。可謂重臣矣哉。嘗有所保任吳禎。以事敗。遂終其身無所薦。初以人倫鑒士。歸向之。卒乃謂以虛詞借故。謗議及之。若其恬于榮利。每進皆以危殆委之。忘身殉節。官下豈易能乎。

何喬遠曰。葉盛朱英。並遵詩書之軌。而善戎國之務。純誠正直。好賢而援古。斐然有其文質矣。郡歸有光曰。廣東布政使王用兼。參議盛思禹。並葉公同縣人。見嶺南人語葉公。往往皆流涕。

甲午。巡撫湖廣右副都御史吳琛總督兩廣軍務兼理巡撫。

丁酉。工科給事中韓文劾陝西報功虛妄巡撫馬文升游擊將軍緱謙指揮劉琮奪俸三月餘半年。

己亥。巡撫浙江右副都御史劉敷改湖廣。

甲辰。太監覃勤同傅恭總督五軍營。

限建州等衛貢額歲不過八九百人。成化八年後千二百人。

蒙古等衛都督僉事昆藏等以土魯番速檀阿力書招降。縛其使三人。并書。因都督同知李文右通政劉文以聞。乞調漢兵數千人助討。速檀者華之爲言王也。

丁未。行人徐丹楊徽知縣陳璉戴中爲監察御史。

己酉。朱霖嗣武進伯。朱雲弟。

四川大風雨雷。

庚戌。大應法王劄實己死造塔。禮科給事中王坦疏止不聽。

壬子。水災免壽泗和霍丘等縣去年田租三萬七千三百餘石。

甲寅。免武昌漢陽常德長沙黃辰衡去年田租五十五萬有奇。

四月乙卯朔。丙辰。琉球國中山王尚圓入貢。

盜入裕州刼印。

癸亥。寧晉伯劉聚卒。聚清豐人。太監永誠從子。得錦衣千戶。歷都督。河套功追封。尋世襲。雖藉閹尹力。亦効行間。黃草梁之役。事且殆。賴牙兵力捍而脫。賜祭葬。贈寧晉侯。謚威勇。

談遷曰。中貴子弟。參伍疆埸。從幕下雍容治簿書上功。雜取金緋。備執金吾。足矣。寧晉屢經戰陣。與斬將搴旗之賞要不可泯沒。亦何至茅土世世哉。最後逆魏效之。連進公侯。君子以作事謀始洵乎。

甲子。刑部尙書王槩上處置條例十事。行之。

丙寅。旱災免太原平陽虛糧八十二萬五百七十七石。

增雲南解額五人。

己巳。東光妖人劉通等伏誅。俱妖書悞人。命都察院榜書目禁諭天下。

壬申。南京禮部主事林孟和調慶陽通判。孟和劾右侍郎倪謙徇情市恩。臣不能爲其屬。乞調。免上責其虛詞詆毀。

前巡撫蘇松左副都御史宋傑卒。定興人。□□□進士。授兵科給事中。性和易有量。

乙亥。巡撫山東左僉都御史牟俸等乞留倉糧二十萬石。折銀五萬八千六百金。賑饑。命借臨德六萬石。麥稔止。

丁丑。水災免鳳陽淮安揚廬去年田租十九萬五千餘石。

戊寅。趙府襄邑王見潞薨。年十七。謚懷簡。

岷州番入寇。殺千戶包景。

己卯。錦衣衛帶俸指揮使李俊爲署都指揮僉事。分守涼州。

辛巳。巡撫河南右副都御史楊璿卒。無錫人。正統己未進士。授戶部主事。通敏有操。治官如家。撫荊襄流民。賑京畿饑。沒猶人思之。

壬午。封聰㶿武邑王。見滋盟津王。見湏東垣王。

鶴慶軍民府地震。

五月乙酉朔。丙戌。流星自北河行至近濁。

戊子。巡撫山西邊關右副都御史雷復卒。寧遠人。正統丙辰進士。館選。授行人。擢御史。短于敷奏。遷廣西副使。歷任俱奉法循矩。

壬寅。旱災免西安平涼慶陽鳳翔延安去年夏稅四十五萬三千二百六十五石有奇。

癸卯。增江西布政司參議南昌吉安撫袁饒臨江通判。俱管糧。

丁未。鎮遠府大水。

戊申。前南京右副都御史羅篪卒。南昌人。乙丑進士。授御史。

庚戌。增順天永平勸農通判。各州判官。各縣主簿。

癸丑。許臨淸鎭守都督僉事王信兼理民訟。

六月甲寅朔。壬戌。武靖侯趙輔世襲伯爵。

巡撫福建右副都御史張瑄巡撫河南。

癸亥。太常寺卿兼翰林侍讀學士劉珝爲吏部右侍郎。仍直經筵。工部左侍郎杜銘改刑部。

甲子。錄延綏戰功。進王越太子少保。余子俊右都御史。許寧署都督同知。劉寵後軍都督僉事。周玉後軍署都督僉事。張遐太監。餘陞賞有差。

乙丑。工部右侍郎王詔爲左侍郎。右通政程萬里爲右侍郎。管易州山廠。

丁卯。旌韓府襄陵王範址孝行。王嘗刲股療母。年七十五。每祭墓。躬培土哀慟。

壬申。行人崔廷圭余統爲南京監察御史。

南京右僉都御史張鵬爲右副都御史。巡撫寧夏。起林聰南京右都御史。

癸酉。免湖州去年田租十一萬二千二百五十石。馬草八萬八千六百五十餘束。

甲戌。前南京刑部右侍郎林鶚服除。補刑部右侍郎。

進士李孟暘陳壽蕭顯馬孔惠劉櫆爲監察御史。

戊寅。内臣張端工部右侍郎劉昭疏京城溝渠。

中軍右都督王鎮卒。密雲人。皇太后父。有世德。鎮重厚淸謹。雖戚畹不改其素。弘治初。贈阜國公。謚康穆。

己卯。翰林檢討吳希賢爲修撰。

辛巳。知縣汪奎行人胡敬爲監察御史。

巡撫淮揚右副都御史陳濂卒。鄞縣人。乙丑進士。授南京刑部主事。坦夷信實。

癸未。翰林侍講學士丘濬起復入朝。

閏六月艸朔。己丑。劉祿嗣寧晉伯。劉聚子。

辛卯。太傅會昌侯孫繼宗被劾辭營務。許之。

壬辰。衡州安仁縣大霖雨。壞人畜。

癸巳。夜月犯房宿。

乙未。英國公張懋管五軍營。定西侯蔣琬撫寧侯朱永管團營。

庚子。南京後府武安侯鄭宏兼總操江。

辛丑。工部尚書王復滿九年考留任。

乙巳。錦衣衛正千戶馬俊爲指揮僉事。俊從李文劉文之使哈密也。奉敕諭土魯番速檀阿力。語不遜。明日他往。留俊月餘。其妹壻牙木蘭自哈密夜至。言我兵三萬在甘州。且見討。阿力懼。始客待。俊出哈密王母與語。王母以左右皆番。不敢語。第詭曰。故城殘破不欲還。至夜傳語曰。爲我懇天朝收復哈密。我老耄死不足惜。明日。阿力使人同俊入貢過哈密舊城。土人潛從歸者五百人。

巡撫延綏右都御史余子俊築邊城。東自清水營紫金砦。西距寧夏花馬池。延蔓二千里。每二三里起對角敵臺。累累不絕。空處墻築如月狀以偵敵避射。堡十二。崖砦八百十有九。大墩十五。次墩七十八。戍卒四萬九千二百五十。馬二萬四千四百四十六。

薛應旂曰。白圭搜套之策王越阻不行。而余子俊修築邊墻之說先後相踵。費財何止百萬。而浮沙易傾。邊墻實未嘗有。惟剷削設險法庶可行耳。邊臣屢以築墻請。朝廷屢發帑金。輦載相繼。無一言邊墻虛費者。夫秦築長城。且平漫矣。而謂浮沙可築也。自非躬歷其地者。固難與言也。

趙時春曰。以河套空虛千餘里。饒衍。恐其盤虜。擢余子俊巡撫延綏城楡林。拓地益兵。爲正奇游三軍。軍三千人。伺虜北渡。分孟仲季月各一軍蒐套。大獲鳥獸財物魚鹽以贍軍。我富强而虜無敢渡河。後河東巡鹽御史王□謂套鹽阻池鹽。論罷。總兵官延綏師廢蒐套。而韃靼寧居矣。尚書臨汾張潤云。

七月甲寅朔。再給署太常寺事禮部左侍郎萬祺誥命。祺前焚于盜。已失。復給之始。

旱災免南昌田租八十六萬四千一百七十餘石。

己未。諭延綏等處嚴飭邊備。

辛酉。漳州大水。

庚午。免應朔大同懷仁山陰去年夏稅麥二萬六千二十餘石。

總督王越疾。還朝。

甲戌。遼王豪墭以嫡長子恩鑛卒。繼妃馮氏妾曹氏無子。宜殉葬。上曰。豈不聞先帝之顧命耶。王何戾也。不許。

八月楑朔。甲申。戶部尚書楊鼎議實淮安臨清徐德倉糧。

丁亥。先是安南調兵越雲南之廣南鎮安。遂敕國王黎灝毋輕調夷兵。驚擾邊境。黎灝遣僞禮部尚書阮弘銃刑部右侍郎汧仁壽入貢。復言占城朝議惡其反覆。留使者不遣。

命太監劉恒都督同知趙勝簡兵待發。時乩加思蘭窺邊。

己丑。署太常寺事禮部左侍郎萬祺憂去。

辛卯。都督同知趙勝爲平虜將軍總兵官。領萬騎禦乩加思蘭。太監劉恒監軍。

前鎮守臨清右副都御史孫曰良卒。曰良豐城人。永樂辛未進士。授御史。出守交州。治最。正統初。超廣西右布政使。憂去。起總督廣西兵。又憂去。起鎮臨清。所在被惠。有古循吏風。年八十七。賜祭葬。

壬辰。戶科給事中張海西征紀功。

癸巳。起復周洪謨補國子祭酒。

都督王義領參將往宣府分擊虜寇。

甲午。工部右侍郎王詔都督同知芮成督修南苑。

乙未。晉府永和王鍾鈌薨。年三十一。謚順僖。

進士李暹董彝爲翰林檢討侍徽王。

虜入德勝口。殺把總指揮倪文。

戊戌。秦府臨潼王公銘薨。年四十四。謚惠簡。

庚子。博野縣祀宋儒程頤程顥程氏五世祖羽。自博野徙洛陽。博野知縣裴泰疏請。

丙午。旌廣東按察副使孔鏞僉事陶魯林錦。

壬子。刑部尚書王槩卒。槩字同節。廬陵人。正統壬戌進士。授刑部主事。歷河南右參政按察使。善決獄。滯案立空。天順初被誣下獄。襄王瞻墡才之。入朝具陳吏民呼籲狀。則仍任。進右副都御史。撫陜西。入大理卿轉尚書。雋邁刻厲。負才氣。好面責人。嘗擠李秉代陸瑜。君子惜之。賜祭葬謚恭毅。

是月。赤斤蒙古衞左都督賞卜答兒等欲攻阿年番族。甘肅總兵鮑政檄責之。

九月璲朔。日食。不朝。

甲寅。南京吏部左侍郎章綸憂去。

乙卯。免蘇松常鎮田租四十三萬四千六百石。

丙辰。代府隰川王遜爒薨。年四十六。謚懿安。

庚申。命侯伯新襲及駙馬年少俱入太學。

戊辰。虜三百餘騎入青山口。

前右軍署右都督白玉卒。玉先寧夏指揮使。深諳虜情。其鎮陜西。有區畫。廉謹不肆。

己巳。鶴慶軍民府地震日十有五。

十月稌朔乙酉。旌青州知府李昂湖廣按察僉事尚褫。浙江按察僉事周正方。河南同知吉慶。眞定通判傅恕。順德通判李觀。故城知縣杜中。陽城知縣耿昇錢塘知縣謝潁賜誥敕。

丙戌。增山東勸農參政。

丁亥。浙江左布政使張瓚爲右副都御史。巡撫四川。

戊子。瀋府陵川王佶熡薨。年六十八。謚康肅。

己丑。翰林院侍讀倪岳上言。邊事。京營之兵。素爲冗怯。臨陣縮朒。反墮邊兵之功。望敵奔潰。久爲虜人所侮。宜留鎭京師。以壯根本。顧乃輕于出禦。以褻天威。且延綏邊也。去京師遠。宣大亦邊也。去京師近。彼有門庭之鑰。此無陛楯之嚴。可乎。頃兵部議宣府出兵五千。大同出兵萬人。併力援延綏。相去旣遠。往返不逮。人心厭于轉移。馬力罷于奔軼。況聲東擊西。虜人奸態。擣虛批吭。兵家奧策。精銳旣盡。而西老弱乃留于北。萬一北或有儆。彼未可離。首尾受敵。遠近坐困。謂爲得計乎。臣聞軍旅之用。糧餉爲先。今延綏屯兵。乃以山西河南民任飛芻輓粟之役。仰關而西。徒步千里。夫運而妻供。父輓而子荷。道路愁怨。井落空虛。幸而至也。東芻百錢。斗米倍直。不幸遇賊。身已虜矣。他尙何計。輸將不足。則有輕賫。輕賫不足。又有預徵。嗚呼。水旱不可先知。豐歉未能逆卜。如之何其可也。至令民輸芻粟補官。然權貴或出空牒而授之。而倉庾無斗合之入。令民輸粟補鹽。然豪右率占虛名而粥之。而商賈費倍蓰之利。官給日濫。鹽法日阻。邊儲不充。如故也。且平日人粟一升。馬芻一束。而行軍終日。或一二堡。或三四城。豈能俱給哉。而典守悉以給數報。罔上病下。莫此爲甚。由是觀之。徒委西顧之憂于陛下。誰盡心効力者乎。采之建白。往往據指掌之圖。肆胸臆之見。率謂復受降之故險。守東勝之故城。則東西之聲援可通。彼此之犄角易制。是非不善也。第二城之廢棄旣久。地形之險易未知。況欲復城河北。以爲之守。必屯兵塞外。以爲之助。出孤遠之軍。涉荒漠之地。輜重爲累。饋餉爲艱。軍食乏絕。一敗塗地。其有懷敵愾之心。馳伊吾之志者。率爲統十萬之衆。裹半月之糧。奮揚威武。掃盪腥羶。使河套一空。邊陲永靖。是亦非不善也。然帝王之兵。以全取勝。孫吳之法。以逸待勞。今欲跋勇前行。窮搜遠擊。乘危履險。儌倖萬一。運糧遠隨。則重不及事。提兵深入。則孤不可援。況其間地方千里。緜亙無際。彼或往來遷徙。掩襲衝突。虜酋安望于成禽。中國復至于大創矣。至有謂必剪建州。除朶顏。乘勝而西。遂平河套。夫祖宗于建州朶顏諸衞。不過羈縻保塞。以固吾圉。今若是。將使戎狄生心。藩籬頓壞。是果何知。誠爲失策。甚至謂昔以東勝不可守。旣以棄東勝。今之延綏不易守。不若棄延綏。則兵民可以息肩。關陝得以安枕。夫一民尺土。皆受于祖宗。不可忽也。向失東勝。故今日之害萃于延綏而關陝騷動。今棄延綏。則他日之害集于關陝而京師震驚。賊逾近而莫支。禍逾大而難救。此實寡謀。故爾大謬。爲今之計。曰重將權以一統制而責成功。增城堡廣斥堠以保衆而疑賊。募民壯去客兵以弭患而省費。明賞罰嚴間諜以立兵紀而偵虜情。實屯田復漕運以足兵食而紓民力。則計之得也

哈密右都督罕愼暫治苦峪城。都督同知李文。右通政劉文。以復哈密。調赤斤罕東二衞兵至卜隆吉兒川。俄聞亦郎骨俺奔白河兒酋長那南奔等以四千騎伺二衞兵發襲之。因還二衞使自守。或曰文等懼番駐苦峪不前。謬言阿力虛還二衞之兵。王母金印卒不返。

談遷曰。哈密可復乎。曰可復。而當時未得其策也。漢屯田車師。設都護戊己校尉。錯羌夷而受節制。所以斷匈奴右臂焉。今哈密已潰。輕兵戍之。道遠不任餉。惟二衞之力是藉。果二衞批其吭。我兵爲後勁。此大漢之已事也。李文等虎視番雛。視哈密嘉峪之外裹足而不敢西。其言如風影不足信。國家縱乏人。何至令巾幗之流蒙面而受事也。嗟無及矣。

丙申。光祿寺火。燬白粲萬餘石。

戊戌。兵部左侍郎李震奔喪。仍任。

己亥。發內帑鈔三百三十一萬貫償大興宛平舖戶買辦。

辛丑。增廣東廣西右參議僉事各一。專理逃卒。

癸卯。左春坊左庶子兼翰林侍講徐溥服除。進少詹事兼侍講學士。

停遼東黑山淘金。巡撫右副都御史彭誼言永樂中治三月止八金。乃報罷。

甲辰。太常寺卿余謙卒。江都人。善書。授中書舍人。內直尤愼密。

前南京右軍都督同知吳良卒。良女直人。名完者帖木兒。國初降。僑籍東光。隸錦衣衞。累功。成化三年乞閒。年

九十九。賜祭葬。
己酉。襄垣王任壏居蒲州。多不法。敕責之。
虜入大同師婆寨。
十一月壬朔甲寅。靈州大沙井驛自十月望地震如雷。自後震者十一。傾城舍。
丙辰。守備鳳陽宣城伯衛穎兼管徐州歸德。
庚申。初留土魯番貢使于甘涼。其留甘州者逸數人。
壬戌。出帑金三十一萬。濟遼陝宣大榆林密雲。
丙寅。故朝鮮世子暲追封朝鮮國王。謚懷簡。李娎父。
丁卯。左都御史項忠改刑部尚書。
辛未。四川大寧縣逃民張某以署縣事驛丞蕭彥莊罰百金。忿甚。突殺彥莊。于是都察院榜禁苛罰。而彥莊前訐太宰李秉。今慘死。羣快之。
壬申。南京太常寺祠祭署祀丞劉雄。奉祀汪琨。並爲奉祀世襲。
命英國公張懋。保國公朱永。襄城侯李瑾。禱雪。
乙亥。前兵部尚書孫原貞卒。原貞德興人。永樂乙未進士。授兵部主事。進郎中。歷浙江左布政使。值葉宗留之亂。盡安反側。進兵部左侍郎。參贊軍務。鎮浙江。進尚書。考察福建。因留鎮。尋還浙江。天順初謝歸。歷著勞效。年八十七。賜祭葬。
丙子。免開封田租六十萬二千餘石。
虜屢入榆林溝。

十二月壬朔。前軍右都督李榮卒。山後人世涼州衞指揮使。

乙酉。翰林編修程敏政爲侍講。

戊子。巡視江西左副都御史原傑回院。

中旨召守制署太常寺事禮部左侍郎萬祺。吏科都給事中徐英等疏止。不聽。

罷寶慶各縣淘金。初設二十一場。役五十五萬人。武陵尤困斃亡。算僅得三十五金。撫按言其害。請歲輸銀。從之。

庚寅。翰林編修李東陽爲侍講。

甲午。左都御史李賓請備錄妖書名目榜示天下。從之。

乙未。工科右給事中陳峻使占城不果入而還。峻至占城新洲港。知槃羅茶悅執于安南。以私裝往市滿剌加國。誘之貢。還奏。命俟明年安南使至區畫。

戊戌。雲南按察僉事童軒進太常寺少卿。署欽天監事。

庚子。後軍署都督同知王信卒。信定遠人。世彭城衞千戶。累功。正統年進指揮使。景泰初署都指揮僉事。成化二年都督僉事。戰紅城。進同知□□□□□。賜祭葬。

袁袠曰。王將軍好謀善戰。有文武才。其廉約不擾。笥無纖華。廄無肥良。敝袍緩帶。娛意文史。亦儒將之優者乎。

辛丑。知縣張鏞梅江雍泰爲監察御史。

太子少保兼兵部尙書白圭卒。圭字宗玉。南宮人。正統壬戌進士。授御史。從土木脫歸。募兵澤州。遷山西副使。景泰初浙江右布政使。天順初右副都御史。巡撫湖廣。平貴州苗。拜兵部右侍郎。贊畫莊浪有功。遂以工部尙書征荆襄盜。獻俘功尤偉。年五十六。身後諸子訟産。淸議詘焉。贈少傅。謚恭敏。

壬寅。虜入馬營、齊家溝、宣府游擊將軍署都督僉事周玉敗之。斬十一級。

癸卯。械自宫者五十四人。

丙午。刑部尚書項忠改兵部。巡撫大同右都御史董方爲刑部尚書。

國子祭酒周洪謨上言。選官限近地王府官得遷轉。吏部覆寢之。又言藥矢之利。南人射虎豹卽死。若射虜馬甚便。命各邊製焉。

王鏞嗣成山伯。王通孫。

是年。貴州王經同鎭遠通判楊瑄攻茅坪賊。戰江上。死之。贈瑄參議大夫。鎭遠同知。廕子入監。

右副都御史畢亨開吳淞江。衡十四丈。深丈二尺。自夏界口至西莊家港。嘉定分浚六千三百五十三丈六尺。崑山浚五千三百五十三丈七尺。共役四萬六千八百三十人。

乙未成化十一年

正月辛朔壬子。傳陞李瓚錦衣衞鎭撫。太監李璋弟。

丙辰。吏部大計。降斥千八十一人。浙江左參議寧珍、南昌知府王詔中旨得留部院。再疏。予閒住。

癸亥。上南郊。

丙寅。巡撫陝西左副都御史馬文升總制各路軍馬。

夜。五色雲見。

丁卯。巡撫保定右副都御史張鎣改大同。

周府汝陰王子埯薨。年三十。謚懷懿。
己巳。太子少保吏部尙書兼文淵閣大學士彭時進少保。
辛未。瀋府沁源王幼埼薨。年四十。謚靖憲。
壬申。祀故監察御史伍驥。都指揮丁泉于福建之上杭。祠曰褒忠。從上杭知縣蕭宏請。驥安福人。景泰甲戌進士。
追補兵仗局逃故軍匠萬六千百八十八人。
癸酉。給哈密種子。
丙子。安定衞安定王領占斡些兒入貢。
國子祭酒周洪謨請增文廟樂舞。羣臣各立家廟。從之。
戊寅。定西侯蔣琬會選團營兵。
二月朓朔癸未。詔閉河南宜陽等縣衞銀洞。
甲申。申酷刑之禁。
乙酉。少詹事兼翰林侍講學士徐溥。侍講學士彭華。主禮闈。華避家嫌。改侍講學士丘濬。
戊子。翰林侍講學士楊守陳憂去。
宋愷嗣西寧侯。宋讓子。
壬辰。夜流星東至尾宿。二小星隨之。
癸巳。後軍都督同知顏彪卒。鹽城人。世眞定衞指揮同知。自偏裨至大帥。無他才。因人成事。
乙未。夜月食。
丙申。敕諭土魯番速檀阿力還哈密王母。歸城印。朕一切不問。其甘肅暫留人貨。待事定日護送。解仇釋怨。實爾國無窮之利。視據守空城自阻道路。其得失無難辨者。爾其圖之。

丁酉。行人謝秉中徐鏞陳遵毅周藩何舜賓李珊鄒滂太常博士李廷詩知縣張銳李紀王弼爲試監察御史。舜賓珊滂紀弼南京。

庚子。兵部左侍郎張文質爲工部尙書。仍署通政司事。

癸卯。曉刻月犯牛宿大星。

兵部左侍郎李震卒。震宛平人。□□進士。館選。授工科給事中。性醇樸。歷官兩京無廢政。滯侍郎幾二十年。

甲辰。遼府輔國將軍豪㙺嗣長陽王。

乙巳。左都御史李賓進太子少保。同太子少保兼左都御史王越兼提督團營。

丙午。唐府新野王芝城薨。年四十三。謚恭簡。

三月。戊申朔。廷策貢士王鏊等三百人。賜謝遷劉□王鏊等進士及等出身有差。

甲寅。敕南京吏部尙書崔恭參贊機務。

乙卯。刑部左侍郎杜銘提督山西邊備。

昏刻月犯井宿。

丁巳。南京右副都御史胡拱辰爲南京兵部右侍郎。

戊午。免鳳陽廬徐去年田租四萬六千餘石。

己未。流球國中山王尙圓遣羅各入貢。

前工部尙書兼大理寺卿趙榮卒。榮字孟仁。閩縣人。能書。授中書舍人。正統己巳。使虜營。進大理右少卿。假鴻臚寺卿。同王復往還。改太常少卿。景泰初。拜工部右侍郎。同楊善使瓦剌。駕旋。進左侍郎。天順初。進尙書。督衆平曹欽。敕兼大理寺卿。榮才善濟變。不事紛擾。年六十。賜祭葬。

辛酉。虜入大同。右參將李鎬等追敗之。斬九級。

壬戌。寧晉伯劉祿卒。祿初嗣爵未久。止予祭。不輟朝。著爲令。

癸亥。停徵畿內逋租。時遣戶部郎中林孟喬。以御史諫。緩之。

戊辰。遣御史清軍。胡敬江西。楊俊湖廣。黃傑陝西。馬震山東。楊徵山西。徐完河南。何純四川。丘山廣東廣西。陳璉南畿江南。樊瑩江北。王衡畿內。

辛未。工部員外郎張敏修京城至張灣運道。

少保吏部尚書兼文淵閣大學士彭時卒。時字純道。安福人。正統戊辰進士第一。授修撰。己巳直閣。進侍讀。景泰初。終制見忤。服除。還翰院。易儲。遷左春坊大學士。尋太常寺少卿。天順初。仍直閣。至今官。端謹和介。居無惰容。立朝三十年。非有疾。未嘗不在公。學本經術。値大事持正。得大臣體。年六十。贈太師。諡文憲。

袁袠曰。彭公敬愼靜淵。歷事三聖。寅亮匪懈。世稱賢相。其所論建。皆深切時弊。同商文毅實相伯仲云。

癸酉。故保定伯孟昴子達世京衛指揮使。

丙子。昏刻流星自紫微東藩行至近濁。

四月躬朔。庚辰。伊王諟鐵薨。年二十五。諡曰悼。

蜀府德陽王友城薨。年四十五。諡僖安。

翰林張頤爲修撰。

大同總兵官彰武伯楊信奪歲祿。以代王訐其不法。遣按多失實。然頗侵餉出疆耕牧致寇。仍停代府長史俸三月。

癸未。設河南寶豐商城二縣。

乙酉。戶部尙書兼翰林學士商輅兼文淵閣大學士。吏部左侍郞劉珝。禮部左侍郞劉吉。俱兼翰林學士。直閣。

敕建州頭目勿侵朝鮮。初。朝鮮助討建州李滿住。故滿住遺孽糾毛憐等侵擾。

丁亥。定琉球二年一貢。

辛卯。日色赤。申刻如赭。

禁還安縣開礦。

壬辰。夜。乾淸宮門災。

丙申。魯府鎭國將軍陽鉥陽鏴陽鉞與護衞指揮鮑珣爭地。赴奏。切責遣還。

甲辰。重作乾淸宮門。

丁未。增畿內管屯僉事注山東按察司。

五月。配朔。知縣高安胡璘爲監察御史。

免鎭江田租五萬八千八百餘石。

壬子。免龍溪南靖漳浦長泰田租二萬三百餘石。

甲寅。滿刺加國王蘇丹芒速沙入貢。

乙卯。昏刻。月犯明堂中星。

己未。金星晝見。

辛酉。敕黔國公沐琮曉諭安南國王黎灝。安南貢由廣西。鎭守太監錢能令指揮郭景自雲南往安南。陪臣何瑄等上章。卽假道入兵部。謂非故事。故有是命。

乙丑。兵部言景泰初立團營後迄今纔逾二紀虧額七萬五千七百有奇。冒餉如故。命核之。

丁卯。上召皇子于西宮。嘗攬鏡浩歎。近侍竊曰。官家憂皇子耶。上頷之。近侍曰。西宮皇子六歲矣。復何憂。駭問。得其故大悅。立至西宮。萬貴妃驚曰。何不我知也。具服稱賀。召皇子入昭德宮。遷紀氏永壽宮。請定策。少俟之。上手書名玉牒曰祐樘。越數日。出皇子于文華門。羣臣入謁。

戊辰。流星自閣道旁行至雲中。

己巳。中軍都督同知張欽卒。大興人。世留守右衛指揮僉事。

辛未。水災。免上元江寧句容江浦六合懷寧桐城潛山太湖宿松望江貴池安慶建陽銅陵建德東流去年田租六萬三千七百餘石。

壬申。游擊將軍周玉爲副總兵鎮守宣府。

癸酉。水災。免武昌漢陽德安常德黃岳荊蘄田租二十萬九千七百石有奇。

六月賊朔。己卯。寬延綏班軍之期。季冬河凍赴戍。季春河開寧家。

壬午。蘭州地震有聲。

楊愛襲播州宣慰使。楊輝子。

乙酉。卯刻。日生左右珥重輝。

劉福嗣寧晉伯。劉祿弟。

丁亥。奬襄陵王沖烋女清澗縣主并孫輔國將軍徵鍥婦王氏孝行。

己丑。水災。免六合合肥舒城五河太和通州高郵如皋興化泰興儀眞江都及和州田租十三萬石有奇。

癸巳。定廣西土官襲職限半年內定名會奏。

戊戌。北虜滿魯都等貢馬。凡千五百五十餘人。敕太監覃平通事都指揮詹昇往諭。以五百人入京。
庚子。南京右都御史林聰兼提督操江。
行人宋經知縣劉魁王景爲試監察御史。進士丘璐爲南京吏科給事中。
辛丑。鎭守大同總兵官都督同知曹安卒。定遠人。世大興左衞指揮使。
癸卯。大學士商輅等言。聞皇子母因疾別居。久不得見。望就近以居。皇子仍貴妃撫育。俾朝夕接見。以遂母子之情。至是疾甚。萬貴妃故驕妬。西宮事非其意也。一日。觴紀氏。疾作。司禮太監黃賜張敏以太醫院使方賢治中。吳衡藥之。貴妃卽請賜黃袍。俾生見。次日。少間。不召醫。至大故。
于慎行筆麈云。太子迎入東朝。貴妃卽賜紀氏死。或曰自縊。萬曆甲戌。一老中官爲予說。
兵部右侍郎滕昭爲左侍郎。敕巡撫湖廣。右副都御史劉敷贊理軍務。
甲辰。免平陽田租二十八萬一千二百石有奇。
湖廣總兵官左都督李震等請討沅靖等叛番。徵雲貴川湖兵。八月進師。兵部謂輕擧。不許。
乙巳。皇子生母紀氏薨。是日天爲赤。中外疑之。大學士商輅援宋李宸妃事。謚恭恪莊僖。輟三日朝。妃廣西賀縣人。中軍都督福斌女。年數歲入宮。弘治初。內庭言本出李氏。入宮時悞爲紀。故遂稱紀氏。

七月帳朔庚戌。曉。刻金星犯天罇。
知縣王崇之陳鼎余金爲監察御史。
癸丑。通政司左通政劉俊爲南京太僕寺卿。
戊午。錦衣衞指揮使萬貴卒。貴諸城人。起縣吏。謫徙霸州。女入宮。拜貴妃。蒙殊寵。貴頗守禮法。戒其子驕侈。曰。官家賜物皆註于曆。他日追償無及也。子三。喜通達。俱官錦衣。通恣甚。

庚申。朶顏等三衞請開馬市。不許。

辛酉。增靖寧秦州河州判官蘭溪金縣縣丞收糧。

壬戌。唐王瓊炟薨。年六十四。謚曰憲。

癸亥。益趙王見灂歲祿五千石。不爲例。舊三萬石。以祖訓止萬石。減之。屢請益。

浚杭州西湖。

丙寅。修南京太廟。

戊辰。曉刻金星犯土星。

己巳。曉刻有大星自北斗魁中行至近濁。二小星隨之。

甲戌。曉刻火星犯積薪。

乙亥。廣西副總兵署都督僉事夏正卒。世茂山衞指揮僉事。征滿四功。

八月丁丑朔。辛巳。敕平江伯陳銳右副都御史李裕戶部左侍郞翁世資工部左侍郞王詔浚舊通惠河。

癸未。曉刻火星入鬼宿。

甲申。曉刻火星犯積尸氣。

戶科給事中崇德勞玭乞省墓。不許。定朝臣十年歸省。

代府靈丘王遜烇薨。年六十三。謚榮順。

丁亥。還陝西巡茶御史。仍遣行人二。

北虜滿魯都太師乩加思蘭丞相板忽猛可並入貢。乩加思蘭女適滿魯都。欲稱可汗。謀殺滿魯都。立斡赤來。滿魯都知而索之。匿不與。

癸巳。中旨眞人喻道純父宗敬追贈太常寺丞。

甲午。夜雷電雨雪。

丙申。曉刻月犯天高星。

丁酉。曉刻金星犯靈臺。

安南國王黎灝入貢。

戊戌。閉秦州銀礦。

庚子。曉刻金星犯太微垣上將。

辛丑。黎灝奏先占城國王槃羅茶全侵化州。弟槃羅茶悅弒之自立。子茶質苔來又弒之。臣遵命息兵。還男婦七百四十餘人。仍賜敕諭。

壬寅。恭恪莊僖紀淑妃葬西山。

癸卯。曉刻月犯靈臺下星。

翰林編修謝鐸爲侍講。

九月朾朔。日食。

戊申。定銅錢折俸錢二文折鈔一貫。

己酉。浚山東大小清河。

庚戌。秦府保安王公錸薨。年四十一。謚莊簡。

辛亥。陳州知州戴昕秩滿。民奏留。進俸二級。

癸丑。夜金星犯左執法。

甲寅。知縣楊謐熊翀爲監察御史。

旌石阡知府楊榮晉州判官張綱。賜誥敕。

乙卯。羣臣請立皇太子。不允。表三上。許之。

丁巳。都督僉事白玉爲副總兵鎭守廣西。

己未。改廣西荔波縣轄慶遠府。舊屬南丹州。

宥右副都御史畢亨翰林學士錢溥罪。初溥家居販官鹽。亨以巡按檄蘇州派買。至是事聞。服罪。

壬戌。選進士楊茂元等刑部聽訊。如正統例。

癸亥。月犯畢宿。

丙寅。襄垣王仕壥鎭國將軍仕埭仕堄等。坐瀆亂。廢爲庶人。

庚午。四川嘉定南溪犍爲及威遠諸衞地震。

辛未。翰林編修倪岳爲侍讀。

十月丁丑朔己卯。敕英國公張懋等以虜滿魯都僭稱可汗。吞幷。練營兵聽征。

庚辰。馬顯服除。仍南京兵部右侍郎。

辛巳。月犯建星牛宿。

癸未。增通州河道工部郎中。

己丑。行人馬[口旋]爲南京監察御史。

辛卯。月犯天高東星。

壬辰。月犯司怪南星。

癸巳。月犯井宿。
乙未。火星犯靈臺。
丙申。監生歷事分科貢納粟。
壬寅。禮部左侍郎萬祺改工部，管易州廠。
癸卯。免順天田租三萬三千九百餘石。
十一月⿰牛丙朔。庚戌。命羽林前衛都指揮僉事錢瑾守備歸德。
癸丑。立皇太子。祐樘詔赦天下。
甲寅。巡撫甘肅右副都御史朱英總督兩廣軍務兼巡撫。
丙辰。定南京及各布政司進表禮儀。先是南京御史楊成言進表值雨。各官多不至。或擁蓋。或先回。禮部覆從之。
丁巳。大賚朝臣。
傳陞太監黃賜弟賓錦衣衞指揮僉事。
戊午。月犯畢宿。
丙寅。吏禮部右侍郎陳俊俞欽俱左侍郎。右副都御史黃鎬右通政程萬里侍讀學士尹直左副都御史馬文升為吏戶禮兵部右侍郎。萬里出中旨。
庚午。傳陞太常寺少卿孫廣安為寺卿。
辛未。戶部郎中祁順行人左司副張瑾使朝鮮。禮部郎中樂章行人張廷綱使安南。頒詔賜王及妃綵錦。
十二月⿰子丙朔。巡撫延綏右都御史余子俊改陝西。南京兵部右侍郎胡拱辰改右都御史。總督南京糧儲。

戊寅。傳陞太醫院使方賢左通政。仍署院事。舊止太常太僕少卿順天府丞帶俸。

己卯。陝西右布政使宋有文為右副都御史。巡撫甘肅。順天府丞丁川為左僉都御史。巡撫延綏。

辛巳。祀宋太傅張世傑丞相陸秀夫于崖山。從廣東按察副使陶魯議。

壬午。禱雪。

乙酉。夜月犯畢宿大星。自五車流張宿。五小星隨之。

戊子。敕曰。異日朕叔郕王踐祚。勘難保邦。奠安宗社。亦既有年。屬寢疾彌留之際。奸臣貪功生事。妄興讒構。請去帝號。先帝尋知誣枉。深懷悔恨。以次抵奸臣于法。不幸上賓。未及舉正。朕嗣承大統。一紀于茲。敦念親親。用成先志。其復皇帝議謚。修陵寢。

庚寅。淮府永豐王祁鉽薨。年四十一。謚恭和。

辛卯。申國子監學規。

壬辰。設廣東高明縣。肇慶府。

癸巳。月犯明堂上星。

乙未。知縣黃著馮錤嚴賓為試監察御史。錤賓俱南京。

戊戌。旌萊州知府熊瓚韶州同知方新成都同知李祥東昌通判蕭彥敬河南布政司理問諸豫歸德判官陳獻。賜誥敕。

己亥。上謚恭仁康定景皇帝。不頒詔。

王世懋曰。景帝再造乾坤。終貽英廟子孫億萬年之祚。當時郕戾王之謚。未愜人心。大哉憲皇。追稱景帝。所挽回元氣多矣。臣以為既已帝矣。改稱宗而不入廟。不為過也。卽以為大事不可數更。如實錄之書郕戾王附顯。是矛盾不可亟改乎。

是年安南黎灝復遣陪臣何瑄陳瑾來言留使臣事及龍州鎮安地界。

丙申成化十二年

正月辆朔。戊申。命福建布政司官祭其山川。先是大疫水旱。斗米百錢。

壬子。襄王瞻墡言英廟時勅許世子郡王出遊。歲或四五。今禁之。詔春秋各一出。卽日返。

永順伯薛輔卒。

癸丑。前廣西布政司參議常熟怙勢奪產事聞。編管貴州鎮遠府。

夜。月犯天高星。

甲寅。月犯司怪星。

丁巳。夜大風。

戊午。上南郊。旱值風不能燭。伶官僵者數人。

甲子。撒馬兒罕土魯番各入貢。

巳刻。日交輝。

乙丑。鴻臚寺卿楊宣爲禮部左侍郎。

丁卯。夜。月犯東咸星。

二月𡛟朔。日食。

壬午。襄府棗陽王祁鉦薨。年四十。謚安穆。

丙戌。進戶部尚書兼文淵閣大學士商輅太子少保。改禮部尚書兼翰林學士。萬安戶部尚書。

丁亥。運糈金餉宣大各五萬。遼東十萬二千。陝西十萬八千。楡林三萬。密雲一萬。

己丑夜月食。

辛卯。免南陽彰德田租。

災異。諭修省求直言。

辛丑。翰林編修陳音爲侍講。

命御史分刷各省案牘。

壬寅。給獄囚藥餌。

三月[illegible]朔。辛亥。前右軍都督僉事劉端卒。中牟人。世濟陽衞指揮使。

壬子。減內府供用物料。

兵部左侍郞滕昭兵科都給事中張鎰選宿衞吏卒。

癸丑。敕巡撫四川右副都御史張瓚撫捕播州苗賊。起致仕宣慰使楊輝任之。

乙卯。前軍都督僉事馮昇吳英俱署都督同知錦衣衞達官。

丁巳。巡按陝西監察御史許進言河西十五衞。東起莊浪。西抵肅州。緜亙幾二千里。所藉水利。多規奪于勢家。宜特設官專理。部議屯田僉事兼之。報可。

四月[illegible]朔。丙子。理刑太常博士李延壽行人謝秉中周蕃陳道敎徐鏞知縣陳英鄧玘張銳瞿俊爲監察御史。

監察御史薛爲學等請議戰守長策。從之。

陝西署都指揮僉事費登以戰原州死。子梁襲都指揮。

辛巳。宥鎮遠侯顧溥罪。奪俸三月。以擅留錦衣還人也。

壬午。增遼東陝西宣府楡林餉十三萬。

丙戌。初議遣廷臣巡邊。不許加敕巡撫都御史。

庚寅。夜太原地震有聲。

壬辰。昏刻火星犯上將星。夜。犯建星。

甲午。夜金星犯井宿。

乙未。巡按福建監察御史葉稠。請以市舶提舉司專理琉球貢物屬鎮守太監盧勝。上不許。遣內官韋杏。

涇陽朝邑及金縣蘭州雨雹河溢。

丁酉。廷議修關隘治鹿角榨。偏箱車不利涉險。宜工部造而試之。又如偏頭有警。延綏東路大同西路策應。朔代威遠有警。偏頭寧武南路宣府中路隨宜掩襲。上從之。

己亥。周府永寧王子埸薨。年五十五。謚安惠。

庚子。後軍都督同知芮成卒。

許巡關御史二年代。

翰林院編修焦芳爲侍講。

戶部郎中張福初冒奪門功得百戶。奮改戶部主事。至是進順天府丞。仍內直。

五月鱌朔乙巳。敕山東署都指揮僉事高通總督備倭。

辛亥。給事中張海員外郎金迪覈遼東軍儲。

甲寅。武清侯趙輔疾。辭兵柄。仍領□府。

己未。復懷柔伯施鑑爵。時坐贓謫貴州龍里衛立功。

癸亥。都督僉事昌英卒。

丙寅。復罷遣陝西巡茶行人。以按察司官兼之。

丁卯。傳陞工部左侍郎萬祺爲尙書。仍易州山廠。

左副都御史原傑往荊襄等處撫治流民。時荊襄流民大集。右都御史李賓以祭酒周洪謨流民說上之。說曰。東晉時。廬松滋之民流至荊州。乃僑置松滋縣于荊江之南。陝西雍州民流聚襄陽。乃僑置南雍州于襄水之側。其後松滋隸于荊州。南雍併于襄陽。迄今千載。寧謐如故。今荊襄山谷曠遠。民遭水旱。上不能賑卹。則轉徙勢不能禁。不若因而撫定之。置官吏。編里甲。寬徭役。則流民皆齊民矣。何以逐爲。上是之。北城兵馬司吏目文會奏如洪謨指。遂敕傑往。

靖遠伯王添定襄伯郭嵩署都督同知馮昇都督僉事白瑜管五軍營。豐潤伯曹振成安伯郭鏞管神機營。

戊辰。復除御史郭瑞李讓嚴萱王瓚行人李珊何舜賓鄒霶爲南京監察御史。

己巳。進士馮義仰昇馬中錫方陟爲給事中。義禮科。昇兵科。中錫刑科。陟工科。

庚午。前太子少保戶部尙書馬昂卒。昂字忠高。滄州人。永樂癸卯貢士。授鴻臚寺序班。正統丁巳。拜御史。整飭大同兵備。癸亥。起刑部右侍郎。改右副都御史。居官有才幹。頗任智數。凡事關權倖。委曲隨徇。然亦持重不撓年七十八。予祭葬。贈少保。謚恭襄。

六月。丁丑朔。前太常少卿兼翰林侍讀學士林文卒。文字恒簡。莆田人。宣德庚戌進士。授翰林編修。正統初。進修撰。景泰中。歷左諭德左庶子。天順初。改尙寶司卿。仍兼侍講。尋進學士。年八十餘。贈禮部左侍郎。予祭葬。謚襄敏。

戊寅。廣東按察僉事陶魯爲副使。
己卯。陝西邊儲不給。召商中兩淮河東鹽各十萬引。納粟甘涼。
丁亥。通惠河成。通漕。增平江伯陳銳祿二百石。餘賞賚有差。初議引昌平三泉。今獨引西湖泉之半。故不踰二載仍澁然迄今猶賴。蓋亦其始勞云。
己丑。薛勳嗣永順伯。
增慶陽通判一。專理糧儲。
山西按察使趙敔上六事。息刁風以安良善。禁摭拾以扶紀綱。定比附以免奏擾。恤矜疑以伸寃抑。明詳擬以清刑獄。分輕重以均賞罰。從之。
治修武伯沈煜等罪。以縱僧官常琇挾妖道通南和伯方瑛妾也。事發。常琇戍開原。煜奪祿閒住。泰寧侯陳桓豐潤伯曹振錦衣指揮王珩各停歲俸。
庚寅。劉瓘嗣廣寧伯。劉安姪。
雲南蒙化洱河鶴慶大理趙州鄧州盜起。命守臣勦捕。
丙申。兗州通判陳翼以善治水。改順天通判。專理河道。
兩廣乏餉。召商中鹽各二十萬引。并聽民輸粟給冠帶。
戊戌。翰林修撰劉健汪諧爲右春坊右諭德。編修周經爲侍讀。
趙王見灂狎戲酗酒。怒輒以刀劍剚刺人。重箠殺之。或剜肉碎首。南樂王祁鉷。湯陰王祁鏘。二叔父也。而亦欲殺之。又强買良家子女留止樂婦後宮詔革冠服。削祿三之二祁鏘減半祿。臨漳王祁鋈坐同虐減祿三之一。
庚子。廣平侯袁瑄管五軍營。都督僉事王剛管神機營。

七月𧵳朔。癸卯。皇次子（祐杬）生。宸妃邵氏出。

丙午。濬揚州白塔瓜洲儀眞諸河。

己酉。趙府平鄉王祁鎡薨。年三十二。謚榮順。

庚戌。定京操官軍逃亡例。

京師黑眚見。狀若大貍。剽疾。時傷人。不可捉捕。上嘗朝奉天門。衞士忽譁。上欲起。太監懷恩按之。頃而定。

辛亥。巡撫山東左僉都御史牟俸爲右副都御史。巡撫南畿。

宋儒朱熹十世孫燉襲翰林院五經博士。

壬子。設貴州程番府。

乙卯。敕四川巡撫張瓚兼理松茂安緜建昌等處邊務。

丙辰。薛倫嗣陽武侯。（薛琮子）

巡撫遼東右副都御史彭誼致仕。誼鎭靜有威。裁鎭閹之橫。邊人德之。

丁巳。增九江守備。

壬戌。山東左布政使陳鉞爲右副都御史。巡撫遼東。

癸亥。大學士商輅等言修省之實。曰節財用。哈密等處番人來京。攜帶玉石。多被細人誘引進貢。計囑行戶。高直賣官。規取厚利。閒住番僧。往往自都綱禪師陞至國師佛子法王等。給金銀印圖書。其徒死。更求造塔。二者皆侵耗朝廷。宜行禁治。曰卻貢獻。廣東雲貴等處有貢奇花異草珍禽奇獸珍珠寶石金銀器物。此物非出所貢之人。必取諸民。取民不足。又取之士官夷人家。一物之進。其直十倍。暴橫生靈。激變邊方。莫此爲甚。乞敕內外臣自後皆毋進。曰開言路。曰愼刑罰。曰足軍餉。曰飭邊備。永樂間以交阯爲郡縣。其後鎭守非人。遂致陷失。

今兩廣四川貴州雲南俱系邊遠。雲南與交趾尤爲切近。蠻夷土官易生事變。宜命吏部推剛正有爲大臣一員巡撫。上嘉納之

國子祭酒周洪謨請加孔子大成至聖帝號。籩豆八佾。禮部言謚號之易否。器數之加否。不足爲孔子重。遂如故。

乙丑。上禁中祭告天地。以黑眚也。

丁卯。兵部右侍郎馬文升戶部右侍郎程萬里整飭邊備。

戊辰。遣官錄囚京省。

八月辛亥朔。南京戶部左侍郎王恕改左副都御史。巡撫雲南。巡撫順天左僉都御史張綱予告。

丁丑。內承運庫監生袁慶見內帑虛耗。歲入不供。而售寶石者無虛日。上章極言其弊。命杖五十。遣之。至是仍入太學。後舉進士。終廣東按察僉事。

庚辰。遣給事中御史覈畿內屯田。

辛巳。大理寺右少卿汪霖爲右僉都御史。巡撫永平。整飭兵備。

武義縣大水。

壬午。行人宋經知縣劉魁王㬎爲監察御史。

甲申。增徽州階州判官各一。隴西縣丞各一。俱理邊儲。

乙酉。大學士商輅言。郊祀之禮。歲一舉行。至重事也。邇聞皇上廣敬天之心。建祠宮北。奉祀玉皇。造祭器樂舞之具。一如郊廟。幷新編樂章。命內臣習之。欲于道家所云神降之日舉行祀禮。臣等竊詳皇上爲此。毋非欲上爲母后祝釐。下爲生民祈福。但稽之于古。未合禮經。昔傳說告高宗曰。黷于祭祀。時謂勿欽。禮煩則亂。事神則

難。伏望停罷。凡內廷一應齋醮。亦悉禁止。從之。

薛應旂曰。商文毅此舉。亦事君之常耳。若我世宗聞之。則從之如轉圜。不啻如憲廟矣。奈嘉靖末年之相不惟不言。且自爲齋醮以逢迎之。始知文毅不易得矣。

南京大理寺左少卿金紳爲南京刑部右侍郎。

停湖廣四川江西三司官俸。令戴罪捕盜。

丙戌。宥都督同知趙英罪。初英分守涼州。縱家人販茶哈密回回。

都督僉事張榮卒。亳人。世指揮使。

丁亥。左都御史李賓請製偏廂車五百輛。鹿角槍五百具。兵部言登高涉險不便。上已之。

夜。月食。

甲午。巡撫甘肅右副都御史宋有文等言土魯番求貢。許之。

己亥。邊警稍息。召鎮守大同署都督僉事韓忠還京。

九月辟朔。丙午。撫治荊襄左副都御史原傑奏地方事宜。

鶴慶軍民府大雨雪雹。

己酉。南京太常寺少卿潘榮爲南京戶部右侍郎。

妖人李子龍等伏誅。初易州人侯得權爲游僧。値道士田道眞。予之妖書。云陝西長安縣曲沃村李氏子。孕十四月而生。紅光滿室。名子龍。得權惑之。變姓名李子龍。蓄髮遊眞定間。夤入內府。內使鮑石鄭忠等師事之。謀逆。邏校以聞。執下獄。盡誅其黨。

昏刻。月犯建星。

辛亥。增孔廟籩豆佾舞之數。卒如周洪謨言。

壬子。衡州知府周瑛爲山西行太僕寺卿。

癸丑。失朝一百八十餘人。各停俸三月。

邊警方劇。令旗軍能出貲募兵滿百人以上者。賜冠帶。

乙卯。封諟鏘伊王。偕瀟韓王。同鏴周世子。豪壙沅陵王。豪壚長陽王。見瀉河陽王。銓鐕沁水王。甲銓華川王。

丁巳。□□都督僉事周貴卒。六安人。

己未。遼府衡山王貴燋薨。年五十八。亡子。除。謚恭惠。

庚申。封總兵官左都督李震興寧伯。右副都御史劉敷爲左副都御史。參將都指揮使彭倫爲都督僉事。俱靖州功。

辛酉。遼陽衞地震有聲。

夜。月犯井宿。

癸亥。晉府交城王美垙薨。年七十。謚榮順。

戊辰。夜。大星自五車流軒轅後。三小星隨之。

十月。辛朔。傳陞監生李英。儒士顧經。郭亨。萬𢚩。蔣釗。張欽。陳貢。楊清。周冕。陳鑑。孫士端。沈葵。李瀚。劉鍾。涂昭。謝汝明。解綸。趙哲。包銘。鄔存敬。俱冠帶中書科。食糧直御用監。以諂太監梁芳韋興得進。往往取釋道書及小說不經之語標以異名干進。至美官。或歲三四遷。經父珏以巫起太常卿。𢚩工部侍郎祺養子。存敬初名根。驛丞罷官。至是改名。其他多宦裔市猾也。

壬申。朵顏三衞夷人復請開馬市。不許。

夜。大星自參宿流天園後二小星隨之。
甲戌。南京戶科給事中蕭龍。家居有罪。戍邊。
夜。大星自天苑流近濁。
丁丑。宥刑部尚書董芳大理寺卿宋旻等罪。初都人栗洪執鄰人之奸其妻者。已殺之。擬絞。上不允詰責之。
戊寅。封皇貴妃萬氏宸妃邵氏。順妃王氏。和妃梁氏。昭妃王氏。
庚辰。總督兩廣右副都御史朱英等招撫廣西猺獞賜獎敕。
辛巳。京師薊州地震。
夜。大星自玉井流天園。
癸未。夜月犯外屏星。
丙戌。金星晝見。夜。月掩畢宿。
庚寅。禮部奏度僧道萬三千三百四十人。
辛卯。夜土星守軒轅大星。
南京禮部左侍郎章綸致仕。
壬辰。封朝鮮國王李娎繼妻尹氏。
戊戌。詔兵部檄宣大密雲山海遼東偏關等守臣整兵備虜。
置饒平縣。
十一月辛丑朔。夜。有星自華蓋流近濁。
癸卯。傳陞大隆善護國寺灌頂清心戒行國師班卓兒藏卜爲灌頂大國師。大能仁寺覺義結瓦領占爲禪師。

餘陞秩有差。時僧道傳奉日盛。吏部日奉旨左順門。明日補奏。至是內官厭其煩。令勿補奏。

乙巳。鑄哈密衞印給都督罕愼。

戊申。夜月同木星犯室宿。

己酉。撫治荆襄左副都御史原傑爲右都御史。賜敕。

庚戌。增汝陽縣丞。

辛亥。秦府興平王公鑠薨。年三十。諡安僖。

癸丑。進士唐昭爲德府左長史。近例親王出閤。選進士侍書。

甲寅。賜衍聖公孔弘泰誥命。特玉軸。

乙卯。續資治通鑑綱目成。時纂修官戶部尚書萬安。吏部右侍郎劉珝。翰林學士王獻。侍讀學士彭華。侍講學士丘濬。左諭德黎淳。謝一夔。右諭德劉健。汪諧。侍講程敏政。修撰鄭環。羅璟。編修陸簡。林瀚。上自序之。

丙辰。海寧伯董興卒。興長垣人。初燕山右衞指揮。譴厚。頗知兵。天順初石亨言其請除內難功。得封。尋鎭守總兵遼東。不能圍虜。科斂爲奸利。曹欽誅。坐流廣西。後復爵。孫昇乞襲。不允。世燕山右衞指揮同知。

丁巳。追封魯府安丘王當遂父陽鑿爲安丘王。

己未。都督同知鮑政卒。山後人。

夜。月犯軒轅女星。

壬戌。哈密使臣言苦峪城隘。且沙磧無水。不可耕。而肅州東有金塔寺幷魏城魏里等。乞賜居。不許。

癸亥。南京大雷雨。

命行人伴送貢夷。幷禁其市兵器。從馬文升之言。

甲子。夜大星自常陳流天市西垣。

乙丑。夜有二星分墜延綏波羅堡。

是月。巡撫四川右副都御史張瓚。率兵同致仕播州宣慰使楊輝。勦灣溪大壩等苗。敗之。斬四百九十六級。招撫男婦九千八百三十七人。

十二月犾朔癸酉。傳陞南京禮部左侍郎倪謙爲尙書。翰林侍讀學士錢溥爲南京吏部左侍郎。國子祭酒周洪謨爲禮部右侍郎。仍署監事。

乙亥。禱雪。

丙子。仍裁瓊州整飭兵備副使。

戊寅。翰林侍講徐瓊爲南京侍讀學士。

己卯。夜西北赤氣長五尺許。狀如矛鋒。

壬午。復通涿霸薊州判官宛平順義主簿各一。專理柴炭。

甲申。傳陞錦衣正千戶萬通爲指揮僉事。副千戶萬達軍人邵宗宸妃弟。王敏順妃弟。爲正千戶。俱世襲。

乙酉。禮部右侍郎尹直憂去。賜其父祭。時朝臣乞恩甚衆。禮部奏定非授本等封贈者不與。而直父封侍讀學士。例不合。特許之。而乞恩仍接跡矣。

戊子。曉刻月犯明堂上星。

刑部右侍郎林鶚卒。鶚字一鶚。台州太平人。景泰辛未進士。授御史。薦守鎮江。廉方有才。尤好古博雅。徹少恩。政事頗刻。年五十四卒。無以殮。賜祭葬。嘉靖中贈尙書。謚恭肅。

己丑。設鄖陽府。卽其地設湖廣行都司。右都御史原傑前奉命徧歷荆襄間。深山窮谷。俱親涉履。宣上德意。流民欣然皆著籍。計十一萬三千三百十七戶。四十三萬八千六百四十四人。遣歸故土萬六千餘戶。願附籍九萬六千餘戶。許各自占曠土爲業。供徭賦。置郡縣。于是割湖廣之竹山鄖縣地置竹溪鄖西。割河南之汝州唐縣置桐柏南召伊陽。割陝西之商縣置商南山陽。進商縣爲州。立鄖陽府衞控制之。薦鄧州知州吳遠爲鄖陽知府。上悉從之。

高岱曰。驅逐流民。唐末嘗以之亡蜀。豈不失策之甚哉。王者有分土。無分民。堂堂一統之盛。旣不能賑民使無饑矣。乃禁使不就食于曠土。豈人情哉。況中原聚失業之民。襄鄧稀不耕之地。其于體國經野之規。容民畜衆之義。胥失之矣。由是觀之。項忠之蕩定者一時之功。而原傑之經略者百世之利也。後人蒙已成之業。不能平定安集。而至有萌孽孽于承平者。亦深有媿于前賢云。

陳士元曰。予聞人言。竹山房縣界西蜀大寧大昌。有山徑通往來。若開此道爲西蜀東路。則商旅稱便。且大寧有萬頃山。廣數百里。岩箐險密。奸人每嘯聚焉。東路旣開。兼控于鄖陽督府。則蜀中魑貍失穴窟。而黎庶帖然亡警矣。或恐啓釁。謂蜀路多則瞿塘莫守。此偏安之見。非所以談一統之治也。

庚寅。夜。月犯進賢星。夜。月犯左執法星。

辛卯。臨汾縣天鼓鳴。

甲午。整飭兵備兵部右侍郎馬文升作遼河浮橋以通往來。

乙未。右副都御史陳鉞請敕自都指揮以下有罪徑執治。不許。

丙申。禮部右侍郎周洪謨釋監事司業耿裕爲祭酒。

巡撫大同右副都御史張鎣爲刑部右侍郎。

己亥。後府都督同知趙勝爲左都督。

丁酉成化十三年

正月𢌿。朔。丙午。免杭台紹興寧波去年水災田租四十一萬三千八百四十石有奇。

戊申。夜月犯畢宿。

己酉。周府胙城王子墟薨。年四十三。謚榮順。

庚戌。上南郊。

己未。前雲南布政司參政朱應登卒。

辛酉。四川左布政李敏爲右副都御史。巡撫大同。

提督四夷館右通政劉文致仕。

壬戌。大興左衞指揮使周廣奏。近年鈔千貫直銀四五錢。勢家于各布政司郡縣。每鈔千貫徵五金。乞禁之。報可。

甲子。代州天鳴。

乙丑。夜月犯建星。

戊辰。翰林編修陸簡爲侍講。

己巳。以增孔子籩豆樂舞。遣吏部尚書兼文淵閣大學士商輅告太學。翰林學士王獻告闕里。

翰林院編修費誾爲國子司業。

改大壩兵備副使爲安緜石泉江油龍州等處兵備。監察御史江沂爲之。

分遣給事中御史嚴邊餉。李俊潘瑄往四川。劉昂劉仁往延綏。黃澄段正往大同。彭序袁禎往廣西。張善言陳遵毅往貴州湖廣。和遜薛綱往寧夏。王謙婁謙往薊州。唐章何鑑往宣府。黃麟翟廷蕙往甘肅。

鳳陽臨淮晝晦地震有聲。

二月辛未朔。壬申。寧府瑞昌王奠壏薨。年五十八。謚恭僖。

甲戌。安慶大雪雷電。明日。大雨江溢。

減寧王奠培樂安王奠壘祿。初奠壘奏寧王慘酷貪淫不軌等事。命太監羅祥駙馬都尉石璟刑部左侍郎杜銘往按多實。惟不軌爲虛。于是敕責之。奪寧王半祿。樂安三之一。

丁丑。虜酋滿魯都乩加思蘭各入貢。俾關兵護之。

福建建寧衛指揮同知楊曄。少師榮曾孫也。坐致死人被劾。入京求解。匿其戚中書舍人董璵所。而百戶韋瑛故無賴子。投內官蒙其姓。從征冒功得官。璵求瑛爲曄地。瑛覘其橐嗾西廠邏校捕之。搜得其擬賄目。內閣商輅及法司大臣司禮太監黃賜陳祖生皆有名。且奏下追所擬賄。曄璵皆不服。使校人琶之三。琶者。錦衣酷刑也。以加人。人骨節輒離寸許。曄璵不勝苦。卽妄言寄曄叔武選主事仕偉處。汪直不用駕帖。直捽仕偉至。掠之。幷逮其孥。翰林侍講陳音與仕偉比舍。聞官校囂聲。乘墉詈之。官校曰。若不畏西廠耶。音曰。我侍講也。官校竟以其孥去。仕偉實不受寄金。被拷號痛。與曄璵不數日死。汪直復使瑛入福建籍曄產。逮其家口赴京。汪直。大藤峽猺種也。猺賊平。閹直入禁中。爲昭德宮內使。進御馬太監。便譎足任。上寵之。自李子龍誅後。上銳意詗察外事。以命直。直布衣褻帽乘驢騾往來都下。莫重也。久之。大小政事方言俚語。悉採上聞。上悅之。特立西廠。使錦衣官校百餘人從之。聲勢赫然起矣。

戊寅。夜。月犯井宿。

己卯。傳陞道錄司閒住右玄義仰彌高爲左至靈。

壬午。監察御史熊繡謫清豐知縣。繡初按陝西。以左布政使千璠餽帑金于苑馬寺卿邵進。繡鞫庫官。璠走京愬其枉。嚴之。璠進並免。謫繡。

癸未。武安侯鄭宏卒。宏侈肆。帷薄不修。

夜。月食。

庚寅。修遼東邊垣堡塹。

甲午。旌代府靈丘王仕壜孝行。

浙江山陰縣忽涌血高丈餘。

戊戌。設四川安寧宣撫司及懷遠宣化二長官司。

閏二月妃朔癸卯。臨洮鞏昌地震有聲。

乙巳。錦衣千戶吳綬請禁傳報泄旨。從之。

丙午。韓府襄陵王冲烋薨。王性至孝。六被旌敕。母年八十一。得危疾。刲股羹之。母泄下。取嘗。數日瘳。成化初。虜入河套。請率子孫及壻從軍。讀書樂善。節儉好禮。爲藩輔冠。年七十。謚莊穆。子範址嗣。孝友如之。後五世同居。璽書美之。

戊申。秦王公錫奏邸殿門廡火。命護軍採木漸爲之。

辛亥。分守莊浪都督同知魯鑑子麟爲萬戶。魯氏世統士兵。麟壯勇善戰。

壬子。夜。月犯進賢星。

丙辰。免平陽大同去年災租六萬三千六百四十石有奇。

丁巳。監察御史吳道宏往鄖陽撫安人民。原傑薦道宏才望出己上也。
戊午。敕廣東按察副使陶魯提督高雷兵備。防禦蠻寇。
夜。有星自中台流北斗杓後。三小星隨之。
己未。夜。木星犯外屏星。
辛酉。免山東田租四十一萬六千五百一十餘石。
癸亥。詔修省。
乙丑。河南大水。

三月戊辰朔。己巳。瀋府黎城王幼埈薨。年四十一。謚莊惠。
安南入貢。
虜滿魯都乩加思蘭貢馬駝。使者三千餘人。詔許千七百人。餘諭還。虜告饑。鎭撫官廩之而去。
庚午。故海寧伯董興孫昇乞襲爵。不允。襲燕山右衞指揮同知。
諸城縣地震有聲。
壬申。琉球入貢。
乙亥。邏校捕晉寧人王鳳等。謂與瞽者康文秀於臨清于源家謀逆。株及知縣薛方致仕通判曹鼎。並誣伏。至是。方鼎家並擊登聞鼓訴冤。鼎故相鼐之弟。事下法司。時邏校故爲贋書誘愚民而捕之。無敢言者。
庚辰。夜。大星自貫索流勾陳。
壬午。陝西河州地大震如雷。丙申丁酉俱震。
癸未。自宮求用者積九百餘人。以違禁命錦衣衞各杖二十遣回。

愼妖言之罪。分守懷來參將廖禮信部卒。妄報妖言。株繫甚衆。而巡撫殷謙參將都督僉事周賢巡按御史何鑑太監方勝等各如之。下都察院獄鞫。誅妄報者。并罪禮等。

甲申。行人賀元忠司馬聖范珠蔣昺李寅王玹爲監察御史。

戊子。免開封災租三十九萬八千二十餘石。

壬辰。故禮部左侍郞許彬贈禮部尙書。

丙申。命愼選王府官。嚴保勘考試之禁。

四月戊戌朔。進士潘洪張雄唐柷田景賢劉英林元甫王珩爲給事中。洪雄吏科。柷景賢戶科。英禮科。元甫珩工科。

甘肅衛天鳴地震生白毛。地裂水溢。有青紅黃黑等沙。寧夏地震聲如雷。壞城廓。甘州鞏昌楡林涼州沂州郯城滕費嶧等縣俱地震。

己亥。南京試監察御史嚴賓考中下。謫盱眙知縣。

夜。大星流雲中。

庚子。封芝址唐王。恩鉁肅寧王。恩鉀長垣王。仕𡒄靈丘王。膺鉋沙陽王。偕汪漢陰王。奇湇永和王。誠潔臨潼王。中鉎德陽王。

吏部左侍郞陳俊爲南京戶部尙書。

壬寅。巡撫雲南左副都御史王恕爲右都御史。

癸卯。傳陞太監高義弟禮爲錦衣百戶。帶俸。

南京監察御史任英等以災異請考察京官。從之。

免平陽府去年夏麥七萬八千三百餘石。

乙巳。手敕商輅兼謹身殿大學士。萬安太子少保。吏部左侍郎劉珝禮部左侍郎劉吉俱尚書。仍兼學士。以續通鑑綱目成也。纂修官翰林學士王獻爲少詹事。仍兼學士。左庶子黎淳爲少詹事。兼侍讀學士。彭華爲侍講學士。丘濬左諭德謝一夔並爲學士。右諭德劉健汪諧爲左右庶子。侍講程敏政陸簡爲左右諭德。修撰鄭環羅璟爲司經局洗馬。編修林瀚爲修撰。

復懷柔伯施鑑爵。

戊申。右都御史原傑改南京兵部尚書。

辛亥。順天府尹邢簡爲南京大理寺卿。

暹羅入貢。

番僧班卓兒瑞竹爲灌頂國師。完卜俄旹兒堅剉爲領占端竹國師。

夜。月犯罰星。

癸丑。刑部郎中武清勘事廣西。回至通州。廠校言其重載。汪直繫之。尋釋。不以聞。

丁巳。江西布政司左參政胡濬爲順天府尹。

汪直令百戶韋瑛執太醫院判蔣宗武下廠獄。

己未。禮部郎中樂章行人張廷綱俱自安南還。執下廠獄。免官。

辛酉。增延安府同知專撫土軍理屯田。

宥南京兵部右侍郎馬顯罪。顯考滿還任。載米官舫。御史戴縉發之。下南京法司。得釋。

浙江左布政使劉福起復至京。或搆之汪直。下之西廠獄。以歲幣不式。降按察使。

壬戌。胡瑤襲錦衣衛指揮僉事。父胡眞故。保母子得官。又傳襲。蓋特恩也。

開原大風雨雪極寒。

甲子。法司擬楊泰死。命太監錢喜及百戶韋瑛籍其家。械男女百餘人入京。泰弟兵部主事仕偉調台州通判。壻禮部主事董序調河間通判。從弟中書舍人仕儆調惠州衞經歷。

丙寅。琉球國中山王尙圓復請歲貢。不許。

五月丁卯朔。免鳳陽淮安揚徐去年夏麥八萬九千餘石。秋租十一萬五千四百餘石。

監察御史王本自雲貴淸軍回。百戶韋瑛以汪直意搜得象笏等。下錦衣獄除名。

戊辰。前湖廣按察僉事黃潤玉卒。潤玉字□□。鄞人。永樂初徙江南富民實北京。請代父行。官少之。曰。父去日老。兒去日長。遂從之。舉京闈。訓導建昌。改南昌。拜交趾道御史。出按湖廣。遷廣東僉事。憂去。補湖廣。坐誣謫含山令。致仕。世稱南山先生。

楊守陳曰。方其少時。已負文行之譽。及其壯强。益修。耄老不懈。德足重于衆。功足昭于時。言足立于世。其可謂有道有文者與。

癸酉。免睢州去年田租。

定陶縣地震有聲。

甲戌。汪直令韋瑛執署太醫院事左通政方賢下西廠獄。

丙子。傳陞都指揮袁彬爲前軍都督僉事。

巡撫陝西右都御史余子俊奏。栗林等番攻龍溝堡。官兵敗之。擒一人。斬百六十五級。上敕勞之。

罷西廠。時廠校刺事頗密苛細。民間鬬駡。縱犬爭雞。並痛捶責。有犯封閉其家。或夜搜之。所掠辱妻孥。皆去衣裸杖。遣人四出偵王府鎭守總兵諸處。亦輒私有擒械。人情大駭。大學士商輅萬安劉珝劉吉上言。近日京師伺察太繁。法令太急。刑網太密。人心洶洶。各懷疑懼。非承平之世宜容皆緩。陛下委聽汪直。而汪直寄心羣小。往者曹欽之變。皆由逯杲生事。臣謂不去汪直。天下安危未可知也。因疏直十罪。上怒曰。用一內臣。奈何輒繫安危于天下。使太監懷恩至閣詰問。誰先主者。輅曰。朝臣無大小。皆請旨收問。而汪直敢擅執三品以上。宣大重鎮。直一日擒械數人。南京留守大臣。直擅捕之。朝廷耳目。直輒自更易。直不去。安乎危乎。臣等同心一意。無有先後。珝奮泣曰。臣等侍皇上東宮。幾二十年。朝廷清明。忽汪直恣害。何忍坐視。安吉各推言之。懷恩以聞。上是之。立罷西廠。遣散官校。兵部尚書項忠倡九列共劾直。命懷恩數直罪。責之。退還御馬監。戍韋瑛宣府。人心大快。時西廠驟革。太醫院判蔣宗武因衣返。其家人未之知也。初。直在西廠。左都御史王越日往候之。吏部尚書尹旻因越與厚。及項忠草奏。使武選郎中姚璧持赴旻署名。旻曰。疏出本兵。即本兵自首之。璧曰。公長六卿。旻怒曰。今日方知有六卿長耶。即遣人報韋瑛。雖署名。實出自兵部。

戊寅。謫司禮太監黃賜陳祖生于南京。汪直既退。泣訴上前曰。奴得罪。皆黃賜陳祖生爲之。非外廷意。遂出賜祖生司香南京。

己卯。增曲陽縣丞。專撫流民。

辛巳。傳陞文華門供奉尚寶司卿汪景昂太常寺丞。金溥王恒禮部郎中。吉頤俱別改京秩。于是景昂禮部郎中。溥禮部主事。恒工部主事。頤順天治中。

署太醫院事左通政方賢戍遼東。初。廠校搜其家。得片腦沈香等物。謂盜官物。又所藏御墨龍鳳藥丸甆器。故得罪。

壬午。尚寶司卿朱奎以善太監黃賜謫保寧府同知。

隰州及永和猗氏大雨雹。

丙戌宥前軍都督僉事袁彬錦衣指揮同知焦奉罪以僞僧人牒鬻于浙詞連彬等。
庚寅巡撫雲南王恕奏安南人潛窺蒙自縣蓮花灘造兵器又境上設僞總兵。
辛卯傳陞錦衣副千戶吳綬于鎭撫司同林繼問刑副千戶楊瑛回本所。
壬辰陝西按察使王朝遠爲左僉都御史巡撫甘肅。
禁遏刁訟從都察院之請。
甲午兵部尙書項忠予告。
敕旌廣東左布政使周鐸河南按察副使王璘黎平知府楊緯泗州同知杜參潛山知縣費璨。
前浙江左布政使劉福以歲幣不如法降陝西按察使。
六月輛朔南京前軍建平伯高遠還京。
署前府都督僉事奚顯後府都督僉事楊祺俱劾罷。
南京兵部尙書原傑卒傑字子英陽城人正統乙丑進士授御史歷右副都御史撫治荆襄流民置郡縣利賴百世年六十一荆襄人聞訃爲巷哭罷市贈太子少傅子宗敏廕入監謚襄敏
夜大星自螣蛇流左右旗。
丁酉敕廣東都指揮僉事歐磐充參將分守廣西柳慶。
己亥沂州地震有聲。
定襄伯郭嵩理南京前府都督僉事王受理南京後府。
壬寅荆府都昌王祈鑑薨年四十六謚惠靖。
癸卯嚴捕盜之令。

甲辰。前兵部尚書項忠削籍。汪直怨項忠之劾己也。囑官校發江西都指揮使劉江與指揮黃賓事。謂賓求于兄太監黃賜。屬武選郎中姚璧得由京衞陞江西都司。科道交劾忠違法。詞連其子錦衣千戶綬。上命法司錦衣廷鞫。忠坐贓革秩。江戍邊。

談遷曰。項襄毅之劾汪直。以衆不以獨。懼其不克也。非怵于害也。議者謂襄毅嘗道值直。不覺直騎過。趨謝之。直心不慊。于是倡諸臣共劾。讒口文致。其不善成人之美如此。

興寧伯李震降右都督。罷居南京。錦衣千戶吳綬誣震遺項忠地造室。震不勝掠。誣服。

丁未。傳召惠安知縣永韶入朝。

前南京太僕寺卿鄭攸卒。南城人。宣德癸丑進士。

庚戌。南京監察御史戴縉考察入京。上言。近來災異薦臻。皇上諭兩京大臣。同加修省。未聞大臣進何賢才。退何不肖。亦不聞羣臣革何宿弊。效何嘉猷。獨太監汪直緝奸捕貪。允合公論。足以服人警衆。第部下韋瑛等行事張皇。大臣奏允。即蒙革罷。伏望皇上推誠任人。及時行政。即命兩京大臣自陳去留。決自聖衷。復西廠如故。始上心疑閣臣。受楊曄金。徒位高置不問。及縉疏入。御史王億亦言之。益心動。復開西廠。汪直刺事如故。詗察益苛。人不堪命。

朱睦㮮曰。嗚呼。自古閹豎之禍。未有無黨助以成者。戴縉之罪。可勝誅哉。

談遷曰。人主深居宮禁。中外懸隔。常疑吏民之怨詛。奸頑之欺悖也。恨無術以籠之。官校詗察。耳目密布。不啻神鏡。雖轉圜于閣部。終以戴縉投其杼矣。縉甘爲鷹犬。固不足責。竊爲王越尹旻輩羞之矣。

壬子。後軍署都督僉事王信爲平蠻將軍。總兵官。鎮守湖廣。

京師雨錢。

禁私錢。
癸丑。兵部武選郎中姚夔調思明府同知。苦瘴不赴。滯留廣西數年。
丙辰。兵部請臨淸設巡撫鎭守官。防饑盜。不許。
太監劉倜鎭守江西。
七月鮞朔。丁卯。刑部尙書董方。太子少保左都御史李賓。引年致仕。
戊辰。巡撫湖廣左副都御史劉敷兼撫治鄖陽。
己巳。戶部右侍郞程萬里乞休。改南京工部。
辛未。命翰林院會內閣自覈其官屬。
左春坊左庶子劉健翰林侍讀周經主試應天。
壬申。詔兩京堂上官五品以下者聽吏部考覈。時太常寺丞吳道亮自陳休致。上意其僭。故有是命。
賑都人水災。時大霖雨壞民居。
癸酉。定遼東軍士冬衣布花。布一匹折米兼支二石五斗。棉花一斤兼支四斗。
南京前府定襄伯郭嵩專督操江。
夜。月犯罰星。
乙亥。禁山西攬納糧芻。
巡撫雲南王恕。劾鎭守太監錢能私遣指揮郭景等以尙方物遺安南黎灝。灝厚報之。臣廉得之。景入井死。逮從者。沒入其裝。請治能罪。上不問。時安南欲間襲滇。至是謀敗。
丙子。考察京官。奏斥三十三人。

戊寅。命內閣考覈左右春坊司經局。

己卯。敕各邊鎮守巡撫等官從宜計議弭盜安民之術。選將練兵之方。備奏以聞。

辛巳。夜月食。

太僕寺少卿韓定。恭順侯吳鑑。懷柔伯施鑑。護月中府後至。行禮于外。並下臺獄。贖還秩。

乙酉。免江西去年田租四十三萬二千餘石。

丙戌。吏科都給事中趙侃等言。近諸大臣自陳休致。惟許董方等三人。餘皆存留。然尚有公論未協者。如戶部尚書薛遠。過于寬縱。兵部左侍郎滕昭。失于鯁介。周駁居光祿。才力不及。楊宣居鴻臚。清譽無聞。大理寺丞劉瀚進秩不愜清議。南京工部右侍郎程萬里。惟務奔競。乞令自陳。使之休致。御史尹仁等亦言之。報可。遠昭宣萬里致仕。調駁遼東苑馬寺卿。瀚延平府同知。

遼海衞都指揮俞翩備禦洮河城。縱虜殺掠。例戍邊。宥之。降二秩。

丁亥。宣府副總兵周玉為鎮朔將軍鎮守宣府。宣府總兵官劉清移永平山海。召都督馮宗還京。大同右參將都指揮使康永充宣府副總兵。

戊子。都督同知陳逵同河道工部郎中楊恭于通州天津等處役卒三千人。役郡縣千人。築隄便運。

庚寅。南京吏部尚書崔恭致仕。

辛卯。少詹事兼侍講學士徐溥憂去。

巡撫陝西右都御史余子俊為兵部尚書。南京右都御史林聰為刑部尚書。國子祭酒耿裕為吏部右侍郎。南京大理寺卿邢簡為戶部右侍郎。巡撫寧夏右副都御史張鵬為兵部右侍郎。陝西左布政使程宗為右副都御史。山西左參政侯瓚為光祿寺卿。鴻臚寺少卿施純為寺卿。戶部左侍郎翁世資總理京儲。

翰林檢討李遲董彝爲徽府左右長史。中書舍人嚴良能金珙爲審理正副。待詔王言周鼎爲紀善。

釋定安王長子聰㵲回代州守祖墓。

癸巳。陝西布政司右參政秦紘爲右僉都御史。提督雁門等關。兼巡撫山西。

巡撫永平左僉都御史張綱致仕。

甲午。免福建去年旱災田租十五萬九千九百餘石。

是月。鞏昌平涼隕霜殺稼。

八月乙未朔。太僕寺少卿李綱爲右僉都御史。

丙申。夜。大星自壘壁陣旁流天倉。

庚子。右副都御史程宗巡撫陝西。召巡撫河南右副都御史張瑄回院。

置陝西黑水苑。隸長樂監。

辛丑。貴州總兵官都指揮同知吳經爲右軍署都督僉事。初。播州宣慰使楊輝奏陞經秩。兵科駁之。至是巡按御史吳祚復言之。蓋經吳綬兄也。

癸卯。祭唐褚遂良于杭州。儒士周璟言之。

甲辰。山東按察副使賈俊爲右僉都御史。巡撫寧夏。

兵科左給事中郭鏜等上修攘八事。清軍伍。恤邊卒。革宿弊。立武舉。廣用人。惜名器。修保障。待虜使（選文臣通達國體者爲館伴。）有旨京營官軍仍遣官點閱。武舉不必設。餘如議。

乙巳。武義縣大水。

戊申。兵部右侍郎馬文升乞愼選武學教官。從之。

庚戌。都督同知馬讓卒。和州人。世金吾右衞指揮同知。

辛亥。夜月犯外屏西星。

壬子。前通政司右通政劉文卒。大同人。正統元年進士。久在夷館。熟于夷情。

夜月犯天囷西星。

癸丑。夜大星自柳宿流星宿。

甲寅。上閔兗州及南畿水災。命戶部擇司官五人分賑。刑部郎中張文往兗州。兵部郎中張謹往淮安。戶部郎中谷琰往揚州。吏部員外郎國泰往徐州。戶部郎中李炯然往鳳陽。俱賜敕。

復河南巡撫官。

乙卯。免陝西去年田租二萬六千餘石。布二千四百三十四。

曉刻。月犯司怪星。

荆府都梁王見溥薨。年二十六。謚悼惠。

丁巳。詔留巡鹽御史雍泰一年。以撫恤兩淮竈丁。

戊午。巡撫遼東右副都御史陳鉞以貢夷私市禁物。乞令行人同分巡僉事于開原撫順等關驗放。從之。

己未。翰林學士丘濬爲國子祭酒。

分守靖州左參將都指揮同知高端等禦苗失利。降級凡七十人。

總督兩廣右副都御史吳琛卒。琛。繁昌人。景泰辛未進士。授御史。有時名。其鎮兩廣。承韓雍之後。矯以儉約。無有遠圖。人幸其沒。

庚申。夜月犯軒轅左星。

辛酉。知縣王珣張曉李經戴祐爲監察御史。祐南京。

壬戌。東廠發雲南百戶左昇私事。詞連署通政司工部尚書張文質及他官。錦衣衛遂併執文質。左通政何琮請署印。上始知之。立釋獄。責錦衣衛指揮使朱驥伏罪。宥之。奪俸三月。

夜。月犯左執法星。

癸亥。巡撫雲南右都御史王恕改南京參贊機務。仍署院事。

崔銑曰。成化中政理物豐。臣無重譴。內則官戚。外則閣部各引私朋。置清顯。及閹汪直。吏李孜省。嬖戚萬氏驟寵。又進退大僚矣。惟王端毅公著節焉。公撫雲南。乃擠之危。公舉大體。略苛細。務摧强伸窮。雖錢閹亦心仰其治。土夷詳近略遠。凡政下用片紙直陳數言。事妥詞省。滇人傳頌至今。公治經就所行而究。多易舊訓。嘗言宋諸儒可謂善言德行矣。門人尊稱之文。不無過實云。

甲子。翰林院檢討傅瀚爲修撰。

九月乙丑朔。江西右布政使李衍爲右副都御史。巡撫河南。

丙寅。淮安水溢。傷人畜。

夜。火星犯土星。

丁卯。許遼東中淮浙鹽引各五萬。

戊辰。禮科右給事中唐章等覈宣府虧餉米豆至十餘萬。請罪先後管糧官及巡撫鄭寧等。許之。

復改湖廣白河縣隸陝西金州。

夜。大星色赤。自墳墓流近濁。

庚午。封恩鍇遼世子。膺錄唐年王。詮鐃陵川王。見淨永豐王。見沂襄邑王。仕墜隰川王。詮鍾沁源王。

行人楊榮爲南京監察御史。

免河間夏稅萬一千五百八十餘石。

辛未。夜。月犯建星。

壬申。詔逐罷閑官吏人等之匿京師者。御史許進言其妄訴請託也。

甲戌。夜。京師地三震。

乙亥。江西都指揮使劉江坐贓戍邊。

丙子。詔邊儲三年一覈。著爲令。

鎭守廣西內官黃沁貪虐。占靖江王草場見奏。沁訐王妓飲及他事。遣勘獄上。下沁南京法司。

錄囚減三十一人戍邊。

庚辰。傳陞禮部帶俸員外郎梁能爲山東右參議。中書舍人沈達張春沈詮爲鴻臚寺丞。序班王哲爲寺主簿。百戶趙洪爲副千戶。鎭撫殷慶爲百戶。匠人汪斌錢洪汪義孫昇鄭宗顏英文思院副使。儒士王軏蔣聲等俱冠帶中書舍人科。

南京禮部尚書倪謙致仕。

置陝西三水縣。析淳化縣地。進蘭縣爲州。

朶顏衛都督阿兒乞蠻等乞糧不允。

壬午。巡撫雲南監察御史甄希賢等劾鎭守太監錢能及都指揮方明周佐布政司參議余謳僉事翁逐等罪。都察院請俟能再勘至日處分。許之。

癸未。夜。火星犯上將星。

甲申。吉王見浚之國長沙。

乙酉。夜。月犯鬼宿。

辛卯。傳陞錦衣僉事張玘百戶袁林劉俊李璥俱進一級。林俊世襲。畫士祝塲朱偉劉節謝昂張□匠王剛等俱文思院副使。

日本入貢。

十一月玾朔丙寅。嚴文武乘轎之禁。文臣許三品上。武臣概不許。以太監汪直言之。錦衣千戶吳綬屬草。從汪直奏也。

丁卯。罷遼東屯田。

免長沙善化茶陵湘陰醴陵攸縣田租十萬五千八百石有奇。

戊辰。吏部右侍郎黃鎬兵部右侍郎馬文升俱爲左侍郎。

辛未。杭州大雷雨。曉白虹見。

甲戌。有赤雲隕山西永和縣。俄聲震如砲。

乙亥。許朝鮮市弓角歲五千計。

丙子。夜。月犯畢宿。

戊寅。荆門州大雷雨。

庚辰。暹羅入貢。

夜。火星犯進賢星。

辛巳。大星色青白自文昌流近濁。後二星隨之。

壬午。大慈恩寺佛子領占竹等求印。禮部不可。上竟予之。

癸未。吏部右侍郎耿裕憂去。

夜。月犯上將星。

乙酉。石州妖人桑冲伏誅。冲詭婦人。飾刺繡。穢淫良家子亡算。事聞。命磔于市。

丙戌。免眞定夏稅麥萬四千一百石有奇。

丁亥。賜正一嗣教眞人張玄慶爲正一嗣教保和養素繼祖守道眞人。幷封母吳氏志順淑靜玄君。

己丑。都指揮同知崔勝爲廣寧中路參將。時海西虜糾建州三衞寇瀋陽。以朝廷遣官伴行禁制不堪也。巡撫陳鉞請大征。故有是命。

前太常寺卿兼翰林侍讀學士孫賢卒。賢字舜卿。杞人。景泰甲戌進士第一。授翰林修撰。進侍講。天順初。改左中允。成化初。進太常少卿。庚寅。進太常寺卿。歷侍讀學士。逾年。請立東宮。且乞休。允之。邑邑不樂。年五十四。性剛急忌才。輕于舉劾。贈禮部左侍郎。謚襄敏。賜祭葬。

庚寅。錦衣指揮同知趙能卒。

壬辰。宣府柴溝馬營葛路堡中河東鹽各十萬引。

癸巳。鎭守寧夏都督同知范瑾爲征西前將軍總兵官。鎭守大同。

巡撫左副都御史張瓚征松潘等叛夷。分道抵其巢。斬一千七十級。

十二月卯朔。夜。金星犯壘壁陣。

乙未。分守延綏東路都督僉事神英爲征西將軍總兵官。鎭守寧夏。

申刻。金星見。

丁酉。夜月犯金星。

庚子。彰武伯楊信卒。信昌平侯洪從子。驍勇善騎射。捕虜累功。自所鎮撫至都督同知延綏總兵官。天順二年。

西黃粱功封。在邊四十年。安靜人樂効用。頗好營利。贈彰武侯。諡威毅。

甲辰。免順天田租二萬三百餘石。

夜大星赤光。自翼宿流近濁。三小星隨之。

乙巳。巡撫遼東右副都御史陳鉞請討建州三衞。從之。

夜。月犯司怪星。

丙午。議減天津等衞秋草。免保定隆慶衞災租。

丁未。賜罕東衞指揮同知綽扇綵幣羊酒。以擊土魯番斬六級。

戊申。夜月食。

庚戌。夜月犯靈臺中星。

辛亥。少詹事黎淳參鄉試錄多駁雜。或犯廟諱御名。宜申飭。從之。

監察御史胡璘請教官用會試乙榜。罷歲貢監生。上令嚴歲貢監生之選。

四川茂州地震。

夜。月犯右執法星。

壬子。夜月犯上相星。

丙辰。太子少保兼左都御史王越爲兵部尚書兼左都御史。蓋自陳紅鹽池之功。故尚書白圭抑之。越覬本兵。

而余子俊從外鎮得之。越意怏怏。至是子俊餌之。加原俸一級。

丁巳。免蘇松常鎮夏稅二十三萬一千石有奇。

戊午。命南京刑部尙書周瑄致仕。

己未。刑科給事中趙良請太子講學。諭俟明年。

免兗州夏麥十二萬七千七百餘石。

庚申。武學訓導張寧言各營都指揮以下曠學。兵部議推一官往敎。上命不必推官。但月一課之。

是年。陽江知縣崇仁方嵩陞□□。嵩由太學生天順甲申任。歷十四年。極慈惠民奏留之不得。

國榷卷三十八

戊戌成化十四年

正月己卯朔。夜。火星犯亢宿。

定襄伯郭嵩卒。嵩嗣叔登爵。初任錦衣衞散騎舍人。視其家不問。登作詩以梟獍刺之。至是卒。以非嫡裔子參襲錦衣衞指揮使帶俸。

庚午。吏部大計罷斥二千十六人。福建右布政使鍾清。浙江江西按察使劉釪趙敔。皆民譽也。

辛未。夜。月犯畢宿。

丁丑。夜。月犯軒轅左星。

己卯。襄王瞻墡薨。王讀書通詩。尤長春秋。宣德四年之國長沙。正統初。徙襄陽。己巳北狩。上書請立東宮。令郕王監國。明年。南顧。又請景帝宜旦遣使視膳。朔望率羣臣問安。不報。天順初。召入朝。甚懽。六年。復迎。辭老。命歲致存問。丙戌。劉千斤反。王捐祿犒師。年七十一。謚曰憲。

徐學謨曰。襄憲王英廟愛弟。景泰末頗涉危疑。逮上復辟。後羣議漸解。彌篤親親。屢年修覲。接袵留驩。亦忠順之所格也。篇章示好。永爲國琛。至今嗣王孝友無間。縉紳先生雅稱述焉。書云有典有則。以貽子孫。其是之謂乎。

癸未。免嘉定去年水災田租七萬七千六百八十餘石。

夜。月犯西咸星。

甲申。復遣御史洮河巡茶。
乙酉。兵部尚書余子俊上申明條例十事。謹選法。嚴紀功。重爵賞。息爭端。革吏弊。重敕令。順夷情。謹軍政。皆從之。
丁亥。諭革倉場積弊。
敕宣大延綏寧夏甘肅鎮守巡撫等戒嚴。
壬辰。命陝西各邊開中引鹽河東。
免河間災傷田租七千六百餘石。
癸巳。刑部郎中鍾蕃等勘鎮守雲南太監錢能通安南千崖孟密諸夷皆實。宜罪。上特宥能。敕責之。
二月辆朔乙未。巡撫甘肅右副都御史宋有文以給邊卒布多踈短致大噪。事聞。降河南布政司左參議。行都司都指揮劉忠等嗾悍卒。調廣西邊衞。
庚子。禮部尚書劉吉翰林學士彭華主禮闈。
免眞定河間田租一萬八百九十八石。
辛丑。撒馬兒罕速檀馬黑麻入貢。
壬寅。巡撫遼東右副都御史陳鉞以海西女直將入寇。請督兵塞上。從之。
錦衣衞指揮使萬喜爲都指揮同知。指揮僉事萬通爲指揮使。正千戶萬達爲指揮僉事。各世襲。
癸卯。夜大星自紫微流近濁。
甲辰。夜火星犯亢宿。
丙午。命中外軍政官五年考選。

戊申。皇太子出閣講學。閣臣萬安劉珝劉吉提督各官講讀。太常寺少卿兼翰林學士王獻。少詹事兼侍讀黎淳學士謝一夔。右春坊右庶子汪諧。洗馬鄭環羅璟。侍讀學士彭華。侍讀學士汪朝宗。左春坊左庶子劉健。左諭德程敏政。侍讀周經。修撰陸釴張昇張頤。遞講讀經。改右中允昇。改左贊善修撰傅瀚兼校書。太常寺少卿謝宇禮部員外郎淩暉兼正字。通事舍人耿寧紀本。

己酉。南寧伯毛文往南京操江。宣府總兵康永調甘肅。大同左參將汪山爲宣府副總兵。

增雲南按察副使整飭臨安兵備。

罷朝天宮役。專修國子監。

庚戌。改萬安吏部尙書兼謹身殿大學士。大學士劉珝禮部尙書劉吉。各進太子太保兼文淵閣大學士。進英國公張懋太子太傅。撫寧侯朱永襄城侯李瑾太子太保。吏部尙書尹旻戶部尙書楊鼎禮部尙書鄒幹爲太子少保。

免鳳陽去年水災田租十七萬一千七百一十七石有奇。

壬子。府軍前衞署都指揮僉事周璽充左參將。分守大同。

夜。大星自紫微流近濁。

甲寅。錦衣衞指揮使牛循爲都指揮同知。仍署衞事。

乙卯。定東宮侍衞官校二千有奇。

丙辰。夜。月犯羅堰星。

丁巳。免徐州夏秋田租。

庚申。山東按察副使陳相。鳳陽通判馮珪。登州通判袁玘。開州通判林彥綱。俱賜誥敕。旌其善政。

總兵官都督同知歐信。巡撫遼東右副都御史陳鉞。襲擊建州三衞夷。攻破寨五十三。斬二百級。上捷。

辛酉。故廣西都指揮岑瑛以頻年殺賊功賜誥命。

未刻。雨土霾。

三月燚朔。敕四川巡撫右副都御史張瓚討松茂諸蠻。瓚分道攻其巢。斬一千七十級。攻白草壩西坡禪定諸寨夷。又攻疊溪茂州等夷。斬二百一十八級。又攻白羊壩餘寇。斬九十餘級。四月戊午班師。

丙寅。各道監察御史屠滽等言。竊見巡撫寧夏奏稱邊儲匱乏。欲將河南陝西山西北畿兩考吏典及在京各衙門辦事滿者俱令納銀免考。即與冠帶。民間子弟納銀。許充知印承差郡縣等官。三年六年考滿納銀。免其赴部考績。戶部准擬。詔許通行。稽之往年陝西偶納草納馬事例。至今朝論不以爲是。堂堂天朝。富有四海。令量入爲出。用一省百邊儲。胡患不充。軍需胡患不足。而爲此賣官鬻爵之事。伏乞痛革前弊。別圖長策。使邊備不乏。名器不濫。上曰。漢文帝從晁錯備邊之策。後人惜其作俑。納銀足邊。後世謂何。御史言是。一切罷之。

夜。大星自織女流近濁。月犯天高星。

丁卯。南京參贊機務右都御史王恕爲南京兵部尚書。仍參贊機務。

戊辰。進士張琛爲吏科給事中。

免開封南陽衞輝汝州濟南去年水災田租。

錄岷州破番功。

都督僉事白玘爲都督同知。

妖人陳廣平伏誅。

己巳。國子博士戴仁徐增行人汪山唐琠楊澄知縣張泰馬隆爲監察御史。

庚午。右副都御史張瑄爲南京刑部左侍郎。南京太常寺少卿李本爲南京禮部右侍郎。總督南京糧儲右副都御史胡拱辰爲南京左副都御史。巡撫貴州右僉都御史宋欽爲南京大理寺卿。

辛未。禁安南使臣多挾私貨。

敕兵部左侍郎馬文升往遼東招安建州三衛夷人。初海西兀者前衛都指揮散赤哈言。開原驗放夷人指揮管□。受其珍珠豹皮。兵部檄總督都御史陳鉞勘究。都督產察者。散赤哈姪也。方入貢。指揮管□懼賂產察白言無有。散赤哈恨之。聲言且犯邊。鉞招散赤哈來廣寧面折。散赤哈率所部欲由撫順關進。參將周俊恐散赤哈見鉞則指揮管□事露。馳報曰。海西夷素不從此關進。恐開釁。他日鉞是而沮之。時散赤哈已入關。則大怒。折箭誓復歸海西道從建州過建州三衛夷懷董山之忿。卽留散赤哈。聚兵數千大掠鳳集諸堡。鉞集兵拒之。則已去。獨近塞也僧格等十八族。皆土著。虜方入貢。恐我誤兵。留其使走之撫順所白鉞曰。犯邊者海西人。無預我。我等十八族皆有人入貢未還也。鉞方欲自辭。與副總兵韓斌等收繫也僧格等杖殺之。乘夜襲屠十八族。詭奏搗巢功。月四五捷。復請兵征之。通事王英說太監汪直曰。建州三衛臣屬已久。豈有叛理。朝廷遣行人伴送貢夷。彼中途不得貿易。陳都御史貪功啓釁。失遠人心。公請于上。往彼撫諭。察鉞所爲。此可爲公功。英請從。直喜。以聞。司禮太監懷恩尼之。故命文升往。

癸酉。駙馬都尉趙輝卒。輝江都人。尚寶慶長公主。粗知文學。然侈甚。

甲戌。福建上杭縣盜起。敕鎭守太監盧勝巡按御史戴用等督捕之。

丁丑。策貢士梁儲等三百五十人于奉天殿。賜曾彥等進士及第出身有差。

己卯。南京西華門廠竹木等料火。

定秦慶肅韓各王府郡主以下府第工價例則。

辛巳。閉雲南烏撒衛等銀峒。

壬午。免大寧都司幷天津平陽大同屯租。

丙戌。進士梁儲張潔陳璠楊傑敖山劉忠孫珪于材王珣劉允中張璞徐鵬汪藻鄧焲林霄江瀾張九功陳邦瑞馬廷用荆茂劉機李經謝文張芮倪進賢楊廷和楊時暢武衛。選翰林院庶吉士。命學士王獻謝一夔教習。

開遼東廣寧馬市。從巡撫陳鉞之請。鉞奏永樂間遼東設馬市三。一開原城南關。以待海西女直。一在廣寧城。以待朶顏三衞。正統間因泄事罷其二。惟存開原南關。近者朶顏窮迫。潛結海西。轉市于我。海西藉彼馬力。數犯我邊。若許復開。則收朶顏之心。散海西之黨。下廷議。從之。

起右僉都御史高明巡撫福建捕盜。

丁亥。免浙江收買花木。巡按監察御史張鋭等言其病民也。

江川王音埈薨。王無子。弟鎮國將軍音埶當襲。妃劉氏謀于內使陳誥等。令宮人王氏稱遺腹。陰抱他人子養之。事發。革妃號。幷敕責音埶擅出城之罪。

戊子。安南國王黎灝奏辨侵掠占城之罪。占城非沃壤。止犀象香木。臣何所利而侵爲也。

辛卯。汪直議築高郵邵伯寶應白馬湖隄。從之。

四月壬辰朔。乙未。吏科給事中趙侃等乞守令專選科目。毋及監生。吏部謂此乃李賢奏選監生。固難以科目拘也。上然之。

丁酉。免山東及揚州等水災田租。

夜。大星自左旗流虛宿。

庚子。封季墭江夏王。當濆滋陽王。當㵾陽信王。同鈃永寧王。申銷汶川王。覲鍚瑞昌王。

兵部尚書余子俊上軍功賞格議行之。
壬寅南京戶部右侍郎潘榮總理糧儲。
甲辰琉球中山王世子尚眞入貢。
丙午兵科給事中董旻行人右司副張祥使琉球。封尚眞琉球國中山王。
襄陽大雨水。江溢壞廬舍城郭。
丁未夜月犯天江上星。
戊申翰林編修李傑爲侍講。
己酉定琉球二年一貢。
庚戌免廬州淮安去年田租。
虜犯大同玉林等處。右參將盧欽等擊敗之。斬一級。
壬子。巡撫延綏右僉都御史丁川憂去。
癸丑戶部左侍郎翁世資爲尚書仍督京儲。
甲寅錦衣衞帶俸指揮僉事蔡英挾弓矢行掠伏誅。
丁巳楊瑾嗣彰武伯、楊信子。
戊午。前南京禮部左侍郎兪綱卒。綱順天諸生。嘉興人。善書。授中書舍人。改鄖府審理正。景帝初。歷今官。性不忤物。天順初奪太子少保。調南京禮部左侍郎。
分守奉御羅振等追虜出塞。斬二十九級。
五月戊辰朔。免永和倚氏田租。

癸亥。代府和川王成鍚薨。年三十。謚悼僖。

丙寅。免遼東藥材二年。

戶部右侍郎邢簡卒。簡咸寧人。景泰甲戌進士。廉介有守。無矯言飾行。

壬申。河南左布政使楊浩爲右副都御史。巡撫延綏。

尙寶司少卿戴縉爲右僉都御史。

癸酉。少詹事兼翰林侍讀黎淳爲吏部右侍郎。右副都御史張瓚殷謙爲戶部左右侍郎。

都察院囚逸。御史馬隆李寅下獄。左都御史王越右僉都御史李綱奪俸三月。

夜。大星流雲中。

丙子。陝西山東左布政使孫仁陳儼並爲右副都御史。翰林修撰張頤爲右僉都御史。仁四川。儼貴州。頤宣府。

丁丑。寧陽侯陳瑛總領將軍宿衞。

戊寅。儒臣輯御製詩集四卷。

己卯。兵部上武舉條格。

辛巳。前巡撫順天左僉都御史張綱卒。綱字大振。長淸人。景泰甲戌進士。授御史。謹愿。精吏事。

甲申。遼王豪墭薨。年五十。謚曰靖。

丙戌。商州大水。渰人稼。

戊子。減去年遼東中河東鹽米數。每引止米三斗五升。

庚寅。夜。大星自天市流氐宿。

六月辨朔。癸巳。敕各邊總兵官嚴兵備虜。

甲午。設廣東恩平縣。
丙申。免鎮江太平蘇州池州去年災租。
戊戌。敕兵部左侍郎馬文升及贊理軍務右副都御史陳鉞會議招撫夷寇。文升至遼東。鉞意與同功。文升主撫。至開原。故海西兀者等衛都督等官察安察等三百七十五人被屠十八族。盡來訟寃。文升賑慰之。因言建州叛服靡常。我已招降董山而又殺之。近復搗其巢。槩及無辜。失信生禍。莫此爲大。招撫征討惟上命之。兵部尙書余子俊是文升議曰。禦戎宜先守備。先朝羈縻建州。不深治也。罪狀未著。遽征之。非祖宗初意。
庚子。金木二星晝見。
壬寅。司經局洗馬鄭環爲南京太常寺少卿。尙寶司卿李木爲南京光祿寺卿。
癸卯。敕太監汪直率通事百戶王英往遼東處置邊務。時東虜遞犯靉陽諸堡。英說直。可出師擊虜。幷招撫建州爲公功。直請上。得行。
丁未。大慈恩寺禪師喃渴領占等乞銀印。特許之。
辛亥。臨晉天鳴。隕黑石于縣東南三十餘里。有聲。入地三尺。大如升。
壬子。武功左衛指揮僉事王宣爲署指揮使。宣貢士襲職。
癸丑。貴州普定等蠻作亂。總兵官吳經等奏徵湖貴雲南兵大征。上不許。曰。貴州深阻。恐未必得賊。徒傷亡辜。其敕巡撫右副都御史陳儼往度之。
甲寅。守制巡撫延綏左僉都御史丁川卒。川新昌人。天順甲申進士。授御史。有能名。善趨時。故驟顯。
七月庚朔。浙江按察使楊瑄卒。瑄字廷獻。豐城人。景泰甲戌進士。授御史。劾曹石下獄。戍鐵嶺衛。赦還。不往謝曹石。又戍南丹。曹石敗。復官。轉浙江海道副使。至今官。築海塘。浚西湖。年五十四。民數世賴之。

楊守陳曰。嗚呼。正統之末社稷非景帝莫可保。而一時竭忠効勞者。皆可謂社稷臣也。二凶于是時亦受恩不貲。富貴極矣。而忠勞蔑如。逮景泰末。誠所謂惠懷無親者矣。天下非英廟其誰歸。而二凶貪天之功。弁髦景帝。魚肉其社稷之臣殆盡。此予所爲慟哭流涕而不能已也。嗚呼。二凶是舉。豈眞要功以固位而已哉。蓋以圖改玉之非也。于是勢焰炙天。孰敢一睚眦之。而公露章顯斥。瀕死而不易辭。可謂忠讜之臣矣。曾不數年而二凶身刑家僇。遺臭亡疆。而公乃高陟令終。流譽千載。豈直薰蕕之辨而已哉。嗚呼。使二凶不自作孽則國家無釁。而且富貴延及于來胤未已。公非以忠讜著。則雖有他表見。豈能若今之焯焯後世決不可滅如此哉。是亦足爲萬世人臣之鑒矣。

癸亥。江西人楊福嘗給事崇府。或謂其貌汪直也。福即詭直奉使自蕪湖乘傳歷浙閩。閩軍覈餉。從者相與爲奸利。鎭守太監盧勝偵其詐。逮下獄。論死。

壬申。復趙王見灂爵。

乙亥。兵部申明馬政條例。

前鎭守雁門關僉巡撫山西右副都御史朱鑑卒。鑑字用明。晉江人。由貢士授蒲圻教諭。進御史。按湖廣廣東有名。歷山西右布政及土木之變。進巡撫山西右副都御史。克盡其職。廉恪明敏。數上書俱大計。年八十一。賜祭葬。

丙子。四川鹽井衞地震。至己卯復震。

南京工部右侍郎李春致仕。

遣戶部郎中林孟喬員外郎袁江賑濟南東昌兗青饑。員外郎劉道王臣往眞定保定河間大名廣平順德。其災甚者。停糧芻馬匹及一應差役。

戊寅。黔國公沐琮請三司保勘土官襲職者。悉爲剖決爭端可息。上是之。

己卯。獨石指揮同知繩律修邊。值虜五百騎戰敗。分守右少監劉祥署都督僉事李剛援之又敗。

辛巳。南京太僕寺卿劉俊爲南京工部右侍郎。

癸未。進士趙泰馬銓吳凱秦昇劉清爲給事中。泰銓戶科。凱昇兵科。清刑科。

敕諭哈密右都督罕愼。時巡撫甘肅王朝遠等聞速檀阿力部下攜叛。欲調赤斤罕東二衛兵二千。甘涼兵一萬。罕愼兵七百。副總兵王璽期八月直搗故城。兵部尚書余子俊言其不可。止宜伺便。故有是命。

戊子。禁山西鑿石。

己丑。占城入貢。

給哈密馬平章布帛牛種。

八月賡朔。癸巳。南京刑部右侍郎金紳巡視江西水災。

乙未。禮科給事中馮義行人張瑾封占城國王齋亞麻勿庵。

戊戌。遣京營把總指揮僉事張懷往會密雲守臣伺虜。時報虜入寇。

庚子。禮部員外郎黃景賑順天。戶部員外郎劉道直賑保定。王臣賑廣平大名順德。主事官廉賑河間。刑部郎中張錦賑眞定。戶部郎中林孟喬賑兗州。員外郎袁江賑東昌。大理右評事彭詮賑濟南青州。又減山東湖廣河南江西災租。其災甚者停馬匹及差徭。

乙巳。廣西太平府地震。自六月至是凡七。

丁未。停順天民借支倉糧。

南京大風。拔太廟木。

免順天所負羊毛。

禁私鑄。

戊申早朝左班如兵甲聲俱辟易不成列。久之始定。莫知其故。以下列百餘人跽午門。踰時釋之。

吏部以御史屠滽請汰冗官共冗六百十三員。從之。

庚戌南京尙寶司卿夏瑄爲南京太常寺少卿。

辛亥威州地震。

癸丑巡撫四川右副都御史張瓚憂去。

夜嘉興南方有聲如運磨連夕不止。

甲寅下巡撫南畿右副都御史牟俸錦衣獄。巡撫遼東陳鉞怨俸搆之。

通政司右參議李寬通賂劾免。

乙卯傳陞錦衣百戶王英爲帶俸正千戶。陳鉞子澍前以奏捷授錦衣冠帶小旂。至是入太學。

丙辰兵部右侍郞張鵬兵科給事中張善言閱侍衛并九門吏卒。

錦衣問刑副千戶吳綬爲指揮僉事。仍管鎭撫司。

戊午鳳陽大雨水。

九月紀朔錦衣衞指揮同知朱驥爲指揮使。

遣御史三人往良鄉固安通州捕盜。

辛酉定隱匿賊情例。

壬戌濬州知府孫璋爲山東布政司右參政。

癸亥。開封河溢。

甲子。封彌鏴新野王。誠潢保安王。

乙丑。兵部上諸臣所薦邊才五十六人。

清平伯吳璽卒。

修居庸等處關隘。

己巳。裁錢塘富陽臨安於潛昌化桐鄉安吉勸農縣丞。

庚午。國子博士羅鵬爲南京監察御史。

癸酉。巡按貴州監察御史李勳縱家人入公署脅財。削其籍。

甲戌。階州地震有聲。

乙亥。巡按陝西監察御史鄭昱復命失儀。謫京山知縣。

乙酉。鎭守雲南太監錢能爲指揮姜和李祥乞恩免罪。許之。

十月丙朔壬辰。敕雲南巡撫等區畫廣西以土知府昂貴與彌勒州千戶龍𨈆仇殺也。

癸巳。通政司右通政潘禮憂去。

甲午。總督糧儲兼巡撫鳳陽右副都御史李裕憂去。

乙未。南京羽林左衞署都指揮僉事都勝充參將協守漕運。

丁酉。右僉都御史李綱爲左僉都御史。總督漕運兼巡撫鳳陽。

辛丑。陳鉞請擣建州卜刺答等。兵部恐啓釁。宜俟其入擊之。報可。

故韓府漢陰王徵鍉追廢爲庶人。王亡子。疾時妃父周恂取他人子爲王子。旣長得封。至是事覺。斬恂。沒其家。

受封男女皆賜死。追削王爵謚。國除。僞漢陰王偕清伏誅。初韓靖王姬平氏子徵鍉封漢陰王。長史周禮任久家平涼子恂郡諸生娶平涼衞指揮鍾綵女生女爲王妃。亡子天順八年十二月王疾篤。妃與平姬范姬謀于恂。令王書告諸王曰。婢劉蓮有身三月。杜小梅娠一月。男也嗣我。女則祈封婚焉。成化元年六月恂妻鍾氏生女。潛致府中。令內使劉通報諸王。九月望。鍾氏兄淮濂以衞卒張通子又間納之。以告諸王。後女封□□縣主。子襲爵。恂等用事。鍾氏孽弟瀚數以動王及二族求利不已。勿勝應也。瀚怒。遂告撫按以聞。朝使鞫僞狀。屬按察僉事左地至平涼。分恂等下諸吏。勿相面。已坐堂皇訊之。方爭辨左猝棄囚出見使者。諭各囚仍跽候。獨引瀚自隨。亟歸問坐下所匿伺者。囚何言。伺者曰。恂屬妻妾忍死不言。或得生。左笑曰。是矣。窮治之。悉伏法。徵鍉追廢爲庶人。

丙午。皇三子祐棆生。母宸妃邵氏出。

庚戌。進萬安王越太子太保。兵部尚書余子俊。刑部尚書林聰。工部尚書王復。署通政司工部尚書張文質。並太子少保。富城侯李勇。定西侯蔣琬。左都督趙勝。並太子太保。

壬子。巡按江西監察御史沃頖奏吉安獄三年中斃三百八十七人。則知府黃景隆酷陷也。命刑部郎中屠勳錦衣百戶楊綱勘斃獄共四百十七人。其失入實百有六人。于是械景隆入京。

十一月牫朔。癸亥。巡撫河南右副都御史李衍言。河南屢有河害。皆由下流壅塞。議者謂開封西南新城下至梁家淺舊河口可以泄之。其疏濬僅七里許。又八角河直至南頓。可以分導散漫。免祥符鄢陵睢陳諸州縣渰沒之患。從之。

丁卯。廣西養利州永康縣俱改流官。時土官趙文安楊雄傑俱以罪除。

己未。萬壽節。始令翰林官習儀。初詞林自來免習。至是學士王獻檢討張泰不赴。命鞫訊之。云例也。宥之。命後習儀如常第免閣臣。

己巳。論四

丙子。寧夏副總兵都督僉事緱謙爲征虜前將軍總兵官鎮守遼東。

辛巳。復南樂王祁鉷爵。

壬午。戶部定遼東中鹽淮浙河東鹽例兩淮存積鹽七萬引米一石常股鹽八萬引減三斗。兩浙存積鹽五萬引米七斗。常股鹽五萬引減二斗。河東十萬引米三斗。

免順天災租。

癸未。後軍帶俸都督僉事李璵充副總兵。協守寧夏。

總督兩廣朱英。與總兵官平鄉伯陳政爭坐。改英巡撫兩廣。

丙戌。廣平侯袁瑄卒。

十二月戕朔己丑。出帑金三萬。賑兗州饑。

癸巳。進士王盛章玄應爲南京戶禮科給事中。

巡撫兩廣右副都御史朱英爲右都御史。仍巡撫。

甲午。巡撫福建右僉都御史高明疾去。

免河間水災田租。

乙未。增太常寺司樂二員。

盜陷江西新昌縣。切責守臣。

戊戌。傳陞鴻臚寺卿施純爲禮部右侍郎。仍署鴻臚寺。

癸卯。夜月食。
戊申。知縣吳哲姜昂劉俊奚銘賀霖劉宇王輔劉璧爲試監察御史。
己酉。遼東都指揮同知吳玉以胡種避嫌乞回京。許之。
庚戌。申外官私役軍士之禁。
壬子。翰林學士彭華爲詹事。
丙辰。裁嘉蔬千戶所。
番賊寇松潘。都指揮徐昱守堡千戶陳鏞徐鎧不能禦。鎭守副總兵堯彧整飭兵備副使周正方以羊酒遺賊。還所掠者。事聞。昱等鐫一級。本衞差操。
是月。龍見嘉興南方以十數。

己亥成化十五年

正月钺朔辛酉。皇四子祐檳生。德妃張氏出。
手勅進吏部尙書尹旻太子太保。汪直請之也。
談遷曰。王越尹旻並大臣有聲望。其比汪直不諲也。至長跽諸卿皆從之。則吾未之信。夫僉人貪附以躐進梯榮耳。官至八座。腆極矣。卽曰固位。亦何至爲辱人賤行也。稗說過毁。時或失實。如天啓中逆魏柄事。間時人雖邪黨。亦未嘗屈膝。則汪直時可知矣。彼陳鉞直媚子。又不可例尹旻王越也。
甲子。上南郊。
己巳。都督僉事韓忠以萬人待報。赴密雲防禦。

壬申。南京兵部尚書王恕改兵部尚書兼左副都御史。巡撫蘇松等處。起薛遠南京兵部尚書。

癸酉。夜。月犯上將星。

己卯。賑濟官刑部郎中張錦奏。民倒失官畜逋稅。當追徵。乞併寬免。從之。

巡撫大同李敏請文廟樂器。許之。

免潁上太和去年夏麥四千二百石。

福餘衞知院可台年九十六歲。兀者衞都督察安察。其父任右軍都督。俱因朝貢。乞賜服。予以織金麒麟衣。

庚辰。廣西上石西州改流官。時土官何任弘絕。

□軍都督同知錢雄卒。海州人。

山東去年水災。免田租六十八萬九千七百石有奇。

辛巳。省山東州縣勸農官。

癸未。安慶池州去年旱。免租十三萬一千八百餘石。

甲申。停徵武淸縣黑土課米五百四十石。

丙戌。故少詹事兼國子祭酒司馬恂贈禮部左侍郎。

二月戊朔庚寅。湖廣去年旱。免米麻豆七十九萬二百石有奇。

廣寧伯劉瓚卒。

癸巳。命內官監右少監張志等役九十三萬人修蘆溝橋隄岸。

丙申。夜。月犯井宿。

戊戌。罷鎭守通州都督同知陳逵。以玩盜推避也。

己亥。故廣東按察副使贈按察使毛吉謚忠襄。

詔運兩淮鹽給湖廣官軍俸糧。

辛丑。通政司左參議方漢爲南京太僕寺卿。

壬寅。廣西守禦千戶所獲安南諜者七人。下鎭撫。獄有私人俱脫之。千戶趙邦坐罪。

甲辰。都督僉事楊麟卒。

乙巳。夜月犯氐宿。

丁未。以兩淮常股鹽五萬引幷帑金千二百賑兗州。

戊申。禁自宮求進者。時私閹二千人。盡逐之。

夜。月犯南斗杓。

壬子。免肇慶廣高雷廉逋租。

夜。月犯壘壁陣。

甲寅。命南京葺開國功臣墓。

丙辰。夜有大星靑白色自雲中流近濁。

三月。〔叮〕朔甲子。夜木星犯天街。

丙寅。免貴州屯租。

吉安知府黃景隆苛刻論死。巡按監察御史沃頖被訐。亦逮至。謫內鄉知縣。景隆竟獄死。謂知府許聰之陰譖也。景隆同知吉安擠聰死。奪其位。

戊辰。夜月犯上將及土星。又大星自井宿流五車。

辛未。夜月犯亢宿。

甲戌。廣留地震有聲。

前南京禮部尙書倪謙卒。謙字克讓。上元人。正統己未進士。授翰林編修。進侍講。改左中允。進侍講學士。寰宇通志成。進左春坊大學士。天順初。改通政司左參議。仍兼侍講。尋進學士。坐事戍開平。成化初起官。進侍郎。劾免。後拜尙書。謙生四乳。穎異善屬文。嘗使朝鮮。人服其敏。第好交匪人。竟以是敗。景泰中別選內豎聰慧者數人。俾謙敎之。後俱柄用。謙躓而復起者。此數人力也。贈太子少保。謚文僖。

丁丑。封彌鍗穎昌王。彌鎈浙陽王。彌鉗交城王。豪埝宜城王。範址襄陽王。

戊寅。知縣張淮徐節王紳翟俊趙英孫弁易鶚吳泰胡漢李琨推官孫震爲監察御史。

辛巳。設分巡僉事于吉安。

戶部主事澤州李諒以從子玉爲宣寧王府儀賓被訐。都察院擬調外吏部。言諒玉別籍無服。遂如故。

癸未。免江西去年水災田租百三十二萬三千九百石有奇。

四月亥朔。傳陞吏部聽選官李孜省太常寺丞。監察御史楊守隨等言。我祖宗立法定制。官人必由資格。核士必考素行。是以奸僞衰止。流品澄清。至于祭祀之禮。罪人不得供事。刑官不得省牲。疾病刑喪不得陪從。其典尤重。李孜省故胥也。受賂逃匿。藪于京師。其資格則刀筆也。其情罪則胥靡也。小人投合。無級忽陞。命下之日。士論騰沸。奈何用此奸罪穢人。瀆事天地宗廟之駿奔也。吏科給事中李俊等亦以爲言。上曰。其改之。遂改上林苑監左監副。

己丑。錦衣衛指揮僉事郭良請襲故祖英武定侯爵。不許。

夜土星犯上將。

庚寅。大理寺左少卿田景陽南京大理寺右少卿邊鏞翰林侍講李傑清理武臣貼黃。

辛卯。遼東太監葉達都督同知歐信都指揮韓斌崔勝陳雄葉廣羅雄文寧常凱白祥李宗定遼等衞指揮夏時王鑑張宏田俊劉晦石俊蕭凱傅斌俱虜入失利被劾。命定西侯蔣琬刑部尚書林聰同太監汪直往按之。各降罰有差。直之偕琬聰。冀掩其罪。而尚書外勘。前未有也。議者謂聰之徇直。

癸巳。安南黎灝入貢。

戊戌。免應天寧國徽州災租五萬九千六百二十餘石。

癸卯。署欽天監事太常寺少卿童軒爲寺卿。仍署監事。

前右都御史韓雍卒。雍字永熙。長洲人。弱冠中正統壬戌進士。授御史。果敢擊斷。氣淩諸御史上。正統中。巡按江西。擒治墨吏五十七人。値閩賊鄧茂七反。同巡撫侍郎楊寧討平之。遷廣東按察副使。薦擢右僉都御史。巡撫江西。恩威大著。憂去。奪情居一年。赴京。尋巡撫大同。防守經畫。遷兵部侍郎。上初坐累降浙江左參政。尋改左僉都御史。總督兩廣軍務。平大藤峽賊。進右都御史。洞達凱爽。應機決策。智勇並奮。文牘山委。剖斷如流。提枹鼓立軍門。士大夫莫不用命。出入矢刃。意氣自若。年五十六。子文廕入監。嫉惡太甚。慘于刑僇。疾而覃魈恍惚。赴水死。卒謚襄毅。

王世貞曰。雍稱少時多奇鬼神跡。至今鄉里能誦道之。兩廣士大夫先生每屈指雍曰。此百世功也。大藤峽天險。賊蟠據無敢窺。獨雍王守仁兩至之。信然哉。

袁袠曰。兩廣自文皇帝朝。蠻寇已數叛矣。嘗命都督韓觀山雲相繼鎭守。乃後交趾不寧。兩廣兵調征無虛歲。加以瘴厲。耗死者十七八。而蠻寇之生聚日煩。正統末。蕭養倡亂。廣東西蠻相煽動。攻剽城邑。累征不克。朝廷爲之旰食。韓公以一書生。不旬月蕩平之。非其善用兵而能若是乎。然非純皇之旣明且斷。委任不疑。

亦曷克成功哉。予嘗聞之故老言韓公發摘奸伏如神。進攻大藤峽時。有老人五百詣幕府言軍情事。公疑之。陰選壯士千人縛搜之。懷中皆短刀。悉誅之。又言韓公有擒賊至間。手自殺之。醢其腦。或言韓公多計數。師抵大藤峽。先驅白言峽深不可渡。公下令今日必渡峽。無舟則以軍之半塡峽。須臾師畢渡。或又言蠻酋聞公名輒喪氣。師未抵峽。峽中藤葉皆蟲食成韓字。諸如此類甚衆。言韓公平蠻事雖異。要之有文武才。予故類附之。

何喬遠曰。予嘗至粵西。粵西人至今不敢名韓公。乃亦嘗坐通中官貶。王越比于汪直奸邪矣。弘治之朝。其功乃見。夫才略之士。烏可繩耶。

丙午。免鳳陽淮安揚廬滁徐和災租。

己酉。慶王邃鏴薨。年三十五。謚曰懷。

庚戌。太監劉恆汪直總兵官朱永蔣琬尙書王越簡京營兵。

癸丑。鄭世子見滋薨。年二十八。謚悼僖。

五月丙朔。添鑄鐵斛頒郡縣。

太原地震。

丁巳。前浙江布政司右參政陸㬇卒。㬇字孟昭。常熟人。景泰辛未進士。授刑部主事。歷郎中。以明允稱。久之遷福建參政。繕理戍城及甲仗。築漳泉海隄。中蜚語罷歸。

壬戌。免固原靖虜蘭州甘州屯租萬三千五百二十八石有奇。

太監汪直還京。誣兵部左侍郎馬文升下錦衣獄。巡撫遼東都御史陳鉞在鎭不職。文升故輕鉞。鉞不自安。會直至。戎服遠迎。除道飭廚傳。叩伏趨走甚恭。直左右得鉞賂。交口贊鉞。直大悅。文升接直平視。交揖而已。鉞因譖文升于直。謂建州夷盜邊。緣馬公禁阻鐵器出關。彼無以爲鋤钁。不能安生。相率反耳。直還。言文升于上。鉞故爲山東布政使。與巡撫牟俸並强幹苛刻不相能。鉞復言俸于直。直還會俸以議事來京。直發俸貪暴事。奏逮之。並逮其所屬官吏。侍講學士江朝宗。俸姻屬。皆連逮。究俸贓以萬計。俸不勝拷。行賄于綏。綏諷所逮屬官吏代俸輸牛。乃罷。

葉向高曰。女直之興微矣。極其勢至于亡遼蹩宋。基中國大禍。患生于所忽。蓋謂茲與勝國驅除。明興豢養。稍馴狎矣。彼其屋居耕食。分地世官。非專事射獵。遷徙無常。如匈奴比。故可得而羈縻言也。獸奔豕突。夷性則然。而此叛彼歸。朝侵莫款。信使一臨。叩關相望。假令恩威足服其心。而擾馴毋失其宜。一疆吏辦之矣。顧夸者徼之以爲功。貪者漁之以爲利。自我致寇。夫復何尤。夫以馬端肅之經畫。夷方悔禍。勞之不圖。而反爲罪首。卒使閹豎快心。邊陲飲痛。謀國如此。欲以制夷擒虜。能哉。

甲子。監察御史吳道宏爲大理寺右少卿。撫治鄖陽流民。

行人右司副張瑾使占城。道豐城舟損。詔物命易之。

乙丑。常州地震。生白毛。

戊辰。右副都御史牟俸戍鎮遠衛。翰林學士江朝宗謫廣東市舶司提舉。汪直以朝宗與俸有連也。俸在戍踰年卒。俸字公爵。巴縣人。既卒。家無遺貲。識者憐之。

庚午。兵部左侍郎馬文升戍重慶衛。

談遷曰。時林聰司刑。馬文升遣戍。三尺法安在哉。史稱聰之再起。更爲溫厚謙抑。與物無忤。洵矣。

福餘衛都指揮扭歹等報。太師乩加思蘭爲族弟亦思馬因所殺。亦思馬因稱太師。

壬申。安南使臣陳中立等奏。道由廣西。爲馮祥龍州土官阻滯。詔仍遣送。

癸酉。諭科道互隱牟俸馬文升之罪。于是給事中李俊御史王濬等二十九人合詞請罪。各杖二十。
乙亥。傳陞右僉都御史戴縉爲右副都御史。屠滽爲右僉都御史。王濬爲南京右僉都御史巡撫甘肅。
丙子。工部尙書萬祺進太子少保。
駙馬都尉周景爲父鴻臚寺卿顒乞贈謚。不允。
巡撫貴州左副都御史陳儼貴州總兵官吳經平西堡蠻賊。斬二千一百五十餘級。俘男婦七百二十餘人。敕勞之。是役也。道刼雲南參政姚景。遂大舉濫殺冒功。
戊寅。下金吾右衞指揮經歷等官郭宏等三百四十九人于刑部獄。以受賂縱軍脫役也。
己卯。免常德辰衡柳靖災租。
錦衣指揮吳綬調南京。綬初附汪直。已悔之。忤直。
壬午。四川按察司僉事范純爲副使。整飭大壩兵務。初裁副使。仍復之。
癸未。燕河營右參將李爲署都督僉事總兵官。鎭守薊州永平。
六月丙戌朔。癸巳。罷給事中閱收。止令本營點視。
戊子。總督漕運左僉都御史李綱卒。綱長清人。天順丁丑進士。任御史。遷太僕少卿。行薊州。値盜。示以衣笥。盜語諸人曰。此李太僕耶。曰。然。盜曰。無財。不啓笥而去。噫。兒童走卒知其名。可以爲難。今雖盜賊不但知其名。亦有媿于心也。平江伯陳銳臨其喪。見無長物。嗟歎。上章乞祭葬。
甲午。誅劉八當哈于遼東。
乙未。夜。月犯西咸星。
嘉興有彗如流火。長五六丈。移時始滅。

丁酉。湖州知府李雄。有罪戍大同衞。
庚子。夜月犯井宿。
辛丑。伊府西鄂王諟鈌薨。年二十七。謚安僖。
辛亥。兵部左侍郎張鵬淸理武職貼黃仍佐部。
癸丑。茂州地震有聲。
七月 𦫳朔己未。巡撫甘肅左僉都御史王朝遠予告。
遼東海州衞積芻火。
辛酉。署錦衣衞都指揮牛循。有罪下獄。以貪暴通賄也。戍循廣西。
壬戌。禮部右侍郎尹直改南京吏部。南京右僉都御史王濬巡撫甘肅。
乙丑。南京大理寺卿宋欽坐累奪俸三月。
己巳。戶部左侍郎張瓚爲右副都御史。總督漕運兼巡撫鳳陽。
癸酉。命太監汪直行邊。先是陳鉞說直曰。公今威名赫奕。顧須有捕寇斬虜功。乃可以自結于上。而外著勳伐于天下。直心然之。遂言虜酋□□伽修怨怙惡。當誅。故復遣直。
初。暹羅使臣坤祿羣等入貢。船壞。乞更造。許之。
丁丑。□□知縣陳金爲南京試監察御史。
庚辰。戶部右侍郎殷謙兵部右侍郎張鵬並爲左侍郎。巡撫順天右僉都御史閻本爲戶部右侍郎。巡撫大同右副都御史李敏爲兵部右侍郎。
癸未。河南左布政使孫洪爲右副都御史。巡撫大同。

賜總督漕運左僉都御史李綱祭葬。平江伯陳銳爲之請。不爲例。

八月艸朔。旌邵武知府馮孜。滁州知州陳俊。寧晉知縣陳愉。俱賜誥敕。

丙戌。寧夏地震。

辛卯。增貴州按察副使。整飭威清等處兵備。兼理糧儲。

南京大風。拔孝陵木。

南京刑科給事中李鸞先奏南京工部造船虛費。命覈之。謂其妄。謫秦州判官。

癸巳。靖遠伯王添卒。

甲午。金星晝見。

乙未。旌桂林知府金純。武昌知府秦夔。濟南知府王璟。揚州知府周源。廬州府同知李鳳。霸州知州蔣愷。廣德州知州周瑛。深州知州韓儒。道州知州方璟。六合知縣唐詔。藁城知縣李興。陽曲知縣宋賓。賜誥敕。

命戶部郎中裴慧萬山徐虔員外郎李紳主事劉瓊齊文陳蕙巡視山東河南揚徐淮鳳永平河間等水災。時遣七人。尚書楊鼎遣其一。奪俸三月。罪萬山。遂改員外郎梁鑑。

丙申。夜大星見紫微西藩。流近濁。

丁酉。木星晝見。

己亥。朱永歷陳其功。命世襲錦衣百戶。

壬寅。韓王偕灊有罪。奪祿三之一。

丙午。左府帶俸富陽伯李興卒。

丁未。天目山崩。宜興長興紹興同一夕水溢。漂人畜亡算。

己酉。封祁鏞襄王詮鉅西陽王。鍾鐻交城王。同鑒胙城王。

辛亥。鄭府河陽王見瀶薨。年十五。謚懷簡。

壬子。故事十一月朔頒曆。是日冬至。禮不能兼。遂定十月朔頒曆。

是月。安南以八萬人侵滿剌加。

九月卯朔乙卯。夜木星犯井。

大理寺左少卿劉慶卒。直隸新城人。貢士。授御史。

辛酉。貴州黑苗齊梁等叛。起致仕播州宣慰使楊輝會兵討之。

壬戌。中書舍人黎昊降貴州布政司照磨。先是奏誥敕除文臣外多錄舊文。又南京織造近不如法。乞究其不堪者。遂下獄謫。

甲子。立罕東左衛于沙州。令只克仍襲都指揮使統之。

夜。月犯壘壁陣西星。

乙丑。前巡撫四川右副都御史夏塤卒。塤字宗成。天台人。景泰辛未進士。授御史。有風采。歷官剛潔不屈。卒以䶗齬。

夜。火星犯靈臺上星。

丁卯。巡撫湖廣左副都御史劉敷致仕。

庚午。逮山西守備都指揮郭瑄按察副使蔡璘保德知州劉昌。以保德十二年來四被火。焚積芻百四十八萬束也。

夜。月犯天囷星。

辛未。湖廣左布政使吳誠爲右副都御史。巡撫湖廣。

壬申。遼府衡山王貴烑薨。年五十九。諡恭惠。

甲戌。以風變。命南京守備成國公朱儀祭告孝陵。

濬南京河道。

乙亥。夜。月犯天罇上星。

丙子。增代王成鍊歲祿米千石。供修邸之費。

無錫常熟地震有聲。夜。大星自天囷流近濁。

戊寅。賜錦衣帶俸指揮使萬通兩淮餘鹽五千引。從其請也。

庚辰。傳陞禪師結斡領占爲國師。

刑科都給事中趙良以汪直劾其輕浮。謫盧山知縣。時禮科給事中王坦覬其位。令鄉人尙書尹旻學士劉珝嗾之。

前南京兵部尙書兼大理寺卿程信卒。信字彥實。休寧人。世戍河間。正統壬戌進士。授吏科給事中。景帝初。城守。言事剴切。遷山東右參政。憂去。補四川。天順初。遷太僕寺卿。明年。拜左僉都御史。巡撫遼東。被劾。調南京太僕少卿。踰年。進刑部右侍郎。憂去。起兵部左侍郎。歷尙書。征山都掌蠻平之。加大理寺卿。歷著勞劾而强愎好勝。年六十三。贈太子少保。諡襄毅。

夜。金星犯天江。

安南國王黎灝遣將東正率兵六萬復攻老撾。敗歸。死者二萬餘人。

辛巳。夜。木星守井宿。

十月。䅣朔。免宣府屯租。

乙酉。南京鴻臚寺卿袁愷爲南京光祿寺卿。

緬甸宣慰使卜剌浪等求孟養地。不許。

夜。大星自外屏流近濁。

駙馬都尉石璟卒。昌黎人。尙順德長公主。

丁亥。命太監汪直監督軍務。撫寧侯朱永爲靖虜將軍總兵官。討建州女直。巡撫遼東右副都御史陳鉞贊其軍。鉞希直意。奏建州女直伏當伽不得都督。欲入寇。且前搆海西毛憐累犯境。朝廷授都督都指揮之秩。諸夷起爭致亂。與其加陞而招侮。莫若討之。兵部尙書余子俊請廷議。于是英國公張懋吏部尙書尹旻等乞命重臣往遼東隨機戰守。蓋俱畏直也。

戊子。戶科都給事中張海等上五事。曰寬被災郡縣糧草子粒諸色顏料。江西尤甚。宜暫停磁器。曰禁外戚求討莊田奸民投獻。曰各巡按錄囚矜疑。曰南京兵部尙書薛遠年憊。南京吏部左侍郎錢溥老悖。戶部尙書楊鼎職業未修。工部尙書王復精力亦衰。俱宜罷。曰海盜屢刼福建。交阯屢犯雲南。乞暫遣大臣巡視福建。命都御史巡撫雲南。上令被災者酌免磁器。不必停止。餘行之。楊鼎等俱留任。福建巡視。雲南巡撫。俱不設。

夜。大星自外屏流近濁。

駙馬都尉石璟卒。

辛卯。運五萬金于遼東備邊儲。

蠲大同軍士孳牧馬。

夜。月犯壘壁陣西星。

癸巳。太子少保戶部尙書楊鼎致仕。敕賜月廩二石。役四人。

命直隸管屯按察僉事兼審獄。

丙申。命朝鮮國王李娎出兵夾擊建州女直。
己亥。夜月犯畢宿。
庚子。禁游惰。監察御史陳鼎言。自成化二年至十二年共度僧道十四萬五千餘人。此輩游食。多奸盜也。
夜金星犯南斗魁第三星。月犯天高星。
丁未。徙延綏定邊營于中山坡。初余子俊以定邊營平曠難守。宜退徙中山坡。其後都御史丁川復仍舊。巡按御史李敬言。開疆展土。乃爲國之圖。退地立城。豈守邊之策。至是子俊申其說。從之。
己酉。命巡撫遼東右副都御史陳鉞參贊東征軍務。初建州之役始于鉞。而左都御史王越亦覬之。余子俊惡啓釁。既汪直朱永將兵不及鉞。鉞疑子俊所阻。因言不可無文臣總督。葢自薦也。子俊上言令其協濟云。
庚戌。翰林侍講李永通爲侍講學士。
傳陞僧繼曉僧綱司左覺義。以邪術進也。
都督僉事葉春卒。
辛亥。永平地震。夜金星犯天狗星。
壬子。進工部郎中楊恭通政司右通政。仍管北河。
安南以八百人越雲南蒙自縣駐營。鎮守錢能以聞。
閏十月⿰王癸朔。把麻奔等襲罕東赤斤衞都督僉事等有差。
乙卯。工科右給事中韓文爲湖廣布政司右參議。提督太和山宮觀。
辛酉。宜興大水。
癸亥。增甘肅布政司管糧參議。

丙寅。雲南按察副使陳駢忤太監錢能意。因鎮撫俞銓誣奏而擠之。云通巡按御史陳斌。遣刑部員外郎徐霖等勘。上戍銓廣西。俟斌代還。訊駢如律。

戊辰夜。月犯鬼宿。

辛未。華陽王申鈺及鎮國將軍申鉀居喪貪淫。互訐奏。並奪爵。

壬申。汪直等值建州貢使哈速郎禿等四十人。縛之。且言建州三衞法當殄滅。詔拘郎禿等于邊。直械送京師。

甲戌。命毁見行條例。巡撫尚書王恕言大明律凡四百六十條。近坊刻大明律後有會定見行律一百八條。不知出何時。有悮新進之士。從之。

乙亥夜。大星自畢宿流天苑。四小星隨之。

丙子。傳陞大慈恩寺國師乳奴班丹爲灌頂大國師。覺義綽吉堅參爲國師。大隆善護國寺灌頂大國師班卓兒藏卜爲佛子。國師著肖領占爲灌頂國師。其以傳奉得官者四人。

丁丑。皇五子祐楎生。母德妃張氏。

戊寅夜。月犯鍵閉星。

安南黎灝親率兵九萬侵老撾。爲滿剌伽所邀。死亡二萬。灝慚致疾。十二月還。

十一月壬午朔丙戌。吏科給事中王瑞請各布按司官入朝各言事。毋緘默。上以疏字不謹。廷杖。

逮廣西按察使張鼐。以入覲還里。久不赴也。免官。

癸巳。增南京刑部廣東司主事一人。

甲午夜。月犯畢宿。

丁酉。夜月犯天罇星。

戊戌。曉月食。初欽天監夏官正胡璟等奏月未入見食一分。已食不見食八分。今辰刻食既。署監事太常寺卿童軒言其泥古不能修改。上宥之。

丁未。增天地壇祠祭署祀丞。

築寧夏沿河邊牆。

朱永等上捷云五路出撫順關。半月抵其境。擒斬六百九十五級。俘獲四百八十二人。破四百五十餘寨。其奏捷舍人李珍。監生陳澍俱授錦衣衞百戶。珍。太監李榮姪。澍。陳鉞子也。仍敕勞永等。是役也。掩殺建州貢夷六十人。出不意入建州。建州夷悉逃匿。直殺擄老弱。焚其廬幕。掘枯髏爲功。

己酉。行人鄧康楊愼俞振才。太常博士張稷。知縣朱洪閻仲宇李隆陳嘉謨高輔陸愈于璧爲監察御史。

太傅會昌侯孫繼宗卒。贈郯國公。謚榮襄。孝恭章皇后兄也。謹厚無他能。國朝外戚不預政。上卽位。繼宗始總督團營。晚見攻。終眷禮不替。年八十五。

是月。傳奉官十七人。

十二月壬朔。監察御史許進。以各省鄉試較閱不精。乞如兩京例翰林主試。不許。

乙卯。前南京吏部尚書崔恭卒。恭字允讓。廣宗人。正統丙辰進士。授戶部主事。薦守萊州。有惠愛。景泰中進湖廣右布政。坦厚靖守。不爲矯飾。其爲政務大體。尤親善類。年七十一。贈太子少保。謚莊敏。

乙丑。左春坊左贊善張昇爲左諭德。

免成都敘州災租三十一萬六千五百四十餘石。

丁卯。四川敘州府奏白羅羅羿子與都掌大壩夷相攻。禮部右侍郎周洪謨上言。臣敘人也。敘之夷情臣固知之。戎珙筠高四縣。宋元時皆立土官羈縻之。國朝設流官。不諳夷情。苛刻激變。洪武永樂宣德正統間四命將。

隨服隨叛。景泰初。勢益蔓。得漢人。縛之于獄。射之。曰。爾害我久矣。天順成化間。屢叛。臣嘗言剿之不能。撫之不從。惟立土官爲久治。諸夷欣服。都御史汪浩倖功。誣殺所保土官及寨主二百七十餘人。諸夷怨叛。尙書程信大兵僅克之。臣謂雖不能如前代設總管府長官司。亦宜設冠帶把事。分撫各寨。則夷不仇漢矣。又白羅羅者。相傳廣西流夷。有衆數千。無統屬。景泰初。糾戎珙夷人攻破長寧等九縣。又侵擾都掌。其居峭險。旣難剪滅。亦宜立長官司治之。改隸芒部。羿子者。永寧宣撫所轄。宜立二長官司。兵部議從之。

庚午。進坐營都指揮使馬俊楊玉爲署都督僉事。都指揮僉事阮興爲署都指揮同知。指揮使馬能指揮同知吳儼爲署都指揮僉事。俱汪直朱永等薦之。

辛未。錄建州功。太子太保撫寧侯朱永進保國公。世襲。汪直加歲祿三十六石。韋朗十二石。陳鉞進右都御史。領兵官右監丞藍榮。都督同知馬儀。都督僉事白金。緱謙。王鍇。白瑜。都指揮同知崔勝。周俊。署都指揮使吳瓚。指揮使韓斌。俱進一級。總理糧儲戶部郎中王宗彝爲太僕寺少卿。陞千餘人。賞千五百四人。是年。遼餉之積。倉儲滿盈。爲直一空。

四川按察僉事戴省爲副使。整飭松潘兵備。

給提督廣東市舶提舉司太監韋眷均徭餘戶三十人。

壬申。免崇明夏稅六千八百五十石有奇。

甲戌。孔鏞章格服闋。補廣東雲南按察副使。

免武昌漢陽黃岳長沙衡辰常德災租七十萬八千六百餘石。

乙亥。禮部尙書鄒幹。工部尙書王復。南京兵部尙書薛遠。俱致仕。敕賜廩役。

巡撫遼東右都御史陳鉞爲戶部尙書。署通政司太子少保工部尙書張文質改禮部尙書。工部右侍郎劉昭爲尙書左通政何琮爲通政使。
江西旱災免田租百八十萬八千九百九十餘石。仍截漕三十萬石。止徵糧六錢。
丙子。金星晝見。
巡撫甘肅右僉都御史王濬憂去。
丁丑南京戶部尙書陳俊改南京兵部尙書。順天府尹胡睿爲工部右侍郎。太僕寺少卿王宗彝爲右僉都御史。巡撫遼東。
復南京五城兵馬司副指揮。
戊寅隆慶長公主薨。下嫁駙馬都尉□□年二十五。
兵部右侍郎李敏言臣縣襄城南紫雲山書舍。臣往年浙江按察使守制講學地也。賜名紫雲書院。
己卯晉王鍾鉉爲世孫表榮乞翼善冠。許之不爲例。
是年始許土官納穀備賑。

庚子成化十六年
正月飪朔。夜火星犯房宿。
戊子光祿寺卿侯瓚爲左僉都御史。巡撫甘肅。
禁雲南邊境軍民通夷。
己丑順天府丞談倫爲順天府尹。
庚寅戶科都給事中張海御史楊守隨爲順天應天府丞。

辛卯。曉刻。雨木冰。

甲午。上南郊。

丁酉。命太監汪直監督軍務。兵部尚書王越提督軍務。保國公朱永爲平虜將軍總兵官。率京營萬人赴延綏禦虜。時延綏太監張選報虜渡河謀入寇。閣議戒飭邊備。不宜輕兵。余子俊伺直等意。下廷議。先代其謀參將等官皆令直推舉。王越不與建州功。故說直西征。朱永趨南路。越直由宣大會于楡林。

戊戌。總督兩廣朱英報田州知州岑溥爲頭目王明所逐。走思明府。知府岑鐩思城州知州岑欽誅王明。盡殲其黨。宜敕勸。從之。

庚子。戶部右侍郎閻本郎中馬孝祖理陝西軍餉。

辛丑。曉刻。月犯罰星。

免鳳陽去年田租。

命宣府副總兵江山游擊將軍閻斌。大同參將周璽游擊將軍李鎬偏頭關都指揮支玉寧夏總兵官神英靖虜固原參將田廣甘肅副總兵康永李俊陝西署都督同知白玘各領兵共三萬人。從征延綏。

癸卯。吏部左侍郎黃鎬爲南京戶部尚書。

戊申。太子太保兵部尚書兼左都御史王越奏。西征馬萬六千四百。尚少。乞選民間馬二萬。從之。

兵科給事中孫博上言六事。曰集歷代所納諫章。曰刊累朝條例。曰東西二廠緝事旗校多毛舉細故以中傷大臣。旗校故厮役之徒。大臣則股肱之任。豈厮役可信。反過股肱。縱其皆公。已非美事。一或失實。所損實多。曰鑄錢折俸。曰通州陸運。上不懌。汪直聞其涉西廠也。面詰之。仍奏令西征紀功。人爲危之。博景州人。每出戰。令博隨行。博意氣峭拔。彎弧馳萬衆間。指畫利害。持論侃侃。直繼敬之。師還。陞山西僉事。致仕。景州知州馬馭貪虐。奏其罪。佯謝罪。置酒毒死。馭亦伏誅。
己酉。命修酒國公耿再成墓。初遺之。
庚戌。署鴻臚寺事禮部右侍郎施純爲尙書。仍署寺如故。
斬建州夷人哈速等五人。戍郎秃等七十四人于兩廣。初汪直誘之入貢。至海州。見大軍。駭遁。伴送者追之。見殺。官軍襲獲之。獄上。
是月。虜犯大同甯子溝等處。游擊李鎬禦之。斬十級。西路參將盧欽擊斬二十八級。
二月辟朔。詔天下過孔廟門俱下馬。從監生虎臣之言。
甲寅。瀋王佶焞惡潞州知州蔣容。誣奏之。不實。上戒諭王。調容潼川州。
丙辰。泉州地震有聲如雷。
戊午。免潞城縣去年田租。
夜。月犯西咸星。
己未。尙衣監太監姜玉支兩淮餘鹽二萬引。詔定直九錢。
海西弗提衞野人女直都督帖色古來朝。卒。命還其喪。
工部右侍郎胡睿提督官軍修京城。
庚申。命寧夏守臣發兵五百守慶王墓。以慶懷王邃壏葬韋州蠡山。去寧夏三百里。係沙漠。故護之。
辛酉。巡按陝西監察御史李敬劾右僉都御史屠滽不法。疏不報。而西廠摘敬先託疾不朝。謫貴州查城驛丞。
壬戌。修孝陵。
癸亥。寧夏地震有聲。

甲子。貴州征苗開中雲南白鹽井幷四川鹽課共十七萬五千六百餘引。

丁卯。逮河間知府滕佐等。御用監太監陳善道河間。佐等方賑饑。不及供帳。見劾也。

戊辰。後軍都督同知馮昇役卒萬二千人修朝天宮。

庚午。夜大星自昴宿流井。

壬申。朝鮮獻建州之捷。云陪臣右贊成魚有沼等兵至滿浦鎭江。失期。而左參政尹弼商節度使金嶠等渡江擊斬十六級。

汪直王越帥甲士二萬一千有奇。出大同孤店關。宵行晝伏。

停兩京浙江刷卷御史。以歲饑也。

甲戌。扶風縣義官王金挾邪術。刑部治罪。發爲編氓。餘倣此。毋得冠帶。

乙亥。戒諸王及儀賓赴京陳情。

朝鮮俘建州夷婦十人。下浣衣局。

丁丑。戶部請畿內停徵。寬馬政。薄征徭。上許停徵。餘議之。

命戶部郎中冀綺林同賑保定河間。

前雲南按察僉事張寬初從征荆襄。濫殺。及家居。鄉人訴其不法。撫治鄖陽大理寺右少卿吳道宏捕之急。寬令弟擊登聞鼓。訐道宏挾仇。下勘。安置寬貴州之鎭遠。道宏奪月俸。

汪直王越至貓兒莊。分數道。值大風雨雪。急進。黎明距威寧海子不數里。虜猶不覺。掩擊。擒幼男女一百七十一人。斬四百三十七級。獲旗纛十三。馬七千八十五匹。駝二十一。牛一百七十六。羊五千一百。弓矢甲等萬計。

戊寅。賜故右都督王鎮妻歐氏兩淮鹽三萬引。

昏刻大星自天紀流亢宿。

己卯。遣太監鄭同姜玉敕奬朝鮮國王李娎。

懷寧侯孫輔卒。

庚辰。修闕里廟。

三月辛巳朔。修天地壇。增卒七千六百五十人。

壬午。巡撫陜西右副都御史程宗憂去。

甲申。增四川嘉定等州縣判官主簿各一。專撫民捕盜。

乙酉。曉刻火星犯天江。

丙戌。汪直等報捷。敕勞之。報捷人錦衣副千戶汪鈺爲指揮僉事。百戶王時爲正千戶。鈺。直養子。時。王越子。越說直以勁騎二萬襲虜威寧海子。乘風雪掩之。虜狼狽出戰。遂破之。斬四百三十七級。俘男婦百七十。馬駝牛羊數千。甲仗萬餘。朱永不預也。

談遷曰。威寧之捷。出于王襄毅。時與閹直共功。爲世所譏。然馳絕塞。乘匈奴不意。斬獲過望。亦足暴于天下。如以建州概之。襄毅死未瞑也。陳鉞爲閹用。襄毅用閹權。壬固不侔矣。

丁亥。汪直王越等班師。

戊子。增兵部職方司郎中一人。

諭戶部。恤畿內山東光祿寺一應派納減省之。幷求善策。

己丑。尙膳太監徐英乞儀眞餘鹽二萬餘引。戶部尙書陳鉞言勿開例。上然之。

遼虜殺臺卒。守備都指揮魯寧指揮楊茂達擊之。斬七級。
禁盜伐園陵樹。
庚寅。張瓚嗣惠安伯。張瑛庶長兄。
甲午。夜大星自紫微東籓流閣道。
乙未。岷王音埑薨。年四十九。謚曰順。
戊戌。加汪直歲祿四十八石。封王越威寧伯。世襲。仍太子太保兼左都御史提督團營。
增蕃牧所養牛軍百人。
武義縣大風雹。
己亥。山東左布政使阮勤爲右副都御史。巡撫陝西。
辛丑。朵顏三衞夷人二十騎至河身營牆外乞鹽米。守邊指揮金以寧等令百戶劉昇誘十一人。舍騎捐弓矢。入而飯之。盡殺焉。乃聲砲報警。指揮王瑾引兵至。不見虜。乃分級上功。後强珍劾上。
癸卯。久旱。命英國公張懋襄城侯李瑾定西侯蔣琬祭告郊社山川。
廣西太平府地震有聲。
甲辰。琉球國王尙眞表謝。
錄威寧功吏卒二萬八百餘人。陞二千九百八十六人。賞萬七千九百二人。兵科給事中孫博爲按察僉事。蓋憚汪直。曲徇之。
乙巳。發太倉米三十萬石平糶。仍預給在京吏俸三月。
丁未。鄜城臨潁地震有聲。

己酉。後軍都督僉事朱鑑爲大同游擊將軍。
庚戌。大星自氐宿流近濁。
四月辛亥朔。壬子。封見濂淮世子。見潭都昌王。見沔棗陽王。音墊江川王。
雲南亘津州金沙江北白石雪山高三四百丈。忽斷裂里許。夾岸相倚。山上草木不動。塡流三日。壞禾黍。已漸開。
丙辰。劉璇嗣廣寧伯。劉安子。
己未。兵部上奏字悞。尙書余子俊。侍郎張鵬。李敏。各停月俸。武選郎中宋欽。鄒襲。員外郎朱紳。主事彭綱。下錦衣獄。
庚申。前兵部左侍郎滕昭卒。昭汝州人。□□貢士。授御史。歷官勤愼。
平虜將軍太子太保保國公朱永自延綏入朝。初時馬萬七千餘匹。還失五千餘匹。道費亡算。
辛酉。琉球請歲貢。不許。
義烏大風。
壬戌。刑科都給事中王坦等言救荒。重大辟。重詞訟。伸寃抑。防盜賊。遵律例。上採行之。
甲子。嚴馬政之禁。
己巳。兵部言建州女直欲犯邊。報前怨。命備之。
庚午。知縣何珖劉綸朱欽褚祚宋德周洪俞俊陳政李勤魏璋王弁孟俊黃熒田禋何澥王璟劉鳳翔吳文度劉銘爲試監察御史。熒澥璟鳳翔文度銘俱南京。
辛未。居哈密四百人于苦峪城。給牛種。

斬逆虜卯斤于市。犯大同被獲者。
壬申。彭城伯張瑾卒。
癸酉。整飭薊鎮兼巡撫順天右僉都御史汪霖卒。六安人。景泰甲戌進士。其撫畿內。多徇汪直。
五月朔始令分守莊浪署都督同知魯鑑充左參將兼守西寧。
丙戌。晉府雲丘王美堨薨。年四十。謚簡靖。
丁亥。孫鎮嗣會昌侯。
戊子。福建左布政使李田爲右副都御史。整飭薊州永平山海邊備兼巡撫順天。
武義縣大水。
庚寅。福建右布政使杜謙爲順天府尹。
東光縣官莊畝徵糧二斗。科道官言天子四海爲家。何必莊田。東光之民。失土地矣。賦斂比之公田數及三倍。
民困如此。非死即徙。非徙卽盜耳。上命畝徵五升三合五勺。如墾荒例。
壬辰。禮部右侍郎周洪謨上所纂辨疑錄三卷。言五經四書之悮。乞特敕儒臣考訂。上以紛更寢之。
己亥。上以朝臣數少。命鴻臚寺錦衣衞點視。凡六百三十四人不至。上宥之。
庚子。吏部右侍郎耿裕爲左侍郎。
禁人攬納稅糧。
辛丑。命天下鹽運司提舉司銀悉入京庫。從巡鹽御史楊澄之言。
癸卯。巡撫湖廣右副都御史吳誠改雲南。山西左布政使白行順爲右副都御史。巡撫湖廣。
丙午。鎮守雲南太監錢能還南京。以陝西太監覃平代之。能啓釁滇南。自知不容。因乞還。

四月以來。貴州陳蒙爛土諸苗糾九姓豐寧幷廣西荔波茅賊萬餘攻毋投等寨殺掠。

六月庚戌朔。免隴西縣及鞏昌等衞田租。

辛亥。刑科都給事中王坦等言。戶部郞中張坦叔等往靜海縣按外戚錦衣指揮王源占民田。具得其狀。初受賜止二十七頃。今呑至千二百二十頃有奇。事下御史劉喬覈徇情欺罔。請治喬罪。上宥之。

癸丑。工部左侍郞王詔致仕。右侍郞劉詔爲左侍郞。

禁貴戚世家侵占民田。

晉府永和王奇湇母妃張氏有佚行。計殺儀賓陳諫。事聞。斬淫者。

己未。故湖廣平江知縣宋鑑逐寇死。贈岳州通判。典史張澄贈主簿。

庚申。治松潘失律罪。四川都指揮徐旻等降罰有差。

前工部右侍郞李顒卒。顒博羅人。正統丙辰進士。居官廉靜有聲。

癸亥。置四川海棠坪守禦千戶所。

甲子。夜月犯牛宿。

己巳。大星自昴宿流幷。

壬申。曉刻金木星相犯。

乙亥。戶部右侍郞閻本卒。本邪人。景泰甲戌進士。

都督僉事王剛卒。江都人。世大同左衞指揮同知。

丁丑。昭妃王氏薨。年三十。謚端榮。

是月。福建長樂縣昆由里涌山高三四尺。

七月舥朔。享太廟。右通政趙侃失班下獄。御史劉瓚許進不糾。各杖二十。還秩。

甲申。國子祭酒費誾歸省。

乙酉。禁官舟私載漏稅。順天府治中李龢言之。

丁亥。初巡按遼東監察御史强珍奏。建州班師。亡何虜卽四入靉陽清河。殺掠男婦五百餘人。頭畜無算。由前巡撫都御史陳鉞啓釁邀功。致其報復。諸守將不能禦卻之。又畏罪貪功。隱匿不聞。至朝廷論功陞賞。陳鉞回京始入奏。請逮問欺罔。用正厥罪。兵部尚書余子俊等覆奏。引祖訓參鉞累犯死罪。不宜再宿。當從珍言。上命守將吳瓚崔勝戴罪自効。鎮守太監韋朗停俸半年。總兵都督緱謙與鉞各停歲俸。餘皆屬珍逮問之。兵科都給事中吳原監察御史許進亦劾太監韋朗等冒功匿罪。雖已停俸。尚宜重論。其劾陳鉞爲黃潛善賈似道之流。上曰。已有旨。俄汪直自遼東還。奏珍行事乖方。所參被掠人畜皆妄。遂命錦衣千戶蕭聚往勘。若不實。卽械京訊之。

築鳳陽外城。

翰林院侍講彭敎卒。敎字敷五。吉水人。□□甲申進士第一。授修撰。進侍講。博通羣籍。善屬文。頗尚氣。不肯下人。年四十二。

戊子。司經局洗馬羅璟翰林侍講李東陽主試應天。

丙申。定文武官吏俸糧折布例。

木星晝見。

丁酉。賞府谷諸生蘭善同兄繼斬虜一級。各給絹二匹。

遣監察御史同兩京太僕寺官印馬。以兩京山東河南歲荒。不遣列侯內臣己亥。免望江縣田租。

前應天府尹王弼卒。鄱陽人宣德癸丑進士。

庚子。裁山西行太僕寺少卿一人。

戶部員外郎林同請停保定等府逋負。從之。

辛丑。曉刻月犯天闕星。

乙巳。前巡撫甘肅左僉都御史王朝遠卒。朝遠進賢人。景泰甲辰進士。授御史。有聲。喜事功。

丁未。巡撫河南右副都御史李衍爲戶部右侍郎。巡撫宣府右僉都御史張頤爲工部右侍郎。工部右侍郎胡睿爲左侍郎。

虜數百騎犯撫順境。都指揮羅雄戰。中流矢。甲卒傷四十人。

命萊州折徵布花仍本色。

虜屢入宣府。郭鏜調兵追之。九月丙申回。

瓊山縣大疫。

八月帆朔。庚戌。虜數百騎犯鎮番衞。殺掠六十三人。

壬子。國子祭酒丘濬加禮部右侍郎。

癸丑。翰林侍講學士楊守陳右春坊右諭德。陸簡主試順天。

甲寅。通政司右參議郭鏜爲右僉都御史巡撫宣府。

乙卯。免福泉漳興化去年田租十一萬六千二百餘石。

夜。大星自中天流近濁。

丁巳。越嶲衛地震聲如雷。壬戌。復震。

辛酉。申存恤孤老之令。

哈密夷人訴赤斤衛酋累見掠。甘肅參將劉晟遣撫夷千戶董和等十九人往諭。至赤斤界見殺。

令浙江戶口鹽鈔折米給官軍俸糧。

丙寅。晉府陽曲王美垙薨。年七十三。謚榮靖。

丁卯。夜。月犯畢宿。

己巳。前工部左侍郎王詔卒。衡陽人。正統壬戌進士。

癸酉。監察御史强珍戍遼東。蕭聚至遼東。不能有所劾。但械强珍入京。汪直先搒掠之。後以聞。命廷鞫。坐奏事不實。贖杖還秩。中旨遠戍。時論不平。尋以兵部及科道官先嘗妄劾陳鉞。及都察院奏遣强珍不當。俱令回奏。皆引罪。上責左都御史王越不謹。姑宥之。兵部科道官各停俸三月。鉞舊所停免之。

乙亥。賜太監梁芳儀眞餘鹽三萬引。

蘇門答剌國入貢。

丙子。曉刻。月當晦不晦。

鬱林州瓊山縣地震有聲。

九月戊寅朔。己卯。昏刻。大星自牛宿流斗宿。七小星隨之。

庚辰。禮部左侍郎俞欽憂去。

壬午。免河南夏稅。

丙戌。申刻有大星流建寧東北。聲如雷。

戊子曉刻。大星自弧矢流雲中。

庚寅。金華各縣地震。

甲午。罷兩淮運司新設副使判官及令商人引鈔折銀。

夜。大星自紫微西藩流近濁。

乙未。命太監汪直監軍。保國公朱永總兵。威寧伯王越提督軍務。往遼東備虜。初。遼東報警。議出師。于是太監傅恭領神槍都督白瑜李俊充左右參將。莊鑑馬俊充游擊將軍領萬騎往。戶部郎中馬孝祖仍督糧餉。而報虜犯大同。命太監劉恆監軍。定西侯蔣琬總兵。□都御史孫洪參贊軍務。太監張善領神槍。白金充參將。楊玉充游擊將軍。仍令都督馬昇劉能各三千人往山海關。直抵居庸協守。未行而罷。

大同虜獲我墩卒。令還。云勿通我朵顏三衞。否則至冬仍犯。

丙申。封恩鏴遼王。見淑襄世子。見澇陽山王。祐榕德世子。祐𢚭泰安王。聰㵫和川王。

丁酉。夜。月犯井宿。

戊戌。禮部右侍郎周洪謨爲左侍郎。翰林學士謝一夔爲禮部右侍郎。

辛丑。威州地震有聲。

癸卯。夜。大星自婁宿流霹靂旁。

乙巳。□軍右都督陳昭卒。巴陵人。

十月杍朔。太監汪直同傅恭劉恆于神機營把總。仍提督十二營。

癸丑。昏刻。月犯壘壁陣。

乙卯。少詹事徐溥爲太常寺卿。兼翰林學士。仍舊任。

開中河東餘鹽十萬引于薊鎮。
丙辰南京監察御史徐完等劾戶部尚書陳鉞。上不問。奪俸半年。
己未。翰林編修尹龍爲侍講。檢討張泰爲修撰。
壬戌。曉刻月犯六諸王星。
乙丑。傳陞高士戚道珩爲眞人。左正一王道昌爲高士。
夜。月犯天罇星。
丙寅。晉府方山王鍾錠老無子。以夫人張氏女與外家易男。賜名奇瀸。至是事覺。張氏奇瀸賜死。鍾錠奪爵。并削鎭國將軍鍾鏕封號。
慶成王府鎭國將軍鍾鍇奇澗奇潡有罪。革秩。餘奪俸。
丁卯。僧錄司左覺義繼曉賫護敕至湖廣九峯等處乞乘傳。許之。
戊辰。夜火星犯壘壁陣。
辛未。蕪湖老人張禮先後捕盜二百餘人。授九品散官。仍捕盜。
十一月<u>［丌］</u>朔庚辰。昏刻。月犯秦星。
壬午。巡撫雲南右副都御史吳誠報安南人攻破老撾宣慰司。今欲攻八百。乞遣官諭止之。命移檄黎灝。以狀上。
甲申。徐盛嗣興安伯。徐賢子。
巡撫陝西右僉都御史秦紘改河南。秦府旗尉橫苦民。紘捕論不貸。秦王怒。誣奏紘。逮下獄。命內臣尙亨籍其家。僅絹一匹。故衣數事。亨太息以聞。上嗟歎良久曰。紘官不小。貧至是乎。立釋之。賜鈔萬貫。命巡撫河南。紘至鎮。會汪直以事至不加禮。更奏其多帶旗尉。驛騷郡縣。直還。首稱紘。上出疏示直。直頓首謝。益見信于上。

袁袠曰秦公挺挺守正不撓。能使汪直稱其賢。此非誠服其心耶。

丙戌。總督兩廣朱英征叛猺獞。自靈山石隆等分道進師。蓋自正月來猺數掠梧州。

己丑。夜月犯畢宿。

壬辰。湖廣左布政使何喬新爲右副都御史。提督雁門等關。巡撫山西。

泰寧侯陳桓鎮遠侯顧溥武安侯鄭英恭順侯吳鑑崇信伯費淮懷柔伯施鑑領五軍等營。桓左掖。溥右掖。英左哨。鑑右哨。淮大營。鑑圍子手營。

夜。月食。

癸巳。申革關支戶口食鹽積弊。

乙未。逮京操逃軍七千二百餘人。

丁酉。魯王陽鑄有罪。奪祿三之二。及妃張氏封號。

辛丑。虜入大同威遠等墩。西路參將盧欽等邀斬十級。

壬寅。夜月犯東咸星。

癸卯。免順德府田租。

韓府輔國將軍徵鐖早夭。聘杜氏女守志不嫁。敕旌之。

乙巳。會寧縣地震。

十二月丙午朔。免長垣縣田租。

壬子。免廣平逋租。

戊午。協同守備南京豐城侯李勇疾甚。改修武伯沈煜。

庚申。虜入大同威遠衞。

辛酉。河南道監察御史陳斌巡按雲南。廠校言其枉法納賄。下之獄。安置遠外。

癸亥。知縣劉忠器羅贊程春震謝綱爲試監察御史。

初。太監鄭同還自朝鮮。陪臣許熙送之道。開州建州夷二千餘騎。掠從卒二十餘人。馬二百三十餘匹。蓋忿其往者助兵也。詔賜熙金幣。

乙丑。翰林院庶吉士梁儲張澯楊傑敖山劉忠于材徐鵬鄧焌馬廷用爲編修。劉機楊廷和楊時暢武衞爲檢討。陳璚汪藻王珣張九功孫珪張璞林霄劉允中爲給事中荆茂李經謝文倪進賢爲監察御史。

丙寅。進朱永太子太傅。益祿三百石。賜誥券。

虜入大同命汪直監軍朱永爲平虜將軍總兵官王越提督軍務。太監傅恭領神槍。往擊虜大同。直越卽遣游擊朱鑑副總兵孫鉞各三千人。往范瑾等四千人繼進。

孫泰嗣懷寧侯。孫輔子。

丁卯。張信嗣彭城伯。張瑾子。

增貴州布政司右參政。

庚午。順義伯羅秉忠卒。秉忠沙州衞都督困卽來之子。以征貴州苗功封。流祿千石。賜祭葬。謚榮壯。子珍錦衣衞指揮使帶俸。

壬申。監察御史陳遵覈餉貴州。失究。謫遂平知縣。

甲戌。會昌孫鎭以犯英廟諱。更名銘。

朱寧兵駐鬱林洛容等境。分斬賊二千八十九級。擒六百五十九人。

海賊出沒饒平縣。殺黃岡巡檢。潮州知府吳繹思擊斬五十八人。

國榷卷三十九

辛丑成化十七年

正月丙子朔。丁丑。開城縣地震。

戊寅。吏部大計。罷斥千九百九人。

己卯。夜。木星犯鬼宿。

壬午。傳陞太常寺卿劉岌爲禮部左侍郎。少卿朱福銘爲寺卿。寺丞顧玨丁永中俱少卿。福銘永中樂舞生。玨廟祝。

甲申。昏刻。月犯畢宿。

丙戌。上南郊。

乙未。奪慶府眞寧王邃墉歲祿三之一。

丙申。太子少保兵部尚書余子俊憂去。

戊戌。太子少保禮部尚書張文質憂去。

保定侯梁傳卒。

甲辰。夜。大星自紫微西垣流角宿。

二月乙巳朔。戊申。傳陞儒士華岳周幹陳嶽張仲董昂歐陽鈇孫完覃瓚劉謙陳清劉瓚俱冠帶中書科辦事。時內官各寫道書詞說。輒沾恩典。

庚戌。免浙西屯租。
辛亥。太常寺卿兼翰林學士徐溥少詹事兼翰林學士王獻主禮闈。
南京太常寺少卿夏瑄卒。瑄尚書原吉子。善議論能文。年六十四。賜祭葬。子崇文。進士。
甲寅。應天鳳陽淮安揚廬和兗開封地震。
丁巳。提督上林苑海子太監蔣琮乞修海子行殿。從之。命錦衣衞孫贇同提督軍匠。
戊午。禁私錢。
己未。土星犯進賢星。
庚申。雲南提督銀場布政司參議金謳改理黑白安寧等井鹽法。
旌寬河衞千戶王忠及妻岳氏義節。
辛酉。免山西去年災租。
壬戌。國子監丞祝瀾請改天下文廟木主。時謂其妄。謫雲南廣西府經歷。
丁卯。昏刻金星犯太陰上星。
免應天徽池寧國太平廣德去年夏麥七萬七千二百九十餘石。
庚午。戶部尚書陳鉞改兵部尚書。總督糧儲戶部尚書翁世資署戶部。左侍郎殷謙。禮部左侍郎周洪謨。俱爲尚書。謙總督糧儲。太常寺卿兼翰林學士徐溥爲禮部左侍郎。
巡撫雲南吳誠請土官應襲子弟肄儒學。從之。
甲戌。特賜太常寺少卿顧玨父母告身。并諭祭其母。
三月癸亥朔丙子。南京總督糧儲右副都御史潘榮爲戶部左侍郎。南京大理寺右少卿白昂爲南京左僉都御史兼督操江。

丁丑。錦衣衛囚逸。

戊寅。徽王見沛之國鈞州。

庚辰。昏刻。火星犯昴宿。

癸未。金星晝見。

甲申。南京光祿寺卿袁愷爲南京右副都御史。總督南京糧儲。

丙戌。免山東去年田租。

戊子。策貢士趙寬等二百九十八人。賜王華等進士及第出身有差。是科。梅純。駙馬都尉殷孫。授定遠知縣。自免。襲孝陵衞指揮僉事。終中都副留守。

辛卯。論大同功。初。報捷。錦衣指揮使汪鉦爲都指揮同知。指揮同知王時爲都指揮僉事。至是。益汪直歲米三百石。朱永世保國公。王越進太子太傅。益祿四百石。領前軍都督府事。總五軍營兵。提督團營。太監傅恭加米十二石。韋正世錦衣百戶。右參將都督僉事李俊爲署都督同知。左參將都指揮同知周璽爲都指揮使。游擊將軍署都督僉事馬俊爲都督僉事。副總兵都指揮使江山爲署都督僉事。凡陞賞萬七千七百五十一人。直獻俘僅十人。皆孱弱。時不能詰。邊境騷然。公私困竭。

甲午。昏刻。木星入鬼宿。

乙未。賜內官陳昱定興田二百九十餘頃。

上林苑監事汪憲以醫從軍。改錦衣衞試百戶。帶俸。

丁酉。進新寧伯譚祐太子太保。

代州草場火。

申刻日赤如赭。

戊戌。傳陞右副都御史戴縉爲右都御史。右僉都御史屠滽爲左僉都御史。

設山西平虜衞。汪直言自大同威遠城至老營堡宜分戍也。

己亥。巡撫河南秦紘改宣府。巡撫宣府郭鏜改大同。巡撫大同孫洪改河南。

大同總兵官范瑾爲左都督。都督同知孫鉞爲右都督。都督僉事盧欽朱鑑爲都督同知。皆失律。以汪直報捷及之。

庚子。昏刻木星犯鬼宿積尸氣。

辛丑。蒯祥卒。祥吳人。木工也。累官營繕所丞太僕少卿工部左侍郎。雖貴。不改常。至老猶執尋引指使工作。年八十四。賜祭葬。

是月。旱恆風。

四月乙巳朔。丁未。署太醫院左通政蔣宗武乞原籍官地爲業。予之。戶科都給事中劉昂等。劾宗武猥以末技攘取顯官。請求亡厭。乞收前命。上曰已賜矣。毋擾。

戊申。監察御史黃傑等言十事。各都給事中盛實等言十一事。上並是之。

乙卯。巡撫河南左副都御史孫洪加右都御史。

丙辰。方壽祥嗣南和伯。方毅子。

同州地震有聲。

己未。夜月犯東咸星。

庚申。諭修省。

辛酉。辰刻月生左右珥。色赤黃。

壬戌。岐陽王遂塀進封慶王。見浪信陽王覲鍊建安王。

戊辰。太監懷恩同法司錄囚。

癸酉。都督同知沐瓚卒。瓚黔寧王曾孫。善騎射。在鎮二十餘年。能令終。微黷貨。

五月甿朔丙子。吏科都給事中董旻等下錦衣獄。時辦事吏王冠乞量歲月如監生。旻惡之。參送法司。冠不伏。訐奏旻及給事中王瑞張雄張晟多占吏。又摘通政司何琮右通政王景不即進。右參議劉英泄其事。謫旻石舊知縣。英欽州知州。餘停俸三月。

庚辰。減浙江泰順縣銀課。

乙酉。代州草場又火。

丁亥。刑部左侍郎杜銘憂去。

戊子。前翰林編修丁溥忤華亭主簿粱桂。桂發其平昔請託事。連御史柳淳。命俱訊如律。

庚寅。薊州雨雹大如鵝卵。損稼。

壬辰。太原地震有聲。

癸巳。虜犯宣府。參將吳儼等追之。出獨石山泉墩。敗沒。

乙未。禁邊人出塞樵獵。巡撫山西都御史何喬新言。其猝遇虜被執。多用爲嚮導。其桀驁不還者。如匈奴之于衞律。元昊之于張元。是爲邊患。可勝言哉。上是之。

丁酉。昏刻金星犯軒轅大星。

戊戌。薊州遵化地震。

禮科都給事中張鐸。兵科給事中蕭顯。俱言事忤旨。謫鐸漢陽府通判。顯貴州鎮寧州同知。時貴州州同知皆裁。蓋中旨遠之。初吏部擬顯隴州。

立宋將楊業祠于古北口關外。曰靈威廟。

太僕寺卿楊璲等奪俸三月。初汪直立四戶馬法。每匹輸二十五金于寺。自市馬。定遠人致駑易良。故責之。

己亥。命汪直監軍。王越爲平胡將軍總兵官。以三千人赴宣府禦虜。太監傅恭領神槍營。都督同知□□都督僉事莊鑑充左右參將。署都督僉事楊玉充游擊將軍。

庚子。大能仁寺灌頂國師結幹領占爲灌頂大國師。

辛丑。邊報日亟。命太監劉恆監軍。朱永爲平虜將軍總兵官。太監張善領神槍。都督白金李俊爲左右參將。馮儀爲游擊將軍。又太監金輔監宣府軍。新寧伯譚祐總兵。都督馬昇劉能爲左右參將。馬俊爲游擊將軍。分六道各五千人。嚴辦以待。

右通政趙侃卒。普定衞人。天順甲辰進士。

壬寅。河州地震。

詔貴州中黑白鹽井四萬七千餘引。每引減米一斗。

癸卯。汪直至懷來。奏虜千餘犯宣府。西路參將孫素等戰拒之。

定挾詐得財罪。

六月庘朔。免延安災租。

薊州遵化永平遼東及寧遠衞各地三震有聲。

乙巳。朝臣不至者五百九十三人。上切責之。

丙午。皇六子祐樘生。母宸妃邵氏。

興濟縣馬生二駒。

監察御史李延壽巡按永平。以撫寧知縣蔣惠與百戶榮山訐奏。坐故出惠罪。刑科給事中王坦趙璧以惠鄉曲。私之。于是謫延壽遂溪主簿。坦北流主簿。璧榮經主簿。

辛亥。晉王鍾鉉以廣昌安僖王長孫奇瀟乞嗣王爵。謂非例。不許。蓋安僖亡子。嗣兄子鍾鏭也。

壬子。敕安南國王黎灝以攻老撾八百。書不云乎。惠迪吉。從逆凶。交民亦天民也。老撾民亦天民也。賊天之民。是逆天矣。王其深省之。初安南九萬人攻哀牢。進攻老撾。殺宣慰使刀枝雅蘭掌父子三人。其季子怕雅賽依八百宣慰刀攬那遣送景坎。已灝復令車里宣慰司期攻八百。適雷震。死數千人。八百因扼其歸路。襲殺萬人而還。

甲寅。司設太監王助建寺西直門外。賜兩淮官鹽二萬引。下戶部。尚書翁世資極言鹽課禁約之例。毋開端虧邊計。上曰。予引千。不爲例。

停陝西歲辦藥材。

乙卯。巡撫延綏右副都御史楊浩致仕。

己未。鎭守山西太監劉忠乞暫免山西柴炭。命卽免秋冬。

丙寅。太僕寺少卿呂雯爲右僉都御史。巡撫延綏。

己巳。刑部右侍郎張鎣爲左侍郎。陝西左布政使盛顒爲右侍郎。

宿州人張珍妻王氏。脅右裂生子。

癸酉。築遼東鳳凰山等處城堡。

七月艸朔壬午。暫免山西應輸物料藥材停戶口鹽鈔十之三。

丙戌。南京大風雨。

己丑。巡撫湖廣右副都御史白行順致仕。

切責宣府總兵都督同知周玉等失律。

辛卯。前太常寺卿兼翰林侍讀學士吳節卒。節字與儉。安福人。宣德庚戌進士。館選。授編修。進侍讀。景泰初領南京祭酒。成化初召改太常少卿。實錄成。進寺卿。平易質直。善春秋。年八十五。賜祭葬。

甲午。命汪直總督軍務。王越爲平胡將軍。總兵官。統京營兵分路勦虜。鎭守總兵巡撫等官聽節制。

太僕寺少卿秦崇爲南京光祿寺卿。

乙未。四川左布政使馬馴爲右副都御史。巡撫湖廣。兼參贊軍務。

己亥。雷震郊壇東天門脊獸。

辛丑。禮科給事中林榮。行人黃乾亨。往封滿剌加國王馬哈木沙。

壬寅。監生李春保奏故沐瓚子誠可嗣副總兵鎭守雲南。上怒。下錦衣獄。

八月艸朔甲辰。杭人請鎭守內官留巡按御史謝秉中再任。從之。

戊申。晚。刻大星流雲中。

己酉。旌韓府樂平王冲烋賢行。

壬子。命戶部侍郎潘榮督催漕船。

癸丑。命右都督馮宗修京城。

監察御史林堉巡按畿內。至大名。按治開州知州彭經不服。互訐。劾上。經削籍。堉失實除名。
乙卯。總督漕運左副都御史張瓚卒。孝感人正統戊辰進士。
丙辰。傳陞上林苑左監副李孜省爲通政司右通政。仍署監事。
庚申。進士陳鎭羅鑒爲南京戶刑科給事中。
辛酉。安南入貢。
眞定教諭俞正己言曆法。禮部覆劾之。下錦衣獄。
癸亥。金星晝見。夜月犯六諸王星。
戊辰。建州衞都督完者禿入貢。初建夷趿朝鮮使者。詔詰之。至是貢馬千匹謝罪。
辛未曉刻月當晦不晦。
行人李珉武清李昭睦王琰湯鼎太常博士何鈞知縣許斌向獅柯忠張鼎錢永德戈宣朱瓚劉規劉瓚曹英李復貞爲試監察御史。行人陳嵩黎鼎知縣朱守恕劉愷張貫蹇霆爲南京試監察御史。
九月軠朔。滿剌加國使臣端亞媽剌的那查等奏。成化五年使臣入貢。風漂安南被殺。幼者閹之。時占城國王齋亞麻勿庵弟古來奏。先王見虜交趾。王弟盤羅茶悅逃居勿靈。請封。天使到而盤羅茶悅復爲交人所虜。臣與兄齋亞麻勿庵竄山中。後交人以邦都郎至占臘地五所立兄爲王。未幾兄死。臣當嗣而未敢擅。乞遣詔使歸我全土四府一州二十一縣。東至海。南至占臘。西至黎人山。北至阿木喇補。凡三千五百餘里。不勝幸甚。會安南貢使至。廷質。兵部以往事宜釋。上遂敕諭黎灝令返占城侵地。
江南雨。連月傷稼。
戊寅。監察御史于大節巡按湖廣。言事頗切直。留中不報。密諭吏部外之。調鶴慶軍民府推官。

己卯。翰林編修商良臣爲侍讀。

辛巳。大同總兵官左都督范瑾領中府。罷分守懷來參將周□。俱出汪直意。

壬午。傳調左通政王㬌爲太僕寺少卿。㬌輕右通政李孜省雜流。孜省密擠之。

甲申。封祐樗濟寧王。鍾鍑陽曲王。鍾鋋靈丘王。

命四川行都指揮劉杲指揮使陶亨分守雅州。

庚寅。置四川安居縣。析銅梁遂寧之地。

辛卯。給烏思藏諸番及長河西魚通寧遠等宣慰司敕符。

壬辰。占城入貢。訴安南侵地。

丁酉。詔安南國王黎灝還占城地。

十月壬寅朔。癸卯。賜海外諸國及西域番王敕。

哈密故指揮同知亦思馬因子迷初力襲涼州衞指揮同知。

甲辰。免烏程歸安德清田租。

己酉。嚴遼東馬市之禁。

甲寅。慶雲伯周壽進封慶雲侯。錦衣指揮使周彧爲都督同知。千戶周忠爲指揮僉事。周整周海周讓周成周禮周浙爲百戶。並世襲。

丙辰。使占城行人右司副張瑾有罪下獄。初。瑾同給事中馮義封占城國王齋亞廲勿庵。多挾貨往市。至廣東。聞國王走死。懼空還失利。亟至占城。時安南立提婆苔主其國。瑾等遽授以印幣。得黃金百。又市滿剌加國。義道死。瑾上安南僞敕見糾。時占城使尚在館。譯問之。云古來實王弟。齋亞廲勿庵實疾沒。而提婆苔則不知何人也。

談遷曰。安南克占城。立提婆苔而去之。國人必未帖服。其王可襲而擒也。在傅介子且假印綮執之。在陳湯倡國人卽幕下斬之矣。馮義等利令智昏昧。此奇貨曷足道哉。

夜。月食。

壬戌。傳陞道錄司右至靈鄧常恩爲太常寺卿。錦衣衛指揮千百戶等官五十餘人。

戊辰。大隆善護國寺西天佛子班卓藏卜死。命官軍千五百人建塔治葬。

十一月辛未朔。丙子。戶部奏改長蘆運司鹽例。初內帑乏。命所司出新舊鹽引百四十萬售之。每引三錢。不甚售。乃改之。則自正統五年至天順八年減銀八分。成化元年至十二年減五分。餘如故。

戊寅。修大德顯靈宮。

己卯。許程蕃府歲貢土人子弟一人。從知府鄧廷瓚之請。

汪直王越奏虜退。乞班師。不許。

壬午。皇七子祐橓生。母安妃姚氏。

南京右僉都御史白昂爲右副都御史。仍兼督操江。

甲申。免大名夏麥十二萬一千四百餘石。

丙戌。免萬全都司隆慶州田租六萬九千七百餘石。

戊子。取太倉三十萬金入內承運庫。時賜予寖廣也。

丙申。右都御史戴縉淸理武選貼黃。

丁酉。守備紫荊關兼提督易州右少監鍾慶。以易州知州李憲慢已。杖之。遂訐憲擅斂部民。且侵帑。勘官論憲死。保定知府沈純同知張奉徇情宜逮問。遂下巡按御史。慶不問。
江南大雷雨雪。
戊辰。光祿寺丞楊惇爲少卿。典籍徐鏓署正。王佐爲寺丞。蓋提督光祿寺太監楊鵬薦其才擬授也。命不爲例。
十二月辛卯朔。山西壽陽縣南山崩。
壬寅。傳改錦衣衞百戶何瑾爲尚寶司丞。瑾從太監陳喜導路獲進也。
瀋府唐山王幼墻薨。年四十二。謚悼僖。
宥鎮守山西太監劉忠罪。縱舍人脅財也。
癸卯。前總理兩淮右僉都御史邢宥卒。宥文昌人。正統戊辰進士。授御史。按福建。釋冤獄。天順己卯守台州。坐累貶晉江丞。成化初起守蘇州。繩奸賑饑。加左參政。尋拜今官。廉介早退。士林稱之。
永康侯徐安卒。
甲辰。詹事彭華兼翰林學士。
戊申。傳陞大隆善護國寺禪師箚竹石林爲國師。
免寧夏田租五千二百餘石。
庚戌。甘肅總兵官署都督僉事王璽爲署都督同知。
辛亥。復開雲南𤠣井鹽課四千五百九十餘引。
庚申。故慶雲侯周能贈寧國公。謚榮靖。許周壽世襲。
命威寧伯王越爲征西前將軍。鎮守大同。仍與汪直提督京營。宣府各路軍馬防虜。時大同總兵官孫鉞沒。
癸亥。定雲南戶口商稅等課鈔法。鈔三分。貝七分。每貝一索。折鈔一貫至三貫有差。

甲子。孝陵神廚火。

是月傳奉官二十餘人。

壬寅成化十八年

正月甲子朔。辛未。敕陝西延綏寧夏甘涼鎭守等官戒嚴。時有警。

乙亥。賜御用太監梁芳兩淮存積鹽五萬引。芳最寵幸。進獻寶石奇玩。糜帑無算。故給鹽。人爲之切齒。

夜。月犯外屏星。

丙子。以陝西廣積庫茶價銀易茶給番僧。

戊子。發兩淮鹽價五萬金。賑鳳陽淮安饑民。

壬午。上南郊。

庚寅。大學士劉吉憂去。令奔喪復任。乞終制不允。

辛卯。鬻兩淮河東鹽引。給宣府邊儲。

壬辰。令南京糶常平倉糧救饑。

南京給事中王讓予告家居。失賀萬壽節。占人產。被訐。命降謫。

中軍都督僉事白玉卒。

乙未。翰林修撰陸釴爲右春坊右諭德。

丙申。免遼東屯租九萬一千一百餘石。

丁酉。曉刻。月犯天江星。

增成固洋鳳南鄭西鄉洵陽主簿專撫民捕盜。

免順天河間保定夏麥三萬三千二百餘石。

戊戌。傳陞內府供奉順天府通判沈政爲太常寺少卿。政善書。

二月孩朔。辛丑。夜。沂州地震有聲。

癸卯。汪直王越使錦衣衛帶俸都指揮使汪鈺報捷。進後軍都督僉事。報捷人陞都督。前未有也。

乙巳。楚府江夏王鏊薨。年四十二。諡悼順。

戊申。內使郭文自南京還。道沛縣。怒知縣馬時中不加禮。榜其子。溺焉。時中赴水救之。起呼冤。文褫時中衣。縶以行。邑人忿譟。文率舍人田福順等兵擊之。殺二人。事下法司。不敢直。時中謫慶遠衛經歷。福順抵死。文下司禮監。

夜。月犯天街下星。

庚戌。右副都御史白行順卒。行順。清澗人。正統戊辰進士。跌宕善議論。頗恃才凌物。

辛亥。大同饑。命借軍儲倉賑之。

甲寅。禮部定烏思藏番王三年一貢。僧不過百五十人。近贊善王連貢僧四百十三人。今請封請襲。又千五百五十七人。俱非例。乞請封請襲各百五十人。從之。

戊午。旌太原知府張鼎。懷慶知府倪顒。衛輝知府張謙。蘇州知府劉瑀。池州知府常顯。黃州知府王霽。衡州府同知海輔。松江府同知于準。薊州知州汪溥。耀州知州鄧眞。鄜州知州李瓚。隴州同知嚴春。湖廣布政司經歷楊紹。澧州知州鮑愷。各賜誥命。

夜。月犯土星。

己未。襄王祁鏞求往封內太岳太和山祝聖壽。上止之。

庚申。命太監汪直總鎮宣大。時京營游擊參將等俱召還。獨留汪直王越。蓋上知其交搆。漸疎之也。初。直善越。嘗泄禁中事。越以語人。陳鉞聞而脅之。又太監尙銘獲西內之盜。上厚賚之。直聞而怒曰。彼出我門。乃敢悖我自爲功耶。銘懼。因以越所泄者聞上。幷發其交搆。

辛酉。改牛房地爲倉場。獐鹿房地爲草場。尙書劉昭、廣寧伯劉璇董其役。

乙丑。命汪直專鎮守大同。調大同太監陳政鎮守延綏。延綏少監韋敬鎮守寧夏。令龔榮還京師。

戊辰。京師雨土霾。

三月己巳朔。庚午。敕巡撫蘇松應天左副都御史王恕巡撫淮揚等處。右副都御史張瓚賑濟饑民。時南京御史李珊等疏請有訛字。詞且牽蔓。命南京錦衣衞于午門前各杖二十。

壬申。復罷西廠。科道各論其苛察紛擾。大傷國體。得旨。朝廷自有處分。于是閣臣萬安等言當罷。從之。談遷曰。萬眉州至骩骳也。其罷西廠。亦不亞商淳安矣。寸有所長。雖鄙夫得不令終耶。

築廣信永豐縣諸家墩烏巖山府山三堡。戍守。以界閩浙間多礦盜。

丁丑。敕巡撫山西何喬新大同都御史郭鏜賑饑。

庚辰。免潼關衞夏麥四千四百餘石。

辛巳。琉球入貢。

癸未。罷京操達官。令還原衞。

甲申。敕都督毛倫充副總兵鎮守廣西。

免順天永平田租三萬六千三百餘石。

乙酉。兵部尚書陳鉞免。右軍都督馬儀。奏鉞在遼東。奸貪欺罔。匿俘女二人。與子澍分之。事各有指。遂免鉞。令儀閒住。調澍永平衛左所帶俸差操。初上曲宴。有閹阿丑。優也。爲中貴武裝。挾雙斧踉蹌而前。人問之。曰我汪太監也。已左右顧其手曰。吾惟仗此兩鉞耳。陳鉞王越。朱永時役兵治私第。阿丑復裝爲楚歌者。曰吾張子房能一歌而散楚兵六千人。曰吾聞之楚兵八千人。何以六千。曰其二千在保國府作役耳。上笑。永懼而罷役。

丙戌。南京國子祭酒王㒜爲南京吏部右侍郎。

庚寅。山東蒲臺縣奏地鹻溼。不稼不桑。請改徵布。從之。

辛卯。徐錡嗣永康侯。

太常寺少卿兼司經局正字謝宇爲太常寺卿。仍兼官。

傳陞尚寶司丞李景華任傑爲司卿。陳斆太常寺少卿。嚴勳尚寶司丞。餘各有差。

乙未。傳陞大理寺右評事張苗爲太常寺丞。

丙申。兵部左侍郎張鵬爲尚書。

錦衣衛帶俸都指揮僉事萬通卒。葬祭有加禮。通時驟貴。窮極奢侈。僉人依之。雜進奇技淫巧。交結邀利。嘗悅俞達妻美。收爲舍人。令達中淮鹽。通疾時聞達歸。私其妻。恚而死。

是月。盜殺石柱宣撫司馬澄及隸卒二十餘人。焚其居。

四月妃朔。壬寅。免慶雲鹽山二縣田租。

癸卯。傳陞錦衣帶俸都指揮同知萬喜爲都指揮使。指揮僉事萬達爲指揮使。舍人萬祥爲百戶。帶俸百戶徐達爲正千戶。校尉劉忠爲百戶。

甲辰。琉球陪臣子蔡賓等五人入南雍。

丙午。晉府儀賓劉欽奏東勝縣主貯鈔三萬貫。祿四百石。又辭祿二百石救荒。上以沽名。不許。
禮部請禁番僧妄請秩誥。從之。
辛亥。免直隸永寧田租。
癸丑。克復哈密衛城。時土魯番阿黑麻新立。守臣甘肅總兵官周璽等請乘間納罕愼于哈密。徵赤斤罕東二衛兵千三百人助之。于是罕愼兵八千六百夜襲哈密城。破之。牙木蘭走。罕愼始歸舊城。上敕勞之。
琉球中山王尚眞乞時貢。不許。
丁巳。推官楊誼蔣誼知縣劉信文貴俞深趙炯吳鉦郭深張西銘陸淵田益徐同愛海澄陳經董復普暉張廷瑞張昺謝寧宋宜爲試監察御史。
辛酉。久旱。命英國公張懋保國公朱永襄城侯李瑾告郊社山川。
行人王勉還自廣西。言安南黎灝改元擅兵。宜討。上以啓釁。下錦衣獄。
南京太常寺少卿鄭環卒。環字瑤夫。仁和人。天順庚辰進士及第。授翰林編修。遷修撰歷洗馬南太常。留妻代養母。妻卒。終身不娶。考滿入朝。卒京邸。性方介自守。文不尚華藻。在太常寮宷頗不堪。然無他腸。人亦不深咎也。魏驥嘗遺書戒子云。事事當法杭之鄭瑤夫。庶可爲人矣。其見重如此。所著栗庵稿。
陳善曰。世之論者率多鄭公不娶事。斯流俗之景星與。彼介直違衆。近于孤稜。獨爲文靖公所知。至遺書以戒子。語云。萬人知之不爲多。一人知之不爲少。如鄭公者。豈眞孤哉。
壬戌。傳陞錦衣百戶萬祥爲副千戶。
五月己巳朔。庚午。傳陞冠帶舍人王臣爲副千戶。王完王釗文思院副使。姚敬百戶。俱錦衣衛帶俸。
辛未。夜大星流雲中。三小星隨之。

甲戌。曉刻火星犯壘壁陣星。
丙子。梁仕嗣保定侯。梁傳庶弟。
戊寅。故刑部右侍郎林鶚子薇援例乞入監。不許。曰蔭敍大臣。所以崇德報功。示激勸也。自今京官三品以上。
果政績顯著。許一子自陳。試能通經。方入監。其容容保位者毋濫授。
己卯。右僉都御史王濬撫治鄖陽。南京兵部右侍郎馬顯爲左侍郎。
辛巳。南京太常寺少卿劉宣爲寺卿。署國子監事。寺丞牛綸爲少卿。
岐山縣地震。
壬午。四川松潘疊溪茂州等番屢刼掠。命巡撫都御史孫仁等撫諭。不服則勦之。
甲申。免山東災租。
夜。月犯斗魁星。
乙酉。免應天及當塗田租。
特旌貴州慕役長官司故長官禮福海妻適由年二十二。矢節五十餘年。
戊子。增代州澤州同知各一。
庚寅。初汪直以各邊鎭守總兵巡撫幷分守守備官令巡按歲上其事聽勸戒。至是巡按湖廣御史柳淳上之。
命今後考察毋及內官。
辛卯。劉吉復乞終制。不允。遣鴻臚官賫敕趣之。尋復任。
壬辰。傳陞錦衣衞鎭撫梁德梁順爲百戶舍人梁敬梁海爲所鎭撫。仍世襲。皆太監梁芳家屬也。
癸巳。禮部左侍郎俞欽改兵部。

甲午。傳陞鴻臚寺主簿陳敔爲中書舍人。凡二十四人。時傳奉盛行。名器愈濫。左右近習各恃寵求勝。而梁芳尤甚。每一傳奉。除拜滿楮。先後毋慮千人。

更軍衛附籍法。

丁酉。免蘇松常鎮去年災租五十九萬餘石。

六月戉朔。己亥。旱災。免武昌漢陽德安襄陽常德長沙荆黃安陸沔陽秋租二十一萬九百餘石。

壬寅。虜陷延綏河西清水等營。汪直王越調兵分禦。卻之。宣府游擊劉寧擊斬六百級。參將支玉巡撫何喬新等斬七十七級。又十五級。延綏總兵許寧俘二人。斬百十九級。大同參將周里等斬三十級。捷上。益直米二十四石。越五十石。進劉寧都督僉事。餘陞賞有差。蓋兵部尚書余子俊剗削邊牆。虜阨于官兵。紛逐不得出。故多斬獲。自是無敢輕犯。

甲辰。昏刻。月犯太微垣內屏星。

丙午。召南京閑住太監錢能安寧等守備。蓋進奉獲用也。

庚戌。昏刻。木星犯靈臺上星。

戊午。周府鎮平王子埃薨。年五十八。謚榮莊。

己未。南京監察御史方輅憂居有罪。謫肅州衛經歷。

辛酉。調廣東左布政使彭韶于貴州。韶嘗言事忤旨。吏部尚書尹旻因調之。

巡撫雲南右副都御史吳誠奏。雲南楚雄等七衛銀課。自永樂三年開。至宣德十年止。天順三年復開。額五萬二千三百金。明年增至十一萬二千三百八十金。延至六年方足。七年又停。成化三年又復天順之額。年久礦微。比奉旨定二萬六千一百餘金。邇又如天順六年。該十萬二千三百餘金。地瘠何堪。乞仍舊額。不聽。

後軍都督同知李愷卒。開封人。
丙寅。南京刑部右侍郎金紳卒。紳上元人。景泰甲戌進士。選館。授刑科給事中。進都給事中。劾門達。擢南京大理少卿。進刑部侍郎。巡撫江西。釀成鳳毛之禍。年四十九。賜祭葬。幸矣。
是月。傳奉官十一人。
七月。戊朔。庚午。起復右副都御史程宗。按治雲南木邦夷情。時孟密本木邦宣尉司部落。相仇殺。太監王舉索寶石于孟密。不得。遂疏孟密叛。請征之。大學士萬安賄于孟密。欲使兵部職方郎中劉大夏往。辭。宗方有服。遂舉之。覘師雲南。喻以意。
壬申。大學士劉吉復任。
癸酉。外戚都指揮使王源爲都督同知。舍人王清爲正千戶。王濬爲百戶。
戊寅。守廉州珠池左監丞韋助乞往來瓊廉高肇間。會巡守備倭等兵。督兵捕盜。兵部不可。上特予之。
己卯。暹羅入貢。
庚辰。命刑科給事中林霄。行人姚隆。往封暹羅國王隆勃剌略坤悉利龐地。
甲申。命雲南歲祭故學士王禕。從巡撫吳誠之請。
秦州人李文昌言遇異人。授黃白術。試之五閱月不就。命杖五十。回籍。時中官輒引邪術。文昌尤無驗者。
乙酉。廣西太平府地震。聲如雷。
戊子。靈山縣猺賊掠村民。守備都指揮杜洪不救。降廣州後衛指揮同知。
庚寅。昏刻。大星赤光。自雲中流近濁。
是月。傳奉官六十餘人。道流畫士工匠皆與其選。

八月酊朔。戊戌。夜。大星赤光。自羽林軍流雲中。三小星隨之。

己亥。久雨。衞漳滹沱等河溢。自清平至于天津。

丙午。合州火。

戊申。夜。月犯十二諸國上星。

雲南總兵官沐琮奏。指揮潘祺還自老撾。言孟艮其宣慰怕雅賽牒稱交人見侵。又車里欲附交人。乞遣諭之。兵部謂老撾言亦詐。然當慰遠人。宜檄老撾撫其衆。勿啓釁。從之

夜。月掩火星。

癸丑。遣戶部郎中陳清往大名廣平。黃景往保定河間。楊繹往眞定順德。過璘往山東。賑饑。

虜再入鐵嶺古城殺掠。

乙卯。懷慶大雨水。渰人畜。

楚府火。

丙辰。昏刻火星犯壘壁陣星。

丁巳。有大星靑白色。自漸臺流近濁。

乙丑。南京刑部左侍郎張瑄爲尙書

南京尙膳監奉御董慶薦新。舟及沛縣。毆縣人。至濟寧。又掠死人。理河右通政楊恭以聞。命刑部郎中朱守孚往勘。守孚委罪巡河工部郎中顧餘慶。御史朱欽。皆宜治。俱停俸二月。

丙寅。祠故平江侯陳豫于臨淸。蓋以建城功。

是月。傳奉官十八人。

衡州大水。

閏八月丁卯朔。庚午。署欽天監事太常寺卿童軒與五官靈臺郎馬良弼訐奏。俱下錦衣獄。宥之。軒奪俸半年。良弼三月。

壬申。武成後衞倉副使應時用言六事。其一曰饒州燒造御器。使內臣監督。工費濫溢。自後但降式于諸司。使造上。上詰通政使何琮等何不參駁。皆服罪。停俸下琮等七人于錦衣獄。奪俸三月。調時用邊方。

丙子。昏刻月掩女星。

丁丑。汪直奏副總兵朱鑑私卒採草近邊。致虜入殺三十四人。逮下錦衣獄。宥之。降都指揮僉事。

辛巳。廣東保昌盜數人流刼大庾縣。

甲申。曉刻月犯天街上星。

乙酉。夜月犯五諸侯星。

丙戌。河南左布政使徐英爲右副都御史。總督漕運兼巡撫鳳陽。

庚寅。太子少保刑部尚書林聰卒。聰字季聰。寧德人。正統己未進士。授給事中。平居恂恂。不爲嶄絕之行。遇事敢言。景泰中爲諫臣首。及居顯位。不嚴而肅。晚徇汪直遼東之獄。議者病之。年六十六。贈少保。謚莊敏。

壬辰。曉刻木星犯左執法。

調王越鎮守延綏。都督同知許寧鎮守大同。閣議恐汪直復用。離其交也。

癸巳。太常寺帶俸少卿周庠乞遞陞從三品俸。被糾下詔獄。

乙未。巡撫山西左副都御史何喬新劾按察僉事尚敬劉源曠職滯訟。宜問如律。乞通行各巡按御史。凡三司官滯訟半年以上者。悉奏請執問。上曰。刑獄重事也。周書曰。要囚服念五六日至于旬時。桎梏縲絏。久拘孿之不瘐死耶。喬新劾奏甚善。其卽究治。令天下刑官。謹獄以副朕意。

是月。傳奉官十四人。

九月輛朔。辛丑。昏刻。月犯南斗魁星。

錦衣衞帶俸都指揮使右參將沐成卒。成留心書史。受邊寄不避難險。年二十六。邊人惜之。

壬寅。分守獨石馬營右少監崔榮。都指揮僉事吳儼。先追虜被圍而走。逮入論死。榮求于近幸。乃自訟。上曰。念其追敵。非坐視者。送榮司禮監。降儼定遼衞正千戶。

戊申。鞏昌地震。

夜。月犯外屏西星。

金星晝見。

夜。月食。

壬子。夜。月犯六諸王西星。

戊午。曉刻。月犯軒轅西星。

己未。免浙江災租五十九萬八百餘石。

庚申。曉刻。月犯內屏星。

辛酉。太子太保豐城侯李勇卒。

壬戌。刑部左侍郎張鎣爲尚書。

癸亥。木星晝見。

乙丑。巡撫山西左副都御史何喬新爲刑部左侍郎。

傳陞秀水姚福員爲錦衣衞千戶。

是月傳奉官二十四人。

十月䂊朔戊辰曉刻火星犯壘壁陣星。

辛未總督漕運右副都御史李裕服闋補內院。

甲戌提督謄黃右通政邊鏞爲右僉都御史提督雁門等關兼巡撫山西。

乙亥山東左布政使趙文博爲右副都御史巡撫河南。

丙子取太倉四十萬金入內庫。

丁丑湖廣茶陵縣進爲州。

戊寅夜月犯天街星。

壬午詹事彭華訐于鄉人詔宥其罪奪俸半年。

甲申吏部文選郎中黃孔昭爲通政司右通政提督錄黃。

丙戌免南京濟川衞章瑾軍籍瑾進寶石盜帑遣戍者。

戊子傳陞太常寺丞張苗爲少卿時傳奉官二十五人。

癸巳曉刻月當晦不晦。

十一月䂊朔南京協同守備修武伯沈煜卒。

辛丑昏刻月犯壘壁星。

壬寅免保定河間田租。

甲辰臨洮地震。

前兵部右侍郎吳寧卒。寧歙人，宣德庚戌進士，方介自守，不事表襮，年八十四。

丁未，賜御用太監劉通淮鹽萬引。

昏刻，月犯六諸王西星。

己酉，傳陞署太常寺事禮部左侍郎劉岌爲尚書，仍署事如故。太常寺少卿丁永中爲寺卿，寺丞蒙以聰、崔志端爲少卿。禮科左給事中張以弘爲都給事中。大慈恩寺灌頂大國師箚實堅剉乳奴班班丹得爲西天佛子。

庚戌，夜，月犯五諸侯東星。

辛亥，總督兩廣軍務右都御史朱英展祭，命亟還。

丙辰，夜，月掩上相星。

戊午，曉刻，月犯亢宿。

賜錦衣千戶徐達鹽三萬引。

南京國子監火。

庚申，翰林編修董越爲侍讀。

辛酉，太常寺奏大祀將及帶俸官例不看牲分獻，獨去年右通政李孜省分獻。待定。上令孜省仍分獻，免其看牲。蓋非故事也。

壬戌，賜曲阜顏氏廟戶如孟氏。

是月，傳奉官五十七人。

十二月己巳朔，庚午，御製文華大訓成，自序之。其書綱四，進學、養德、厚倫、明治，目二十四，以授皇太子。

錄克復哈密功，右都督罕愼進左都督。

南京工部火。

辛未。進萬安太子太傅兼華蓋殿大學士。劉珝太子太保兼謹身殿大學士。劉吉進太子太保兼武英殿大學士。

杖御史于璧劉規于朝。有妄男子醉呼東闕門。璧等手執之。失體。下之獄。

癸酉。日赤如赭。

順天府尹杜謙爲工部右侍郎。

乙亥。瀘州及長寧等縣地震。聲如雷。

丁丑。夜月犯五諸侯東星。

戊寅。談倫服闋補順天府尹。

定僧道公罪不還俗之令。以巡撫南畿尙書王恕言之。

己卯。命今後遣戍不勾補。從監察御史姜昂之請。

辛巳。岷世子膺鉟居喪淫酗。革冠帶不封。

甲申。夜月犯進賢星。

丁亥。巡撫貴州右副都御史陳儼爲南京刑部右侍郎。南京右通政萬翼爲南京兵部右侍郎。

戊子。前南京戶部左侍郎馬諒卒。和州人。宣德癸丑進士。

己丑。進征南將軍沐琮太子太傅。

正月甲午朔。丁酉。分守大同東路左監丞楊雄。左參將都督同知盧欽私忿相訐。上切責之。

己亥。禮科給事中林榮。行人黃乾亨。使滿剌加國還。舟溺于羊嶼並死。有善水者脫走安南以告。初黷利者貨過重。故舟壞。千餘人僅還二十四人。

壬寅。命四川歲輸茶十萬斤于陝西茶馬司。給番僧。免其候支也。

丙午。上南郊。

庚戌。成討溫衞女直都督僉事康尼再進海東青。求陞秩并蟒玉。上曰。朕不寶遠物。念其效順。勉受之。准陞一秩。加綵幣二。

丙辰。增北勝州流官知州。

工部左侍郎杜謙修蘆溝橋隄。

戊午。拓修京通倉。太監張昇都督同知馮昇工部右侍郎張頤董其役。

辛酉。四川左布政使謝杲爲右副都御史。巡撫貴州。

癸亥。定給湖廣太岳太和山香蠟。令于襄陽夏稅給之。

二月甲子朔。趙府洛川王祁鋹薨。年四十七。謚靖懿。

丁卯。夜月犯太陰星。

庚午。傳陞錦衣衞指揮使朱驥爲都指揮僉事。

辛未。立蕭山德惠祠。祀故南京吏部尚書魏驥。驥家居築海隄。至今人思其德。

晉府寧河王府火。先是有妖屢見。欲舉火。至是上給絹三十匹。布五十匹。米六十石。

甲戌。伏羌縣地震。

襄城侯李瑾役萬人修大慈恩寺。

乙亥。立豐盈倉于豐潤縣貯歲餉。

免平涼去年田租。

召甘肅左副總兵康永還京。永忤總兵官王璽。引疾。

丁丑。傳陞尙衣太監廖屏從子賢爲錦衣正千戶。

戊寅。分守莊浪左參將署都督同知魯鑑爲甘肅副總兵。

己卯。王憲嗣靖遠伯。

庚辰。夜月犯亢宿。

辛巳。故御史贈大理寺丞鍾同子越陰通政司知事。

給工部文思院大使羅祥等八十五員牙牌。工匠例不牙牌。上特予之。

甲申昏刻。河南永寧縣有火光化爲白氣。俄天鳴如雷。

丁亥。俞欽服闋。仍兵部左侍郞。

己丑。進邛縣爲州。

辛卯。戶部尙書翁世資致仕。進太子少保。敕賜月廩二石。役四人。是擧也。朝恩以爲渥。

壬辰。命私閹三十人戍南海子。

是月。傳奉官六十六人。

三月睽朔乙未。署欽天監事太常寺卿童軒引疾乞調。勒致仕。

丁酉。分守萬全右衞右參將都督僉事孫素訐指揮使李賢失實。下獄。

己亥。楊守隨服闋。仍應天府丞。

庚子。禁勢家中鹽侵商利。時內官王訥令家人中河東鹽二萬四千引。不許。

壬寅。工部郎中徐九思爲南京右通政。翰林侍講陳音爲南京太常寺少卿。

夜。月犯軒轅。

癸卯。召太子少保兵部尙書余子俊。

甲辰。右都御史戴縉爲南京工部尙書。

巡撫河南右都御史孫洪。以周府儀賓劉宣訐奏。按之多役部民作器物。下洪錦衣獄。

乙巳。四川大掌壩邛部天全六番賈弓等寨番作亂。命巡撫孫仁勦之。

己酉。曉刻。月食旣。

辛亥。通政司右通政潘禮服闋。改南京。

前刑部尙書董方卒。方忻州人。正統乙丑進士。授大理寺副。明法律。頗任恩怨。好刻急。不甚飭守。贈太子少保。諡襄敏。

壬子。耀武營都督僉事劉能卒。

癸丑。逮前巡撫宣府左僉都御史鄭寧。以虧餉也。

甲寅。前南京禮部左侍郎章綸卒。綸字大經。樂清人。正統己未進士。授南京禮部主客主事。景泰初進儀制郎中。陳太平十六策。懷獻太子薨。請復立沂王。下獄。天順初。擢禮部右侍郎。已失石亨楊善意。改南京。尋改南吏部。秩滿。轉禮部左侍郎。致仕。年七十一。贈禮部尙書。諡恭毅。

乙卯。初。欽天監天文生張昇請改曆測象。下禮部。而欽天監泥之。不果行。

丙辰。設四川璧山縣。蓋古縣去巴縣三百餘里。
辛酉。陝西隕霜。
壬戌。嘉祥長公主薨。下嫁駙馬都尉黃鏞。年二十五。
是月。傳奉官十餘人。刑部主事郭宗爲尚寶司少卿。宗進士。善刻印。內臣引之。日與市人賤子駢肩供事。後心愧。稱疾。
四月癸亥朔。金星晝見。
乙丑。知縣朱福唐韶吳淑爲試監察御史。
丙寅。洮岷地震。
丁卯。工部右侍郎胡睿卒。睿長垣人。天順丁丑進士。通敏有才。以善汪直驟顯。
己巳。巡撫陝西左副都御史阮勤請修岐山周公廟。咸陽周公墓。沔縣漢諸葛亮。鳳翔宋范仲淹。藍田呂大忠。大臨大鈞祠。從之。周公墓歲二祭。餘一祭。
庚午。太常寺帶俸少卿沈政請聚天下財貨充府藏。上怒其悖。杖之下錦衣獄。謫鎮安府通判。
壬申。特封朝鮮國王李娎長子㦕爲世子。嘉李娎恭順也。
甲戌。撒馬兒罕及亦思罕地面等入貢。
丁丑。免河南去年災租六十六萬餘石。
辛巳。郯城等縣地震。
己丑。右副都御史李裕爲右都御史。左僉都御史屠滽爲右副都御史。
庚寅。刑部尚書張鎣等奏逮錦衣帶俸正千戶郭勇下獄。勇戚畹也。以家人爭田株累上。後知之。釋勇。責鎣等。

皆伏罪。原問主事周鵬下錦衣獄。

是月。傳奉官二十餘人。

五月壬辰朔。起都督僉事周賢充副總兵。協同總兵官王信鎮守湖廣。

兵部尚書張鵬等校試天下將才。

丙申。傳陞太常寺少卿顧玒爲寺卿。

辛丑。免六合江浦去年災租。

壬寅。虜酋亦思馬因爲把禿猛可王敗走。遣細弱朵顏三衛掠往海西易軍器。遼東巡撫王宗彝購九人入京。分賜太監懷恩等。把禿猛可故小王子後也。復稱小王子。

甲辰。廣西洛容縣地震。

丁未。減浙江銀課三分之一。如成化三年例。二萬一千二百五十金。

壬子。夜。月犯壘壁陣東第二星。

癸丑。兗州大雨水。

鎮守大同太監汪直報虜欲大舉。乞將臣故所統達官都督盧深等千一百人兼程赴援。兵部議。時方盛暑。師難久戍。抑大同各邊士馬計四萬。足守禦。第謹備之。且京軍差役疲困。銳氣消阻。乞罷遣。詔可。保國公朱永亦言。團營見卒九萬三千四百有奇。各處更番赴工者五萬二千。下場者二萬四千六百。操練僅萬六千七百人。勞役頻繁。不遑蓄銳。即馬匹亦散牧遠郊。恐警急卒生。難以調集。乞暫止回營。俟調遣。上令止京倉之役。大慈恩寺趣工。下場蘆溝隄岸并通州倉。繕治畢。即休舍之。

乙卯。南京太常寺少卿楊導卒。導少師士奇子。博洽能文。

是月。傳奉官十餘人。太常寺丞趙玉芝母得封敕。玉芝以左道奮進。歷任未半年也。

六月甲午朔。軍人章瑾爲錦衣衛所鎮撫。

丙寅。楚府通城王季瑾薨。年七十一。謚榮順。

前南京工部右侍郎程萬里卒。萬里華容人。天順元年進士。雖善議論。素乏清譽。止予祭。

丁卯。茂州地震。

戊辰。前太子少保戶部尚書翁世資卒。世資莆田人。正統壬戌進士。有幹局。才思通敏。頎侈龐。不飾小節。其自衡州守驟用。鄉閭力也。贈太子少傅。予祭葬。謚襄敏。

己巳。前南京工部左侍郎郝璜卒。璜光州人。正統壬戌進士。自吏部郎。天順初以陳汝言進。

庚午。福州大風雨。壞廬舍。覆舟溺千餘人。

癸酉。沈䄄嗣修武伯。

乙亥。潞州大雨雹。

調鎮守大同太監汪直于南京御馬監。直既啓邊釁。虜輒數犯邊。得漢人輒毒害之。皆以執仇爲詞。上固疑之。會巡撫大同右僉都御史郭鏜奏直與總兵官許寧嫌隙。寧則恐直見凌。直則忌寧相軋。猝值寇。且僨邊事。兵部言其後患。遂敕責。調南京太監蔡新鎮守大同。簡顒鎮守宣府。先是直勢傾中外。附之即榮。忤之即譴。天下重足一時。士縉趨走其門。巡邊之役。所至都御史鎧甲戎裝。望塵伏道。須過乃興。至館易褻衣帽。叩頭。監道出半跽。有如役隸。其熏灼如此。至是道出陽曲。有司皆避匿不見。困卧驛館。孤燭夜熒而已。定州知州裴泰嘗客直。善供具。直悅之。適泰以事至陽曲。直向泰求食。曰。吾非復曩比矣。上意且不可測。爲語陽曲公。給卒騎使就道足矣。

談遷曰。神龍不可脫于淵。猛獸不可脫于林。勢使之然也。人主生長深宮。日與宦豎習。盜威福。伺怒喜。因其近幸。外廷毋得聞焉。伏生狎。狎生奸。至于奸而國始蠹矣。汪直年少。矜寵倖功。越在邊陲。久離宮掖。彼內臣紛紛者何限。各思乘間而出其右。耳目漸移。顰笑互中。雖有異眷。豈能要其終哉。直之外鎮也。直自失計耳。向使歸自遼左。戢影禁中。天門沈沈。嚋得而窺之。雖然直而內也。又不止南謫矣。遲發則禍逾重。直之失計。或直之厚幸也。

夜。大星自雲中流近濁。

丁丑。總督兩廣軍務右都御史朱英等奏。桂林平樂等蠻賊。總兵官陳政等部分漢達官軍土兵並進。攻破黃姜桂山等峒十有六。擒斬二千一百二十四人。上敕勞之。

庚辰。聞虜警。命太監金鏞新寧伯譚祐等簡閱京營。侯謙先令游擊將軍馬俊以三千人往。已命安順伯薛琯駐永平。都督同知白瑜駐密雲。各領三千人。都督同知白金充右參將歷邊關。大理寺少卿侯鍾往保定眞定。

監察御史徐鏞等言。軍旅之興。倚辦芻糧。比歲諸邊倉庫。費出無經。言及出師。輒云糧乏。驄征之馬。則第支草束。京邊添調數多。無事之時。俱給糧草。而民間田地。又多詭寄。故賦稅日減。供費日虧。且水旱蟲災。歲賑有常無備甚矣。請敕戶部悉心規畫。尙書余子俊等覆曰。洪武永樂時。以天下歲徵給邊餉。歲外尙有餘積。自正統例在還官。今並槪爲赦免。鈔錢鹽三法。乃國家財源。胡椒蘇木。俱官吏俸銀之助。今並沮廢。此何得不憂將來。請自今凡賑濟逋負之糧。第從緩征。若頒恩詔。則如古者賜明年田租之法行之。凡諸詭籍。悉令改正。而踏勘災傷。則使風憲官同軍衛有司訪察勘奏。分巡官使兼理糧草。巡鹽巡茶管屯官使歲滿具報本部。而其原尤在朝廷務本而節用也。上善之。

丙寅。曉刻。金星犯軒轅星。

丁卯。敕大理寺少卿侶鍾。巡視保定涿易眞定。

戊辰。陝西按察使左鈺爲右僉都御史。巡撫遼東。

庚午。大同都指揮劉鋭等擊虜石佛寺。越二日。指揮趙伯章等敗之。

壬申。巡撫宣府右僉都御史秦紘。總兵官周玉。都指揮孫成等擊虜勝之。賜奬敕。

癸酉。寧王奠培與弟石城王奠堵訐奏。各減明年歲祿三之一。

是月。傳奉官十餘人。高士王應椅得貤封如文職。

七月辥朔。甲午。道錄司右至靈高宗諒右玄義史宗信等。僞云丹雲神降。可長生。欲進御。而覺宗諒等削籍。

丙申。夜。大星自奎宿流大陵。

戊戌。傳陞太常寺丞趙玉芝爲寺卿。

庚子。宣府地六震。

左春坊左諭德張昇翰林侍講商良臣主試應天。

甲辰。增四川布政司參議提督銀課。初。會川衞密勒山銀課萬三千五百餘金。礦夫六百餘人。止而復開。乘開沙臥山而會川距成都二千餘里。太監蔡用請分司提督。

丁未。皇八子祐梈生。母敬妃王氏。生兩月殤。

虜萬餘騎犯宣府煤峪口。越山而南。大掠。大同總兵官許寧等督戰。數合。比暮。斂兵相持。詰朝。虜三萬騎突至。官軍失利。失亡五百八十六人。虜退。斬十七級。寧謬以捷聞。得奬敕。

辛亥。太子少保兵部尚書余子俊召至。改戶部。

壬子。禁收稅糧餘價。

癸丑。武平伯陳能卒。

丁巳。錦衣衞千戶姚福員請獻青二縣莊田。不許。

戊午。虜擁衆薄大同城馬鋪山。參將劉寧以三千人值虜二百騎擊敗之。駐懷仁。

己未。保國公朱永爲鎭朔大將軍總兵官出大同。禦虜。太監蔡新監軍。右僉都御史郭鏜贊理軍務。永請益步卒萬人。薦左都督范瑾可參將。從之。先發五千人。尋命都督同知李俊充游擊將軍。

光祿寺卿艾福加禮部右侍郎。

八月辛酉朔壬戌。虜由水峪村入掠。許寧等分擊之。宣府副總兵江山兵至。乃北走。擒十人。斬十五級。

癸亥。太僕寺卿楊禨少卿霍貴俱劾免。遼東巡撫都御史王宗彝降布政司左參議。予告。

南京應天府尹魯崇志卒。崇志父右僉都御史穆。天台人。登景泰甲戌進士。授吏科給事中。寡言笑。少嗜好。性不苟合。有父穆之風。賜祭葬。

甲子。命巡撫山西右僉都御史邊鏞增兵戍守各關隘。

乙丑。太常寺博士王相行人呂璋許潛向榮許璘知縣唐相陳景隆暢亨陳璧劉憲鄒魯賈錠王嵩紀傑楊璡爲試監察御史。璘傑璡俱南京。

虜復犯大同。乘勝入掠雁門紫荆等關。眞定保定人多驚竄。延綏副總兵李瑛敗虜三百餘騎于朔州駝梁。參將莊鑑亦敗之錢家嶺。

兵部議令宣府總兵官周玉將二千騎合大同總兵官許寧擊之。仍敕太監簡頤右僉都御史秦紘練兵防守。其他諸將俱令協守赴援。選重臣二。一自居庸關抵龍泉關。一自古北口抵山海關。歷視險易而區畫之。上曰然。遂敕侍郎李衍何喬新巡視。同保國公朱永帥師禦之。

降南京御馬監太監汪直等奉御。威寧伯王越。除名流安陸。

南京工部尚書戴縉錦衣帶俸指揮使吳綬俱削籍。工部右侍郎張頤勒免。時監察御史徐鏞等極論直奸惡。乞明正典刑籍沒家產爲奸臣結黨欺國之戒。命會官廷議。俱請逮治。上曰直等結黨亂政。欺罔弄權。開啓邊隙。排擯正直。引用奸邪。當置顯僇。姑從輕典。

復馬文升强珍項忠職。予致仕。陳鉞家居。置不問。保國公朱永有奧主勿與敗。

朱國楨曰。國朝內豎之惡。顯于王振。別記稱其起儒學。能戢同類。至土木滔天之罪。一死未足塞責。英宗猶追思立祠。豈有他長可結主眷。想當日承平既久。大臣皆老于位。日浸潤媒孽取信。汪直巧黠。亦用此法而加甚焉。凡小人能乘人之所暗。聲色貨利是也。尤能乘人之所明。耳目齒頰是也。天子居高聽卑。喜聞外事。而其人又以小忠小信自固。遂落其計。覺有遲早。禍有淺深。惟大舜能察邇言。聲入心通。善而實惡。是而實非。毫釐千里。本不易辨。況其言是。其人非。更有權衡。必不能惑。蔣琮有誅李孜省之功。肆毒于南。其伎倆與直相上下。至瑾而極。至逆進而更極。振瑾沒于賄。餘三人獨否。直琮有閹臣居中。能奪聽不能奪權。罪止南還。逆進并太阿竊之。閣部而下皆爲之用。故其禍尤烈。中間百年安靜。肅穆神三聖之識。卓千古矣。

鄭曉曰。威寧出塞。俘馘甚多。自永樂以來。惟此奪其氣。一時羣臣忌功。百方誣訕。皆非實事也。汪直自敬憚威寧。威寧不峻拒之。亦未爲過。後人乃以威寧比陳鉞。何其忍也。

丙寅。翰林學士倪岳侍讀董越主試順天。

壬申。劉銳合宣府總兵周玉等敗虜衆三千。

乙亥。巡撫寧夏右僉都御史賈俊爲工部右侍郎。順天府尹張海爲太僕寺卿。

太監懷恩戶部尚書余子俊閱團營兵。蓋杜賄賂買閒應役權要之弊。

寧夏總兵官神英移延綏。南京後軍都督僉事王受充副總兵。鎮守廣西。

丙子。參將劉寧等遇虜于柳林。卻之。追至小鵓鴿谷及龍王廟溝。皆有功。監丞宣和敬同周玉副總兵江山等敗之大鵓鴿谷。共擒八人。斬七十五級。

丁丑。巡撫陝西左副都御史阮勤爲兵部右侍郎。

戊寅。分守延綏左參將署都指揮僉事岳嵩爲署都督僉事總兵官。鎮守寧夏。

己卯。禮部尙書周洪謨上言藥矢拒虜。上以有神槍不允。

甲申。南京大理寺右寺丞崔讓爲右僉都御史。巡撫寧夏。

丙戌。湖廣左布政使鄭時爲右副都御史。巡撫陝西。

庚寅。前軍都督府囚逸。

九月辛卯朔。壬辰。誅妖人王臣。臣錦衣衞千戶。善妖術。及百戶王完等從太監王敬使江南。凌轢官吏。稱詔括取奇珍。多索美女。汚之。勸蘇州諸生錄子平遺集。諸生忿而擊之。巡撫王恕以聞。詔責敬。已命太監段英來造藥梅冰梅。恕又奏止之。糾及敬。至是還京。東廠太監尙銘發其事。下都察院獄。得實。斬臣梟示江南。敬戍孝陵衞。王完等戍開原肅州。

甲午。授貢士新會陳獻章翰林院檢討。許歸養。獻章弱冠舉鄉試。三上公車不遇。卽師吳與弼。歸白沙。閉戶靜息十年。恍焉有得。游太學。祭酒邢讓使和楊時此日不再得詩。驚歎曰。眞儒復出矣。羅綸莊昶皆定交。給事中賀欽遂師之。南還。學徒益衆。廣東左布政使彭韶巡撫右都御史朱英各薦上吏部。以獻章聽選監生。檄致之入京。求回籍養母。特授檢討以歸。學者稱爲白沙先生。實錄謂以十絕句媚梁芳。自是爲世所鄙。憲章錄謂出張元禎筆。王世貞史乘考誤其詆陳亦甚。第不曾載十絕句媚梁芳事。

崔銑曰。竊思儒道衰于我朝。前輩若文清公吳康齋胡叔心之三子。造詣各等。然篤學禔身。庶幾儒矣。成化中。乃有陳白沙起于嶺嶠。失志科場。乃掇異學之緒。炫以自居。槁首山樊。坐收高譽。近日效之者。變異橫發。恬無顧憚。誕言僞習。錮害人心。講論之悖。不足與較矣。

何喬遠曰。予讀國史。載獻章之學無以踰人。嶺海宿學有仕于朝者。皆不之許。獻章授官之後。稱病不謝而去。途中擁騶從。列乂渠揚揚得意。聞者笑恥。疑而不信。取獻章所著書讀之。而後知獻章也。後車數十乘。從者數十人。古人舉動。亡也久矣。末世耳目。宜自異也。所謂嶺海宿學。謂丘濬耶。

談遷曰。丘仲深不甚稱陳公甫。容有之。仲深辨博。一時無兩。公甫主靜。則門徑異矣。公車疎賤。吳子傳。布衣也。應聘授左諭德。公甫孝廉也。應召授檢討。尊德樂道。比隆三代。而好事之口。輒有餘議。至譏公甫謝梁芳十詩。此何異許由竊逆旅人皮冠哉。東湖獻嘲。北山騰誚。今雖有莘渭。誰全之也。

夜。金星犯左執法。

己亥。雲南木邦宣慰司下孟密曩罕弄奏木邦侵擾。乞別立安撫司。命太監覃平右副都御史程宗往撫諭之。宗受萬安私喻。議右孟密。巡撫吳誠言不可。宗怒曰。內嗛此久。正謂若不能任。倘敢爾。宗率鎮巡就見曩罕弄于南牙山。予坐曩罕弄。知其意。略不及木邦。且求他地。宗皆許之。奏孟密歸地。實未嘗歸木邦也。自宗右曩罕弄。盡屠木邦。至掘罕空法先塚。奪金牌信符。西南夷切忿之。益輕中國。跋扈者累年。

史臣曰。宗雖承安風旨。使當其時。苟能以大義折曩罕弄之叛。必欲退其侵地。然後以官畀之。猶之爲近。乃貪懦不敢出一語。而汲汲奉之。惟恐失其懽。此所以遺無窮之患也。

田汝成曰。孟密之亂。譬諸蔓草。樹以中官。而灌以閣輔。日益滋長。雖欲芟刈。不可得矣。

劉鳳曰。宗以庸庸致位顯榮。無足言者。特已命使出疆。得專斷不俟報。而西南事乃從中制。貪者兆釁數年。

所殘傷不勝計。且使輕中國。忝其桀傲。決夷夏防。愼哉。後所以馭荒服。其無以浚利之臣也。

甲辰。命延綏副總兵李璵以二千人駐大同左衞。左參將范瑾宣府副總兵江山以千人駐大同。都指揮祝瓊等駐懷安。游擊將軍馬俊駐天成。都指揮吳瑱領京兵駐陽和。各防胡。

乙巳。夜月食。又大星自天倉流近濁。後三小星隨之。

丁未。僧錄司左覺義繼曉乞旌母朱氏孝行。從之。母故娼也。

戊申。封祐橺都梁王。聰涓樂昌王。聰注吉陽王。當漎魯世子。當湄高密王。詮鉢靈川王。詮鈹唐山王。

己酉。禮部左侍郞徐溥兼翰林學士。仍佐部。

庚戌。遼府肅寧王恩鑙薨。年三十一。諡悼靖。

辛亥。修赤斤衞舊城。幷發粟賑番人。

壬子。翰林侍講李東陽爲侍講學士。

癸丑。初慶成王府鎭國將軍奇澗降庶人。守晉恭王園。至是晉王鍾鉉請徙汾州。守其祖慶成莊惠王墓。從之。

右都御史李裕。右副都御史屠滽。奏太監汪直偏信兵部尙書陳鉞。錦衣衞指揮吳綬。執怨仇。良右副都御史牟俸被誣。至謫死。翰林院侍講學士江朝宗以俸親。調外。巡視遼東兵部左侍郞馬文升。巡按御史王宗之。強珍俱忤直。謫戍。調官。給事中趙良。張善吉。工部主事方賓。御史沃頫張鋭陳遵毅。按察副使王齊。亦忤直。官校枉下法司。被綬文致。或坐除名。或坐遠調。今直罪已露。乞復諸臣故秩。幷賜召還。上以裕等煩擾。責之。不引罪。各停俸半年。逮經歷李晟下獄。

丁巳。夜大星自天市垣流近濁。

己未。夜大星光燭地。自天苑流近濁。

是月。傳奉官十餘人。

上林苑監錄事邵文爲蘇州通判。

十月。朔。癸亥。錦衣衞帶俸指揮使王時除名。隨父越編管安陸。

丁卯。金吾帶俸都指揮使盧欽爲都督僉事。

戊辰。荆府都昌王見潭薨。年二十四。謚懷順。

壬申。南京太僕寺少卿于冕爲應天府尹。

召朱永還京。

馬俊白奎所統兵令太監蔡新都御史郭鏜節制。

癸酉。兵部職方郎中劉大夏爲福建布政司右參政。

戊寅。撒馬兒罕貢獅。使臣求賞如永樂例。命加幣五。使臣又加二幣。餘人幣一。

右副都御史程宗巡撫雲南。時吳誠卒。宗適在孟密也。

庚辰。傳陞通政司右通政李孜省爲左通政。

夜。月犯軒轅星。火星犯氐宿。金星犯房宿。

前南京工部右侍郎李養卒。養丘縣人。貢士。性敦厚。年七十五。

壬午。傳陞僧錄司左覺義繼曉。惠昇爲左右善世。

前太僕寺卿楊璲卒。璲咸寧人。貢士。在太僕最久。人安之。

癸未。太子少保禮部尚書張文質服闋。署通政司事。

定竊盜三犯律。

甲申。懷恩余子俊上團營兵數十六萬八千有奇。

丙戌。太子太保左都督趙勝封昌寧伯。歲祿千石。

是月。傳奉官三十餘人。巡簡董紀爲上海主簿。致仕知縣于寶爲太常寺少卿。

十一月鱇朔。丙申。周府項城王子堰薨。年五十四。謚恭和。

戊戌。翰林編修王臣爲侍講。

庚子。夜月犯太陰星。

己酉。東垣王見湏狎蒼頭吳安童爲淫戲。欲毒其妃。不果。上切責之。戍安童邊衞。

夜。月犯靈臺上星。火星犯鈎鈐下星。

壬子。夜火星犯東咸星。

癸丑。傳陞太常寺少卿凌中爲寺卿。

夜。大星自柳宿流天稷。二小星隨之。

甲寅。吏科都給事中王瑞等言。爵賞天下公器。帝王所以驅策羣臣。制馭四海者也。祖宗列聖。法古爲治。設官分職。各有定員。自非功德才能。難以倖取。納粟冠帶。起自近年。然亦榮身而止。倖竇如逵。鶩榮若市。恩典內降。始第京師藝術之人。今則漸及無庸胥吏矣。武階蔭敍。始第內使有功之家。今則溢于外方白丁矣。列文階者。或待選未到。便得授官。或外任雜流。驟遷京秩。除授有司。戴武弁者。世襲錦衣。虛擔伯爵。廝養賤夫。市井童稚。並得夤緣。蓋名器之濫。至此極矣。臣等伏覩英廟復辟之初。懲景泰間倖用者多。率皆黜罷。皇上初御。察天順初冒功者衆。一切省除。史冊書之。天下頌之。伏乞斷自宸衷。悉行革絕。又三載黜陟。各官賢否。布按二司則據巡撫等官揭帖。餘官據布按二司揭帖。或毀譽失眞。弊端不一。乞吏部榜示。凡揭帖失實者。連坐之。上報可。

監察御史張稷等言。比年以來。末流賤技。參廁卿列。屠狗販繒。躡踐華貴。靡識一丁。濫班鴛齒。不挾半矢。雜詠兔罝。身起布韋。驟登金紫。資淺歲月。累進秩階。或有父子同堂而坐。亦有兄弟分署而居。甚至逃軍逃囚。易姓名而冒進。贓官贓吏。隱罪過以求榮。一日而有數十人傳官。一署而有數十員帶俸。幸竇大開。奸計轉熾。至有見任視事外補親民者。末流已極。朝綱何在。伏望皇上大彰公道。一清仕路。以昭盛世平明之理。上曰。然。命今後奏擾希進者罪之。

丙辰。夜。大星自天中流雲中。

十二月帳朔。乙丑。故禮科給事中林榮贈都給事中。行人莆田黃乾亨贈行人司副。各賜祭。廕子入太學。以使滿剌加還。羊嶼風覆舟死。

壬申。夜。月犯五諸侯星。

癸酉。遼東措置邊儲戶部主事王佐奏。近年文官遷轉。多拘資格。武臣任使。多出請求。是以汙吏債帥。比比而是。乞吏兵二部嚴選。各分三等。文官則有守有為一等。擢之。守有餘才不足為二等。仍舊任。若拘守為三等。僅降謫。下此則罷之。武官勇略優長為一等。使禦邊。廉能為二等。使署事。才力不及為三等。使城守。下此則調用。然慎簡乃僚。又在大同科道上。以其泛械入京。

通事錦衣衛正千戶王英為指揮僉事。

甲戌。遼東鐵嶺衛軍方賢乞免伍。從之。授御醫致仕。

乙亥。蠲太原平陽夏麥九萬三千五百餘石。

戊寅。命太常寺卿趙玉芝奔喪復任。

甲申。刑部左侍郎杜謙復任。刑部右侍郎盛顒改南京。

丙戌。傳降于寶凌中爲寺丞。鄔存中爲中書舍人。左通政李孜省爲通政司左參議。劉悔器黄謙孫佐錢通劉鍾邵文董紀周進洪迪俱奪官回籍毋匿京師朝論快之明日大雪。

丁亥。錄宣大功總兵官署都督同知周玉爲都督同知署右都督左參將都督僉事劉寧爲都督同知副總兵。署都督僉事周璽爲都督僉事。餘陞賞有差。

戊子。夜大星自氐宿流近濁尾跡炸散。

是月。傳奉官百六十人。

國榷卷四十

甲辰成化二十年

正月玘朔。庚寅。京師地震。東盡遼陽。西至宣大。地皆震。聲如雷。宣府地裂涌水。天壽山密雲古北口居庸關等城堡墩驛多潰裂。壓死人。

壬辰。敕羣臣曰。朕夙夜政理。治效未著。地震京師。天戒至矣。齋心滌慮。省愆修德。爾文武羣臣宜各痛加省改。懋稱厥職。以毗朕心。

監察御史徐鏞何珖言。皇上省躬修德。敕諭羣臣。罷貢獻。慎刑獄。凡百事宜。條示施行。茲者大禮慶成。故事有宴。乞敕禮部暫免。以比古先王遇災減膳撤樂之意。上曰。此祖宗定制。鏞珖不諳大體。下錦衣獄。謫鏞鎮原知縣。珖□□知縣。鏞至縣。適歲饑。鏞躬閱實。以時賑給。招流移。擇薪水便舍粥之。疫大作。藥之。全活萬計。造水車百餘輛。汲水灌田。再歲。災益甚。除盜繕備。邑政咸舉。

趙時春曰。善乎尹鐸之事趙鞅也。曰將爲繭絲乎。抑爲保障乎。鞅曰。保障哉。尹鐸損戶口。卒免智氏之難。鎮原邊塞要地。以財賦則不足爲雞肋。以保障則元載楊炎二李繼隆繼和策之甚詳。而宋人儲泉窖粟最夥。至徐鏞治縣衙尙得藏錢百萬于地中。以救荒舉百廢。一無所私。由是名大振。致位都御史。民到于今稱之。嗚呼。長民者其尙爲保障哉。

遣樂舞生十八人。齎香帛祭岳鎮海瀆等神。免修理沙河行殿橋梁工役官軍五千人。停各處燒造磚料。減貢應三分之二。

蠲大同去年災租十一萬四千石有奇。

欽天監火。

吏部大計罷斥三千五百餘人。

減雲南歲辦銀課三萬金四川五千金。

乙巳英宗睿皇帝忌辰上祭奉先殿遣大臣祭裕陵退朝顧左右曰先皇奄棄天下忽二十年今晨行禮追念罔極感傷於懷泫然泣下不能自已。

己酉陳選爲廣東左布政使。

署東廠事司禮太監尙銘有罪屏南京尋追械還將窮治之不果第令南京守備太監杖之百戍孝陵種菜。

吏科都給事中王瑞等奏尙銘舊爲太監汪直所引得入東廠近爲太監李榮蕭敬所引得入司禮監榮昔使大同甞黨汪直隱蔽邊情敬使湖廣所過貪殘無厭司禮監機密重地也豈可同惡相引以損聖治皇上置銘于法中外大悅臣謂不去榮敬來患未已上曰有處。

浚薊州河。

科道官言內臣犯法旣不能免若趨附外臣置之不問則內外之勢偏小臣有過尙不可容若通賄大臣置之不究則輕重之倫失外臣所以交結內臣者無非需求于小臣小臣所以奉承大臣者無非剝削于民庶惟察外臣結內臣之奸下民受上官之害然後國法昭明朝綱振肅臣謂尙銘旣以賄敗宜追究其通賄者上怒其無指名召而將杖之已解命太監懷恩數責之初汪直薦銘直敗銘獨擅勢釣名陰狡賣官鬻爵羅致富室以得重賂已又謀入司禮至是籍家貲數萬送內府累日不絕。

二月牫朔。丙子。詹事兼翰林學士彭華左春坊左庶子劉健主禮闈。

甘肅總兵官王璽調大同。范瑾調甘肅。

廢陽曲王鍾鍑爲庶人。

免延安去年災租二十七萬二千餘石。

誅張成成洗改黃冊。

虜屯黃花嶺。整京營兵赴之。都督同知白瑜充游擊將軍。率指揮閻斌往雁門關等處按伏。署都督楊玉充左參將。率指揮王宣往朔州等處按伏。都督同知李俊充游擊將軍。率官軍三千往宣府按伏。命余子俊爲兵部尙書兼左副都御史。總督大同宣府軍務兼督糧儲。

復設保定巡撫。以大理寺右少卿呂鍾爲右副都御史。巡撫保定眞定兼提督紫荆等關。

南京刑部右侍郎盛顒爲右副都御史。巡撫山東。

三月戊子朔。廷策貢士儲瓘等三百人。賜李旻白鉞王敕等進士及第出身有差。

大同兵擊虜敗之。

光祿寺火。

處士胡居仁卒。居仁字叔心。餘干人。幼有大志。從安仁子同業帖括。厭之。改師吳與弼。歸隱梅溪。親卒。喪葬俱依古典。其學主忠信求放心。而終于主敬。因曰敬齋。處家庭如朝典。所著居業錄。大率躬行之言也。年五十一。學者稱敬齋先生。陸瑞家曰。本朝理學之臣。胡叔心完璧也。席珍懷待聘之資。遯世絕憂悶之致。羅欽順稱其大類尹和靖。萬曆中。從祀孔子廟廷。謚文敬。

虜酋克失及小王子牧近塞。定西侯蔣琬總京營兵往備。

總督尙書余子俊乞築宣大邊堡。從之。

免淮安去年災租十七萬四百餘石。
四月玎朔。修天壽山陵及居庸關隘地震損墮者。
增山西按察副使僉事各二人。往宣大督糧修邊。
朵顏等三衞以虜酋招誘拒之。來告。慰諭加賞。
立殫忠效義二營。選京衞舍人餘丁萬二千人實之。
虜入山西。禦卻之。
乙亥。監察御史十人分往畿省淸軍。
孟津王見滍有罪褫爵。
浙江按察使楊繼宗爲右副都御史。整飭永平山海邊務兼巡撫順天。
癸未。南京兵部尙書陳俊改南京吏部。巡撫江南兵部尙書王恕改南京兵部。南京禮部左侍郞李本爲尙書。
南京吏部右侍郞尹直爲南京禮部左侍郞。貴州左布政使彭韶爲右副都御史。巡撫江南。江南自設巡撫來。
幾一甲子。獨恕與周忱。忱以十八年。恕不二年。其久與暫不相當。然忱彷彿姚元之。恕則賢于宋璟矣。
修貴溪象山書院。祀宋儒陸九淵兄弟。歲一祭。九淵裔孫崇請之也。
五月玎朔。都察院經歷李晟言邊務兵機各五事。
前南京刑部尙書周瑄卒。瑄陽曲人。贈太子少保。諡莊懿。
岷州地再震。
番禺縣隕大星。聲如雷。散爲大星十餘。天地晦黑久之。
己亥。起兵部侍郞馬文升爲左副都御史。巡撫遼東。

大同總兵官許寧掩敗之事聞。命與巡撫右僉都御史郭鏜鎭守內官蔡新下獄論死。降寧羽林衞帶俸指揮。鏜射洪知縣。先是寧與威寧伯王越更鎭也。郭鏜餞越。越曰。許寧雖經戰陣守己撫下。然非統馭才。朝廷用之必僨事。鏜不爲意。至是始服王越之先見。

給事中張晟行人左輔往封滿剌加國王。先遣林榮等舟溺不至。

虜警。敕各邊戒嚴。選京營兵赴宣府大同。

免慶陽水災田租六十萬五千餘石。

代州地一日七震。

六月癸丙朔。南京兵部右侍郎萬翼乞改北便養。許之。尋改兵部。

增軍政官二員輪操。

設雲南孟密安撫司。徑隸雲南布政司。以夷婦曩罕弄子思柄爲安撫司使。撫諭諸夷還侵地。

宥右都御史李裕右副都御史屠滽罪。調裕南京。下御史于璧錦衣獄。以行人司副張瑾從獄中奏辨。上責裕等疎獄使知外事也。裕等委罪璧。故訊之。亦宥璧。

召總督兩廣軍務兼理巡撫右都御史朱英領院。大理寺卿宋旻爲總督兩廣軍務。

七月乙亥朔。加賞宣大殺卒。

泰寧等衞請從開原入貢。不許。舊自喜峯口。

承休王芝垠襲爵。

始命大臣考滿一子自陳入監。

秦州知州傅鼎陳救荒事宜。行之。

巡撫陝西右副都御史鄭時等奏。陝西連年水旱。至今益烈。餓殍盈途。或氣尚未絕。已被割食。乞暫停歲課物料。下工部覆奏。上曰。關中屢凶。民死徙不能保其命。朕甚憫焉。歲辦物料即止之。

遼東廣寧報警。敕鎮守太監韋朗總兵官緱謙巡撫左副都御史馬文升等嚴督分守諸將練兵防虜。并行薊州永平山海密雲古北口黃花鎮居庸等關嚴爲備。

以傳奉官多。增京班皁隸二百七名。俱畿內河南山東山西取之。

傳奉匠官太常寺卿陳斆奔喪。訖。仍直內府。

八月⿰身乙朔。代王妄請封號。奪歲祿。

前左府都督僉事董震卒。

總督宣大尚書余子俊作戰車。大同千輛。宣府五百輛。車間用鹿角榨塞其闕。上言。宣大平曠。車戰爲宜。萬人爲一軍。戰車五百餘輛。用步軍五千人駕挽。行則縱以爲車。止則橫以爲營。虜賊對壘。彼用弓矢百步技擊。我用槍砲。且有威勢。如相持過久。彼將分投。我則出兵。或遏其驕橫。或尾其惰歸。運有足之城。策不飼之馬。此萬年守邊簡易之策也。因上兵車營圖五說。從之。

傳陞工部司務高鳳爲都水司員外郎。鳳善星命。得傳陞。視事自此始。

敕陝西山西河南鄖陽各鎮守總兵巡撫等官招撫捕盜及更賢育民。凡可安靖地方者。聽便宜行之。事重者奏定。

給事中李孟暘行人葉應往封前占城國王槃羅茶悅弟古來。比行。孟暘言。占城險僻。安南之搆兵未靖。而提婆苔又嘗竊據。萬一不順。損中國威。宜縱其來使傳命古來。仍敕安南悔過。從之。明年。遂擢孟暘都給事中。留廣東□年。卒致古來崖州封之。

壬申。金木星俱晝見。

總督漕運右副都御史徐英卒。英□□人。景泰丁丑進士。

禁遼東武臣役佔屯田軍士。

調湖廣糧十萬石于陝西備荒。

嚴鎮邊官軍逃亡冒支糧賞之禁。

九月乙亥朔。日食。

久旱。遣吏部左侍郎耿裕禮部左侍郎兼翰林院學士徐溥祭告西岳西鎮西海幷中岳大河之神。

太監趙陽乞兩淮官鹽二萬引。黄治劉闔各二萬引。李景一萬引。戶部左侍郎潘榮言今西北用兵。東夷有警。山陝河南災傷。備邊救荒。措置無從。陽等不節用。上紓宵旰之憂。重違榜禁。伏望處治。上曰。此曹朦朧累奏。偶爾曲從。實非朕意。鹽課國法也。豈可請乞。得者並不許關支。違者論如罪。

都察院經歷李晟奏。方今攘夷有大勢。有先務。在國初都燕京。山後控三邊。得御夷形勝。其時北邊地荒人稀。且我方强盛。虜衰弱不敢來。即來亦無所得。今承平既久。士馬多耗。人畜頗豐。虜又適熾。小入小利。大入大利。出入無常。倉卒難備。至而後應。勢每不及。此大勢有未便矣。加以將怯兵弱。來既不敢迎擊。去又不能邀擊。此先務有未得矣。臣謂審大勢在固外藩。急先務在用舊臣。所謂固外藩者。臣聞威寧海子可耕可牧。去大同僅二百里。在元爲要地。今棄爲虜衝也。請城其中。以二萬人守之。翼以墩堡。令無事屯牧。其間約虜近吾北。則出奇以遮其前。過吾南。則會勦以乘其後。非惟門庭愈固。而飛輓之費。亦可漸省。苟謂人力不及。兵勢難分。亦當城大同近北城。量戍以兵。使虜一觸。藩可從犄角。朶顏三夷衛當繫之以術。俾藩于東。不宜徒以空言相諭。哈密都督當封以王。俾藩于西。不宜徒以金印。未得久失事機。至于河套廣袤千里。土厚物蕃。不宜棄以資寇。今陝西饑民多徙荆襄。若使邊臣按視其便。守其要害。據其水草。且燒其餘。使虜不敢入。乃大招流民。俾耕牧以資糧馬。盡閱丁壯。俾射獵以習戰鬬。不數年民皆戰士。地皆樂土。既免荆襄之嘯聚。又奪虜寇之巢穴。自河以東至山之後。屯堠相望。首尾相應。豈不强中國之勢哉。所謂用舊臣者。邊事非老成人莫可仗。今山後有余子俊。遼東有馬文升。獨延綏西至甘涼無一重兵鎮撫。臣聞前吏部尚書李秉。兵部尚書王竑。右僉都御史高明。威寧伯王越。材力可用。威名素著。秉竑嘗有薦。以老而寢。明頃起用。以疾而還。然昔者趙充國韓弘。皆成功老病之日。越坐開邊被劾。乃後來劾其可罪之人。即前日議其可封之人。同事異詞。至今未定。臣謂即令越有罪。功亦可贖。今若起此數人。使與文升子俊各當一面。則三邊之勢壯。而中國之威强矣。上以晟泛言煩擾。下錦衣獄。調漢陽府通判。

己亥。夜月食。

復李震興寧伯。

澤州星隕。聲如雷。

巡撫山西左僉都御史葉淇奏。山西洊災。平陽逃亡五萬八千七百餘戶。內霍邑猗氏兩縣。男婦饑死六千七百餘口。蒲解等州。臨晉等縣。餓殍盈途。不可數計。父棄其子。夫賣其妻。甚有全家聚哭投河而死。棄子女市井而逃者。雖設法勸借。加意撫卹。其奈給散不周。乞發太倉銀備賑。上從之。發帑金三萬付淇賑之。

釋土魯番餘黨于甘州獄。從罕慎之請。既克復解仇也。

余子俊兼督偏頭關節制山西鎮撫。

甲辰。皇八子祐㭁生。德妃張氏出。

虜復入河套。

十月甲午朔。給空名度牒一萬于山陝。令民輸粟十石度爲僧道。

刑部員外郎林俊奏太監梁芳招權黷貨。貢獻淫巧。引用妖僧繼曉。左道惑上。建永昌寺。傾竭府庫。貽毒生靈。請誅之以謝天下。下錦衣獄。杖三十。謫姚州判官。

索土魯番所掠哈密金印。

復雲南嵩明州舊治。

江西武寧奉新盜起。

後軍都督府經歷吉水張黻上疏論救。請釋用林俊。忤旨。下獄杖三十。調師宗州知州。黻成化壬辰進士。知涪州。愛民如子。遷經歷。

虜入宣府。

免太原平陽旱災田租四十八萬八千餘石。

罷雲南銀坑。

丙辰。封都督同知王源瑞安伯。皇后弟。

河南旱饑。

巡撫江南右副都御史彭韶薦故兵部尚書項忠。不允。

錦衣衞都指揮使萬喜爲後軍都督同知。指揮使萬達爲都指揮同知。萬從善爲都指揮使。百戶萬牛兒爲指揮僉事。從善甫二歲。故指揮萬通庶子。而牛兒甫四歲。其養子也。

是月。傳奉官六十三人。

十一月甲申朔。朵顔衞都督阿兒乞蠻遣其弟影克孛羅送所獲北虜生口。兵部譯審牧虜也。上曰。夷虜牧放爲生。

追逐水草其常事何罪之足誅其編成之賞孛羅以慰其勞。仍諭三衛貢夷毋得貪掠啓釁。

增山東按察副使一員于遼東。

通玄翊教廣善國師繼曉乞歸養母。許之。命母終供職如故。

傳加太子太保吏部尚書尹旻爲太子太傅。取中書舍人杜昌文華殿辦事。凡加大臣保傅皆賜敕。旻獨出傳奉。又與杜昌同時受命。前此未有也。

萬全右衛百戶韋瑛伏誅。瑛附汪直。直敗。調外。撰妖言誣平人謀逆。走報太監張善。毒訊誣伏。及會鞫皆枉。上曰。除惡務本。此曩日罪當死者。亟斬之梟示萬全右衛。天下聞而快焉。

日本入貢。

再發帑金十萬河南糧五萬石賑陝西。

總督宣府大同軍務戶部尚書余子俊言虜遁。請班師。命太監張善定西侯蔣琬悉統京營兵還京。子俊暫留總督。令冬末具奏而還。

傳旨戶部尚書殷謙禮部尚書周洪謨施純劉岌兵部尚書張鵬刑部尚書張鎣工部尚書劉昭右都御史朱英俱進太子少保。

山東旱。免災租三十一萬餘石。

南京戶部主事張倫請運糧二十萬石自河至沔池。備山陝賑濟。卽以倫督之。

是月。傳奉官三十七人。

十二月[illegible]朔。預度僧道六萬人。救饑山陝。

工部左侍郎杜謙率郎中蕭冕員外郎李濬浚運河。

召余子俊還京。

戶部左侍郞李衍理陝西邊儲。

詔開中兩浙鹽課給三邊。發江南折糧十五萬金幷關中兩淮山東四川鹽課二百萬引于陝西楡林等處給邊儲。

會寧縣地震。

傳陞耀州判官張善吉爲兵科都給事中。善吉初以兵科左給事中謫。託太監高英進方術。上召見賜對。命下。士論囂然。

旱災免河南田租十七萬五千餘石。

虜入大同西路。分守右參將張璽右少監陸誾禦之玉林山墩。繼入代州境。分守右參將都指揮支玉與太監劉政禦之寺塢等處。皆有功並陞賞有差。

虜入宣府境殺百戶。

朵顏三衞數掠。戒諭之。

延綏兵燒荒殺于虜。

命廣東歲祭故巡撫右僉都御史楊信民祠。

是月。傳奉官三十餘人。

是年。徐州婦肋下生瘤。久之漸大。兒從瘤出。

乙巳成化二十一年

正月甲申朔。申刻。有火光自中天少西下墜。化白氣。復曲折上騰。聲如雷。踰時。西方大星如碗。赤色。自中天流近濁。尾跡化白氣。曲曲如蛇形。良久正西轟轟如雷震地。須臾止。

丙戌。敕羣臣直言。

廣東惠州酉刻。月下發光丈餘。夾黃白氣。自西飛東北。有聲如雷。

丁亥。姚安軍民州判官林俊仍刑部員外郎。師宗知州張黻仍左軍都督府經歷。俱南京。時星變。梁芳繼曉懼言及。乞內降復之。

戊子。太監傳恭仍總制三大營兼提督十二營。

夜火星犯太陰星。

己丑。大臣科道各應詔言事。吏部尚書尹旻言二事。曰裁傳奉官二千餘人。放回進士二百九十七人依親。省文俸。上報曰。傳奉文官除勛戚外。餘如所奏。進士准回。戶部尚書余子俊等言八事。上報曰。節財用。朝廷自有處置。漕糧已羅百萬石。姑已之。官首月俸仍舊。倉場內官已令司禮監查取。餘如議。禮部尚書周洪謨言九事。上報曰。禁奢侈已行矣。供應牲畜所司查奏。節省法王佛子國師禪師番僧供給。俱裁其半。今後漢人冒入者必罪。方士已令都察院禁之。私閹發回原籍原衞。餘如議。兵部尚書張鵬言五事。上報曰。傳奉軍職自勛戚功廕外。餘令冠帶閒住。有爲事妄冒並乞恩陞授者。查奪。匠官藝精者留之。支半俸。內地鎭守監槍守備等官。具名以聞。餘如議。刑部尚書張鎣等言六事。上報曰。惜薪司柴夫光祿寺買辦已行矣。鎭守內官已令兵部查奪其奉敕預詞訟者。今不許。餘如議。工部尚書劉昭等言三事。上報曰。如議。右都御史朱英等言八事。上報曰。內府白糧不必委官監收。止依例斛一尖一平收納。投獻地土及倉場等處。量留內臣管事。各總兵遇節進馬。副參等官不許。進士產止鎭守一人進之。餘不許。今後賫香帛內官不必差。文官降斥者置之。邪術榜禁。餘如議。

署通政司事尙書張文質等言四事。上報曰。廢弛政事者無主名。其置之。餘如議。大理寺卿田景陽等言四事。上報曰。災重地方已免糧矣。餘如議。吏科給事中李俊等言六事。近倖干紀也。大臣不職也。爵賞太濫也。工役過煩也。進獻無厭也。流亡未復也。上報曰。梁芳韋興陳善姑已之。殷謙張鵬艾福杜銘李本劉俊張鑾田景陽張瑄尹直李溫俱留。令各修省。李孜省降上林苑監左監丞。鄧常恩降本寺寺丞。繼曉革國師爲民。追護敕。其餘已處分矣。浙江道御史汪奎等言十事。上報曰。謫調考察官。推大臣。理鹽法。俱已之。鎭守等官已令兵部查奏定奪。藍忠張慶蔡用還。移文使知之。馬顯宋欽馬馴魯能談倫趙文博杜謙俱留任。提督坐營內臣仍舊。內外官占役軍匠。令科道嚴之。遣官賫帑金賑饑。戶部勘詳以聞。

庚寅。詔曰。朕紹祖宗大位。罔敢自豫。然治效未臻。災沴迭興。地道勿寧。天時亢旱。嘗齋心懇禱。遣告山川。奈歲竟不登。河南山東畿內率多饑饉。陝西山西尤劇。至棄恒産。家室不相顧。元元何辜。罹此危厄。朕爲民主。可恝然莫之愍耶。果博採羣議。發帑儲助賑。不意冬春星變有聲。朕愈儆惕。敕羣臣備陳時政得失。採納而行。用慰民望。答天心。方春時和。萬物發育。祇承乾元資始之仁。誕敷寬恤之典。所有合行事宜。條具于後云云。於戲。君以愛民爲德。懷保惠鮮之政當施。臣以輔治爲忠。還定安輯之務宜勉。必上下極交修之誠。庶穹蒼有昭格之效。

虜三千餘騎犯延綏。游擊將軍董昇等追敗之。

癸巳。廣西太平府地震有聲。

乙未。上南郊。

冀城絳陽城垣曲等縣饑民多盜。命鎭撫等官宣諭。果不服。勦之。

丙申。虜五千餘騎又犯延綏。把總指揮僉事朱祥等追敗之。謝家山。明日又敗之。斬三十四級。

己亥。五府太子太傅英國公張懋等言事。上報曰。倒失馬自去年以前免追。邊海軍糧。許月支八斗。武職休致減俸及軍士種菜如舊。內外文職官添設者。兵部查奏定奪。京門及京通倉場各馬房蓄育等署增設內臣。司禮監查正統例舊數量留蒞事。餘如議。

甲辰。周府鄢陵王子塈薨。年六十一。謚安僖。

乙巳。免北畿去年田租。其災輕者免十之八。

遣賑陝西河南山西。總督陝西軍餉戶部左侍郎李衍兼理賑濟。刑部左侍郎何喬新往山西。工部右侍郎賈俊往河南。吏部郎中吳岷。戶部郎中翟通。馮續。金廸。禮部員外郎王傳。兵部員外郎朱瑄。刑部員外郎許弼。吳欽。廖中。李燧。工部員外郎吳郁。大理寺正李遜。分往畿內。發帑金二十五萬。

丁未。京師陰霾。

戊申。軍器局匠金福奏。正統間本局軍民匠五千七百八十七人。止太監一。內使一。工部侍郎一。提督。近來人匠逃去止二千餘人。監督內臣至二十員。多各官占用。乞減提督冗員。清占匠。從之。

內地鎮守等官仍舊。

夜大星青白光燭地。見太微垣外。

辛亥。給陝西饑民牛種。

乙卯。量蠲襄陽等災租。

二月癸丑朔。甲寅。昏刻。月犯昴宿。

己未。吏部應詔奏。列傳奉除勛戚功陞蔭授外。通五百十四人。御筆點留六十一人。如太常寺卿陳歟。趙玉芝。太僕寺卿朱奎。通政使蔣宗武。左右通政施欽。任傑。木睿。李景華。張苗。顧倫。雷普明。太僕寺少卿李綸。光祿寺少卿干信尙寶司卿仲蘭楊杞少卿嚴勷太常寺丞陳賓蔣釗等吏部又列傳奉官爲事妄冒者。御筆點留五人。上林苑監左監丞李孜省尙寶司丞丘倫太常寺丞于寶中書舍人鄺存敬冠帶儒士楊纘兵部奏傳奉除勛戚功陞廕授外通五百三人。御筆點留三百九十四人。

乙丑。徽王見沛累請鈞州稅課及黃岡莊田不許。

丙寅。復命太子太保戶部尙書余子俊兼左副都御史。總督宣大軍務兼理糧儲。以總督倉場戶部尙書殷謙理戶部事。

昏刻月犯靈臺上星。夜月犯上將星。

丁卯。夜月當食不食。禮部科道俱劾署欽天監事太常寺少卿康永韶春官正李宏等推算不精。宜罪。命奪宏等月俸。

戊辰。翰林侍講焦宏爲侍講學士。

己巳。募四川人納粟補散官。

庚午。夜月犯角宿。

壬申。巡撫遼東左副都御史馬文升言十事。上從之。

泰安州地震。夜遵化地再震。聲如雷。

癸酉。進士邵誠李潑方向王琳爲南京給事中。誠吏科。潑向戶科。琳刑科。

平陽府地震。聲如雷。夜月犯心宿。

乙亥。順天府管河治中陳翼言三事。上從之。

丁丑。免陝西去年麥六十四萬四千六百餘石。

己卯。召大同備冬左參將楊玉游擊將軍馬俊領兵還京。
庚辰。巡撫宣府右副都御史李岳請暫停修邊下余子俊酌之。
辛巳。詔各邊練兵從馬文升之言。
鎮守通州都督同知陳逵卒。逵六合人。世忠義左衞指揮同知。沈鷙有謀。景泰初薦進都指揮僉事守通州有聲。天順初獨收于謙屍襄事。人義之。卒賜祭葬。
三月壬朔泰安地再震。如雷。太岳山動搖。丁亥復震。
甲申。免萬全都司屯租七萬一千石有奇。
戊子。大名府風霾晝晦。已大風雨。至丁酉止。
己丑。南京吏部尚書陳俊等應詔言二十事。上報曰。文武醫匠等官。取回支鹽內官家人。并禁造寺觀。降調官已處分矣。板枋免運一年。大勝等關官軍令守備太監擬定。瓷器俟燒完停止。餘如議。
南京工科給事中丘璐等言十二事。御史郭霶等言十事。俱下所司。
昏刻月犯五諸侯星。夜番禺南海大風雷雹。壞民居萬餘楹。死千餘人。
庚寅。御馬太監李良監五軍營兼提督十二營。
壬辰。徽王見沛乞起復長史董彝。不允。
癸巳。泰安州地震。乙未庚子連震。
大理寺卿田景陽致仕。
命借山東去年今年官鹽易糧。又令各郡縣立社倉備賑。從馬文升之言。
乙未。令都察院榜禁西山山場不許鑿石取煤。

禁奸盜。

丁酉。皇九子 祐橓 生。母恭妃楊氏。

自正月至是。風霾不雨。遣告郊社山川。

壬寅。前中軍都督同知韓志卒。昌黎人。世金吾衞指揮使。年八十三。

太原平陽曲沃榆次俱地震。聲如雷。邠州再震。明日又如之。皆有聲。

己酉。廣東按察使閔珪爲右僉都御史。巡撫江西。時多盜。

延平府同知劉瀚爲漳州知府。 劉鉉子。

辛亥。右軍都督同知陳瑛率步卒三十萬運京倉米十萬石于宣府。

四月壬子朔。巡撫甘肅右副都御史曹能憂去。

監生虎臣請賑饑。去貪。上是之。麟游人。後任磚嘉知縣。不受賂。爲土官毒死。

乙卯。刑部員外郎朱臨改監察御史。

丙辰。傳陞太常寺少卿康永韶爲禮部右侍郎。仍署欽天監事。永韶凡占候曲蔽。至言今春星變。當有大災。賴山陝等處饑殍應之。此誠聖福。無他慮矣。上悅之。

丁巳。免大理曲靖水災田租八千五百二十餘石。

己未。申溺女之禁。溫州訓導鄭璟言。浙東溫台處好溺女。宜禁。下禮部。都察院言。寧波紹興金華江西福建南畿皆然。遂有是命。

庚申。雲南左布政使唐瑜爲右副都御史。巡撫甘肅。

癸亥。烏思藏闡化王等來朝。時四百六十二人。四川守臣格以新例。止納百五十人。禮部以順其情。概納之。爲後兩頁之數報可。

戊辰。命兩京錄囚。

庚午。巡撫南畿右副都御史彭韶改大理寺卿。

辛未。勒巡按宣府御史婁源俔進賢致仕。進賢繼妻兄錢金挾其陰事來謁。見拒。遂嗾其左指進賢下之獄。事聞。免官。戍金大同。進賢成化丙戌進士。選庶吉士。貪淫不檢諂事萬安。士論恥之。

癸酉。命御史三人㩁杭州荆州蕪湖竹木。以工部官恣弊也。

甲戌。免濟南兗東昌去年田租三十七萬七千三百四十餘石。鳳陽淮安夏麥二十萬餘石。

乙亥。福建左布政使李嗣爲右副都御史。巡撫蘇松等處。

己卯。翰林修撰吳希賢爲左春坊左諭德。太僕寺少卿韓定爲寺卿。

閏四月壬午朔。開城縣地震有聲。

癸未。蘭河洮岷鞏昌固原俱地震有聲。

甲申。太子少保禮部尙書署鴻臚寺事施純卒。純字彥厚。東安人。成化丙戌進士。選庶常。改戶科給事中。歷鴻臚寺卿。善爲容。驟進禮部右待郎。至尙書。前此未有也。怙寵越守。士論少之。年五十一。無子。賜祭葬。

丙戌。伊府方城王諟鐮薨。年三十五。諡懷僖。

己丑。分守代州右參將都督僉事史玉以疾召還。大同東路右副總兵都督僉事周璽分守代州。

庚寅。都督僉事慕勳以妄報功降指揮同知。

辛卯。傳內官監太監李榮鎭守山東。代太監韋煥。已復榮司禮監。命往南京守備。煥仍山東。

傳陞羽林前衞副千戶楊玉爲錦衣衞正千戶。御用監太監廖恭姪玘爲錦衣百戶。

壬辰未刻。開化清豐金鄉忽黑雲天半雜五色。須臾晦甚。風雨雷雹交作。仆屋拔木。傷禾稼。

癸巳。遵化地震有聲。甲午。乙未。連震。

甲午。趙府臨漳王祁鍌薨。年五十五。謚恭安。

丁酉。進士韓鼎簡琦王敞爲禮兵刑科給事中。

戊戌。廣東市舶司提舉江朝宗復翰林院侍讀學士。致仕。

許諸生納粟入監。

辛丑。太子太保兵部尚書張鵬致仕。

丙午。故南京戶部尚書閩縣黃鎬贈太子少保。謚襄敏。

丁未。戶部開輸納事例。濟饑。

太監席敞先伏誅。

五月庚戌朔。巡撫順天右副都御史楊繼宗。以管河治中陳翼訐奏。調雲南按察副使。翼海北鹽課司提舉。繼宗執法不阿。戚宦有侵占民田者奪還民。以是府怨。內臣從中搆譎之。單車之任。適峒猺亂。官軍不能下。毅然往諭。猺皆羅拜曰。聞公名久矣。今某等再生日也。詰其生亂之故。奏治之。猺忻悅聽撫。

乙卯。大理寺卿彭韶爲右副都御史。巡撫順天。

丙辰。廣西都指揮使邢斌爲右軍都督僉事。

戊午。工部主事張吉調景東府通判。刑部主事李旦調鎮遠府通判。監察御史汪奎調夔州府通判。工科都給事中盧瑀調長沙府通判。刑科給事中秦昇調廣安州同知。工科給事中童柷調興國州同知。俱應詔直言。吏部承密旨外調之。吉疏尤讜。留中不出。

談遷曰。憲廟值災異。惕然更始。降李孜省鄧常恩。削繼曉。錮祖拯困。有止輦受言之風。及章疏如織。規繩日切。多密諭冢宰。擬于投荒。俾上不礙其轉圜。下無齒于斥伏。訑訑沓沓。于斯爲巧。雖然。亦冢宰將順之過也。引君當道。如宋璟李沆其人。庸以私旨靡之乎哉。

泰寧衛都督脫脫孛羅弟搜失得屢勦寇。授泰寧衛正千戶。

辛酉。免淮安鳳陽揚廬徐田租米荳二十九萬三千三百九十六石。

壬戌。萬全永寧衛隆慶衛龍門所地震有聲。夜京師地再震。

癸亥。廣東左布政使陳選。以撒馬兒罕往滿剌加市獅入貢。上言。西域貢獒。召公進諫。越裳獻雉。周公致規。蓋不惟防玩好之漸。實以杜窺伺也。狻猊本非澤國所產。彼假以求索。驚擾寰中。貽譏海內。是陛下忽細行而爲大德累也。乞賜罷。從之。

乙丑。前太子少保左都御史李賓卒。賓字廷用。順義人。正統乙丑進士。授御史。有伉直名。歷太僕卿右副都御史。天順初改大理卿。進右都御史。成化初改南兵部尚書。三年改左院。持重不妄言。其議處荊襄流民尤得策。贈太子太保。賜祭葬。諡襄敏。

丙寅。申王府官坐罪事例。

丙子。京師流移日集。下京縣及五城兵馬司月給米大口三斗。小口斗五升。

己卯。改余子俊兵部尚書。仍總督宣大軍務兼理糧儲。令防秋畢還朝。

巡撫保定右副都御史侶鍾爲刑部右侍郎。

六月[illegible]朔。辛巳。戶部尚書兼督糧儲殷謙。初代余子俊暫理。至是中旨專戶部尚書。

定武臣納粟許子孫襲職例。歲盡而止。

丙戌。增會昌雩都龍南安遠新豐瑞淦石城縣主簿專捕盜。

戊子。周王子堅薨。年六十三。謚曰懿。

庚寅。南京兵部尚書王恕奉詔請裁錦衣衛內官子弟二十七人。不允。

壬辰。前軍都督同知袁彬調左府。以忤新寧伯譚祐也。

癸巳。故贛州同知王廷桂贈江西布政司左參議。初勦武平賊死之。錄其子國子監百戶。鄒顒小旗王剛軍人烏等俱死賊。陞級世襲。

甲午。前太子少保戶部尚書楊鼎卒。鼎字宗器。咸寧人。正統己未進士及第。授翰林編修。後直東閣。己巳。改御史。分守兗州。還復任。進侍講兼左中允。尋進戶部右侍郎。天順初。進左侍郎。成化戊子。進尚書。清修苦學。善談論。在戶部頗不樂。致仕。鼎能守官。惟開礦差可議也。年七十七。贈太子太保。謚莊敏。

壬寅。錦衣衛舍人沈震請納粟補官。不許。

乙巳。免河間夏麥萬一千三百餘石。

丙午。前太子少保工部尚書王復卒。復字初陽。固安人。正統壬戌進士。授刑科給事中。進通政司參議。己巳。使也先。充禮部右侍郎。還。進右通政。歷通政使。兵部左侍郎。成化初。進尚書。巡西陲。言事多合。復雅志沖淡。值事有條理。具大臣體度。且好古嗜學。不事矯亢。以德量終。年七十。贈太子太保。謚莊簡。蓋公典也。

七月配朔庚戌。撫治鄖陽右僉都御史王濬卒。濬字克深。威縣人。成化丙戌進士。授御史。同鄉王越薦。陞南京僉都御史。未任。改巡撫甘肅。憂去。起鄖陽。素不愜衆望。年五十五。賜祭葬。

壬子。召賑濟山西刑部右侍郎何喬新等還京。喬新奏豁田租。勸分得銀數萬兩。粟數十萬石。河渠壅者。儆饑民疏之。儐以粟。凡活二十萬人。復業者十四萬口。

癸丑。署光祿寺事禮部右侍郎艾福致仕。
丁巳。夜月犯星宿。
戊午。荊襄總兵官署都督僉事王信爲都督同知。
壬戌。許余子俊修宣府大同偏頭關邊牆。期明年四月肇工。
乙丑。雹白縣地震。聲如雷。夜月犯壘壁陣星。
丙寅。停陝西鎭守官年例貢獻一年。
丁卯。諭都察院嚴考回道御史。
己巳。夜月犯房宿。
太子少保右都御史朱英卒。英字時傑。桂陽人。正統乙丑進士。授御史。忠實儉約。善屬文。佐藩廣東。即有聲。總督兩廣。殫心邊事。年六十八。贈太子太保。予祭葬。謚恭簡。
李東陽曰。廣東西地自大藤之捷。民物凋敝。府藏空竭。識者蓋深憂之。吾聞朱公涖政。專事儲蓄。數年間所積金爲數十萬。流徙還業者四十餘萬。以脅從獲免鋒鏑者不可勝紀。其有功于國家甚厚。傳稱君子能國仁人利溥。豈不信哉。方入長內臺議弭災策時。曹分條悉公所陳。或爲秉筆者所沮。楊中書一清上記說之。公卽命肩輿進議所。力申前說。雖未悉施。其所負亦壯矣。
夜。月犯昴宿。
庚午。選敎坊司樂工。
辛未。增臨清州判官管河。
癸酉。行人常新曹磷劉壤許銳謝瑩文瑞史簡張瓚推官包裕知縣丁隆楊縉王宏歐陽復韓明呂炯陳轂郭資爲試監察御史。
甲戌。右副都御史屠滽爲右都御史。大理寺左少卿馮貫爲右副都御史。
乙亥。傳陞沂州知州朱義爲南京工部郎中。時太監梁芳開礦山東採丹砂。義曲事之。還。被薦。
代府隰川王仕墜薨。年四十一。謚恭僖。
八月躬朔。日食。
庚辰。鎭守湖廣都督同知王信充總兵官。提督漕運。仍鎭守淮揚。巡撫遼東左副都御史馬文升爲右都御史。
總督漕運兼巡撫鳳陽。
南京金川門草場火。
壬午。傳陞錦衣衛指揮同知萬安爲後府帶俸都督僉事。副千戶萬祥爲指揮同知。正千戶徐達爲指揮僉事。
世襲。舍人丁安萬泰王賢俱百戶。
召賑濟河南工部右侍郎賈俊還京。
甲申。前撫治鄖陽大理寺右少卿吳道宏爲南京大理寺卿。
乙酉。後軍都督同知馮昇爲平蠻將軍總兵官鎭守湖廣。
丙戌。傳守備西寧都指揮僉事王義協同田廣管事。守備臨清都指揮僉事昌佐守備儀眞。
戊子。巡撫甘肅右副都御史魯能卒。能字千之。新會人。景泰甲戌進士。授戶部主事。樸實勤愼。所至無廢事。賜
祭葬。
己丑。順天府尹劉瀞爲右副都御史巡撫遼東。
乙未。岷府安昌王膺鋪薨。年十一。謚懷僖。

雲南布政使吳玘爲順天府尹。

夜。大星赤光燭地。自河鼓流紫微垣。七小星隨之。

戊戌。禮部定度京省僧道之額。僧不越五萬。道士二萬。

己亥。兩淮巡鹽御史王相兒暴下刑部獄。降雲南南寧縣丞。

壬寅。岷州地震。

乙巳。賜太監陳玹浙鹽萬引。

丙午。封彌鍗唐世子。彌鋠鄖城王。彌錡衞輝王。楚府均鋤江夏王。潘府詮鏻宜山王。淮府見濎靖江王。荊府祐榴虞城王。祐橙潞安王。宜鑒洛交王。祐桓懷安王。同鏊鎮安王。見渥洛川王。

丁未。署太常寺事太子少保禮部尚書劉岌致仕。

使滿剌加國吏科右給事中張晟卒于贛州。命行人左輔即廣東選七品有司官一人往。

韓王偕灊奏羣牧所千戶朱政曾祖信年百八歲而終。祖百二歲。父鏞八十二。俱正千戶致仕。壽出一門。乞表人瑞。命有司勞羊酒。進階宣武將軍。賜米布。

是月。建文帝女卒于高牆。女建文庚辰生。年八十六。

九月配朔。甲寅。趙府湯陰王祁鏻薨。年五十四。謚莊僖。

都督僉事王義卒。

丙辰。永順伯薛勳都督僉事莊鑑領果敢等營。

廉州梧州地震有聲。至甲子止。

丁巳。南京禮部尚書李本卒。本字立之。富順人。正統戊辰進士。選館。授翰林檢討。歷侍讀太常少卿禮部侍郎。

性質直慷慨。不拘小節。晚在禮部。頗自縱。或劾其冒功浮沈。非定論也。賜祭葬。

庚申。傳陞鴻臚寺帶俸主簿萬鑰。通政司知事萬壽。俱中書舍人

初。虜數萬寇偏頭關。山西參將都指揮僉事支玉等戰各有勝負。斬十五級。獲馬九十六。失卒四十二人。傷百五十九人。見劾。玉自陳其勞苦。命奪祿半年

前巡撫山西右僉都御史李侃卒。侃字希正。東安人。正統壬戌進士。授給事中。進都給事。己巳之變。多直言。易儲時又洒泪進詹事。天順初改太常寺丞。憂去。起原官。進少卿。尋撫山右。固圉廣儲。尋憂去。好學嗜書。家貧甚年七十九。諭祭

辛酉。夜月犯外屏星。

甲子。太子太保戶部尚書兼謹身殿大學士劉珝致仕。初珝事上東宮。及即位。屢進清秩。至是先一日申刻。傳召閣臣萬安劉吉赴西角門。珝欲往。閣人止之。安等與太監覃昌出御札。啓之則人許珝陰事。曰嗜酒貪財好色等事。安等佯驚曰。此蜚章。何不火之。乞太監保全左右焉。昌曰。聖意也。安曰。珝親老。令珝自休致耳。昌曰。然明日珝乞休。予之不及養親。上怒。命昌出詰安。安曰。珝久欲去。疏蓋預撰。昨猝不及詳也。上意解。許之。賜金幣廩役。子中書舍人銳。禮部司務鈁。俱還侍。蓋安故銜珝。羣小假邏卒搆之去。

王世貞曰。一劉珝也。憲錄稱其附中人得罪。以至疏辭不肯終養。孝錄稱其進講以正定國本。廬親墓。鄉黨化之。號曰仁孝里。蓋憲多劉吉所載。孝則焦芳改筆。珝于人乃中下耳。吉有隙。芳有恩。故異詞也。

丙寅。論重四七十五人。

賜太監潘洪儀真鹽萬引。

丁卯。前南京右僉都御史高明卒。明字上達。貴溪人。景泰辛未進士。授御史。進大理寺丞。成化初僉南院。政令

淸肅。年六十四。予祭葬。

李東陽曰。高公初乞歸。稱無才一宜退。有疾二宜退。親老無昆弟三宜退。及以治盜徵。謂宜再起。功成疾作宜再退。其號五宜以此。昔孔戣有二宜去。司空圖有三宜休。皆斂退事。史傳所稱。嗚呼。勇退固難事然退而出。出而復退。其出不徇物。而退不爲矯情者。蓋尤難焉。君子論事。必先大節。矧其才卓卓有治效可指述哉。公雖名位未極。功澤不偏施。揆厥終始。稱國之大臣可也。

袁袠曰。高公爲御史。號敢言。兩奏捕盜之績。功成勇退。賢于流俗人遠矣。昔孔戣言二宜去。司空圖言三宜休。古今人豈相遠哉。

庚午。工部右侍郎談倫理易州山廠。召商賈怨。見訐奏。下獄。復之。

辛未。夜。月犯靈臺中星。

乙亥。太監潘記主太岳太和山。求兼提督均州官軍操守。許之。

十月戲朔。庚辰。故南京刑部右侍郎陳儼子景援例入監。不許。命今後子孫乞恩。須審其父任久績著者始以聞。

甲申。鎭守兩廣平鄉伯陳政卒。政在鎭十九年。最諳夷情。杜絕私請。如廉州地饒。未嘗一至。

丁亥。免四川前年災租五十一萬五千三百餘石。

己丑。太子太保兵部尙書兼左副都御史余子俊改兼左都御史。巡撫大同。乃提督軍務時被譏也。

庚寅。左軍都督同知周彧封長寧伯。祿千石。

癸巳。夜。月犯五車星。

前太常寺少卿吳道亮卒。句容人。樂舞生。年八十。未嘗有失。賜祭葬。

甲午。英廟惠妃王氏薨。大興人。年五十七。謚端靜安和。

丙申。免濟南等夏麥四十五萬三千九百二十餘石。
丁酉。降夷舍打古珍等安置廣寧。
己亥。南京光祿寺卿李木卒。賜祭葬。曹縣人。景泰甲戌進士。
壬寅。南京錦衣衞指揮僉事黃琳爲指揮同知。世襲。以太監黃琳家屬得官六人。
尙寶司丞許瀚道值太監鄧才。讓不避。爲從人碎其牙牌。俱下獄。復之。
癸卯。傳陞道士劉太極爲太常寺丞。初星變時暫斥傳奉官。至是復漸進矣。
甲辰。免開封田租五十七萬九千五百八十餘石。平陽澤潞遼沁田租四十萬七千九百七十餘石。
十一月戊戌朔壬子。夜月犯壘壁陣星。
丙辰。廣東按察副使陶魯爲湖廣按察使。仍在兩廣行營。
金星晝見。
丁巳。永和王鍾鈇有罪。奪歲祿。
提督四夷館太僕寺卿韓定卒。威縣人。譯字生。賜葬。
己未。昏刻月犯昴宿。
庚申。東寧伯焦俊爲平羌將軍總兵官。鎭守甘肅。召總兵官范瑾還京。
辛酉。太常寺少卿程洛卒。洛父太常卿南雲。能書。除中書舍人。至今官。工楷篆。最愼密。予祭。
壬戌。曉刻火星犯天江星。
癸亥。監察御史錢承德張瓚。聖節後至。下獄。杖之。謫鍵爲介休知縣。
傳陞左通政李和爲南京戶部右侍郎。禮部郎中黃景爲右通政。

乙丑。祠故山東總兵官都督衞青永康侯徐安于山東。歲一祭。巡撫盛顒請之。

丙寅。京師地震。

南京兵部尚書王恕上言。京師祀天地僅一壇。祖宗曁先聖僅一廟。而佛乃至千餘寺者。舛也。一寺立而移民居者且百家。費內帑者數十萬。金林俊言當。不宜罪。宜特復其官。幷復張黼官。不報。

丁卯。鎭守延綏太監韋敬調寧夏。寧夏太監簡顒調延綏。敬在延綏狠愎。忤總兵官岳嵩都御史呂雯。時忿爭。故易之。敬狠愎自用。與總兵岳嵩都御史呂雯爭。每會客坐雯于西。坐嵩于下。而自上坐。又下人邊剛黃鏞。侵牟貪婪。商不入境。雯令人市布不得。因譖敬致忤。余子俊以聞。上切責敬。調寧夏。戍剛鏞。

夜。月犯太微垣右執法星。

辛未。巡撫鳳陽右都御史馬文升爲兵部尚書。戶部左侍郎李衍爲尚書。總督倉場。巡撫四川右副都御史孫仁爲戶部左侍郎。

癸酉。成山伯王鏞領神機營。

遵化地震有聲。夜。月犯星宿。

甲戌。巡撫保定左副都御史李敏總督漕運。兼巡撫鳳陽。其保定巡撫官革之。

淄川地震。

禁私閹。

前巡撫甘肅右副都御史婁良卒。良字魯士。通許人。正統乙丑進士。授□部主事。謹約自守。比歸。行李蕭然。年七十五。予祭葬。

十二月帳朔庚辰。撫治鄖陽右副都御史劉璋改巡撫四川。

昏刻。金星犯壘壁陣星。

壬午。傳陞分守西寧衞指揮使王儀爲都督僉事。協守寧夏西路。

□軍右都督馮宗卒。昌黎人。世□衞指揮使。

癸未。傳陞太常寺卿丁永中鴻臚寺卿賈斌俱禮部左侍郎。仍署寺事。

廣西左布政使何鑑爲右副都御史。撫治鄖陽。

昏刻。月犯外屏星。

甲申。手敕改太子太保禮部尚書劉吉爲戶部尚書兼謹身殿大學士。詹事彭華爲吏部左侍郎。仍兼翰林院學士直文淵閣。

辛丑。進南京兵部尚書王恕太子少保。

壬寅。免平陽澤潞等秋糧九十五萬三千二百五十餘石。

癸卯。曉刻。月犯南斗魁星。

甲辰。命巡撫南畿右副都御史李嗣糶松江餘米九萬石。

虜入宣府西路涼州莊浪鎭番永昌。

是月。傳奉官百餘人。

丙午成化二十二年

正月帗朔。癸丑。止各巡撫赴京議事。

丁巳。夜。月犯五諸侯星。

己未。上南郊。

寧府石城王奠堵薨。謚恭靖。性莊毅簡貴。寡言笑。家法甚嚴。未嘗有過舉。

辛酉。夜月食。

乙丑。敕河南按察僉事傅希說兼理鳳陽等處賑饑。

丁卯。南京太僕寺少卿李溫入京。齎緣改太常寺。

罷修沙河橋。

戊辰。左春坊左庶子劉健爲少詹事。

是月。虜深入臨洮金縣。殺掠三千餘人。

二月丁丑朔。庚辰。太子太傅保國公朱永。以蜚語言其不軌。因乞免。不允。

免。大名眞定順德廣平保定去年夏麥九萬八千三百餘石。武昌等秋糧五十四萬八千餘石。

辛巳。雲南嶍峨民作亂。平之。

癸未。賜各巡撫官敕。撫按軍民。

分守莊浪左參將都指揮使田廣爲都督僉事。其姻太監張敏。

甲申。黔國公沐琮定雲南土官嫡庶子每三年上其籍。承襲時。三司會勘。不得過三月。從之。

翰林修撰林瀚爲左春坊左諭德。

移備倭署都指揮同知郭鋐暫住通泰鹽城捕鹽盜。

丙戌。進士王質趙鋐呂獻夏昂爲給事中。質吏科。鋐獻刑科。昂工科。

戊子。荆門州地震。

己丑。陳輔嗣寧陽侯。懋次孫。

庚寅。安遠侯柳榮爲征蠻將軍總兵官鎮守兩廣。

辛卯。昏刻月犯鬼宿。

癸巳。晉府寧河王美堛薨。年五十九。謚康僖。

夜。月犯軒轅。

甲午。皇十子祐樞生。母端妃潘氏。

罷余子俊。奪太子太保。蓋延綏太監韋敬怨子俊。調之寧夏。因奏子俊懷奸抵飾。所調副總兵周璽總兵周玉薦總兵岳嵩。皆出私恩怨。兵部言。此子俊未任前事。上怒其隱。命工部侍郎杜謙給事中吳道寧併勘。謙等還奏。子俊在邊未二年。費銀百五十萬。糧料二百三十萬石。雖公而實靡。下戶工二部議覆。上責子俊偏乖耗廢焉。

丘濬曰。秦人築城。不量力。不恤民。則非也。焉可以噎而廢食哉。北魏高閭亦嘗建議而不克遂。而公則遂矣。且有效。或者不廢其前功。而顧逆料其後弊。何哉。忌之也。亦非專爲公也。方公建議時云。凡事須是到日過似能經久者。方始爲之。予固知公非苟然而漫爲之者。嗚呼。快一己之私而忘國計之大。斯人何人哉。

薛應旂曰。嘗視師延綏。其故老咸曰。鎮城舊在綏德。余公遷出榆林。軍民役死。不下萬計。窮簷荒廢。千里丘墟。孤兒寡婦。衰蔴扶杖。日哭于軍門。而浮沙築牆。終難就緒。向使其移鎮河湟。偪逐套虜。興此大役。猶可言也。顧僅僅止此。至今榆林孤城。懸于荒漠。勞師戍守。歲費萬千。綏德藩籬。竟失鎖鑰。虜騎長驅。直闖內地。其貽謀蓋不審矣。由此觀之。則宣大之役。臺省交章。非無自也。

談遷曰。余肅敏飭邊修備。可謂國之能臣。當時沮格。不過狃便安。怵大役耳。易世而後。猶有遺議。如薛仲常者。雖非通論。不可不存其說。

乙未。免常州災租十萬二千一百餘石。

丙申。移開封米十二萬石于陝西。六萬二千石于河間。賑饑。

己亥。免蘇州災租十五萬二千九百餘石。

庚子。傳陞錦衣衛指揮同知邵萃爲指揮使。百戶邵安邵喜俱世襲。

秦王公錫薨。年五十。謚曰惠。

鳳陽知府章銳上救災備患十六事。上多從之。

辛丑。傳陞太常寺丞連克彰江懷爲少卿。

兵部武選司吏樊忠韓錫大興民匠吳鑑吳興皆通屬夷售廢敕事發伏誅。左右侍郎阮勤侯瓚調南京禮部郎中。鄒襲朱紳降德安常德府同知。員外郎彭綱降永寧知州。主事高鑑張暴石巍趙鉍蘇章俱外補。

甲辰。敕廣東按察僉事李轍專居贛州捕盜。

乙巳。敕巡撫山西左僉都御史葉淇巡撫大同。右僉都御史左鈺巡撫山西。協守甘肅左副總兵署都督同知□□爲靖虜副將軍總兵官。鎮守延綏分守西寧都督僉事王義爲左副總兵。協守甘肅

是月。傳奉官七十餘人。

貴州苗賊萬餘作亂。

三月。柄朔。平陽府蝗。

戊申。傳陞肅州右參將署都指揮僉事李俊。涼州右副總兵都指揮使劉晟。俱都督僉事。仍分守。

庚戌。寧夏地震。

壬子。曲阜知縣孔夑有政績。加兖州府通判。不爲例。
癸丑。傳陞錦衣衛朱驥都指揮使。
鎮守代州右副總兵都督僉事周璽加總兵官。
甲寅。南陽雨雹大如鵝卵。
乙卯。夜。月犯軒轅星。
己未。增給文思院匠官周安等月米至千五百餘人。
庚申。免撫寧縣災租。
癸亥。陝西寧州知州臧世清盜賑糧三千餘石。追入之。戍邊。
甲子。南京禮部左侍郎尹直改兵部。通政使何琮爲兵部右侍郎。
己巳。巡撫甘肅右副都御史唐瑜上備邊方略多謬誤。奪俸三月。
庚午。應天府丞楊守隨奏上塗改下南京刑部論贖。復之。
壬申。許琉球入監貢生蔡賓等五人還國。
赤斤罕東二衛與西番仇殺。
傳奉官九十餘人多革退。取還而僧道之徒尤盛。
是月。虜屢犯大同。
四月。丙朔庚辰。傳陞太僕寺卿朱奎爲大理寺卿。太常寺少卿任道遜爲寺卿。
辛巳。琉球入貢。
禮部給僧道牒十一萬人。餘止之。

壬午。加封金闕玉闕眞君爲上帝。遣萬安祭于靈濟宮。五代徐溫子知證封江王。知諤封饒王。嘗提兵平福州。父老戴之。圖像以祀。宋賜名洪恩靈濟宮。永樂中因禱有應。加封金闕玉闕眞君。

金州知州鄭福九載秩滿。民奏留之。加四品服俸。

庚寅。太子太傅吏部尚書尹旻降太子少保。時鄒襲以蔚州衛指揮使張旺等保復。旻覆奏從之。下襲錦衣獄。詞連旻等。襲除名。郎中鄭宏降一級。員外郎邵賢主事修珍俱調外。襲爲旻鄉人。又善旻子翰林侍講龍及侍讀焦芳。襲至通州。留數日。芳等爲通張旺輩作奏。及襲引伏。上令旻等對狀。旻自服。落太子太傅。左右侍郎耿裕黎淳並罰俸。

壬辰。汾川王賓鎵進封肅王。

癸巳。都督僉事劉寵卒。臨淮人。世寧夏左屯衛指揮僉事。

甲午。免鳳陽去年秋租六十六萬三千七百餘石。

乙未。命戶部清理畿內莊田。

戊戌。命鎭守貴州太監張成總兵官都督僉事吳經右參將都督僉事彭倫等調兵討清平都勻苗賊。初。巡撫右副都御史謝昶請徵四川湖廣近衛官軍士兵四萬餘人。敕曰。苗賊肆惡。出師撲滅。至計也。第念前此亦嘗興師致討。屢以捷聞。然大兵方出。賊覺卽逃。及其甫歸。跳梁如故。蓋緣苗性靡常。依險負固。貪功之徒。傷及無辜。爾今詔諭諸夷。何久聽撫化。又復攻圍搶殺。是何堡塞軍民與爾有仇。明白訴告。照依夷俗體例。爲爾處分。如賊執迷不從。卽於貴州屬衛及都督僉事彭倫所轄衛所再調官軍士兵一萬。密切討議。務出萬全。勿墮賊計。若畏威輸服。卽仍撫定。庶不濫及無辜。貽患鄰境。

己亥。以漢陽劉家隔稅課給襄王三年。

壬寅。太僕寺少卿王㬌卒。靈璧人。成化丙戌進士。授樂安知縣。治最。擢御史。遷通政司參議。名頗減。

河南蝗。

是月。傳奉官四十餘人。

五月乙巳朔。乙卯。虜犯大同。指揮谷振追之。中流矢。

戊午。刑部右侍郎侶鍾憂去。

辛酉。傳陞通政使蔣宗武爲禮部左侍郎。太醫院使任儀胡廷寅張倫俱右通政。

乙丑。翰林侍講尹龍有罪除名。并奪吏部尚書尹旻太子少保。免官。時東廠官校發龍納賄。下錦衣獄。諸給事中張雄劉清劉昇御史陳孜等交章劾龍。并及旻。上宥旻。令法司錦衣衞逮龍及通賂通判王範經歷張燧于午門拷訊。併得禮部郎中劉紳兵部員外郎董寧同知朱紳按察副使何顯王錦馮蘭獄上。革旻宮保。勒致仕。龍削籍。範璲謫外。劉紳等各執問降官。責侍郎耿裕等旁視阿默。停俸三月。紳尙書劉昭子也。科道官并劾昭。上宥之。工部右侍郎談倫故善龍。獨不及。罪官校復緝其糜帑事。削倫籍。太常寺少卿劉淳亦調外。以張雄劉孜等不早言。各謫外。

癸酉。虜入獨石城及洗馬林堡。

六月甲戌朔。故宮人楊氏贈恭僖夫人。賜祭葬。

乙亥。敕諭羣臣曰。朕惟人君治國。必先得賢。人臣輔治。必謹奉法。太祖高皇帝創業貽謀。百司庶務。具有成憲。列聖相承。守而勿失。朕繼統遵承。夙夜兢兢。恆思人輔。奈歲月滋久。文恬武嬉。往往恣情玩法。隳職僨事。形迹敗露。已置憲典。尙慮爾羣臣罔知儆戒。以致名節不立。勳業無聞。國家何賴焉。特茲戒諭。當各惕然奉公。或內省有疚。須痛自懲艾。稱朕求賢圖治之意。

瀧水縣盜起。命總督兩廣右都御史宋旻撫捕之。

己卯。福州興化地震。

癸未。陝西旱。鼠食苗稼。

乙酉。申王府婚姻禁例。

免應天寧國徽池安慶去年秋糧三十萬八千八百餘石。

鎮靖堡把總侯紀遣卒二十餘人出塞牧馬。值虜。失六人。

誅潞城知縣王濬。初潞城有盜羣居一村。嘗爇死其家十六人。聞捕之。悉遁。其家屬居村中。莫誰何。他日濬捕彰德盜。皆潞城村人。因拘眷屬以致之。盜晝至潞城下。擄平人。書其臂曰。爲我語令速釋眷屬。不且殺令。濬懼。出眷屬三十六人。分食于民。民各擁入土窖爇殺之。而縣輸賦于巡撫。金多贋。濬欲治。治人治人恐。亡入京師。發前事于東廠。朝命刑部員外郎蕭仲賢按之。竟坐濬磔死。濬先任御史有聲。降縣丞。進知縣。性强悍。同刑有父子二人相語。我則已矣。如王令不亦寃乎。科臣以聞。原問官自布政使而下悉降罰有差。刑部侍郎何喬新亦伏罪。上諭法司曰。刑重事也。所司慢之。其尙明愼。毋曠厥官。有不敬。繇是惟府辜。

丙戌。免陝西災租八十五萬三千三百餘石。

武靖侯趙輔卒。輔字良佐。鳳陽人。世濟寧衛指揮使。正統末。進都指揮僉事。尋署都督僉事。充參將。鎮守懷來。累禦虜。天順末。嘗建功。進後軍都督同知。成化初。征大藤峽賊功。封其年。充總兵官。征建州。俘斬最。進侯。輔少俊辨。有才幹。喜交文士。故薦起自偏裨至大將。南征北伐。亦有勞效。然功多矯飾。晚疾廢。猶進方書求子任事。爲人所誚。顧武臣能文自郭登後。獨輔矣。追封容國公。謚恭肅。

丁亥。巡按浙江監察御史劉魁被訐下獄。降黃梅縣丞。

己丑。金星再晝見。

辛卯。光祿寺少卿胡恭爲寺卿。

廢充城王儋鋸爲庶人。儋鋸凌母擊兄。居父喪酣飲。禱城隍不驗。籤燬之。有忤者輒剪其頭髮。至是幽高牆。除。

壬辰。守廣東珠池都知監左監丞党鈿提督廣州潮州。

陝西大雷雨。漢中府寧羌縣衛俱地裂十餘丈。寶鷄縣裂長三里衡丈餘。漂五十餘家。

錦衣衛指揮理鎮撫司章瑾疏上不謹。失引罪。調南京。

癸巳。翰林修撰兼校書傅瀚爲左春坊左諭德兼檢討。

丙申。虜入涼州等衛。

己亥。寧河康僖王宮人王氏楊氏張氏段氏俱自經殉王。贈夫人。

南京太常寺奉祀朱昂有罪除名。昂世守泗州皇陵。

庚子。太子少保戶部尚書殷謙被劾罷。

夜。金星犯井宿。

辛丑。吏科給事中潘洪秩滿。吏部擬都給事中。特令外補邵武知府。

是月。臨海縣火。溫台大旱。

七月辟朔。庚戌。寧府石城王奠堵薨。年六十。謚恭靖。

工部右侍郎談倫故善尹龍。而不及罪。至是廠校發其侵沒官帑。除名。

壬子。太常寺帶俸少卿劉淳以通尹氏降柳州知府。

癸丑。募人納芻粟于蘭州給餉。

丙辰。右春坊右庶子汪諧左春坊左諭德程敏政主試應天。
鑄各門照出大小銅關防三十七枚。
辛酉。增設陝西寧羌州轄略陽沔二縣。
前少保吏部尚書兼謹身殿大學士商輅卒。輅字弘載。淳安人。正統乙丑進士第一。授翰林修撰。己巳秋直內閣。庚午進學士。壬申兵部左侍郎兼學士。幷左春坊大學士。天順初除名。成化丙戌起原官。歷今銜。平粹簡重。有大臣之器。年七十三。贈太傅。謚文毅。
袁袠曰。商公以三元超致宰輔。己巳之秋。頗著勞勩。及再起。多所匡益。惟易儲一事。世多議之。要之當以死爭。豈以進退爲念哉。元良萬國之本。以密勿之臣。坐視其易而不能救。又不能去。固不得辭其責矣。
廖道南曰。予發練浦。泛清溪。艤棹桐江。眺望文毅之廬。高峯迴合。千岩蜿蜒。殆間氣所鍾也。又讀國史。見諸疏侃侃有大節。於乎。宋之王旦王曾宋庠俱以三魁致位宰輔。若文毅者。視古先哲何愧耶。
吳中行曰。三魁華名。三孤崇秩。處永壽昭德兩宮間。能順以濟險。可謂難矣。馬鈞陽有云。我朝賢佐。商文毅第一。信哉。
壬戌。守備鎭夷甘州右衛指揮蘇洪追虜敗沒。
增吉安府推官理刑。
癸亥。時順天蝗。武清獨無。是日蝗忽大至。知縣韓倫禱之。蝗即徑過不害。邑人奇之。倫朝邑人。貢士。
丁卯。太僕寺卿潘禮管易州山廠。
金齒衛地一日再震。戊辰。又震。俱聲如雷。
戊辰。廣西猺賊自正月以來累掠慶遠。殺千戶二人。

庚午。降給事中張雄烏蒙府經歷。劉昂姚州判官。劉淸石阡府經歷。以知談倫侵沒不擧也。

壬申。翰林侍講學士焦芳降桂陽州同知。坐爲指揮張旺草奏也。

八月醆朔。巡撫江西右僉都御史閔珪降廣西按察使。以不能弭盜也。

故興寧伯李震卒。震南陽人。襲指揮使。正統中征兀良哈。麓川香爐山功。進都督僉事。天順四年充總兵征武岡黎平賊。五年征兩廣貴州蠻。進都督同知。成化初征荆襄賊。進左都督。後征靖州苗。封有謀勇。久在湖貴苗獠。畏之稱金牌李。但貪功好進。專事交結。竟以是敗。

甲戌。禁太岳太和山樵蘇。幷復民間侵地。

戊寅。巡撫陝西右副都御史鄭時言五事。盡誠敬以回天意。明理義以杜妖妄。減進貢以蘇民困。息傳奉以抑僥倖。重名器以待有功。詞多切直。降貴州布政司左參政。陝西旱饑。時百方賑卹。至是西人如失乳。

太常寺卿顧玨請妻祭葬。特予之。

己卯。翰林侍讀學士李東陽。左春坊左諭德兼司經局校書傅瀚。主試順天。

壬午。監察御史周洪坐薦潞城知縣王濬。降四川永寧宣撫司經歷。

癸未。順天府丞董傑降肇慶府同知。

甲申。戶部左侍郎秦紘降廣西右參政。御史劉璧降鶴慶軍民府同知。高輔降福建鹽運司同知。大理寺丞劉瓛降連州知州。禮部員外郎楊槃調漳州通判。刑部員外郎袁弼調寧州同知。御史于璧降遼州判官。張鼐彬州判官。俱山東人。謂黨尹氏也。

乙酉。大理寺少卿吳原爲寺卿。

監察御史李政奏獄遺漏。謫洋縣知縣。

丙戌。署欽天監事禮部右侍郎康永韶以進曆訛字劾免。

戊子。以九江船鈔三分之二給荆王。半年復已之。

己丑。吏部左侍郎耿裕爲尚書。

甲午。廣西按察使孔鏞爲左布政使。

夜。金星犯軒轅星。

丙申。漕運參將署都指揮僉事都勝爲署都指揮使。充總兵官。提督漕運。仍鎮守淮安。

戊戌。遣監察御史鄧庠兵部員外郎費瑄勘貴州邊事。敕曰。貴州守臣奏增兵討賊。事難遙制。命爾往察。豈釁在我。或尙可招撫。即許自新。如其執迷。乃痛勦之。毋輕調大兵。邀功僨事。愼之重之。時貴州總兵官吳經。巡撫右副都御史謝昶。以各處爛土等苗賊作亂。議濟師。兵部謂苗所攻不過一二寨。所殺不過二三人。特大壩築城至爭田土。未嘗遠犯。而年來累請勦。何也。上然之。故有是命。庠瑄至都勻清平。果無實狀。遂撫諭之。各聽命。還。奏參將彭倫智謀老成。可任總兵。吳經太監張成守備都指揮王通不能撫御之罪。詔停通俸三月。

己亥。工部尙書劉昭改戶部。南京右都御史李裕爲工部尙書。巡撫蘇松右副都御史李嗣爲戶部右侍郎。巡撫雲南左副都御史程宗爲刑部右侍郎。貴州左布政使章律爲右副都御史。巡撫雲南。

監察御史汪舜民巡按陝西。奏獄失詳。降蒙化衞經歷。

免邳徐去年夏麥十萬四千二百餘石。

庚子。免保定今年夏麥萬餘石。

是月。傳奉官九人。

九月癸卯朔。南京兵部左侍郎馬顯致仕。上附批曰。南京米貴民饑。尙書王恕參贊機務。無一策賑濟。知其老劣矣。

可革太子少保。亦令致仕。蓋恕屢諫忤旨也。其直聲聞天下。謠曰。兩京十二部。獨有一王恕。

甲辰。江西布政使王充復爲右副都御史。巡撫蘇松。

衡山縣地震。

夜。大星青白光。自中天流近濁。

乙巳。免河南今年麥四十一萬九千九百餘石。

丁未。左春坊左諭德林瀚展墓。

署太醫院事禮部左侍郎蔣宗武。院判董琛下獄。免。以收藥材侵折金也。

戊申。詔天下有司徵稅毋取餘價。

逮廣東左布政使陳選來京。道卒。嶺南苦鎮守中官。瓊僭騷然。選嚴條約。革和買。減泛役。市舶司太監韋眷掊克供辦。奏乞均徭餘戶。添採方物。俱奉詔裁之。番禺知縣高瑤發眷私通番舶。沒其貨巨萬。巡撫宋旻等皆不敢詰。選獨獎之。既屢忤眷。其年嶺外饑。選便宜行賑。眷因誣選矯制發粟。意在侵欺。褒獎屬官。志圖報謝。遂命刑部員外郎李行會巡按御史徐同愛鞫選。俱畏眷。不敢反異。奏上。遣錦衣千戶逮繫之。至南昌石亭寺卒。翰林贊善張元禎殮以疏絡。曰。先生清苦。用時服。其志也。李行密遣人報眷曰。陳選死矣。初眷意選黜吏張褧怨選。偪令誣證。痛拷不承。亦逮入京。從獄中上書曰。臣聞周公四國之謗。上疑于君。曾參三至之言。內搖其母。豈成王不明。曾母不親哉。口能鑠金。毀足銷骨也。竊見故罪人陳選。夙崇正學。一蘊孤忱。孑處羣邪之中。獨立衆憎之表。太監韋眷通番敗露。知縣高瑤按法持之。選移文獎借。誠賢監司激懦懲貪之善舉也。宋旻徐同愛怯勢首鼠。致眷橫行胸臆。穢衊清高。勘官李行頤指鍛鍊。竟無左證。臣本小吏。詿誤觸法。被選斥罷。選無他心。臣甘沒齒。眷意臣懷憾。選厚賂啗臣。臣雖胥役。寧敢欺喪。眷知臣不可搖。誘嗾行等逮臣致理。拷掠彌日。臣忍死無異。行等乃依傍眷語。文致其詞。必如所云。是毀共姜爲徵舒。詬伯夷爲莊蹻也。選故剛正。屈辱不堪。憤懣旬日。嬰疾而斃。李行幸死。阻其醫療。訖命之日。密走報眷。小人佞毒。一至于此。安取爲天子郎官。司寇曹寮臣擯斥罪餘。秉耒田野。百無所圖。誠痛忠良銜屈。而慮聖明長奸。冒命披陳。尚冀天日。不報。高瑤戍湖廣。韋眷鎮守如故。選字士賢。臨海人。天順庚辰進士。授御史。敢言。按江西。改南京提學。三年。遷河南按察副使。亦改提學。歷按察使。廣東右布政使。平生古聖賢自待。潛修默會。不求人知。弘治初復官。禮葬。正德中追贈光祿寺卿。謚忠愍。

高瑤。閩人。景泰丙子貢士。成化初言十事。請復景帝廟號。至是戍永州。釋還卒于家。

張元禎曰。公有天下不可奪之大節。有足以濟天下之大才。有不可遏于天下之大勇。國家承平日久。士多奄奄無氣節。間有之。而檢身之功或歉焉。故其發之也不耀。而其持之也不恆。如吾士賢。則何可議哉。則何可議哉。

薛應旂曰。予承乏兩浙學政。過公里第。見張璨疏。不覺憮然自失。謂璨胥吏。乃能若是。昔孔明之李平廖立。不是過矣。人心其不死矣。彼韋眷不足責也。宋旻徐同愛李行叨冒襟裾。顧甘心狗彘。此又何說焉。

庚戌。免廣州去年田租十一萬六百餘石。

辛亥。成都地數震。明日亦如之。

壬子。司經局洗馬羅璟調南京禮部員外郎。時璟起復。吏部請補。上責其闕久不補也。

敕福建按察僉事楊俊專守汀州上杭。兼管漳南道備盜。

復岷世子膺鉦理事。

夜。月犯十二國代星。

癸丑。免順德府今年麥六千三十餘石。絹九百餘匹。

甲寅。巡撫山西右僉都御史邊鏞回院。

岷州地震聲如雷。

丙辰。工部主事王純乞召還王恕。云昔莊助論汲黯于漢武帝前。稱爲社稷之臣。如恕近之矣。上曰。恕未有社稷功。純何得妄引。命杖訊謫思南府推官。純仙居人。剛氣勁節。爲百夫倡

丁巳。兵部尚書馬文升改南京。

庚申。申定監生撥歷之制。

癸亥。減諸司辦事半年。

乙丑。重建洪恩靈濟宮成。

傳陞錦衣衛指揮使黃英爲都指揮使。舍人黃佳黃蓋爲百戶。俱內官監太監黃順親及家人也。

命刑部左侍郎何喬新往勘四川播州宣慰司楊氏。初宣慰楊輝嬖其庶子友。欲奪嫡子愛。諸酋不從。輝矯奪大壩鎮箄諸寨。立懷遠宣化二長官司。又割播州凱里五十二寨。設安寧宣撫司。立友爲使。年十三。巡撫張瓚輒爲輝畫請旨。會愛母死。友母益橫。專結凶黨。誣愛反。交通唐王。朝廷疑愛。故遣喬新即訊友母子。又輦金寶賂諸權貴。欲喬新囚愛待命。衆藉藉爲友游說。必欲去愛。喬新至。盡得友子母奸惡罪

田汝成曰。播凱之亂。其初不過楊輝奪嫡之私耳。妄一夷酋上書誣人以逆。兵部不覈實而遽許興師。非徇情何以有此。張瓚欺君曲法。造禍百年。蔓延邊徼。其後展轉調停。不過分疆別省耳。貸禍首而不究。何以服諸夷哉。

丙寅。興化府地震。

丁卯。手敕改兵部左侍郎尹直爲戶部左侍郎兼翰林院學士。直文淵閣。

傳改右都御史屠滽于南京。召致仕左副都御史劉敷爲右都御史。禮部郎中高敞爲順天府丞。兵部郎中王祿爲太僕寺少卿。蓋內有爲之地也。

是月。傳奉官十五人。

十月甠朔乙亥。杖御史楊澄李混于朝。以失糾儀也。錄四。

昏刻。大星白光燭地。自大陵流璧宿。夜。金星犯進賢星。

丁丑。吏部右侍郎黎淳調南京。奪尚書耿裕俸。時進士陸瓛擬鎭江推官。以鄉籍乞改任。部不爲覆請也。

己卯。太子少保刑部尚書張鎣憂去。

巡撫山東右副都御史盛顒致仕。

庚寅。吏部尚書耿裕調南京禮部。改工部尚書李裕禮部。左侍郎徐溥于吏部。溥仍兼翰林學士。署大理寺事工部尚書杜銘爲刑部尚書。禮部右侍郎謝一夔爲工部尚書。右通政黃景爲禮部左侍郎。兵部右侍郎何琮爲左侍郎。太常寺卿劉宣爲吏部右侍郎。翰林學士倪岳爲禮部右侍郎。巡撫延綏右僉都御史呂雯爲兵部右侍郎。右僉都御史邊鏞爲左侍郎。右副都御史馮貫爲大理寺卿。

辛卯。英廟安妃楊氏薨。謚莊僖端肅。

宥刑部尚書張鎣罪。杖給事中李瓚趙竑呂獻于朝。時軍職犯大辟。獄上。誤寫其衛名也。

夜。月入鬼宿。犯積屍氣。

癸巳。申廣西守卒失班之禁。

夜。月犯軒轅左星。

丁酉。湖廣左布政使黃紱爲右副都御史巡撫延綏。

中書舍人梁蔭本市民進奉得官夸尹旻之去實其力上聞之削籍。

復建大永昌寺。

己亥。英國公張懋保國公朱永俱進太傅兼太子太師。襄城侯李瑾定西侯蔣琬新寧伯譚祐昌寧伯趙勝俱太保兼太子太傅大學士萬安少傅兼太子太師劉吉少保兼太子太傅侍郎彭華爲禮部尚書尹直兵部尚書俱太子少保蓋上手敕云。

禮部主事龍騰霄更名壽仍諭京職奇名異字者併改之。

平陽府地震有聲。

是月傳奉官十五人。

十一月𪟝朔丁未袁輅嗣廣平侯。袁容孫。

河南左布政使吳節爲右副都御史巡撫山東。

龍門千戶所地震有聲。

己酉南京吏部尚書陳俊致仕進太子少保賜敕。

庚戌命僧道官仍考試入選。

夜金星犯房宿。

辛亥南京太僕寺少卿林鳳終養特改太僕寺。

癸丑巡按廣東御史徐同愛等報占城國王子古來攻殺安南所置僞王提婆苔安南怒來攻古來率千餘人走廣東崖州命善撫之。

嚴從簡曰。按行人劉寅之本傳及各書所載。前次請封者槃羅茶悅事。未有茶全茶遂及古來之名也。據安南之奏。則稱茶遂弑茶全自立。苫來又弑茶遂自立。則茶悅未嘗主占城也。豈苫來懼有叛逆之名。而以其父名誑我耶。苫來既茶悅之子。越父繼統。則置其父于何地。我使陳峻往封茶悅。不得入疆。事在成化十年。距茲又十年。則所云被安南攻殺者。又不知爲茶悅爲苫來也。茶悅奏稱安南提挈臣兄。則當是茶全也。豈苫來既弑茶遂。而嫁其禍于安南耶。今馮義偰封者。又稱提婆苫。其與苫來。不知是二人。或即一人訛爲二名也。然安南侵逼之罪。固所必有。而占城內亂之事。亦不爲虛。今俱不可攷矣。但黎灝奏章。乃六科日抄中錄出原文。而野史多係傳聞。則提婆苫必是苫來之偰耳。

甲寅。沈坊嗣修武伯。沈祺子。

乙卯。行人王勉降四川酉陽宣撫司經歷。勉以萬壽節上十二事。皆鄙陋。上責其沽名。

修顏子廟。

丙辰。以聚餉大同各關多侵盜。至三十餘萬。遂停巡撫山西大同都御史左鈺葉淇俸各三月。下戶部郎中張倫參政劉忠參議粱之麟副使雍泰徐諫僉事馬隆徐輝等獄。

丁巳。太常博士李振行人茅欽朱悌知縣劉纓李瀚張濬張泰張璉王表王塘徐禮譚肅張恕爲試監察御史。璉表等俱南京。

庚申。夜月犯軒轅星。

壬戌。夜大星赤光燭地。自天苑流近濁。

丙寅。更定會試取士。南數五十三人。北數三十三人。中數十四人。

丁卯。左通政李孜省爲通政使。陈政爲左通政。元守直張璞爲右通政。田景賢陈琬爲左參議。

夜。寧夏地震有聲。

己巳。始命錦衣官一人守登聞鼓。先有婦訴寃自刎者。

傳陞左通政施欽爲通政使。

免淮安鳳陽徐和麥四十三萬六千二百二十餘石。

是月。傳奉官五十三人。

十二月軠朔。癸酉。太子少保戶部尙書劉昭被劾。革太子少保致仕。初。陝西饑。許輸粟授武職。例不視事。支全俸。昭子綺納錦衣千戶。支全俸。典鑾輿。見劾。

甲戌。復趙府羣牧所官軍。

丙子。陳信嗣平鄉伯。陳政子。

夜。寧夏地三震有聲。

戊寅。免吉安順德廣平梧州田租三十一萬九千四十餘石。

甲申。傳降橫州知州敖銧元爲河西縣丞。去年銧元以進士値星變應詔上言。前史所載星變不一。然未有聲而在春王之正月在正月之元旦者。去歲地震旣正月二日。今歲星隕又正月元日。誠莫大之變矣。陛下修省誠果至盡乎。羣臣罷宴似矣。大臣旋賜綵段。未聞大臣與天子共理天下。翻以星變見賞。抑果愧之乎。然大臣恬然受之。亦可歎矣。佛寺罷建似矣。何僧道神佛繪像之賜。去歲林俊張黻以直言去國。陛下悟其直而復其爵。然所言之人。猶偃然居位如故。而彼二人遠置南京。至誠之道。似不如此。臣惟四事當警懼而修省者。爲陛下詳之。大臣者。朝廷之股肱。多出于左右之私。雖廁具瞻。實則漫無可否。故天下大柄歸于內臣。致勢焰薰灼。傾動一時。陛下方且庇之。以爲我之私人。此內臣日重。大臣日輕。然重者旣挾其所重。忞城狐社鼠之威。輕者又借力于所重。爲蠅營狗苟之謀。則今日政事之隳。紀綱之紊。是皆大臣失職之所致也。臺諫者。朝廷之耳目。邇來選擇。皆取體之魁梧。姿之俊偉。更不問才識。始而選之既不精。及其去之又太甚。又不見補。使臺諫之位十有五虛。是豈盛世之事耶。老佛者。害吾正道。邇來敬之信之。欲賴以垂祐生靈與。則黃冠緇流。終年祈雨。竟以致旱。將以延壽。則梁武宋徽。終焉買禍。此其不足信之明驗也。名器者。辨別貴賤。邇來傳奉之詔。大起于內廷。銓擢之權。不專于吏部。奇衺左道。彼何人斯。亦得坐膺金紫之榮。工匠藝術。彼何爲者。亦得與吾縉紳之列。后家何勳。得世襲伯爵。妃家何功。得世爲都督太保。滿朝內臣厮子。甚至寫道經。獻異書。冠帶無慮三千。致使飛金布羽。捷進旁蹊。匱寶囊珍。巧趨曲徑。聖朝之濫如此。胡浚民膏血以養此銅臭無用之物哉。陛下于此四事。改弦易轍。本于至誠。則天變可回矣。上銜其直。留中。後循例放歸。至是吏部奉旨遠徙之。

內官熊保使河南道橫。又索賄邏校以聞。降南海子淨軍。時中官孌人多不償死。後遂爲常。

乙酉。趙承嗣武靖伯。趙輔子。

丙戌。免梧州田租二萬三千五百餘石。

夜。月犯鬼宿。

丁亥。刑部右侍郎侶鍾降曲靖知府。太僕寺卿張海降鶴慶知府。俱坐尹氏黨。又憂去以漕船載其母柩也。

戊子。免順德府秋租萬八千七百三十餘石。

夜。月犯軒轅星。

己丑。南京大理寺卿宋欽致仕。

庚寅。免廣平府秋租萬四千九百三十餘石。

辛卯。免順天麥七千九百餘石。

癸巳。韓府樂平王冲炏薨。年八十二。謚定肅。
乙未。敕吏部嚴課大計。
命廣東分巡海南道滿歲回司。
辛丑。翰林侍講學士李東陽憂去。
虜五百餘騎犯陝西哈家壩。都督同知廖斌等擊敗之。斬十八級。
是月。傳奉官十八人。
是年。鎮江知府熊祐奏革種馬。尚書余子俊執奏止之。

丁未成化二十三年

正月甲辰朔。己酉。太原地震有聲。
庚戌。上南郊。時大霧。咫尺不辨。
辛亥。皇十一子祐楷生。母恭妃楊氏。
皇貴妃萬氏薨。妃諸城人。父貴。縣吏。謫霸州。進女掖廷。侍上青宮。機警善迎合。遂負殊寵。因廢吳后。六宮希得進居昭德宮。後移安喜宮。嘗男妝戎飾。上益嬖之。權閹汪直錢能輩假貢獻弄兵竊權。俱藉焉。上郊回得訃。震悼。輟朝七日。謚恭肅端順榮靖。葬天壽山西南。
皇五女薨。賜號長泰公主。
甲寅。吏部大計。罷斥千五百十三人。初劣目四。老弱。罷軟。貪暴。素行不謹。至是李裕奏增才力不及。以處遲鈍偏執者。著為令。

庚申。監察御史陸完等。劾太子少保禮部尚書張文質。戶部左侍郎孫仁。南京工部尚書胡拱辰。巡撫兩廣右都御史宋旻。貴州右副都御史謝昺。湖廣右副都御史馬馴。俱衰懦。工部右侍郎杜謙。巡撫宣府右副都御史李岳。管理河道右通政楊恭。南京右通政徐九思。俱奔競。南京刑部尚書張瑄。工部右侍郎劉俊。管糧右副都御史袁愷。巡撫河南右副都御史趙文博。甘肅右副都御史唐瑜。俱乏清譽。戶部尚書李衍。褊酷。太僕寺少卿王祿不愜輿論。俱宜免。上曰。張文質孫仁胡拱辰謝昺馬馴杜謙李岳李衍俱令致仕。餘冠帶閒住。宋旻王祿仍留。

荆州地震。

辛酉。命南京右都御史屠滽諭占城國王古來于廣東。蓋古來堅欲入訴。朝議遣諭古來。不如早歸以安國人。仍檄安南存亡繼絕之義。故有是命。

癸亥。應天府丞楊守隨調南寧知府。以李孜省修郄也。

沂州地震。聲如雷。

甲子。尙寶司少卿李溥乞恩。命加左通政。

乙丑。免眞定去年麥萬三千八百七十餘石絹六千二百餘匹。

虜三萬騎將窺莊浪。告急。命京營指揮使顏玉赴邊。

丁卯。南京翰林侍讀學士徐瓊爲南京太常寺卿。署國子祭酒。

戊辰。巡撫鳳陽左副都御史李敏爲戶部尚書。致仕都御史余子俊爲兵部尚書。南京吏部右侍郎王㒜爲戶部左侍郎。工部右侍郎賈俊爲左侍郎。南京右副都御史白昂爲南京兵部左侍郎。左通政陳政爲工部右侍郎。右通政黃孔昭爲南京工部右侍郎。

陝西廣西雲南左布政使吳檟孔鏞羅明。廣西右布政使劉斌。大理寺少卿張錦。俱爲右副都御史。檟巡撫湖廣。鏞貴州。明甘肅。斌河南。錦宣府。山西右布政使李器爲南京右副都御史。總督糧儲。

國子監司業費誾爲左春坊左諭德。仍司業事。

己巳。翰林侍講李傑爲侍讀學士。仍淸黃。

免陝西去年麥五十六萬三千一百五十餘石。

庚午。翰林編修楊守阯爲南京翰林侍讀。故事編修無南者。蓋李孜省遷怒也。

免湖廣去年秋租九十一萬九千三百餘石。

是月。傳奉官二十人。

二月辛朔。四川右布政使周𢦏爲右副都御史。總督漕運。巡撫鳳陽。

甲戌。免鎭江前年災租十一萬一千六百七十餘石。

丙子。皇太子婚。鴻臚寺卿張巒女。

丁丑。太子少保兵部尙書兼翰林學士尹直右春坊右諭德吳寬主禮闈。

己卯。許試錄犯御諱下一字者不問。貢士乙榜年二十五以上俱就敎職。六年得鄕舉。許會試。

庚辰。傳加通政使李孜省禮部左侍郞。

工部奏直沽新河例三年一濬。宜行巡撫都御史李田役卒六千人。仍給口糧。從之。

壬午。致仕巡撫湖廣左副都御史劉敷召至。爲右都御史。敷在楚無善狀。以鄕人李孜省力也。

癸未。太僕寺卿吳原爲戶部右侍郞。提督倉場。翰林修撰曾彥爲南京翰林侍讀。

洮州地震。聲如雷。

甲申。遼東游擊將軍羅雄充右參將分守錦義二城。

乙酉。左副都御史邊鏞通政司左參議田景賢巡視大同等關。

廣平衞地震有聲。

丁亥。吏部郎中曾鑑爲右通政提督謄黃。

戊子。左春坊左諭德吳希賢爲南京侍讀學士署院。

己丑。唐府眞寧王邃塄薨年四十七。諡康簡。

壬辰。虜屢寇遼東。

丙申。光祿寺卿楊惇卒。六安人。□□□□進士。通敏有才。

夜。火星犯井宿。

戊戌。江西流賊萬餘人入廣昌縣。

己亥。傳召江西省祭官楊立授中書舍人直文華殿。

是月。盜入良鄉武淸。四川番賊入阜康城。

傳奉官四十四人。

三月辛丑朔。丙午。葬貴妃萬氏。

丁未。太子少保禮部尙書兼翰林學士彭華致仕。

乙卯。策貢士程楷等三百四十九人于奉天殿。賜費宏劉春涂瑞等進士及第出身有差。

己未。曉刻。月犯南斗魁星。

靈璧地震。聲如雷。

壬戌。翰林編修敖山檢討鄭紀爲江西浙江按察副使。

癸亥。免山東去年災租。

山西都指揮使李澄爲署都督僉事。

丁卯。進士程楷蔣冕屈伸遠達黃穆傅珪萬弘璧倪阜華㶷吳儼李漢仲柴羅玘蘇葵鄭昭歐陽鵬伍符翁健之李遜學鄒智石珤李充嗣唐希介蔡杲毛紀劉丙任儀嚴价楊廉潘楷選翰林院庶吉士右春坊右庶子汪諧左春坊左諭德兼翰林院檢討傅瀚敎習。

四月鍊朔。辛未。太監鄭强平江伯陳銳兵部左侍郎白昂修孝陵皇陵。

癸酉。致仕禮部左侍郎楊宣妻王氏妬悍殺使女十餘人事聞下宣獄。贖杖仍致仕。王氏特杖五十。

甲戌。故大學士楊榮曾孫昂乞入監特許之。

死刺養罕王將入寇。以哈密罕愼報我。憾之。掠其刺木城。又與阿力古多合謀犯甘肅。且欲姻罕愼。罕愼不從。巡撫唐瑜謂哈密力不支。則將及赤斤罕東。宜假罕愼以名使固臣節。拯卹赤斤苦峪。上從之。賑赤斤餘民米千石。

乙亥。免台溫處去年秋糧十六萬五千五十餘石。

復開浦城縣銀冶。

夜。月掩火星。

丁丑。太常寺卿兼翰林院侍讀學士王獻卒。獻字惟臣。仁和人。景泰辛未進士。選庶常。授翰林編修修撰左諭德。壬辰進學士。丁酉少詹事。戊戌遷太常。性穎敏强記。詩文多可觀。與商輅有連。忌者造謗沮其進。贈禮部右侍郎。予祭葬。謚襄敏。

陳善曰。襄敏官詞垣。屢輯成書。以潤色洪業。黼藻聖朝。雖能謝作述。其詞命之雄也。或謂能恢其德度。則才美又何加焉。

庚辰。釋輕囚。

癸未。太僕寺卿潘禮爲工部右侍郎。理易州山廠。

丙戌。衞輝地震有聲。

戊子。上皇太后聖慈仁壽徽號。詔天下。

庚寅。傳授鈞州人朱思四品散官。思善黃白吐納之術。

辛卯。左軍都督同知李彬致仕。子勳襲錦衣衞指揮僉事。

指揮使顏玉還自甘肅。謂虜屢挫。且河冰開難入也。玉上備邊六事。從之。

壬辰。諭文武羣臣曰。朕憂亢旱。虔心祈禱。自二十五日爲始。各加祗愼。毋或怠。

翰林編修劉戩爲侍講。

乙未。虜犯大同。射死守墩百戶王瑀。

是月。傳奉官七十餘人。汰匠官半俸八十八人。

五月庚子朔。壬寅。東鹿縣昏刻大晦。聲如雷。尋青氣墜地。掘黑石二。

丙午。巡撫四川右副都御史劉璋請贈謚宋儒延平李侗。從祀文廟。下禮部議。

丁未。河南左布政使李昂爲右副都御史。巡撫河南。時多盜。

庚戌。錦衣衞正千戶徐安爲指揮僉事。安錦衣軍匠。正統己巳陷虜來歸。

乙卯。遣廷臣賫香帛分禱天下山川祈雨。

代州天再鳴。聲如砲。
丙辰。諭文武羣臣曰。上天示戒。旱久田枯。民庶驚惶。朕甚愍之。寬恤刑獄。遍禱神祇。雨尚未也。寃未伸與。用未節與。困未蘇與。抑爾百官罔上而厲下與。朕已節減用度。疎放宮人。爾等各體朕心。痛自修省。紓朕憂憫元元之意。
丁巳。開封河溢傷稼。
戊午夜。月犯木星。
工部尚書謝一夔卒。一夔字大韶。新建人。天順庚辰進士第一。授翰林修撰。歷左諭德學士。禮部右侍郎。和易平實。篤于友誼。惟遷尚書云得李孜省力。可議也。年六十三。贈太子少保。予祭葬。謚文莊。薛應旂憲章錄言閔珪之調。人謂一夔爲之。鄉人忌一夔者。纂修實錄。遂併入云。又當事以其嘗有謹妄費以足財用之疏。故以永昌寺難之。辭疾不允。遂忿懣卒。鄉人少詹事汪諧贊善張元禎皆同年也。
庚申。番禺新會等縣地震。
甲子。大同總兵官都督同知王璽修邊三萬九千二百三十二丈成。
乙丑。鬱林陸川等賊黃公定等三千餘人。大殺掠。總兵官安遠侯柳景等分五路進兵。擒九十三人。斬千九百八十五級。賜奬敕。
丙寅。行人林塘張禎張文推官涂濤知縣馬良玉歐陽旦吳裕馮玘張鸞李澄汪律陳振李文吳秀蔣勛李厚徐富爲試監察御史。推官孫紘知縣周洪徐濬李端姜綰爲南京試監察御史。
六月巳朔。免陝西屯租十八萬六千四百八十餘石。
命巡撫遼東右副都御史劉潺備糧芻賜朵顏等三衛。時虜酋那兒等三萬餘騎掠大寧金山老河。三衛被逐入闕。

徐州蝗。

壬申。南京吏部右侍郎黎淳爲左侍郎。

甲戌。釋故廣寧伯吳琮遣戍。

丙子。逐私閹三千餘人。

乙卯。封同鑣周王。貢錝肅王。原汾川王。安潢周世子。寵漗遼世子。寵瀼光澤王。寵汌肅寧王。榮渡通城王。當沘東甌王。奇淮河東王。聰瀓饒陽王。成鍐昌化王。祐楧清流王。見湆臨漳王。

左軍都督僉事李英卒。義州人。世大同前衞指揮僉事。

庚辰。定武職隱匿舍餘久近之法。

辛巳。前南安知府張弼卒。弼華亭人。成化丙戌進士。授兵部主事。自員外郎守南安。有惠政。文行並著。

乙酉。夜月犯木星。

己丑。除眞人胡守信軍籍。

乙未。青田縣葉珠四歲能書。求入國子監。許之。

七月戊朔庚子。翰林編修劉震爲侍講。

辛丑。瑞安張天保七歲能書。擧入京。于禮部習字。

乙巳。兵部尙書余子俊入京。復太子太保。

都指揮使朱遠有罪免官。

戊申。封皇子祐杬興王。祐棆岐王。祐檳益王。祐梓衡王。祐橒雍王。

南京戶部右侍郎李和卒。和字本中。安陽人。天順丁丑進士。授吏科給事中。質厚。未嘗短長人。父廢疾。出入和負之。雖久不惰。

己酉。岷世子膺鉟嗣岷王。

癸丑。免綏德衞屯租。

夜。月食。

乙卯。太保兼太子太傅昌寧伯趙勝卒。勝字克恭。世永平衞指揮使。其封不以軍功。時頗誚之。贈昌寧侯。謚壯敏。

歙縣訓導周安上治安備覽四策。多俚謬。遣之。

丁巳。進萬安少師。支二俸。

戊午。遣刑部官三人論囚兩畿江西。

庚申。暹羅入貢。

故監察御史贈大理寺丞鍾同謚恭愍。

辛酉。詔京城九門復種苜蓿。

癸亥。起復兵部右侍郎萬翼爲南京禮部左侍郎。

甲子。進宸妃邵氏爲貴妃。張氏德妃。郭氏惠妃。章氏麗妃。姚氏安妃。王氏敬妃。唐氏榮妃。楊氏恭妃。潘氏端妃。岳氏靜妃。

丙寅。右僉都御史張悅爲工部右侍郎。

丁卯。故南京禮部左侍郎章綸贈尙書。謚恭毅。

是月。傳奉官四人。舊減俸半支。許全支者五十餘人。

八月戊辰朔。襄城侯李瑾偕朱永提督十二營。

庚午。前南京工部右侍郎劉俊卒。寶雞人。

甲戌夜。月犯心後星。又大星青白光。自中天流近濁。五小星隨之。

己卯。定西侯蔣琬卒。琬字重器。江都人。少敏慧。獵涉書史。好吟詠。然尚氣挾詐。追封涼國公。謚敏毅。

庚辰。上不豫。

壬午。究治天下諸司僞吏。

甲申。命皇太子攝朝文華殿。

戊子。上大漸。召皇太子至。諭以敬天法祖勤政愛民之道。

己丑。上崩。年四十一。遺詔諭文武諸臣。

李維楨曰。詩有之。靡不有初。鮮克有終。人情哉。純帝初載。亦何其斤斤也。中官幸。禱祠繁。而治隳矣。錢后之祔廟。食景帝之復位號。此兩者雖甚盛德蔑以加已。

鄭曉曰。帝仁恕英明。少更多難。練達情理。臨政蒞人。不剛不柔。有張有弛。進賢不驟。而任之必專。遠邪不亟而御之有法。値虜寇數侵邊。惟遣將薄伐。不勤兵以竭我財力。虜亦離散。內外寧輯。荊襄嶺海時有寇竊。推轂之際。戒勿妄殺。或不用命。賞罰秉行。崇上理學。褒封儒賢。江淮大祲。截漕賑饑。星文示變。側身省過。臣僚進諫。卽涉浮僞。時有忤。薄示譴謫。旋蒙牽復。若乃尊禮孝莊。追尊景帝。保護汪后。褒卹于謙。其于愛憎恩怨。絕無芥蔕。帝惇然于天理彝倫者也。以故雖屢有彗孛之災。而國家康靖。有繇然矣。

何喬遠曰。上聰明仁恕。淵默勤恭。孝事母后。如古帝王。郊廟齋祭。必極誠敬。景皇帝嘗有封沂之命。未嘗一語及之。委任大臣。略無猜忌。或卽干紀。屛斥無疑。一聞四方水旱。戚戚然下所司賑濟。或發內帑給之。重惜人命。斷死刑累日乃下。夙興視朝。但遇雨雪。輒放常參官。而不廢奏引。隆寒盛暑。或減奏事。以恤衞士侍立之勞。間有游豫。不出大內。如南囿祖宗時不廢游獵。上未嘗一幸焉。時御翰墨。作爲詩賦。以賜大臣。諸司章奏。手自披閱。字畫差錯。亦蒙清問。臣下益兢業職事。莫敢或欺。蓋上以守成之君。值重熙之運。兵革不試。萬民樂業。垂拱而天下大治矣。

談遷曰。卹饑察寃。求言課吏。先後史不絕書。而于胡僧幸閹。斜封墨敕之濫。亦不能爲帝掩也。當其時。朝多耆德。士敦踐履。上恬下熙。風淳政簡。稱明治者。首成弘焉。而或有遺議。則汪直李孜省繼曉輩蝕其一二。于全照無大損也。尺璧之瑕。烏足玷帝德哉。末諭太子以敬天法祖勤政愛民之道。儼然成周之遺訓也。說者謂帝初欲易儲。以太山屢震而止。噫。帝能尊錢后。復景帝。俱事出常情之外。而乃輕視東宮。必不然也。

國榷卷四十一

孝宗建天明道誠純中正聖文神武至仁大德敬皇帝。諱祐樘。憲宗純皇帝第三子也。母淑妃紀氏。成化六年七月己卯生。時畏萬貴妃。勿敢言。成化十一年五月。上始知之。賜名。太皇太后親撫之。六月。紀氏遽薨。深自晦也。十一月。立爲皇太子。九歲出就學。善讀。未嘗惵。上作文華大訓。講必拱聽。典璽覃吉日夕啓導。凡句讀禮文。朝事民情。俱詳說源委。上耳熟焉。儲養啓聖。吉之力也。

成化丁未八月戚朔。戊子。憲宗賓天。

己丑。頒遺詔。

甲午。禮部右侍郞倪岳等卜山陵。

九月酊朔。壬寅。上卽皇帝位。大赦。詔曰。維我祖宗。聖聖相承。膺天明命。爲華夷主。其創業守成。神功聖德。誠度越往古矣。曁我皇考大行皇帝。嗣統深仁。厚澤覆冒海隅。二紀于茲。而憂勤求治之心。猶宵旰靡遑。因臻違豫。遽出綴衣。忍聞憑几之言。猥以神器之屬。哀疚方殷。罔知攸措。時親王文武羣臣下及耆老軍民。合詞伏闕勸進。至于再三。乃遵遺命。九月六日。祗告天地宗廟社稷。卽皇帝位。顧茲付畀之重。深懼仔肩之難。勉圖弘濟。一惟恢張治道。惠綏黎元。用底阜成。躋于熙皡。庶衍皇明億萬年無疆之祚。其以明年爲弘治元年。夫當居正體元之初。宜布更新恤下之典。合行事條。開示于後。云云。於戲。祖宗皇考大經大法。啓佑我後人者。纖悉具至。繹思體行。在于眇躬。尚賴遐邇宗親。內外忠良。同德一心。恪恭乃事。以輔予之不逮。誕告多方。咸使知悉。

丙午。工部以甫詔寬恤。喪儀物料不便取民。乞如天順八年例。發內府見儲。從之。

丁未。署通政司事禮部左侍郎李孜省太常寺卿鄧常恩趙玉芝凌中顧玒顧經曾克彰黄大經江懷李成等被劾。戍甘州等衛。太監梁芳韋興陳喜降南京御用監少監。閔佳都督同知萬喜降指揮使。都指揮同知萬達指揮同知萬祥降副千戶。署太醫院事通政使施欽仲蘭降太醫院使任義章淵劉文泰降院判。鄭文貴降御醫。蔣宗儒錢宗甫降醫士。胡廷寅削秩。法王領占竹札巴堅參等佛子釋迦啞兒答國師捨剌星吉等下禮部審處。俱禮科給事中韓重監察御史陳穀等所劾。

申刻。金星晝見。

戊申。上御西角門視事。

賜寧王唐王瀋王慶王周王襄王鄭王岷王肅王遼王蜀王楚王晉王淮王代王伊王魯王各三百金。紵絲羅十五雙紗十五匹錦三匹。鈔三萬貫。德王崇王吉王徽王荆王趙王韓王鎮安王白金錦同紵絲羅紗殺其五。鈔二萬。靖江王二百金。鈔一萬。餘同。

吏科給事中王質等上四事。斥異端。罷進獻。汰宂官。禮大臣。上以異端宂官進獻已議之。召見文武大臣。朕自處置。其衰老許自陳。

南京吏部主事夏崇文考滿入京。上言。簡學行名臣備講讀。仍便殿大書舊章故事于屏。便觀覽。更遠邪佞。裕府庫。裁光祿宂費。革賦役宿弊。放珍禽奇獸。禁奇技淫巧。省匠作。整軍馬。減裏河船隻。去異端邪術。則聖德修朝廷正矣。上是之。

雲南道御史向榮上言。法王佛子假延壽之名。供具侍從。倍于王侯。近日先帝不豫。文武臣庶皆齋祓一心。分詣各觀設醮誦經。竟不能少延一日之壽。以慰臣下迫切之情。則不足信明矣。乞方士之類盡行迸逐。上以成事寢之。

庚戌。賜文武羣臣軍民人等銀幣。

安南國王黎灝入貢以大喪免引奏宴使臣徹樂。

南京光祿寺卿雷澤卒。定襄人天順八年進士。

暹羅國王隆勃剌略坤息利尤地亞入貢上金葉表。使臣坤江悅等言本國番書與回回書互用近者請封金葉表及符檄間有同異乞賜辨。而番書不易譜。命止用回回書。

辛亥。作茂陵內官監太監黃順御馬監太監李良太傅兼太子太師保國公朱永工部左侍郎陳政督工。

壬子。南京戶部尚書潘榮致仕。

進士李文祥授咸寧縣丞文祥神氣傲睨一世。時以爲浮薄試之。南京吏部主事夏崇文以爲言。不納。

甲寅。宣府龍門衞地震。夜萬全都司地震。俱有聲。

乙卯。上大行謚憲宗繼天凝道誠明仁敬崇文肅武宏德聖孝純皇帝。

丁巳。魚臺縣丞徐頊上言先母后舊痛未伸。請追謚遷葬。且詰萬喜等罪。籍其產。下廷議。于是禮部等乞令中官密訪萬貴妃近御人等。求其確。又逮萬氏戚屬曾入宮者下詔獄訊問。上以兩宮明諭諸浮言置之。初萬安劉吉懼。私謂尹直曰。我絕妃家跡久矣。幸上慈明不追獄。

戊午。頒謚詔。

己未。山西右布政使王繼爲右副都御史。巡撫福建。

庚申。城廣昌縣。

修仁壽等宮。

工部右侍郎張悅修京通倉。

辛酉。總督漕運右副都御史周𤨯復丘姓。

翰林編修王鏊爲侍講。

夜。月犯御女星。

癸亥。罷御馬監把總都督同知李玉白玉。以傳奉也。

乙丑。旱災免臨洮夏稅芻糧。

丙寅。賜哈密衛左都督罕愼織幣二及甲冑弓矢。幷勞使臣指揮使滿剌阿力克等及赤斤罕東等夷兵。

土魯番兀也思太子兀也思王等公主貢馬。

汾州天鳴有聲。

召太監懷恩于鳳陽。仍司禮監。

十月虰朔。盡罷傳陞官右通政任傑等五百六十四人。其額內見任仍留。餘降調閒住。太常寺少卿顧綸博士成復亨寺丞蕭崇玉廟官吳猷。俱邪誑戍楡林。

傳陞僧錄司禪師兼左善世等百二十人。道錄司眞人高士兼左演法等百三十三人。俱削禪師眞人高士封號。閒住。幷奪眞人所賜玉冠玉帶玉圭銀印。

傳陞大慈恩寺法王佛子國師等四百三十七人及剌厤人等七百八十九人。俱食大官供。盡奪秩遣回。追奪誥敕印章儀仗。

傳陞匠官工部右侍郎蒯鋼太僕寺卿楊通順天通判周禮興等十二人。營繕所等官王貴等千三百五十八人。命降鋼順天府治中。通通判。餘遞降文思院軍器局副使九品下。俱奪秩。

己巳。大理寺左少卿楊理。陝西布政使梁璟。並爲右副都御史。理巡撫河南。璟巡撫湖廣兼贊理軍務。

直文華殿大理寺卿朱奎太常寺卿任道遜被劾許致仕。奎道遜俱國子生善書傳陞。
庚午。鎭守延綏總兵官都督同知魯鑑致仕。
甲戌。戶部左侍郎王僎爲南京戶部尚書。南京吏部左侍郎黎淳爲南京工部尚書。南京禮部右侍郎倪瓚爲南京戶部左侍郎。南京大理寺右少卿吳道宏爲南京大理寺卿。
陝西都指揮使陳輝爲署都督僉事靖虜副將軍總兵官鎭守延綏。
夜。月犯木星。
乙亥。上聖慈仁壽太皇太后皇太后尊號。
夜。大星自畢宿流北河。光燭地。尾跡化白氣。如蛇曲。
丙子。立皇后張氏。頒詔。
傳陞通政使任傑李景華太常寺卿陳斆太僕寺卿楊杞各降都司經歷。光祿少卿千信工部郎中朱義尙寶少卿嚴勳降外衞知事。餘四十七人降布政司照磨都司及長官司吏目。
丁丑。罷左府都督同知李傑。
戊寅。漕運總兵官署都指揮使都勝爲中府署都督僉事。
己卯。卽廣東封占城國王子古來爲王。護歸國。敕安南還其侵地。初給事中李孟暘行人葉應受使。而古來以安南奪國。奔廣州。命南京右都御史屠滽往議。滽奏占城八州二十五縣。安南盡之。成化時入訴。始歸邦都郎馬那里等四州五縣。又以一州三縣與叛臣提婆苔。提婆苔死。欲盡與其子。而古來子蘇麻及頭目萬人。方固守待復。遂有是命。
武城後衞改茂陵衞。

壬午。夜月犯昴宿西星。
癸未。左府都督同知王瑛致仕。
甲申。裁南京僧道錄司教坊司官。
丁亥。少師兼太子太師吏部尚書華蓋殿大學士萬安免。安寡廉鮮恥。上宮中檢遺篋。皆媚術。悉署曰臣安進。使太監懷恩示之。大慚。猶覥位。御史姜洪湯鼐等彈之。使懷恩示安展讀。跽泣不言去。恩摘其牙牌而出。乞休給廩役在道。猶夜望三台星覬復召。
戊子。刑部尚書杜銘劾罷。
汰傳陞錦衣衞官。遞降有差。
己丑。衍聖公孔弘泰入朝。
壬辰。上恭恪莊僖淑妃紀氏尊謚孝穆慈惠恭恪莊僖崇天承聖皇太后。
癸巳。吏部左侍郎兼翰林學士徐溥直文淵閣。
賜各邊吏卒人二金。凡六十一萬五千三百二十餘金。
停刑。
夜大星自卷舌。長丈餘。流至奎宿。
甲午。旱災免永平夏麥。
乙未。趙府臨漳王見滄乞祭墓。暫許之。
十一月頒朔。頒弘治曆。
戊戌。進士鄭巂林廷玉祝徑王璽葉紳鄭宗仁魏玒胡瑞王綸孫孺張朝用劉孟楊巂盧亨魯昂胡金季潭韓祐龐泮柴昇爲給事中。

裁京通倉場總督太監淮安徐州臨淸倉監督內臣。

宣府副總兵都督僉事江山致仕。

國子監生楊璽上八事曰崇大化殷周祖廟居中。子孫昭穆各有門堂寢室。牆周之。今太廟祖宗同殿。父坐子立。姑尊婦卑禮也。皆坐未安。乞倣殷周改奉歲享。曰尊聖道孔廟從祀。顏路淵之父。曾晳參之父。孔鯉伋之父。孔弗伋之叔。子姪列正殿。父叔在兩廡。似失序。乞別祀叔梁紇顏路曾晳孔鯉孔弗侑之國學。周池建橋復古制。曰肅風紀（進士教官監生許選科道。）曰重守令（九年滿秩。）曰愼選舉。曰便鹽課（四川鹽井量地遠近竈戶自納。）曰通鈔法。曰正人心（毀永昌寺木石。）章下所司。

辛丑。吏部尙書李裕劾免。

癸卯。右都御史劉敷劾免。

甲辰。設浙江孝豐縣。（隸湖州。）

乙巳。起王恕吏部尙書。南京兵部尙書馬文升爲左都御史。南京禮部尙書耿裕改南京兵部尙書。戶刑部右侍郎李嗣程宗俱左侍郎。巡撫左僉都御史葉淇爲戶部右侍郎。右副都御史彭韶爲刑部右侍郎。

己酉。南京陝西道御史繆樗等上八事。勤正學。擇正人（乞斥直閣學士尹直。禮部侍郎黃景。都御史劉敷。通政司參議陳琬。太僕寺卿李溫。少卿林鳳。大理寺丞宋經。侍郎萬翼。通政司張苗。太常少卿牛綸。尙書杜銘。鴻臚寺卿周蕙。應天府尹于冕。署國子監事太常寺卿徐瓊。）復舊制（內官供事內府。罷添設鎭守分守守備。）務節儉。愼名器。上是之。

辛亥。鄭府朝邑王祈鎔薨（靖王子。）年五十五。諡榮簡。

癸丑。直閣兵部尙書兼翰林學士尹直。禮部左侍郎黃景。被劾免。直給驛。

甲寅。曉刻大風霾。

乙卯。進劉吉少傅兼太子太師。徐溥禮部尚書兼文淵閣大學士。少詹事劉健爲禮部右侍郎兼翰林學士。直文淵閣。少詹事兼翰林侍講學士楊守陳爲吏部右侍郎。右春坊右庶子汪諧。左春坊左諭德程敏政。俱少詹事兼翰林侍講學士。左右諭德傅瀚陸釴。左中允周經。俱太常寺少卿兼侍讀學士。李傑。左庶子仍兼侍讀學士。右諭德謝遷吳寬。俱左庶子兼侍讀。侍讀董越。侍講王臣。俱右庶子兼侍講。太常寺卿兼正字謝宇爲工部右侍郎。署通政司事。

夜。順聖川地震有聲。

丙辰。署國子監事禮部右侍郎丘濬爲禮部尚書。署詹事府事。吏部左侍郎劉宣爲左侍郎。濬進所著大學衍義補百六十卷。上善之。賜金幣。刊于福建。

陳龍正曰。觀大學衍義補。益覺衍義之精簡動人。眞經筵之善物也。丘書泛漫宂雜。殊無啓沃。使人主流覽至此。豈不虛費心目之力哉。欲當類書備稽問。又嫌未詳。正晦翁所謂記誦之習。其功倍于小學而無用者。惜哉。故儒者無反約之功。不可以著書。不足以事君。

丁巳。巡按直隸御史湯鼐請講祖訓及典謨訓誥貞觀政要通鑑綱目大學衍義等書。又太監蕭敬李榮宜罪。傳奉官宜遠戍。致仕尚書王竑王恕巡撫都御史彭韶致仕僉事章懋等宜擢用。章下所司。時李榮調孝陵神宮監。

戊午。逮前少監梁芳韋興陳喜及遣戍李孜省鄧常恩趙玉芝吳猷黃大經黃越下錦衣獄。以印綬監太監蔣琮等言其假創寺觀廟塔。糜帑無算。罪浮于罰。

辛酉。工部右侍郎張悅改禮部右侍郎。

壬戌。禮部尚書周洪謨等上言。成周以后稷爲始祖。文武爲世室。百世不遷。餘三昭三穆。以次而祧。宋以僖祖爲始祖。太祖太宗百世不遷。于時僖祖祧遷。雖曰異議。而程頤朱熹皆以奉僖祖爲正。國朝尊德祖爲始祖。太祖太宗如周文武。懿祖以下遞遷。今憲宗純皇帝當升祔。懿祖當祧。宜太廟寢殿後立祧廟。歲暮祫祭。仍居舊位。雖一時未及建。暫以懿祖主奉德祖室內之左。西向。亦古所謂毀廟之主藏于太祖之廟也。又周禮春官大司樂之職。歌中呂舞大濩以享先妣。謂姜嫄也。是帝嚳之妃后稷之母。故特立廟。宋則元德懿德二皇太后俱享別廟。章獻章懿二皇太后奉慈殿。歲五享。今孝穆皇太后祔茂陵。于奉先殿旁室改別廟。歲享如太廟奉先殿之儀。從之。吏部右侍郎楊守陳議。德祖不祧。謂百世之祖。非也。孔子曰。祖有功。宗有德。唐虞之文祖尚矣。夏之顓頊既帝而鮌無功。故始禹。殷之契。周之稷。皆有大功。故其廟不遷。漢及魏晉之祖無功。皆以創業爲始祖。李唐上祀四世。宣簡公懿王元皇帝。而其祖景皇帝實有功。號太祖。趙宋亦祀四世。僖順翼宣四祖。以藝祖開國。號太祖。凡太祖必配天。歷世不遷。唐至中宗。祧宣簡于夾室。玄宗仍復宣簡。謚獻祖。懿王謚懿祖。至肅宗幷祧獻懿。德宗又祧元帝。于是太祖居第一室。祫禘則獻祖居尊東向。而太祖在昭穆之列。後卒遷獻懿不祫。宋至神宗。祧僖祖于夾室。王安石仍復僖祖爲始。遷順祖于夾室。哲宗祧翼祖。徽宗祧宣祖。寧宗幷祧僖宣二祖。別立祧廟。于是太祖居第一室。祫祭東向。則凡號太祖。必配天。百世不遷。國初立四親廟。仁祖配天。固未嘗以德祖擬契稷也。太宗尊高皇帝爲太祖。以配天。仁祖不預。意四祖親盡則祧。而太祖當如夏禹漢高也。在禮。太祖即始祖。高皇帝既號太祖。又始德祖。始祖永南向。常尊。太祖永東西向。常卑。非禮也。憲宗升祔。請併祧德懿熙三祖。自仁宗下爲七廟。異時祧盡。太祖擬契稷。時享尊太祖。祫祭尊德祖。庶無悖禮。上從之。

癸亥。起服兵部右侍郎萬翼。道引疾去。

甲子。巡按直隸御史上八事。正君心。務聖學。納諫諍。辨邪正。禁近習。黜異端。除內府佛舍胡僧。省進奉。愼始終。章下所司。

十二月戊辰。憲宗純皇帝之喪百日。禮部請如制易服。上素服如故。

琉球中山王尚眞入貢。

增臨洮鞏昌通判治屯田水利。

曉刻木稼。

己巳。巡撫四川右副都御史劉璋爲工部右侍郎。廣西按察使閔珪爲右僉都御史。整飭薊州兵備兼巡撫順天。巡撫山西右僉都御史左鈺改巡撫大同。贊理軍務。

庚午。右春坊右庶子兼翰林侍講董越工科右給事中王敞使朝鮮。侍講劉戩刑科給事中呂獻使安南。俱頒詔。

辛未。賑江西旱災。減田租有差。

故制敕房山東布政司左參議淩暉贈太常寺少卿。予祭。歸其喪。舊直東宮。

癸酉。設贛州參將兵備副使。

丙子。監察御史曹璘請上行三年喪。孝養兩宮。萬貴妃有罪。宜告于先帝。遷葬削謚。上以喪養朕所自盡。遷葬削謚。其止勿復言。又進士上虞潘府奏行三年喪。曰。子爲父。臣爲君。皆斬衰三年。漢文帝遺詔短喪。景帝苟從。晉武帝欲行不能。魏文帝行之不盡。宋孝宗銳然復古。然行于上不能行于下。今乞力排羣議。斷自聖心。定爲三年之喪。喪不廢禮。朝不廢政。使天下萬世仰爲綱常之共主。顧不偉哉。疏上。衰絰待命。閣議左之。禮部右侍郎倪岳獨是其言。定儀注。三年不鳴鐘鼓。不受朝賀。朔望宮中素服。

林之盛曰。潘南山先生之品。故有定論。其官躓抑。何磊磊也。予嘗謂先生請行通喪。羅文毅諫奪情。俱叛起本朝百年一人。然非我孝皇。又何能採用其說哉。

戊寅。憲宗純皇帝梓宮發引。廣寧伯劉璇都督陳瑛等護喪。有悍少入甲隊中殺人。御史陳璧疏劾。

壬午。葬茂陵。孝穆皇太后祔葬。

未刻大風霾。

癸未。撫治鄖陽右副都御史何經疾去。

甲申。敕戶部主事楊奇經理邊儲。

丁亥。國子助教范寬滿九年。考加翰林檢討。

己丑。憲宗主祔太廟。次宣宗。東向。

巡按直隸御史曹璘上十事。修聖學。納諫諍。釋怨女。愼將領。謹細微。三千營達官。節財用。寬租賦。息異端。惜名器。

指揮袁輅嗣廣平侯。章下所司。

唐王芝址薨。年五十四。謚曰莊。

庚寅。四川右布政使謝士元爲右副都御史。巡撫四川。南京大理寺左寺丞翟瑄爲右僉都御史。巡撫山西兼提督雁門等關。

辛卯。奉孝穆皇太后主于奉慈殿。

左春坊左諭德署國子司業費誾爲祭酒。福建左布政章格爲南京光祿寺卿。南京兵部職方郎中李應禎爲南京尙寶司卿。

李孜省死于獄。

癸巳。旱災。減湖廣田租十之六。

丙申。進吏部尙書王恕太子太保。

戊申弘治元年

正月辛丙朔。上謁奉先殿。朝兩宮。出御奉天殿受朝。

丁酉。御奉天門視事。

庚子。南京太僕寺丞長洲文林上八事。開言路。謹好惡。率舊章。簡賢才。崇寬厚。勤政事。飭武備。命詳議以聞。

癸卯。翰林侍講劉震爲右諭德署國子司業。

丙午。上南郊。還謁兩宮。御殿行慶成禮。不宴。

賜羣臣休沐十日。

庚戌。江西流盜二千餘人寇信豐會昌廣昌。殺廣昌知縣莊英。贈英建昌通判。

夜。月犯軒轅右星。

壬子。太子太保兵部尙書余子俊上四事。均選法。廣儲積。修武備。愼刑罰。上善之。

甲寅。召前太常寺卿童軒署欽天監事。以監副吳昊薦。

貴州布政司左參政鄭時爲左副都御史撫治鄖陽。時前巡撫陝西降參政。

監察御史湯鼐乞申明律例。幷劾禮部尙書周洪謨附權右。侍郎倪岳弔太監黃賜母喪。左侍郎張悅服睬裙。

南京兵部尙書馬文升縱子奢淫。萬安尹直去少傅劉吉在位。宜大明黜陟。上不問。

乙卯。南京戶部尙書王㑺黎淳調南京吏禮部尙書。

朝鮮貢使歿于通州。歸其喪。

臨潼知縣徐鏞爲淮安知府姚州判官劉昂爲敍州知府。

丁巳。南京光祿寺署正李浩上所纂通鑑斷義。賜紵紗

己未。考察武職鎭守等官。于是鎭守寧夏東寧伯焦俊湖廣都督同知馮昇貴州都督僉事吳經等皆罷。

庚申。南京刑部尙書何喬新改刑部尙書。

曉刻。日犯南斗。

壬戌。趙鑑求嗣祖昌寧伯。以流爵止襲錦衣衞指揮使。

虜寇密雲古北口。

西虜寇靖虜。蘭州守備都指揮廖斌等禦卻之。斬三十七級。

癸亥。伏羌伯毛銳爲平蠻將軍總兵鎭守湖廣。陝西都指揮同知傅泰爲征西將軍署都督僉事總兵。鎭守寧夏。前府都督僉事彭倫鎭守貴州。

甲子。禮部以左副都御史邊鏞禁賜蟒衣。爾雅云。蟒者。大蛇。非龍也。蟒無角無足。龍則角足具焉。今織蟒俱爲龍。遂禁賜幷織者。

琉球例二年一貢。入自閩。今自浙。且非期。卻之。

乙丑。作茂陵祭器。

左都御史馬文升等言。岳鎭海瀆等祠廟。皆前太監及奸人鄧常恩作石函。周函符篆。內貯金書道經一卷。金銀錢寶石各數枚。五穀各一升。爲鎭壓。又刻祝文于石。恐損先德。令有司毀石函石碑。從之

戶部員外郎張倫言二事。曰惜爵賞。內臣輒賜蟒玉。大臣概進師保。恐示人以僭。曰免差遣。盜賊妖言。每差官校滋擾。今後惟責撫按勘報。幷罷東廠。報聞。

閏正月丙午朔。上御奉天殿受朝。朔望御殿自此始。

巡撫順天右副都御史彭韶。乞減大興宛平昌平漷縣之役。蘇民困。從之。

丁卯。宥方士鄧常恩趙玉芝死。戍邊。鎮夷所肅州衛。又指揮僉事濟寧崔鳳。鴻臚寺主簿樂清謝轉。掌靈濟宮莆田吳猷。太常少卿麻城黃大經。子鴻臚寺丞越。並逮宥死戍邊。

前指揮使張紀。指揮僉事任義。千戶馮宇沈達。戍鐵嶺衛。百戶楊春。鎮撫徐昌袁凱等。戍開平衛。初太監梁芳韋興張軒莫英陳喜。皆獻珍珠見幸。自是京師效之。紀等日採獻。一珠直數十金。言官劾其弊。

戊辰。修純皇帝實錄。太傅英國公張懋監修。少傅大學士劉吉。尚書徐溥。禮部右侍郎劉健。總裁。禮部尚書丘濬。吏部右侍郎楊守陳。少詹事兼翰林侍講學士汪諧。副總裁。程敏政等纂修。召南京翰林侍讀曾彥。楊守阯。予告左諭德林瀚。侍講謝鐸。編修張元禎。江瀾。宅憂侍講學士李東陽。右諭德陸簡。編修梁儲。劉忠。鄧焲。張天瑞。檢討楊時暢。東陽俟服除至。

己巳。左都御史馬文升上十五事。曰撫按各舉屬吏。不公則連坐。曰贓吏有罪。不許虛詞摭拾原問官。曰按察司官擇兩京法司屬官。曰分巡分守徧歷郡縣。曰巡城御史嚴逐左道邪術。曰舉監考選州縣。與進士相兼。至兩司知府。愼選部屬爲之。曰禁天下科罰害人。曰戶部歲覈天下官軍及王府祿糧。幷稅銀課鈔等。曰查京省寺觀僧道。毋私創溢額。曰敕戶禮工部核內府供用。某增某減。著爲定例。曰清軍造冊送部。上命行之。

嚴郵符。惟鎮守巡撫總兵得給驛。餘繳入。

庚午。雲南按察僉事林淮。以便養改常州教授。

吏部右侍郎楊守陳。請開經筵日講。午朝召對。上許之。

辛未。河南按察使張鼎爲右僉都御史。巡撫保定。兼提督紫荊關。舊設巡撫。至是復之。

癸酉。設茂陵祠祭署。

鹽商無子。許親屬代支如前。

乙亥。山西按察使雍泰降湖廣布政司右參政。雍嘗撻太原知府尹珍。被訐下獄。

增南京工部郎中毛科特敕理沿江蘆課。（自鎮江至九江。）

丙子。致仕監察御史强珍南京刑部員外郎林俊爲山東雲南按察副使。

庚辰。進士馬政劉良朱綬鄭宗載范紳胡承祝福紀鏞陳端黃玄齡爲翰林檢討。敎諭徐用彭美李鏜周政萬鎰劉璉汪成馬能楊塤董嘉言爲待詔。監生劉儆馮經丘永董森李儀楊本淸閻璟王士衡王璲夏綱爲中書舍人。將直興王出閣。

雲南水災。免黑琅二鹽課司積負。

辛巳。江西信豐獲盜二百七十九人。刑部郎中往鞫。梟首盜。餘戍邊。

癸未。錄詿誤謫廢官。前員外郎謫知州劉淳彭綱邵賢。前主事謫通判董序高鑑張杲石巍趙明蘇章佟珍。前中書舍人謫衞經歷楊士敬。前郎中謫知州朱紳鄭宏劉紳。前員外郎謫通判董寧。前學士謫霍州知州焦芳。前□天府丞謫□□府同知黃傑。

甲申。命太監蔡用往廣西訪孝穆太后親屬。仍敕總鎮兩廣太監韋眷總督右都御史宋旻總兵安遠侯柳景等同訪之。

丁亥。宮人羅氏效勞久。封佐勝夫人。（誥一品玉軸。）

山東河南山西陝西直隸災傷。多減免定今年每石徵一金。

庚寅。罷浙江蕪湖荆州抽分御史。

甲午。賜故司禮太監懷恩顯忠祠。予祭葬。內臣立祠。自王振劉永誠後爲殊典。覃吉覃昌韋泰之賢亦有之。餘祠寢廣。祭葬尤濫。

二月乙未朔。南京御史吳泰等請用王恕直閣。上以蹇義王直王翺故事用恕。言無不聽。直閣姑已之。

定朝臣考察。自欽天監外五品下悉聽吏部考。課太醫院以科道知醫者同院使院判品定。

丁酉。占城國王古來入貢。

戊戌。昏刻壽星見南方。色赤黃。

己亥。黃塵四起。

辛丑。興王岐王益王衡王雍王出閣就學。

遣御史主事督崇文門南京上淸河稅課。餘委郡縣佐貳官。

壬寅。南京右都御史屠滽總督兩廣軍務兼巡撫。福建左布政使秦紘爲左副都御史。總督漕運兼巡撫鳳陽。山東河南左布政使徐貫蕭禎爲右副都御史。廣西貴州按察使許進錢鉞爲右僉都御史。貫巡撫遼東。進巡撫大同兼贊理軍務。禎巡撫陝西。鉞巡撫山東。

普令問刑官讀律詳讞。

癸卯。戶部尚書李敏言。勞苦莫如農夫蠶婦。請耤田時令農夫十人常服終畝。從之。仍人賜匹布。

甲辰。晉世子奇源母喪。乞廬墓。敕止之。

談遷曰。孝皇百日不釋服。而于晉世子廬墓則止之。允愜人心矣。矜奇者何爲。

乙巳。鶴慶軍民府知府張海爲順天府尹。南寧知府楊守隨爲應天府尹。

丁未。上耕耤田。文武大臣行五推九推禮。敎坊陳雜伎。其語狎。左都御史馬文升正色曰。而曹第陳田家作苦。

使新天子知艱難而褻猥。何也。叱去之。

封哈密衞左都督罕愼忠順王。兵部言。哈密甘肅孤懸河外。太宗設赤斤罕東等衞。領袖西戎。又設哈密衞。封脫脫忠順王。鎭鑰北門。然後甘肅獲寧。脫脫之孫亡嗣。以其甥把塔木兒爲都督。殺于土魯番子罕愼襲都督。克復故城。國人再請封。宜如脫脫故事。從之。

監察御史徐瑁賀霖下錦衣獄。上藉田。觀者塡道。瑁霖督捕失承旨。

辛亥。左春坊左諭德張昇爲左庶子兼翰林侍講。

壬子。曉刻金星犯壘壁陣西星。

丙辰。禁朝臣私札請託。

遣廷臣分祭祖陵皇陵孝陵徐王楊王墓岳鎭海瀆歷代帝王孔子眞武等神及各藩先王。

丁巳。先是御馬監左少監郭鏞請預選淑女。服除立二妃。左春坊左庶子兼翰林侍讀謝遷上言。六宮之制。固所當備。而三年之憂。豈容頓忘。今山陵未畢。諒陰猶新。奈何遽有此事。必進言者諛詞動聽。廣嗣續緜本支。臣竊以爲過矣。陛下春秋向盛。天必降休。維熊維羆。不期然而然。何汲汲爲此哉。禮部覆。從之。

史臣曰。郭鏞請預選宮女。諸王館習禮。待服闋冊封二妃。廣衍儲嗣。不爲無見。而謝遷乃進此諛詞獻諂。以悞孝廟繼嗣之不廣。皆邪謀啓之也。比正德改元。卽立三宮。遷適當國。略無一言。其奸鄙之跡甚明。蓋以今日之立爲是。遷實不能復肆昔之邪謀矣。古者諸侯尙一娶三姓。備九女。以廣繼嗣。孝廟以萬乘。獨不得立三宮可乎。小人圖勢利而不爲國謀如此。識者恨之。

談遷曰。謝文正諫選淑女。非禁之也。謂稍緩耳。所云禮制旣終。徐議其事。持說甚當。今以繼嗣不廣。追咎文正。時孝皇初載。安能逆知其獨子哉。此必焦芳懟筆。不足辨。特以見吹索之無已也。

浙江景寧縣屛風山有物如馬。色白。萬餘首尾相銜。從西南石牛岑浮空而去。半日始滅。父老梁秉高言。正統間亦然。遂旱。

朝鮮國王李娎入賀兩宮尊號及皇后。貢方物。

辛酉。敕太傅英國公張懋。少傅大學士劉吉。知經筵事。大學士劉健同知經筵事。禮部右侍郎倪岳。少詹事汪諧。程敏政。太常寺少卿兼翰林侍讀傅瀚。陸釴。周經。祭酒費誾。左庶子兼侍讀學士李傑。左庶子兼侍讀張昇。謝遷。吳寬。右庶子兼侍講董越。王臣。直經筵。侍講。太傅保國公朱永。襄城侯李瑾。太子太保吏兵部尚書王恕。余子俊。戶部尚書李敏。太子少保禮部尚書周洪謨。署太常寺太子少保禮部尚書劉岌。署詹事府禮部尚書丘濬。工部尚書賈俊。左都御史馬文升。署通政司工部右侍郎謝宇。大理寺卿馮貫。侍班。侍講王鏊。修撰王華。李旻。編修張澯。楊傑。劉忠。于材。徐鵬。展書。

甲子。逮南京錦衣衛指揮僉事章瑾。瑾媚梁芳。專市寶石。盜帑亡算。傳陞錦衣。尋調南京。至是被劾下獄。永戍肅州。

虜寇廣寧。擊敗之。

是月。山東右布政使夏寅卒。寅字正夫。華亭人。正統戊辰進士。力學善治。嘗任浙江右參政。分守處州。尺檄下。盜立散。

陳善曰。傳稱隨會善弭盜。盜濳奔楚。彼崛强山澤間。敎化所不能馴。一聞夏公檄。輒解散。孰謂盜不可化誨哉。政信于頑民。化行于强梗。若夏公。今之隨武子矣。

三月乙丑朔。命吏兵部每季進職名略節。粘文華殿便覽。

戊辰。太子太保吏部尚書王恕。請幸學釋奠。用幣。太牢。分獻官陪拜。從之。改分獻曰分奠。

庚午。南京禮部員外郎羅璟爲福建按察副使。霍州知州焦芳爲四川按察副使。俱督學。

夜。廣西融縣大雨雹。壞城舍。

癸酉。上幸太學釋奠。御彝倫堂。祭酒費闇講說命惟天聰明節。司業劉震講乾卦大人天地合德節。

刑部郎中潘洪普安州判官王徽爲四川陝西布政司右參議。

乙亥。虜乘冰渡河。寇蘭州。安會都指揮廖斌等擊敗之。斬三十七級。

南京考功主事儲巏薦謫籍普安州判官丁璣。潛心理學。刻意躬行。景東通判張吉。學博行端。河西縣丞敖毓元。賦性介直。思南通判王純。議惇氣鯁。今棄之嶺海蠻夷之間。毒霧瘴氛。與死爲鄰。臣竊痛之。又見咸寧縣丞李文祥。敢言裨政。而大臣陽培陰挫。臣謂五人既直言于前。寧變節于後。與其施求敢諫之士。不若先用已試之臣。伏乞置風紀之地。丰采必有可觀。耿裕在南京。聞而重之。

丙子。開經筵。宴諸臣左順門。賜金幣有差。自是每月二日講文華殿。

丁丑。始日講。亦朝畢御文華殿。閣臣侍班爲常。

岷府江川王音埶以武岡瘠隘。許遷寶慶。

戊寅。賜故齊庶人賢姊子三人孫二人名。增宅賫婚嫁。

己卯。定左順門午朝。

壬午。致仕南京吏部尚書錢溥奏。成化十一年十一月八日。立皇上東宮。二十五日詔至南京。臣時翰林侍講學士。迎詔朝陽門。孝陵瑞雲如蓋。曾獻禎應頌。乞付史館。從之。

癸未。前巡撫保定右副都御史葉冕卒。上虞人。正統十年進士。有治才。

仍通邸報。以禮科都給事中李孟暘之言。初。張瓊泄旨。禁之。

丁亥。裁大理寺右評事四人。罪囚例不解右寺。
己丑。勒南京守備太監錢能閒住。毋入京。
庚寅。南京內園火。又狂人叩長安右門大呼。良久而遁。
辛卯。壽州知州劉槩上四事。總攬大權。存卹大體。頻御經筵。大開言路。上納之。
壬辰。考察朝臣。降斥有差。

四月甲午朔。丙申。增廣東按察副使。整飭瓊州兵備。
戊戌。國子監生張裕言。各邊鎮守守備內臣宜如舊。河南等內地宜罷。又有司行鄉飲禮。或濫舉豐飲。乞停止。部議先撤廣東鎮守太監韋眷。申明賓禮。從之。
庚子。工部右侍郎劉璋修京通倉。
辛丑。琉球國官生蔡賓前成化中從貢使入南雍。以祭酒劉宣加恤。今爲吏部侍郎。乞通贄謝。許之。
壬寅。招撫山西垣曲陽城等饑盜五千餘人。擒魁惡八百餘人。錄有司功。
先是。尚寶監奉御姜榮以用寶奉天門。忿毆署尚寶司左通政李溥至鼻血。隱之。司丞胡恭以語中書舍人孫廷臣。發其事。幷逮榮置對。杖二十。降小火者。溥閒住。恭廷臣贖杖。徙還秩。
癸卯。分守代州兼提督雁門等關都督僉事周璽鎮守陝西。
乙巳。琉球入貢。
己酉。巡撫雲南右副都御史章律爲南京左副都御史。
庚戌。致仕太常寺卿童軒召至。仍署欽天監事。
禮科給事中張九功乞正祀典。曰。朝廷常祭外。釋迦牟尼等佛。三清三境九天應元雷聲普化天尊之祭。金玉闕眞君元君神父神母之祭。諸宮觀有水官星君諸天諸帝之祭。非所以示天下。禮部覆從之。凡齋醮遣告幷東岳眞武城隍靈濟宮仍祀如舊。革二徐眞君帝號。仍舊封江王饒王。追毀袞冕。

辛亥。豐潤伯曹振提督操江。

甲寅。天暑釋輕囚。

丁巳。湖廣按察使楊繼宗爲左僉都御史。巡撫雲南。視篆之日。除公禮畢。降階再拜曰。明日幸相諒。即疏貪酷八人爲民。土官襲秩。鎭守三司勒保勘銀。承行吏齎本人俱索厚賂。沿爲例。皆奏治之。

茂陵成。

庚申。天壽山雨雹。

辛酉。追復廣東左布政使陳選官。初廷臣乞抵太監韋眷刑部員外郎李行巡按御史徐同愛罪。上不問。

壬戌。右春坊右庶子兼翰林侍講王臣請上御經筵無間大寒暑。報聞。

五月戊申朔。左都御史馬文升言。陝西通甘涼之路。止蘭州浮橋。若賊數千據河橋。則斷糧援。乞預計之。下兵部議行。

丙寅。勅刑部右侍郎彭韶巡視浙江。初嘉興百戶陳輔作亂。糾衆刼郡庫。釋囚大掠。趨太湖。捕之急。自刎死。

廣犯宣府永寧城。殺掠。

四川嘉瀘邛南溪內江洪雅地震。瀘州長寧雨雹。

戊辰。卯刻木星見。

庚午。卯刻金星見。

辛未。吏科給事中林廷玉請時召九卿詞臣。虛心延訪。仍設給事中御史各二人侍班。防欺誑。章下所司。

前南京吏部尙書錢溥卒。溥字原博。華亭人。正統己未進士。王振試薔薇露詩。授檢討。歷侍讀學士。使安南。坐累謫順德知縣。成化初復官。南京至尙書。和易通敏。工詞翰而嗜進。輕脫士論勿重也。贈太子少保。賜祭葬。謚文通。

無錫人陳公懋上所著書。穿鑿悖理。焚而逐之。

乙亥。裁南京武職冗員。

丙子。南京雷震洪武門吻。孝陵樹。

丁丑。昏刻月犯南斗。

己卯。考察閒住御史吳秀。疑吏部侍郎楊守陳中傷。奏辨。削籍。

庚辰。曉刻金星犯六諸王星。

辛巳。賜故南京左府經歷張黻告身。黻救林俊。謫知師宗州。改南幕。卒。其父在。特給誥榮之。

壬午。右春坊右諭德陸簡爲右庶子兼翰林侍讀。

乙酉。初把禿猛可死。弟伯顏猛可代爲小王子。率所部住大同近塞。亙三十餘里。至是求貢。書稱大元大可汗。敕大同守臣宣諭。仍嚴備待之。

丁亥。太子太保吏部尙書王恕言。臣聞之賈誼。傅者傅之德敎。師者道之敎訓。保者保其身體。臣官以保爲名。誠愛陛下篤志。令講官時進講章。玩繹閒燕。亦足進學。非必陳儀衞。設酒肴。乃爲經筵也。祁寒暑雨。愼起居。保聖躬。亦不可不急。暫止經筵。如天順成化間無所不可。上善之。

戊子。晉府永和王奇涓薨。年二十六。謚榮懷。

前巡撫河南右副都御史孫洪卒。昌邑人。景泰五年進士。有幹局。歷任有聲。

曉刻月犯昴宿。

己丑。大理寺左少卿李介爲左僉都御史。巡撫宣府。

存卹高牆庶人。從宿州知州萬本之請。

壬辰。大理寺辦事進士董傑以王恕止經筵。言經筵講學。祖宗舊典。王恕特養舊知。不聞將順。乃慮傷聖體。恐費肴酒。所以待陛下甚卑。失天下士大夫望。

六月。晱朔日食。

乙未。監察御史湯鼐疏駁王恕。恕皇恐辭歸。上勉出之。恕言臣蒙恩首擢。日夜思報。外人但見陛下待臣最重。望臣太深。欲臣如宋起司馬光故事。更張庶政。時非熙豐。臣亦何人。昨侍經筵。臣等若汗浹背。抑搔忍拭。尚自不堪。仰觀聖德。凝然不動。切念臣下猶難。何況人主。當此血氣未定之時。萬一局頓。是生疾病。臣實不安。諸臣論列臣罪。臣不能辭。乞罷。上復勉留之

左春坊左庶子兼翰林侍講張昇以天變修省。先于輔臣大學士劉吉偃然固位。傾結科道。昏夜款門。祈免糾劾。由是人無言其奸。試舉一二言之。貴戚萬喜等兇焰肆行。吉與締姻。及喜下獄。猶爲營救。且父存各爨。父喪起復。盛取豔姬。請託受賂。罪不容誅。上不聽

禮科都給事中韓重御史魏璋反劾昇私怨誣詆。降南京工部員外郎。

兩浙饑。暫免綾紗紙札。

丁酉。襄王祁鏞薨。年六十一。謚曰定。

鎮守寧夏總兵官署都督僉事傅泰卒。安肅人。世金吾衞指揮使。

庚子。蕭縣進瑞麥十二本。

南京工科給事中章玄應以父綸景泰間修德弭災疏乞付史館許之。

壬寅。巡撫大同右僉都御史許進。乞驗放虜使。定五百人入京。時貢夷千五百三十九人。騾馬四千九百三十。貢使憚進威名。皆脫弓矢入使館。進亦嚴兵待之。

各京省歲造兵器減半輸納。

甲辰。南京戶科給事中方向監察御史黎鼎等。劾大學士劉吉徐溥及南京守備太監陳祖生成國公朱儀。南寧伯毛文尚書耿裕周洪謨侍郎倪岳呂雯都御史邊鏞。太常寺卿翟瑛右通政陳琬太僕寺卿李溫少卿林鳳。祭酒徐瓊。通政使張苗。鴻臚寺卿周暠。少卿牛綸。有旨。止罷苗暠綸。

丁未。寧陽侯陳輔荒淫下獄。斥爲編氓。年十八。

戊申。吏科給事中林廷玉言十事。曰核邊軍斬獲失律功罪。厲敵愾。曰出師嚴紀律。戒科斂。曰革在京諸司吏役頂首錢。曰納粟監生臨選分三等。能文爲上。楷書次之。否則爲下。上中選視科貢。下等冠帶閒住。曰檢先留中疏付史館。曰教官俱鄉榜除授。曰各處習儀拜御座。戒騎至儀門。設氈位。曰收窮民入養濟院。曰妖僧繼曉未罪。遂逮繼曉錦衣獄。

敕左都御史馬文升提督團營。

庚戌。撒馬兒罕速魯檀阿黑麻王入貢。

癸丑。遼府衡陽王豪㙺薨。年五十三。謚靖僖。

曉刻。火星犯六諸王星。

甲寅。曉刻。木星見。

乙卯。歸養戶科給事中賀欽。遷陝西布政司右參議。辭不赴。因上四事。資眞儒以講聖學。薦賢才以輔治道。遵祖訓以處內官與禮樂以化天下。上是之。

丁巳。陝西山西河南洊旱。平陽西安河南懷慶多盜古墓。命巡按御史禁之。

周府胙城王同鏨薨。年四十。諡昭僖。

戊午。提督勇士中府都督僉事王欽梁宏以太監李良乞陞被劾。降都指揮僉事。

庚申。曉刻。月金星犯鬼宿。

七月壬戌朔。毀方士趙玉芝父賜葬碑。

丙寅。翰林編修張元禎爲左春坊左贊善。

沔陽州判官吳傑服闋。於九年考滿虧六日。吏部准考滿免補。凡不及一月俱倣此。著爲令。

貴州倉界四川湖廣輸納者。俱貴州右參政林迪提督。賜敕。

戊辰。寧府瑞昌王覲鐊薨。年四十六。諡榮安。

減浙江銀課。汰冗員。巡按御史河津暢亨以景寧災異。言溫處銀課二萬二千二百四十餘金。太監張慶加耗三千金。厲民。又添設銀場參議僉事縣丞等官。詔銀課如舊。裁其冗。慶亦誣亨他事。謫黃梅知縣。卒。亨河津人。道涇水開渠以利民。涇民祠之。

陳善曰。暢公按浙。威聲暴人耳目。至今猶凜凜有生氣。假令彼折節貴寵。卽立致顯膴。無難于今亦泯滅無傳焉。善仕者顧以彼易此哉。

癸酉。南京兵部郎中陳謙言揚子江多漁船。乞編籍。令自相緝捕。從之。命有司點視。

甲戌。增陝西按察副使王軾專西寧衞撫治番夷。

定府部會議限半月報上。急議限五日。刑科給事中胡金言其緩也。

乙亥。太子太保吏部尙書王恕以近賜內臣蟒服莊田宜裁革。上以舊勞置之。
左春坊左贊善張元禎上三事。定聖志。存聖敬。廣聖知。上納之。
丙子。曉刻金星犯軒轅大星。
辛巳。太常寺少卿兼翰林侍讀陸釴予告。
癸未。南京御史張昺以祭孝陵暴風雨上言。言路闢矣。而扈蹕糾儀。不免錦衣捶撻之辱。聖學廣矣。而封章繼進。不能回寒暑停免之說。梁芳雖斥。而祭祀尋已故之便嬖。萬喜雖懲。而莊田准椒房之親。屬方士浮屠雖遠。而符書尙揭于宮禁。番僧旋復于京師。技藝廁役雖革傳奉。而千戶復陞。張質通政不去。張苗段匹雖停。仍織蟒衣斗牛寶石雖置。時賜外戚珍玩。有一于此。皆足害政。乞以古人漸不克終爲鑒。上納之。
曉刻金星犯軒轅左星。
密雲縣地震有聲。
丁亥。建平伯高遠卒。
戊子。巡按雲南御史何悌。劾鎮守太監王舉貢金鑲寶石帽頂。命止之。
曉刻金星犯靈臺中星。
己丑。戶部左侍郎李嗣。刑部右侍郎彭韶。並兼左僉都御史。清理兩淮兩浙鹽法。
命疑獄詳讞。
故太常寺丞廬陵蕭崇玉以符水幸。服除。會改元。戍榆林。潛避南京。獲之。改戍鎮夷千戶所。
庚寅。周府遂平王同鑣薨。年四十五。謚恭安。
辛卯。兵部郎中陸容乞定武職陞轉之法。照例薦舉。不許營求。從之。

八月壬辰朔。罷五軍營左掖廣平侯袁輅右掖都督同知白玘。

癸巳。泰寧侯陳桓爲征西將軍總兵官鎭守寧夏。

丁酉。南京左府都督僉事高俊卒。

己亥。巡撫甘肅右副都御史羅明言甘肅鎭守分守內外官採辦乳造酥油等物貢犬馬珍奇道擾宜禁詔停之。

曉刻壽星見丙位色赤黃。

庚子。給守祖墓庶人子女婚嫁金一鎰幣四羊豕四亦宿州知州萬本奏及。

壬寅。虜數寇宣府獨石萬全。

漢州茂州德陽石泉地震。

癸卯。禮科給事中張九功請孔廟斥荀況馬融王弼楊雄。進薛瑄。少詹事兼侍講學士程敏政亦言罷馬融劉向賈逵王弼何休戴聖王肅杜預祀鄭衆盧植鄭玄服虔范甯于鄉申根申黨實一人。宜存其一。公伯寮秦冉顏何蘧瑗林放家語不載宜罷祀。或祀瑗于衞。祀放于魯。叉后蒼有功于禮記。宜與王通胡瑗從祀。顏無繇曾點孔鯉別立祠祀叔梁紇祔之。及孟孫氏程珦朱松下。禮部議。尚書周洪謨等以楊雄洪武中罷祀。薛瑄著書。尚未若黃榦輔廣之親承微言。金履祥許謙之親承緒說也。漢立二戴慶普三家于學官。后蒼不與焉。王通僭經。胡瑗教狹。他如荀況等經太祖詳定。未敢輕議。上是之。

石泉縣地復震。

甲辰。亥刻陝西山丹衞地震有聲。

乙巳。國子監生張時泰上續綱目廣義十七卷。命梓之。時泰官秀水訓導。

虜寇甘肅山丹永昌。

丙午。南京監史陳嵩等請復張昇官。不許。

丁未。巡撫寧夏右僉都御史崔讓疾去。

戊申。宣府葛峪堡地陷。深三尺。修百五十步。衡一丈。

庚戌。鎮守甘肅總兵官都督同知王璽卒。璽世太原左衞指揮同知。習韜略。在邊二十餘年。頗著威望。

辛亥。虜犯獨石馬營。

癸丑。夜月犯井宿。

乙卯。曉刻月犯鬼宿。

丙辰。刑部左侍郎程宗爲南京工部尙書。

減雲南銀課二萬金。

丁巳。陝西左布政使張瑋爲右副都御史。巡撫寧夏。

己未。北虜伯顏猛可王入貢。

罷眞定河間陸路築掘牆塹。右僉都御史張鼎倡之。南京守備太監蔣琮言。臣過德州。勞民怨歎。卽檄止。

庚申。鎮守宣府都督僉事神英改征西前將軍。鎮守大同。

曉刻火星犯積薪星。

九月醉朔。癸亥。大同左參將都指揮使李杲爲署都督僉事總兵官。鎮守宣府。

甲子。刑部右侍郎彭韶爲左侍郎。仍兼左僉都御史。巡撫順天。右僉都御史閔珪爲刑部右侍郎。時巡鹽御史饒梅立見丁辦鹽之法。場民或兒哺卽出歲課。人不聊生。華亭何孝上浙江參政稷山王衡書。條便宜數事。衡善之。彭韶乃重覈戶口。除僞報者。

乙丑。北虜伯顏猛可王入貢。仍稱大元大可汗。乞報使通和。不許。乞比例陞秩。許之。

涼州衞天鳴如雷。

丙寅。山東按察副使强珍爲大理寺左少卿。戶科都給事中陳壽爲右寺丞。

荆府桐城王祐櫸薨。封使未至。年十五。謚懷僖。

戊辰。昏刻月犯斗宿南星。

庚午。監察御史曹英劾强珍陳壽之陞不叶人望。上留珍。調壽南京光祿寺少卿。

壬申。始給督漕御史敕。

癸酉。夜火星犯鬼宿。

甲戌。裁運河沽頭主事。南直隸巡河郎中。

曉刻火星犯積屍氣星。

丙子。封誠泳秦王。膺鉦岷王。見準湯陰王。見洸平鄉王。鍾鏤寧河王。榮滅楚世子。祐櫸桐城王。同鋑𨜝陵王。訏

滌西鄂王。當沍歸善王。見洲宜章王。見寖繁昌王。

授紀貴錦衣衞指揮同知。紀旺指揮僉事。賜田宅奴婢。以孝穆皇太后再從兄弟徵至京。

辛巳。江西左布政使徐懷爲右副都御史。巡撫順天。

壬午。陝西鳳翔回賊平。

刑部尙書何喬新言。舊制勘事逮人。給精微批文。赴所至官司對驗。然後行事。今用駕帖。既不合符。眞僞莫辨。

宜仍給批文。從之。

丙戌。金吾左衞副千戶徐瓚請代其父亨死。下所司。

己丑。追贈孝穆皇太后三代俱中府左都督。母俱夫人。誥特玉軸。故事武臣一品金軸。
魯府鎭國將軍陽鑿上六事。其一考察長史等官。吏部謂非制。特令同撫按考察。不爲例。
十月辛卯朔。壬辰。廷遣官修孝穆皇太后先塋于賀縣。
甲午。暫免午朝。
丁酉。國子生江紀乞補故祭酒胡儼。僉都御史李侃高明贈謚。下禮部。
詔兩京練營兵。復敕湖廣四川河南飭備。以多饑盜。
庚子。勘南京後湖灘田。後湖中藏黃冊。後于湖灘墾藝。御史余濬言之。下戶部。主事盧錦廉其事。而錦初與給事中方向亦墾藝者。守備太監陳祖生以聞。下錦等獄勘實。
癸卯。旱災免開封夏稅。
丁未。晉府永和王奇清薨。
解州天鳴。
戊申。久陰不雨。監察御史王嵩等上五事。中劾禮部尙書周洪謨。少詹事兼翰林侍讀學士程敏政。右春坊右庶子兼翰林侍講王臣。並令致仕。太僕寺卿李溫調苑馬寺卿。
曉刻月犯天罇西星。
庚戌。代王成鍊獻海東青。大學士劉吉等請卻之。上報代王曰。海東青止供田獵之用。朕萬幾之暇。惟留心經史。講求政治。前詔止貢獻。叔祖何不察也。詩不云乎。人之好我。示我周行。禮記云。私惠不歸德。今歸所獻。或忠言讜論。時政裨益。是所望也。惟叔祖亮之。
甲寅。巡撫山東右副都御史錢鉞等言。東昌兗州濟南人。領魯府羊三千一百餘隻。飼六十餘年。納毛十萬餘斤。羔六十萬餘隻。今人戶逃絕。歲徵未已。上令還種羊原數。

巡撫雲南左僉都御史楊繼宗卒。繼宗字承芳。陽城人。天順丁丑進士。授刑部主事。守嘉興九載。治最。超浙江按察使。憂去。母訃至。立解印。跣哭。止驛亭。一僕。囊衣數襲。律書數冊而已。起撫順天。坐訐。左遷雲南副使。進按察湖廣。至今官。初至。監司皆舊寮友。謁畢。繼宗出位降階再拜曰。明日幸相諒。衆不解。明日疏貪酷不職者八人。俱免官。官吏悚慄。以包拯自居。言論亢激。官次惟一僕自侍。朝夕盂飯豆蔬。及任雲南。併僕去之。土官襲職例勘索。痛革之。廉介峭直。人莫敢犯。以氣節名天下。天啓初。追謚貞肅。

袁袠曰。楊公以淸嚴强。遂著赫赫之聲。樵李人雖婦人女子皆知其名。至今稱不衰。所至如樵李。可不謂賢乎。

陳善曰。當孝皇朝。楊公廉直高天下。人至畏惡其嚴。不敢與見。亦至義烈矣。始守嘉興。時政行尤卓。伐奸誅暴。事種種不可縷載。

李廷梧曰。公自筮仕以來。卽捐妻子。簡嗜慾。抗志厲操。介然不羣。故其襟懷洞達。正氣常餘。茹開濁不爲之驚。解棼錯不爲之亂。調甘幸定震撼不爲之動。非其義萬鍾不足豐也。非其道王公大人不足貴也。惠澤之流。又足以沾漑羣生。馮藉數世。人徒見其方嚴峻整。若巉聳霄漢。不可狎視。不知所以持養是氣。蓋非一日之故矣。信天下之偉人也哉。

乙卯。復四川松茂巡撫。

賑四川五萬金。湖廣十五萬金。

丙辰。進士王洧芮稷涂旦任綸爲給事中。

工部後作房火郎中李韶下獄。

丁巳。南京兵部尚書耿裕改禮部尚書。

十一月庚朔。太常寺卿署欽天監事童軒爲右副都御史提督松潘等處軍務兼巡撫四川。

設宣府順聖縣。

辛酉。太子少保刑部尚書張鎣服闋改南京兵部尚書。

秦府永興王公銘薨。年六十一。謚昭僖。

壬戌。遼東中淮鹽二十萬引。

癸亥。昏刻。月犯羅堰下星。

丁卯。巡撫甘肅右副都御史羅明以臨洮鞏昌平涼中茶八十萬斤幷行陝西中茶備賑。

夜。南京甲字庫災。道遺之。

戊辰。寧府樂安王奠壘薨。年六十二。謚昭定。

壬申。兵部郎中陸容上八事。儲養台輔（庶吉士）。愛惜人才。久任巡撫。敎導勳戚。經理京衞。選練禁兵。均平鈔法。愼重會議。上從之。

甲戌。重慶長公主。嘉善長公主。淳安長公主。崇德長公主。宜興長公主。俱進封大長公主。

乙亥。南京刑部郎中鄒儒悞騎入舊內右門。謫廣西洛容驛丞。

丁丑。鄭府涇陽王祁銑薨。年五十六。謚安靖。

欽天監監副吳昊張紳高鍾等下臺獄。以是月十六夜月食不應。

夜。月犯鬼宿。

戊寅。夜。月犯軒轅右星。

壬午。兩廣流賊平。

甲申。妖僧繼曉伏誅。繼曉。江夏人。黃姓。成化中以星命干太監梁芳進。幸。被殊寵。敕旌其孝。居都督馬俊宅。賜額輔敎寺。陞國師。多置婦人。羣小奔進。還楚。以黃帕裹一臂。以經御手也。至是。斬。籍財產妻子沒官。梁芳令南京守備杖八十。初。進士侯官林廷玉宣詔湖廣。道擁勿能行。則有僧衣金龍袈裟坐數十几上。衆咸羅拜。驛人曰。倖僧繼曉也。廷玉使還。授吏科給事中。卽劾繼曉凶妖。在道傷害先德。命密馳捕之。七日而至。廷玉勿知也。問都給事中宋欽曰。奏有旬日勿下者乎。欽曰。間日不得請。則事敗矣。豈子有奏久而勿下者哉。曰。然。乃繼曉。欽曰。若有中佐。子輕言之。且得罪。盍素服宿廊待罪。廷玉從之。甫一宿。中使召廷玉。詰繼曉。目數其罪。繼曉伏辜。卽日棄市。

乙酉。水旱免河南糧芻。

丙戌。土魯番阿黑麻殺忠順王罕愼。復據哈密。罕愼貪忍。國人與往來諸番皆怨。阿黑麻言。罕愼非脫脫之族。安得王哈密。佯語之曰。吾與爾婣。使罕愼頂經結盟。而從後殺之。因入貢而自立爲王。不許。勅責之。

十二月鯁朔。上省郊牲。

壬辰。前兵部尚書王竑卒。竑字公度。河州衞人。正統己未進士。授戶科給事中。値北狩。廷擊指揮馬順死。直聲震天下。進右僉都御史。守居庸等關。已巡撫淮揚。兼總漕運。進左副都御史。天順初。削籍。後復官至尚書。知無不言。剛毅明斷。臨事敢往。夷險一節。天下稱之。贈太子少保。謚莊毅。

淩迪知曰。竑性剛毅。少豪俊。尚氣節。義所當爲。奮往直前。生長西陲。有志功名。居言路。見事有不平者。輒爲之扼腕。自廷擊馬順之後。所至令行禁止。人望而畏之。曰。此捶殺馬順者。公名自是滿天下。豈非一世人豪哉。

癸巳。王槐鄭惟桓鄭達汪瀅爲監察御史。

甲午。鄖陽荆襄流民嘯聚。撫治左副都御史鄭時乞預備。從之。

成都建昌潼川遂寧越嶲寧番地震幷雷雹雨凡四日。

丁酉。禮科給事中王倫上十事。體天心以修實德（停工作禁皇莊等。）惜人言以集衆善。廣科目以崇文學。去邪淫以敦大化。（京師西山四月初八戒壇正月十五日男女混狎。）嚴遴選以得眞才。餘多可採。上納之。

癸卯。禮部右侍郎倪岳爲左侍郎。

乙巳。貴州左布政使王詔爲右副都御史。巡撫雲南。

丙午。漢陽通判李晟再上戰車法。試之。粗重難運。弓弩遠不過二十步。以妄費謫晟曲靖衛知事。

丁未。故廣昌知縣莊英捕盜死。贈建昌通判。

辛亥。戶部主事唐錦舟求封繼母舒氏。吏部以其父吏科給事中仁封婦周氏。則錦舟所請。仍封一非二也。從之。著爲令。

壬子。曉刻月犯房宿。

癸丑。賑應天饑民三萬石。

金吾右衛帶俸指揮僉事倪端以畫工直東宮。許改錦衣衛。

丙辰。定勳臣應襲子弟皆入國子監受書。

丁巳。兵部尚書余子俊等上防邊事宜。歲終。撫按覈宣大鎮守分守守備等兵。政行舉劾。遼東軍冊。考南京後湖原額。薊州永平稅糧。悉輸邊倉。大同鎮總等官選銳補在城游兵奇兵。各路極邊游奇二兵不得輕動。又虜如寇中路。則大同城軍爲主兵。而東路與洪州西路與偏頭關合援。如寇東路。則東路軍爲主兵。大同副總兵游擊及宣府游擊洪州參將合援寇西路。則西路軍爲主兵。大同副游擊及偏頭關參將合援。又淸各邊草湖給馬。又肅州甘涼莊浪蘭州如有警令互應。毋遽調寧夏延綏等衞。如大擧。仍舊例上從之。

南京右僉都御史虞瑤兼提督操江。

己酉弘治二年

正月壬戌。遼府應山王豪墿薨。諡端順。

酉刻。金星晝見。

丙寅。裁四川管糧參政。

丁卯。昏刻。月犯昴宿東星。

戊辰。昏刻。金星犯木星。

辛未。上南郊。

癸酉。夜。月犯軒轅右星。

丙子。左都御史馬文升等言。去冬虜住牧河套。云明春入貢。彼旣入貢。餘衆在套散牧。比回。又藉言河冰不出。乘此入寇。何以禦之。宜敕延綏鎭臣防諭。出套貢從大同入京。否則驅逐。報可。

庚辰。咸寧縣丞李文祥爲兵部職方主事。

昏刻。金星犯外屛星。

辛巳。卯刻。日生五色雲及左珥。良久散。

甲申。夜。月犯牛宿下星。南京雨霾。

乙酉。定外官正佐互糾例。

進士馬子聰倪天民李岱爲南京給事中。

丙戌。進臨淸縣爲州。館陶丘縣隸之。仍屬東昌。

給事中胡瑞劾去年延綏失事。還奏鎮守太監藍蕙降左監丞。都督同知白玘等各鐫秩。

巳刻。白虹彌天。

二月玘朔。辛卯。賑四川饑。移漕粟二十萬石。

壬辰。戶部右侍郎吳原展墓。

甲午。大學士劉吉等言。皇上取禱雨文。臣意待二月半後。而皇上催取。蓋此月七日。月在畢宿。是將雨之候。左右乘機勸禱。幸而得雨。將借惑聖聽。欲復李孜省鄧常恩故態。臣等卽撰祝文。乞斥其人。待二月半後虔禱。上納之。

丙申。前太常寺少卿兼翰林侍讀陸釴卒。釴字鼎儀。崑山人。天順癸未進士第二。冒吳姓。始奏改陸。授翰林編修。遷修撰。直東宮。秩滿進右諭德。至今官。予告。釴以端謹淸峭稱。其文簡勍有法。不喜敷腴。詩亦如之。有春雨集。予祭葬。廕中書舍人。

丁酉。夜月犯井宿。

戊戌。夜月犯天罇西星。

中書舍人吉人言。四川賑濟郎中江漢恐非其才。乞遣使分四道。擇才望御史巡按。如給事中宋琮陳璠韓鼎。御史曹璘。郎中王沂洪鍾。巡按則湯鼐等。上切責之。

己亥。廣西布政司右參政王珦閒住。珦先任戶科給事中。及例轉。疾辭。求原職致仕。吏部格之。勒閒住。

前右府都督同知宰用卒。

壬寅。四川威州地震聲如雷。

南京壽星見。

甲辰。設廣東從化縣及守禦千戶所。隸廣州。

代州天鳴。

戶部郎中江漢賑成都順慶保寧王宏賑夔敍重慶馬湖。

丁未。監察御史陳景隆等劾吉人抗命私黨。下詔獄。詞引御史湯鼐曹璘主事東思誠知州劉槩知縣韓福等。御史陳璧復言非實。惟鼐槩及主事李文祥庶吉士鄒智知州董傑詩酒標榜。毁時政。詔逮鼐幷訊之。槩嘗餽鼐白金書云夜夢人騎牛幾墜。鼐手挽之又鼐手五色石引牛就路人牛曰朱。鼐殆有扶持社稷之力上惡其言。

停四川織絹。

曉刻金星犯壘壁陣左星。月犯心宿。

戊申。月犯天江南星。

己酉。南京御史姜洪等劾守備太監蔣琮十罪。命按之。琮私受蘆洲。屢勘自如。

辛亥。太子太保兵部尚書余子俊卒。子俊字士英青神人景泰辛未進士授戶部主事。進員外郎。守西安。鑿渠利民。歷撫延綏。創築邊牆。移鎮陝西。入本兵。憂去。起督宣大。治守具。雖招物議。而博達有才略。習于邊事。修築之利。後人祖之不衰。贈太保。謚肅敏。子寘錦衣衛指揮僉事。

楊廷和曰。公嘗語人曰。人臣事君。當隨事盡力。凡有建樹。即近且小。亦須爲百年之計。又曰。大臣謀國。遇有大利害當以身任之。勿養交市恩爲遠怨自全之地。其城延綏時。怨謗紛如。公不惜。執之不易。卒以成功。人至于今稱之。

李東陽曰。予嘗接公談。即事論事。必欲實見諸行。往復曲折。大抵皆天下國家計也。及跡所施設。歷歷可指數。而在陝西功爲多。在延綏爲尤多也。蓋以沿邊數千戶屹成巨鎭。與寧夏甘肅並爲陝之保障。雖童兒女婦。莫不知誦其功。及用于北邊。値時與地有所不合。役未及興而衆喙山動。或者乃幷延綏之績爲疑。然則大臣之排羣議。任衆怨。以成大功者。不亦難哉。夫民不可與慮始。可與樂成。固也。以吾士大夫爲國家天下計。亦爲是言。何哉。必若所言。則都重位。享厚祿者。皆將諉于傷財害民。累歲積貲。計日受代。而不復知有天下。不至于大壞極敝不止也。嗚呼。世安得有勵志勤事。惟日不足。如陶士行者哉。

開封晝晦。

甲寅。赤斤蒙古衞都指揮絳失加爲都督僉事。以擒虜功。

乙卯。右都御史馬文升爲兵部尚書。提督團營。

丁巳。召總督兩廣南京右都御史屠滽回院。以秦紘爲右都御史代之。

三月耜朔。災傷。免陝西去年田租三分之一。

巡撫四川右副都御史謝士元劾罷。

庚申。金星晝見。

辛酉。高進嗣建平伯。高遠弟。

昏刻火星犯鬼宿。

壬戌。崇王見澤來朝。王求省太皇太后。援襄憲王例。上諭止之。

崇德大長公主卒。公主英宗女。適駙馬都尉楊偉。年三十八。
癸亥。陝西按察副使丘鼐爲右僉都御史。巡撫四川。
太保兼太子太保襄城侯李瑾卒。瑾性寬厚。能折節禮士。成化三年以征四川大壩蠻功進流侯。贈芮國公。謚莊武。
司禮太監韋泰兵部尚書馬文升簡營兵。
風霾累日。
乙丑。總督漕運左副都御史秦紘爲右都御史。總督兩廣軍務兼巡撫。召巡撫宣府左僉都御史李介回院。
虜寇宣府獨石馬營。執千戶劉忠。
丙寅。裁陝西行太僕寺少卿寺丞苑馬寺少卿各一。寺丞三。
己巳。萬安卒。安字循吉。眉州人。正統十三年進士。館選授編修。歷禮部左侍郎直閣。至少師兼太子太師吏部尚書華蓋殿大學士。儀觀甚偉。性陰忮。惡人異己。結指揮萬通爲族。通妻王氏母來自博興。言及其妹適四川萬編修而安與通又姻婭也。又厚李孜省鄧常恩。斥逐賢士。黷貨好色。仕路側目。雖致仕。人以爲幸。免贈太師。謚文康。
徵湖廣吏卒萬餘人。分二班。赴廣西潯柳斷藤峽等討賊。
庚午。免湖廣本色折色糧九十餘萬石。
辛未。巡撫江西右副都御史李昂總督漕運兼巡撫鳳陽。巡撫福建右副都御史王繼改宣府。
甲戌。以久旱。遂齋而禱。始大雨。丙子。又大雨。
戊寅。吳玉榮陳崇爲南京監察御史。

劉槩論死。湯鼐戍肅州衞。吉人削籍。兵部主事李文祥降貴州興隆衞經歷。鄒智降廣東石城千戶所吏目。大學士劉吉嗛鼐。時御史魏璋有名吉使其客徐鵬諷璋曰。能去鼐。即薦爲都御史。璋因以劉槩書陷鼐等。刑部主事祝萃疏救不納。文祥麻城人。丁未進士。後覲還渡商城溺死。吉深德璋。後薦陞大理寺左寺丞。湯鼐成化十一年進士。

馮時可曰。李公逆權相摘中閹蹈轢揮斥。有洛陽年少之風。卒爲權奸所中。乃河伯不仁。又獎凶而賊善也。賢者適遭百六。如此豈天道果夢夢不可問耶。

談遷曰。更化之初。濯磨爭奮。而少年輕俊。標榜過甚。終罹法網。要未可盡咎之時宰也。泰陵性惇大。樂聞讜論。人牛之書事出不經。橫被蜚語。能無敗乎。志于用世者。毋以昌時而失之銜。毋以清流而失之伉。斯得之矣。

郭子章曰。當時與文祥同志而最賢者。鄒吉士智謫石城。以寒死。丁舍人璣謫普安。還至蜀臯。亦以溺死。夫中貴人大臣能竊天憲謫斥公輩。而所謂寒死溺死者。則非其所能辦也。而天亦巧爲之用若此。幾不可問矣。公猶有子。而鄒公斬焉無嗣。王公元美爲序公文。予過合州。主鄒氏族子。予之衣冠。後吉公。豈二公所恃不朽者在我輩耶。固亦莫非天耶。

閉四川會川衞密勒山銀場。

廣西賓州大雨雹。壞廬舍禾稼。

己卯。錦衣百戶甄剛恃太皇太后戚屬。違例乞莊田。不許。

罷福建江西巡撫官。盜漸息。

夜月犯羅堰下星。

庚辰。貴州安莊衛大雨雹。
癸未。監察御史姜洪謫夏縣知縣。洪按湖廣。與總督漕運都御史秦紘爭檄失體被劾。
甲申。監察御史暢亨坐事謫涇陽知縣。
旱災。免鎮江去年糧芻有差。
四月己巳朔。庚寅。靖江王規裕薨。年三十七。謚昭和。
辛卯。錦衣衛帶俸都指揮使錢承宗封安昌伯。世襲。
洮州衛雨雹。水溢。渰人畜。
壬辰。吏部尚書王恕疏救劉槩。命徐議之。
甲午。懷安衛保安右衛地震。聲如雷。
乙未。太常寺丞張暉。鎮守太監慶從子。本奏差任驛丞。起家。至是降典簿。
清理兩淮鹽法戶部左侍郎李嗣回部。即致仕。
庚子。南京大風雨。
辛丑。命太子太保吏部尚書王恕午朝。或雨雪。幷免早朝。以優其老。
減湖廣上供魚鮓。如成化七年例。二千五百斤。止舟二艘。
甲辰。月犯南斗杓星。
丙午。敕河南按察司河北分巡道捕盜。
丁未。彰武伯楊瑾卒。
免福安縣銀課一年。

辛亥。水災。免海州夏麥。

壬子。翰林侍講學士李東陽服闋。進左春坊左庶子。仍兼侍講學士。

止武當山太監韋貴等貢茶梅筍黃精。

癸丑。暑讞。以刑部尚書何喬新言釋劉槩。戍海州千戶所。

甲寅。沔陽知州董傑謫四川行都司都事。坐湯鼐等黨議。

兗州知府趙蘭上六事。定禮樂。郡縣文廟不宜十二籩豆。舞八佾。詳祀位。叔梁紇別祀。議謚號。周公謚文憲王。乞復舊。補闕略。孔顏孟子孫各有官。曾氏闕。重刑名。監生生員習律令。著恩典。五品以上致仕官進一級。章下所司。

丁巳。定處州銀課萬二百三十七金。泰順縣六百四金。裁松陽宣平雲和管場縣丞。

四川丹稜縣地震。

五月戊午朔。庚申。河南守臣奏河決開封黃沙岡蘇村等。又決埽頭入沁河。命發卒五萬人治之。

成都地震。壬戌。復震有聲。

癸亥。木星晝見。

甲子。戶部右侍郎葉淇爲左侍郎。工部右侍郎劉璋改戶部。

丁卯。巡撫貴州右副都御史孔鏞爲工部右侍郎。

壬申。山東左布政使鄧廷瓚爲右副都御史巡撫貴州。

南京前府豐潤伯曹振卒。

甲戌。署太常寺太子少保禮部尚書劉岌致仕。

福建左布政使戴珊爲右副都御史撫治鄖陽。

戊寅。逮巡撫雲南右副都御史章律。以御史何悌劾其貪。勘上。再被劾。

辛巳。松潘中鹽二十餘萬引。

乙酉。修承光殿。

南京翰林侍讀學士吳希賢卒。莆田人。天順八年進士。館選授檢討。文有奇氣。尤工詩。

丙戌。金星晝見。

丁亥。陳震汪宗器田大淵曹鳳滕祐吳一貫孫衍李葵徐昇周琰彭程馬綦李鸞劉瑋爲監察御史。並實授。

前吏部尚書李秉卒。秉字執中。曹州人。正統丙辰進士。授延平推官。遷都察院經歷。改戶部主事。歷郎中。景泰初。擢右僉都御史。歷撫宣府南畿大同。以事罷。成化初。進吏部。坐誣落太子少保。去。性純正不飾。盡心職務。家居二十餘年。日侶野老。贈太子太保。謚襄毅。

六月戊子朔。工部主事林沂奏。秩坐御史上。御史向翀等謂慶成宴翰林坐科道上。科道坐郎中上。不拘品。上以沂違憲下錦衣獄。

壬辰。南京大風雷雨。仆國子監石坊。

甲午。木星晝見。

戊申。虜入遼東廣寧衞之岐山臺。

徽王見沛請祀中岳。諭止之。

癸丑。戶部遣司官覈直隸河南湖廣淮揚山東災傷。

調陝西兵四千于莊浪紅城備冬。

內臣長隨何鼎奏。錦衣衞官校行事得陞。蓋國家立法之始。人心未定。權爲此懾服奸雄之具。非欲守此爲常也。因循日久。本衞官多不過數百。糜費廩祿。繼例而升。年久益繁。夫乞恩傳奉。非治世美事。而祖宗建官本意也。皇上御極。下令沙汰。中外稱快。但漏網猶多。近來復有夤緣。臣聞官可幸得。則朝廷不尊。祿可乞求。則官爵不重。伏望覽古今壞事之源。懲姑息之弊。嚴履霜之戒。時敕吏兵二部。文非考中本等程式。武非軍功并行事陞者。自天順元年至今。一切革去。則功賞不濫。人食無浮。吏兵二部覆奏。竟寢。初。錦衣衞鎮撫司專主詰問。奉旨對簿之人。乘得緝訪都下奸私無佐証者。名曰天子詔獄。歲歲上功。兵部捕獲多者爲右職。至有起身小校。超階勛臣。是以每每陰陽上意。影響人罪。以邀爵秩。不勝拷掠。延喘甘承。且訪捕所及。家貲若洗。甚至并其同室之有席卷以去。

丙辰。代王成鍊薨。年五十四。謚曰惠。

七月丁巳朔。壬戌。賑京師及通州水災。

癸亥。京師大雨水。諭修省求直言。

戊辰。慶府弘農王邃塤薨。年四十。謚安僖。

夜。有大星墜遼東都司。聲如雷。

己巳。罷光祿寺卿胡恭南京左通政徐世英南京工部尚書程宗。以禮科都給事中韓重等上四事糾及之。

庚午。前刑部尚書陸瑜卒。瑜鄞人。宣德癸丑進士。授刑部主事。歷郎中。遷山東左右布政使。天順初。李賢薦入刑部。精于法比。凡議獄緣以經術。人多傳之。亦多所平反。惟論許聰死爲枉。瑜無子。謚康僖。

壬申。暫停永平河間保定寄牧馬徵駒。

甲戌。左副都御史邊鏞改南京刑部右侍郎。

乙亥。夜。月暈木星。

丙子。禮部尚書耿裕等上七事。寅畏天戒。減省貢獻。鎮監總兵止進馬二匹。餘不許。停止折納。光祿寺折納雞猪鵝羊。革退軍廚。光祿廚役額六千三百八十四人。今增千五百人。愼重教職。均平取士。會試南卷六。北卷四。中卷二。改調官員。上從之。惟軍廚如故。

哈密國王罕愼爲土魯番速壇阿黑麻所殺。弟奄克孛羅走甘肅。時賜罕愼貢直。卽給之。

丁丑。吏部右侍郎張悅改吏部左侍郎。

戊寅。戶部郎中陳璦等賑永平河間水災。戶粟一石。

己卯。戶部尚書李敏等請皇莊令有司畝徵銀三分。輸內帑。免官校之橫。命仍之。

乙酉。薊州遵化寬河地震者四。有聲。

八月炳朔。戊子。大學士劉吉等上六事。溥恩施。請賑河南湖廣南畿。舉賢才。定科舉。會試三入不中。不許入試。選軍職。積邊儲。稽工程。上從之。

庚寅。確山縣以隸信陽州遙阻。仍隸汝寧。

辛卯。岷府游溪王給罕東左衛頭目盼卜等粟。盼卜以罕愼故攻土魯番。不利。告饑。

刑部左侍郎兼左僉都御史彭韶上鹽場八圖。各係以詩。俱狀貧竈之苦。復上六事。罪運司虧課。減額徵。立預備倉。擇總催。恤竈丁。清積引。上從之。

癸巳。曉刻金星見。

丙申。番禺山賊揭陽流賊平。

旱災。免南京各衛屯糧之半。

庚子。辰刻金星晝見。

壬寅。初。孟密安撫司夷婦曩罕弄屢侵木邦地。守臣以聞。請檄孟密歸之。報可。

蘆溝河隄潰。新寧伯譚祐。工部侍郎陳政。內官監太監李興往築。役卒二萬。

福建清軍御史兼理鹽法。初。海道副使兼之。

己酉。憲宗純皇帝主祔太廟。

庚戌。虜入宣府赤城。

癸丑。雲南順寧府賊莽丘等平。

甲寅。太常寺少卿兼翰林侍讀周經爲禮部右侍郎。

乙卯。巡撫甘肅右副都御史羅明。歸哈密忠順王罕慎敕印冠服賜敕。

九月丙辰朔。禮科給事中孫儒等清畿內莊田。

雲南大理衛雨雹傷稼。

丁巳。虜屢入大同玖川嶺大尖山。執百戶某。

戊午。工部右侍郎孔鏞卒。鏞長洲人。景泰甲戌進士。令都昌。均賦除妖。調連山。有善政。綏撫猺獞。薦守高州。甫下車。峒獠犯城西。馬諭下之。民生祠。鏞內艱。民泣送千里外。巡撫貴州。磔清平部苗阿溪阿剌。諸蠻皆震悚。鏞歷仕南徼三十餘年。功在嶺黔。謙而不伐。至是道卒。賜祭葬。

己未。河南左布政使王琮卒。

壬戌。傳制封彌錦唐王。見淑襄王。宸浮石城王。同鏘新會王。同鐘潁川王。安洖義寧王。安泛平樂王。安涫崇善王。安淹海陽王。安洴定安王。安漢曲江王。安淢博平王。安滑聊城王。安漕汾西王。見掄南康王。表樟河中王。訏洼方城王。彥㴋安昌王。

右府帶俸廣寧伯劉璇卒。

木邦孟密累歲仇殺。上敕貴黔國公沐琮太監王舉巡撫右副都御史王詔。

己巳。李斌嗣襄城伯。李瑾子。

武進伯朱霖卒。

己卯。貢士林潤以三試不第禁入試。請寬明年。特許一科。

庚辰。南京兵部右侍郎白昂改戶部左侍郎。治河時支分爲三。一決封丘荊隆口。漫祥符長垣而趨張秋。一出中牟流尉氏。一溢蘭陽儀封考城歸德至宿州。瀰漫不可禁。議者請徙河南省避之。昂役丁夫二十五萬。築陽武長隄以防張秋。引中牟之決以入淮。濬睢河以達泗。塞決隙三十六。由是河入淮。汴入睢。睢入泗。泗入淮以達海。而水患始寧。

癸未。寧晉伯劉福修通州弘仁橋。

十月乙朔。戊子。翰林編修張濬楊傑爲侍講。檢討劉機楊廷和武衛爲修撰。

己丑。駙馬都尉王增卒。東鹿人。靖遠伯驥之孫。尙嘉善大長公主。

夜。金星犯左執法星。

丙申。衍聖公孔弘泰薦貢士孔彥士堪曲阜知縣。從之。

雲南廣南衞指揮同知夏福孫昊世襲正千戶。福侍英宗于迤北。雖非軍功。得嗣。

丁酉。兩廣總督秦紘劾總兵安遠侯柳景貪欺罪。逮景入京。

占城國王古來以安南侵暴。乞官兵守護。諭止之。

戊戌。國子祭酒費誾爲少詹事。兼翰林侍讀。纂修實錄。

己亥。月犯天陰下星。

庚子。浙江提學副使鄭紀爲國子祭酒。

初。土魯番以牙木蘭及夷卒六十人據哈密城。至是哈密都指揮阿木郎伺其虛。請邊兵合襲。牙木蘭走之。

壬寅。吏部右侍郎兼詹事府丞楊守陳卒。守陳字維新。鄞人。景泰辛未進士。館選授編修。成化初進侍講。歷洗馬侍講學士少詹事。幼聰穎。長益肆學。性恬靜。直易仕。雖齟齬。守正不變。文章閎麗。所著有四書五經私抄等集。贈禮部尚書。謚文懿。

鎭守湖廣伏羌伯毛銳爲征蠻將軍總兵官。鎭守兩廣。

四川松潘番寇殺傷平夷等堡吏卒。

癸卯。南京守備太監蔣琮訐御史姜綰等。太監郭鏞使兩廣。經南京。泛後湖。又與御史盧錦給事中方向交奏。幷劾姜綰金章劉遜孫紘紀傑曹玉譚肅徐禮余濬皆就逮。

兵部右侍郎何琮卒。琮仁和人。景泰五年進士。館選授禮科給事中。使滿剌加國。進通政司右參議。至今官。性詳雅。居官無貶譽。細行或不檢云。

乙巳。復罷浦城縣銀冶。

丙午。進士項經實授南京監察御史。

夜。月犯軒轅右星。

戊申。哈密罕愼弟奄克孛剌襲都督同知。給新印。以舊印阿黑麻劫之。

己酉。荆王見潚請採良家子廣儲嗣。上報書曰。朕卽位方及三年。過先帝大祥未久。若遽選妃。將不啓天下之私議乎。祖宗朝冊后之後。無遣官再選妃例。果朕欲選。當請命兩宮。何敢擅也。

廣西兵討流賊。破之。時湖廣楊峒苗賊流劫全州。

夜都察院獄逸。獲之。

崞縣妖賊王良等伏誅。良以佛法誑衆。約虜內應。事泄。卽攻崞縣而敗。

辛亥。戶科左給事中孫珪、御史滕祐往賀縣。訪孝穆皇太后支系幷紀貴紀旺事虛實以聞。

壬子。大理寺左少卿强珍爲右僉都御史。巡撫宣府。

癸丑。定土官先報應襲子弟。守臣覈實書冊。遇應襲卽奏請。從巡撫雲南都御史王詔之言。

十一月虬朔。鎭遠侯顧溥爲平蠻將軍總兵官。鎭守湖廣。

戊午。水災。免鎭江夏稅。

發金粟各五萬。賑順天饑民。再發粟十萬平糶。

甲子。翰林院庶吉士程楷、蔣冕、黃穆、傅珪、華繼、吳儼、羅玘爲編修。李遜學、石珤、毛紀爲檢討。進士朱㬢爲南京監察御史。

丁卯。敕兩廣總督秦紘訪孝穆太后確派。時連山人李福自陳的支。紀貴、紀旺本獞人。故令密訪連山、賀縣及湖廣之江華。

戊辰。兵部右侍郎呂雯爲左侍郎。順天府尹張海爲兵部右侍郎。巡撫甘肅右副都御史羅明爲工部右侍郎。翰林院庶吉士屈伸、袁達、李漢、唐希介爲給事中。蔡杲、劉昺、任儀、閻价、潘楷爲監察御史。倪阜爲主事。

庚午。巡撫宣府右副都御史王繼改甘肅。

蘇州知府侶鍾爲大理寺左少卿。

壬申。撒馬兒罕阿黑麻王入貢。道滿剌加國進獅子、鸚鵡等。舊入甘肅。令諭止之。薄其賞。

癸酉。四川威茂地震有聲。

戊寅。薊州地震。

己卯。淮安鳳陽饑。募人納粟予冠帶。

庚辰。議遷開封城避河。巡按御史陳寬言動搖人心。布政使徐恪亦持不可。議乃寢。

吳道南曰。引河以漕。銅瓦箱之開。尚有遺慮。河患雖劇。乃今之城郭人民如故。其堅持不可動搖之議爲是。

壬午。湖廣右布政使唐珣爲順天府尹。

昏刻金星犯土星。

天地壇齋宮祭服庫火。

十二月甲申朔。日食。

乙酉。開城會寧縣地震有聲。

丙戌。巡撫甘肅右副都御史羅明卒。南平人。成化二年進士。

庚寅。虜入大同青山。

辛卯。故少保兵部尚書于謙贈太傅。謚肅愍。立旌功祠。致仕應天府尹冕請卹。從之。

廣東陽春縣地震。甲午。丙申。皆震有聲。

□□總兵李杲調寧夏。遼東總兵官侯謙代杲。

乙未。水災。免保定河間順德廣平大名田租。

丙申。劉佶嗣廣寧伯。劉璇子。

前中府帶俸都督同知李玉卒。

辛丑。夜。月犯軒轅右星。

壬寅。冊仁和長公主。駙馬都尉齊世美尚之。鴻臚少卿齊祐子。

丁未。水災。免河南夏稅。

己酉。裁湖廣布政司撫民參議。

壬子。前右府都督同知李文卒。文華陰人。會寧伯李英之從子。從征有功。進西寧衞指揮僉事。撫夷。歷都督同知。總兵大同。以威遠戰功。封高陽伯。流爵。尋失事。除。仍贈高陽伯。子鏞。世西寧衞指揮使。

國榷卷四十二

庚戌弘治三年

正月卯朔。庚申金星犯土星。

襄王見淑奏留私閹十六人。不許。

辛酉。四川汶川縣地震。聲如雷。

甲子。上南郊。

己巳。考察外官降斥二千五百四十二人。

庚午。應天府尹楊守隨降廣西右參政。南京刑部郎中趙璧降吉安通判。大理寺右寺正聞釗降華容知縣。南京戶科給事中方向降雲南多羅驛丞。以太監蔣琮郭鏞事復命司禮太監何穆大理寺少卿楊謐等按之。並重譴。

壬申。南京太僕寺卿秦崇爲應天府尹。

謫下獄御史姜綰桂陽州。劉遜澧州。余濬平度州。孫紘膠州。繆樗莒州。紀傑同州。方岳泰州。俱判官。劉愷瀏陽縣丞。太監蔣琮不問。琮以小才當上意。繼曉李孜省等值赦。請復治。上悅之。守備南京。驕恣不法。以湖田訐累百餘人。經歲不解。留臺爲虛。

談遷曰。以孝皇之明。言路侃侃。得抒其意。而蔣琮敢操諸臣短長。連章累案。至蹶上臣。竄各臺。偏重之勢。誠有不可亟挽者乎。

曉刻，金星犯羅堰星。

改磚廠于張灣渾河口，便納料者。

甲戌，桐城縣祠漢朱邑，祔國朝祭酒胡儼、御史胡頣。知縣陳勉疏。

乙亥，河南按察使張文昭上五事：外臣不許歸省；行勘莊田不得再獻；逋戶不得累里甲代賦；逃犯不得先提被告；刷卷不必遣御史，即巡按兼之。報可。

丙子，再發粟九十二萬石，平糶保定、河間、順德、廣平、大名。

定烏思藏番僧三年一貢。時輔教王遣使，欲自洮州入，不許。

辛巳，鴻臚寺左少卿齊祐，以子世美尉馬，改尙寶司卿，帶俸。

戶部左侍郎白昻言：臣治張秋決河，至河南中牟等縣，相度水勢。其南決者，合潁、渦二水入淮，頗微。北決者，合沁水入徐，然淺狹不能受，宜于北流所經七縣築隄，以衞張秋。從之。役三十五萬人，築陽武長隄，防張秋；中牟之決，由是河入汴，汴入淮，淮入泗，泗合淮以達海，而水患以息。又修魚臺、德州、吳橋古長隄，鑿東平、興濟小河十二，以入河，蓋分東北之水，恐河南入淮，卒不能容也。命兵部郎中婁性協理。

李東陽曰：河之爲患，自古有之。漢以後決無常時，治法亦異，蓋有塞、有浚、有疏，而疏之說勝。國朝凡四決，後爲張秋，都御史徐有貞治之，有撓其議者，曰不能塞河而顧開之耶？使者至徐，出示二壺，一竅、五竅者各一，注而瀉之，則五竅者先涸，使歸而議決。此白公之所親聞者也。金龍之決，山東以爲憂，而河南復慮其塞，兩議之，匆究亦久矣。白公既從塞議，于是倍增汴隄，又疏其下流，如所謂月河者，宿州故兩省之民咸宜之，疏之效亦明甚矣哉。

李濂曰：昔者禹導河入于北海，至周季變徙而南，故道久湮。由元以來，河盡入于淮。今去汴城咫尺矣，可懼也哉。我國家設官董役隄防最密。歲輸金科民計且累萬。一遇衝突而言者往往建議。大概不過爲其賦盛其力以與水鬭也。然則河患何時而止耶。夫善治河者導河。不善治河者防河。導河者以河治河。勢便而功儉。防河者以人治河。役病而費鉅。斯不亦易覩之辨哉。河南通志。

壬午。太子太保吏部尚書王恕請追姜綰等前旨事未得其當。雖十易之不爲過。若謂已發下者不可易。則古之從諫如流者。豈皆未發下事乎。不聽。

二月楑朔。乙酉。買宗錫王一言熊達鄧公輔盧格朱文魏瀚魏英劉廷瓚張烜梁廷賓白鸞爲監察御史。實授。

前賓州知州定安孟俅復任。俅貢士。成化中任賓州。八寨峒夷屢叛。俅單騎撫諭之。許就城市貿易。戒弓刀。夷人信服。後憂去。至是峒夷乞復。總督秦紘以聞。

丁亥。茂州地震有聲。

己丑。禮部尚書兼文淵閣大學士徐溥少詹事兼學士汪諧主禮闈。

中府帶俸安順伯薛瑤卒。

夜。月犯昴宿。

庚寅。始命禮部右侍郎周經知貢舉。入闈。經子疾。辭。尚書耿裕入。

辛卯。疏直沽海口。

壬辰。水災免開封歸德田租三十八萬餘石。

監察御史蔡杲公事杖斃人。下刑部。謫隨州判官。

甲午。水旱免淮安揚州鳳陽鄖陽襄陽荆州南陽夏稅有差。

乙未。南京雨霾。

丁酉。山西芮城縣丞李濟以邑人奏留進知縣。
庚子。寧府瑞昌王宸瀜薨年二十三。謚悼順。
曹愷嗣豐潤伯。
田州土知府岑溥逐于思城知州岑欽鎮臣以溥子猇入田州。見阻。留潯州。命按察使陶魯等屯南寧諭之。觀變。
壬寅。水災免崇明田租。
四川越巂衞地震有聲。
丙午。巡撫河南右副都御史楊理爲工部右侍郎。總督糧儲南京右副都御史李嵩回南院。爲南京左副都御史。
戊申。朱漈嗣武進伯。朱霦子。
四川提學副使焦芳以舊恩訴冤。命改湖廣。
己酉。壽星見。
庚戌。兩廣總督秦紘再劾安遠侯柳景不法。有旨併鞫。
三月瑛朔丙辰。課天下預備倉粟。視其里之多寡爲率。十里以下額萬五千石。八百里以下十九萬石。餘遞減有司殿最係之。從南京給事中羅鑒之請。
給嘉祥曾子廟田十六頃。有奇。復其徭。
丁巳。戶科給事中屈伸請講學。上是之。
戊午。吳𣝨服闋。改總督糧儲南京右副都御史。

廣西左布政使侯英爲右副都御史。巡撫河南。河南按察使張文昭爲右僉都御史。巡撫貴州。

夷陵判官王勅光山知縣周洪彬州判官張鼐光澤知縣劉俊俱爲按察僉事。勅洪四川。敕督學。鼐俊河南。

刑部員外郎劉杲爲四川水利僉事。專治灌縣都江大堰。漢李冰舊鑿。溉田甚廣。以私碾私渠漸淤。故特敕。

己未。前太子少保戶部尚書兼謹身殿大學士劉珝卒。珝字叔溫。壽光人。正統戊辰進士。館選授編修。歷侍讀學士。憂去。廬墓側。鄉人化之。稱仁孝里。起吏部左侍郎。直講稱第一。直閣敢斷。略無顧忌。廋中蜚語。工行草。善詩。人稱珝東劉吉北劉。贈太保。謚文和。

嘉定州地震有聲。

辛酉。北虜及瓦剌入貢。

丁卯。廷策貢士錢福等三百人。賜錢福靳貴等進士及第出身有差。

有大星墜四川儀隴縣。聲如雷。慶陽雨石如卵如芡。作人語刺刺不休。

甲戌。兵部右侍郎張海左通政元守直閱居庸山海等關。

乙亥。水旱免淮安揚州鳳陽米豆四十餘萬草五十餘萬。

丙子。留進士半各署辦事。餘還里。

辛巳。琉球國中山王尚眞入唁先帝喪。

四月𥟖朔。丙戌。虜入宣府獨石亂泉。

丁亥。西域安定衛千奔入貢。安定王領占斡些兒之子。

巡撫延綏右都御史黃紱爲南京戶部尚書。吏部左侍郎劉宣爲南京工部尚書。巡撫蘇松常鎮右副都御史王克復爲南京吏部右侍郎。南京太常寺卿署國子祭酒徐瓊爲南京禮部右侍郎。南京右僉都御史虞瑤爲南京兵部右侍郎瑤壽被劾同總督糧儲右副都御史李昂致仕。紱至延綏撫恤士卒。出見飲馬婦尺布蔽體。歎曰健兒貧至此我何顏以臨其上。歸發餉金三月軍中感泣時詔汰僧尼悉僉配軍去之日有攜子女拜路旁者。

昏刻月犯井宿。

辛卯上林苑良牧蕃育二署多逋戶命賑錢八十五萬。

壬辰延綏總兵官都督僉事岳嵩致仕

丙申敕巡撫陝西右副都御史蕭禎提督馬政。

刑部左侍郎彭韶改吏部。四川按察使王軾爲南京右僉都御史。

丁酉李宗泗鄭軾張敏牟道范坪李端澄爲南京監察御史實授。

安南國王黎灝入貢。

庚子巡按浙江御史陳金言驛遞馬戶之苦。遂定令上馬戶納十五金。中十二金。下十金。俾驛丞自買船。歲一葺三歲大葺。十歲改作。通行天下。

辛丑安遠侯柳景反誣秦紘。命戶科給事中屈伸刑部署郎中秦瓛往訊。

丙午大理左少卿侶鍾爲左副都御史巡撫蘇松常鎮。巡撫寧夏右副都御史張瑋總督漕運兼巡撫鳳陽。

丁未土魯番速壇阿黑麻入貢。求歸哈密城印贖還使人。甘肅都督周玉以其詐仍留前使徐議之

五月壬子朔。增廣東按察僉事分守廣潮南韶。

乙卯。陝西左布政使韓文爲右副都御史巡撫寧夏。太僕寺少卿白思明爲右僉都御史巡撫延綏。

丙辰千奔襲安定王賜領占斡些兒祭葬。

戊午。復設湖廣興山縣。國初置。後併歸州。

定四夷館翻譯考選之法。

武進縣大雨雹。

己未。巡撫延綏右僉都御史白思明望輕被劾。調兗州知府。

壬戌。修蘆溝橋成。內官監太監李興乞陞文思院副使潘俊等。吏部尚書王恕言其濫。上遂給賞。

鎮守官不得擅提軍職受民訟。以秦紘言。

癸亥。胡海徐璘爲南京監察御史。

丁卯。望。月食。

己巳。虜入遼東鎮北威遠二堡。

庚午。撒馬兒罕速魯檀阿黑麻王土魯番速壇阿黑麻王各貢獅子哈剌虎剌等獸。巡按御史陳瑤論其糜費。宜卻。禮部謂量容一二人入京給賞。上從之。獅子等日給一羊。毋妄費。

壬申。占城國王古來入貢。

甲戌。翰林侍講謝鐸爲南京國子祭酒。

乙亥。進士周旋毛珵爲南京戶工科給事中。

丙子。先是。詰安南黎灝還占城侵地。灝奏辨。時使臣黃伯揚在館。兵部召至禮部諭曰。歸語而主。無多言。其各守封域。否則永樂之師可尋也。

令南京龍江提舉司造海船自登州運布鈔遼東。

戊寅。故安順伯薛瑄子昂襲燕山右衛指揮使。永樂時封。詔無世襲。

己卯。祠唐韓愈于河南孟縣。
庚辰。官軍擊泗城知州岑欽敗之。總督秦紘自引軍入田州。以岑溥歸府。
六月壬朔。陝西靖虜衞大風晦。變爲赤光如火。久之息。
癸未。改福建建寧道提督銀坑兼分巡其邵武延平。更設武平道僉事。
甲申。馬鸞莫立之爲南京監察御史。
復增設南京户工尙書吏禮兵三侍郎。
廉州地震有聲。
丙戌。初甘肅修邊。總兵官周玉嚴急。悍卒張伏興等投玉以瓦石。事聞。誅伏興。餘十二人戍鐵嶺衞。
戊子。故後府右都督武平侯陳友。追封洏國公。謚武僖。
發洪武永樂宣德錢。兼古錢行之。
曉刻火星犯六諸王星。
己丑。禮科左給事中韓鼎。請戒番人貢奇獸圖厚利。從之。
後府都督僉事董昇卒。
虜屯大同塞外。新寧伯譚祐整營兵萬二千聽征。虜尋遁。敕延綏有警卽援。
丙申。修南京外城及金川等門。
庚子。襄王見淑薨。年四十。謚曰簡。
辛丑。發宣大庫金及太倉金。糴粟預備。
朱栻王瑫馬興王存忠爲南京監察御史。

乙巳。河州大雨雹。山崩地陷。
丁未。巡撫四川右副都御史謝士元坐事下獄。已。還職致仕。
虜入大同寧遠墩。
戊申。岷州衛寧遠縣俱地震有聲。
七月辛亥朔。壬子。始遣科道巡視內庫薊州管糧郎中歲核永平山海等邊儲。
南京雷電驟雨。壞午門西城牆。
丁巳。山西左布政使劉忠爲右副都御史。巡撫延綏。
己未。湖廣按察副使焦芳再訴上。欲廷辨劉健。力阻。但下所司。
庚申。代府潞城王仕㙉薨。年五十六。謚安簡。
鎮守陝西後府都督僉事周璽爲征西將軍總兵官。鎮守寧夏。璽公廉敏決。邊備一新。三軍甲冑外。又備氈帽青布甲。陣前迭出以示衆。馬鞍絆各二。備不虞。烽燧甚明。後爲郜永更定。遂失其法。
右府右都督馬儀爲鎮朔將軍總兵官。鎮守宣府。
乙丑。右府都督同知陳瑛鎮守陝西。
紀貴紀旺詐冒外戚。治其罪。孝穆皇太后嘗自謂賀縣人。姓紀。太監郭鏞聞而識之。上在東宮。太監陸愷本姓李。詭皇太后兄。託鎮守太監顧恒訪其叔李福。愷姊婿韋父成知其家無人。冒之。得官田數頃。有司待以戚畹名其里曰迎恩。紀貴亦李姓。見父成貴。貴及弟祖旺豔之。僞上宗系圖。適應詔拜官。賜賚優渥。父成遂奏辨。上命郭鏞祭紀氏先塋。湖廣監生蔣灝周紳發其詐。乃遣給事中孫珪御史滕祐徵行徧叩。果僞也。下之獄。降郭鏞小火者。置南京。愷發茂陵司香火。貴祖旺戍福建鎮海衞。

丁卯。開宣大鹽引七十萬。

南京吏部右侍郎王克復罷。

庚午。南京大理寺左寺副黃仲昭爲江西提學僉事。至官品文校行。澄汰不爽。以無所寬假。士不悅之。

南京木星晝見。

辛未。前總督兩廣右都御史宋旻以訪外戚失實。追降右副都御史。

壬申。前巡撫山西右僉都御史左鈺卒。阜城人。貢士授御史。通敏有權略。

癸酉。巡撫湖廣左副都御史鄭時爲南京兵部左侍郎。

夜。火星入井宿。

甲戌。駙馬都尉馬誠下刑部獄。誠託疾二年不朝。

代府武邑王聰沬。代王之庶長子。素酗暴。居代王之喪。召伎淫縱。諫者虐死之。承奉正通保潛入京以聞。廢爲庶人。

夜。月犯天街星。

乙亥。前府都督同知白瑜卒。哈密衞人。始名阿討刺。賜姓名。父哈只那力爲哈密都督僉事。值北狩有翊衞功。天順初被召道卒。瑜在京襲錦衣衞帶俸都指揮僉事。成化初從征斷藤峽進都指揮同知。又鬱林功進都指揮使。累進今官。善御部卒。禮敬士人。子鑌襲指揮使。

丙子。後軍帶俸廣平侯袁輅卒。輅祖父容靖難功封子瑄。革爵。輅諂粱芳。獻宅爲護國永昌寺。得襲。

右都御史屠滽往廣東經理占城還。國王古來遣謝。兼餽滽。請辭。許之。

丁丑。大理寺右少卿楊謐爲左僉都御史。巡撫宣府。

八月辛巳朔。甲申。陳崇德爲南京監察御史。

丁亥。增南京奉先殿日品間日鵞一雞二。

庚寅。立孝穆皇太后父祠于廣西。禮部以孝慈高皇后父徐王廟例爲請。上不得已從之。

辛卯。許前左府都督同知袁彬次子襲都指揮僉事一輩。

夜。月犯斗宿。

甲午。前左通政徐世英卒。江陰人。祖晞。兵部尙書。少善書。授中書舍人。

乙未。雲南左布政使謝綬爲右副都御史。巡撫湖廣。

甲辰。下陝西鄜縣祭宋儒張載祠墓。

乙巳。禮科左給事中韓鼎言。陛下嗣位三年。前星未耀。古者天子一娶十二女。今舍是勿圖。徒事齋醮邀福。不已惑乎。報聞。上居恒無他幸。中宮相得甚懽。

丙午。壽星見。

戊申。代府懷仁王遜煁薨。年六十六。謚榮定。

九月庚戌朔。前巡撫寧夏右僉都御史崔讓卒。石州人。貢士。嘗敗虜。

癸丑。傳陞錦衣衛正千戶王淸等。兵科給事中劉聰等諫阻。不納。

乙卯。大興華淳八歲能大書。命入翰林院肄習。

丁巳。南京刑部左侍郎阮勤致仕。

甲子。傳制封誠灌宜川王。聰瀲溧陽王。聰滴寧津王。安湠魯山王。見湳廬江王。詮鏻宿遷王。詝淵伊世子。徵鈺樂平王。見濈德興王。約麒靖江王。賓鍘鞏昌王。賓鑛眞寧王。

丙寅。巡撫河南右副都御史侯英。以先廣西布政使失訪外戚。降四川按察副使。

丁卯。旱災免東昌去年夏稅十之四濟南兗青登萊田租十之三。

夜月掩六諸王星。

甲戌。太僕寺卿王霽爲左僉都御史巡撫山東。巡撫山東右僉都御史錢鉞爲右副都御史。改河南。

戊寅。復設廣東按察副使整飭雷廉等兵備。

復設大名府東明縣及雲南邑市縣于路南州。

閏九月䏶朔乙酉。工科左給事中王敞請撤蘇杭織造內臣。寬民力。不聽。

癸巳。禁藩府勢要請乞田土。

丁酉。禮科右給事中韓鼎再乞選良家女充妃嬪。上徐之。

土魯番貢使自海道潛至京師。詰治沿途官司。

戊戌。宋儒朱熹九世孫歲貢生朱貞爲婺源訓導。

甲辰。南京金星見。

乙巳。土魯番先求蟒服等。以戕罕慎。不予。至是復請。禮部諭其悔過。乃給。

十月䣛朔辛亥。安慶元臣余闕祠增宗正郎中總管韓建。先守城有功。

癸丑。翰林檢討馬政劉良爲興府左右長史。朱綬鄭宗載爲岐府左右長史。

庚申。旱災免河南夏稅。

閣臣以內官監左監丞張芾伴送土魯番貢使非制。遂止不行。

辛酉。巡撫四川右僉都御史丘鼐致仕。

祠漢張釋之于裕州。知州許論疏請。
壬戌。肇慶地震有聲。
乙丑。興王出閣就學。
丙寅。城政和縣。
平陽地震有聲。
庚午。四川左布政使邢表爲右副都御史巡撫四川。
壬申。裁陜西增設參議僉事各一。
丁丑。逮治有司馬政廢弛者。
十一月朔庚辰。前戶部尚書劉昭卒。邠州人。景泰辛未進士。其才所至稱能。
癸未。武衢張縉張智程文曾祿曾昂陸完汪鉉爲監察御史。
丁亥。太原地震有聲。
辛卯。浙東礦賊平。
乙未。敕山東按察副使整飭天津等處兵備。
威州地震有聲。
戊戌。昏刻。彗見天津芒尺餘。金星犯壘壁陣東星。夜。月犯軒轅右星。
辛丑。國子祭酒鄭紀被劾。調南京左通政。
昏刻。彗犯人星。
癸卯。瓦剌太師入貢。遣使驗放許二百人入京。餘留邊給賞。

甲辰。閣臣言災異修省。上納之。停金山沙河橋南苑等工作。撤江西燒造內臣。

丁未。始給駙馬都尉樊凱父母封敕。駙馬父例兵馬副指揮。

十二月朔庚戌。總督漕運都御史張璘濬徐州小黃河。

辛亥。星變。敕羣臣求直言。

乙卯。岐王出閣就學。

丁巳。裁環慶兵備副使。

太僕寺卿唐章擅笞軍職。下刑部。贖杖復官。調陝西苑馬寺卿。命未下。章自經。

客星見天市垣。

己未。京師地再震。

廣西府知府賀勛有善政。九載秩滿。加雲南布政司右參政。

昏刻。彗犯天倉。

壬戌。吏部尚書王恕以修省乞經筵不間寒暑。各宮觀齋醮。西天廠誦經。元宵燈宴。保聖夫人等歲祀。俱乞裁止。放獅子等獸。撤松潘巡撫及京通倉監守織造內臣。止南苑工役。光祿寺歲辦柴炭。畿郡寄牧馬歲二萬匹。乞半減。仍量收馬價。畿內皇莊及功臣田土。畝納細糧五升。或粗糧一斗。各倉虧糧。乞免追。罪人暫宥立枷。疏鹽法招商。鎮守等官。參隨溢額。光祿寺軍廚千人宜革。上納之。命裁齋供。罷燈宴。內臣等如故。軍廚幼丁月糧各減二斗。餘如議。

癸亥。錦衣衛都指揮使朱驥卒。驥大興人。世錦衣正千戶。天順初以于謙婿戍威遠。尋召還。成化初遷指揮僉事。提督官校。歷指揮使都指揮同知。俱掌衛事。甚久。持法平恕。憲宗注之。

戊辰。左春坊左諭德林瀚爲國子祭酒。

昏刻。客星見天倉。漸向壁宿。

己巳。署太常寺事禮部侍郎丁永中。南京大理寺卿吳道宏。俱劾罷。

辛未。右通政曾鑑爲太僕寺卿。

壬申。進士丘文翰爲翰林檢討。侍益王。

吏部左侍郎彭韶。請午朝無奏常事。惟議急務。許之。然亦具文。未久輒罷。

錦衣衞指揮使李成爲都指揮僉事。署衞事。成保母翊聖夫人子。

甲戌。南京刑部右侍郎邊鏞。太僕寺少卿王祿。再劾免。

南京尙寶司卿李應禎爲南京太僕寺少卿。

弛貢士三科不試之禁。

辛亥弘治四年

正月賊朔。癸未。修上元節假。

乙酉。巡撫山西右僉都御史翟瑄爲右副都御史。回院。

南京兵部左侍郎鄭時爲南京刑部尙書。巡撫順天右副都御史徐懷爲南京刑部右侍郎。南京光祿寺卿章格爲南京大理寺卿。

北虜小王子入貢。定五百人入京。時千五百人。加賜幣幷市弓鍋鞍織金膝襴等。

戊子。慶府安化王秩炵薨。年七十七。謚惠懿。

己丑。上南郊。
辛卯。修省免慶成宴。
巡撫河南右副都御史錢鉞以奔競劾調南京光祿寺卿。
茂州地震有聲。
壬辰。前刑部左侍郎曾鞏卒。鞏字時升，泰和人。宣德八年進士。授刑部主事。歷廣西左參政。核大獄。卻黄金數十斤。改河南。遷山東右布政使。止戚畹占田。成化初，以河南左布政使儲餉給荆襄之師。入侍刑部。巡視浙江。首去布政使張清。人頗不平。歷官四十餘年，勤愼不渝。同列必師事之。易簀，家無贏資。
甲午。提督松潘軍務右副都御史童軒爲南京吏部右侍郎。巡撫雲南右副都御史王詔爲南京兵部右侍郎。工部右侍郎楊理卒。理，山陽人。成化二年進士。授刑科給事中。鮮建白。歷大理寺丞、少卿。按晉、趙二邸獄。務寬恕。進撫河南。値歲饑，河決，增其隄，賑楚人之流永寧盧氏者。然不善治劇。賜祭葬。
乙未。鎭守貴州都督僉事彭倫疾罷。
巡撫大同右僉都御史許進調兗州知府。進與分守太監石巖相訐。巖召還。
丙申。賑遼東。
以雲南提學僉事領貴州，阻遠。改貴州兵備副使兼提督學校。
丁酉。興王婚。
夜。月犯氐宿。
戊戌。停京操吏卒沿途口糧。
己亥。江西、貴州、湖廣、河南左布政使秦民悅、張誥、張敷華、徐恪並爲右副都御史，巡撫順天、雲南、山西、河南。

庚子。開兩廣鹽引二十五萬。

辛丑。南京國子祭酒謝鐸上六事。擇師儒。愼科貢。正祀典。廣載籍。復會饌。均撥歷。其正祀典。請進楊時。斥臨川郡公吳澄。禮部難之。餘報可。

壬寅。兵部尙書馬文升奔繼母喪。令三月卽入朝。

甲辰。戶部尙書李敏致仕。

旱災免太原去年田租有差。

二月朾朔。己酉。先蔚州左衞帶俸都指揮僉事陳雲乞改錦衣衞。許之。至是被劾。且錦衣衞以近侍例兵部會推。上留雲。今後會推如初。

作太廟後殿。保國公朱永工部尙書賈俊爲値。

辛亥。右都御史屠滽疾歸。右僉都御史李介憂去。

山西按察使侯恂爲右僉都御史。巡撫大同。

吏部左侍郞彭韶言。比多無功之人。貪緣請謁。受千百戶等官。甚至乞恩襲都指揮。不獨武職。文職亦有之。或修城徵勞而陞匠官。或傳奉罷革而還良醫。又中書考滿超陞三級。伏望愛惜名器。重視廩祿。勿謂小官爲可與。勿謂雜流爲無害。嚴加杜絕。上是之。

昏刻月犯木星。夜月犯六諸王西星。

乙卯。初海西野兒定河衞都指揮使忽赤貢海東靑。求都督僉。加其賞。海西女直。

丁巳。驅番僧止留百八十二人。

辛酉。貴州右參將王道爲署都督僉事。鎭守貴州兼提督淸平等衞。

壬戌。固安郡主卒。主景皇帝女。母后汪氏。適儀賓王憲。禮部議葬祭視嘉祥公主例。從之。命司禮監官治喪祭葬。俱厚。但不報訃宗藩。

癸亥。馬炳然、周津、萬祥、劉琬、王和、陳銓、郭珠、周昂爲南京監察御史。

乙丑。戶部左侍郎葉淇爲尚書。刑部左侍郎白昂爲右都御史。巡撫遼東右副都御史徐貫爲工部右侍郎。

北虜伯顏猛可王及瓦剌太師火兒忽力入貢。

夜。月犯房宿。

丁卯。代府宣寧王仕瀛薨。諡和僖。

己巳。敕法司平刑。仍行南京法司。

前太子少保禮部尚書周洪謨卒。洪謨字堯弼。長寧人。正統乙丑進士。授編修。遷左贊善侍讀。天順初改南院。後召修實錄。適戎珙鑾入寇。上方略。多見採。歷南北祭酒。日授經議文廟舞佾籩豆。轉禮部左右侍郎。自製璇璣玉衡進。尚書隨事建明。多裨益。性矜莊寡合。博覽强記。著辨疑錄。多創見。文體富贍。喜談兵論事。或鮮適于用。年七十二。贈太子太保。諡文安。予葬祭。先是周洪謨致仕。上十事。其安中國三曰積民食。預備倉須小縣滿十萬。大縣滿百萬。曰撫流民。西漢時召信臣守南陽。流民自附八萬餘口。東晉時雍州在今西安。因流民來聚襄陽。乃僑置南雍州于襄水上。松滋縣在今廬州。因流民來聚荆州。乃僑置松滋縣于荆江南。其後南雍遂併于襄陽。松滋遂隸于荆州。此往事之可法也。成化七年。以檢討張寬言。驅流民還里。值暑多饑渴死。妻女被掠。盛疫解夫懼染。故覆舟于江。後都御史原傑招撫。計死者九十萬人。此今事之宜鑒也。今宜著令。倣召信臣故事。聽流民著籍。仍復九年。待其安定。然後徵之。遠則倣晉南雍州松滋縣故事。設州縣。置官吏。編里甲。建庠序。流民在在有之。四川湖廣尤多。俱令附籍。量爲賑給。寬徭省刑。承絕戶田地。使納其糧。刀耕火種者免之。則流民即良民矣。曰弭强寇。東漢廣陵賊張嬰寇揚徐。太守張綱單車造壘申示國恩。即降。今宜錄張嬰本末開諭。聽則歸農。否者征勦未晚也。其定四夷七曰備胡虜。東漢大將軍耿恭圍于匈奴。藥矢射之其肉如沸。今守邊者宜藥矢或弩箭神臂弓。賊近邊即斃其馬。則敵人不敢窺伺。曰勦廣寇。漢順帝時日南蠻反。募蠻夷使自相攻。嶺外悉平。唐玄宗時。西原蠻黄乾耀等叛。詔募環古酋領方子殫甘令耀等討之。遂斬乾耀。今廣西左右兩江土兵不下四五十萬。若夷人出沒。募土兵征勦。如通把事有功陞爲冠帶通把事。又有功世襲。又有功陞隨司長官。又有功世襲土官知縣。有功陞知州。知州陞知府。知府陞宣慰。又累功歷至都指揮都督。則人皆盡心。無不可破之賊。曰征西南夷及吐蕃。漢昭帝時西南夷姑繒葉楡殺益州太守。乃召鉤町侯亡波擊之。唐德宗時吐蕃入寇。召南詔異牟尋擊之。今貴州苗賊即古西南夷。如其出沒。調川貴土司兵征之。松潘番即古吐蕃。山路極險。轉運輒被劫。乞移松潘官軍半守衞。移其半山下。庶省轉運之苦。仍約四宣撫司。勦捕者陞賞出格。則大害可去。曰征雲南邊境。雲南老撾等處最瘴毒。死人若不得已用兵。必調各處土兵。如唐之調雲南異牟尋。曰經制雲南境外。雲南臨安縣南有野人一區。內不屬雲南。外不屬交趾。宜諭其部立官長。使自推寨主。許三年貢馬。免其差發。則內可屏雲南。外可捍交趾。曰經制湖廣漢峒等蠻。宋太祖時辰州夷人秦再雄武略勇健。擢辰州刺史。終無邊患。今辰州苗克平之後。令各峒酋長自擇其溪峒可宣撫長官司及土知府等官。將如宋之無邊患也。曰經制四川都掌大壩。國初經制雲貴。設土官。獨廣西蠻蛋湖廣苗蠻溪峒四川都掌大壩未設土官。每有夷患。乞設土官爲便。疏入。上善之。下所司。而洪謨卒。

辛未。前戶部尚書李敏卒于內黄。敏字公勉。襄城人。景泰甲戌進士。授御史。有聲。歷撫大同。進兵部右侍郎。劾罷。起撫保定。改督漕。至尚書。貴戚乞莊田。力持之。論奏多中綮。人更稱之。年六十七。贈太子少保。謚恭靖。

壬申。太僕寺少卿李介卒。河內人。成化五年進士。居官最廉潔。

乙亥。巡撫貴州右僉都御史張文昭回院。

戶刑部右侍郎劉璋閔珪爲左侍郎。巡撫保定右僉都御史張鼎撫治鄖陽右副都御史戴珊爲刑部右侍郎。

京城火踰旬不息。欽天監正吳昊奏占書曰濫火法律政事不修之證。

涼州星隕如月。指揮使徐廉不以聞。

三月丁丑朔。進士唐貴甯舉叢蘭周序吳世忠王欽李應和爲給事中。

庚辰。昏刻。月犯六諸王西星。

癸未。張錦服闋補右副都御史。巡撫保定。河南山東左布政使張岫王道爲右副都御史。福建按察使高崧爲右僉都御史。岫巡撫遼東。道撫治鄖陽。崧巡撫貴州。

丁亥。陞北虜幷兀剌貢使正使指揮使副使指揮同知夾等副千戶。又夾等百戶。

己丑。陝西靖虜衛乾鹽池地震有聲。

庚寅。久旱。致齋三日。分告嶽鎭海瀆。

甲午。廣東陵水賊流掠。擊敗之。

丁酉。定巡按御史關報賢否。從都布按郡縣正官稽覈而上。右都御史白昂以先所報或未當。故務出于公。

戊戌。命攝逃卒。止所司移檄。勿遣人勾擾。

己亥。南京禮部尙書黎淳致仕。

錄楊銘子世錦衣指揮使。卽哈銘。北狩侍衞功。

逮兩廣總督秦紘與安遠侯柳景幷鞫。刑科左給事中趙竑等御史史簡等言景貪暴。紘廉正。恐人心失望。不聽。

癸卯。刑部左侍郎閔珪爲右都御史。總督兩廣軍務兼巡撫。

裕州汝州大雨雹。積三尺。壞宅稼。

四月辆朔。丁未。彰德地震有聲。

戊申。秦王誠泳請王府官軍免調衛。罰贖還職。從之。

南京右僉都御史王軾兼提督操江。

己酉。揚州知府馮忠調□□□。通判揚槃削籍。槃燈節造烟火。忠往觀。夜歸。人衆爭浮橋。溺數十人。

洮州衞雨冰雹。水高三四丈。漫城。漂廬舍。

庚戌。禮部尚書耿裕侍郎倪岳周經下獄。初。禮部火。詰其由。謂積米鬱蒸致之。奪俸三月。下主事祁仁獄。已。科道劾其罔。并訊裕等。署詹事府禮部尚書丘濬攝部事。再奪裕等俸三月。仁調長沙通判。張志淳南園漫錄云。耿裕等下鎮撫司杖二十。

甲寅。周府臨湍王同鈞薨。年三十二。謚榮惠。

代府寧津王聰滴薨。年十三。謚懷莊。

乙卯。翰林檢討張芮爲修撰。

丙辰。巡撫保定右副都御史張錦爲刑部左侍郎。

戊午。南京右副都御史吳檟降山西左參政。以前陝西布政時移用賑濟銀。

庚申。遼府衡隊王恩鑮薨。雖冊封。使未至。喪葬視郡王。謚悼僖。

辛酉。卯刻。南京金星晝見。

澤州天鳴。夜月食。

乙丑。敕司禮太監韋泰同法司釋輕囚遣刑部郎中陳章何說錄囚兩畿。

戊辰。國子生丁巘上八事。保聖躬。止選妃嬪。放宮女。廣言路。惜人才。飭兵備。審刑獄。敬天神。蠲租稅。下所司。

癸酉。翰林編修兼司經局校書梁儲服闋爲侍講。

江西左布政使張琳爲右副都御史巡撫保定兼提督紫荆等關。

甲戌。山西左布政使劉璵爲右副都御史總督南京糧儲。

五月丙子朔。甲申。故湖廣行省參政宜興吳雲贈刑部尚書。謚忠節。祔主禕祠。曰二忠。洪武五年。禕往諭雲南梁王。見殺。八年。雲往諭。至雲南沙塘口。同行鐵知院等殺之。梁王聞之。殯給孤寺。永樂間歸葬江夏之金口。詹子巘交趾知縣。至是巡撫右都都御史王詔乞贈謚。仍贈資政大夫刑部尚書。

李東陽曰。雲南遠在萬里外。殘胡餘孽。害我忠良。而其名跡顯著。歷百餘年如一日。嗟乎。時變境易。兵革擾攘之際。雖闕廷畿甸之下。節義之沈沒者何限。況其他乎。

戊子。雲南按察僉事賀元忠爲副使。整飭騰衝兵備。添設。

辛卯。儀賓王憲子道世錦衣百戶。以固安郡主特予之。

壬辰。憲廟安妃姚氏薨。謚端僖。

大理寺左少卿楊澄爲左僉都御史。提督雁門等關。兼巡撫山西。

定南京魏國公徐俌自守備外坐序爵。

甲午。南京國子祭酒謝鐸致仕。

前南京工部尚書程宗贖杖還職。仍致仕。先是宗以右副都御史撫諭木邦宣慰司頭目思柄。奏設孟密安撫司。授思柄安撫。復嗾思柄焚所侵十八寨。僞歸其地。實未歸也。事聞。以赦前輕擬。

丙申。進士劉紳匡翼之爲南京監察御史。

己亥。大理左寺丞魏瑋以託市女奴謫九江同知。瑋奸險傷善人聞而快之。

壬寅。故戶部尚書劉昭子綺乞贈謚。禮部覆上不許。謂前被劾革太子少保何概徇也。

前成都訓導婁諒卒。諒廣信人。景泰癸酉貢士。篤學躬修。著日錄四十卷。三禮訂訛四十卷。門人私謚文肅先生。張元禎志其墓。

六月辆朔戊申。廣東德慶州猺賊平。

辛亥。丑刻。京師地三震。

癸丑。曉刻。金星犯天關星。

乙卯。翰林檢討胡承丘文瀚爲益府左右長史。

丁巳。左通政元守直爲通政使。

戊午。許孫鑾襲會昌侯。鑾幼優給。成化末。汰宂員。在革中。至是鑾長。以戚屬非傳奉。仍襲。

壬戌。南京工部右侍郎黃孔昭卒。賜祭葬。孔昭字世顯。黃巖人。天順庚辰進士。授工部主事。歷文選員外郎郎中。注意人才。擢右通政司。國史謂尚書尹旻杳焉。多隨愛憎而毀譽之。同舍郎畏遜處事深刻。假道學名。與張元禎謝鐸李釗等標榜釣名。入文選。其家暴富。所學不過記誦詞章。助應對飾外。成化中。每早朝入掖門。衆中論詩文。或評程朱。如是十餘年。或厭之。此禁地倉迫。豈從容論理時耶。其刺譏如此。今他書又甚稱之。何軒輊不侔也。子俌。亦文選郎中。贓敗。孫綰。嘉靖初議禮貴。贈孔昭禮部尚書。謚文毅。

癸亥。前太子少保兵部尚書張鵬卒。淶水人。景泰辛未進士。授御史。劾石亨罪。戍鐵嶺衛。移南丹。憲宗初復官。剛直自將。少能自見。歷顯要。猶如寒素。雖嘗被論。物議無貶也。予祭葬。贈太子太保。謚懿簡己巳。寧王奠培薨年七十三。謚曰靖。

辛未。茂州眉州地震有聲。

七月乙亥朔庚辰。廣東增城縣山盜平。

癸未。左春坊左庶子兼翰林侍讀學士李傑爲南京國子祭酒。

甲申。南京工部尚書劉宣卒。宣字紹和。安福人。父戍盧龍。徒步學于京師。正統八年。預言備虜。景泰辛未進士。館選。授編修。進右諭德。歷南京太常寺少卿。寺卿。署祭酒。吏部左右侍郎。性耿介。好折人過。彭華嗾蕭彥莊傾冢宰李秉。宣至華家責數之。遂轉南京。尤熟典故。成化初。序慶成宴坐。尚書姚夔問宣。歷答無一爽。所著冲澹集。正德中。贈太子少保。謚文懿。

丙戌。南京國子祭酒李傑仍修實錄。

丁亥。南京太僕寺少卿李應禎致仕。

卯刻。南京木星晝見。

己丑。鎮守寧夏總兵官都督僉事周璽卒。璽。遷安人。世開平衞指揮使。多才略。知兵習戰。癸卯。懷仁夏采左之戰。尤著。工騎射。年四十七。人多惜之。

盧氏縣改屬河南。舊陝州。

壬辰。翁源流盜三百餘人入宜章興寧桂陽。

癸巳。虜入甘肅白石崖。

曉刻。木星犯井宿。

甲午。壽王汝王涇王榮王申王冠。

丙申。夜月犯天高星。

壬寅。開封地震有聲。

八月乙巳朔。祀宋留守宗澤墓于丹徒。

丙午。遼府沅陵王豪灑薨。年五十六。謚昭安。

戊申。應天府尹秦崇卒。單縣人。天順庚辰進士。授給事中。性剛劾不屈。沒不能殯。可謂難矣。

庚戌。江南水災。暫停織造。

癸丑。定進士內外選依榜先後不得越。

土魯番入貢。請還哈密城印。

曉刻。南京壽星見。

甲寅。南京淮揚地震。大雷雨。

刑部尚書何喬新自免。御史鄒魯覬大理寺丞。喬新補其郎中魏紳。魯誣以賂。訊紳無坐。

戊午。安遠侯柳景閒住。追贓。右都御史秦紘致仕。

談遷曰。先朝凡官民事。嘗遣廷臣遠勘。當時人情簡樸。郵傳供億。當亦不貲。如秦紘之劾安遠。兩遣朝使。後復聽于棘木之下。滯案經年。使在今日。繁累爲何如耶。

己未。封諸弟祐橲壽王。祐梈汝王。祐楎涇王。祐樞榮王。祐楷申王。

丁卯。憲宗純皇帝實錄成。賜監修總裁纂修等官金幣有差。

王鏊曰。前代左史記言。右史記動。宮中有起居注。如晉董孤齊南史。皆以死守職。司馬遷班固。皆世史官。故習知史事。親見在廷君臣言動而書之。我朝翰林皆史官。立班雖近螭頭。亦遠在殿下。成化以來。凡修史則取諸司奏牘雜合成之。三品以上官乃得立傳。亦惟記出身官階遷擢而已。間有褒貶。又未必盡公。後世何所取信乎。

戊辰。進英國公張懋太師。內閣劉吉少師。徐溥太子太傅戶部尚書兼武英殿大學士。劉健禮部尚書兼文淵閣大學士。副總裁丘濬太子太保。汪諧禮部右侍郎兼翰林學士。餘進秩有差。

己巳。增成都通判一。監餉松潘。

庚午。復午朝。

暹羅國王隆勃刺略坤息利尤地亞入貢。

前府都督同知李俊爲征西將軍總兵官。鎭守寧夏。

辛未。纂修官太常寺少卿兼侍讀傅瀚爲太常寺卿少詹事兼侍讀。費誾爲詹事。俱兼侍讀學士。左右庶子李東陽董越俱太常少卿兼侍講學士。謝遷吳寬陸簡俱少詹事兼侍講學士。侍讀曾彥楊守阯俱左諭德侍講劉戩王鏊俱右諭德。楊傑梁儲俱司經局洗馬。左贊善張元禎南京侍講學士。修撰劉機楊廷和編修江瀾俱侍講。武衞張芮編修劉忠鄒㸌黃珣張天瑞俱侍講。檢討楊時暢編修劉春涂瑞俱修撰。

九月艸朔戊寅。吏部左侍郎彭韶爲刑部尚書。南京戶部左侍郎侯瓚爲南京工部尚書。巡撫陝西右副都御史蕭楨爲南京工部右侍郎。

旱災免廣西田租有差。

己卯。南京兵部右侍郎王詔卒。詔趙州人。天順甲申進士。授給事中。論事得大體。歷撫雲南。不避險遠。清約如平時。年六十四。特予祭葬。

庚辰。夜月犯建星。

壬午。吏部右侍郞張悅爲左侍郞。禮部右侍郞周經改吏部。
甲申。南京督學御史王鑑之陳科場之弊。下禮部申飭。
庚寅。夜。月犯天街下星。
甲午。壽寧伯張巒故妾湯氏贈安人。賜祭不爲例。
丁酉。皇長子生。
盜入漳平縣。劫安溪。
戊戌。上有疾不朝。
庚子。河南按察使樊瑩爲應天府尹。
秦州及寧遠伏羌禮俱地震有聲。
辛丑。憲廟惠妃郭氏薨。諡靖順。
壬寅。興王國德安汝王國衞輝益王國建昌。
十月辛卯朔。丙午。詹事兼翰林侍讀學士費誾爲禮部右侍郞。南京左副都御史李益爲南京戶部左侍郞。河南布政使王宗彝爲右副都御史。巡撫陝西。
蓋州衞地震有聲。
丁未。改興王封安陸。
戶部左侍郞劉璋爲南京禮部尙書。巡撫甘肅右副都御史王繼爲南京兵部右侍郞。
廣西慶遠八寨峒賊韋旋等掠賓州。
壬子。周府定安王安瀰薨。年十九。諡懷簡。

丙辰。以皇子生詔天下。

夜。月犯天陰下星。

丁巳。光山縣有紅光如電。聲如鼓。入地化爲石。大如斗。光州商城各見星流。有聲如光山。

戊午。黃河溢。命賑開封懷慶及歸德宣武睢陽三衞災民。

己未。于茂爲監察御史。

庚申。虜寇甘肅。多殺掠。右參將彭淸追敗之。

辛酉。萬州地震有聲。

乙丑。太子太保禮部尚書丘濬兼文淵閣大學士。直閣。

丁卯。修太廟及神宮監。

戊辰。貴州苗七千餘人攻楊安屯堡。都指揮劉英往覘賊。猝値之。互殺傷。被圍。

是月。石城所吏目鄒智卒。智合州人。成化鄉舉第一。丁未進士。少貧窶。耽學。卽勵行尚氣節。選庶吉士。慨慕古昔。與湯鼐吉人等交善。株坐遠謫。順德知縣吳廷舉重其人。構謫仙亭居之。父來視。責不能祿養。泣受杖。年二十八。廷舉爲治其喪。天啓初諡忠介。

林之盛曰。孝廟之治。我朝殷高宗也。使早得賢輔。推誠開導。弘治之政。禮樂文章。當蔚然大有可觀。惜哉。卑鄙之輔。耐彈不去。而初政猶未光也。鄒汝愚先生弱冠登朝。卽首嚴君子小人。以正心定志之學。秉牘以進。使邪臣不阻抑。天假之年。而獲與劉忠宣諸君子比肩僇力。成就豈有量耶。惜乎其蚤世也。

曹學佺曰。先生之官非言官也。其時則盛時也。貶而至死之年。尚不滿乎三十也。眞若賈長沙之痛哭流涕于漢廷。而不能以一朝居。屈子平之行歌自放于江潭。而不能以一息忘者。豈非忠烈之性。自天植之也與。

十一月醆朔眞定星隕。
乙亥。水災免蘇松常鎭太平寧國應天杭嘉湖田租有差。
丁丑。廣屯古北口分守少監田亮遣諜覘之被殺七人。
代府寧化王鍾鈵晉府慶成王長子奇湞皆有罪奪爵。
庚辰。賑應天等郡。
壬午。以河南巡撫都御史徐恪言查回江南內臣不果行。
乙酉。後府都督僉事柯忠卒山後人。
己丑。旱災免台處金衢今年田租有差。
庚寅。整飭薊州邊備右副都御史秦民悅爲戶部右侍郎。提督倉場。
命光祿寺市物卽給直。
辛卯。昏刻木星犯井宿。
丁酉。順天府尹唐珣爲右副都御史整飭薊州邊備兼巡撫順天。
十二月甲辰朔萬全都司保安州各地震。
己酉。巡撫四川右副都御史邢表卒。文安人天順元年進士歷任皆克盡職。
山東布政司庫被盜左布政使吳岷下巡按御史訊贖還秩。
壬子。夜月犯天街下星。
癸丑。瀋府唐山王詮鈹薨年三十四。謚榮康。
丙辰。陝西布政司左參政黃傑爲順天府尹。

戊午。貴州苗乜富架等作亂。殺掠都匀清平。議討。戶部尚書葉淇等言。毋輕動。遂命增兵積餉以待。

岷府南渭王長子膺鑼淫虐。蔑倫。廢徙鳳陽。

癸亥。冊興王妃蔣氏。

甲子。慶王邃坍薨。初自岐陽王進封。年四十四。謚曰莊。

進士胡易韓智童瑞爲給事中。

英廟妃黄氏薨。

大學士丘濬請纂禮經。擬詔旨傳出上褒答。

土魯番速壇阿黑麻王遣寫亦滿速兒等入貢。獻哈密城印。還所掠五百餘人。賜敕賞賚。

開貴州中淮浙川雲鹽二十萬引。備征苗。

戊辰。鳳陽皇陵火。延爇九十餘里。燬大樹數千株。

己巳。南京戶部尚書黄紱改南京左都御史。起秦紘南京戶部尚書。

安遠侯柳景母孫氏以被火求宥贓。許之。刑部尚書彭韶言。唐宣宗元舅鄭光官租不入。京兆尹韋澳械其莊吏。宣宗欲寬之。澳謂若此法獨行于貧戶。不可爲訓。竟徵足之。今柳景無元舅之親。使臣等媿于韋澳。不聽。景姻外戚慶雲侯。

壬子弘治五年

正月軒朔甲戌。昏刻。大星自軒轅流至近濁。

庚辰。昏刻。月犯六諸王星。

壬午。上南郊。

壬辰。減社稷壇鋪五色土。僅寸厚。用百有十石。舊二百六十石。厚二寸四分。

乙未。英國公張懋等上表請冊東宮。以幼未許。

丁酉。前左副都御史盛顒卒。顒字時望。無錫人。景泰辛未進士。授御史。天順初言事。劾石亨。謫束鹿令。有善政。憂去。邑人奏留。薦守邵武。延平。擢廣西右參政。歷雲南陝西左右布政使。入刑部右侍郎。調南京。以左副都御史撫山東。饑民儲粟至五百餘萬石。顒雅飭工文。不附權要。卒以功名終。

戊戌。張懋等再表冊儲。不許。

二月賃朔。癸卯。張懋等又表請。許之。

水災。免蘇松嘉湖糧芻有差。

甲辰。初。思城州知州岑欽誘殺泗城州知州岑應。已。應弟接伴迎欽殺之。議裁思城州。

戊申。遼府鎮國將軍恩齡等有罪。廢徙鳳陽。導惡者戍百二十八人。是日。遼王恩稽陰遣人斃八十餘人。亡何。王長子驟死。不二年。王薨。謂其報云。

己酉。月犯井宿。

庚戌。水災。免歸德田租。

癸丑。龍溪縣盜溫文進等伏誅。

甲寅。南京壽星見。

丁巳。右副都御史梁璟巡撫四川。

庚申。定經筵俱吉服。從閣臣言。

甲子。增禮部主事提督會同館。

乙丑。曉刻月犯羅堰上星。

丙寅。詔立哈密陝巴爲忠順王。故忠順王脫脫從孫也。兵部尚書馬文升謂夷俗貴種類。故立陝巴。仍賞都督同知奄克孛剌及都指揮使阿木郎爲都督僉事佐之。

代府輔國將軍成鈋有罪降爲庶人。

丁卯。虜入大同陽和衞境殺邏卒。

己巳。旱災免杭州金華田租有差。

夜。北方黑氣東西亙天。

庚午。停陝西綵絨之半。巡按御史張文之言。

三月辛未朔。虜入宣府河西口。

壬申。前涼州副總兵都督同知趙英卒。世臨洮衞指揮使。

癸酉。進士樊祉爲江西道御史。

乙亥。京師風霾。

丙子。虜屢入甘州樂善堡。別部入大同南山墩。

丁丑。逮應天府丞冀綺。以南京陵廟牲遲悞見劾。

戊寅。立皇太子厚照。詔赦。

辛巳。劉大夏爲浙江左布政司使。

癸未。國子生薛丕授中書舍人。丕南京兵部尚書薛遠子。以軍功廕。

乙酉。宣府龍門所守備左監丞陶亮兒戻調萬全左衛。以守備萬全左衛太監謝銓代。
己丑。國子監博士張應奎為河南道監察御史。
辛卯。前總督漕運右副都御史李昂卒。昂字文舉。仁和人。景泰甲戌進士。授工部主事。歷守青州。治稱最。墾田五千七百餘頃。賑饑民百二十萬。流亡復業五萬二千五百家。擢福建左參政。累進右副都御史。巡撫江西。討平信豐安遠武平上杭等巨盜。又討兩廣狼猺夷。頗縱吏卒。多暴橫。聲望頓減。
陳善曰。語云。馬或奔踶而致千里。士或有負俗之累而立功名。如文舉長才遠略。所至輒有建樹。卓卓可紀。彼其所存者大矣。即不能概于衆口。又可多訾耶。
兩廣總鎮太監王敬提督右都御史閔珪總兵官毛銳討古田猺賊。分四哨。副總兵馬俊右參議馬鉉自臨桂入。中伏。俱被矢死。及千戶王珊等。停鎮撫官俸。贈俊都督同知。子振襲都指揮僉事。贈鉉右參政。廕監
乙未。疏南贛衡永鹽法。濟兩廣軍興。
禁永平麻谷山採礦。
丙申。鎮守薊州署都督僉事李銘致仕。
戊戌。壽寧伯張巒進封壽寧侯。益祿二百名。
己亥。兵部郎中艾璞行人高胤先使朝鮮。刑部郎中沈庠行人董紘使安南。頒詔。
四月辟朔。癸卯。琉球國中山王尚眞入貢。
巡按陝西御史李興與寧夏巡撫韓文訐奏。以興酷暴。械入京下獄。戍之。
庚戌。寧夏地震。
甲寅。加鎮守薊州寧晉伯劉福總兵官。凡武臣不佩印。不稱總兵。至是福以請。尋給總兵長印。此後制稍變。

乙卯。徽府紀善龔天錫言徽王違祖訓三十一事。命司禮太監李榮駙馬都尉周璟敕諭王省改。
丁巳。釋輕囚。
偏頭關地震。
戊午。前太子少保禮部尚書鄒幹卒。幹字宗盛。餘杭人。父濟。少詹事。幹正統己未進士。授兵部主事。歷武選郎中。值北狩。超右侍郎。處繁應變。景泰初。改禮部。考察山西。賑河南鳳陽。至今官。家居值歲饑。奏賑。上敕勞之。比至。先不起。清愼自持。終始不變。年八十四。贈太子太保。諡康靖。
前南京禮部尚書黎淳卒。淳字太樸。華容人。天順丁丑進士第一。授修撰。進右諭德少詹事。歷吏部左右侍郎南京工部尚書。耿介寡合。議論不隨。門生某宰華亭。遺紅雲布。卽題其封曰。古之爲令拔茶植桑。今之爲令織布添花。吾不用此妖服也。其嚴峻如此。贈太子少保。諡文僖。
庚申。蓋州衞地再震。
辛酉。巡撫四川右副都御史邢表言。故翰林學士承旨宋濂卒夔州。瘞蓮華池山下。乞贈諡祭葬。章下禮部議之。
癸亥。香河縣雨雹傷禾。
乙丑。莒沂安丘郯城大雨雹。傷人禾。
丙寅。易州山廠工部左侍郎潘禮致仕。
五月甡朔。荆府樊山王見澋奏兄荆王見潚陰懷悖逆。上命太監蕭敬刑部侍郎戴珊按之。盡得其奸狀以聞。
癸酉。太廟後殿成。兵工部尚書馬文升賈俊進太子少保。
乙亥。金星晝見。

辛巳。太僕寺卿曾鑑爲工部右侍郎。理易州山廠。
大學士丘濬乞按內閣藏書分類具數。又建重樓藏寶訓實錄。從之。
乙酉。土魯番入貢獅。受之。禮科都給事中林元甫乞卻之。下禮部。
丙戌。上告太廟奉懿祖帝后于祧殿。
壬辰。曹州學正濮琰言。州東北五十里雷澤鄉堯冢及母慶都墓。元末入爲僧寺。今寺廢。乞立祠。命葺之。
酉刻。南京金星晝見。
戊戌。廣州卒求增餉。大掠。撫定之。斬戎首三人。

六月庚子朔。右副都御史鄧廷瓚巡視貴州。兼提督軍務。
癸卯。災傷。免畿內今年備用馬十之三。
御史彭程言。光祿寺作皇壇器用。乃先帝齋具。竊謂陛下即位。此類俱廢。何爲而猶製之哉。李孜省繼曉邪說耗財。先帝信之。彼二人竟不能自克。又安有福壽之理。萬一陛下有此舉也。望遏之于將萌。無此舉也。當治臣下逢迎之罪。上以暴揚先帝過舉。下鎮撫司獄。
甲辰。廣西永安長官司復改永安州。成化間設州。秦紘奏仍長官司。
內府光祿寺課程。自白糧外俱停解。收直置辦。四川按察司知事王勉言之。
丙午。岷府南渭王音壟薨。年五十五。謚榮順。
戶部左侍郎吳原請從祀宋儒龍溪陳淳。出朱子之門。有易本義大旨。論孟庸學口義。學者稱北溪先生。下所司。
丁未。水災。免廬鳳淮揚徐滁和去年田租有差。

虜入宣府小白陽堡。

辛亥。戶科給事中叢蘭諫造皇壇器皿。命光祿以數聞。光祿寺卿胡恭等謂欽安殿修齋辦之。上責蘭皐壇所自。蘭以本寺領狀對。于是胡恭等引罪。謂成化中乾淸建黃壇修齋。今誤爲皇。上責其支吾。奪月俸。

癸丑。月犯建星。

癸亥。月犯畢宿。

初。御史馮玘奏土官子孫仍赴京襲職。巡撫雲南右副都御史王恕言。土官在邊方。往回動經萬里。貧富不一。及至京師。有保勘不明。會奏未到。累年不得承襲。是以特恩免其來京。委官勘奏。是乃懷柔遠夷革弊省事之良法。若玘所奏令赴京承襲。俾知朝廷之盛。自足以消其邪心。而不便之事有所未免。宜從其舊。從之。

甲子。寧夏地震。明日又震。

戊辰。代府懷仁王成鈀薨。年三十一。謚恭和。

七月己巳朔。庚午。前禮部右侍郎艾福卒。襄陽人。天順四年進士。

甲戌。王鼎、丁養浩、樊廷選、郭鏞、周進隆、張綸、金獻民、王哲、俞琳、韓春、王珀、方榮、劉紳、張天衢、榮華、劉芳、張礮、沈元、楊鍊、劉偉、國瑀、高崇熙、張閶、連盛爲監察御史。

增南京巡街御史二人。舊一人。

乙亥。定在京有印題奏。徑自封上。餘赴通政司。

丁丑。南京神機營小教場俱用勳臣。

戊寅。修湯陰岳飛祠塋。有司歲祭。鴻臚少卿李鐩言之。

南京右府都督同知王銓卒。

庚辰。虜入古北口羊兒谷。

壬午。裁定問刑條例。

陝西禮縣地震有聲。

癸未。虜入宣府鎮安門墩。

乙酉。嘉祥訓導婁奎請訪曾子遺派在江西贛楡者。授博士主祭。下所司。

戊子。重修禮部成。

己丑。哈密衞故都督僉事賽亦撒隆從子寫亦虎仙都指揮使哈剌參俱爲都督僉事。

辛卯。雲南曲靖衞知事李晟上正兵跋語正兵要旨文武通訓報寢。

甲午。南京戶科給事中楊廉等上六事。曰停講月日。仍令講官更直俟顧問。曰近詔許直言。數月寂無所聞。豈人猶有所顧忌耶。曰疏吳中水利停額外織造。曰問刑條例重加竄定。曰凡大政乞悉召大臣入議。仍令給事中御史隨入駁正。下所司。

戊戌。巡撫貴州右僉都御史高崧卒。（襄城人。成化二年進士。）

八月己亥朔。曉刻。火星入鬼宿犯積尸氣星。

辛丑。禮科給事中王綸上六事。撫流移。急賑濟。緩催徵。均優卹。時播種。汰冗官。下所司。

癸卯。少師兼太子太師吏部尚書華蓋殿大學士劉吉致仕。上欲封張后兄弟。吉請盡封周王二太后家子弟乃可。上不懌。遂乞休。吉險忮善傾人。久挂物議。懼臺省糾己。夜造請餌以超擢。人目爲劉棉花。以耐彈擊也。

王世貞曰。劉博野非君子也。其去乃以不封張氏。周陽曲（經）君子也。其出乃以壻曹元。陳師召（音）悶悶者也。獨持不弔閹直。倪舜咨（岳）表表者也。迓閹人賜喪。人固有不可必者也。

晉府慶成王鍾鎰子女九十四人。孫百六十三人。巡撫山西左僉都御史楊澄等言。恐收養異姓。禮部勘實。奏自正妃外限妾媵四人。各將軍三人。中尉二人。從之。著爲令。

丁未。曉刻火星犯木。

戊申。吏科給事中葉紳刑部郎中顧源廣西勘事回。上十事。曰遠方有司。爲貧而仕。豈肯盡職。乞選附近廣東湖廣江西能吏陞授。曰國初廣西官軍十二萬。今萬八千人。乞募壯勇籍士兵。曰遣部曹駐梧州。專理兩廣糧儲。曰廣西軍職自參將下選本省及廣東湖廣將領。庶諳地形。習險僻。曰將吏必習武藝。曰土官襲替。仍令赴京。曰儒學官全設。量裁省。曰兩廣軍職襲替俱赴四川納銀救荒。免比試。今廣西災甚。宜納廣西布政司。曰士官例三年進馬。乞准輸十二金。上從之。

己酉。壽寧侯張巒卒。巒興濟人。補諸生。貢太學。以女皇后貴。恩賚之盛。戚畹莫與爲比。頗自溢。年四十八。贈太保。追封昌國公。謚莊肅。

庚戌。敕工部左侍郎陳政兼右僉都御史。總理河南水道。時黃河復決荆隆口。東潰黃陵岡。注張秋。入漕河。與汶水合而北行。

癸丑。皇妹薨。追封仙游公主。

乙卯。兩浙災。右僉都御史張文昭巡視賑濟。文昭喪母。改戶部左侍郎吳原兼右僉都御史往。

丙辰。海豐縣雨雹。

戊午。曉刻南京壽星見。夜月犯六諸王星。

己未。寧府宜春王磐烑薨。年七十九。謚安簡。

辛酉。蓋州衞地震有聲。

壬戌。水旱停山東河南備用馬十之三。還兩直隸山東浙江河南清軍御史。

乙丑。水災停浙直額外織造。

九月己巳朔。鳳陽知府童銳應詔上四事。專責任。農桑水利。便轉輸。淮揚起運鳳陽糧八萬餘石。乞存留鳳陽糧六萬石抵數。申禮制。官員儀仗軍民衣飾遵國初頒降。愼征伐。榜諭貴州廣西叛寇。下所司。

壬申。虎刺撒國回回怕魯灣等國自海道入京貢方物。以非途。卻之。給贐。

寧夏地震。

甲戌。太常寺卿兼侍讀學士傅瀚展墓。

庚辰。郭繼宗彝爲南京監察御史。

河州地震有聲。

辛巳。命太監白俊駙馬都尉蔡震徵荆王見潚。見潚不道。幽母妃魏氏死。殺弟見溥。逼淫其妃何氏。留之。又逼淫從弟見潭妃茅氏。日狎惡少。私出奪民子女。殺鎭國將軍見滏。見淲事聞。遺書宗室議其罪。賜何氏死。奪茅氏封。

壬午。以隸卒詐取獄囚。刑部郎中車霆。陳章。員外郎蔡相。陳宣。郁容。主事朱儀。侯直。仲本。張愷。姚文灝。張景琦。朱清。李充嗣俱下獄。調外。霆眞定同知。相商州。宣夷陵州。餘俱通判。時選校多私請。霆等拒之。媒蘗其罪。

甲申。代府博野王聰泰薨。年三十五。謚端穆。

丁亥。大星隕信陽。渭南地震。

辛卯。絳州地震有聲。

乙未。臨洮地震。

十月戊戌朔。翰林檢討倪福紀鏞爲衡府左右長史。

己亥。蓋州衞地震有聲。

甲辰。江西按察使魏富爲右僉都御史巡撫順天。

虜入宣府龍門所。

昏刻。月犯牛宿。

乙巳。前南京工部尚書程宗卒。宗常熟人。景泰辛未進士。授刑部主事。歷右副都御史。巡撫雲南。處木邦孟密事。釀患西南。滇人羞稱之。前以員外郎守吉安。民羣赴京師請留。晚乃大謬。惜哉。

夜。火星犯靈臺上星。

己酉。傳制封覲鈞寧王祐欞興化王。祐櫶太和王。祐枳廣安王。安滓信陵王。寘鐲弘農王。寘鐇安化王。寵淹衡陽王。恩鉨沅陵王。成鑘潞城王。

木星晝見。夜。月犯外屏西星。

庚戌。止寧夏採豹。

壬子。廣寧前屯衞天鳴。

癸丑。曉刻。月犯天高星。

甲寅。夜。月犯司怪星。

乙卯。立故建寧知府建德張瑛祠于建寧。正統末擊盜死。

給哈密忠順王陝巴婚費如一品禮。

虜入大同分水嶺。

丙辰。水災。賑廣惠南韶。
己未。宥御史李興死。與彭程皆謫戍。程戍隆慶衞。諸大臣及王恕各請宥程。不許。久之。釋爲民。
辛酉。金星晝見。南京木星見。
提督軍務右副都御史鄧廷瓚總兵官。鎮守湖廣。鎮遠侯顧溥都督僉事王通討貴州都勻淸平叛苗。太監江
悳監軍。御史黃玹紀功。合雲貴川廣兵八萬人。
癸亥。張遇。郝鎰爲南京監察御史。
丙寅。前少詹事兼翰林侍講學士程敏政。左春坊左庶子兼翰林侍讀張昇。並復秩。錦衣衞千戶葉通言其枉。
十一月。甗朔。己巳。南京金星晝見。
甲戌。虜入寧夏威鎭等堡。
乙亥。福建提學副使羅璟爲南京國子祭酒。
南京風霾。
以水災。免應天蘇松常鎭歲辦三之二。
丙子。左府帶俸成安伯郭鑛卒。
丁亥。監察御史唐相以巡按廣西失訪外戚。謫永城縣丞。
辛卯。左府帶俸安鄕伯張寧卒。
閉溫處銀礦。
曉。刻火星犯上相星。
十二月。酊朔。戊戌。進士王中爲南京監察御史。

辛丑。命合州祀宋知州王堅張珏俱城陷殉虜者。

庚戌。謝綬爲南京監察御史。

虜寇蘭州。

夜東方白氣亙天。

壬子。巡茶監察御史竇庠苛罰謫萬縣知縣。

癸丑。月犯軒轅右星。

丙辰。張鶴齡嗣壽寧侯。傳陞通政司經歷高祿爲右參議。繼妹壻也。吏部尚書王恕謂祿進士。自足遠到。何藉戚屬。不納。又繼次子延齡授都督同知中府帶俸。並陞義子張嶙正千戶。張岳張麒副千戶。張倫張紀張恪百戶。

廢荆王見瀟爲庶人。錮西內。凶校毛剛等棄市。以樊山王見澋不早言。革祿三之一。

戊午。夜月犯角宿。火星犯進賢星。

己未。錦衣衛帶俸正千戶周賢原貢士。乞仍會試。特許之。重慶大長公主子。

庚申。水災。免杭湖嘉興紹興金華今歲歲辦蓮蕈等三之二。

甲子。裁浙江管礦右參議僉事各一。

丙寅。秦府臨潼王誠潔薨。年四十。謚和僖。

是年。定民牧十丁共兒馬一。牛一。十五丁騍馬一。計歲科俵。

癸丑弘治六年

正月丁卯朔。遼東都司及復州蓋州金州衞地震有聲。
甲戌。平鄉伯陳信卒。
壽州同知董豫上三事。覈田糧。修陂塘。遵舊制。稅糧上倉。俱里甲自運。從之。
乙亥。廣東按察僉事沈銳專理鹽法。
丙子。虜入宣府西路。
昏刻月犯司怪星。
己卯。上南郊。
癸未。兵部主事莫驄上六事。平差役。衞所上中戶京操運糧。下戶補衞所雜差。去冗官。處置清勾逃軍。留災傷地方操卒存雜差正軍。山東南直隸正軍多納淮安臨清倍食糧。宜餘丁代納。實軍戶。軍餘冒民籍影射。上從之。惟勾軍宜餘丁代納仍舊。
南京風霾。
丙戌。私閹數百人擊登聞鼓求用。俱下鎮撫司治罪。
丁亥。水災免山東鹽課六萬八千餘引。
己丑。部院大計。降斥千四百人。雜職千一百三十五人。其兩司郡守老疾等以實蹟上。縣官未三年亦核上。吏部尚書王恕具報上。以人才難得。兩司郡守年未六十。雖疾不妨視事。素行不謹。在任前見任不謹罷軟。非本部確訪。或止一處開列。並其餘到官未二年。非老疾貪酷著者。俱留。
庚寅。募民納粟于貴州都匀清平資餉。
辛卯。戶部右侍郎張鼎疾去。

故鎮守廣西都督僉事馬俊。贈都督同知。子振襲都指揮僉事。

先是敕安定王千奔送哈密忠順王陝巴家屬。千奔不從。云陝巴不宜王。王宜綽兒加。卽前罕慎姪千奔弟也。廷議。前徵綽兒加不至。何反覆爲。命諭以哈密始末。

癸巳。吏部奉命復奏留外官五十八人。

二月輛朔。庚子。太常寺少卿兼侍講學士李東陽。少詹事兼侍讀學士陸簡主禮闈。

曉。刻火星犯平道。夜金星犯羅堰。

辛丑。河南按察僉事史俊兼整飭鳳陽兵備。

壬寅。巡撫都御史魏富閱實山海諸關。張琳閱實居庸諸關墩牆器械。

癸卯。賑江西武寧縣水災。

甲辰。懷來右參將都指揮同知盛忠。私卒伐木塞外被殺。不以聞。罷忠。並撤奉御張勝。

乙巳。提督倉場戶部左侍郎秦民悅署部事。巡撫應天左副都御史侶鍾爲戶部右侍郎。提督倉場工部右侍郎徐貫爲右侍郎。巡撫湖廣右副都御史謝綬爲工部右侍郎。

己酉。襄府棗陽王見沔薨。年三十。謚僖順。

辛亥。巡按山東御史李善請築遼東邊牆。言遼東阻遼河爲固。濱河八百餘里。夏旱水淺。不及馬腹。冬寒冰凍。如履平地。況地窪雨濘。開原有警。則錦義廣寧之兵徒望歎耳。舊有陸路。自廣寧抵開原三百餘里。如開舊路。展邊牆。起廣寧棋盤山。抵開原平頂山。移八百里之戍。聚首三百里。西路錦義。中路廣寧。東路遼陽。北路開原。聲勢相接。可無東顧之憂。報可。

甲寅。吏部奉詔錄常遇春玄孫復。李文忠玄孫璿。鄧愈五世孫炳。湯和六世孫紹宗。世襲指揮使。各注近衞祖塋奉祀。

丁巳。浙江左布政使劉大夏爲右副都御史。治張秋決河。役十二萬人。大夏旣抵任。議河勢悍。張秋乃下流襟喉。未可卽治。分導其上流南行。復長隄禦之。且防大名山東之患。俟其循軌。決可塞也。

戊午。太子太保吏部尚書王恕求去不允。大學士丘濬初與恕同官。以禮部班其下。及直閣。恕猶倨其上。濬不樂。會大計。中旨留九十餘人。恕固爭。言官拾遺。恕開諸評語及摘單上。謂不實。令再核。恕復執。疏三上。遂堅退。馮時可曰。三原雖公但惡惡太嚴。亦有爲人所欺者。方大計時。內旨所留。皆上使人密偵得之。大都强項吏不宜時者。非有奧援旁徑。三原堅執。致失上心。至立傳一事。遂令魚水之契不終。然其始終一節。侃侃不變。蹇誠孔子所謂大臣也。

辛酉。兵科給事中吳世忠乞表建文殉難諸臣方孝孺周是修練子寧黃子澄鄒公瑾魏公冕顏瑋齊泰等。下禮部議之。

昏刻。南京壽星見。

甲子。曉刻。金星犯壘壁陣西星。

乙丑。嶧縣地震有聲。

三月甁朔己巳。四川雲南左布政使何鑑韓文並爲右副都御史。巡撫應天湖廣。

故廣西布政司右參議馬鉉。贈右參政。子效才入太學。

修武伯沈坊卒。

河南山東山西直隸旱。下巡撫禱嶽鎭海瀆。

廣西猺賊流劫灘水縣。

壬申。曉刻土星犯壘壁陣西星。

癸酉。命會試乙榜俱就教職。

火星犯上相星。

乙亥。臨洮地震有聲。夜月犯軒轅。

丙子。寧夏地震。

丁丑。禮部議處廣東番船私船禁而不絕。番船禁而不至。今復番船無違礙者。館禮以聞。否則阻回。從之。

戊寅。夜白虹彌天。

庚辰。廷策貢士汪俊等三百人。賜毛澄徐穆羅欽順等進士及第出身有差。

癸未。曉刻月犯房宿。

甲申。金星犯壘壁陣東星。

四月朔丙申。夜火星犯左執法星。

丁酉。免大學士徐溥早朝。

蝗災。免遷安撫寧田租。

戊戌。賜郭琥冠帶奉祀滁陽王。

寧夏地震有聲。

己亥。土魯番速壇阿黑麻夜襲哈密。殺百餘人。忠順王陝巴都督僉事阿木郎據大土剌以守。大土剌。華言大土臺也。三日不下。阿木郎遣調乜克力瓦剌二部兵爲援。皆敗。遂殺阿木郎。執陝巴以去。牙木蘭守據如故。事聞。土魯番貢使撒剌巴失等二十七人尙在境。寫亦滿速兒等三十四人在京師。命拘留之甘肅。敕責阿黑麻。

辛丑。設雲南賓川州大羅衞。

禮部尚書耿裕等請還土魯番貢使停賞。許之。

祀宋儒胡安國于衡州。子宏祔。巡撫謝綬言之。

甲辰。開封衞輝東昌兗州及元城地震有聲。

己酉。兵部右侍郎張海前府都督同知緱謙經略哈密。

癸丑。太醫院院判劉文泰訐奏吏部尚書王恕。矯詐强悍。選舉非故事。里居日。託南吏部侍郎王倎作傳。鋟曰大司馬三原王公傳。于疏留中者皆曰不報。彰先帝過。自比伊周。無人臣禮。恕疏辨。請究文泰所指意。丘濬也。

追贈外戚瑞安侯王源父鎮阜國公。謚康穆。

甲寅。火。

乙卯。張恂嗣安鄉伯。郭寧嗣成安伯。寧郭鏞子。

沂水縣大雨雹殺麥黍。

丁巳。寧王宸濠襲封。請復先靖王所革祿三之二。許之。

庚申。前太子少保禮部尚書張文質卒。昌黎人。正統七年進士。重厚以孝稱。

曉刻。月犯外屏星。

辛酉。南京戶部尚書秦紘考績入京。通理致仕。前右都御史俸。被詰責。

久旱。敕修省。

夜。南京舊內火。

五月甲子朔。丙寅。代府靈丘王仕壉薨。年六十二。謚僖靖。

湖廣應山人張本華婦崔氏生鬚長三寸。

虜入寧夏廟山墩指揮王良趙璽以三百人禦之。虜伏七八百騎突起。趙璽死之。

己巳。淮世子見濂卒。謚安懿。

庚午。陝西延綏管糧僉事三歲三更。

辛未。翰林編修馬廷用爲侍讀。

下劉文泰錦衣獄鞫之。

壬申。吏部右侍郎周經兵部尙書馬文升工部尙書賈俊戶部尙書葉淇禮部尙書耿裕侍郎周經等各應詔言事。皆優答之。

甲戌。册皇妹永康長公主。駙馬都尉崔元尙之。

乙亥。寧夏地震。

戊寅。增設慶遠府永順永定二長官司。

右府都督僉事李昶卒。西寧衞人。會寧伯李英子。襲錦衣都指揮僉事。

昏刻月犯鍵閉星。

庚辰。水旱免荆黃去年田租有差。

茂州地震有聲。

丙戌。劉文泰獄上。謂故都御史吳禎誣王恕傳疏中引五子之歌。又大學士丘濬云。刊傳此沽直謗君也。命降文泰御醫。燬恕傳。

王世貞曰。按搢紳之言。皆以文泰此舉出自丘公。然三原止合辨其事。力求歸休。不當參奏文泰。欲于午門會鞫主使。及所謂非老于文學陰謀險計者不能也。大臣恬靜之體與事君恭順之道。惜乎無爲公謀者。蓋公北人伉直少文之故。而憲章錄亦似爲賢者諱也。

辛卯。各王府食鹽定運司輸直。

壬辰。左春坊左諭德曾彥乞宣召大臣參決章奏。納之。

閏五月甲朔。乙未。水災。免應天蘇松去年田租百八十二萬六千六百八十四石。芻八十餘萬束。

戊戌。裁廣東雷廉兵備副使。

隆慶懷來衞地震有聲。

庚子。湖廣左布政使劉喬卒。萬安人。成化二年進士。

壬寅。京師雨雹。

甲辰。太常寺少卿兼翰林侍講學士李東陽上封事。俱引孟子。以近事證之。章下所司。

南京戶部員外郞周琦言。廣西古田馬平山賊宿禍。征之策有三。如成化元年發兵二十餘萬。班師後立土官。招流民。給田免租三年。徭六年。而運湖廣江西廣東之粟接濟。此遠圖一也。若止調兩廣官軍田州思恩泗城南丹等土兵。六月調發。九月進山。十一月冬至後散卒。十二月撫殘徒。明年正月安置。則殘徒各借牛種。可以資生。此近利二也。又全勦不如獨攻。明捕不如暗執。若賊發待檄。豈能坐斃。宜不拘時月撲滅。此兵力不勞。錢糧不費而事濟。三也。從之。

陝西禮縣地震有聲。

丙午。翰林修撰王華爲右春坊右諭德。

丁未。蘄州大風雷。拔木偃禾。牛馬多震死。

己酉。署通政司事工部右侍郎謝宇卒。耒陽人。工書繪、直文華門。自中書舍人至今官。性警敏。善承人意、子汝暘進士。

邛州嘉定州敍南衞地震有聲。

癸丑。右副都御史張敷華仍提督雁門關兼巡撫山西。

乙卯。太子太保吏部尚書王恕致仕。恕起田間。譽望冠代。及被萋菲。疏二十餘。乃允。君子惜之。歸集歷代名臣諫議錄百二十卷。年八十四。作石渠意見。年八十六。作石渠意見拾遺二卷。年八十七。坐玩易軒。參考易說。年八十八。作石渠意見一卷。其讀書至老不倦。嘗曰。學如不及。幼學且然。況將盡之年。來日無幾乎。

馮時可曰。王公以直著。人方魏玄成。然于憲廟時。眞稱批鱗。于孝廟直順風呼耳。魚水方契。駭波潛發。故知終始遇合其難哉。以公嶽嶽侃侃。死生進退。無介于懷。而猶丐一傳自表。名根之難去如此。孔子曰。君子疾沒世而名不稱。豈其爲是。然公據尊踐嚴。萬里几席。龍潤九野。鶴鳴九皐。孰不瞻聽。而欲效幽貞隱士期附青雲。加丹雘。以施後世。豈其未見夫焚書削草。鍾山之瑕。明月之纇。胡能掩也。彼甘爲壬人以齮君子。又何責焉。

光祿寺卿胡恭等奏。乾明門貓十一。刺蝟五。西華門犬五十三。御馬監犬二百十二。虎三。狐狸三。豹一。土豹七。又西華門鴿子。共歲計豕羊肉並皮骨三萬五千九百餘斤。肝三百六十件。菉豆粟穀等四千四百八十餘石。俱乞減省。納之。出御馬監狗七十九隻。牲口房雞鵝鴨豕俱供光祿寺。

丙辰。南京右副都御史黃紱致仕。

夜。大星自奎宿流閣道。

己未。水災。免祥符陳留原武封丘去年田租有差。

六月㸚朔。乙丑。禮部右侍郎費闇卒。闇字廷言。丹徒人。成化己丑禮闈第一。成進士。館選。授編修。歷祭酒最久。改少詹事至今官。慷慨恭謹。有公輔之望。所著自考詒笑補庵等集。

丙寅。蝗飛過京師三日。自東南向西北蔽日。

丁卯。山西石州天鳴。

戊辰。南京總督糧儲右副都御史劉瑀致仕。

壬申。古田獞賊平。

癸酉。選翰林院庶吉士顧清趙士賢蕭柯沈燾曹瓊吳一鵬楊昇曹鏌汪俊周玉黃瀾胡爟王縝任良弼吳蕣許天錫薛格陳玉陳陽王崇文。太常寺卿兼侍讀學士傅瀚太常少卿兼侍講學士李東陽敎習。

乙亥。申嚴考察奏辨之例。

丁丑。錦衣衛指揮使錢通卒。涼州人。祖答。錦衣指揮僉事。父奄卜。指揮同知。征湖廣功。賜通姓。雅飭恂恂。特諭祭。

戊寅。趙府襄邑王見沂薨。年三十六。謚榮惠。

癸未。河患免蘭陽考城儀封夏麥。

趙府湯陰王見準敗倫烝繼母趙氏。賜死。

丁亥。李介服闋補左僉都御史。

京師大霧四日。

戊子。報土魯番糾虜牧北山。欲寇甘肅。敕邊臣備之。兵部尚書馬文升計土魯番至哈密十數程。哈密至黃峪又數程。路乏水草。貢夷備水而行。遠來肅州。彼豈能全歸哉。特虛聲恫喝耳。卒不至。

辛卯。禮部左侍郎倪岳爲尙書太常寺卿兼翰林院侍讀學士傅瀚爲禮部右侍郎。

七月陜朔蜀王申鑿薨年三十五謚曰惠好學博文亦善書。

壬寅。前南京太僕寺少卿李應禎卒應禎字貞伯長洲人貢士。成化初授中書舍人直文華殿。遷南京兵部員外郎。歷少卿。善楷書在中翰命寫佛經奏天下國家有九經不聞佛經也。忤旨廷杖罷直文華殿

馮時可曰李公不爲大閹用不爲異敎移。卓矣哉。宦不期榮家不期豐慕義行仁以遂其志豈徒節俠士蓋

知道者哉。

丙午。淸屯田。

丁未。山西左布政使李蕙爲右副都御史總督南京糧儲。

戊申。起右副都御史屠滽署院南京光祿寺卿熊懷爲南京刑部右侍郎。

庚戌。刑部尙書彭韶致仕。

辛亥。吏部左侍郎張悅爲南京右都御史。

丙辰。寧遠縣天鳴。

南京右通政强珍歸養。

戊午。初兵部尙書馬文升言北嶽恆山在渾源州。李唐有飛石曲陽之祠。宋失河北地白溝河爲界遂祭北嶽于曲陽。國朝因之祭于故都之南非其故。封禮部尙書倪岳議曲陽歷漢已然。太常寺卿范拱言軒轅居上谷在恆山西。舜居蒲坂在恆山北。未嘗據都改岳。上然之。

張志淳曰馬公嘗語予。倪非以志必可信也。其父謙嘗遣祀曲陽。禱神生公因名岳。以是固執不改。然舜巡狩所祀北岳。見在渾以南二十里。彼人猶知奉祀而顧可往曲陽西百四十里祭乎。殊非禮矣。唐失河朔。神

不享而飛至曲陽宋踵唐亦勢使然也。今舜祭之地旣在山西。而信志言。悞也。

南京禮部右侍郎徐瓊爲禮部左侍郎。或劾其援外戚。不聽。

己未。太子少保南京兵部尙書張鎣卒。鎣字廷器。華亭人。正統戊辰進士。授御史。風裁頗著。性寬簡。所歷能舉其職。年七十一。贈太子太保。諡莊懿。

馮時可曰。莊懿渾噩寬平。斥城府。滌津畔。凡事務存大體。不喜訐激。然中實斤斤。不弛法守。艱鉅當前。應之自中窾綮。其視與波沿洄。外稱醇酎。內挾陰陽相徑萬里。莊簡悅同時。稱南北張。並重若雙璧。里語有南日北霜。未諦其然。要之操冰心則一哉。

庚申。南京壽星見。

八月癸亥朔。寧夏地震。

乙丑。進士王鉞路麟李師儒何洽楊鐸劉溥翟敬徐浤譚溥王序爲翰林檢討。敎諭侯相趙珩蔡材張夔楊敬鈕天錫劉濟李文泰趙通吳叔和爲待詔。各直壽王汝王涇王榮王。

丙寅。右都御史白昂爲刑部尙書。吏部右侍郎周經爲左侍郎。少詹事兼侍講學士吳寬爲吏部右侍郎。

己巳。長子縣雨雹傷禾稼。臨晉縣雨蟲如雪。

辛未。南寧伯毛文卒。

京師雨雹。潮州地震有聲。昏刻月犯建星。

壬申。夜月犯牛宿。

丙子。蓋州衞地震聲如雷。

丁丑。夜月食。

庚辰。詔孟密安撫司改隸雲南。不屬木邦。以連兵不解也。

夜。月犯畢宿。

癸未。暹羅國入貢。

夜。月犯井宿。

甲申。前南京左都御史黃紱卒。紱字用章。先封丘人。戍平越衞。登戊辰進士。授行人。歷撫延綏。增築邊堡。超南戶部尙書。改留臺。年七十八。性廉峻直執。遇事飈發。忤時貴勿恤。智巧所避。能毅然肩之。人稱硬黃。郭子章曰。予入平越。覩黃尙書棹楔。公生平後胤。衞人莫能對也。讀吾學編李空同集有黃尙書傳。然後知公爲硬黃也。公葬在長葛縣馬陵岡。則公老于中州。子孫仍爲洛人。獨其母墓仍在平越。公何不一遷葬耶。歐陽永叔遷潁州。母墓在吉。卽有瀧岡表。世猶議其薄。黃公歸故鄉。而令母魂滯徼外。予不知之矣。

丙戌。南京太僕寺卿張謙卒。淸苑人。成化二年進士。居官無失德。

戊子。南京工部尙書侯瓚改南京兵部尙書。

庚寅。曉。刻木星犯靈臺星。

九月甲午朔。鄒城縣地震有聲。

甲午。卯刻。南京木星見。

丁酉。旌雲南孟璉長官司土官舍人刀派羅妻招曩猛。夫死年二十五。矢節二十八年。雲南都指揮使上其事。

己亥。中旨徵四川光相寺番僧國師領占竹入居大慈恩寺。禮部爭之。命領占竹自驢。不得乘傳。

桐柏縣天鳴。

壬寅。大理寺卿馮貫爲南京工部尙書。太常寺少卿兼侍讀學士董越爲南京禮部右侍郎。

旱災。免河間保定夏稅。
甲辰。虜入密雲塘山。
荆庶人見潚前作弓弩兵械不軌事復發。勒自盡。其世子祐柄並子女俱安置武昌。楚王約束之。推靖次嫡孫都梁王祐㰘。進封荆王。
丁未。巡撫山東左僉都御史王霽爲大理寺卿。
己酉。復戶部官領淮揚鈔關。
壬子。大軍討叛苗分二道。兵備副使吳倬。都指揮劉英進揚安。副使俞俊。參將趙晟。都指揮王楷進淸平。三閱月。盡平之。
癸丑。中府左都督范瑾卒。
應天府丞冀綺爲南京太僕寺卿。
庚申。定土官賞罰之法。有功州府遞陞。應襲舍人。先予冠帶。否則詰秩視事。懲治。從按察使陶魯議。
十月庚朔丙寅。災傷。免造明年元夕燈火。
安南國王黎灝入貢。
戊辰。築河南彰德懷慶南陽汝寧許州渠堰。
庚午。建平伯高進卒。
辛未。以科道諫。止番僧領占竹入京。
乙亥。夜月犯畢宿。
丙子。禁伐山西塞上樹木。

丁丑。翰林院檢討王鉞路麟李師儒何洽楊鐸劉溥翟敬徐鋐譚溥王序以藩僚沈滯求定遷法。吏部寢之。羣訴部門下鎮撫司削籍以路麟不預釋之。

庚辰。西安知府華容嚴永濬疏諫織綵絨。上命織者以進。餘悉停。永濬言陝西雜造局織造綵絨四十九匹。先坐徵二十五匹支二千一百七十一金。織造十七人。又拘咸長涇原四縣各匠三百餘人。兩年各匠費七百餘金未完。又徵後幣二十四。若供尚方。可一襲而止。若賞賚則赭黃赤紫。非臣下所當。今以三百餘家窮年營辦。以供杼軸。不堪甚矣。

何景明曰。西安凡三十六州縣。土物蓋鼎七府而加一二。非古雍秦上地哉。然賦役亦加于七府矣。夫京省悉有京運。關內則留賦以贍三邊。比邊儲外乏。百姓內困何耶。地力不加而𢌿賦之供日廣也。

亥刻。有大星自柳宿至近濁。

甲申。選京營把總官。

復設沽頭閘主事。

丙戌。虜入大同商家莊及東水溝。

戊子。左春坊左諭德曾彥爲南京翰林侍讀學士。

惠安伯張瓚卒。

十一月𡰥朔。己亥。賈斌服闋。仍署鴻臚寺事禮部左侍郎。

辛丑。設雲南彌勒維摩州流官。土官無後。

甲辰。月犯司怪星。

丁未。前大學士劉吉卒。吉字祐之。博野人。正統十三年進士。館選授編修。以禮部左侍郎直閣。歷少師兼太子太師吏部尚書華蓋殿大學士家居被盜怖死。贈太師。謚文穆。遣中官諭祭三。有司諭祭十。雖膺殊典。謂品業何。

庚戌。光祿寺卿胡泰以吏役私盜。降山東都轉運鹽使司同知。

乙卯。祠宋臣范仲淹純仁墓于河南萬安山。巡撫徐恪以聞。

丁巳。南京太僕寺少卿林鳳爲光祿寺卿。

戊午。合肥縣地震有聲。

己未。昏刻金星犯土星。

十二月辛亥朔。進士王宸李祿張良弼吳仕偉于琩東思恭蔚春李舉張文方矩爲給事中。

申刻。南京金星見。

壬戌。南京大風雨雷電。拔孝陵木。鄱陽前大雪。是夜雷震。後五日雪止。積三尺。人畜凍死亡算。

丙寅。南京左府都督同知馮昇卒。寧夏人。本番將。累戰功。質愼。善撫下。向慕儒學。亦足多也。

庚午。昏刻月犯畢宿。

辛未。晉世孫表榮卒。年二十五。弘治十五年追封晉王。謚曰懷。

虜入大同關頭墩。

己卯。諭鎭巡有司官修省。懲貪暴。恤困窮。防賊寇。撫安軍民。

庚辰。阜平縣天鳴。

癸未。署錦衣衛都指揮僉事李成卒。

甲申。修歸德殷上公微子祠。

丁亥。擢儒士潘辰翰林待詔。先順天尹唐珣至是給事中王綸夏昂交薦。

巡按河南監察御史凃昇言。黃河爲患。南決病河南。北決病山東。漢決酸棗。復決瓠子。宋決館陶。復決澶州。元決汴梁。復決蒲口。然漢都關中。宋都大梁。縱河衝潰。不過瀕河數郡被其害。國家都北平。顯藉會通以運。若河決西北。大可爲漕憂。臣嘗博訪利害。得四策。夫河流分之則南障之則北。如飲馬白露等河。界滎鄭五河東西間。皆由渦入淮之故道。所在淤淺。誠令疏濬以分流殺勢。則南行自順。又黃陵岡水易奔嚙。倘潰端稍見。卽興人徒葺理之。亦可以捍河之南。張秋等處可無患。然水勢無常。非得人與專任。計無所用之耳。臣觀僉事張鼐。見任河南。廉幹老成。習知水道。治河之務付之。必有定畫。右副都御史劉大夏令居中裁決。庶能展體竭猷。從之。

是年。置貴州都勻府。凌文獻爲知府。特賜敕令獨山麻哈二州淸平縣都勻邦水平州平浪四長官司隸之。

甲寅弘治七年

正月𨐌朔。壬辰。太子少保兵部尚書馬文升。請擇醇謹宮人如衞聖楊夫人。豫敎皇太子。如內庭之曲宴。鐘鼓司之承應。不使之觀。元宵之鼇山。端午之龍舟。不使之見。以至佛老之敎。尤不宜口誦其言。目觀其像。一二年後。擇內臣如覃吉者。先誦孝經。八歲敎詩書。上納之。

丁酉。上南郊。

夜。月犯畢宿。

庚子。水災。免保定河間去年田租有差。

昏刻。月犯井宿。

癸卯。曉刻木星犯靈臺星。

寧夏地震有聲

丁未。鄧廷瓚平都勻清平蠻班師。

庚戌。河南水旱免夏稅秋稅有差

辛亥。改作肅州嘉峪關甃之額曰鎮西樓。

夜。月犯鍵閉星

二月庚朔。壬戌。傳制益王婚。

甲子。災異敕諭修省。

乙丑。旱災免襄陽南陽去年夏稅之半。

戊辰。遼府枝江王恩錢薨。年四十一。謚溫穆。

辛未。昏刻金星犯昴宿

癸酉。進士陳繗李允張顯武阜王選劉蘭郭瑀爲翰林檢討直諸王。

甲戌。昏刻南京壽星見。

乙亥。裁浙江水利僉事歸于管屯。

丙子。工部尙書賈俊致仕。

毛良嗣南寧伯。毛文子。

復廣西柳慶兵備副使。

丁丑。虜入古北口。

曲靖軍民府地震如雷傾民居。
戊寅。復王越左都御史致仕並復子春正千戶時百戶。
己卯。巡撫順天右僉都御史魏富疾去。
庚辰。高霆嗣建平伯。高進姪。
癸未。御史張泰等乞免遣織造內臣。不允。工科都給事中王敞等言之。仍不允。
乙酉。旱災免平陽去年田租之半。
丁亥。南京禮部尚書劉璋改工部尚書。
增解州鹽三十萬引。共爲七十萬引。試行一年。巡撫都御史張敷華之言。以補宗祿。
三月。三月甲戌朔。壬辰。裁河南管糧參政。
巡撫延綏右副都御史劉忠致仕。
福建龍溪龍巖縣地震有聲。
癸巳。大理寺左少卿屠勳爲右副都御史。整飭薊州邊備。兼巡撫順天。
乙未。前工部左侍郎杜謙卒。昌黎人。景泰五年進士。少有孝行。居官長厚。
丁酉。戒酷吏。歲四月各撫按錄四八月報上。其酷吏除名。
己亥。張偉嗣惠安伯。張瓚子。
遼東廣寧等衞風晦雨蟲如蠅。久之俱入土。又瀋陽錦州城風傾百餘丈。
庚子。山東右布政使熊繡爲右副都御史。巡撫延綏。
水災免懷寧田租三萬三千八百六十三石。

壬寅。建州左衞都指揮使保能之弟伏當加數叛數款。至是誘保能原救冒貢求都督。事露。下錦衣獄。

乙巳。荆世子祐柄、廣城王祐榴、洛安王祐橙、廣濟王祐梲俱廢庶人。徙武昌。

戊申。兩畿蝗。命民捕蝗一升。予米倍之。

辛亥。故刑科給事中林霄使暹羅卒。其國。錄子菲入太學。

廣西巡檢司多設土官副巡檢。討盜同功罪。

登州地震有聲。蓋州衞亦然。明日復震。

壬子。周府清河王同鑛薨。年三十二。謚昭和。

癸丑。都察院榜禁天下十事。縱盜賊害軍民。淹罪囚。虐小民。繁科差。違信牌。積猾濫。罰兇徒賭博。

丙辰。解州見星大如杯。俄五之。各長數丈如火。已天鳴。有大星隕陝州。聲如雷。

四月紀朔壬戌。復右春坊右庶子兼翰林侍講王臣。

琉球國中山王尙眞入貢。

甲子。南京通政司經歷張昺爲四川按察僉事。前御史謫。

己巳。陝西莊浪衞地震有聲。

庚午。撫治鄖陽右副都御史王道疾去。

乙亥。增設雲南陸涼州流知州、元謀縣流知縣。並改設馬龍州流知州。馬龍土官無子。

丙子。陝西左布政使沈暉爲右副都御史。撫治鄖陽。

己卯。廣西計擒盜魁黃鑑臣。前殺副總兵馬俊者。

壬午。前署太常寺事禮部左侍郎丁永中卒。大興人。樂舞生。予祭葬。亦異事。

乙酉。貴州獻俘。伏誅。磔十一人。斬二人。

丁亥。濬南京天潮二河。

五月孤朔甲午。敕旌代府靈丘王長子成鍛孝行。以事父誠至。沒廬墓也。父仕塲子聰溽孝友作述。世濟其美。俱以孝旌。

丙申。兵部左侍郎呂雯卒。雯安州人。貢士。授御史。歷南京光祿太僕少卿。俱盡職。有聲。擢右僉都御史。巡撫延綏。有防禦功。進侍郎。性夷曠。遇事善裁決。賜祭葬。

戊戌。南京兵部郎中婁性削籍。初南京守備太監蔣琮。劾性立宿州生祠。又侵皁隸銀。遣官按之。琮又劾性飾牘。又南京兵部員外郎袁𤏪侵船價。性疏辨。而廣洋衞指揮同知石文通劾琮傷聚寶山脈。𢽙商占軍匠諸不法。琮又屢訴。蔓引數百人。成大獄。又遣官。獄上。性坐贓。免。南京兵部右侍郎王繼適入朝。以不舉下臺獄。贖杖還任。

甲辰。敕內官監太監李興。平江伯陳銳。同劉大夏治決河。

昏。刻木星犯靈臺星。

乙巳。下致仕御史倪進賢。閑住荆州知府定海沃頖于錦衣獄。進賢館選授御史。以祕戲干萬安。按四川宣府。穢甚。頖亦御史。降內鄉令。諂事當道。遷荆州。雖才而貪暴。至是俱潛入京營復。被劾下獄。贖杖逐還。

談遷曰。宵人敗類。使安享長林。非所以隆其罰也。乃本其盜行。自羅文網。亦天實爲之矣。快哉。

南京吏部右侍郎童軒爲南京禮部尚書。兵部右侍郎張海爲左侍郎。左僉都御史李介爲兵部右侍郎。

水災。免徐州豐沛去年田租八千三百四十三石。

戊申。立貴州獨山麻哈二州。改清平長官司爲縣。各設流官。俱鄧廷瓚經畫。

庚戌。金星晝見。
甲寅。右春坊右庶子兼翰林侍講王臣復被劾。調南京工部郎中。
乙卯。巡撫四川右副都御史梁璟爲南京吏部右侍郎。巡撫宣府右僉都御史楊謐回院。
六月牀朔己未。遼東錦州野火不可滅。延爇營器幾盡。斃人馬。
庚申。限度僧道。
辛酉。南京金星晝見。
壬戌。廣東左布政使馮俊爲右副都御史。巡撫四川。陝西按察使陳紀爲右僉都御史。巡撫宣府。
癸亥。南京暴風雨。拔孝陵木。
甲子。周府原武王同鐵薨。年四十。謚康僖。
四川靖夷堡百戶翟深等私卒出境。被番賊殺十四人。擄十五人。
乙丑。高郵康濟河成。初命巡河御史孫衍。管河郎中吳濬治之。
丙寅。兵部右侍郎張海上哈密六事。曰授貴族都督僉事寫亦虎仙等七人官。分領諸夷。曰哈密馬黑麻打力叛附土魯番導寇。其家屬有僑甘州者。宜密防。曰哈密土魯番戈甲不滿三百。兵馬僅三千。親黨止兒一。相仇殺。左右財十一人。昔狠何欲絕漢。趙充國令諸羌毋解仇。元昊寇宋。种世衡計去野利天都。乞敕甘肅守臣。俾彼親者相離。仇者不解。則可圖矣。曰閉嘉峪關。絕西域貢道。曰修邊。曰選延綏游兵三千。聽援甘肅。下兵部議。
辛未。茂州地震有聲。
甲戌。陝西左布政使王衡削籍。巡按御史張文降貴州布政司照磨。李鸞衡州府知事。初文考衡不謹。遂互訐。坐罪。

丁丑。立貴州印江縣。隸思南。

戊寅。前後府都督僉事李銘卒。世武成後衞副千戶。

己卯。錄貴州功進鎭遠侯顧溥太子太保都御史鄧廷瓚右都御史仍巡撫都督僉事王通署右都督。右參將趙晟爲都督僉事餘陞賞有差。

南京太常寺卿陳音卒。音字師召莆田人。天順甲申進士。館選授編修。嘗疏時政。薦李秉羅倫張元禎章懋王徽陳獻章等革法王佛子眞人位號太監黃賜母死侍講徐瓊議弔音怒叱之貌若不慧而卓守不可奪文典實有致年五十九。賜葬祭。

李東陽曰平居細事多不經意。或遭嘲詆無所校至分別義利。則界限截立中有執守。有毅然不可奪者焉。古稱仁者必有勇信哉。

王鏊曰語有之仁者必有勇。勇者不必有仁。信哉予觀愧齋先生平居恂恂語若不出口。至其疏時事叱邏卒排衆議何其壯也。於乎其所謂篤行君子者乎。

辛巳。月犯畢宿。

七月灯朔戊子。蘇常鎭江暴風雨。潮溢壞人居。

己丑。土魯番來貢還哈密之俘。兵部右侍郎張海都督同知緱謙等言西域入貢故事。肅州驗甘州再驗今止其使于肅州。必歸陝巴始許貢。下兵部。

議還曰土魯番之狡甚矣。殄我哈密。又無歲不貢。其殺罕愼有莎車之罪。執陝巴。有郅支之惡。飾罪以誠使邊臣莫可控揣。幸其道遠衆弱。否則患邊無已時也。

南京大風雨。壞城樓殿吻。拔壇陵諸樹。

癸巳。巡撫寧夏右副都御史韓文致仕。

己亥。河南左布政使孫仁爲右副都御史巡撫寧夏。

甘肅總兵官周玉疾去。

庚子。夜。月犯羅堰上星。

辛丑。大同副總兵都督同知劉寧爲平羌將軍總兵官。鎮守甘肅。

壬寅。昏刻。月犯泣星。

乙巳。改汾州守禦千戶所爲汾州衞。

京師地震。

勅工部左侍郎徐貫兼右僉都御史。理江南浙西水利。貫以主事海寧祝萃從。萃歷究原委。于是委蘇州通判張旻開白茆港。洩崑承湖入江。開斜堰等塘。洩陽城湖入海。浙江左參政周季麟修各隄岸。共役二十萬六千二百八十餘人。論者謂此舉祝萃之力爲多。惜急成。故白茆港未深廣。

庚戌。停哈密王封。令其衆暫居甘州。集番漢兵掩取牙木蘭。

辛亥。福州地震有聲。

遼東亢旱至是大雨水。

壬子。後府帶俸泰寧侯陳桓卒。

曉刻。金星犯鬼宿。

甲寅。前浙江右參政陸容卒。容崑山人。成化丙戌進士。授南京吏部主事。轉兵部員外郎郎中。出參藩。耿介不苟。以讒去官。年五十九。

馮時可曰。陸公之執法。卽張釋之何以加諸。坐持三尺。卒行其志。雖曰臣直。要以時明主聖。無所掣。抑亦爲遭逢矣。晚而旬宣。遭謗不白。公以此日蘊隆。而世固不以瑕疵公也。詩曰。禮義不愆。何恤人言。庶幾于立不惑矣。何所惜哉。

丙辰。雷火焚福州屛山城樓。

八月叮朔。辛酉。巳刻。大星自中天流至近濁。大星隕大同。化白氣而散。

乙丑。徐溥丘濬劉健各秩滿。進溥少傅兼太子太傅吏部尚書謹身殿大學士。濬少保兼太子太保戶部尚書武英殿大學士。健太子太保兼禮部尚書武英殿大學士。

曉刻南京壽星見。

丙寅。昏刻月犯鍵星。

丁卯。裁臨洮鞏昌水利通判。

己巳。兵科給事中周旋言。近年傳奉復行。如往日黃忠杜裕。僉緣不過數人。而張玘李綸輩遂至三十餘人。玘綸等傳陞方踰一日。而李璣朱俊德又求加級。恐自今以往。投間之人皆引類而起矣。不納。

進士柯拱北爲翰林檢討。直□王。

復設大臣專理誥敕。于是李東陽爲禮部右侍郎兼翰林侍讀學士。理誥敕。日講官少詹事陸簡爲詹事兼侍讀學士。程敏政爲太常寺卿。左庶子張昇爲少詹事。俱兼侍講學士。

辛未。南京戶部員外郎牛通貪鄙無狀。嘗訴同官員外郎余完。致自刎死。上惡之。戍建昌衞。

乙亥。周府聊城王安滔薨。年二十。謚懷和。

丙子。取鄉試羨金供禮闈。應天山東山西河南陝西各八十兩。餘百金。兩廣雲貴不與焉。

戊寅。夜。南京地震。

己卯。敍州府大疫。

辛巳。旌故蒙化土知府左剛妻張氏貞節。

曉刻。月犯軒轅右星。夜。金星犯軒轅左星。

甲申。大通事錦衣指揮僉事王英言。罕東左衞在哈密南。其程三日。野乜乞里在哈密東。程二日。惢土魯番次骨。我撫之皆兵也。西域使者方叩關利互市。我聲阿黑麻罪。謝勿與通。彼窮而歸怨。皆吾間也。若然。土魯番孤而自危。安能有哈密。章下兵部。

九月㱍朔。丁亥。曉刻。金星犯靈臺西星。

己丑。南京守備太監蔣琮有罪。以傷聚寶山脈。戍孝陵。琮恣橫。累訐人。至是始敗。

壬辰。前戶部左侍郎李嗣卒。南海人。景泰五年進士。歷官有惠政。

前巡撫甘肅右副都御史唐瑜卒。上海人。景泰二年進士。才豪爽。頗粗厲。居官有聲。

癸巳。興王辭山陵。

丁酉。南京地連震有聲。

辛丑。夜。月犯天高星。

癸卯。興王之國。

夜。月犯井宿。

乙巳。汪宣何歆爲南京監察御史。

己酉。進遂安伯陳韶平江伯陳銳成山伯王鏞俱太子太保。兵部尚書耿裕馬文升太子太保。戶刑部尚書葉淇白昂右都御史屠滽改左都御史。俱太子少保。

前南京刑部尚書張瑄卒。瑄江浦人。正統壬戌進士。授刑部主事。歷郎中。守吉安。善裁決。累進尚書。務平允。年七十八。賜祭葬。

甲寅。火星犯木星。

十月巳朔。丁巳。南京刑部尚書鄭時致仕。

滁州地震有聲。

戊午。增雲南解額二人。貴州三人。合五十人。

己未。旱災。免陝西田租二十七萬四千三百八十石有奇。

定民兵額。大州縣七百里以上里二人。五百里以上里三人。三百里以上里四人。百里以下里五人。

壬戌。崇王見澤聞太皇太后違豫。求詣闕問安。諭止之。

以內官監太監李廣言。發卒萬人修內府萬春壽安等宮。遂安伯陳韶督之。

癸亥。免四川太平長官司逋茶。令補植徵之。

丙寅。前戶部尚書李衍卒。衍隆慶州人。景泰辛未進士。授兵部主事。歷四川松潘右參議。擇要害立堡柵。民始得耕牲。簡直。所至以嚴見憚。

戊辰。傳制封祐樌荆王。賓𡌵慶王。賓瀚蜀王。祐樤崇世子。祐椐慶元王。旭櫏渭源王。聰淑懷仁王。勛𣿝唐山王。宸濠上高王。奠坫宜春王。聰渼隰川王。成鈷宣寧王。祐椢永豐王。成鍛靈丘王。

湖廣苗賊入靖州各關堡。焚掠殺百戶。

辛未。南京地震有聲。

壬申。虜入山丹衞。
甲戌。山東按察副使楊茂元言。張秋之役。劉大夏足辦。餘滋擾耳。乞撤太監李興平江伯陳銳。部覆不允。又奏荒旱撤臨清監丞李全亦不允。
己卯。定儀賓祿本色四之餘折色。
先是在京富戶逃原籍。歲徵五金。至是止徵三金。
癸未。西安地震。明日。高陵縣復震。
甲申。哈密寄住夷人三種。曰回回。曰畏兀兒。曰哈剌灰。至是官其酋七人。
十一月炳朔。復唐府承休王芝埌爵。仍奪半祿。
戊子。進士史載德夏時李情爲南京監察御史。
壬辰。曉刻。金星犯房宿。
癸巳。南京地震。
乙未。夜。月犯外屏星。金星犯罰星。
丁酉。時訪畫士工科右給事中柴昇言不宜留意。報聞。
戊戌。敕孟密土舍象馬思揲執木邦宣慰使罕乞法幽之三年。巡撫雲南都御史張誥等議發兵。檄諭之。乃還罕乞法。械戎首三十餘人待罪。
癸卯。總督兩廣右都御史閔珪爲南京刑部尚書。
曉刻。木星見。夜。月犯酒旗星。
甲辰。秦府郃陽王誠泓薨。年四十二。謚溫穆。

乙巳。南京右通政呂嵩爲左通政。其右通政懸。闕侯焦芳服除。
丙午。故寧晉主簿劉畢捕盜死。子弼廕四川南津驛丞。
曉刻金星犯天江星。夜。月犯左執法星。
丁未。右副都御史唐珣爲右都御史。總督兩廣軍務兼巡撫。進士楊遜爲南京監察御史。
戊申。夜。月犯火星。
己酉。陳璇嗣泰寧侯。陳桓子。
虜犯大同鎮虜衞。
壬子。夜。京師地震有聲。
甲寅。增築各邊墩臺。

十二月。朔丁巳。肅州天鼓鳴。
戊午。陝西提學僉事楊一清爲副使。仍督學。
己未。旱災。免平陽大同田租。
庚申。皇次子厚煒生。
壬戌。虜入甘州平虜堡。
癸亥。曉刻。火星犯亢宿。
丙寅。鎮守甘肅太監傅悳延綏太監陸誾互調。
丁卯。兵部左侍郎張海請拘阿黑麻貢使。閉嘉峪關。絕西域貢道。下兵部議。
蓋州衞地震有聲。

戊辰。憲廟順妃王氏薨。謚莊靖。
己巳。戶部右侍郎秦民悅改吏部右侍郎。
庚午。改張秋曰安平鎮。劉大夏疏孫家渡三十里。四府營十里。亙長隄分大名山東水勢。別通張秋南以漕。五旬而畢。
陝西按察使許進爲右僉都御史。巡撫甘肅。
壬申。總督南京糧儲右副都御史李蕙爲左副都御史。總督漕運兼巡撫鳳陽。廣西副總兵都指揮同知郭鋐爲署都督僉事漕運總兵官鎮守淮安。
山東布政司左參政張縉爲右通政。管沙河至德州河道。
甲戌。張秋河塞。仍議黃陵岡工役。
乙亥。提督倉場戶部右侍郎侶鍾改南京工部右侍郎。蕭楨爲南京刑部右侍郎。
兵部左侍郎張海都督同知緱謙還自甘肅。言哈密存亡不足煩中國。時哈密未定。復得敕令賑恤甘涼邊軍。不顧而入。被劾。上怒其不任。下錦衣獄。
丁丑。楊綸韓普余本實邵蕃李紹張淳黃珂王用張隆陳策丘天祐馮清鄭弘胡華黃山方誌姚壽王恩姚祥范鏞邊憲費鎧劉淮夏景和石玠趙鑑謝朝宣呂鹵鄧璋燕忠劉道立黃世經爲監察御史。
庚辰。順天府尹黃傑爲戶部右侍郎。提督倉場。應天府尹樊瑩爲南京工部右侍郎。
辛巳。成都前衞貢士徐楠終養。敎授巡撫都御史梁璟薦授夷陵州判官致仕。
甘肅邊警。英國公張懋都督莊鑑馬昇整京營兵候發。
巡撫河南右副都御史徐恪坐事調湖廣。以湖廣巡撫都御史韓文代。

壬午。災傷免陝西田租十之三。

朝鮮國王李娎卒。

國榷卷四十三

乙卯弘治八年

正月乙酉朔。辛卯。南京右僉都御史王軾爲右副都御史總督南京糧儲。福建右布政使張玉南京太僕寺卿冀綺爲順天應天府尹。

壬辰。詹事兼翰林侍讀學士陸簡卒。簡字廉伯。武進人。成化二年進士及第。授編修。歷侍講右諭德庶子少詹事。少有俊才。頗自負。詩文峻潔有法。性溫粹不妄交。喜談節義。年五十四。賜祭葬。贈禮部右侍郎。

乙未。刑部尚書彭韶卒。韶字鳳儀。莆田人。天順丁丑進士。授刑部主事。進員外郎。屢論事。後諫外戚田土下獄。有直聲。歷廣東左布政使。劾梁芳弟德貢獻之擾。累進巡撫應天。入大理卿。論鎮守進貢害民。及司刑。執法不撓。好問學。手不釋卷。贈太子太保。謚惠安。

戊戌。夜月犯軒轅右星。

庚子。四川建昌衞地震有聲。

辛丑。夜月犯左執法星。

壬寅。後府右都督周玉卒。玉滁州人。自宣府萬全都司游擊將軍副總兵。頗有聲。晚鎮甘肅。以衰敗被劾。謚武僖。

夜月犯進賢星。

癸卯。曉刻月犯木星。

乙巳。夜月犯氐宿。

丙午。夜月犯罰星。

己酉。募甘肅士兵禦虜肅州。右參將彭清進左副總兵。

庚戌。曉刻客星入危宿。犯上星。

壬子。旱災免成都去年田租之半。

瓦刺寇涼州。總兵官都督劉寧戰林山墩。擒三人。斬五十餘級。角一日。虜暮襲我。擒其酋。斬三十餘級。夜又來襲。斬二十餘級。明日莊浪左參將楊玉援我。斬六級。進寧右都督。

甲寅。懷柔伯施鑑卒。

二月軋朔。日食。

丁巳。曉刻。木星犯進賢星。

戊午。少保兼太子太保戶部尚書武英殿大學士丘濬卒。濬字仲深。瓊山人。景泰甲戌進士。館選。授編修。歷侍講侍講學士祭酒。以禮部尚書入相。天稟奇絕。博洽多聞。雖僻事俚語類多諳曉。下筆滾滾數千言不休。自御醫劉文泰訐王恕。人皆不直濬。所著大學衍義補家禮儀節世史正綱等行世。贈特進左柱國太傅。諡文莊。遣行人歸其喪。孫嵩尚寶司丞。

廖道南曰。國朝洪武建文間則有若劉伯溫之閎大。宋景濂之浩博。王子充之醇正。方孝孺之爾雅。永樂宣德間則有若解大紳之雄放。胡光大之豪嚴。楊文貞之精密。正統間則有若李文忠之朴茂。劉文安之該覈。然皆麗藻豐腴。未有若丘文莊之明體達用。酌古準今。裒然為一代文宗也。自是之後。若程篁墩李西涯諸公。蓋聞文莊之風而興起焉者。或乃以劉文泰之誣而病之。嗚呼。豈知文莊者哉。

袁袠曰。丘公以辨博之學。勤于纂述。其用世之志。亦略具衍義補矣。及位密司。竟不能施行其言。豈時與勢阻耶。抑天下事有可言不可行者耶。昔人有言。退而論天下之事易。進而處天下之事難。信矣。夫

何喬遠曰。丘濬立朝有險譎之名。讀書宿儒。亦豈宜爾。若迂與亢。疑有之矣。

己未。降兵部左侍郎張海山西右參政。都督同知緱謙都督僉事。

庚申。昏刻。月犯畢宿右星。

辛酉。肅州衞天鳴。星隕。

壬戌。安置土魯番使者乩兒的乩于廣西。

乙丑。岐王祐棆之國德安。

禮部左侍郎兼翰林侍讀學士李東陽少詹事兼翰林侍講學士謝遷直文淵閣。

廣西按察使楊守隨爲南京右僉都御史。

丙寅。兵部右侍郎李介爲左侍郎。巡撫陝西右副都御史王宗彝爲兵部右侍郎。

朶顏三衞夷連寇密雲古北口。

丁卯。昏刻。月犯靈臺星。

己巳。寧夏地震。昏刻。南京壽星見。

壬申。浙江永嘉暴風雨雹。壞廬舍禽麥。

癸酉。寧夏地復震。

甲戌。巡撫山西右副都御史張敷華改陝西。

乙亥。肅州衞天鳴。

丙子。廷臣失朝。豐城侯李璽等六百二十餘人。罰運磚有差。或曰。監察御史陳璐嘗與璽爭坐。劾其未入遽中之。

戊寅。曉刻火星犯房宿。

己卯。築黄陵岡河。河復故道南流。

庚辰。大理寺左少卿顧佐爲左僉都御史。提督雁門等關。兼巡撫山西。

三月。艸朔。戊子。趙縉王倬爲南京監察御史。

前禮部左侍郎萬翼卒。翼。大學士安之子。登進士。小有才。淫黷無行。郎中時還里。縣給役二人。俱通其妻。尤内亂悖逆。人不齒也。

辛卯。鄭府涇陽王見溢荒淫不道。奪爵閒住。

武平伯陳綱卒。

宣府龍門衛地震有聲。有火見廣寧衛墩臺之旗端。

癸巳。賜朝鮮國王李娎謚康靖。

甲午。登州地再震如雷。

丁酉。内承運庫乞採礦補匱。戶部議止之。

己亥。桐城縣雨雹殺麥。寧夏地震者十二。大壞邊牆城堡廬舍。

庚子。河南右布政使朱瑄爲右副都御史。巡撫蘇松。兼理糧儲。至官。卽以造士恤荒抑强扶弱爲任。民繪像祠之。

辛丑。陝西靖虜衛地震如雷。寧夏復地震。至壬寅六見。

夜。月犯東咸星。

壬寅。太皇太后疾平。諭上曰。粤自英皇厭代。予正位長樂。憲宗皇帝克盡子道。以天下養二十四年無異一日。暨皇帝嗣位。實能繼述先志。敦尚彝倫。奉養之禮。至隆至厚。去年七月。予偶嬰瘍疾。皇帝夜起祝天。春郊罷宴。問安視膳。寢食靡遑。頃者醫藥奏功。克底康寧。以昔校今。父子一道。天地所臨。祖考攸鑒。徵諸孝治。必有休祥。予心嘉焉。是用宣之于詞。以表誠孝。上表謝。祖孫慈孝。稱盛事矣。

甲辰。刑部右侍郎戴珊爲左侍郎。工部右侍郎謝綬改刑部右侍郎。

通政司右通政杜明卒。祥符人。成化十四年進士。善交人。貴賤無忤。

肅州天鳴。

戊申。水災。免江西去年田租有差。

己酉。右春坊右諭德王鏊爲翰林侍讀學士。左春坊左諭德楊守阯爲翰林侍講學士。

肅州衞嘉峪關地震有聲。邳泗桃源淸河儀眞安東暴雨雹殺麥。

庚戌。易州山廠工部右侍郎曾鑑署部事。

四月鉀朔。太常寺卿齊章卒。東安人。成化二年進士。

工部左侍郎徐貫等修江南水道。幷賑濟事竣。

宣府懷來衞地震有聲。

丙辰。左通政王傳爲太僕寺卿。理易州山廠。

丁巳。有星墜于歷城。

庚申。山西榆社陵川襄垣長子沁源及慶陽隕霜殺菽麥。

壬戌。太監金輔李珍行人王獻臣封朝鮮世子李㦕爲國王。
癸亥。昏刻月犯左執法星。
甲子。前左府都督同知王瑛卒世府軍衞正千戶。
乙丑。封都督同知張延齡建昌伯。
庚午。南京吏部尙書王㑺致仕。
辛未。有星隕于鉛山。
壬申。當塗縣蝗。
癸酉。監察御史曹鳳。請各省鄉試俱遣朝臣。下所司。
昏刻火星犯氐宿。
甲戌。山西太平縣天鳴。
乙亥。洪遠爲南京監察御史。
常州及泗邳大雨雹。
丙子。沂州雨雹。
戊寅。大學士徐溥奏。臣鄉宜興義田贍族。乞立戶遵守。從之。免其徭。
己卯。進士鄒文盛夏易孫瑞王承裕王廷鍾渤徐沂李濬爲給事中。
出內庫舊甲七萬于工部修作。
庚辰。渭南衞蓋州衞地震有聲。
辛巳。逮山東按察副使楊茂元下錦衣獄。降長沙同知。初。太監李興治張秋。祀河焚帛。灰結若人形。衆懼。茂元以聞。請撤輿等專任劉大夏。又欲斥畫士。罷鎮守內臣。忤旨逮降。

南京戶部主事高峘勘災蘇松受賄。下獄。戍常德衛。

廣東左布政使金澤爲右副都御史。巡撫江西南贛建昌潮惠南雄汀彬。裁南贛兵備副使。

壬午。釋輕囚。

五月楑朔。甲申。太僕寺卿王傳以藩戚降鄖陽知府。

湖廣布政使陶魯爲湖廣右布政使。仍兩廣兵備。

乙未。巡撫貴州右都御史鄧廷瓚回南院。以左副都御史王軾代之。

丙申。虜數入宣府龍門所。

戊戌。虜入遼東鎮北堡。

庚子。夜月犯牛宿。

辛丑。總督南京糧儲右副都御史王軾爲左副都御史。巡撫貴州兼理軍務。

甲辰。國子祭酒林瀚請明年增歲貢生實國學。從之。

前南京吏部尚書王㑺卒。㑺武進人。景泰辛未進士及第。授編修。歷祭酒吏戶部侍郎。風采凝峻。勤敏吏事。文亦整潔。爲時所稱。贈太子太保。諡文肅。子沂。進士。右副都御史。

丁未。廣西左布政使李孟暘爲右副都御史。總督南京糧儲。

庚戌。四川布政司右參議周瑛爲右布政使。

環縣及慶陽衛雨雹。

辛亥。前撫治鄖陽右副都御史何經卒。廣東順德人。景泰五年進士。寬厚。不自炫。

六月壬朔。南京雨。自五月二日至是始霽。
甲寅。北虜野乜克力部酋長亦剌思王滿哥各欵肅州塞。避虜內附。許之。
乙卯。京師雨雹。
丙辰。昏刻。月犯靈臺星。
戊午。四川威州灌縣汶川地震有聲。
己未。秦府汧陽王公鐕薨。年六十。謚端懿。
庚申。霸州雨雹。
癸亥。夜火星犯氐宿。月犯東咸星。
甲子。黟縣雨菽。黑白。不可食。
己巳。虜入密雲。
前太子少保工部尚書賈俊卒。俊束鹿人。景泰元年貢士。授御史。歷撫寧夏。持憲度。嚴軍法。入工部右侍郎。賑河南。進尚書。飭材訓藝。動必信度。後人鮮能及之。年六十八。賜祭葬。
庚午。戒南京勳臣乘輿。
壬申。前左府都督同知白玉卒。
安邑縣雨雹。傷禾。
癸酉。補造南京軍器。
丙子。張弘宜爲南京監察御史。
夜。大星自房宿流至近濁。

丁丑。大學士徐溥等請昧爽視朝。納之。

七月辛卯朔。秦府保安王誠漢薨。年三十四。謚榮穆。

甲申。山丹衛雨雹傷禾。

乙酉。洮州衛冰雹殺禾。暴水溺人畜。

丁亥。追封宋儒楊時將樂伯。祀孔廟。

虜數入宣府獨石。

戊子。廣西副總兵歐磐等大兵擊平樂叛猺。破之。斬六千七十級。俘八百餘人。

金星晝見。

夜。月犯氐宿。

己丑。遼王恩鏳薨。年四十四。謚曰惠。

南京右僉都御史楊守隨提督操江。

甘肅總兵官都督同知劉寧爲左都督。

癸巳。常州通判姚文灝爲工部都水主事。治蘇松常鎭杭嘉湖水利。賜敕。

甲午。土魯番速壇阿黑麻自稱可汗。侵沙州。脅罕東諸部。兵部尚書馬文升計虜黠桀。必加之兵。宜如漢陳湯故事。襲斬之。肅州撫夷指揮楊翥諳夷情。召語之。翥曰。罕東兵三千爲鋒。我兵三千援之。裹糧數日間道兼程。可克也。遂敕罕東赤斤哈密三衛選兵。以副總兵彭清統之往。

議築潮河川石城。設密雲兵備副使。

夜。京城北方白蜺見。月犯羅堰上星。

乙未。錦衣衛帶俸都指揮同知王淸指揮使王濬爲都督同知皆皇太后弟。

丁酉。敕還內官監太監李興平江伯陳銳都御史劉大夏。

庚子。初召崇王見澤省太皇太后以閣部科道諫止之。

吉安知府顧福爲河南布政司右參政南陽撫民。

辛丑。昏刻木星犯進賢星。

甲辰。翰林院五經博士孟元請貤封吏部謂八品非例特許之。

虜犯宣府。

丁未。虜入宣府永寧。

八月辛亥朔。寧夏地震聲如雷。

癸丑。虜犯延綏神木堡。

巡撫湖廣右副都御史徐恪奏長沙民圃苦蕒生蓮華七日謝。

甲寅。寧夏地震有聲。

己未。薊州灤州各地震有聲。

庚申。裁雲南巡礦參議。

宣府懷來衞灤州地震。

壬戌。肅州衞地震。

癸亥。諭修省。

乙丑。昏刻。月犯壘壁陣東星。

丙寅。夜月食不應。欽天監正吳昊等奪俸。
灤州地震有聲。
戊辰。遼府應山王恩鐳薨。年三十八。謚和僖。
灤州地復震有聲。
庚午。右副都御史劉大夏回院。
辛未。虜犯大同。指揮湛淸中矢死。
宣府懷來衞地震。夜月犯畢宿。
甲戌。內官監太監李廣以丹術符水見幸。富人子袁相賂廣選駙馬都尉。將尙主。被劾。斥相。廣不問。有司禮太監蕭敬楊穆韋紀。
乙亥。益王祐檳之國建昌。
松潘賊入寇四川。
丁丑。太子太保兵部尙書馬文升言。災異迭見。皆賦繁役重所致。古十一而稅。今十稅四五。往年京師倉庫易納。近雜費倍之。絲綿花絨布一切物料。交納尤難。江南兌運正糧一石。費至三四石。桑棗盡鬻而絲絹不免。田畝盡鬻而稅糧猶存。賦重民困。未有甚于此時也。下所司議之。
鄭王祁鍈薨。年六十。謚曰簡。
戊寅。馬湖土知府安鼇淫虐有罪。伏誅。安氏襲五世。至是改流官知府。增知府一。
己卯。貴州安南衞地連震。
九月。辛丑朔。夜大星自天倉流至近濁。

壬午。復山東布政司右參政。勸農兼水利。

戊子。暹羅國人有舟飄至瓊州。歸之。

福州地震。

壬辰。魯府東阿王泰壄薨。年七十九。謚端懿。

癸巳。瓜哇國王不剌各得那眉入貢。舟覆百餘人。惟金葉表存。市舶司太監王宣等請別遣人齎進。從之。

甲午。潮州暴風雨。壞城舍人畜。貴州安南衛地震。累日凡十有二。

戊戌。兗州地震。聲如雷。

南京太常寺卿鄭紀上東宮聖功圖。飾以金碧。將覬宮僚。君子恥之。

山陽贛榆地震有聲。海州累日九震。

寧王覲鈞乞調南昌左衛仍護衛。不許。

己亥。占城國王古來入貢。

辛丑。設廣東龍門縣。隸廣州。

壬寅。虜數犯遼東開原。

左副都御史劉大夏言。運河之水。全藉泰山諸泉。每歲夏秋。瀦蓄南旺。旱則因以濟運。比年豪民往往決隄洩水。圖栽蒔之利。否則阻遏泉源。私引溉浸。先年白侍郎昂奏請禁治。而運河甚利便。今請如故事。報可。

肅州衛天鳴。

癸卯。左副都御史劉大夏爲戶部右侍郎。

曉。刻木星犯亢宿。

虜犯遼東開原。

甲辰。夜月犯御女星。

乙巳。少詹事兼翰林侍讀學士謝遷服闋入京。進詹事。仍直內閣。

丙午。太子太保兵部尚書馬文升言風俗日澆。請修舉社學。從之。

觀城鄆城壽張范縣各地震有聲。濮州地連震聲如雷。

丁未。裁淮安揚州管河通判。

戊申。兵部左侍郎李介修潮河川城。疾甚。改命右侍郎王宗彝。

十月⿸虍庚朔。遼東廣寧衛地震聲如雷。

甲寅。戶部右侍郎侶鍾改吏部右侍郎。

戊午。南京工部右侍郎樊瑩爲左副都御史。巡撫湖廣兼督理軍務。

夜。大星自參宿流至弧矢。

己未。總督兩廣右都御史唐珣卒。珣華亭人。天順丁丑進士。知合州有能聲。遷南京刑部郎中。出知福州。有僞閹橫甚。珣璧人于浴室。伺實置諸法。累進總督。廣人悼之。

辛酉。翰林院庶吉士顧清沈燾吳一鵬周玉黃瀾爲編修。趙士賢楊昇王縝任良弼爲給事中。蕭柯曹瓊陳玉爲監察御史。

南京地震。

丙子。宣府順聖川地震。戊寅止。

丁丑。占城國王古來訴安南侵掠。上欲遣官諭安南。大學士徐溥等言。王者不治夷狄。降敕遣官。彼豈遽悔。或飾過執迷。使臣無以復命。置而不問則損威。若問罪興師。後患愈大。上納之。遂令兩廣守臣檄安南務敦和好。

十一月庚朔。署宗人府駙馬都尉周璟卒。璟安陽人。尚重慶公主。博雅好詩文。尤善書。聲稱籍甚。公主事姑章以賢孝聞。近代所無有也。

壬午。南京右府都督僉事楊昇卒。

甲申。禮部尚書倪岳等以災異修省。會奏三十二事。仰法聖祖。早朝經筵。俛接羣臣。便殿召對。議處宗室。祿費減節。暫停工役。愼重武備。停止織造。停減齋醮。減收糧斛。內府白糧。監收皮張。淸查馬匹。添支糧餉。收錄後裔。軍職子弟災傷馬匹。減造文冊。審淸刑獄。淸查匠役。擅科軍士。淸除吏弊。量完拘繫。懲戒邪慝。眞人張玄慶不宜襲封。禁革科斂。外官假公科斂。寬宥逃罪。上納之。

乙酉。增慶陽管糧通判。

晉府寧化王鍾鈵。兇殘有罪。廢爲庶人。錮鳳陽。妃武氏奪封。

壬辰。戶部左侍郞吳原卒。漳浦人。天順八年進士。

貴州安南衞地連震。聲如雷。

癸巳。停江西湖廣山東供應牲口十分之三。

甲午。前南京太常寺卿翟瑛卒。洛陽人。成化二年進士。

乙未。傳制封見潺順昌王。見洵崇安王。訏淳濟源王。秉欆臨漳王。

戊戌。岷州衞百戶呂瑛等樵塞外。番人射死守備西固城指揮喬永。擊斬五級。

己亥。曉刻月犯軒轅左星。

陝西金州洵陽地震。聲如雷。

壬寅。虜犯寧遠廝溝山。

丙午。作壽邸于保寧。

己酉。旱災。免順德眞定大名廣平河間田租。

暫停內府工役。

曉刻。木星犯氐宿。

巡撫甘肅右僉都御史許進。總兵官左都督劉寧。副總兵彭清。以三千騎出嘉峪關。倍道旬日抵哈密。番將牙木蘭聞之。乘善馬逸去。官軍夜坎城而登。斬餘黨六十級。降八百人。獲陝巴妻女。還師。初議徑罕東。大雪迷失道。遂由常程。罕東兵不至。牙木蘭極機警。能挽六石弩。夜宿數徙。善馬日行七百里。越宿至土魯番。阿黑麻欲追我師。牙木蘭難之。乃已。

談遷曰。馬文升計復哈密。欲收傅介子陳湯之功。輕騎出塞。天假其會。罕東協力。則牙木蘭授首之不暇。威行千里之外。誠曠世事也。今雖克還無害。其功未著。於乎。繆大宛。斬郅支。千載而下。猶薄漢人者。何哉。

十二月朔。壬子。前戶部右侍郎張鼎卒。咸寧人。成化二年進士。

癸丑。戶部右侍郎劉大夏爲左侍郎。巡撫河南右副都御史韓文爲戶部右侍郎。

昏刻。火星犯壘壁陣。

甲寅。大學士徐溥等以諭改三清樂章乃道家邪妄之說。況鄙褻詞曲。尤所不習。上納之。

虜犯義州清河堡。

丙辰。昏刻。月掩土星。

丁巳。秦府永壽王誠淋薨。年三十四。謚莊僖。

戊午。昏刻。土星犯壘壁陣。夜。月犯外屛星。
庚申。虜犯宣府龍門所。
辛酉。陝西左布政使陳道爲右副都御史。巡撫河南。
流盜破桂陽縣。
昏刻。月犯畢宿左星。
壬戌。前南京兵部尙書薛遠卒。遠。瓊山人。正統七年進士。授戶部主事。歷郎中。督大同軍儲。天順六年。使安南。還。擢右侍郎。塞決河。遷左侍郎。至尙書。總督京儲。致仕。起南京兵部。人不能無議云。年八十二。賜祭葬。
陝西靖虜衞天鳴。
丙寅。流盜劫江西會昌。轉掠雩都瑞金興國安遠等縣。
丁卯。廣西猺寇平樂昭平堡。
戊辰。展楡林城。
曉刻。月犯右執法星。
己巳。虜寇遼東鐵嶺城。
庚午。修潮河川關隘。
辛未。南京右都御史鄧廷瓚總督兩廣軍務兼巡撫。
甲戌。虜入古北口。
乙亥。施瓚嗣懷柔伯。
右府署都督僉事奚勇卒。

丙子。長沙大雷雨。

丁丑。南昌及彭水縣大雷雹。折木。

丙辰弘治九年

正月觮朔癸未。傳陞太常寺丞布自雲爲少卿。

甲申周府永寧王同鈅薨年五十。謚莊和。

乙酉。夜月犯外屏西星。

己丑承運庫太監龍綬等請長蘆鹽二萬八千引供織造。戶部執爭。遂每引增直二錢。

壬辰。上南郊。

癸巳蒲州地震。

甲午。夜。月犯軒轅左星。

乙未卯刻。南京金星晝見。

丁酉。部院大計降斥千一百三十四人。雜職千二百二十一人。

戊戌。太子太保吏部尚書耿裕卒。裕字好問。盧氏人。景泰甲戌進士。館選。授戶科給事中。天順初忤旨謫泗州判官。後改定州。成化初。復檢討。歷祭酒吏部左右侍郎。尚書。中蜚語。改南京禮部。弘治初。改南京兵部。入禮部。善議論。多識典故。坦易率直。不殖產。有父尚書九疇風。所著臺閣紀聞。藏于家。贈太保。謚文恪。

庚子。曉刻。月犯西咸星。蓋州衞地震。陝西金州天鳴。

甲辰。水災。免應天鎭江常州去年夏麥八萬七千八百石有奇。

戊申。科道拾遺非不謹貪酷者俱留。
旱災免太原平陽澤潞順德去年夏麥十二萬五千二百石有奇。
昏刻。大星自文昌流南方。二小星隨之散。聲如雷。
二月配朔右都御史屠滽爲吏部尚書。
先是巡撫湖廣右副都御史徐恪傳陞南京工部右侍郎。以不由廷推。辭不允。
辰刻。金星見。
辛亥。卯刻。木星見。
甲寅。旱災免順德去年夏麥四千六百三十餘石。
乙卯。詹事兼翰林侍讀學士謝遷侍讀學士王鏊主禮闈。
金州地震。
丙辰。夜。月犯天高星。
丁巳。鄖陽大寧各地震。
戊午。周府臨汝王季塼薨。年五十。謚端懿。
太師兼太子太師保國公朱永卒。永字景昌。父謙。撫寧伯。成化初平荆襄盜。進侯。後征建州賊伏當加。進保國公。征虜亦思馬因。世公爵。給誥券。器宇弘深。治軍嚴肅。第功多矯飾。追封永宣平王。謚武襄。以同謙謚。改〔武毅〕
談遷曰。宣平屢在行間。告廟宣捷。僭爵上公。非不偉也。究其實。曾不足當王威寧之十一。幸世承平。小有俘斬。佐以脂韋貪附之力。福享倍厚。太史公稱霍去病天幸。以予觀于宣平。眞其人矣。
王世貞曰。永爲將能持重。其禦軍亦嚴整有法。然未嘗有揭社橫草之績。而遭世承平。爲國虎臣者。垂四十年。倍元台爵上公。所共事者敗。而摘誅不及。歿而贈王。子孫徹侯。世世勿絕。是遵何德哉。嗟夫。開國之靚靖難。其巨小尚不可同年而語。以視宣平。何霄壤也。士大夫不能覩久遠。往往駭新建寧遠而忽宣平輩。良可唾矣。

曉。刻金星犯羅堰上星。

壬戌。薊州及遵化地再震。聲如雷。

癸亥。曉刻。月犯右執法星。

丙寅。寧府鍾陵王覲錐有罪。革歲祿三之一。

己巳。遼東蓋州衞地震。

庚午。水災。免開封彰德衞輝懷慶汝寧去年田租有差。

壬申。夜。京師及淶水縣地震。

癸酉。皇次子厚煒薨。追封蔚王。

宣府隆慶衞地震。

甲戌。水災。免徐州去年田租三萬三千餘石。

英國公張懋提督團營。

乙亥。昏刻。南京壽星見。

戊寅。定西侯蔣驥總兵鎭守薊州。

三月朔。四川長寧民家楠樹生蓮華。李樹生豆莢。

辛巳。晉府義寧王奇渶薨。年四十七。謚榮康。

壬午。廣西盜二千餘人流劫廣東信宜縣。敗官軍。

甲申。南京守備太子太傅成國公朱儀卒。儀廉靜持重。南人初議其非治劇才。久而安之。至是兵民巷哭相望。年七十。贈太師。謚莊簡。

乙酉。虜犯大同。

己丑。昏刻。月犯軒轅左星。

庚寅。夜木星自二月來守氐宿。

癸巳。廷策貢士陳瀾等三百人。賜朱希周王瓚陳瀾等進士及第出身有差。

丙申。夜月犯東咸星。

己亥。皇太子冠于文華殿。

辛丑。左府都督同知白全卒。全以舍人侍英宗北狩。累功至今官。

虜入黃花鎮。

甲辰。虜入宣府永寧。

丙午。葬蔚王。

丁未。進士張宦爲南京戶科給事中。

閏三月帗朔。皇太子始御文華殿受朝。

虜犯薊州。

己酉。虜犯遼東東川堡。

選翰林院庶吉士顧潛陳鳳梧濮韶陳沓胡獻張紹齡華昺陳霽戴銑陶諧劉瑞。少詹事兼侍講學士張昇侍讀學士王鏊敎習。
江西贛縣地震。
壬子。旌西寧侯宋誠妾朱氏。氏適誠未至先卒。氏年十七臨喪矢節三十九年。
乙卯。南京左府都督僉事殷潤卒。
丙辰。旱災免陝西田租有差。
丁巳。日本國王源義高入貢。
夜。月犯上將星。
戊午。魏國公徐俌守備南京。
己未。平涼隕星如月。天鼓鳴。
癸亥。夜。月犯罰星。
乙丑。工部員外郎海寧祝萃致仕。時年四十五。
寧夏地震。
夜。月犯南斗杓星。
丁卯。起王越左都御史。
辛未。秦府宜川王誠灌薨。年二十八。謚康僖。
京師及永平衞地震。
乙亥。右副都御史翟瑄爲南京右都御史。
前直文華殿大理寺卿朱奎卒。奎華亭人。父孔陽。善書。官順天府丞。奎幼補國子生。授中書舍人。累今官。賜祭葬。

丙子。南京兵部尚書侯瓚改南京工部尚書。

四月戠朔庚辰。左僉都御史楊謐爲左副都御史。巡撫貴州。左副都御史王軾改大理寺卿。

太子少保戶部尚書葉淇致仕。

甘肅地震。

辛巳。榆次縣隕霜殺禾。

壬午。南京木星晝見。

甲申。南京吏部尚書張悅改南京兵部尚書。

南京國子祭酒羅璟致仕。

丙戌。琉球國中山王尙眞入貢。

丁亥。太僕寺卿彭禮爲工部右侍郎。仍理易州山廠。

虜犯大同平虜衞。數入宣府雲州等堡殺掠。

妖僧張金峯至陝西朝邑。以符水惑衆。走終南山謀亂。巡撫張敷華授計父老捕誅之。

戊子。吏部左侍郎周經爲戶部尚書。貴州左布政使張廉爲右副都御史。巡撫貴州。巡撫宣府右僉都御史陳紀回院。

鄭曉曰。近年仕路。好附權貴人求翰林科道淸要官。權貴人亦隨以敗。卽不敗。辱其身。廉恥掃地矣。官翰林者。多以詞翰詡。不屑言錢穀刑名。科道倚言路持銓曹短長。不肯出爲郡守藩臬。銓曹必愼祕不泄。奏上輒鎖閉書奏人。恐泄科道。郞署故官具疏。卽指摘銓曹。惠安文肅在刑部。忠宣簡肅在兵部。歷主事員外郞郞中。未嘗更曹文端理財最節愼曲算盈縮黠吏不能欺。忠定恭簡韓文戴珊出爲參政副使何今昔大異也。諸公際時則旬宣弼亮以濟世用遇險則正色危言以遏奸宄卓然以道事君不可則止者矣。

右春坊右諭德署國子司業劉震爲南京國子祭酒。

逮武岡知州劉遜。以岷王膺䤵訐其不法也。給事中龐泮等御史劉紳等言。岷王以遲祿罪遜。且株證數百人。但下撫按查勘則曲直自不能掩。忤旨悉下科道官六十二人獄。

己丑。禮部尚書倪岳改南京吏部尚書。進太子少保。

庚寅。尙寶司及中書舍人署六科事。

虜再入薊州燕河營。

辛卯。南京地震。

甲午。翰林院侍讀學士王鏊左春坊左諭德侍讀楊廷和侍講張天瑞改左右中允。修撰費宏楊時暢改左右贊善。編修吳儀靳貴俱兼校書。左寺副周文通右寺副劉棨俱兼正字。少詹事兼侍講學士張昇右諭德王華洗馬楊傑仍舊職供事。

乙未。府部九卿請釋科道官。從之。各罰俸三月。

南京刑部尚書閔珪改左都御史。禮部左侍郎徐瓊爲尚書。吏禮部右侍郎倪鍾傅瀚俱左侍郎。大理寺左少卿馬中錫爲右副都御史。巡撫宣府。

丙申。南京禮科給事中彭誠等言。舊額僧道。郡四十人。州三十人。縣二十人。槪天下不過三萬六千餘人。成化二年度僧道十三萬二千二百餘人。十二年度萬三千三百餘人。二十二年度二萬四千五百餘人。前此又不知幾何。今不豫禁。爲患非細。章下所司。

丁酉。翰林侍講黃珣爲右春坊右諭德署國子司業。
己亥。刑部左侍郎戴珊爲南京刑部尙書少詹事。兼翰林院侍講學士張昇國子祭酒林瀚俱爲禮部右侍郎。瀚仍署祭酒。
庚子。巡按直隸御史鄧璋言高郵湖隄易磚以石庶堅完省費。從之。
壬寅。陳勳嗣武平伯。
甲辰。刑部右侍郎謝綬爲左侍郎。右副都御史屠勳爲刑部右侍郎。
五月壬朔。蝗災。免青州去年田租有差。
庚戌。晉府襄陰王奇瀴薨。年三十八。謚安惠。
陝西左布政使張淮爲右副都御史。整飭薊州邊備兼巡撫順天。
辛亥。翰林編修白鉞爲侍讀。
丙辰。京師雨雹。
戊午。昏刻月犯東咸星。
己未。北虜遣使請三千人至京。詔許千人。尋請回兵襲𢙢剌。至秋乃貢。敕邊臣嚴備。平江伯陳銳選團營三千人。
辛酉。武鄉縣冰雹壞人畜。
乙丑。遼東東川堡地震。
戊辰。前巡撫湖廣右副都御史馬馴卒。長汀人。正統十年進士。
寧夏地震。

庚午。虜入宣府馬營堡。

辛未。虜入遼東三山營。

壬申。夜月犯畢宿。

六月预朔。戊寅。南京工部尚書馮貫致仕。

己卯。宣府鎭南口墩驟風雨。龍出刀鞘內。丁亥。復大雷雨。

辛巳。翰林修撰李旻爲左春坊左諭德。

虜犯大同石門墩。

廣寧前屯衞指揮僉事張禮修邊于陸洲河。忽虜百餘騎起葦泊間。官軍失利。

甲申。巡撫寧夏右副都御史孫仁致仕。

乙酉。代府棗强王成舒薨。年三十七。謚安靖。

癸未。月犯建星。

己丑。太僕寺少卿張禎叔爲右僉都御史。巡撫寧夏。

庚寅。山陰蕭山大雨。山崩水溢。漂廬舍二千楹。死三百餘人。事聞。免其徭。賑之。

辛卯。限度僧道。京師八千人。南京五千人。各省補逡原額。仍試而收之。

壬辰。夜月犯壘壁陣東星。

丙申。前巡撫鄖陽右副都御史王道卒。蠡縣人。天順元年進士。

大飭京營舊制。兵部尚書馬文升言軍械朽鈍。其浙閩齊洛諸省作不如法。宜敕工部覈內府見藏之數。可用或否。令兵仗局制爲成式。下諸司。舊造長槍署斬馬刀。二更團牌爲長牌。弓矢則如宣德正統間製法。毋復苟且塞責。糜費資財。有司不督責不勝任者。奏貶秩。從之。

曉刻。月犯外屏東星。

丁酉。右少監楊友鎮守貴州。

己亥。林世遠曹玉劉蕘邢纓何琛王憲王術藍章李咨車梁戈福金洪王約吳學石祿爲試監察御史。

庚子。旱災。免南昌去年田租五十萬八千石有奇。

辛丑。致仕吏部尚書兼翰林學士尹直表賀萬壽幷上皇太子承華殿箴。以獻諛希恩。卻之。

壬寅。寧府宜春王奠㘯薨。年六十一。謚宣和。

甲辰。朱暉嗣保國公。止一輩。子孫仍襲撫寧侯。初暉求嗣公爵。兵科給事中王廷言。永功非開國。不當世。廷議永遼東功尙在勘。遂有是命。

大學士徐溥等以上視朝漸晏。侍衞困憊。卸甲高臥。朝貢外夷。不無輕視朝廷。上納之。

七月柄朔庚戌。巡撫四川右副都御史馮俊卒。宜山人。天順四年進士。

辛亥。前刑部尙書杜銘卒。銘金堂人。正統乙丑進士。授刑部主事。歷官四十餘年。所至殫力。鮮有過舉。年七十八。賜祭葬。

甲寅。官鬻山東長蘆二運司鹽。

乙卯。翰林檢討陳端進士王用才爲汝府左右長史。

虜犯宣府柴溝堡。

己未。錄克復哈密功。總兵右都督劉寧爲左都督。巡撫左僉都御史許進爲右副都御史。巡撫陝西。右少監沈讓爲左少監。副總兵都指揮僉事彭清爲都指揮使。餘陞賞有差。

曉刻金星犯軒轅。
壬戌晉府雲丘王鍾鋌薨年五十三。謚端惠。
癸亥工部尙書劉璋致仕。
乙丑應天府尹冀綺劾免。
戊辰虜數入宣府雲川堡。總兵莊鑑副總兵阮興戰于龍王堂。斬七十餘級。奪回人畜甚衆。時鑑與俱以謀勇稱。
己巳應天府丞高敞爲府尹。
辛未戶部右侍郎黃傑致仕。壬申卒。淯川人。成化二年進士。
禁王府官管河泊。
八月癸朔。工部左侍郎徐貫爲尙書。
丁丑南京兵部右侍郎王繼爲戶部左侍郎。提督倉場。
庚辰以日本貢使殺人于濟寧。命自後止許五十人入京。
辛巳。夜南京壽星見。
壬午工部右侍郎曾鑑爲左侍郎。巡撫保定右副都御史史琳爲工部右侍郎。巡撫陝西右副都御史張敷華爲南京兵部右侍郎。
丁亥。巡撫甘肅右副都御史許進改陝西。
黑熊上西直門傷人。不能獲。兵部郎中何孟春曰。熊之爲兆。既當備盜。亦宜備火。或問曰。宋紹興己酉永嘉災。前數日有熊至城下。州守高世則謂其倅趙允韜曰。熊于字能火。城中宜愼火。果延燒官民舍十七八。予憶此事而云耳。

裁廣西游擊將軍。

辛卯。河南山東左布政使高銓吳珉爲右副都御史。銓巡撫保定兼提督紫荆等關。珉巡撫甘肅。

壬辰。虜入宣府雲州堡龍門衞。

夜。月犯天囷西星。

丙申。虜數寇莊浪衞永昌涼州。

己亥。工部主事王鉉管遵化鐵冶。言囚罪不死。而官司虐之多斃。請月給口糧三斗。從之。

先是雲南廣南衞卒譁捶巡撫都御史張誥。門走金山。至是擒誅十三人。

庚子。夜。月犯軒轅左星。

辛丑。湖廣左布政使鍾蕃爲右副都御史。巡撫四川。

虜百餘騎突入宣府之獨石攻鎭寧墩。

壬寅。遼東鳳凰城天鼓鳴。

九月。癸卯朔。丙午。前南京工部尙書馮貫卒。蠡縣人。天順八年進士。

己酉。戒諭勳戚侵奪關津橋梁水陂市販之利。

大理寺卿王霽卒。上海人。天順四年進士。性和厚鮮怨。

夜。月犯南斗杓西星。

庚戌。代府廣靈王仕墩薨。年六十九。謚莊裕。

鎭守雲南征南將軍太子太傅黔國公沐琮卒。成化元年嗣兄爵。性勤愼。公餘不入私室。日冠帶。苞苴絕跡。留心屯田水利。屢勦麗江劍川順寧羅雄叛夷。贈太師。謚武僖。亡子。故右參將錦衣衞都指揮誠之子崐嗣。

昏刻。月犯建星。

壬子。慶遠天河縣增設永安長官司。

甲寅。夜。月犯壘壁陣西星。

乙卯。肅州衞天鼓鳴。

庚申。虜犯宣府柴溝堡。再犯密雲古北口。

辛酉。曉刻。月犯畢宿。

乙丑。湖廣按察使林俊予告。南京大理寺卿章格致仕。

丙寅。宣府隆慶衞地震。

丁卯。夜。月犯軒轅大星。

己巳。曉刻。月犯靈臺上星。

癸酉。宣府萬全都司地震有聲。

是月。衡州天雨物如麥。

十月甲戌朔。丙子。汶川威州各地震有聲。

丁丑。禮科右給事中胡瑞。以三年例遣祭海瀆岳鎮。例神樂觀樂舞生。請改遣見任官或辦事進士。太常寺卿崔志端鴻臚寺卿賈斌宜斥。不聽。

戊寅。虜自大同天城衞潛犯宣府西陽堡。

己卯。署錦衣衞鎮撫司指揮僉事韓璟卒。璟任中後所副千戶。超典詔獄。頗能自守。不怙權勢。歿無餘貲。

前太子少保禮部尚書直文淵閣彭華卒。華安福人。景泰五年進士。館選。授編修。歷詹事吏部左侍郎直閣。少著才名。文筆嚴整。性險譎機深。陰排勝己。嗾羅倫論李賢。嗾蕭彥莊傾李秉。厚大學士萬安。附李孜省鄧常恩藉以酬恩怨。劉珝王恕馬文升秦紘劉宣羅璟輩之譴去。皆其謀也。直閣出自奥援。謠曰。八百憲臺陞李裕。三千館閣薦彭華。至今醜之。俱出焦芳筆。年六十五。贈太子少傅。謚文思。

王世貞曰。焦以尹龍事出謫桂陽。云出華意。故怨之刻骨。而謗詈甚口若此。華雖由李孜省薦。生平之與尹直俱在是非間。不應至此。

昏刻。月犯牛宿。

辛巳。復設雷廉高肇兵備副使。初議裁。

甲申。巡撫湖廣左副都御史樊瑩致仕。

進士范兆祥爲翰林檢討。直涇王。

前南京戶部尚書潘榮卒。榮龍溪人。正統十三年進士。授吏科給事中。言路殆二十年。歷南京太常少卿戶部右侍郎右副都御史。其守不變。贈太子少保。賜祭葬。

南京地震。

乙酉。陝西禮縣地震。聲如雷。

丙戌。南京右僉都御史楊守隨爲南京大理寺卿。

增開封管河通判。

丁亥。裁慶遠府忻城流官知縣。

夜。月犯天囷星。

辛卯。巡撫山西左僉都御史顧佐還南院。撫治鄖陽右副都御史沈暉巡撫湖廣兼贊理軍務。
乙未賑瀘州及新津諸縣水災。
戊戌。河溢中牟蘭陽儀封考城折徵田租。
己亥廣東左布政使黎福爲右副都御史撫治鄖陽。
庚子。巡撫大同右僉都御史侯恂改山西。
南京戶部左侍郎李益致仕。
壬寅。初邊警命平江伯陳銳練團營萬騎聽征。至是改新寧伯譚祐練習。
癸卯進亳縣爲州。

十一月辟朔南京太常寺卿鄭紀爲南京戶部右侍郎。陝西布政司左參政劉瓛爲右僉都御史巡撫大同兼贊理軍務。
庚戌虜入宣府四海冶。
癸丑。夜月犯外屛西星。
丙辰右府都督僉事楊義卒。
夜。月犯畢宿。
辛酉。湖廣右布政使陶魯爲左布政使兼按察副使管廣東嶺西道。
乙丑。傳制封當浮新蔡王聰冷寧津王寵潤枝江王祐槅都昌王。
晉府慶城王鍾鎰薨年六十三。有子四十四。謚溫穆。
丁卯。虜入寧夏廣武營。

十二月艸朔己卯。刑科給事中楊廉請錄故禮部左侍郎薛瑄文集下坊刻。賜祠曰正學。

甲申。夜月犯天高星。

乙酉。朱輔嗣成國公朱儀子。

丙戌。冊德清長公主駙馬都尉林岳尙之。

定襄伯郭嵩子指揮使參求爵吏部以從祖郭登封伯亡子。兄子嵩得襲。出特恩。今例難再襲。遂世錦衣指揮使。

戊子。夜月食既。

己丑。祠伏羌伯毛忠于甘州。曰武勇。

夜。月犯軒轅火星犯鈎鈐。

丙申。補造選官印。印各官名上。

丁酉。刑部典吏徐珪請革東廠。除名。初。彭城衞千戶吳能女滿倉兒付張媼鬻之。入樂婦張氏。轉售袁璘爲娼。能妻聶氏覓女。女怨其鬻也。不母。遂攘之以歸。致訟。刑部郎中丁哲。員外郎王爵歸女聶氏。箠袁璘數日死。璘妻訴于東廠。太監楊鵬逮聶氏及張媼訊之。媼妄謂女妹生于臨淸者。女亦云然。鵬奏哲等罪。命法司確讞。且廷訊。俱偏坐哲等。徐珪言。哲讞允當。而楊鵬之姪嘗私此女。密告女俾異詞。拷聶氏使誣伏。妄稱刑官偏酷。鎭撫司互相蒙蔽。法司畏東廠。始終莫敢辯。此女誣母罪不容誅。而僅擬杖。哲等被誣加之以徒。輕重倒置。東廠之勢如此。臣在部三年。每見鞠盜。多獲自東廠鎭撫司。或稱校尉仇陷。或稱校尉受贓。縱得眞情。孰敢擅更隻字。以哲事觀之。竊爲昔年枉者嗟歎不已。臣願陛下革東廠。僇楊鵬。如不革東廠。則擇謹厚中官如陳寬韋泰。仍選一大臣共事。其鎭撫司理刑。不專錦衣衞。乞選京衞一二人及刑部主事共事。上怒。下臺獄。滿倉兒杖訖。

入浣衣局。丁哲削籍。

己亥曉刻月犯建星。

丁巳弘治十年

正月辛巳朔。庚戌上南郊。

辛亥昏刻。月犯畢宿。

壬子。大星隕寧夏中衛天鳴。又鄜州星流天鳴。

乙卯。曉刻南京木星晝見。夜月犯鬼宿。

丙辰。曉刻火星犯木。

戊午。眞定太原地震。屯留尤甚。屋瓦多傾。

甲子。金星晝見。

乙丑。戴乾爲試監察御史。

尚膳監奉御趙瑄獻閒田爲東宮莊。戶部執論下鎭撫獄。巡撫右副都御史高銓按獻縣雄縣等閒田止七十餘頃。餘皆民業。罪瑄。

福建流盜劫雩都縣。

戊辰。楡林寧夏地震。

己巳。設太倉州領崇明縣。

辛未。高州地震有聲。

二月癸酉朔。鎮守宣府總兵官右都督馬儀劾免。

停官軍採青給民佃種徵租。

甲戌。大學士徐溥等請勤講親政。并絕齋醮修煉之說。從之。時太監李廣假修煉服食。中外憂之。故溥等言金石性酷烈。唐憲宗藥發致疾。雖杖殺方士柳泌。奚益。今上清龍虎宮神樂祖師殿番經廠。皆火。神如有靈。何不自保。願陛下嚴早朝之節。復奏事之規。勤講學之功。優接下之禮。遠邪佞而斥誣妄。太平可幾也。上是之。

戊寅。考察朝臣。兩京堂上官免自陳。翰林院講讀學士免考。

宣府副總兵都指揮同知阮興爲署都督僉事總兵官。鎮守宣府。

夜。江西新城縣冰雹。

甲申。靜寧州隆德華亭縣地震。

乙酉。南京金星晝見。夜月犯靈臺上星。

丁亥。陝西鎮番衞地震聲如雷。

己丑。昏刻金星犯天陰星。

庚寅。巡撫鳳陽左副都御史李蕙以致仕。六安知州羅山劉鎰積穀十萬餘石。宜旌異。特進階奉政大夫。

壬辰。寧府弋陽王覲鍱薨。年四十五。謚僖順。

茂州地震有聲。

癸巳。旱災免大同去年田租有差。

丙申。河南修武縣黑氣墮地化爲石。

辛丑。威州地震有聲。

三月癸卯朔。丁未。夜。月犯司怪星。

戊申。敕閣臣纂修會要。

楊質嗣彰武伯。楊瑾子。

己酉。雨土。

辛亥。災異諭修省。

壬子。甘肅總兵官左都督劉寧疾去。副總兵都指揮使彭清爲都督僉事總兵官。鎭守甘肅。

虜數入甘肅。

癸丑。水旱免鳳陽淮安揚滁去年田租有差。

戊午。安南國王黎灝入貢。

己未。戶部辦事進士孫磐請建言諸臣分四等。彈劾權貴。補拾闕遺。建白時政。粉飾文具。第其上下爲遷格。報寢。

辛酉。土魯番復攻哈密。不克。

壬戌。哈密人以傷殘。盡焚其居。詣肅州求濟。命給牛羊穀種。

癸亥。繫內官何鼎。進太監楊鵬戴義司禮監。刑科都給事中龐泮御史黃山等言。鼎素著狂直。宜賜優容。鵬行事乖違義得罪先朝宜斥免上曰內事爾等何與聞切責之。各停俸六月。時外戚張氏驕寵甚。鶴齡延齡出入宮禁無忌上嘗飲之起如廁除冠戲尙冠者又倚酒眄宮人鼎心忿之。一日搴覘御帷。鼎持大瓜錘之。皇后聞而怒。頃之。鼎極言。祖宗法度。外人不得妄入宮禁。近外戚觀燈禁城。無所忌畏。事在必懲。且言。上若用臣。必有以報。下錦衣掠治。究所主。曰。主者二人。但不可執而按之耳。曰。姑言。曰。一姓孔。一姓孟。

甲子。經筵畢。召大學士徐溥等面議章奏裁答。或更定。或删句。山西巡撫疏欲逮副總兵。溥等曰。此事輕。止逮都指揮以下可也。上然之。餘皆應手疾書。召問始于此。

丁卯。禮部主事李昆疏救何鼎。報聞。

北通州大冰雹。

庚午。增貴州黃平普市二千戶所。

新修鹵簿大駕成。

四月軒朔乙亥。晉世子奇源薨。年四十八。謚靖和。弘治癸亥。追封晉王。

代府靈丘王成鍛薨。年四十一。謚莊和。

丙子。太子少保吏部尚書屠滽滿九年。考進太子太保。

己卯。雍王婚吳氏。

庚辰。南京考察吏部郎中莊㫬等罷謫有差。時㫬病不知人已二年。

癸未。戶部尚書周經等申救何鼎。不聽。太監李廣竟迎中宮意杖鼎死之。後于禁中曳銅缸作聲若稱冤者。上亦感悟。特命勒碑以祭。

丙戌。霜災免太原平陽田租有差。

丁亥。禮科左給事中葉紳等上八事。御經筵。遵初政。禁傳奉。太監李廣傳陞千戶王英指揮等。斥異端。李廣修煉符籙。息工役。遵祖訓。黜不職。尚書徐瓊童軒侯瓚侍郎鄭紀太常卿崔志端李溫少卿布自雲沈瑜孫繩通政吳裕陳琬徐說少卿趙玹侍郎王宗彝。都御史劉瓛張誥張岫。去大奸。太監李廣大罪八。報聞。

戊子。王璟王經王啓蕭淵任漢羅列杜啓丘經趙俊李嶽爲南京監察御史。

昏刻。南京見大星自軫宿流西北。二小星隨之

己丑。虜入大同雲川衞。

戊戌。雷傾宣府西横嶺三十餘丈。

辛丑。星隕大同陽和衞。又火星隕阜平。

五月甲朔。癸卯。翰林檢討范兆祥言君后分主陰陽。引紀伯姬叔姬以諷。上怒。下錦衣獄。贖杖還職。

丁未。安南貢使黎峻卒會同館。賜祭歸其喪。

己酉。唐府新野王彌鍋薨。年四十五。謚宣懿。

庚戌。大學士徐溥乞休。命風雨大寒暑免朝。

甲寅。夜。月犯東咸星。

己未。錦衣衞指揮使劉良卒。

辛酉。南京國子祭酒李傑服除。改太常寺少卿兼翰林院侍讀學士。

癸亥。熊懷服除。仍南京刑部右侍郎。

丁卯。翰林院庶吉士汪俊爲編修。

曉刻。月犯天廩星。

戊辰。曲靖衞知事李晟爲都察院照磨。從總兵神英贊畫。

虜寇潮河川。把總指揮王玉等禦之。追至泉水灣中伏。玉僅免。指揮劉欽等死之。

虜迫大同。命平江伯陳銳總兵。太監楊穆監督。莊鑑馬升爲左右參將。待征。

庚午。山西清源縣地震。聲如雷。

六月辛未朔。南京吏部尚書倪岳上修省二十事。法祖宗。謹好尚。併差遣。應天織造責守備官。蘇杭織造責巡撫官。恤軍民。罷工作。選武將。嚴操江防要害。減添設。積邊儲。整邊備。均吏役。處軍糧。禁奸弊。定輸納。省淹禁。寬貧囚。清軍丁。審營繕。廣言路。上從之。

甲戌。宣府懷來衞地震。

乙亥。海豐縣地震聲如雷。累日止。

丙子。金星晝見。

己卯。戶部左侍郎劉大夏兵部左侍郎李介俱兼左僉都御史。往宣大整飭兵糧。

夜。月犯氐宿。

壬午。夜。月犯南斗杓。

乙酉。夜。月食。

辛卯。邊警。禁京城訛言。

壬辰。定文官贈廕祭葬例。

乙未。贛州及上猶縣地震有聲。

己亥。寧王覲鈞薨。年四十九。謚曰康。

賜平江伯陳瑄祠曰恭襄。

七月庚子朔。癸卯。遼府沅陵王恩鉓薨。年三十八。謚宣穆。

太僕寺少卿張九功卒。陝州人。成化十四年進士。授給事中。建白多可採。

乙巳。泰寧福餘以虜患不入貢。命署都指揮同知王杲駐永平游擊將軍白琮分守燕河營。發游兵三千駐建昌留薊州等京操兵暫駐永平。又都督楊玉以京兵三千駐永平備虜。

丙午。吏部郎中儲巏爲太僕寺少卿。

大同告急。暫免軍士採青。

丁未。南京右通政焦芳改太常寺少卿兼翰林侍講學士。上以舊宮僚恩。

辛亥。英廟成妃張氏薨。謚恭僖。

福建興化大風拔木。

癸丑。中府都督同知王清封崇善伯。世爵。錦衣衛指揮使王濬爲右府右都督。清濬皆皇太后弟。

談遷曰。昔劉吉阻封張氏。欲盡爵周王二家子弟。孝皇嗛焉。其後王氏果盡爵。張延齡得並封。退奸之勇。納諫之公。蓋兼之矣。

增廣高惠潮肇慶捕盜通判。

丙辰。南京工部尚書侯瓚致仕。

己未。設貴州鎮遠縣流官。原鎮遠金容金達長官司土官何碖得罪論死。

乙丑。曉刻月犯井宿。

丙寅。太原譙樓獸吻出青白烟。高二尺餘。匝月乃散。

丁卯。曉刻月犯鬼宿。

八月庚朔。辛未。兩廣總督右都御史鄧廷瓚爲左都御史。總督漕運。左副都御史李蕙爲右都御史。南京刑部右侍郎蕭禎爲南京工部尚書。巡撫陝西右副都御史許進爲戶部右侍郎。廷瓚蕙仍總督

太常寺丞馮宗遠爲少卿。樂舞生。

甲戌。南京金星晝見。

乙亥。巡撫山東右僉都御史熊翀改陝西。進左副都御史。順天府尹張玉爲右副都御史。巡撫遼東。

傳陞太常寺典簿趙繼宗協律郎王福廣爲寺丞。道士。

戊寅。浙江右布政使張憲爲順天府尹。

己卯。何鑑服除。補右副都御史。巡撫山東。

庚辰。賑鄧州水災。

辛巳。夜月犯壘壁陣西星。

壬午。南京壽星見。

癸未。金星晝見。

癸巳。昏刻。南京客星見天厩星旁。

九月。妃朔辛丑。提督京通倉場戶部左侍郎王繼秩滿。進尙書。

癸卯。虜數入陝西鎭番衞。

乙巳。賑濟兗青登萊水災。蓬萊黃縣大疫。

昏刻。月犯建星。大星隕于永平。天鳴。

南城人萬軏販海。客暹羅。以通事屢入京。乞還里。仍役京師。命原籍冠帶閒住。

丁未。前巡撫遼東右副都御史彭誼卒。誼東莞人。貢士。授工部司務。嘗抗論尙書曲直。遷御史。治水平盜。歷右僉都御史。提督紫荆等關。忤權左遷紹興守。多惠政。後撫遼。數逐虜。建立多可法。早退。家居二十餘年。誼好古博學。臨事能斷。

己酉。魯府安丘王當漎母喪。乞廬墓。止之。

祀漢北地王諶于昭烈廟側。巡按御史榮華言之。

壬子。兵部尚書馬文升子玠爲徽王所奏。擬絞宥之。

暹羅國王國隆勃剌略坤息利尤地亞入貢。表不能譯。徵廣東人。增暹羅館通事。

戊午。減光祿寺供用品物。

庚申。旱災免延安慶陽夏稅。

辛酉。先是盜據思明上石下石。復害知府黃道。事聞。下總督議。

乙丑。虜犯宣府。

昏刻。土星犯壘壁西星。

丙寅。曲阜妖人孔布事急。攻入定遠。

虜入莊浪紅城子堡。

十月巳朔庚午。賑成都水災。

青神知縣楊璲水死。給葬。

辛未。免九江衞屯租。

曉刻。金星犯左執法。

壬申。錄于冕子允忠世杭州衞副千戶。冕陳先臣謙軍功。冕亡子。嗣新安衞千戶明次子允忠。

萊州星隕天鳴。

癸酉。延安慶陽災傷。命陝西河南山西開納贖罪。

復山西行太僕寺丞。

甲戌。南京翰林侍讀學士曾彥致仕。

巡撫應天右副都御史朱瑄予告。

江西左布政使祁順卒。順□□人。天順庚辰進士。授兵部主事。歷戶部郎中。成化乙未使朝鮮。學問該博。沒無𧷤金。

永平地震。聲如雷。夜月犯羅堰下星。

丙子。改湖廣按察水利僉事爲上荆南兵備道。

丁丑。暫免宣府軍士採青。

前署鴻臚寺事禮部左侍郎楊宣卒。直隸新城人。景泰五年進士。

戊寅。晉府交城王鍾鐻薨。年六十一。謚莊僖。

己卯。指揮僉事沐崑嗣黔國公。總兵鎮守雲南。

永平地復震。

庚辰。易州山廠工部右侍郎彭禮爲右副都御史。巡撫蘇松常鎮。兼總理糧儲。

壬午。鬻兩淮鹽九十萬引。供餉宣府。

夜。月犯天囷南星。

乙酉。翰林侍讀馬廷用爲南京侍讀學士。

起左都御史王越總制甘涼各邊。兼巡撫。進太子太保。召巡撫甘肅都御史吳琛。

夜。月犯天闕星。

丙戌。立揚州江口閘。
丁亥。旱災免順天田租有差。
戊子。賜眞人王應椅陳應循劉良輔陳宗然誥印。
夜。月犯鬼宿。
己丑。故少保兼吏部尚書謹身殿大學士王文。贈太保。謚毅愍。
辛卯。選禁兵。
十一月戊戌朔。南京禮部尙書童軒致仕。
賑成都保寧順慶敍州饑。
庚子。土魯番阿黑麻歸哈密忠順王陝巴乞通貢。下兵部。責眞正番書。議陝巴去住。
癸卯。刑部左侍郎謝綬爲南京禮部尙書。
甲辰。虜前入薊州龍洞谷關。
丁未。張錦服除。仍刑部左侍郎。
己酉。敕雲南巡撫等協贊黔國公沐崑。每事酌議。仍諭崑親賢進學。毋墜前烈。
庚戌。謫工部主事盛應期雲南安寧驛丞。范璋呂合驛丞。應期管濟寧等閘。璋管衞河船。以南京內臣誣其阻薦新。逮獄。擬贖還職。特謫之。
辛亥。太監李廣請預作明年元節烟火。工部持之。命減三之一。
甲子。傳制封寵浸遼王。祐柃鄭王。見潴眞丘王。祐櫸襄邑王。安瀶邵陵王。安潏棗陽王。安潟東會王。安瀺臨淄王。彥泥南安王。表梘義寧王。奇渲雲丘王。誠洌汧陽王。秉櫄永壽王。誠涤保安王。宸澮宜春王。

乙丑。設湖廣保康縣。隸鄖陽。

應天府尹高敞卒。崑山人。成化八年進士。

丙寅。進士周璽徐昂熊偉艾洪周鼎鄒軒尙衡爲給事中。

十二月戊戌朔。曉刻金星犯東咸星。

庚午。虜劫赤斤衞部落。撫夷百戶劉達擊破之。斬九級。

壬申。先是廣西猺獞流劫化州茂名石城。官軍擊斬八級。殺良民幾三千人。淫掠亡算。治其罪有差。

癸酉。修大同邊垣。

乙亥。增韶州捕盜通判。

己卯。慶王寘鍪薨。年三十三。謚曰恭。

定土官陞賞。如長官陞宣撫。知州陞知府。仍故署毋易。

庚辰。河南左布政使周季麟爲右副都御史。巡撫甘肅。

辛巳。安定王千奔入貢。

癸未。夜。月食月犯鬼宿。

乙酉。壽王婚徐氏。

戊子。李裕中爲南京監察御史。

己丑。欽天監正吳昊加太常寺少卿。

禮部祠祭郎中王雲鳳下錦衣獄。雲鳳嘗言事激切。不報。至是上視郊牲。雲鳳駕後乘馬被糾。謫陝州知州。

庚寅。復萬貴妃姪喜錦衣千戶。達百戶。

癸巳。陝西右布政使韓重爲應天府尹。
增山西寧武關守禦千戶所。

戊午弘治十一年

正月酉朔戊戌。經略大同兵部左侍郞兼左僉都御史李介卒。高密人。成化五年進士。贈尙書。
丙午昏刻。月犯畢宿。
丁未。上南郊。
戊申。寧夏中衞地震有聲。
丁巳。兵部右侍郞王宗彝爲左侍郞。左副都御史楊謐爲兵部右侍郞。
庚申。苗賊犯靖州。
陳士元曰。議者言柳靖二州密邇蠻落。故不以屬郡。而直隸藩司。蓋寵以事權。彈壓荒徼。爲邊氓計也。顧二州去藩司千餘里。歲時建白例必得請。然後按章行之。藉令撫禦機宜。覩于眉睫。必俟報可始得舉。詎無失時之慮乎。誠假之專斷。勿束以格例。非獨渠陽守令便也。卽事功可覈成矣。
辛酉。定遠妖人楊潮等伏誅。
壬戌。翁理蔣昇爲南京監察御史。
癸亥。右僉都御史陳紀爲右副都御史。
肅州流星大如室。聲如雷。良久滅。
甲子。大理寺左少卿王嵩爲右副都御史。巡撫延綏。

宣城伯衞穎卒。

二月瞓朔寧夏西路地震有聲。

己巳南京右僉都御史顧佐爲左僉都御史。

小王子求六千人入貢許二千人入關五百人入京。

辛未錄湖廣左布政使陶魯功廕子荆民百户。

甲戌提督雁門等關右僉都御史侯恂爲南京左僉都御史。

鎭守貴州右都督王通疾去。

丁丑定南京内府庫藏十年科道遣覈。

戊寅東寧伯焦俊鎭守貴州。

己卯南京大理寺右寺丞魏紳爲右僉都御史提督雁門等關兼巡撫山西。

巡撫遼東右都御史張岫劾免。

辛巳旱災免太原平陽澤潞汾去年夏税有差。

壬午山西左參政張海卒海德州人成化丙戌進士前以兵部左侍郎使哈密。

乙酉前南京禮部尚書童軒卒軒鄱陽人景泰辛未進士授南京給事中歷太常少卿署欽天監十年致仕弘治初起太常寺卿仍署監轉右副都御史迄尚書清介博覽善詩翰兼精天學。

南京壽星見。

丁亥衞輝地再震有聲。

甲午太常寺卿兼翰林侍講學士程敏政翰林院侍講學士楊守阯左春坊左諭德李旻司經局洗馬梁儲東

宮侍班。太常寺少卿兼翰林侍讀學士李傑焦芳。侍讀學士兼左諭德王鏊。右諭德王華。洗馬楊傑。侍讀劉機江瀾白鉞。侍講武衛。左中允楊廷和張天瑞。左贊善費宏。直講讀編修兼校書吳儼靳貴。禮部員外郎兼正字周文通。大理寺右寺副兼正字劉棨。俱俟直

程敏政爲詹事兼翰林院學士。王鏊爲少詹事兼侍讀學士。

丙申。進大學士徐溥少師兼太子太師華蓋殿大學士。劉健少傅兼太子太傅戶部尚書謹身殿大學士。李東陽太子少傅禮部尚書兼文淵閣大學士。謝遷太子少保兵部尚書兼東閣大學士。太子太保兵部尚書馬文升進少傅兼太子太傅。太子太保吏部尚書屠滽進太子太傅。太子少保刑部尚書白昂進太子太保。戶部尚書周經。禮部尚書徐瓊。工部尚書徐貫。左都御史閔珪俱進太子少保。

進太師英國公張懋柱國太保。新寧伯譚祐。平江伯陳銳。俱太傅太子太保。遂安伯陳韶。成山伯王鏞。俱太子太傅。寧晉伯劉福太子太保。

湖廣左布政使兼廣東兵備副使陶魯卒。魯字自強。鬱林人。父成。殉處州賊。廕魯新會丞。韓雍檄討賊。選銳五百人。戰無不克。歷湖廣左布政使。沈謀能斷。不專武健。先後督府韓雍鄧廷瓚。皆倚成功。撫治兩廣幾四十年。行兵兵不先知。或先半載調械餉。多疑兵。調發多寡無常數。惟檄而署曰某封某日某時發。及發乃知進兵。卽數路如期進。賊亦不及備而殪。嘗宴客。樽俎未徹。捷已至。坐客驚駭。諸蠻仇之。毀先墓。戕其宗。遂僑南海。魯欲開高州水道通肇慶。坐忌不果。捕賊二萬一千四百有奇。脫男婦十三萬七千有奇。子荊民世錦衣副千戶。官不酬功。

談遷曰。陶魯之才。長于行間。其用兵不以衆而以寡。選十萬之衆。得百鈞之士五百人。讋制諸蠻。威行南徼。其起家任子耳。非韓襄毅拔之汨沒斗食。終無以自見矣。同時吾邑孫璋布衣薦授□□丞。亦値襄毅討賊。

累功歷山東參政。倜儻非常之倫。必格外相賞。世之爲陶魯孫璋。當不乏也。誰爲襄毅其人哉。噫。

三月酊朔。己亥。皇太子出閣就學。

辛丑。旱災。免西安延安去年田租有差。

壬寅。夜月犯天關星。

甲辰。崇信伯費淮卒。

乙巳。虜犯遼東寧遠。

夜。月犯積尸氣星。

丙午。虜犯肅州。

庚戌。守備鮎魚石等關營都知監奉御羅綝。縱卒採塞外木被殺。下綝御史。擬戍。上不問。徵還。

辛亥。夜月犯亢宿。

甲寅。故代府武邑王聰沬薨。聰沬嘗有罪奪爵。年三十五。諡懷隱。後追封代王。諡曰思。

乙卯。定內外官朝見藩王禮。凡郡王親王同城。朝使止朝親王。各城則朝郡王。外官亦然。其朝謁稱官不稱臣。

癸亥。詹事程敏政爲禮部右侍郎。仍兼翰林院學士。署詹事府。

四月酮朔。戊辰。壽州及汝陽各雨雹。

福建興化大雨水。壞居人亡算。

庚午。巡撫順天右副都御史張淮卒。襄城人。成化五年進士。

甲戌。旱災。免淮安徐邳去年夏稅。

庚辰。福建左布政使洪鍾爲右副都御史。整飭薊州邊備。兼巡撫順天。

辛巳。曉刻雨土。
癸未。遼府松滋王豪堊薨。年六十六。謚靖簡。
前巡撫四川右僉都御史丘鼐卒。貴溪人。景泰五年進士。
丙戌。南京工部右侍郎徐恪致仕。
丁亥。吏部右侍郎秦民悅服除。改左副都御史。
己丑。南京木星晝見。
壬辰。寧夏地震有聲。
癸巳。巡撫湖廣右副都御史沈暉爲南京工部右侍郎。
五月辆朔丁酉。浙江左布政使閻仲宇爲右副都御史。巡撫湖廣。
己亥。英國公張懋等。吏部尚書屠滽等言。頃歲修壽安。欽安宮。立毓秀亭。修神樂觀太倉城樓及外戚賜宅。近又興濟縣建眞武祠。三軍壯氣。耗于轉輸之勤。萬民膏血。浪爲土木之飾。又造織金綵妝閃色諸羅段紗絨。價不下百萬。奇巧靡麗。皆宜停止。上納之。
庚子。寧夏地震有聲。
辛丑。鎭守遼東太監任良等奏廣寧邊牆。以傳易土。庶堅久。從之。
壬寅。襄城伯李鄜卒。
甲辰。戶部尚書周經。以浙鹽二萬引付太監韓義。麥秀織羅段。勞民費財。有旨。今歲外第歲給五千引。
乙巳。廣伯顏猛可等入貢。
旌晉府鎭國將軍鍾鉄孝行。

丁未。巡撫甘肅右副都御史吳珉回南院。

戊申。虜數百騎近肅州。右參將楊翥追至黑山。兵備副使李旻合戰。再敗之。斬四十級。

夜。月犯鍵閉星。復犯怪星。

辛亥。故武邑王聰沐子俊杕襲封代王。

壬子。盜入夏邑縣。殺典史劉灝。

乙卯。復衍聖公孔弘緒冠帶閒住。

寧夏地震有聲。

己未。肅州天鼓鳴。

庚申。鄭府宣章王見洲薨。年二十三。謚懷順。

岷府黎山王膺鋑薨。年四十二。謚安懿。

曉。刻月犯天囷西星。

辛酉。雨雹。

乙丑。衛璋嗣宣城伯。衛穎子。

六月癸酉朔。戊辰。虜數入宣府獨石馬營。

前南京戶部左侍郎李益卒。長安人。景泰五年進士。居官廉直。

癸酉。虜犯古浪莊浪永昌山丹。

乙亥。貴州旱。大火。

丙子。桂林周道興園地陷九穴。

松江嘉興潮溢。
丁丑。前右僉都御史魏富改南京大理寺左少卿。
己卯。夜月食。
庚辰。秦王誠泳薨。年四十一。性孝友恭愼。好學工詩。作正學書院。錫祖所著小鳴稿世德錄。謚曰簡。
訪故翰林學士沈度孫世隆。授制敕房中書舍人。上好度書。
辛巳。蘇州歲祀宋儒魏了翁于鶴山書院。
己丑。遼府宜城王豪玲薨。年□十□。謚榮僖。
庚寅。前鎭守貴州都督僉事彭倫卒。
壬辰。曉刻。月犯井宿。
七月耗朔。辛丑。虜犯宣府。
定通政司五月至七月日引奏五事。餘月日七事。
壬寅。增瑞州通判捕盜。
癸卯。肅州衞天鼓鳴。夜月犯東咸星。
己酉。總制太子太保左都御史王越襲寇賀蘭山。自寧夏分道。延綏副總兵都指揮同知彭淸朱瑾兵二千出南路。寧夏鎭守太監張僴總兵官都督同知李俊兵二千出中路。副總兵都指揮使張安監槍右監丞郝善兵二千出北路。張安郝善分二哨。北哨行五十里至花果園。擊斬十二級。南哨至蒲草溝。虜棄畜產而遁。擊斬七人。合兵至大把都。斬十級。薄暮斬十一級。是役也。安善功最。進越少保兼太子太傅。餘陞賞有差。
費柱嗣崇信伯。費淮子。

壬子。管河工部員外郎謝緝言。黃河一支引沁水入運河。出徐州小浮橋。比來河決從歸德。勢將牽沁水俱南。徐呂二洪必涸。宜隄歸德決處。遏河入徐。仍行管河官于沁水滌淤固瀆。不令黃河泛引而他流。廣水道深廣便漕。命下所司經度。

癸丑。南京天鳴。

丙辰。太原地震有聲。

丁巳。虜入密雲古北口。

庚申。夜月犯天罇星。

辛酉。直閣太僕寺少卿姜立綱卒。立綱瑞安人。幼能書。肄翰林院。授中書舍人。書法重一時。賜祭葬。

壬戌。祀宋慈元皇后楊氏于廣州。及丞相陸秀夫。先是右布政使劉大夏立厓山大忠祠。新會知縣沈章又言之。

南京浙江道監察御史萬祥言。兩廣賊不難于征。惟難于守。往年征進。賊聞風先走。及軍到巢。草深糧盡。纔聞軍退。賊即行劫。今欲成功。當先蓄糧。九月霜降。刻期進取。明年二月。將賊村牛穀給土軍充餉。且耕且守。過來秋霜降。仍復行事。三年之後。可無後患。下兵部。從之。

大同雷雹壞稼。

癸亥。少師兼太子太師吏部尚書華蓋殿大學士徐溥致仕。

八月。

玾朔。虜犯遼東寧遠。守備都指揮王臣追至分水嶺。敗死。

丙寅。前總督兩廣右都御史宋旻卒。淳安人。景泰二年進士。性淸約。非治劇才。

宣府保安衞地震有聲。

丁卯。設廣東新寧縣。隸廣州。
壬申。台州天鼓鳴。
甲戌。盜劫桃源縣。
乙亥。夜月犯奎宿。
戊寅。萬全都司帶俸都督僉事江山卒。浙江西安人。
樂陵妖僧洪海以迷藥殺人伏誅。
癸未。賑祥符河災。
甲申。木星晝見。
乙酉。曉刻月犯畢宿。
丁亥。夜月犯井宿。
己丑。南京壽星見。
九月。甲朔。總制王越請陝巴復王哈密。從之。
丁酉。昏刻月犯西咸星。
庚子。夜月犯木星。
壬寅。時右少監莫英太監宋玉劉璟監督京通倉戶部尚書周經等言。生一事則有一事之害。增一官則有一官之費。上不聽。
戊申。壽王祐楮之國保寧。
己酉。皇女太康公主薨。

辛亥。虜大入遼東寧遠。

南京左僉都御史侯恂右副都御史吳珉爭公廨被劾。俱免。

壬子。通政司使元守直爲禮部左侍郎。仍署司事。右通政高祿爲通政使。

乙卯。翰林檢討張顯范兆祥爲涇府左右長史。

夜。月犯天罇星。

己未。大理寺左少卿陳璚爲南京左僉都御史。

十月燚朔丙寅。兵部尙書馬文升請止營車工役。上納之。

戊辰。翰林院庶吉士濮韶陳霽葉德賈詠爲編修。汪偉王九思劉瑞爲檢討。陳諮華昶楊褫張弘至徐忱陶諧爲給事中。顧潛胡獻陳琳爲試監察御史。

南京戶部尙書秦紘致仕。

庚午。戶部左侍郎劉大夏致仕。

前通政司左通政張璞卒。滑縣人。成化十三年進士。

辛未。昏刻。金星犯天江星。

壬申。曉刻。大星自東北流東南。小星數十隨之。

甲戌。夜。乾清坤寧宮災。

乙亥。曉刻。遣諭閣臣。火災。朕侍太皇太后徹旦不寐。欲暫免朝。可乎。時劉健往西山。李東陽謝遷對如旨。乃免朝。

丙子。大學士劉健等言。災異頻仍。大火尤甚。或以齋醮祈禱爲弭災。此邪妄褻天。或以縱囚釋罪爲修德。此姑息長惡。向來奸佞熒惑聖聰。今進賢斥奸。明示賞罰。當行之事。斷在不疑。毋更因循以貽後患。上納之。

太監李廣自殺。廣以方術幸。時萬歲山立毓秀亭。謂禁忌。及公主殤。清寧災。太皇太后怒。廣懼飲鴆死。

丁丑。戶部右侍郎許進爲左侍郎。總督南京糧儲。右副都御史李東陽爲戶部右侍郎。

戊寅。南京吏部右侍郎梁璟爲南京戶部尚書。

庚辰。曉刻月犯天關星。

辛巳。翰林侍讀學士楊守阯爲南京吏部左侍郎。

刑科都給事中張朝用等劾內官監太監李廣招權納賄之罪。御史丘天祐等亦言之。命指實以聞。

金星晝見。

夜。月犯鬼宿。

癸未。巡撫雲南貴州右副都御史張誥張廉俱劾罷。巡撫寧夏右僉都御史張禎叔調遼東苑馬寺少卿。

司設監太監蔡昭請李廣祭葬祠額。許之。閣臣言其不可。命止予祭。

談遷曰。英宗悟王振之敗而仍祠之。孝宗知李廣之汰而仍祭之。覆轍已著。猶邀殊典。況夫溺寵未改。欲冀日月之明得乎哉。

江西左布政使陳瑗爲右副都御史。總督南京糧儲。

乙酉。初中使至李廣私第。得其賄籍某餉黃米若干石。某白米若干石。上曰。妄耳。吾嘗至廣第。庾中粟不至是。左右爲言金銀隱語也。上怒。中外不得其籍。多臆指。未報。吏部員外郎張綵請按籍治罪。大臣許自免。章下所司。

談遷曰。黃白之說。其弊不知所始。搢紳習久。恬不自赧。嘗見責俸若干石。責役若干名。在當事直曰例固爾也。於乎毛玠胡威之風邈矣。酌貪泉而見金夫。獨嗤彼佞闇何哉。

丙戌。荆府都昌王祐槁薨。年十九。謚悼僖。

丁亥。諭修省求直言。

罷寧夏總兵官都督同知李俊延綏總兵官都督僉事陳輝宣府總兵官署都督僉事阮興。

免明年元夕烟火。

夜。月犯內屏星。

戊子。河南山東左布政使王珣李士實巡撫山東右僉都御史錢鉞並右副都御史。珣士實鉞巡撫寧夏雲南貴州。

旱災免順天廣平順德河間保定夏稅有差。

辛卯。遣勳臣告災于天地廟社山川。

翰林編修羅玘言李廣賄籍是宜悉寘之法。痛斷根株。爲將來戒。然其間或部寺之尊。或將帥之寄。天下望以丙魏姚宋方召衞霍。一旦指其名而暴其惡。則雖實有丙魏姚宋之徒。方召衞霍之輩。彼亦不復信矣。此大可憂也。乞陛下免言官指名。惟諭之各自稱疾引退。或京察黜數十人。陽若不知陰加重譴。章下所司。時言官指黨賄。攻保國公朱暉。恭順侯吳鑑。豐城侯李璽。遂安伯陳韶。成山伯王鏞。寧晉伯劉福。都督孫貴。副總兵朱瑾。尙書屠滽周經徐瓊白昂徐貫。侍郎程敏政王宗彝史琳林鳳。都御史王越李蕙。彭禮錢鉞陳瑗劉憲。通政參議姜清。太常寺卿崔志端李溫。少卿李傑布自雲。寺丞王福廣。太僕寺卿宋琮。少卿楊瑛。署通政司侍郎元守直。署鴻臚寺少卿賈斌。光祿寺少卿趙玹。順天府尹簡琦。南京戶部侍郎鄭紀。太常寺卿呂憲。通政使徐說。少卿魏富。祭酒劉震。太常寺丞黃輔。政河南左右參政張琡李瓚。山東右參政謝文。按察使趙鶴齡。副使田濟鄧光輔。上雖不問。而諸臣震恐。夜求解于壽寧侯張鶴齡。月下俄頃輿集者十三人。傳笑中外。羅玘疏入。南京給事中楊廉以玘嘗客太監蕭敬所。故市諂報聞。

壬辰。右副都御史陳紀予告。

錦衣衛指揮僉事周玉。樂工劉實等下錦衣獄。玉廚役。俱媚李廣通賄。

是月。復徵翰林檢討陳獻章。中書舍人王汝。汝距京五十里卒于舟。汝禕曾孫稌之子。成化戊戌進士。謝病歸。讀書不仕。鄉人稱齊山先生。年五十七。

十一月癸巳朔。左府都督僉事莊鑑鎮守宣府。福建都指揮僉事房驥爲署都督僉事。鎮守延綏。陝西都指揮同知郭鋐爲署都督僉事。鎮守寧夏。

乙未。曉刻。大星犯亢宿。

丙申。刑部左侍郎張錦予告。

己亥。周王同鑣薨。年五十一。謚曰惠。

壬寅。江西布政司右參議孫儒分守嶺北。懼盜。引疾輒行。削籍。

甲辰。夜。月犯天囷星。

丁未。夜。月犯六諸王星。

戊申。刑部右侍郎屠勳爲左侍郎。巡撫河南左副都御史陳道爲刑部右侍郎。

夜。月犯井宿鉞星。

壬子。四川左布政司鄭齡爲右副都御史。巡撫河南。

英國公張懋等。吏部尚書屠滽等應詔上三十四事。議受封惜名器。定册封。裁宂員。淸鹽法。革宂官。省工作。罷織造。禁奢靡。革濫設。京通二倉各馬牛羊房內府各庫上林苑監海子內臣。正贓犯。防奸僞。差官照舊給精微批。錦衣衞官校不許仍賚駕帖。止齋醮。遵舊制。問刑衙門不許妄用參語。節供用。光祿寺供膳。省供給。各馬房攢置草場召佃徵子粒。禁暴害。蘇民困。明禁例。公差內外官員車船照例應付不許自討。惜漕卒。獎恬退。均民差。恤官軍。便商稅。停派辦。添監收。禁通事。憫囚徒。祛民害。禁科斂。省差官。復舊例。省濫選。兼抽分。巡倉御史兼管通州柴炭。上納之。

暫免陝西織造羊絨。蠲歲逋物料。

乙卯。裁傳陞匠官六十八人。

丁巳。遼東寧遠衞星隕聲如雷。

己未。塞河南決口。

閏十一月壬戌朔。日食。

乙丑。昏刻。月犯壘壁陣西星。

丙寅。通政司右參議李浩奏事偶舛。被糾。不問。仍諭通政鴻臚官奏舛一二字免劾。

丁卯。旱災免廣潮肇慶今年田租有差。

己巳。翰林院庶吉士吳蕣戴銑爲吏兵科給事中。

辛未。夜月犯天囷星。

癸酉。通政司左通政陳琬爲工部右侍郎。理易州山廠。

乙亥。廣西道監察御史胡獻以劾太監韋泰壽寧侯張鶴齡下獄。謫藍山縣丞。

丙子。大同總兵官都督神英鎮守太監孫振劾免。調巡撫都御史劉瓛。

丁丑。安南國王黎灝卒。子暉嗣。僭元景統。謚灝聖宗淳皇帝。遣陪臣范興文來告哀。潘琮請封。遂入貢。命行人徐鉦往祭。

夜。月食覺不食。署欽天監太常少卿吳昊等被劾不問。

虜犯遼東懿路城。

壬午。後府都督僉事王璽總兵鎭守大同。

癸未。陝西左布政使洪漢爲右副都御史巡撫大同。

後府帶俸都督同知虞深卒。

乙酉。兵部主事何孟春上言八事。果聽斷。公委任。愼選守令。處置巡撫。重惜名器。存恤小民。革皇莊兼併之弊。更軍政淸解之法。章下所司。

己丑。左府署都督僉事鎭守延綏總兵官房驥卒。世彭城衞指揮使。任延綏未赴。

十二月壬辰朔。總制邊務少保兼太子太傅左都御史王越卒。越字世昌。濬人。景泰辛未進士。授御史。擢山東按察使右副都御史。巡撫大同。數逐虜。至左都御史。搗紅鹽池。斬三百五十餘級。進太子少保。回院。改兵部尚書太子太保。同太監汪直搗威寧海子。功封威寧伯。仍署院。已署前府。提督五軍營。尋總兵鎭大同。改延綏。直敗。被劾褫爵。流安陸。弘治初釋。久之起總制。越奇邁聰慧。御軍能恤下。籠罩豪傑。皆願爲之死。然不復持名檢。在西陲。偶大雪。宴坐地爐。使四妓奏琵琶。千戶某詗虜還。召語曰。寒矣。手金巵飮之。復語。則益喜。命絃琵琶侑酒。併金巵予之。已又語。則指最豔妓予之。自是千戶效死力。嘗與保國公朱永以千人巡邊。虜猝至。主客不當。永欲走。越止之。爲陣列自固。虜疑未敢前。薄已。令騎皆下馬銜枚。魚貫行。毋反顧。自率驍勇殿從山後。走五十里抵城。虜不覺。明日語永曰。我一動。虜躡擊無噍類矣。結陣示暇。形以惑之也。次第而行。且下馬無軍聲。故虜不覺也。吾非不自危。姑矯情鎭耳。越眞良將才。又精吏事。判案草奏。口占授吏。曲當理情。爲詩跌宕快爽。能道人意中事。在院。舉御史屠滽侶鍾楊守隨王濬可大用。後皆著名。其再起。欲還伯爵不得。贈太傅。謚襄敏。

史臣曰。越慨慷自許。事一見即決。久膺帥寄。凡邊徼險易。虜情眞僞。將士强弱。歷歷在胸臆。遇敵意度安閒。計定而後發。顚倒才智中。自爲操縱。而人樂爲之用。其所拔擢。後往往多爲名將。賦詩屬文。草奏判案。雖倉卒立就。俊逸可觀。但急于功利。自負其才。至破崖岸爲之。中多機變。人莫能測。坐是爲士論所非。然河套賀蘭之捷。實有功于邊。論者槩指爲開釁生事。亦過矣。自後守邊出帥者。多庸懦無能。而冒功費財者滋甚。求如越比。蓋亦難其人焉。

崔銑曰。少聞世昌文武大略。比入翰林。人多言其任術不足數。及修泰陵實錄。得見國史。知其塞上功甚偉。世昌姿表奇邁。慷慨自許。論議英發。見事風生。久膺帥寄。歷西北諸鎭。身經十餘戰。其于邊徼險易。虜情眞僞。將材事勢。定諸胸臆。覈如指掌。出奇取捷。慮成發中。顚倒才智。柔馴辨强。皆樂爲之用。效之者皆自以爲不及。

王世貞曰。當越時。天下咸貴其才而穢其行。夫以越之阿私中人。啓邊釁。耗國本。即有功。細不掩罪。何貴哉。然至于今西北邊稱良將。無如越者。楊一淸王瓊方之蔑如也。使居明世。亦可以鞭箠使哉。

司經局洗馬梁儲兼翰林侍講兵科給事中王縝往封黎暉安南國王。

新野縣地震有聲。

癸巳。陝西提學副使楊一淸爲太常寺少卿。提督四夷館。

己亥。前巡撫遼東右副都御史張岫卒。安邑人。成化二年進士。

庚子。巡撫薊州洪鍾議潮河川鑿渠築堰幷立外關。從之。

辛丑。夜。月犯畢宿。

丁未。裁宣府順聖川參將。

己酉。令天下民壯十年編定。

虜寇遼東長安等堡。都指揮劉綱敗死。

夜。月犯內屏星。

庚戌。南京吏部尚書倪岳等上二十四事。推行聖學。豫節親藩。懲究欺蔽。甦息貧窮。修復常平。類解文冊。併省重複。減省供億。署掌印信。稽核名實。均平銓選。照例附選。湔滌過名。疏通鬱滯。寬免違限。愼用將官。減省差遣。禁約取索。愼重刑獄。查明禁例。申明舊例。減造軍器。量停造作。遵復舊制。裁抑侵尅。防革宿弊。祛除民病。懲戒奸貪。章下所司。

夜。月犯太微垣次相星。

壬子。詔曰。累歲以來。災異相仍。近者淸寧宮之火。其變尤甚。朕心兢懼。若切淵冰。意人事下乖。斯天道上應。或舉措違宜。刑賞靡當。時弊滋積。民隱莫伸。或賦役頻繁。侵漁太急。困窮鰥寡。日不聊生。朕深居九重。雖慮周天下。而耳目有未逮。恩澤有未宣。服念踰時。益增悔艾。已敕文武羣臣。同加修省。玆特誕敷渙號。普及黔黎。俾覆幬之區。均沾德惠。庶慰渴懸之望。永祈眷祐之休。所有寬恤事宜。條列于後。云云。於戲。虞書以好生爲德。尙體天心。夏訓以固本爲言。必先民事。詔告天下。咸悉朕懷。

前刑部吏徐珪以刑部主事陳鳳梧薦。授桐鄉縣丞。三年。轉高唐州判官。歷贛州同知。

羽林左衞帶俸署都指揮使許寧卒。寧江都人。正統末。禦虜。自舍人官錦衣正千戶。襲羽林左衞指揮使。累戰功。歷鎭延綏大同。米莊之敗。降羽林左衞指揮同知。結髮經百十七戰。被二十七創。沈毅稱名將。大同之役。以代王促戰而敗。議者惜之。贈都督僉事。

癸丑。祠故戶部尚書夏原吉工部尚書周忱于蘇州。

甲寅。祠故少保大學士楊溥于石首。

王獻臣李春顏頤壽黃傳董鑰余廉聶賢閻潔葉永秀喬恕蔡中孚王俸耿明彭鳳來王紹李鉞爲監察御史。

傳制封宸濠寧王。拱栟瑞昌王。宸汭弋陽王。祐櫍遂昌王。聰溿靈丘王。成鏇廣寧王。陽鏢東阿王。奇湒交城王。奇湞慶成王。

丁巳。吏部左侍郎倡鍾爲左都御史。

是年。命工部郎中陳琦作榮府于常德。

國榷卷四十四

己未弘治十二年
正月辛朔己巳右僉都御史顧佐爲右副都御史。
辛未。上南郊。
夜。月犯井宿。
癸酉。昏刻月犯鬼宿積尸氣星。
甲戌。部院大計降斥千二百五十八人。雜職千三百三人。
辛巳。嘉善大長公主薨。英宗女年五十三。
乙酉。行人常元慶爲山西道監察御史。
國子生江瑢以災異詆閣臣杜絕言路。妬賢嫉能太學士劉健李東陽疏辨下瑢鎮撫獄尋釋之。
丁亥。虜入涼州。
庚寅。錢塘岳華奏先臣岳飛墓侵于僧寺。命理之。
虜入遼東錦州。官軍擊斬百二十五級。
二月辛朔。巡撫大同右僉都御史劉瓛改大理寺左少卿。
涼州副總兵都指揮僉事熊岡爲署都督僉事總兵官鎭守延綏。
壬辰。旱災免濟南東昌青州去年夏稅有差。

癸巳。復安遠侯柳景爵閒住。

監察御史余濂請有司歲一行取。從之。

丙申。太子少保禮部尙書兼文淵閣大學士李東陽禮部右侍郎兼翰林學士程敏政主禮闈。

辛丑。朵顏等三衛夷入遼東。官軍迎擊。斬百四十九級。

癸卯。寧夏地震有聲。

戊申。嚴左道惑衆之禁。先是解州吏李寧云。桃花洞得聚寶盆。知州程觀信之。事聞。俱論死。

漕運總兵郭鋐等申引沁水之議。曹縣知縣鄒魯駁曰。今爲引沁之說者。蓋曰沁水勢緩。非河比。一入運河。則有源之水不竭。不知引沁必先塞沁入黃河口處。時沁水無歸。勢必散漫。渰廬稼。將俟下流通始塞。水勢擣虛。千里不折。不至衡山塡壑不已。害尤甚黃陵岡。且起木鸞店至飛雲橋。地以千里計。用夫百萬。積十年尙未必成否。又曹地西北高。東南下。兼沙土善崩。勢或建瓴而下。張秋之鑒不遠矣。

己酉。周世子安潰薨。年三十一。諡榮悼。癸亥。追封周王。改諡曰悼。

庚戌。遼東官軍追敗三衛夷于寧遠。斬四十四級。

壬子。四川建昌衛地震有聲。

乙卯。總督漕運右都御史李蕙卒。當塗人。成化己丑進士。才力優贍。晚務和同。以傳陞損名。

陝西寧夏衛天鳴。

丁巳。戶科給事中華昶奏考官程敏政鬻題。貢士江陰徐經吳縣唐寅賄得之。特命正考李東陽覆閱。至三月二日放榜。

戊午。定文武職旁支襲廕遞降法。初。武職或疎族贅壻冒廕。成化十七年。都御史何喬新止許的裔。至是兵部稱未便。惟遞降如指揮降百戶。正千戶降試百戶。百戶降冠帶總旗。一輩後止襲總旗。
前南京兵部右侍郎虞瑤卒。縉雲人。天順八年進士。授刑科給事中。有浮競名。晚更遺議。
己未。韓府通渭王徵錸薨。年四十九。謚榮靖。
三月朔辛酉。湖廣按察使吳雄爲應天府尹。
壬戌。巡撫宣府右副都御史馬中錫予告。
癸亥。虜入遼東開原。
甲子。虜入遼東寧遠。
乙丑。山東左布政使雍泰爲右副都御史巡撫宣府。
丙寅。下給事中華昶及徐經唐寅獄。
己巳。巡撫南贛右副都御史金澤改江西。
辛未。署禮部左侍郎賈斌爲尚書。仍署鴻臚寺。
壬申。金星晝見。
癸酉。命勳臣禱雨。
甲戌。廷策貢士倫文敍等三百人。賜倫文敍等進士及第出身有差。
韓府褒城王徵鉅薨。年五十八。謚宣惠。
虜入宣府萬全右衞。
乙亥。旌韓府輔國將軍徵鏵孝行。
虜寇宣府。官軍擊斬五十九級。

丙子。衡王祐楎之國青州。

己卯。汝王祐梈婚。

庚辰。南京金星晝見。

癸未。祠故少師大學士楊士奇于泰和。

甲申。河南左布政使徐鏞爲右副都御史總督漕運兼巡撫鳳陽。

孟密宣撫司土舍思楪孟養宣慰司土舍思陸仇殺。兵備副使趙炯左參政毛科各鐫級。

曉刻。月犯壘壁陣東星。

乙酉。熊岡罷（王親例不爲主將。）鎮守陝西都督同知陳瑛改鎮延綏。

己丑。前南京刑部左侍郎阮勤卒。勤安南多翼人。僑籍山西長子。景泰甲戌進士。授南京大理評事。遷寺副。守台州。民甚愛之。性清慎。歷官四十餘年如一日。賜祭葬。

四月鯁朔。辛卯。劉忠服除。補翰林侍講。

內臺官求錦衣衛餘丁百人洒掃。戶部以內臺禁密。非外人出入。止之。

惠安伯張偉鎮守陝西。

趙時春曰。總兵官洪武卽有此號。蓋大將元帥職也。于兵亡所不統。給將軍印以便征伐。陝西惟爲鎮守。不給印。以侯伯都督爲之。逮總兵出鎮猥多。侯伯少習邊。而武臣以勛閥致位都督者蓋鮮。乃往往以積勞推薦指揮。假以署都督僉事之號而充總兵。故人微位重。鮮勝任者。而縉紳視之益輕矣。

癸巳。趙繼爵陳熙董縚俞諫陳順吳玭劉烈羅璋陸徵呂鏜爲南京監察御史。

虜連寇遼東寧遠義州廣寧瀋陽。

甲午。田州頭目黃驥李蠻叛土知府岑猛。搆兵思恩土知府岑濬攻據舊田州。大殺掠。

丁酉。季春耿明彭鳳來王紹李鉞蔡中孚爲監察御史。

戊戌。初古田猺獞作亂。襲殺參將參議。至是寇洛容永福臨桂西鄉。下總督撫諭。否則進兵。

許州大雨雹。

壬寅。四川小河守禦千戶所地震有聲。

乙巳。前禮部儀制司主事楊循吉乞復建文君尊號如景皇帝故事。下禮部。循吉敏洽工古文詞。居曹事簡。好讀書乞改教官便養不許。遂致仕年僅三十。居十二年上書。事下禮部。

丙午。虜數寇遼東瀋陽等堡。

己酉。尙衣太監秦文往南京織幣。請長蘆鹽五萬引。戶部爭之。命給二萬引。其三萬引淮浙鹽。

虜入遼東鐵嶺衞。

庚戌。翰林檢討王選柯拱北爲榮府左右長史。

旱災。免南安贛瑞昌吉安建昌廣信去年田租有差。

辛亥。禮部右侍郎程敏政下獄。工科都給事中林廷玉以同考官言敏政在闈可疑者六。遂命廷鞫。

壬子。虜入大同左衞。

癸丑。復緱謙都督同知。

乙卯。洮州衞地震有聲。

五月。辛朔。癸亥。祀故宋太子少保趙抃于衢州。

前巡撫寧夏右副都御史孫仁卒。新淦人。成化五年進士。居官嚴厲。頗乏寬容。

火篩入大同。火篩者。脫羅干之子。小王子支部也。狡黠。善用兵。劫諸部。屢寇邊。獲財畜日强。遂與小王子爭雄長。邊患復熾。

丙寅。宣章臨武盜江欽蘇瑛等伏誅。

庚午。昏刻。月犯罰星。

壬申。旱雹。免陝西去年田租有差。

昏刻。月犯天江星。

乙亥。曉刻。木星犯壘壁陣西星。

戊寅。水災。免鳳陽淮安去年田租二十七萬四千六百四十八石有奇。

朔州天鳴。白氣上騰。隕石如輪。入地七尺。隨有碎石迸出。色青黑。質鹽膩。

庚辰。代府潞城王成鐳薨。年四十六。諡榮安。

辛巳。予告湖廣按察使林俊養親。辭廣東右布政使。

六月朏朔。土魯番入貢。請歸貢使寫亦滿速兒等百八十一人。從之。賜衣服。

罷程敏政。謫華昶南京太僕寺主簿。林廷玉海州判官。徐經唐寅除名。經賄敏政家人。得試目。以語同年寅。事洩。

辛卯。四川寧番衛地震。

壬辰。前禮部右侍郎兼翰林學士程敏政卒。敏政字克勤。休寧人。早慧。薦神童。肄翰林。成化丙戌進士及第。授編修。進侍講。歷左諭德。少詹事。太常寺卿。少擅文名。及躋侍從。附權結援。急于進取。時多譏之。主考實未嘗私。以覬代者嗾華昶言之。遂恚死。所著瀛賢奏對錄。新安文獻志。詠史詩。宋遺民錄。篁墩稿。文衡等書。贈禮部尚書賜祭葬。

談遷曰：程克勤博洽傾一時、名塞宇內、晚遭圭玷、因服對簿、聞者不察、輒來簣篹之疑。及按國史、更多刺譏。文人凉德、往往然耶。

癸巳。庶吉士許天錫爲吏科給事中。

四川小河守禦千戶所地震。聲如雷。

戊戌。禮部左侍郎傅瀚兼翰林學士署詹事府。

己亥。前制敕房太常寺卿龍暹卒。宜春人。

都勻殘賊作亂。

癸卯。禮部右侍郎張昇爲左侍郎。太常寺少卿兼翰林院侍講學士焦芳爲禮部右侍郎。

故普安州土官隆暢妾米魯通營長阿保。殺其庶子。欲自襲職。上官勿許。且見罪。遂作亂。

甲辰夜。闕里先師廟災。

戊申。虜入永平之葦子谷。

己酉。占城國王古來奏安南侵新州港。請及臣在。預封子沙古卜洛守國。廷議父在不得封。遂立爲世子。攝國事。

庚戌。司經局洗馬楊傑卒。平定人。成化十四年進士。

七月杞朔甲子。寧王宸濠乞詣闕謝恩。止之。

戊辰。虜犯甘州莊浪。

昏刻。客星見天市垣宗星旁。

己巳。虜犯遼東廣寧衞。

虜連寇宣府。入新河口等堡。又入大同西路。

庚午。傳陞太醫院使王玉右通政。

辛未。曉刻。金星犯鬼宿。

甲戌。曉刻。南京見火星入月。

丙子。昏刻。客星至紫微垣少宰星旁。

丁丑。前巡撫寧夏右副都御史韓文卒。保定新城人。天順元年進士。

昏刻。客星入紫微垣尚書星旁。

戊寅。前南京大理寺卿宋欽卒。乾州人。正統十年進士。以廉愼稱。

夜。客星入紫微垣太子星旁。漸微。

己卯。雍王祐橒當辭陵。以疾欲免。命强往。

太常寺少卿兼翰林侍讀學士李傑往闕里祭慰。

夜。客星在紫微垣后星旁。

庚辰。戶部右侍郎李孟暘催督漕運。以雍王行。恐妨漕。

太僕寺卿宋琮卒。隴西人。成化十四年進士。

前南京前府都督僉事都勝卒。世南京左衞指揮僉事。居官廉愼。

甲申。昏刻。客星入紫微垣少輔星旁。漸消。

乙酉。南京刑部右侍郎熊懷致仕。

丁亥。昏刻客星出紫微垣西藩外。
八月孩朔己丑。巡撫江西右副都御史金澤爲南京刑部右侍郎。
夜。客星滅。
庚寅。金星晝見。
辛卯。撒馬兒罕頭目苦力干等入貢。
壬辰。南京壽星見。
癸巳。廣東左布政使韓邦問爲左副都御史巡撫江西。
甲午。南京兵部尚書張悅致仕進太子少保。
遂府蘄水王豪垄薨。年五十六。謚安穆。
夜。月犯天江北星。
己亥。雍王祐樘之國。
南京吏部尚書倪岳改南京兵部尚書。
辛丑。前南京刑部尚書鄭時卒。時舒城人。景泰甲戌進士。授御史。歷守延平福州。居官廉愼。親喪。廬墓三年。年七十七。贈太子少保。賜祭葬。
旱災。免彰德夏稅二萬七百五十石有奇。
壬寅。夜。月犯火星。
甲辰。秦府郃陽王誠澮薨。年四十四。謚悼安。
吏部右侍郎秦民悅爲南京吏部尚書。

虜數入遼東瀋陽中衞。
夜。月犯天囷星。
丁未。起謝鐸署國子監事禮部右侍郎。林瀚改吏部右侍郎。
己酉。增設九江安慶池州建陽兵備副使。
夜。月犯井宿。
辛亥。廣西陸川縣地震。聲如雷。乙卯。又數震。
壬子。前南京國子祭酒謝鐸爲禮部右侍郎。署國子監事。翰林院檢討毛紀爲修撰。
夜。大星自文昌流至近濁。
乙卯。總督漕運右副都御史徐鏞卒。與國人。成化己丑進士。授行人。擢御史。言事謫知鎭原。救荒弭盜。政最關中。性孝友勤厲。所至有聲。
九月䤼朔。虜入寧夏蔣鼎等堡。
庚申。南京兵部右侍郎張敷華爲右都御史。總督漕運。兼巡撫鳳陽。
初。泰寧等三衞夷訴邊臣誘殺。蓋遼東都指揮魯勳王璽誘入邊。給鹽米。乘醉斬二百六十級。他堡亦然。敕右副都御史顧佐往覈。
辛酉。有星如月。墮廣東南海衞。
壬戌。錦衣衞都指揮同知李珍卒。洛陽人。太監榮從子。謙厚不伐。
癸亥。追封故鄭世子見滋鄭王。諡曰僖。
永城縣天鼓鳴。

甲子。右副都御史黎福爲南京兵部右侍郎。

丙寅。留雲南降級左參政毛科仍撫夷人。

戊辰。前少師兼太子太師吏部尙書華蓋殿大學士徐溥卒。溥字時用。宜興人。景泰甲戌進士及第。授編修。歷吏部左侍郎。直閣。因事納約。登賢器使。宏量善容。在弘治朝用意忠厚。一二薦引。稍涉情徇譏議。遂生。年七十二。贈太師。謚文靖。

廖道南曰。觀李文正年譜。弘治間所上章疏。皆出其手。而溥能用之。及讀國史。稱溥立朝四十餘年。因事納約。隨才器使。屢遇大獄。保全善類。從容委曲。溫易寬裕。乃知曹參丙吉雖不踰于陳平魏相。而培養國家元氣。又不在彼而在此也。十八年之治。固有繇哉。

虜入陽和。

甲戌。監察御史燕忠等言。皇上卽位初。革傳陞文官五百六十四人。今六年間。傳陞至五百四十餘人。末流之弊。尙不止此。請悉行簡汰。報聞。

乙亥。夜。月犯六諸王星。

丁丑。降寧府石城王宸浮輔國將軍。宸潤爲庶人。倶淫暴不法。

己卯。重慶大長公主薨。英宗女。下嫁駙馬都尉周景。年五十四。

庚辰。刑部右侍郎陳道爲左侍郎。巡撫山東右副都御史何鑑爲刑部右侍郎。

甲申。重作淸寧宮成。

乙酉。陝西左布政使王儼爲右副都御史。巡撫山東。

丙戌。大學士劉健等以奉旨擬票自書封進。毋代寫。誠爲祕密。臣等不善楷。其事理重大。卽自書。餘容代寫。仍如祖宗故事。或面諭。或御批。或密傳。使有所遵奉。上納之。

前南京吏部驗封郎中莊昶卒。昶江浦人。成化丙戌進士。授檢討。與章懋元夕應制。謫行人司副。隱居定山。垂三十年。起官進秩。病風引去。卒。天啓初追謚文節。

林之盛曰。定山先生蚤有盛名。不求仕進。束身修德。儼然爲學者師表。晚迫丘文莊之吏議。以出。遂浮沈郎署間。不盡究其道德之用。而猥以詩名。夫崇奬恬讓。朝廷所以風有德。盡瘁鞠躬。臣子所以報君父。斯舉也。兩失之云。

袁袠曰。世稱莊定山豪邁。胸中多奇。早以忠諫著聲。能取友當世。老而赴召。偃蹇以去。不出可也。

十月丁亥朔。戊子。傳制封俊杖代王。宇滬新野王。

少詹事兼翰林院侍讀學士王鏊歸省。

廕督工太監李興黃瓚姚訓英國公張懋兵部尙書馬文升俱錦衣百戶。工部尙書徐貫進太子太保。科道言其濫。不聽。

庚寅。夜星隕鳳翔。

辛卯。吏部右侍郎林瀚爲左侍郎。戶部右侍郎韓文改吏部右侍郎。

鎭守廣西副總兵都指揮使歐磐進都督僉事。

壬辰。傳陞道錄司右正一杜永祺等爲高士。

周府義陽王子圪薨。年五十七。謚康靖。

戊戌。翰林檢討郭瑀王禾爲申府左右長史。

虜犯甘州。

庚子。刑科給事中吳世忠上八事。曰加孔子文祖大成至聖帝。曰顏無繇曾點孔鯉侑啓聖殿。曰十哲去子張。進有若。兩廡去公孫龍公伯寮荀况王弼馬融范甯。曰祀謝良佐尹焞呂大臨游酢蔡元定羅從彥李侗陸九淵黃幹陳淳張洽魏了翁何基王柏劉因吳與弼薛瑄于鄉。曰修文廟。曰教習樂舞。曰起謝鐸張元禎陳獻章周瑛召王恕戴珊劉大夏何喬新。曰慎選學官。沙汰諸生。章下所司。

壬寅。夜月犯天高。又犯六諸王星。

丁未。旱災。免眞定保定河間田租有差。

上虞張津上兵略三十卷。送兩廣總鎮參謀。

寧夏地震。

戊申。以新宮成。命大能仁寺灌頂國師那卜堅參等設壇慶讚。大學士劉健等言。宮禁嚴密。豈可使胡羯邪妄之徒群行喧雜。祖宗法度一旦蕩然。其累聖德不小。不聽。

壬子。延平府教授徐彰。請祀宋儒羅從彥于江西李侗于延平。從之。

刑部主事鄭岳下獄。先是主事童天錫同錦衣千戶張福論囚爭坐。岳請凡勘事復命。先御史主事。次千百戶。復舊制。上怒。下岳鎭撫獄。贖還職。

晚刻。水星犯房宿。

癸丑。水旱。免福泉興化延平田租有差。

丙辰。瓜哇國王入貢。

十一月閅朔己未。前禮部右侍郎兼翰林學士汪諧卒。諧仁和人。舉北榜。竄籍被斥。復舉浙榜。天順庚辰進士。館選。授編修。進修撰。歷右諭德庶子少詹事。諳儀度。整潔。晚益慎密。不究于用。

安南國世子黎暉入貢。
乙丑太皇太后還居清寧宮。初暫居仁壽宮前殿。
虜入寧夏殺百戶。
丙寅昌黎縣地震聲如雷。
壬申福建泰寧縣地震有聲。
甲戌廣西流盜入寶慶長沙武岡新寧。
乙亥漕運總兵官都督僉事郭鋐進都督同知。
戊寅傳陞御用監辦事鴻臚寺右少卿李綸爲太僕寺少卿。寺丞周惠疇萬隆爲少卿。餘鴻臚寺丞序班錦衣千百戶鎮撫工部營繕所所丞文思院副使皮作局副使。
夜月犯上相星。
己卯初壽王之國承奉宋祥趙鳳等道横索錢毆臨清兵備副使陳璧事聞。逮祥鳳論罪。調長史王春參議。
庚辰初朵顏三衛入寇遼東議都督孫貴率京兵五千往兵科給事中李宣等言。兵不可發有三。且貴非統御才。遂止師。
壬午傳陞錦衣衛帶俸指揮使孫管南鎮撫司事。
虜犯遼東寧遠。
癸未安南國眞臘國遣使俱風漂至廣東命贍而歸之。
十二月炳朔襄陵縣地震。
丁亥科道論傳陞之弊文職則少卿寺丞等官。武職則指揮千戶等官。夫士子砥礪名節。武人衝冒矢石。積以歲月。始得一階。今雜流末藝乃坐而得之。文武之士孰不解體。上不納。

戊子。命戶部司官督長安四門倉糧。

己丑。雲南府地震。

庚寅。吏部尙書屠滽等乞盡汰傳陞官七百九十餘人。不允。

癸巳。前南京大理寺卿夏時正卒。時正字季爵。仁和人。正統乙丑進士。授刑部主事。歷郎中。多平反。進大理寺丞少卿。改南京太常少卿大理卿。嘗巡視江西。勸賑發帑。裁冗役數萬人。斥貪墨二百餘人。築南昌豐城隄岸皆永利。壽致仕年五十九。博學有才。好著述。詳于稽核。卒年八十八。日猶蠅頭書校讐不輟。賜祭葬。

甲午。陝西秦州地震。

丙申。莊浪左參將都指揮僉事魯麟言西番巴沙等十三族侵掠。請討。兵部以熟番。第驅之。

壬寅。虜犯永昌涼州。

乙巳。傳陞內府織染局供奉錦衣衞鎮撫徐綱沈讓爲百戶。金吾右衞百戶劉濬爲副千戶。匠役金㬉等二十四人俱文思院副使。李阿保等二十三人俱皮作局副使。

吏科給事中許天錫請補建陽被火書板。從之。

丁未。虜犯遼東義州。

曉刻。月犯亢宿。

戊申。虜犯大同左衞。

己酉。兵部主事李源黃淸按閱遼東陝西馬牧。

庚戌。程繼祖襲翰林五經博士。程頤十八代孫。

辛亥。戶部尚書周經等言。宗室勳戚莊田俱畝徵銀三分。昨張鶴齡徵銀五分。恐效尤未便。不聽。肅寧等縣賜莊田四百十八頃有奇。畝徵五分。

兵科給事中張弘至言。登極之初。革傳奉官五百餘員。近年寖復舉行。異初政一也。登極之初。迸番僧佛子。斬妖僧。近年齋醮不絕。異初政二也。登極之初。去萬安李裕。朝彈夕斥。近年禮部尚書徐瓊等被劾不斷。異初政三也。登極之初。曰朕有大政。當召府部大臣面議。近年未聞廷召。異初政四也。登極之初。撤添設鎮守燒造內臣。近年漸復差遣。異初政五也。登極之初。左右不敢奏擾。近年陳情乞恩。異初政六也。登極之初。兵部申明舊制。令該科存記。後比例乞陞者指奏。近來恩倖乞陞。異初政七也。登極之初。光祿寺供應節約。近年增添。輒借太倉銀。異初政八也。章下所司。

甲寅。巡撫寧夏右副都御史王珣言。寧夏孤懸。苦無水。臣聞有古渠三。東為漢渠。中為唐渠。今見通水路。惟西一渠逼山下。首尾三百里。亦漢唐舊渠。宜疏鑿引水。下流築東岸。積土如山。仍度要害建營堡。置戍按伏以遏虜。請發內帑三萬。幷借靈州五六年鹽課給其費。從之。

乙卯。停糧茶。先陝西饑。暫中糧茶。至是巡按監察御史王憲以關輔稍稔。宜暫停。異時兵荒。當更圖之。報可。

庚申弘治十三年

正月𠩄朔。壬戌。昏刻。火星犯天陰南星。

乙丑。上南郊。

丁卯。工部尚書徐貫等請停織作。不允。

戊辰。右副都御史顧佐還自遼東。都指揮魯勳王璽魯麟各鐫級。敕責總兵官李杲太監任良都御史張玉。

夜。月犯鬼宿。
丙子。時尚衣監太監趙榮監督通州倉戶部尚書周經等執論命止設總督二。京通監督三。著爲令。
己卯。祀宋永新節婦趙氏氏宗室女元兵至避縣學舍并子遇害血漬禮殿磚上宛然抱嬰兒狀磨煅益顯。
錦衣百戶陶荆民爲副千戶世襲。陶晉子。
二月乿朔梧州知府張吉爲廣西按察副使整飭府江兵備府江盜藪吉推誠敎吏卒射金其的中者與之又臕
製駕鴦銃偏架弩按部數月盜息。
禮部火。
崇王見澤乞歸德黄河退灘地二十餘里戶部執爭事下撫按覈之。
戊子。旱災免大同去年田租。
己丑。水災免鳳陽淮安揚徐去年田租有差。
庚寅。修問刑條例法司議二百九十七條著爲令。
昏刻。月犯六諸王星。
壬辰。寧府鍾陵王覲錐善騎射上章求備行間自效不許。
乙未。命大德顯靈宮祈醮三日禮科給事中于珝乞止之不聽。
御史戈福請申旌舉連坐之法從之。
己亥。英廟恭妃劉氏薨諡昭靜。
虜入陜西紅山官軍擊斬十級。
巳刻。白虹彌天。

歸養翰林檢討陳獻章卒。獻章字公甫。新會人。正統丁卯貢士。再下第。絕意進取。其學專超悟。不主故常。嘗曰。學苦明道。六經皆我註脚。成化癸卯薦入朝。授檢討。乞終養。不拜。學者稱白沙先生。諡文恭。萬曆中從祀孔廟。

伍袁萃曰。白沙誦美內豎事跡曖昧。殆必不然。若張蓋列槊。無復故態。則衆所共覩。非誣之也。張東白當時名臣。豈無確據。輕載實錄。頃禮部會議覆奏不許從祀。見及此矣。執政以密揭固請。此輿論所由不滿與。

庚子。下河南府葺宋儒程顥程頤墓祠。量給田土守戶。

壬寅。盜掠襄陽安陸。

甲辰。廣西獞賊入平樂之魏橋。殺推官吳景暉。

乙巳。南京壽星見。

丁未。翰林編修兼司經局校書靳貴爲右春坊右中允。

三月舭朔。丙辰。給總督京通倉場太監蔡用條印。

甲子。故西天佛子著乩領占造塔。工部疏止。不聽。

乙丑。四川平茶峒長官司吏目許瀚上四事。正韻學別定字母三十四。通剝運大通橋張家灣增剝船。抑奢侈。處邊務。章下所司。

巡撫河南都御史鄭齡奏修丁家口上下河決隄岸。從之。

己巳。署禮部左侍郎元守直爲尙書。仍署通政司事。

丙子。淇縣大雨雹。壞畜麥。

曉刻。月犯十二諸國代星。

興化泉州地震。

己卯。前右副都御史陳紀卒。閩人成化五年進士。館選授御史。居官淸愼。持法平恕。

壬午。琉球國中山王尙眞入貢。

癸未。寧夏衞地震。

四月甲申朔。丁亥。始補貴州右布政使。

己丑。泉漳地震有聲。

癸巳。遼東太監任良。總兵李杲。巡撫都御史張玉。以殺降免。

進士徐蕃爲南京禮科給事中。

濮州暴雨雹。傷廬稼。

甲午。彗見室宿。

丙申。南京金星晝見。

己亥。通政司右通政陳璐爲左僉都御史。巡撫遼東。

定西侯蔣驥爲征虜前將軍總兵官。鎭守遼東。

夜。月食。

彗見室壁間。芒尺餘。

庚子。火篩寇大同。大殺掠。丙午。出塞游擊將軍張俊禦之東荆莊。敵三萬騎來攻。力戰。面中矢不退。副總兵馬昇等逗留多失亡。上聞俊勇。先給賞。後升都督僉事。

癸卯。薊州及肅寧。藁城。棗强。淸豐。大雨雹。

初虜入大同。威遠游擊將軍王杲等禦之敗績。命吏科給事中許天錫往按之。

乙巳。平江伯陳銳爲靖虜將軍總兵官。戶部左侍郎許進兼左僉都御史提督軍務。太監金輔監軍。都督劉寧副總兵。楊玉左參將。太監姚舉監火槍。往大同禦虜。

太原天鳴。金木二星晝見。夜彗長三尺餘。

丁未。增陝西按察副使整飭環慶等兵備兼理鹽法。

戊申。翰林院侍讀學士張元禎爲學士。

後府署都督僉事阮興總兵官。鎮守薊州永平山海。

己酉。寧府宜春王宸澮薨。年二十七。謚康僖。

壬子。上御平臺。召閣臣議備邊及京營將帥。是日。遂安伯陳韶。成山伯王鏞。寧晉伯劉福。俱辭京營。

癸丑。酉刻雨雹。夜火金木星聚東井。

五月𠀤朔。日食。夜彗掃文昌。

丙辰。太子太保工部尚書徐貫致仕。

保國公朱暉太子太保。鎮遠侯顧溥提督三千營。仍提督團營。惠安伯張偉提督神機營。太傅兼太子太傅新寧伯譚祐專督神機營。上御平臺。復召閣臣手定。

丁巳。鴻臚寺卿張俊加禮部右侍郎。

戊午。旌寧海王三苟妻陳小奴貞烈。三苟傭臨海。正統五年。採薪罹虎。悲小奴追擊虎。以三苟歸。死。孀居。里豪郭子素迫娶。詭服除設祭。紿二男出。抱幼女投姜岩潭。

己未。山西行都司都指揮使張安爲署都督僉事征西將軍總兵官。鎮守延綏。

太子太保刑部尚書白昂致仕。

寧夏地震。
癸亥。南京監察御史歲三人仍同工部官権杭州荆州太平竹木。
甲子。延綏龍川城雨雹傷稼。
乙丑。南京兵部右侍郎黎福致仕。
火篩寇大同威遠平虜井坪陽和天城順聖川應朔山陰馬邑渾源蔚州廣昌皆被掠。
丙寅。太子少保左都御史閔珪爲刑部尚書。工部左侍郎曾鑑爲尚書。
東寧伯焦俊爲平蠻將軍總兵官鎮守湖廣。恭順侯吳鑑鎮守陝西。
丁卯。府部大臣上修省十八事。早視朝。勤聽政。汰宂員。節財力。省差遣。處莊田。清鹽法。申禁例。修武備。壯軍容。恤官軍。止織造。惜邊民。停改造。減供應。斥異端。儆驕惰。防詐僞。上納之。
夜。彗歷紫微星。漸微。
戊辰。太子少保戶禮部尚書周經徐瓊並致仕。中旨太子太保刑工部尚書白昂徐貫及經瓊並進太子太傅。
庚午。豐潤伯曹愷鎮守貴州。
靈璧縣地震。聲如雷。
朔州暴雨雹傷人稼。
壬申。巡撫四川右副都御史鍾蕃爲南京兵部右侍郎。南京左僉都御史陳璚改左僉都御史。
乙亥。工部右侍郎史琳爲左侍郎。巡撫陝西右副都御史熊翀爲兵部右侍郎。太僕寺少卿劉纓爲右僉都御史。巡撫四川。
署詹事府事禮部左侍郎傅瀚爲禮部尚書。

丙子。湖廣按察使林俊爲南京右僉都御史。

戊寅。少詹事王鏊入朝。

己卯。左都御史侶鍾爲戶部尚書。

庚辰。巡撫甘肅右副都御史周季麟改陝西。

太子太傅吏部尚書屠滽致仕。

黃溥曰。初彗見紫微垣掃五尚書。白昂徐貫周經徐瓊屠滽五尚書之應。不爽如此。孰謂天道遠而不可稽耶。

辛巳。夜彗入紫微垣。近女史。六月丁酉滅。

六月癸卯朔。宣府游擊將軍都指揮同知張俊爲都督僉事。

甲申。水災。免吉安去年田租六十萬一千五百十五石。

虜犯宣府西陽河。攻固諸堡。官兵拒卻之。

分守監宣府北路內官唐祿請于沿邊築鑿墩塹。言曰。禦邊莫先設險。蔽險在于添墩。欲于沿邊里築一墩。墩配七卒。鑿塹以阻侵軼。墩備火石以事狙擊。役夫二萬。期功七年可成也。兵部尚書馬文升給事中蔚春交論之。以爲不可。文升曰。禦戎之道。在于士馬精強。將帥謀勇。修邊之役。止遏鼠竊而已。宣鎮連値多事。行伍疲敝。正宜休養以作戰氣。忽遽興此大工。不惟人心嗟怨。恐有他虞。春曰。虜若擁衆山墩七卒必不能敵。且邊地風沙。縱使乞掘塹溝。亦恐易爲漫沒。又本鎮游兵不踰三千。而欲役夫三萬。期功七年。非惟無益。害則隨之。

宣府志曰。馬蔚二公之論。欲休養士卒。培植元氣。誠上畫也。然勝負之勢。難定于平時。利害之機。多眩于微忽。戰屢經則兵疲。警疊至則農廢。平臣之斃楚。隋氏之亡陳。足爲鑒也。而可盡廢形險。顓言攻擊耶。是故周亞夫屯軍之勇。而不廢晁錯實塞之謀。嘉衞靑六師之功。而不廢徐日爲築邊之遺。漢之文武。非得禦侮之要經者耶。

乙酉。再選京營兵五千人。起都督僉事神英都督同知李俊操習備征。

丁亥。山西右布政使劉璋爲右副都御史。巡撫甘肅。

延綏作戰車刀械。

彗連犯尙書星。

戊子。敕襄城伯李鄌飭備紫荆倒馬龍泉三關。都督僉事李澄張晟各分戍密雲潮河川古北口大水谷及居庸關黃花鎭白羊口。兵部左侍郎王宗彝兼左僉都御史經略焉。

南京右僉都御史林俊兼督操江。

辛卯。復命署都指揮僉事劉全守備臨淸。以地衝不宜裁。

壬辰。工部左侍郎史琳兼左僉都御史經略紫荆倒馬等關邊備。

癸巳。滎河縣地震聲如雷。

甲午。南京兵部尙書倪岳改吏部尙書。南京刑部尙書戴珊改左都御史。南京右都御史翟瑄改南京刑部尙書。加兵部尙書馬文升少傅兼太子太傅。

翰林侍讀江瀾劉機爲侍讀學士。侍講武衞張芮爲侍講學士。右春坊右中允張天瑞爲左春坊左庶子。

前南京吏部右侍郎王克復卒。福淸人。天順元年進士。授刑部主事。歷官以勤愼稱。

乙未。總督兩廣軍務左都御史鄧廷瓚卒。廷瓚字宗器。巴陵人。景泰甲戌進士。令淳安九載。遷太僕寺丞。守程番。績益著。擢山東左參政。歷右副都御史。撫貴州。征黑苗功雖偉。而紀律不嚴。人不能無議云。贈太子少保。謚襄敏。

廖道南曰。廷瓚性不喜修飾。自爲知縣至知府。淹于常調者餘二十年。人罕知之。其後程番之績。久而益著。其征貴州。功雖偉而紀律不嚴。部下多妄殺冒功者。人不能無議云。又聞爲方伯時。善醫。雖小吏有疾。必親診視。及爲中丞時。又善弈。雖土官知弈者。略崖岸與之弈。以是周知閭里俗尚。蠻徼要害。嗟乎。以若人而置之今日。其不爲衆詆者幾希。甚矣古道之難也。

郭子章曰。鄧宗器爲淳安令九年而始爲程番府。又九年而始爲山東參政。今一除貴州。輒遲遲不來。臨來輒怏怏思去。視若地獄鬼國。不可一日居者。故若宗器者。毋問其他。卽十八年守令。亦可謂居易君子矣。

詔舉將才。益選京營兵二萬聽調。

虜數入大同。滅胡墩。平江伯陳銳在軍。不敢前。虜飽掠去。

丁酉。監察御史胡希顏上邊務六事。舉將才。（文臣楊一淸王質陳珍。武臣時源姜漢朱鎧魏鎭。）足兵食。信賞罰。募民兵。贖罪囚。選健馬。下兵部。

戊戌。提督軍務戶部左侍郎許進等師久無功。下兵部議處。切責諸將自效。

夜。彗滅。

庚子。南京吏部尙書秦民悅改南京兵部尙書。

保國公朱暉爲征虜大將軍總兵官。都督僉事神英右參將。太監扶安監軍。以京兵五千往大同。撤總兵官陳銳王璽劉寧及巡撫都御史洪漢。（大將軍印不易當。暉繼永而佩。盡護諸將。人榮之。）

作拒馬木竹牌滾刀神臂弓飛槍。

辛丑。大寧前衞帶俸都指揮使戴廣爲都督僉事。

癸卯。工部左侍郎兼左僉都御史史琳爲右都御史。仍經略紫荆等關。

甲辰。英廟麗妃陳氏薨。謚惠和。

丙午。增兵部主事。

虜入大同。

丁未。曉刻月犯六諸王星。

戊申。戶部左侍郎林瀚爲南京吏部尚書。山東按察使劉宇爲右僉都御史。巡撫大同。

己酉。右都御史史琳提督大同邊務。

賑山西行都司及大同災民。蠲賦役一年。

辛亥。兵部右侍郎楊謐卒。儀封人。成化五年進士。歷官盡職。未嘗近名。名亦隨之。

七月癸丑朔。丁巳。大理寺左少卿王鑑之爲左僉都御史。經略紫荆等關。

己未。太子少保刑部尚書閔珪進太子太保。

兵科給事中熊偉請各邊募士兵事寧之日還農。從之。

辛酉。吏工部右侍郎韓文熊翀爲左侍郎。少詹事兼侍讀學士王鏊巡撫延綏右副都御史熊繡光祿寺卿李鐩爲吏兵工部右侍郎。

癸亥。前戶部左侍郎劉大夏爲右都御史。總督兩廣軍務兼巡撫。

乙丑。提督軍務戶部左侍郎兼左僉都御史許進入朝。辭憲職。

丙寅。太僕寺少卿王珩爲光祿寺卿。

丁卯。虜入遼東義州松山。

己巳。夜。京師地震有聲。

庚午。罷許進陳銳劉寧俱劾免。故事。中貴子弟從軍。留帳下報功。進編入行間。賈怨。

虜退襄城伯李鄌入朝。

辛未。朱舉襲翰林五經博士。朱熹十一世孫。

癸酉。南京戶部尚書梁璟致仕。

丙子。戶部右侍郎李孟暘爲左侍郎。巡撫山東右副都御史王儼爲戶部右侍郎。

巡撫陝西右副都御史熊翀上玉璽。鄠縣人毛志學浴于河。得玉璽。受命于天。既壽永昌。厚一寸。方圓尺有四寸。謂秦璽。禮部尚書傅瀚等以秦璽驗輟耕錄模刻篆文不合。疑僞。姑藏內府。賞志學五金。

沈德符曰。秦璽止四寸。卽雍州璽。所謂藍田玉者。若元楊桓所上。亦止四寸耳。今乃大至一尺四寸。眞僞不待辨。聖王之明察。禮臣之持正。勝宋元符君臣萬萬矣。

丁丑。南京工部尚書蕭禎致仕。

戊寅。大理寺卿王軾爲南京戶部尚書。

陝西莊浪衞天鼓鳴。

己卯。南京工部右侍郎沈暉致仕。

庚辰。湖廣左布政使徐源爲右副都御史。巡撫山東。貴州左布政使張撫爲南京太僕寺卿。

辛巳。撤雲南貴州清戎監察御史。

壬午。南京禮部左侍郎董越爲南京工部尚書。南京大理寺卿楊守隨改大理寺卿。

八月。㮨朔甲申。四川番賊入掠松潘。

丙戌。岷王膺鉟薨。年五十一。諡曰簡。

丁亥。太常寺少卿兼翰林侍讀學士李傑爲南京禮部右侍郎。巡撫保定右副都御史高銓爲南京工部右侍郎。

戊子。總督南京糧儲右副都御史陳璦卒。太康人。成化八年進士。

京師雨雹。

庚寅。進士牧相爲南京兵科給事中。

辛卯。賑南安水災。

壬辰。前工部右侍郎張頤卒。太原人。天順四年進士。館選。授檢討。遷修撰。擢右僉都御史。巡撫宣府。平居持論侃侃。求外效。曲事太監汪直。士論薄之。

提督河道右通政張縉爲右僉都御史。巡撫保定兼提督紫荆等關。

癸巳。夜廣西融縣有流星。長丈餘。大如箕。

丙申。廢周府義寧王安涘。奪爵。廢平樂王安泛爲庶人。徙高牆。安涘安泛俱淫逆。罪在不赦。

夜月犯壘壁陣東星。

丁酉。夜南京壽星見。

己亥。雲南木邦蠻作亂。

甲辰。光州地震有聲。

丙午。夜雨雹。

丁未。復作余子俊所製戰車。

戊申。昏刻木星犯壘壁陣東星。

庚戌。貴州安南衞地三震。聲如雷。

九月壬子朔。陝西肅州衞廣東欽州地震。

癸丑。廣東官軍平翁源等縣流盜。初福建盜破翁源保昌。殺保昌主簿黃時。卹其家。

丙辰。刑部左侍郎陳道爲南京右都御史。

丁巳。設寧夏靈州官吏隸陝西布政司。

庚申。兵部右侍郎兼左僉都御史王宗彝爲右都御史。仍經略密雲潮河川等邊務。

刑部右侍郎何鑑爲左侍郎。巡撫雲南右副都御史李士實爲刑部右侍郎。

壬戌。雨雹。

甲子。旱災。免保定夏稅有差。

丙寅。工部左侍郎熊翀改兵部左侍郎。

江西雲南左布政使葉贄陳金爲右副都御史。贄總督南京糧儲。金巡撫雲南。

翰林院編修蔣冕傳珪兼司經局校書。

戊辰。行人王雄謫雲南浪穹縣丞。雄上言克敵之要在將得其人。比者曾前不選任而用陳銳。今奈何復用朱暉也。夫當樞臣會議。獨以銳首陛下亦信而任之。乃其效若此矣。臣不審昔所議者何事。毋亦以爲循故事耶。抑試之也。語曰。前車覆後車鑒。彼朱暉者素不更事。豈遽出陳銳上哉。且惟豪杰能知豪杰。攷之前史。舉韓信者蕭何。舉謝玄者謝安。舉高崇文者杜黃裳。彼漢晉唐之君。雖未知韓信謝玄高崇文爲人。而于蕭何謝安杜黃裳亦既知之矣。故于所舉信而不疑也。今陛下即未眞知朱暉爲人也。果能知舉之者無愧于蕭何謝安杜黃裳則可。若曰未也。是可不以陳銳爲前車哉。臣愚以爲莫若于邊方都督中選任。夫邊方都督。生長北邊。結髮與匈奴戰。其間固有習知虜情能出奇制勝者。特爲主將所拘束。否則監督與提督牽制之。雖謀略無所施耳。固不可謂將才盡遜于古也。今暉雖受命。願及其未發止之。責前舉陳銳欺罔之罪。然後大會廷臣。選邊方都督中任以大將。勿置監督提督以撓其權。蓋今監督提督。卽唐觀軍容使與監軍也。以郭子儀李光弼將略。而魚朝恩爲使。則九節度之師潰于相州。矧其下者。願陛下永鑒前事。愼擇專任。毋徒以國事爲嘗試。天下幸甚。上以雄妄言阻軍。下錦衣獄遠謫。

己巳。壽州及太康縣地震有聲。

庚午。工部右侍郎李燧爲左侍郎。南京光祿寺卿張達爲右侍郎。

辛未。定教官不許賫進表箋。

壬申。昏刻。南京有大星自室宿流天棓。三小星隨之。

癸酉。鎮守湖廣總兵官東寧伯焦俊卒。俊少商販。嗣兄爵。謙和下士。雖將略非所長。獲以功名終。

乙亥。曉刻。月犯軒轅星。

戊寅。翰林編修兼司經局校書吳儼爲左中允。仍直東宮。

十月壬午朔。戊子。司禮太監閱京營程藝。

丙申。曉刻。月食。夜。月犯天街星。

丁酉。傳制封秉欆秦王。秉㭿宜川王。恩鈼沅陵王。恩鈳松滋王。恩銑宜城王。眞泓淳化王。俊櫝博野王。安法永寧王。安淇原武王。安沈河淸王。表楗襄陰王。祐檯徽世子。祐椀景寧王。旭林隴西王。旭栓寧遠王。

庚子。水災。免徐州蕭碭田租有差。

甲辰。司經局校書兼翰林侍講梁儲爲學士。

乙巳。黔國公沐崑以孟養思陸越金沙江侵孟密蠻英章貢等地。木邦宣慰罕列年幼。意同思陸報孟密。欲發兵討之。晝三策。上策調土漢兵。以送戞里二子還復故土爲名。分思陸之勢。一進蠻倫。一進南牙山。一進結養。中策分三道攻其東。調孟密平緬自密都攻其西。責東軍取蠻莫。西軍取聽盞諸地。下策防守撫諭。上用其下策。

丙午。命宗藩廟樂從國初舊制。初。寧王宸濠請廟用樂舞。下禮部。以洪武元年王國樂章。迎神大清。初獻壽清。亞獻豫清。終獻熙清。徹饌雍清。送神安清。今有曲無其辭。至是靖江王長史上其辭。頒于諸王。

南京鴻臚寺卿陳壽爲右僉都御史。巡撫延綏。

戊申。楚府江夏王均鉢薨。年三十九。謚安惠。

裁鳳陽廣濟鈔關。

金星晝見。

夜。南京鳳陽地震。

十一月辮朔。己未。裁南京羽林右衞養虎倉。

曉刻。金星犯罰星。

辛酉。召還防守密雲都督僉事李澄。

昏刻。月犯六諸王星。夜。犯天囷星。

壬戌。免雲南州山窩村廣運寶泉四場銀課。

癸亥。遼府湘陰王豪墋薨。年六十四。謚康懿。

致仕知府邳州袁清召赴大同贊畫御史曹玉薦其知兵清進士。

乙丑。虜入馬蘭谷。

永康侯徐錡爲平蠻將軍總兵官鎮守湖廣。

陝西鎮夷衞天鼓鳴。

丙寅。錦衣衞北鎮撫司指揮僉事楊昇卒涿人正千戶慎密愿慤持正頗平。

丁卯夜月犯五諸侯星。

己巳。初各都司製兵械輸京俱貯九門城樓便關領後內官監太監陳良收內庫恣科索。至是解大刀萬五千五百兵部請貯城樓不允

丁丑。申嚴沿邊伐木之禁。

經略右都御史王宗彝入朝。

庚辰。曉刻月犯上相星。

十二月辟朔癸未虜復犯大同。尋引去。

甲申。築紫荆關三里堡城。

丙戌。增山西副總兵駐代州。提督三關改代州參將駐偏頭關。

辛卯。前應天府尹于冕卒。冕父少保謙廕府軍前衞副千戶。後戍龍門。憲宗初復官。改兵部員外郎。歷禮部郎中南京太僕少卿冕頗涉書史有幹局歷官能舉其職惜無子。

鎮守兩廣伏羌伯毛銳進太子太保。

癸巳。進士王藎許誥倪議徐仁張維新張元良爲給事中。

太原地震有聲。

甲午。翰林編修兼校書蔣冕爲右春坊右中允。

經略紫荆等關左僉都御史王鑑之入朝。改大理寺左少卿。

丙申。召提督軍務右都御史史琳。

丁酉。傳陞署都指揮同知吳安爲後府帶俸都督僉事。

戶部署郎中事員外郎王沓謫阿迷州同知。沓前疏擅擬將官。

戊戌。褫大同失事逮總兵王璽。戍鎮番衞。巡撫都御史洪漢閒住。副總兵馬昇右參將秦恭游擊將軍王杲論死。

辛丑。榮府翰林檢討武皐服除。改中書舍人。

虜再寇大同。縱掠百餘里。諸將閉城不出。虜得利去。

壬寅。瀋府遼山王幼㙺薨。年六十八。謚宣穆。

癸卯。刑部郎中黃暐坐狎樂婦削籍。顧謐閒住。

乙巳。虜犯薊州。

丁未。減光祿寺供應。

兵科給事中戴銑請頒歷代名臣奏議。從之。

己酉。上視朝稍遲。以累日侍兩宮頗勞。特諭閣臣。

是年。命提督織造太監韓義令蘇州及太倉織腰機細布六千匹。

辛酉弘治十四年

正月皷朔。西安延安慶陽地震。聲如雷。明日亦然。朝邑尤甚。至丙辰頻震。傾城廬。斃人畜甚衆。地拆成河。河南陝州永寧盧氏山西平陽安邑滎河各地震。蒲州日震二三。至戊午地拆出水。

己未。上南郊。

辛酉。金星犯建星。

丙寅。水旱免湖廣田租有差。

壬申。遼東蓋州永寧地連震有聲。天鳴。

癸酉。南京太常寺少卿沈愉卒。上海人。貢士。修英廟實錄。授中書舍人。遷尚寶司丞。

甲戌。憲廟麗妃章氏薨。謚昭順。

乙亥。錄宋儒朱熹十世孫墦。婺源學受書。

丙子。吏部右侍郎王鏊上禦虜八事。曰定廟算。火篩雖桀黠。比古之冒頓元昊。猶不足方萬一。但中國久安。武備漸弛。使得跳梁邊境。今之可畏。不在小王子火篩。而在嬖倖亂政。功賞不明也。武臣才略可當閫外。文臣威望可付邊事者誰與。求之固未可卒得。然天下之大而遂無一人乎。亦或不善用之耳。將兵者。將帥之事也。將將者。天子之事也。賞一人使人人皆勸。罰一人使人人皆懼。比年邊臣冒功陞賞。而敗軍失利者。令戴罪殺賊。此人心所以日懈。邊備所以日弛。伏望有罪必罰。不以近倖而免。有功必賞。不以疏遠而遺。如此將帥協力。北虜不足滅矣。曰重主將。內臣則太監。武臣則總兵。文臣則都御史。都御史欲調兵。總兵不可而止。總兵欲出兵。太監不可而止。大同有急。欲調宣府兵而不能。延綏有急。欲調大同兵而不可。權分于將。多威奪于位埒。欲望成功難矣。致仕南京戶部尚書秦紘。緡練邊務。雖老尚可用。乞加以總制。諸將悉聽節制。庶事權歸一。無或沮撓。曰嚴法令。曰恤邊民。曰廣召募。曰用間。曰分兵。曰出奇。虜大營在河套。宜募敢死之士萬人分將之。俟虜入寇。邊軍固守勿戰。密令此軍銜枚掩襲。我兵可大勝。即不能勝。虜亦當懲艾不敢恣寇。章下所司。

丁丑。巡撫四川右副都御史鍾蕃復姓潘氏。

福興泉漳地震。

己卯。晉府寧河王鍾鏤薨。年三十八。諡安憲。

二月朔壬午。司設監乞倣兵仗局收幼匠二千人。工部謂兵仗局以軍器。宜收幼匠濟乏。司設監止與帳等。何急爲命收千人。

夜。金星犯羅堰星。

乙酉。前南京刑部右侍郎邊鏞卒。任丘人。貢士。授御史。有治事才。

丙戌。大同總兵官張俊宣府總兵官莊鑑互易。

夜。月犯六諸王星。

丁亥。汶川縣地震。辛卯。又震。

己丑。水旱免順天河間田租有差。

癸巳。進士陳伯獻爲南京吏科給事中。

初。監察御史鄒魯坐罪貶寧羌衛經歷。稍遷蕭山知縣。貪狡不悛。吏民怨甚。邑人何舜賓以御史戍慶遠衛。赦歸。好持吏短長。與魯不相中。怨家奏舜賓逃伍。事下魯。仍赴戍所。令送卒道殺之餘千。又捕其家子兢。諸生走匿久之。魯進山西按察僉事。兢伺于江上。篡取魯。矐其目。屢奏上未決。至是法司謂魯造意殺人論死。兢毆傷五品官至廢疾。當戍。從之。其後俱赦免。

談遷曰。鄒魯之嚴酷。何舜賓之招權悻直。兩人搆郄。並不令終。子兢報讐。不媿古人。然當伏械開禍之始。先幾泣阻。或不爲遠道之寃骨。亦子職然也。豈舜賓盛氣自遂。不可諫耶。徒焦身殫慮以赴之。同於過涉。亦足悲矣。

甲午。豐城侯李璽等勤京兵二萬。候虜聽征。

乙未。停蘇松常鎮導河之役。初歲雇役導河。民甚病之。

己亥。撤陝西織羢內臣。從兵部尚書馬文升之言。

開大同淮鹽百萬引。宣府浙鹽五十萬引。

庚子。右副都御史熊繡爲兵部右侍郎。

辛丑。提督四夷館太常寺少卿楊一清爲南京太常寺卿。

壬寅。南京壽星見。

癸卯。雹災。免延安西安寧夏田租有差。

乙巳。蒲州地震。至三月癸亥。連震二十有九。

丙午。左春坊左諭德李旻爲南京太常寺少卿。

司禮太監陳寬兵部尚書馬文升選三大營吏卒。

試勳臣都督等騎射。罷宣城伯衞璋建平伯高霳坐營把總指揮楊振等。餘奪俸甚衆。

丁未。虜入薊州石匣口。

三月配朔。罷延綏總兵官陳瑛。論死。副總兵朱瑾謫戍。鎮守太監曾敏降長陵司香。巡撫右副都御史王嵩降陝西布政司右參議。先是神木堡紫柏溝失事也。

巳刻。五色雲見。

辛亥。水旱。免江西去年田租有差。

壬子。信豐人李招貼李廷方閩人周程等私販瓜哇國。竊封傳底簿故紙。僞入貢。至廣州。以聞。禮部以貢使例哇字十二號。今瓜字三號。乃先年所降底簿。非號紙。詰其實。治罪。

丙辰。故修武伯沈坊以營繕封子瑞襲錦衣指揮使。

丁巳。故雲南按察僉事襄陽張一中。先名寬。進士。授檢討。上用兵心法。謂易旗幟甲冑色黃。土克水也。語皆庸妄。斥之。

庚申。暫免北畿山西河南山東明年歲辦果品廚料。

癸亥。水災。免濟南兗萊去年田租有差。

南京大理寺評事夏鍭上言。民困養馬。困于責駒。煎鹽困于賠課。近王府困于侵奪。近戚里困于恣睢。當孔道支應。爲困有土產貢獻。爲困。疏上。章下所司。

甲子。旱災。免太原平陽汾潞去年田租有差。

乙丑。夜。月犯氐宿。

辛未。夜。月犯十二諸國周星。

壬申。南京國子祭酒劉震卒。安福人。成化八年進士及第。授編修。文詞敏贍。少躁急。好受餽。致譏。

乙亥。延綏告儆。命提督右都御史史琳率參將神英以京兵三千往節制諸路。

丙子。廣東左布政使汪奎爲右副都御史巡撫貴州。

四月戊寅朔。頒勳臣都督武經七書。

庚辰。工部左侍郎李鐩兼左僉都御史。總督延綏軍餉。

虜屢入遼東開原。

壬午。署國子事禮部右侍郎謝鐸。請祀叔梁紇。斥吳澄。進薛瑄。禮部尚書傅瀚力持之不果行。右侍郎焦芳詆澄仕元之失。瀚曰前人從祀必有見。芳曰楊士奇方柄用以澄鄉人。私庇之可又襲其非耶。瀚又以薛瑄少著述。竟議如故。

甲申。儀眞知縣徐淮下錦衣獄。謫之。先是內使劉雄嗛其供薄。愬南京守備太監傅容。以聞。科道求宥。不聽。

丙戌。漕運參將都指揮僉事周璽卒。

遼東鎭夷堡火。

丁亥。山西岳陽縣地震。聲如雷。

戊子。李璣杜旻劉瓚袁仕趙時中阮吉爲試監察御史。

益史琳兵七千。保國公朱暉爲征虜將軍總兵。太監苗逵監軍。自宣大進。都督同知李俊都督僉事李澄爲左右參將。自保定進。俱赴延綏。

癸巳。太僕寺卿吳裕卒。揭陽人。成化八年進士。

甲午。巡撫保定右僉都御史張緒爲右副都御史巡撫宣府。

丁酉。韓王偕灊薨。年四十三。謚曰康。

徐州淸河桃源宿遷大雨雹。壞麥。

戊戌。山東左布政使王沂爲右副都御史。巡撫保定。

庚子。曉刻火星犯壘壁陳東星。

乙巳。右春坊右諭德署國子司業黃珣爲南京國子祭酒。

丙午。南京鴻臚寺卿王璟爲右僉都御史。清理兩淮鹽法。時宗室官戚假賜鹽爲私。大同無市納者。故敕璟。

丁未。兩廣災傷。暫罷清軍監察御史。

山西應州大黑風。教場旗自火。

修大同外邊。自西陽和至偏頭關九百八十里。築城廣一丈五尺。高一丈三尺。增置斥堠。爲加堡寨六百七十。役卒五萬人。

五月輒朔。饒榶爲福建道監察御史。

己酉。翰林編修周玉爲國子司業。

庚戌。以兵荒賑大同難民。免田租。

壬子。前左都督馬儀劉寧俱爲左參將。從朱暉等贊晝。

丙辰。裁天下添設官。

戊午。修大同外邊。巡撫都御史劉宇役卒五萬期半年。

昏刻。月犯進賢星。

庚申。安南國王黎暉遣陪臣阮維楨來謝祭。劉興孝謝封。

夜。月犯氐宿。

貴池青陽宣城潛山蕪湖大雨水。

辛酉。罷鎮守陝西恭順侯吳鑑。恇怯被劾。

壬戌。延綏游擊將軍張雄等敗虜于喬家澗。擊斬五十級。

勦武岡苗賊。賊殺青坡巡檢劉浩硤口巡檢杜良長沙衛百戶李俊。

武安侯鄭英鎮守陝西。

戊辰。易州山廠工部右侍郎陳琬卒。全州人。成化十四年進士。

命京省各進地圖備覽。

裁德州以北管河指揮千戶等官。

己巳。立大興縣隆禧寺內官監太監李興所請。禮科都給事中甯舉等爭之。不聽。

夜。月犯壘壁陣東星。

壬申曉刻。月犯天囷星。

甲戌。大理府通判劉傑以其叔太監雲鎮守陝西。請改順天通判。科臣交劾。不聽。

六月丁丑朔。順天府尹張忠爲工部右侍郎理易州山廠。

庚辰。應天府尹韓重改順天。

辛巳。遼東廣寧錦義大雨水。渰廬稼人畜。陝西漢中大風雹。

壬午。前福建按察僉事章懋爲南京國子祭酒。

癸未。廣西按察使吳倬卒。

甲申。發雲貴兵會討普安州叛婦米魯。初。營長阿保。挾米魯僭稱王。總兵焦俊擊斬保。米魯敗走霑益土官安民家。安民助兵五百。夜襲殺故夫隆暢及子隆珀隆塔。營長福祐迎米魯還故營。益攻掠諸寨。貴州巡撫右副都御史錢鉞。同太監楊友總兵官焦俊征之。以都指揮劉英王瑋分左右哨。李雄吳遠侯宇爲後哨。截長江遏其後。都指揮張泰黃京各提屯卒千人于普安安南二城爲援。參政馬炳然副使周鳳參議王杲僉事龔嵩爲監軍。我師壓境。米魯西遁。奏捷。

郭子章曰。讀李士實平蠻記。錢公之功似偉矣。然米魯之逸。未馘于廷。既有歉于呂嘉之獲。而平蠻之記。出自叛臣。又大愧于退之之碑。是役也。功無足紀。石則宜仆矣。

乙酉。工部右侍郎張達勘潮河川城。

丁亥。平陽地震有聲。

己丑。延綏西路右參將曹雄等敗虜石澇池堡。斬二十五級。

定襄縣地震。聲如雷。

乙未。朝邑地連震。聲如雷。

木星自壬辰晝見。至是日。

丙申。環慶守備指揮劉雄等敗虜于清平萌城。斬十一級。

戊戌。虜寇延綏清水堡。大殺掠。

己亥。四川叠溪守禦千戶所地震。聲如雷。

修黃巖縣宋丞相杜範墓。立祠。

壬寅。秦府保安王誠淥薨。年三十六。謚昭和。

甲辰。夜大星色青白。自貫索流大角旁。

雲南雲龍州大疫。

七月朾朔。秦王秉欆薨。年二十二。謚曰昭。

吏科右給事中鍾渤刑部郎中王益謙勘遼東失事狀。初。虜攻遼陽迤東諸堡。副總兵孫文毅。少監劉杰。以卒四千赴之。虜伺迤西不備。以八千餘騎分掠長勝諸屯堡。遼東大震。

潮河川工成。

戊申。夜。南城縣火。

大星長九丈餘。自西流東。

己酉。左府都督僉事張晟卒。

朝邑縣地震有聲。

壬子。初海西兀者前衛都督都里吉次子尙古入貢。授指揮。後屢貢求都督。止授都指揮僉事。怒而不貢。幷率兵阻諸胡貢道。並怨之。尙古已悔罪。五十騎款塞。守臣遽招之。遂以五百騎入貢。至開原。放五十人入京。泰寧衞都督猛革忒木兒怨邊臣。獎逆入寇遼陽。且留書言其狀。建州左右衞亦歸咎尙古。事聞。兵部謂尙古初款塞。守臣宜諭回。令冬入。不宜招致諸胡不平。且尙古既貢。奈何誅焉。其令守臣檄猛革忒木兒等自贖。併歸掠口。從之。

癸丑。先是提督軍務右都御史史琳乞以番文撫諭虜酋。火篩從之。

大同諜報。套虜治筏渡河而東。請撤游奇兵分西路防守。下兵部議。覆嚴備。伺虜東西。相機戰守。

甲寅。前南京兵部左侍郎馬顯卒。廣平人。正統□□進士。授給事中。居官勤瘁。蔬布不輟。

虜入甘州永昌山丹。

夜。火墜南城縣爨廬舍。燔倉穀三萬九千餘石。

乙卯。南京刑部尙書翟瑄卒。瑄洛陽人。天順八年進士。令奉化。拜御史。和易練達。自大理寺丞歷撫山西。遷右都御史。習于法比。賜祭葬。贈太子少保。

戊午。虜入宣府德勝關張家口。

同州朝邑地震。

己未虜入甘州靖安等堡。自戊午七月來。虜入甘州者十有八。殺甲卒三百四十二。掠牛馬六千三百有奇。總兵官彭清鎮守太監劉瑯巡撫右副都御史劉璋弛備如此。兵部請以罪上。置不問。

朝邑地復震。

庚申。臧鳳爲浙江道監察御史。

宥參將黃鎮守備太監張瓚指揮王璽等。時永寧衞雁尾山至居庸關石縫山。東西四十里。南北七十里。風火七晝夜。林木俱盡。

將樂縣火。

夜大星自畢宿流參宿。三小星隨之。

辛酉夜廉州及靈山縣大風雨。發屋拔木。官民廨舍壞盡。潮滃百五十餘人。

癸亥貴州官軍擊叛婦米魯于附馬坡。敗績。擄都指揮吳遠。事聞。命南京戶部尚書王軾兼右副都御史。提督貴州軍務。率師討之。

甲子。虜寇遼陽衞沙嶺。

丁卯。右都御史王宗彝整飭遼東備禦。遼患水旱。虜數寇。征虜大將軍朱暉右都御史史琳太監苗逵以五路之師出紅城墩。夜搗虜于河套。大霧。聞砲驚遁。不相格。纔斬三級。駱駝五。馬四百二十六。羊千八十。器械二千五百。捷上。報功至萬餘。聞者恥之。

談遷曰。火篩之强。中朝殆忘宵旰廢寢處矣。邊戍十數萬。萍散不易聚。所徵發多後期不相值。即值亦閉壘自守。否且魚潰矣。上拊髀興嗟。屢屢推轂。陳銳虛往。朱暉再遣。所譏虜者幾何。嗟乎。王威寧而在。當不使虜至此。漢文帝所以思頗牧也。吾豈憂匈奴哉。

夜。月犯木星。

戊辰。夜南京星隕。

己巳。虜入平涼。

庚午。命科道清理屯田。兩京。工科右給事中李祿。監察御史李春。戶部郎中王勤。禮科右給事中王縝。監察御史羅列。郎中夏暹。浙江江西。戶科左給事中蔚春。監察御史杜啓。員外郎趙履祥。福建廣東。工科給事中張元良。監察御史馬繼祖。主事程杲。山東河南。兵科給事中王承裕。監察御史呂鍾。員外郎夏從壽。四川。監察御史俞諫。郎中相樞。

壬申。停浙江福建巡撫官。

丙子。立石表韓康王善行于墓。

閏七月丁丑朔。己卯。報虜會孛羅約小王子犯邊。命官軍會于韋州。

庚辰。福州大雷雨。

辛巳。壽光縣隕星大如車輪。天鼓鳴。

壬午。提督倉場戶部尚書王繼改南京刑部尚書。

癸未。定京官六年考察。

乙酉。裁臨清鈔關主事。

寧夏總兵官郭鍧。副總兵傅釗。左右參將左方馬隆。擊虜于鹽池。斬二十級。俘二十人。

戊子。撫治鄖陽右副都御史陳清爲戶部右侍郎。提督倉場。

己丑。山東長山新城大雷雨地震。

辛卯。虜數入薊州。

前宣府巡撫右副都御史雍泰劾分守順聖川參將李傑侵餉。逮治。又嘗撻參將李稽。稽訐奏泰虐下。命給事中徐仁錦衣千戶李瓚勘上。泰竟削籍。傑大學士東陽從子也。

壬辰。南京兵刑部右侍郎潘蕃金澤各易任。

汝川縣地震。聲如雷。

癸巳。巡撫湖廣左副都御史樊瑩撫治鄖陽。

乙未。前刑部左侍郎張錦卒。岷州衞人。成化五年進士。明敏寬和。歷官政舉。

丁酉。益洮河西寧中茶五百萬斤。

戊戌。賑兩畿山西山東河南水災。

後府都督僉事孫貴卒。

癸卯。禁漕卒私鹽。

乙巳。遣御用監太監王瑞送玄武像武當山齋醮。命內閣撰祝文。劉健等諫止之。

八月

辛亥朔。瀋府清源王幼玶薨。年七十。謚莊簡。

前錦衣衞指揮僉事王竑卒。尚書王翺子。

丁未。虜分道寇固原。殺京營都指揮金玉。

戊申。池州寧國安慶太平大水。壞廬稼。

己酉。前太子太保戶部尚書葉淇卒。淇山陽人。景泰甲戌進士。授御史。天順初。坐累謫武陟令。改清江寶坻。成化初。起廣西僉事。平流寇。改山東。遷陝西副使。至今官。亮直有守。歷官皆著聲。在戶部能惜財。賜祭葬。贈太子太保。

初。淮商皆鄉舊。言于淇曰。商人輸粟塞上。又有守支之苦。孰若輸金戶部。分送各邊乎。淇奏行之。引納白金三四錢。一時太倉之藏至百餘萬。然商人撤田業。邊粟價數倍。良法遂壞而不復。

何喬遠曰。葉淇始變鹽法。世論以爲罪。顧國家承平日久。百凡徵賦折色者亦多變法。非其人則以爲罪。是其人則以爲功也。以今內官之侵漁。戶部胥吏之耗蠹。邊巡撫郎官之墨。邊將之債。法烏能無弊哉。法乎法乎。惟高皇帝能創之。亦惟高皇帝能行之。

水災。免開封今年田租有差。

前南京兵部右侍郎黎福卒。樂平人。成化二年進士。授御史。守襄陽鎮江。頗有稱。

庚戌。前巡撫貴州右副都御史謝昺卒。黃岡人。正統十三年進士。

辛亥。立故河間忠武王張玉子定興忠烈王輔世忠祠。特賜敕。

朱暉等報斬虜十二級。時諸將擁兵不戰。聞者恥之。

癸丑。叛婦米魯聽撫。命王軾議之。

丙辰。雲南馬龍他郞甸長官司改新化州。設流官。長官普源。沒。亡子。

瓊山縣暴風雨。潮溢。漂廬稼人畜。

廣西融縣流星大如箕。河水驟赤。大疫。

丁巳。撫治鄖陽右副都御史陳清爲戶部右侍郎。提督倉場。

宣府四海冶守禦千戶所地震有聲。
癸亥。曉刻月犯昴宿。
乙丑。南京禮部郎中丁璣爲廣東提學副使。
丁卯。賑大同延綏邊民。
光州高州渭南地震有聲。
己巳。虜二萬騎入寧夏東路。萬騎入韋州。大殺掠。虜去過其地。人髮偏野。縈罥宿草。風吹之旋舞。莫不痛大將規避也。
癸酉。貴州地三震。俱有聲。
乙亥。駙馬都尉樊凱乞自收莊租。特許之。
大名天鼓鳴。
九月丙朔日食。
欽州地震。聲如雷。
丁丑。曉刻壽星見。
己卯。敕太監苗逵總兵朱暉都御史史琳奮勇勦虜。毋仍前習。
丁亥。命大理寺丞劉憲太僕寺少卿王質分往陝西四鎮發民兵。
己丑。夜月犯木星。
庚寅。夜月食。
癸巳。太康陳州地再震有聲。

甲午。汝王祐梈之國衛輝。

乙未。壽州地復震。

甲辰。起秦紘戶部尚書兼右副都御史。總制延綏寧夏甘肅陝西軍務。撤史琳。初正統初。兵部尚書王驥提督諸軍西征朵兒只伯。已右都御史王文陳鎰分任鎮守。未合三鎮而總督也。成化初。左副都御史項忠總全陝兵討滿俊。已右都御史右副都御史馬文升俱總兵事。平則革。不恒設。弘治丁巳。王越總制禦火篩。明年卒。至是起紘任如越。自是定制。紘請以開城遺民于衛城設固原州。遂通商賈中鹽。利建倉庫墩堡。鳩集流散。後爲重鎮。

十月辆朔。太子太保□□伯劉福卒。

庚戌。懷寧侯孫泰卒。

辛亥。寧夏地震有聲。壬子。復震。

甲寅。太子少保吏部尚書倪岳卒。岳字舜咨。上元人。天順甲申進士。館選。授編修。進侍讀。擢禮部右侍郎。歷南京吏兵部尚書。有文武才略。在禮部儀文制度多所擬定。柄銓日。獎恬抑躁。人無以私進。凡廷議。獨片言而決。天下皆仰其風采。岳于時獨推重馬文升。至論事。未嘗苟徇也。年五十八。贈少保。謚文毅。

袁袠曰。國朝罷中書省。專任六部。愼簡其人。三載更迭。爲之以練習世務。乃後此法不行。有缺止于敍遷。而已百年來政尚因循。人習浮沉。其間稍自振迅者。衆必以爲立異。故東漢時在位者多謹畏循常襲故之人。其弊必至如胡伯始而後已。如倪公者。挺然任事。不少避忌。其亦異乎患失者哉。

陳善曰。吾郡入國朝。余杭有二鄒。錢塘有二倪。皆父子鼎貴。並錫優謚。乃其子皆邁跡。抑何偶也。文毅慷慨多大節。此其最賢。與昔張燕公論蘇頲蘇瓌。以爲獻可替否。黃門過于僕射。若岳之于謙。類之矣。岳原籍錢塘。

乙卯。夷婦米魯復叛。攻普安安南城。

火星犯天街星。

丙辰。馬湖底渦江色變白。翌日濁甚。壬戌。淸如故。

夜。月掩木星。

丁巳。敍州河變白三日。

辛酉。夜。南京地震。

壬戌。松江吳江崇明朝邑地震。

癸亥。兵部左侍郎熊繡閱大同邊牆。

甲子。少傅兵部尙書馬文升改吏部尙書。

丙寅。國子生田守仁自薦善用偏箱車。送朱暉行營。

監察御史文森會大有張津下錦衣獄。森等薦周經劉大夏宜冢宰。忤旨。贖杖還職。

戊辰。岐王祐棆薨。年二十四。無子。國除。還葬京師翠微山。謚曰惠。

大同失事副總兵馬昇論死。宥游擊將軍王杲戍三萬衞。

曉刻。月掩上相星。

夜。大星自太微東垣流至近濁。

辛未。朝邑地震。聲如雷。

壬申。總督兩廣右都御史劉大夏爲兵部尙書。南京刑部尙書王繼改南京兵部尙書。

甲戌。日講增周易。
十一月乙亥朔。丁丑。虜入陝西山丹。
戊寅。贛州大雷雨瘴疫。
己卯。周府河陰王同鑣薨。年五十六。謚康簡。
庚辰。晉府寧河王邸火。給費。
辛巳。水災。免眞定田租有差。
遼東金州等衛大雪凍斃亡算。
壬午。南京右都御史陳道爲南京刑部尚書。總督漕運右都御史張敷華改南京右都御史。南京刑部右侍郎潘蕃爲右都御史。總督兩廣軍務兼巡撫。
旌秦府汧陽王誠冽孝義。誠冽事端懿王繼母張氏極孝。執喪三年如一日。墓生嘉禾嘉瓜。萱草華雪中。又慈烏異禽環集。婦沒不再娶。
晉府交城王奇湑薨。年四十三。謚榮惠。
乙酉。遼東總兵官蔣驥巡撫右副都御史陳瑤失事免。
丁亥。撫治鄖陽左副都御史樊瑩爲南京刑部左侍郎。
己丑。巡撫宣府右副都御史張縉總督漕運兼巡撫鳳陽。
南京金星晝見。
庚寅。大學士李東陽省墓。
尙衣監太監秦文請淮鹽三萬引助織幣。從之。

辛卯。土星犯六諸王東星。

壬辰。大理寺左少卿王鑑之爲右副都御史。撫治鄖陽。

賞河套功兵部擬四千四百五十餘人。命廣之部執議如初。保國公朱暉右都御史史琳賜金幣餘有差。

夜。月犯軒轅南星。

癸巳。命刑部左侍郞何鑑賑山東徐邳淮揚。大理寺右寺丞吳一貫賑順天永平河間河南。

丙申。山東左布政使劉聰爲右副都御史。巡撫宣府。

龍門衞地震有聲。

丁酉。分守西寧布政司左參政馬輅。避險不卽任。謫順德府同知。

焦淇嗣東寧伯。焦俊子。

己亥。金星犯壘壁陣西星。

辛丑。徵永順宣慰使彭世麒。保靖宣慰使彭仕瓏。各兵三千人。助討米魯。

癸卯。威州番賊陷霸州堡。

是月。江浙南京大寒。松江泖湖冰。經月始解。

十二月乙朔庚戌。金星晝見。

癸丑。欽天監改作渾儀。

夜。月犯火星。朝邑地連震有聲。

甲寅。傳制封睦㰘周王。同銜臨汝王。當滋郯城王。聰濱潞城王。榮淋縉雲王。偕逗通渭王。偕洇褒城王。恩鉅蘄水王。

丙辰。威茂汶川地再震如雷。

己未。大同平虜衛井坪所地震聲如雷。

甲子。初貴州按察使劉福自詭知兵。巡撫都御史錢鉞倚之討叛婦米魯。指揮任禮先通賊。敗官軍于附馬埡。進屯寶鈿。太監楊友恐王軾至分其功。促福進兵。都指揮僉事史韜請營盤江東岸。太監楊友不聽。猶宴樂。賊夜襲我。執友。殺右布政使閻鉦按察使劉福都指揮李崇武郭仁史韜李雄吳達。失部卒千三百人。軍資俱空。

沈德符曰。是役也。西南騷驛十餘載。兩舉大兵。喪失文武大吏數人。糜士卒金錢亡算。而其禍止因一夷婦宣淫。盡滅隆氏之宗。其弑逆忍忮。唐之武韋不足道也。蓋始于隆暢之耄聵。成于楊友之倖功。何物牝孽。梗我全盛。衽席之上。簒賊興焉。持太阿者可以戒矣。

戊辰。巡撫四川右僉都御史劉纓致仕。

遼東大饑。賑之。

己巳。召太監苗逵。保國公朱暉。右都御史史琳入朝。

辛未。致仕南京工部尙書胡拱辰年八十五。特賜廩役。

壬申。陝西左布政使林元甫爲右副都御史。巡撫四川。順天府尹韓重爲左副都御史。巡撫遼東。

壬戌弘治十五年

正月艸朔乙亥。趙王見灂薨。年五十三。謚曰靖。

庚辰。京營左參將都督僉事楊玉爲征虜前將軍總兵官。鎭守遼東。

壬午。順天府丞藺琦爲府尹。

丙戌。上南郊。

丁亥晉王鍾鉉薨年七十五。諡曰莊。王恭謹博古。喜法書。摹絳帖廣之。表于朝。世子奇源。孫表榮。皆先卒。榮子知烊嗣立。奇源好學。有至性。母薨。乞廬墓上。止之。

癸巳。科道各劾朱暉史琳失事。宜罪。不聽。

甲午。水災。免太原平陽沁汾去年田租。

乙未。部院大計降斥二千四百八十四人。上恐其濫。命愼之。部院執奏。報可。

庚子。吏部右侍郎王鏊知貢舉。

壬寅。山西按察僉事王鴻儒爲副使。仍提督學校。

二月辛卯朔。己酉。吏部左侍郎吳寬翰林侍讀學士劉機主禮闈。

安遠侯柳景卒。

甲寅。昏刻金星犯昴宿。

乙卯。翰林修撰劉春爲左春坊左諭德。

辛酉。右春坊右諭德王華爲翰林學士。

南京壽星見。

壬戌。巡撫貴州右副都御史汪奎劾免。

癸亥。禮部尚書傅瀚卒。瀚新喻人。天順甲申進士。館選。授檢討。進修撰。歷禮部右侍郎。嗜學强記。工書詩文。峻雅。史謂其排程敏政。代左侍郎。敏政詹事。歿時見敏政入室。瀚與焦芳有隙。故醜詆焉。贈太子太保。諡文穆。

丙寅。廣東按察使劉洪爲右僉都御史。巡撫貴州。贊理軍務。

選南京戶部官治貴州軍餉。
戊辰。昏刻火星犯井宿。
庚午。孫應爵嗣懷寧侯。
壬申。禮部左侍郎張昇爲尙書。
三月。酸朔乙亥。以大同修邊。進總兵官都督僉事莊鑑爲都督同知。巡撫右僉都御史劉宇爲右副都御史。
丁丑。靖州叛苗李再萬平。
己卯。故昌國公張巒墓祠曰莊肅。
辛巳。旱災。免臨洮漢中平涼去年田租。
許提督遼東軍務右都御史王宗彝入朝。
癸未。禮部右侍郎焦芳爲左侍郎。南京禮部右侍郎李傑改北。
撤饒州督磁內臣。
甲申。松潘署都指揮僉事顏玉爲署都督僉事總兵官。鎭守貴州。
乙酉。鎭守甘肅左副總兵都督同知魯鑑卒。鑑西寧人。世指揮同知。累功歷鎭延綏。贈右都督。
丁亥。廷策貢士魯鐸等二百九十九人。賜康海等進士及第出身有差。
南京翰林侍講學士馬廷用爲南京禮部右侍郎。
廣東左布政使周孟中致仕。加左副都御史。
戊子。夜月食。犯氐宿。
壬辰。貢士佘寘先襲錦衣正千戶世百戶。已寘陞指揮僉事。至是奏先臣子俊功。得世正千戶。

癸巳。劉岳嗣寧晉伯。劉福子。

琉球國中山王尚眞入貢。

甲午。鎭守湖廣永康侯徐琦卒。

乙未。御馬監左監丞孫敍鎭守雲南金齒騰衝。太監吉慶死。

丁酉。朝邑地震聲如雷。

戊戌。選翰林院庶吉士胡煜魯鐸薛金溫仁和李時滕霄吉時趙永李貫畢濟川何塘張襘李元吉周禎王廷相顧爗潘希曾盛端明朱袞王萱。以翰林學士梁儲王華敎習。

增杭州管糧通判。

庚子。大理寺右寺丞劉憲募陝西士兵二萬餘人。

辛丑。高安縣地震有聲。

四月甲辰朔。賑京師貧民。

癸卯。前福建按察僉事章懋爲南京國子祭酒。翰林編修羅欽順爲南京國子司業。懋待服除赴任。

右通政陳勛閱偏頭寧武牆堡。

乙巳。立廬陵忠義廟。祀宋丞相文天祥部曲趙時賞等四十餘人侑之。

虜入遼東清河等堡。

丙午。南京刑部主事胡世寧上六事。嚴考覈。崇節儉。汰宂官。立經制。重將權。用間諜。章下所司。

前巡撫遼東都御史陳瑤謫敍州知府。

壬子。涇王祐橓之國沂州。

虜潛入密雲大角谷

癸丑。錦衣衞指揮僉事郭良嗣武定侯。故侯郭昌子。

乙卯。左春坊左中允吳儼爲南京侍讀學士。

徽州祀宋儒朱熹如建陽。

丁巳。遼東鎭安鎭勇等堡旗端自火。

乙丑。旱災免狄道渭源去年田租。

丁卯。徽四川光相寺番僧國師領占竹。禮部難之。不聽。

戊辰。遼東洊饑。歲例外加五萬金鹽三十萬引。

己巳。前後府都督僉事宋澄卒。

辛未。故貴州右布政使閻鉦贈資善大夫。祭葬。子澹廕國子監。

祠宋丞相江萬里于饒州。監生裴春言之。

五月軠朔。乙亥。南京工部尚書董越卒。越寧都人。成化己丑進士及第。授編修。進侍讀右庶子。累至今官。博洽善議論。成化末。諸大臣不相能。越游其間。如樓居卿云。年七十二。贈太子少保。謚文僖

己卯。南京禮部尚書謝綬卒。綬臨川人。景泰甲戌進士。授工部主事。至今官。刻深長于自謀。深中厚貌。年六十九。賜祭葬。

虜入偏頭關。

夜。月犯左執法星。

癸未。故周世子安潢贈周王。謚曰悼。

乙酉。南京太僕寺卿張撫為右副都御史。總督南京糧儲。

丙戌。獎楚世子榮滅孝行。上致書楚王曰。世子至孝。母妃遘疾。籲代。居喪哀毀。人無間言。宗室懿親。四方其訓。風化所繫。良亦非輕。叔祖其以朕意特諭世子。以勵將來。俾益懋孝誠。永有令譽。

丁亥。甘肅總兵官署都督僉事彭清卒。清綏德衞指揮使。謀勇廉潔。多戰功。名聞西域。喪母妻。貧不能歸葬。比屬纊。戒子不受賻贈。年五十四。西人巷哭。賜祭葬。

己丑。曉刻。金星犯天南星。

庚寅。鎮守廣西署都督僉事歐磐為平蠻將軍總兵官。鎮守湖廣。

總制陝西軍務尚書秦紘上全勝車。高五尺四寸。衡二尺四寸。長丈四尺。上放銃二人。下四人。周車布甲。衝陣首車。追襲尾車。俱放銃。上命試之。

壬辰。大學士劉健等請早朝辰未二時奏事。每朝退講學。省織造齋醮。上納之。

癸巳。沙縣盜胡天琇平。

巡撫寧夏右副都御史王珣疾去。

庚子。水災。免衡永荊辰長沙沔陽去年田租有差。

總制尙書秦紘言邊備。平涼北四百餘里豫望城。固靖北三百餘里石峽口及雙峰臺城。最虜衝。宜備。此第一阨也。進而稍南西安州鎮戎所海剌都打剌赤黑水口乾鹽城。犬牙參錯。此第二阨也。又進而南固原衞靖虜衞平灘堡東山城白楊城分布守禦。此第三阨也。又進而益南火龍溝虎山溝金佛峽麻張溝海子口。皆山澗蹊徑。分兵據險。此第四阨也。以此防邊。似為得策。上從之。

六月辛朔。南京暴風雨。拔孝陵樹。

右僉都御史劉憲巡撫寧夏。
癸卯。巡撫河南右副都御史鄭齡卒。弋陽人。成化五年進士。有官績。
乙巳。木星連晝見。
己酉。陝西行都司地屢震有聲。
右都御史王宗彝爲南京禮部尚書。戶部左侍郎李孟暘爲南京工部尚書。
辛亥。留南京吏部右侍郎楊守阯充會典副總裁。
壬子。趙文奎爲南京監察御史。
曉刻土星犯井宿。
甲寅。監察御史車梁下鎭撫司獄。初。梁應詔言。廠衞擬招送法司。多避嫌不敢異議。乞今後毋具招。止送人法司推問。東廠謂梁叔刑部郎中霆以東廠發奸降黜。故挾私妄言。遂訊。梁科道疏救。贖還職。
丙辰。戶部右侍郎王儼爲左侍郎。右副都御史顧佐爲戶部右侍郎。
己未。唐王彌鍗言。親藩或爲惡未敗。多獲美謚。是使善者怠。惡者肆也。今宜勘實酌定美惡。從之。仍獎諭通示諸王。
壬戌。刑部左侍郎屠勳服闋。改左副都御史。
甲子。江西左布政使孫需爲右副都御史巡撫河南。
丁卯。復命山海關鎭鑰歸守備武臣。初屬主事。
己巳。鎭守河南太監藍忠乞休。以吏民留之。
庚午。大學士劉健等辭擬釋迦啞塔像贊。從之。

七月辛未朔。華州地震有聲。
癸酉。南京大風雨。江水溢。
丙子。曉刻。木星犯六諸王東星。
丁丑。南京工科給事中徐沂請約束外戚。裁倉廠市舶織造添設內臣。報聞。
己卯。錄國初劉基九世孫瑜世處州衞指揮使。從科給事中吳仕偉言。
昏刻。月犯心宿。
癸未。涼州副總兵署都指揮同知劉勝爲署都督僉事平羌將軍總兵官。鎭守甘肅。
乙酉。故廣東布政司左參議南溪劉信進廣西右參政。死黎賊。贈嘉議大夫。諭祭。蔭子景宗入太學。
通政司使沈祿爲禮部右侍郎。署司事。太常寺少卿田景賢爲通政司使。
前南京戶部尙書梁璟卒。璟崞縣人。天順甲申進士。授兵科給事中。淸謹不事文飾。歷任殫力。賜祭葬。
雲南平夷衞順寧府大疫。順寧又大火。
丁亥。葭州雨雹傷稼。
戊子。山西偏頭等關墩臺成。
己丑。提督貴州軍務尙書王軾討米魯。八道並進。獲之。擒百九十人。斬四千八百餘級。俘男婦千人。班師。
己亥。雲南瀾滄衞及北勝州皆地震有聲。
八月庚子朔。兵部尙書劉大夏兼理營務。
癸卯。罷鎭守遼東太監梁玘。巡撫左副都御史韓重。玘貪愎。重劾之。玘亦訐重。徵重下獄。贖徒。後調撫湖廣。
乙巳。議設武科。每文擧鄉試之年。許赴試。取送兵部。請次年四月開科。敕較騎射中三矢爲率。再較步射得三矢以上者爲率末試策二論一。
丁未。淮王祁銓薨。年六十八。謚曰康。
戊申。河南按察使張鼐爲右僉都御史巡撫遼東。
宣府合河口石山崩。
庚戌。前兵部尙書項忠卒。忠字藎臣。秀水人。正統壬戌進士。授刑部主事。遷員外郎。己巳陷土木。自拔歸。遷郎中。歷大理寺卿。右副都御史。巡撫陝西。開涇陽鄭白渠溉田七萬頃。召入臺。以固原滿四叛。出總督平之。遷右都御史。又平荆襄賊。遷左都御史。刑部尙書。改兵部。諫立西廠。忤旨去。剛果沈毅。曉暢軍事。年八十二。贈太子太保。謚襄毅。孫鏞。世嘉興所千戶。
袁袠曰。始予讀鈞陽馬公西征石城記。知項公有將略。浮言不顧。卒以成功。昔先零未服而辛武賢請急進兵。淮蔡將下而李逢吉請班師。非漢宣之明。唐憲之斷。何以成功哉。項公雖得之滿四。然卒以荆襄招怨讟。故曰。難成者功也。易興者謗也。君子以身任天下之事。死生以之。而焉能使人之不我謗哉。
遣南京守備成國公朱輔祭告郊社。駙馬都尉楊偉祭告孝陵太廟。
辛亥。遣駙馬都尉馬誠祭告鳳陽皇陵。
逮涇府承奉韋瑢張賢等。以道橫被劾。
癸丑。曉刻南京壽星見。
甲寅。楚府壽昌王季埒薨。年六十五。謚靖和。
四川右布政使周瑛致仕。
己未。高州大風雨。海溢。壞城郭。

九月辛丑朔。定文武賜諡。下禮部具奏移牒吏兵二部詳其行實。
日食。
癸酉。宣府懷來衞隆慶右衞俱地震有聲。
己卯。國子司業周玉歸省。
前南京大理寺卿吳道宏卒。宜賓人。天順丁丑進士。授南京太常博士。擢御史。撫荆襄流民。功最著。
壬午。貴州左布政使黄璉卒。莆田人。成化二年進士。
乙酉。裁貴州右布政使。
丙戌。應天大名順德濟南東昌兖州開封彰德平陽澤潞地震如雷。濮州尤甚。井溢地裂。
戊子。左副都御史屠勳爲刑部右侍郎。
減光祿寺日供酒饌及鳥獸料食。
己丑。夜。月犯五諸侯星。
壬辰。曉刻。月犯軒轅南星。
癸巳。南京欽天監監正李鐘加南京太常寺少卿。
南京右僉都御史林俊巡視江南時。多盜。特賜敕。
甲午。虜五千餘騎犯遼東長安堡。副總兵劉祥等禦之。斬五十二級。
乙未。河患。免開封歸德夏税有差。
丁酉。淮府清江王見瀫薨。年二十六。諡端裕。
十月辛亥朔。壬寅。灤州昌黎各地震有聲。

癸卯。免明年元夕烟火。

安南國王黎暉入貢。

甲辰。前太子少保南京兵部尚書張悅卒。悅字時敏。華亭人。天順庚辰進士。授刑部主事。進員外郎。歷浙江提學副使。士類信服。進四川湖廣按察使。能執法。累禮吏部侍郎。風裁益峻。博學清謹。始終無議。贈太子太保。謚莊簡。

馮時可曰。孝廟初年。如太陽懸天。光燭萬宇。一時群工。盡輸粹白。殫厥乃心以媚天子。公其卓卓者。白晝大廷。幽夜密室。獨持一節。無所緇涅。而未嘗露碪角飾斧藻。豈微薄所幾耶。端揆不拜。天下悵然。勇退急流。帶絲弁騏。以鎭薄俗。所謂知微知彰。萬夫所望。吾無間然矣。

乙巳。分守遼陽少監劉恭私官田三百餘畝。鐫三級。

丙午。卯刻。星隕濟寧。天鼓鳴。

浙江清軍監察御史任文獻被錢塘通判沈澂訐辱。謫藍田知縣。

己酉。楚府輔國將軍均鍺烝淫賜死。

夜。月犯壘壁陣東星。

進士孫楨潘鐸趙鐸湯禮敬爲給事中。

壬子。周府河清王安沇薨。年二十三。謚端穆。

癸丑。周府封丘王子墊薨。年六十七。謚溫和。

己未。初南京光祿寺卿楊峻請宗室子充諸生長史提督考校。禮部覆寢之。

辛酉。會計戶部出入總數。

夜。月犯上將星。

甲子。應朔代山陰馬邑陽曲俱地震有聲。

乙丑。定都司領班官比校法。

丁卯。南京地震。

戊辰。客星見張宿天廟星旁。

己巳。客星至翼宿。

十一月辛朔壬申。瓊州黎賊符南蛇作亂。設兵備副使。

癸酉。工科給事中陶諧請經筵講眞德秀大學衍義。上納之。

曉刻金星犯井宿。

戊寅。修眞定護城二隄。防滹沱水患。

夜。客星滅。

己卯。秦府汧陽王誠洌薨。年四十五。謚安裕。

庚辰。夜。月犯天陰星。

辛巳。慶府眞寧王寘鐇薨。年三十八。謚溫穆。

丁亥。前太子太保工部尚書徐貫卒。貫淳安人。天順丁丑進士。授兵部職方主事。歷郎中。敏練有聲。巡視福建海道。治水蘇松。俱奏績。晚節頗不競云。贈少保。謚康懿。

戊子。雲南晝晦七日。有掾吏負稅多。用事者乘天晦稱黑眚七日。雲貴山高。天黑常耳。致朝廷以爲大變。遣官考察。盡黜其負。見鄧川僉事楊南金所著破詭僞文。

庚寅。水災。免淮揚鳳陽徐滁和田租三十萬四千二百六十石。

辛卯。故武邑懷隱王。以代王俊杖父。追封代王。謚曰思。

甲午。停南海採珠。

乙未。夜。月犯心宿。

十二月妃朔。庚子。停召商中茶。

夜。土星犯井宿。

辛丑。水災。免保定河間田租有差。

傳陞貴州都指揮使王寧總督山東備倭。科道爭之。不聽。

戊申。夜。月犯昴宿。

己酉。大明會典成。獨中官職守不書。

談遷曰。孝皇時。閹尹失權。又洛陽餘姚爲之領袖。庸有所嫌忌乎哉。竟攬筆不書。安望其破司隸之柱也。噫。康陵而後。益無論矣。

庚戌。太監金輔李珍使朝鮮。封世子李顗。

辛亥。上偶疾。不朝。

甲寅。太傅兼太子太傅平江伯陳銳卒。銳讀書。好吟詠。雖早有聲。不閑將略。晚督宣大。隳其前烈。

戊午。湖廣左布政使韓鎬爲右副都御史。巡撫湖廣。

己未。禱雪。

水災。免河南田租有差。

庚申。前刑部尚書何喬新卒。喬新字廷秀。廣昌人。景泰甲戌進士。授南京刑部主事。歷郎中。至河南按察使。招荆襄流民附籍。累進尚書。剛介寡與。少好學。至老不倦。文精采有矩度。長于吏事。贈太子少傅。謚文肅。談遷曰。成化間倪文毅之于謙。何文肅之于文淵。俱風節矯矯。光于前烈。而史以焦芳修郄。誣其晉父自畫。譏人罔極。要不得寃衊之也。

袁表曰。何椒丘之德學政事。亦近事所罕也。而卒以讒廢。使大用之。其事業惡可量哉。世傳椒丘之賢過其父太宰公。要必有不誣者。

何喬遠曰。予讀弘治實錄。何喬新與葉盛行事皆不載。蓋焦芳之爲也。

辛酉。南京太常寺卿楊一清爲左副都御史。督理陝西馬政。

水災。免應天安慶田租七萬九千餘石。

壬戌。右春坊右贊善楊時暢爲左春坊左諭德。

乙丑。故貴州按察使巴縣劉福賜祭葬。子入太學。後追議福失事。欲奪卹典。上不問。

丙寅。水旱。免眞定廣平大名順德田租五萬五千餘石。

泰寧三衞夷夜寇遼東瑞昌堡。官軍追斬三十八級。

國榷卷四十五

癸亥弘治十六年

正月巳朔。上疾未平。不朝。

癸酉。南京流星晝見。

戊寅。修河間天津隄岸。

己卯。昏刻。月犯五諸侯東星。夜。土星犯井宿。

壬午。翰林學士張元禎爲南京太常寺卿。

癸未。巡撫湖廣右副都御史韓鎬卒。盧氏人。成化十四年進士。授給事中。遷浙江右參議。歷金衢饑盜。歷任見稱。

雲南金騰參將都指揮盧和參議郭緒副使曹玉諭降孟養思陸。思陸歸我侵地。斂兵過金沙江入貢。

丙戌。雲南宜良縣地再震。

己丑。令應天太平鎭江牧馬群長皆五年一更。如廬鳳淮揚例。蓋江南舊十年一更。

辛卯。曉刻。月犯心宿東星。

癸巳。始設保定守備官。

乙未。柳文嗣安遠侯。柳景子。

二月戊朔。南京光祿寺卿楊峻致仕。

己亥。總制陝西軍務秦紘（左糸右厷）督寧夏築花馬池墩堡。

修北安門。

雲南宜良縣晝晦。

辛丑。上復視朝。

裁偏頭關參將。

壬寅。復臨清工部主事管瓶。

癸卯。調江西巡撫都御史韓邦問改林俊。

丙午。月犯五諸侯北星。

戊申。上南郊。

辛亥。左僉都御史陳璚爲南京左副都御史。

壬子。夜月當食不食。禮部以欽天監官吳昇等失算宥之。

甲寅。故玉山知縣上虞孫景雲卒妻鍾氏自經旌其貞烈。

乙卯。昏刻南京壽星見。

丙辰。鑄弘治通寶錢。

戊午。進士李光翰爲南京戶科給事中。

庚申。夜南京地震。

癸亥。前總督南京糧儲右副都御史劉瑀卒。蠡縣人。成化二年進士。

南昌兵備道駐瑞州捕盜。

乙丑。進劉健少師兼太子太師吏部尚書華蓋殿大學士。李東陽太子太保戶部尚書兼謹身殿大學士。謝遷太子太保禮部尚書兼武英殿大學士。纂修會典恩。吏部左侍郎兼翰林學士吳寬爲尚書。仍署詹事府。南京吏部右侍郎楊守阯爲左侍郎。

三月戊辰朔。庚午。前巡撫遼東左副都御史韓重巡撫湖廣。

陝西禮縣地震有聲。

辛未。纂修官翰林學士梁儲王華爲少詹事。侍讀學士劉機江瀾侍講學士武衛張芮俱爲學士。左中允楊廷和爲左春坊大學士兼侍讀學士。左諭德劉春楊時暢侍讀白鉞俱侍講學士。右中允靳貴爲左諭德兼侍講學士。修撰毛澄爲右諭德兼修撰。朱希周毛紀編修顧清爲侍讀。編修兼校書傅珪爲左中允兼編修。編修陳瀾爲修撰。典籍夏賓爲檢討。潘辰爲五經博士。

癸酉。巡撫遼東右僉都御史張鼐請築邊牆。從之。

甲戌。前南京工部右侍郎徐恪卒。恪常熟人。成化丙戌進士。授工科給事中。遷湖廣左參議。中貴貢武當笋。執奏寢之。歷任俱介廉自植。

劉鳳曰。恪儀觀甚美。偉丈夫哉。其所守乃不可奪。不以文學議論長而遇事是非蜂起。以一言立斷。推誠體國。公諒之有焉。雖數忤時。遇明主知讒不行。得以肆所爲。固亦以見憲孝間得人盛。無不侃侃闇闇。謀議可否中外相應。越有成績。豈偶然哉。

乙亥。遼東鐵嶺衛火。

丁丑。太常寺卿李溫進戶部左侍郎。提督四夷館。

戊寅。吏部右侍郎王鏊憂去。

工部員外郎韓大章主事趙崍督催浙直紵綾紗羅紬五萬五千五百匹幷宿負。

辛巳裁廣西巡檢司十有七。

壬午少詹事兼翰林學士梁儲爲吏部右侍郎。

增鞏昌管糧通判二分理甘肅涼州鎭番。

癸未湯沐李高張璡秦鋭陳茂烈李璽爲試監察御史。

乙酉巡撫江西都御史林俊瑞州立哨甲以歸正人王武領之。

浙江武義縣雨雹傷蔴麥。

丙戌寧夏地震有聲。

丁亥設湖廣城步縣。隸寶慶。

趙府廣安王祐枳薨年二十五諡端裕。

辛卯翰林侍讀毛紀歸省。

增南京戸部福建湖廣河南山東陜西司主事。

甲午江西新昌縣雨雹殺麥大庾縣疫。

四月酊朔壬寅廬陵縣祔祭故監察御史贈大理寺左寺丞鍾同于忠節祠。

癸卯劉蒞葛嵩楊一漢胡洪馬駿爲給事中。

丁未勑旌鎭守河南太監藍忠福建太監鄧原浙江太監麥秀宣府太監劉淸俱簡靜宜民。

辛亥甘肅大風霾。

癸丑夜月犯心宿。

丙辰。雞澤縣雨雹殺麥。

丁巳。增雲南寧州嵋峨蒙自縣俱流官。

戊午。寬河衛倉災燬菽粟四萬餘石。

乙丑。南京兵部尚書王繼卒。繼祥符人。成化丙戌進士。授御史。有風裁。歷山西按察使。諫止中官採紫碧山石。贍。官四十年無厚貲。

李濂曰。弘治間中貴人李廣權傾中外。大臣競賄結之。公獨不與通。戊午。廣懼罪死。科道官劾論交通大臣某。上閱其人衆。悉宥之。翌日早朝。空班謝罪。惟公與兵書鈞陽馬公勿預。垂紳屹立。無怍色焉。當時廷臣雖優容。亦漸罷去之。而鈞陽祥符之名自是益著。嗚呼卓哉。二公其斯以爲大臣矣乎。

莒州地震。高唐博平趙州俱雨雹殺麥。

五月。甂朔庚午。宣府懷來衛及保安右衛大雨雹傷稼。

戊寅。巡按遼東監察御史王獻臣遇事敢言。毆邊將襲虜爲緝事擠陷。下錦衣獄。謫上杭縣丞。

己卯。復臨清鈔關戶部主事。

庚辰。衍聖公孔弘泰卒。兄子聞韶嗣。

癸未。增慶陽通判。監理花馬池鹽課。

甲申。增四川按察司威茂道兵備副使。裁管糧參議。

丁亥。盜劫同州庫。不獲。知州張鼐派償治其罪。

戊子。遼府沅陵王恩鉅薨。年四十二。謚莊恪。

南京刑部左侍郎樊瑩兼左僉都御史。巡視雲貴。奏斥貴州官三百餘人。雲南五百人。

郭子章曰。貴州之官屈指數之廑廑耳。又强半雜流帶幕職。樊侍郎一考察三百人。二省之官曠然一空。劾矣。而猶得謚清簡。豈清者劾耶。席文襄以郎官諍議及此。可不謂昌言耶。

辛卯。榆林衞大雨雹壞城垣。

大學士劉健等奉旨摘編通鑑備御覽。推詹事府禮部尚書吳寬。禮部右侍郎署國子祭酒謝鐸。南京太常寺卿張元禎。少詹事兼學士王華。學士劉機。江瀾。左春坊大學士兼侍讀學士楊廷和。侍講學士劉春。白鉞。左庶子張天瑞。左諭德兼侍講靳貴。右諭德兼修撰毛澄。侍講張澯。劉忠。右中允蔣冕。左贊善費宏。編修羅玘。徐穆王瓚纂修。

壬辰。吏部左侍郎韓文爲南京兵部尚書。

乙未。巡撫江西右僉都御史林俊乞停寧府改琉璃瓦。不聽。

六月輛朔。禮部左侍郎焦芳改吏部左侍郎。

減蘇松杭織幣三分之一。

辛丑。禮部右侍郎李傑爲左侍郎。少詹事王華爲右侍郎。

壬寅。旱災。免徽州去年夏麥四萬一千三百石。

癸卯。翰林侍講劉忠爲侍讀學士。

乙巳。錦衣衞百戶魏銘乞赴大同報效。下兵部斟酌。報效人毋濫許殃民。時武弁夤功幸事。託近幸求報效。至則市級掠獲竄名邀賞。或身不出門。功紀于冊上。稔之故。戒敕如此。

初。保靖蠻彭萬里國初歸附。授保靖宣慰司使。領二十八寨。萬里傳勇烈。勇烈傳藥哈俾。尚幼。萬里弟子可宜。諷土人立爲副宣慰。殺藥哈俾。據十四寨。下獄死。革副宣慰。猶據寨如故。其後勇烈弟勇傑嗣。傳南木扞。傳顯宗。傳仕瓏。與夷蠻可宜子孫日仇殺。兵部議世英歸小江七寨于仕瓏。止領大江七寨。徙沈埠聽仕瓏約束。報可。

大同中路海東山墩旗端自火。

丙午。莒州日照大雨水渰稼。

戊申。暹羅入貢。

己酉。前府太子太保鎮遠侯顧溥卒。溥居官三十餘年。歷鎮湖廣貴州。守身盡職。在湖廣。令卒負水灌牡丹。有僧問所汲何地。溥知其諷。即謝過。沒不能殯。吏卒哀慟。賜祭葬。謚襄恪。

杖桂陽知州新喻敖毓元謫戍南丹衞。毓元性嚴于嫉惡。怒部民李怡瘐死五人。致訐訴。遣勘。中貴訊之不屈。獄上。死杖下。史謂苛暴好科罰。未足信。

乙卯。延綏副總兵署都指揮僉事吳江爲征西前將軍。署都督僉事總兵官鎮守大同。

辛酉。祠宋臣李芾陳文龍陳瓚于福州長沙興化。

癸亥。進馬文升少師。九年考滿。

七月乙丑朔。丁卯。陝西乾州地震。

己巳。曉刻木星犯井宿。

庚午。瓊州黎賊符南蛇平。斬二千五百六十餘級。俘千四百人。

壬申。南京金星晝見。

丙子。昏刻月犯箕宿。

丁丑。周府內鄉王同鋘薨。年四十八。謚溫穆。

鄭府東平王見湏薨。年四十。謚端惠。
曉刻火星犯六諸侯王星。
癸未。申親王之國舊例。船不過五百艘。其軍校船自備輓。自吉王始乞護送。興王岐王至船九百餘。道役數萬人。其後壽王涇王船七百。官校橫擾。坐罪。至是榮王將之國。預戒之。
甲申。駙馬都尉齊世英卒。世英大同人。尙仁和長公主。驕侈沈湎。或經歲不朝。
丁亥。英廟妃余氏薨。謚僖恪。
庚寅。前太子太傅刑部尙書白昂卒。昂武進人。天順丁丑進士。授南京禮科給事中。通敏和厚。有謀斷。善因事成功。乏骨鯁之節。年六十九。贈太保。謚康敏。
前南京國子祭酒羅璟卒。璟泰和人。天順八年進士及第。授編修。歷洗馬。坐忌。調南京禮部員外郎。轉福建提學副使。拜祭酒。頗傷寬厚。
停太倉洗白苧布四千餘匹。
辛卯。曉刻土星犯天罇星。木星晝見。京師雨雹。
壬辰。金星晝見。
癸巳。申王祐楷薨。王未之國。年十七。謚曰懿。
甲午。進南昌寧縣爲州。
八月乙丑朔癸卯。河南得古銅印三百。俱元物。盡燬之。
太醫院編葺本草。太監張愉主其事。
甲辰。南京木星晝見。

丙午。進士石祿爲南京刑科給事中。
戊申。商城盜平。
辛亥。故翰林侍講劉球曾孫祠膺通政司知事。
前太常寺卿任道遜卒。瑞安人。善書。
壬子。曉刻木星犯天罇星。
甲寅。巡撫應天左副都御史彭禮劾免。
乙卯。翰林學士張芮歸省。
丁巳。夜壽星見。
庚申。前翰林侍讀學士江朝宗卒。巴縣人。景泰二年進士。
夜。火土木星同井宿。
辛酉。應城伯孫繼先卒。
壬戌。周府上洛王同鏍薨。年四十八。謚莊忠。
巡撫山西左僉都御史魏紳爲右副都御史巡撫應天蘇松。總理糧儲。
九月犼朔丁卯。鎭守遼東太監梁玘有罪。謫孝陵司香。
己巳。孔聞韶嗣衍聖公。
大理寺左少卿何鈞爲右副都御史。提督雁門等關兼巡撫山西。
辛未。歸德城水溺。改築新城。
壬申。安陸地震。桃李華。

丙子。趙府南□王祐鉷薨。年六十二。謚安懿。

丁丑。興化福州地震。

右僉都御史王璟巡視浙江。賑寧波災傷。其廬鳳淮揚山東湖廣災傷各委賑。

戊寅。遼東廣寧衞火。

庚辰。前吏部尚書尹旻卒。旻字同仁。歷城人。正統戊辰進士。館選。授刑科給事中。敢言。擢通政司右參議。有才略。善斷。在吏部先後二十餘年。隨才授任。各得其職。凡經銓註。雖稠人小吏。既久猶識其名。姦僞不售。方士李孜省憾甚。搆去之。落太子太傅。年八十二。賜祭葬。謚恭毅。

壬午。崇明縣大風。潮溢。免今年田租。

甲申。進慶雲侯周壽太傅。瑞安侯王源壽寧侯張鶴齡長寧伯周彧俱太保。建昌伯張延齡進建昌侯。

昏刻。金星犯天江星。

辛卯。曉刻。月犯左執法星。

十月。甲申朔。丁酉。葬申懿王。

祠宋臣趙抃于成都。同秦守李冰。漢守文翁。宋守張詠。

辛丑。湖廣右布政使張本爲右副都御史。巡撫江西。

遼東古城堡火。

癸卯。虜寇萬全洗馬林堡。

乙巳。南京太常寺卿張元禎改太常寺卿。兼翰林學士。直講。元禎短小。上特設低几就之。

丙午。夜。月犯外屏西星。

丁未。曉刻。金星犯南斗魁星。

戊申。夜。月犯天陰南星。

壬子。都昌縣祠元儒陳澔。江西按察副使邵寶言之。

錦衣衛指揮僉事劉斌卒。

甲寅。纂修詩海珠璣成。

乙卯。大學士劉健等請停齋醮及刻佛經道書。上納之。

丙辰。夜。月犯上將星。

丁巳。昏刻。金星犯狗星。

戊午。虜入遼東長安堡。

己未。陳熊嗣平江伯。陳銳子。

壬戌。安南國王黎暉入貢。

十一月甲朔戊辰。翰林編修徐穆爲侍讀。

癸酉。監察御史顧潛上稽古治要。

丙子。夜。月犯昴宿。

丁丑。昏刻。月犯五諸侯星。

庚辰。山西山陰縣地震。

辛巳。昏刻。金星犯羅堰星。

甲申。代府山陰王仕堚薨。年四十八。謚端裕。

乙酉。旌韓府輔國將軍偕洌孝行。
癸巳。旱災免蘇松常鎭田租有差。
十二月艸朔戊戌。虜入寧夏大關口。
辛丑。傳制封彥汰岷王。旭櫏韓王。安濯富陽王。安滐會稽王。安涇浦江王。安汾麗水王。當淴館陶王。
誅應州妖人李道明。
丙午。蠲浙直歲辦果品蠟茶等料。其山東河南湖廣兩畿災輕。免十之五。
壬子。孫鉞嗣應城伯。孫繼先子。
癸丑。河南左布政使李進爲右副都御史。巡撫宣府。
乙卯。巡撫延綏右僉都御史陳壽爲南京右副都御史。壽在鎭嘗三捷。或請注子弟功。曰。吾子弟不任戰。竟不預。
辛酉。工部右侍郎李鐩視濟寧石堰。
閉沂州胡陵山礦穴。

甲子弘治十七年

正月燚朔。南昌新淦火。
乙丑。宥霑益土知州安民罪。安民姑卽叛婦米魯。前匿其家。
衡山縣大雪深三尺。是歲稔。禾一莖或十穗。
辛未。南京工部右侍郎高銓賑應天屬縣。

定國公徐永寧卒。妾丁氏自經殉之。旌貞烈。

昏刻。月犯昴宿。

甲戌。上南郊。

乙亥。督理陝西馬政左副都御史楊一淸。請增種馬。增牧軍。曰。陝西苑馬寺轄六監二十四苑。今止二監六苑。臣徧歷其地。酌定三則。開城安定爲上苑。歲馬可二萬匹。廣寧萬安爲中苑。歲可八千匹。淸平黑水爲下苑。歲可四千匹。但種馬有闕。請給二萬四千金。市種孳息。牧軍舊千二百餘。今七百餘。宜編流戶給草場住牧。從之。

趙時春曰。馬于兵政爲最大。故古以司馬名官。官重兵而優與馬。則兵得以欺謾抵易。而馬愈不振。官重馬而罰過深。則兵困而馬日耗。大要稽馬之實。在將領而不在僕牧之官。使馬勿耗。在調發之簡便。飼牧之以時。而不在乎法令之具備也。官不得人。則法愈嚴而弊愈滋。不可不以情察也。

丙子。威州汶川地震有聲。

庚辰。夜。大星自紫微垣流至近濁。

辛巳。鹽城縣地震有聲。

癸未。傳陞盧龍衞指揮使胡震爲署都指揮僉事。分守通州。部科爭之。不聽。

申禁誣告。

甲申。停福建採鷓鴣竹雞等。南京吏科給事中陳伯獻疏止之。

夜。月犯房宿。

丙戌。太常寺卿崔志端加禮部尙書。科道交劾。不聽。

水災。免順天保定河間去年田租有差。

庚寅。巡撫宣府右副都御史劉聰下獄。以妖人李道明獄多株累。降湖廣參政。尋察去。
壬辰。旱災。免湖廣去年田租有差。
巡撫江西都御史林俊以聖節行部。寧王宸濠訐之。奪俸三月。
巡撫貴州都御史劉洪乞賜土官漢姓。命從其俗。
二月談朔。廣東歸善盜古三仔等伏誅。
卯刻。南京金星晝見。
甲午。命錄囚詳讞。不拘一日。
乙未。水災。免開封懷慶去年夏稅有差。
巡撫四川都御史林元甫巡撫貴州。都御史劉洪兩易任。
戊戌。辰刻。金星晝見。
壬寅。南京刑部尚書陳道卒。道盱眙人。天順甲申進士。授吏部主事。調南京刑部。歷郎中。出守金華。治豪獄境內肅然。累進尚書。沈靜寬裕。好文不自炫。贈太子少保。賜祭葬。
乙巳。太子太傅遂安伯陳韶卒。
戊申。立壽塔于朝陽門外。大學士劉健等極言其非。從之。
庚戌。兵部尚書劉大夏等言。江南江北災傷太甚。陝西往歲困兵。江浙困役。乞蠲租節養。上納之。命即條上。
辛亥。大學士劉健等以撰眞人杜永祺等誥。非禮。祖宗廟號十六字。文武大臣謚二字。此輩封號至十八字。虛詞濫譽。臣未敢奉命。上從之。
癸丑。興安伯徐盛卒。

己刻。白虹彌天。

戊午。昏刻。南京壽星見。

庚申。旱災免杭嘉湖寧紹去年田租有差。

虜入遼東義州。

三月壬戌朔。聖慈仁壽太皇太后周氏崩。遺詔曰。予昔獲事英宗皇帝。越既有年。龍馭上賓。攀龍莫逮。憲宗皇帝嗣統之日。遂膺尊號。備隆孝養。重遭變故。內疚予衷。賴今皇帝孝敬誠篤。皇太后皇后奉養周至。于今壽七十有五。得復從先皇帝左右于地下。死無憾矣。顧皇帝繼承丕緒。須念祖宗創業艱難。社稷至重。邇年水旱相仍。天下軍民困苦。宜勤厲節儉。任賢使能。爾文武群臣各懷忠秉志。以匡輔德業。恢弘治化。共保億萬年無疆之休。皇太子國本所繫。務進學成德。以端大本。宮中大小事。悉奏皇太后而行。諸外戚務遵皇祖明訓。不得干預國政。予生無德及下。喪服悉遵累朝太后遺詔。以日易月。予言不再。

合浦縣夜大星如箕。流東南而裂。聲如鼓。

己巳。上始御西角門。群臣奉慰。

月犯五諸侯星。

庚午。鎮守寧夏總兵官署都督僉事郭鋐卒。鋐世延安衛指揮使。屢經行陣。亦能將也。

南京白虹貫日。

癸酉。光祿寺卿趙竑卒。大興人。成化二十年進士。

乙亥。服闋南京兵部尚書秦民悅乞致仕。不允。

安丘縣星流天鼓鳴。

丁丑。上御暖閣。示輔臣裕陵圖曰。孝莊太后隔先帝數丈。非禮。宜釐正。劉健等稱善。因論祔廟。健等曰。先年議定。左慈懿太后。右大行太皇太后。臣等何敢輕議。第漢以前帝后一。唐始祔二后。宋乃三耳。上曰。末世不足法。太皇太后恩朕何敢忘。但不欲以私壞後世法。且孝穆太后。朕所自出也。止祀奉慈殿。今仁壽宮前殿敞甚。意奉太皇太后。而孝穆祀後殿。歲祭如太廟。健等求廷議。許之。

南京左府帶俸隆平侯張祐卒。

後府帶俸署都督僉事阮興卒。

戊寅。南京刑部左侍郎樊瑩爲尚書。瑩巡視雲貴。罷官吏千餘人。時年七十。單車屏從。躬訪利弊。雖僻阻不避。威惠大行。

庚辰。右通政艾璞爲光祿寺卿。

壬午。虜小王子請六千人入貢。許二千人。命大同延綏偏頭關嚴備。竟遷延不至。

癸未。廷議祔廟。英國公張懋吏部尚書馬文升等曰。魯頌姜嫄別廟。閟宮春秋考仲子之宮。明惠公不得私其母。未嘗祔也。宋雖並祔。作而不經。詎足法哉。議上。上復召輔臣。示奉先殿圖。指其西曰。奉慈殿也。指其東曰。神廚也。擇地廟奉太皇太后。遷孝穆太后祔于左。

談遷曰。孝肅別廟。假在永陵朝。徒舌敝耳。孝皇手植天經。恩義兼盡。陋唐宋爲不足法。又出獨見。非臣下創其說。噫。令孝皇可再。彼張桂輩敢貪天之功耶。

鹽城縣地震有聲。

甲申。命太監李興保國公朱暉工部右侍郎張達治裕陵。

總督南京糧儲右副都御史張撫爲南京刑部左侍郎。

旱災免安慶池去年田租有差。

丁亥。增陝西苑馬寺及行太僕寺寺丞。

鎭守大同總兵官都督莊鑑有罪謫遼東三萬衞。

戊子。廣西左布政使鄧庠爲右副都御史總督南京糧儲。

辛卯。湖廣盧溪縣雨雹。

陝西運茶買馬督理馬政左副都御史楊一淸。請招商茶輸茶馬司。每千斤給五十金。大約萬金可得馬三千匹。舊不過千匹耳。其利在官。從之。一淸又請復金牌信符。略曰。唐時回紇以馬易茶。宋熙寧間行之。所謂摘山之產。易廐之良。計之善也。我朝納馬謂之差發。如田之有賦。身之有庸。非虐使于番也。納馬酬茶。體尊名順。非互市比也。且非獨以馬也。西番之藩中國久矣。自漢武帝表河西。列四郡。斷匈奴右臂。而漠南無王庭。今金城之西。緜亙數千里。北有狄。南有羌。狄終不敢越羌而南。以羌爲世仇。恐議其後也。不然則河洮岷隴之區。能無戎馬之跡乎。夫羌夷之人。本非孝子順孫。徒以資茶于我。絕之則死。故俛首服從。此制番控虜之上策。前代略之而國朝獨得之者也。頃金牌制廢。私販盛行。莫能禁止。失重利垂六十年。豈徒邊方乏騎乘之用。將來遠夷無資于我。跳梁自肆。將生意外之憂。撤藩籬之固。甚非計也。請修復信符。各供差發。其不受約束者。徵兵問罪。

上從之。

四月𡰱朔。甲午。戶部主事席書言。致災在朝廷。不在雲南。在大臣。不在小臣。今光祿寺及內府諸監局。冗官數千。校尉數萬。齋醮無停日。織作頻繁。賞賜踰度。文武傳陞。雜流僭濫。災異之警。偶泄雲南。當國大臣。不知自省。乃考察遠吏當之。此何爲者哉。章下所司。

鹽城縣地連震。

丁酉。上孝肅貞順康懿光烈輔天成聖太皇太后尊謚。
庚子。頒謚詔。
辛丑。旌太倉顧鉞妻俞氏貞節。故事婦沒不旌。至是鉞子中書舍人守元奏得之。
廣西思恩土知府岑濬仇田州土知府岑猛。至是攻陷田州。猛僅免。朝議討濬。
夜。月犯右執法星。
癸卯。京營都指揮使王銘爲署都督僉事總兵官。鎭守薊州。
昏刻火星犯鬼宿積尸氣星。
丁未。昏刻月掩心宿東星。
戊申。夜月犯女宿下星。
己酉。孝肅皇太后祔葬裕陵。初孝莊皇太后葬處隔英宗數丈。上欲改遷。欽天監以歲殺不利。堅止之。
乙卯。南京後府帶俸淸平伯吳琮卒。
丁巳。夜淮安火。
庚申。涼州右副總兵都指揮李祥爲征西將軍署都督僉事總兵官。鎭守寧夏。
閏四月辟朔。重修闕里孔廟成。命大學士李東陽致祭。先期三月十七日。適大喪改之。
禁軍民奏訴。泛至八人以上及境外人影累。
癸亥。江西盜謝福陳金徐九齡等伏誅。
乙丑。四川天龍溪蠻攻陷松潘霸州堡。參將朱廷復之。斬五級。
濬薊州新港便漕。

丁卯。顧仕隆嗣鎮遠侯。顧溥子。

兵部尚書劉大夏奉旨條救荒弭盜事宜。上納之。

戊辰。追治普安州敗軍之罪。指揮劉英任禮論死。初土官隆暢父子不協。巡撫議改土爲流。巡按御史張淳從都指揮劉英議。擅立其妾適烏。逐米魯而不聽其訟。致米魯忿殺阿紀。任禮通賊。有寶鈿之敗。

庚午。免兗州去年災租。

工部左侍郎李鐩會山東巡撫都御史徐源。議寧陽堽城最高。受洸水以濟。宜可復濬。然洸本汶水支流。先是壩戴村。遏汶水。盡入南旺。分濬北運。如洸水復濬深。分抵天井閘。水共高三丈有奇。勢必奪汶水盡出濟寧。遞北漕河仍復梗。臣按視諸河。從舊堽城口至柳泉。于運道不藉。可無事濬。從柳泉至濟寧。運始通利。又其流會曹泗等水。必疏之始通。然後可以全注。從之。

吳道南曰。漕之始。曷嘗不資洸。自分水南旺。洸河無復汶流矣。兼以支汶受全洸之任。勢必不勝。宋尚書之石畫。蓋元人之遺慮也。

辛未。巡撫甘肅右副都御史劉璋卒。衞輝人。成化二年進士。居官能治事。

癸酉。木星犯土星。

戊寅。南京後府帶俸忻城伯趙溥卒。

己卯。巡撫河南右副都御史孫需調陝西。

庚辰。災變令各官指積弊。

夜。月犯壘壁陣西星。

壬午。進總制陝西戶部尚書秦紘太子少保。

己丑。釋輕囚。

御制闕里孔廟碑。

五月賡朔。光祿寺卿艾璞請量減果牲。每祭祀。舊例菓散裝。天順間始黏砌。成化初革。今用二尺盤。黏砌高二尺。荔枝龍眼至百十斤。棗柿二百六十斤。所費不貲。又量減牲口牛乳兔齋醮上納之命奉先奉慈奉天殿果品。仍尺四盤。餘盤八寸。俱散裝。

夜。大星自太微垣流至近濁。

辛卯。荆王祐橺薨。年三十一。謚曰和。

陝西左布政使畢亨爲右副都御史。巡撫甘肅。

吏科給事中許天錫以災異請考察中外官。罷文武大臣宮銜。吏部覆京官仍十年考察。上納之。各官宮銜如故。

壬辰。國子生魏浚請祠宋儒劉子翬于建寧。從之。

罷浙直織造內臣太監韓義等回京。令鎮撫官督理。

癸巳。英廟成妃張氏薨。謚恭僖。

正陽門西廡火。燔武功坊。

甲午。戶部尚書侶鍾致仕。

戶部請減各倉庫門房添設內臣。命核之。部覆原額不過三十餘員。近添三百三十一。下司禮監查奪。

丙申。巡按陝西右副都御史周季麟改順天。

丁酉。畿內山東旱。遣禮部左侍郎李傑禱天壽山。各巡撫禱嶽鎮東海。

前府左都督劉寧卒。寧世永寧衞指揮使。勇略過人。歷鎭大同甘肅。稱名將。在甘肅遠襲哈密。幸成其功。立陣法五十人爲隊。隊五重爲陣。幟五色。又巨幟五。幟出則同幟應之。循環無端。卽古番上法。每戰皆勝。再鎭大同。衰疾不振。亦陳銳失于用寧也。賜祭葬。贈廣昌伯。

戊戌。陳鏸嗣遂安伯。陳韶孫。

己亥。曉刻金星犯六諸王星。

壬寅。召總制陝西軍務太子少保戶部尚書秦紘回部。

定劣生食廩追糧除名。濫貢并坐提學官。

徐光祚嗣定國公。徐永寧孫。

定死罪廢疾年七十上十五下遣戍。遣戍以下收贖。

乙巳。巳刻南京星流。

戊申。平涼知府安惟學擒虜諜功。加四川右參政。

己酉。無錫人沈廷用言縣唐御史中丞張巡廟宜賜額歲祭。從之。

庚戌。裁添設有司官。

壬子。南陽縣暴風雨。河溢壞民居。渰死九十人。詔賑之。

甲寅。進廣西河池縣爲州。

大學士李東陽還自闕里。上言。臣奉使遠涉川陸。見聞不敢緘祕。臣自閏四月以經裏河天津。遇時亢旱。風霾屢作。夏麥枯死。秋田未種。運舟不至。客船希少。曳纜之夫。身無完衣。荷鉏之人。面有菜色。極目四望。可爲寒心。臨清安平間。盜賊縱橫。聞青州尤甚。南來人言。淮揚或掘食死人。或賤賣生口。民心惶惶。莫知所措。江南浙東。

荒歉方數千里。戶口消耗。軍伍空虛。官庫無旬月之儲。俸糧有累年之逋。夫東南財賦所出。歲荒至此。北地皆瘠。素無積聚。今秋再歉。何以堪之。臣非經歷此地。則雖久處官曹。日理章疏。猶不得其詳。況陛下九重之上耶。臣訪之道路。詢之官吏。皆言冗食太衆。國用無經。差役頻繁。科斂重派。木植顏料物無虛月。內府錢糧交納使用。靡所紀極。京城修造。前後相仍。工役軍士。累力倍錢。每值班操。寧死不赴。勢家巨室。田連州縣。徵科過度。請乞無厭。親王之國。供費至二三十萬。修齋挂袍。開山作礦。無益害有益者。間復有之。加以貪官酷吏。肆虐爲奸。民力困窮。怨咨交作。他如游手之徒。託名皇親。附搭鹽船。聲言造店。關津羅網。商稅織造。內臣縱使群小。掊擊閘河官吏。逐捉鬻販。居民騷擾動地。又臣目覩在途如此。在彼可知。夫閭閻之情。郡縣不得知也。郡縣之情。廟堂不得知也。廟堂之情。九重不得知也。是皆始于容隱。成于蒙蔽。容隱之端甚小。蒙蔽之禍甚深。臣請以所見喩之。節用如閘河。然節一分。則上有一分之益。廣儲如蓄源。然積一分。則下有一分之利。今生民日疲。國計日匱。若事事蠲之。則不可盡蠲。時時給之。則不可勝給。在聖心轉移間而已。陛下以災異戒飭群臣。詔書屢降。章疏畢陳。而事關內府。勛戚動爲掣肘。累歲經時。俱見遏罷。誠恐今者所言。又成故紙。伏望採擇。斷在必行。上納之。因自劾求退。不許。

丁巳。申嚴勳戚舍人擾民之禁。

安南國王黎暉卒。子敬嗣。僭號泰禎。未幾死。立其弟誼。僭號端慶。

六月庚朔。襄王祐材薨。年三十一。謚曰懷。

壬戌。署通政司事禮部尚書元守直服除。劾免。

兵部尚書劉大夏陳兵政弊端。京衞苦于出錢。漕軍苦于轉餉。班軍苦于往返。上納之。上嘗諭大夏曰。每事欲召議。以非卿所部而止。後當以揭帖聞。曰。揭帖易私。事第外付府部。中咨閣臣也。

王世貞曰。弘治最多名臣。內閣則劉健李東陽謝遷。六曹則耿裕倪岳余子俊周經張悅戴珊閔珪韓文。侍從則楊守陳吳寬王鏊。方鎮則秦紘王越。要未有如王恕馬文升劉大夏之灼灼者也。恕直諫重天下。然不難于孝宗而難于憲宗。孝宗仁君也。然而頗以齟齬終。豈非所謂事君數斯辱也耶。文升數更中外。歷權寄。不屈不脞。蓋以才力勝者。大夏仁心爲質。道揆法守。晚際魚水。密勿都俞。庶幾有三代風哉。造膝之語小有傳者。覺主聖而臣微。不及人。謂恕似魏玄成韓稚圭。文升合姚宋而小遜之。大夏似李沆司馬光。又曰。恕强。差近名。大夏弱。差近實。文升練。差用術。其然豈其然哉。

癸亥。卯刻金星見。雨雪。

甲子。裁淮安漕運問刑主事。

乙丑。定京官六年考察。

癸酉。青浦縣五色雲見。

丙子。裁順天管河通判。

丁丑。裁冗官。禁貪酷。

錄廣東平黎功。進伏羌伯毛銳太子太傅。提督軍務。潘蕃左都御史。

虜數入薊州潘家口。

四川青神縣地震有聲。

辛巳。北虜小王子連營宣大塞外。兵部請擇廷臣分督。上是之。

報虜警。召輔臣暖閣議備禦方略。劉健請簡京營總兵。上曰。然。健以經戰請。上曰。貴謀勇耳。李東陽曰。京營空虛。往年選萬人聽征。及再選萬人。卽不及額。上曰。將須恤軍。不可剝削。

壬午。回賊流劫山東河南。

癸未。劉健等上禦虜安邊事宜。出京兵不如募邊勇。給大同馬不如發冏金就市大同。又運帑金召商納糧芻。拔異才。獎游擊將軍張俊。命都督神英領京兵萬人俟援。上納之。

大同游擊將軍衞勇副總兵黃鎮都指揮尉景李敬等值虜火篩于焦山。援指揮鄭瑀等。虜增五千騎圍我。迨暮。益萬騎。殺傷相當。瑀力戰死。虜亦退。

甲申。江西廬山鳴如雷。明日大風雨。水溢丈餘。渰星子德安居人甚衆。

虜入延綏黃甫川堡。

乙酉。吏部請行考察。從之。

丙戌。虜入宣府。副總兵白玉擊斬八級。

太原地震有聲。

丁亥。崇明顧孟文家雞雛猴首人形。

戊子。前太子少保戶部尚書殷謙卒。謙涿人。正統四年進士。授南京戶部主事。性淳樸。自守。汝寧太原。歷撫山西宣府。俱著績。年八十八。贈太子太保。

七月玘朔。壬辰。召輔臣暖閣議出師。李東陽曰。北虜通朵顏衞夷。潮河川古北口去京師一日。虜聲東擊西。遠役大同非計。上曰。宜蒐乘蓄備以待。劉健等稱善。召兵部尚書劉大夏議。如輔臣指。師不出。

癸巳。工部左侍郎李鐩大理寺右少卿吳一貫通政司左參議叢蘭經略邊關。鐩山海關密雲。一貫黃花鎮白羊口堡。蘭紫荆倒馬等關。召至暖閣面諭。賜金幣。

邊報屢聞。命御馬監太監苗逵監督軍務。保國公朱暉爲征虜大將軍總兵。右都御史史琳提督軍務。司設監太監張林管神槍左右參將李俊神英以京兵二萬擐甲待。

開封鈞許洧川鄢陵長葛新鄭杞各地震有聲。

甲午。錦衣都指揮僉事韓輔爲署都督僉事征虜前將軍總兵官鎮守遼東。

都察院左副都御史閻仲宇往宣大通政司右參議熊偉往居庸等關各理餉。閻薦戶部右侍郎顧佐。上屬之。遂薦左侍郎王儼以署印止。

戊戌。署詹事府事禮部尙書兼翰林學士吳寬卒。寬字原博。長洲人。貢入太學。成化壬辰禮闈廷對皆第一。授翰林修撰。進右諭德左庶子。歷吏部左右侍郎。直閣專制誥。行履高潔。文醇古有法。避榮篤義。惜未究其用。贈太子太保。諡文定。子奭。特授中書舍人。

劉鳳曰。吳公當熙洽時。以淳德居輔佐。贊翊朝夕。謨明弼直。公顯百世。其度固有異哉。方其困厄時。人謂公戚。何以彼其才而令久悒悒。乃不以約有所詘。及侍累朝次當遷。人或先之。公不以爲濡滯也。當進對每辭避。此其誠讓有師師風古之人乎。不可得而見之矣。若其學尤邃于經術。議必奉以從。無所阿曲。其格正爲多。而一時禮樂制度。彬彬質有文焉。可謂盛極。固多君子哉。咸以純質敦厚。躋穆穆之治。休哉。國家文明之會也。

馮時可曰。吳先生在翰林。望最著。然當遷敍輒後人。無幾微見顏色。有積薪歎。其讓太宰數語。抑何任質率眞如此。若其經術深邃以贊廟議。一時禮樂制度。斌斌質有文焉。所上繩儲宮疏。侃侃孜孜。可謂先幾識微矣。官久位高。依然寒畯。于今又惡能有。吁嗟。世道日下。先生眞如景星慶雲哉。

癸卯。召輔臣煖閣。以劉宇于潮河川鑿品字窖製鐵砲。可賞賜。皆曰諾。又出東廠緝事揭帖云。密訪如此。劉健等曰。須會勘。至日再議。

昌平盜王璽伏誅。

甲辰，夜月食。

乙巳，右通政王淯卒。濬縣人，成化二十三年進士。

丙午，夜月犯外屏西星。

辛亥，曉刻土星犯鬼宿積尸氣星。

壬子，卯刻木星見。

丙辰，曉刻水星犯靈臺上星，金星犯上將星。

丁巳，署國子監事禮部右侍郎謝鐸致仕。

南京國子祭酒黃珣服除，改國子祭酒。

八月牫朔。辛酉，吏科給事中吳蕣、戶科給事中王蓋，考察不謹當罷，訐吏部尙書馬文升、左都御史戴珊奸私，下蕣蓋鎮撫司獄。蕣削籍，蓋閒住。又刑部主事張鼗，飲狎鄉人妻，擬罪瀆辨，亦下獄削籍。

部院上計，降斥有差。

壬戌，南京戶部右侍郎鄭紀致仕，進尙書。

戊辰，夜南京壽星見。

辛未，巡撫雲南右副都御史陳金爲南京戶部右侍郎。

止保定河間土達吏卒千餘人赴京操練。

欽天監天文生張璽有罪宜戍邊，命注近衞，仍赴監，著爲令。

甲戌，巡撫貴州右副都御史林元甫調雲南，巡撫順天右副都御史洪鍾調貴州。

丁丑。左春坊左庶子張天瑞卒。天瑞清平人。成化十七年進士及第。授編修。詩文迅筆立就。他人貯思不之及。

戊寅。夜月犯五車星。

庚辰。遣科道閱騰驤等四衞。

裁陝西靈州。

丁亥。朝罷召吏部尚書馬文升左侍郎焦芳左右都御史戴珊史琳于暖閣。諭明年大計。預加訪實。毋縱。以文升重聽。又諄諭之。命左右掖而出。自是每召對從容詳悉。俱感奮。雖下僚莫不仰注稱盛事云

九月。孤朔。巡撫延綏都御史文貴請塞上墩臺易傾。俱甎築。四窗可發矢。從之。然土墩雖小而堅。後甃其外而內木。糜費巨萬。後多焚于寇。

甲午。曉刻土星犯鬼宿。

丙申。景州知州馬馭故城知縣楊凱。多撓人。論死。

戊戌。旱災。免順天保定河間永平夏稅有差。

山西論囚未覆遽決。巡按御史盧儀降滄州判官。按察使陳震降兩淮都轉運鹽司同知。儀更降山東布政司照磨。

辛丑。南京木星晝見。夜月犯外屏星。

癸卯。撒馬兒罕入貢。

甲辰。夜月犯昴宿。

辛亥。夜月犯靈臺中星。

甲寅。宣大虜警。太常寺少卿孫交經略。

乙卯。旱災免眞定大名順德夏稅有差。

丁巳。召閣臣于暖閣。諭曰巡按御史覈邊功。累歲不報。何以示勸。其酌地定以期。皆稱善。少頃曰。昨日講官劉機以陳善閉邪作陳說。不如作敷陳。劉健等曰。昨太監李榮云善道啓沃。他非是。誠如聖諭。上曰。他亦無妨。第不若啓沃之尤當。講書須明透無諱。昨講官似顧忌耳。

十月甲子朔。甲子。裁南京國子監掌饌。

選殫忠效義二營兵入團營操練。

庚午。翰林院庶吉士魯鐸溫仁和李時滕霄趙永畢濟川何塘爲編修。周禎爲檢討。吉時薛金李貫王廷相王萱爲給事中。朱衮爲江西道監察御史。

眞定知府熊達。以河隄功加山西布政司右參政。

壬申。總督漕運右副都御史張縉言。淮揚運河雨水時則利舟。今秋旱深冬。恐不雪。明年水涸梗漕。乞先時濬治。閉淸江口。葺仁信等壩。蓄水以待。事下所司。

己卯。南京部院上計。從之。

旱災。免山東夏稅有差。

庚辰。錄囚。刑科三覆奏失矜疑二人。上怒。免二人死。戍之。至是朝畢。召刑部尚書閔珪等暖閣。諭其故。珪等退引咎。奪月俸。

武科許泰等三十五人入朝。宴光祿寺。大學士劉健主席。三年一舉。

癸未。總督陝西軍務戶部尚書秦紘致仕。

十一月癸巳朔。戊子。裁雲南管礦僉事。

辛卯。虜萬餘騎連入莊浪。始掠西海。
壬辰。嚴各邊代攬販馬之禁。
乙未。先是大理寺右少卿吳一貫錦衣衛指揮使楊玉勘廣寧衛指揮使楊茂掩虜敗事。獄詞互異。上親鞫于午門。一貫語塞不能對。釋張斌等。降一貫嵩明州同知山東左參政甯舉降曲靖軍民府同知兵備副使錢承德降新興知州僉事王忠降石屏州同知御史余濂降雲南布政司照磨王獻臣廣東都許馬驛丞。
丙申。夜大星自大陵流至壁宿。二小星隨之。
己亥。廣東左布政使陸珩爲應天府尹。
昏刻月犯昴宿。
庚子。命今後順天府堂官免外計。聽內計。
饒平縣盜蘇孟凱等以逋租嘯聚。
壬寅。夜月犯五諸侯西星。
癸卯。南京兵部尚書韓文改戶部尚書。
乙巳。巡撫保定右副都御史王沂卒。武進人。成化十一年進士。謹恪多宦蹟。
丁未。琉球補貢初風失之。
兵部會內外提督選京營把總等官。
壬子。南京戶部尚書王軾改南京兵部尚書。
癸丑。霍州天鳴地震。
乙卯。南京工科給事中句容趙欽居鄉橫奪不法。群訴。事聞。坐發塚論死。

十二月丁巳朔。登州天鼓鳴。

己未。兵部左侍郎熊翀爲南京戶部尚書。

應天府尹吳雄卒。仁和人。成化十四年進士。

庚申。廣西流盜劫湖廣武岡州。

甲子。兵部右侍郎熊繡爲左侍郎。右副都御史閻仲宇爲右侍郎。

郡縣馬不五百。裁管馬判官縣丞。

乙丑。旱災。免鳳陽淮安揚州廬州徐滁田租有差。

丙寅。右僉都御史王璟巡撫保定。兼提督紫荆等關。

己巳。廣西上思州土官改流官。隸南寧。

庚午。巡撫大同右副都御史劉宇回院。

壬申。虜犯甘涼寧夏花馬池。

旌陽曲王府輔國將軍奇渾孝行。

虜寇平涼之孔壩溝。巡撫周季麟遣都指揮楊宏率西安平涼軍楊虎力率固原軍禦之。虎力以八百人夜遁。宏及餘衆死焉。諺曰兩頭白面楊虎力

乙亥。傳制封祐棨淮王。均鐵壽昌王。詮鉞遼山王。詮鏴清源王。聰滋棗强王。旭橫長泰王。旭樿永福王。旭椅建寧王。

丙子。哈密忠順王陝巴以國人謀奉土魯番。懼甚。走嘉峪關。命百戶董傑同哈密頭目都督奄克孛刺寫亦虎仙護陝巴至哈密。有孛阿刺等六人欲夜劫我。傑等斬之。國人遂不敢有他志。敕陝巴還國。

己卯。虜圍靈州。都指揮焦洪禦卻之。

楊一淸兼巡撫陝西。

庚辰。錄平米魯功。進南京戶部尚書王軾太子太保。

辛巳。禮科都給事中李祿等以京省試錄文義乖違。幷罪禮部。命摘懲之。

命御史陳珀核騰驤等四衛冒占。

甲申。江西右布政使周南爲右副都御史。巡撫大同。

水旱免湖廣田租有差。

乙丑弘治十八年

正月丁亥朔。己丑。虜三萬騎圍靈州。別騎自花馬池掠韋州及環縣。命宣大延綏兵亟援。戶部右侍郎顧佐治餉。

庚寅戌刻。遼東都司星隕大如斗

癸巳。登州星隕天鼓鳴。

甲午。魯府鉅野王陽鎣薨。年七十一。謚懿安。

乙未。上南郊。

己亥。福建所淸屯田免子粒一年。

庚子。朵顏衛都督阿兒乞蠻入貢。言北虜小王子許我女不從。屢被掠。上敕獎之。

辛丑。夜月食。

甲辰。部院大計天下官。上素重兵部尚書劉大夏左都御史戴珊。召賜金。手授之曰。覲時諸大臣杜門。如二卿開閣可也。今小佐而廉。毋廷謝。

虜陷寧夏淸水營。燬糧芻。

戊申。山西平虜衞及井坪守禦千戶所各地震有聲。

己酉。復設廣東捕盜僉事。駐淸遠縣。松江同知吳廷舉陞任之。

左都御史戴珊再乞休。不允。珊嘗託劉大夏爲請。上曰。主人能留客。客且强留。珊獨不爲朕留耶。且天下尙未平。何舍朕。泫然者久之。珊泣謝。

庚戌。設高郵等隄減水閘。

壬子。曉刻月犯秦星。

二月叮朔己未。朝邑縣地震。聲如雷。

壬戌。金星晝見南京。壽星見。

癸亥。太常寺卿兼翰林學士張元禎左春坊大學士兼侍讀學士楊廷和主禮闈。

虜五百餘騎寇延綏高家堡。指揮藍海等方拒戰。總兵張安夾擊。走之。

甲子。遣科道核御馬監軍旂勇士。初太監甯瑾奏止科道。改司禮太監部科執論。故有是命。

乙丑。南京金星晝見。

丙寅。左春坊左贊善費宏爲左春坊左諭德兼翰林侍講。

崇明盜施天素降宥死。永戍貴州都勻衞。

丁卯。減御馬監芻豆。

戊辰。朝畢。召戶兵工三部臣于奉天門。諭曰。生齒雖繁。戶口日損。此官司不能撫恤。其弊非一。其悉圖之。毋飾。

又詔曰。朕方圖新政理。樂聞讜言。除祖宗成憲不可紛更。其餘軍民利病。直言無有諱。
上以孝肅皇太后之憂。久徹講。至是禮部覆御史藍章之請。暫淺色服從之。復御經筵。
己巳。祀故都御史羅通于居庸關。
鎮守湖廣總兵官後府都督僉事歐磐疾去。
兵部左侍郎熊繡同科道核騰驤等四衞。
夜。白虹彌天。
置易州倉郎中。裁居庸三戶部官。東路餉屬薊州郎中。
戶部主事李夢陽上言時政。有元氣之病。大臣。腹心之病。內官。有三害。兵害。民害。莊場畿民之害。有六漸。匱之漸。盜之漸。壞名器之漸。弛法令之漸。方術眩惑之漸。外戚驕恣之漸。曰陛下至親莫如壽寧侯。今招納亡賴。罔利賊民。顧不嚴禮以爲之防。臣恐其潰且有日矣。上怒。下錦衣獄。指揮牟斌詰曰。胡不指壽寧侯羽翼。夢陽曰。慮置對耳。斌曰。指則可據事實。剪其翼奚對焉。獄上。竟還夢陽職。上一日問兵部尚書劉大夏外議云何。曰。頃釋李夢陽。中外誦聖德厚甚。上曰。獄初具。朕問左右云何。曰宜杖。朕知此輩欲死夢陽。快中宮。朕不爲也。尋遊南宮。張鶴齡兄弟夜直。上獨召鶴齡膝語。左右遙見鶴齡免冠首觸地。蓋責數之也。鶴齡稍戢。
談遷曰。泰陵時壽寧貴震天下。中外多藉之媒進。無敢少忤。夢陽孱然一孤生。抗數其橫。誠批逆鱗矣。幸天子明恕。得全七尺。否則一金吾力同逢比遊地下也。
壬申。定西侯蔣驥爲征蠻將軍總兵官。鎮守湖廣。
癸酉。虜圍靈州。久不克。去而內掠。指揮仇鉞伏兵歸路。總兵李祥援之。斬三十二級。
甲戌。虜再入遼東清河等堡。

丁丑。夜月犯南斗魁星。

壬午。虜掠寧夏。

甲申。禁密雲銀冶。

乙酉。廣東流盜劫漳浦縣。

三月丙戌朔。孝肅皇太后□□。不朝。

虜寇寧夏。興武營游擊將軍姜漢擊斬十二級。

壬辰。戶科給事中劉蒞論吏部文選郎中張綵顚倒選法。尚書馬文升等疏辨。綵卽移疾去。

泰寧衞酋滿蠻欵塞求貢。命上舊敕議之。

乙未。西安故山東左參政李崙。故刑部員外郎孔琦俱清謹。身沒不贍。延綏副總兵曹雄請䘏。命歲給其家。

己亥。嚴沿邊伐木之禁。

庚子。廷策貢士董玘等三百三人。賜顧鼎臣等進士及第出身有差。

辛丑。曉刻月犯房宿。

甲辰。曉刻月犯南斗魁星。

災傷免原平陽澤潞等去年田租有差。

己酉。小王子寇大同青松嶺。執千戶胡果尋脫歸。

辛亥。廣東南海縣盜肆掠。命兵之。

河南陳州衞軍訴虧餉二年。詰巡撫官究問。

翰林編修羅己爲侍讀。

選翰林庶吉士嚴嵩湛若水倪宗正陸深霍韜邵天和徐縉張九敍蔡潮林文迪安邦段炅蔡天祐胡鐸高滂馬卿劉寓生安磐穆孔暉李艾王韋趙中道王如金閔楷傅元孫紹先易舒誥方獻科張邦奇命太常寺卿兼翰林學士張元楨學士劉機教習。

甲寅。給陝西行都司莊浪涼永等十五衞文職郵符。

四月𠩄朔。寧府鍾陵王覲錐及子鎭國將軍宸漩俱不法。遣訊。廢爲庶人。錮鳳陽。寧王宸濠構陷之也。

夜。月犯鬼宿。

庚申。四川松潘各寨番族聞總兵顏玉進討。求撫。許之。

辛酉。定兩京禮部會選監生。汰衰疾疎劣之士。其衰疾量予冠帶。疎劣除名。

癸亥。西虜渡河北去。

辛未。召輔臣暖閣。諭曰。戶部覆處置流民。推侍郎何鑑。何不會吏部。劉健等曰。係本部事。前亦徑推。上曰。此前人失之。吏部專推舉。且使他日不稱。亦無後言。健等曰。然。並令會議。上曰。處置流民是戶部事。不必議。惟推舉會吏部耳。上在位久。習于事。亹亹數百言。動中節會。不能悉記。自是日而召對訖矣。龍馭不待。惜哉。

正一嗣敎眞人張彥頨以龍虎山上淸宮火。乞重修建。許之。部科言其不可。乃止。

癸酉。延平盜起。

丙子。曉刻。月掩壘壁陣西星。

戊寅。起何鑑刑部左侍郎。兼左僉都御史。撫治荆襄鄖陽德安等流民。

久旱。遣官祭告郊社。

鎭江孟濱等河盜劫漕粟千二百石有奇。

總督兩廣都御史潘蕃。伏羌伯毛銳以南海連山思明等寇被劾。

甲申。上不豫。免朝。

纂修玉牒成。翰林侍講學士楊時暢言。玉牒進文華殿。禮似未安。宜改奉天殿示重。從之。

釋輕囚。

五月乙酉朔。不朝。

丙戌。南京刑部主事胡世寧上六事。勤學問。廣延納。公用人。汰冗費。重守令。愼輔導。章下所司。重守令。謂倣唐制。不歷郡守不得任侍郎列卿。不歷縣令不得陞臺郎給舍。

福餘衛酋那孩等悔罪。求互市。許之。

己丑。虜寇獨石。

禁僞錢。戶部奏鑄弘治錢。年來纔十之二。上少之。命核工料以聞。又敕整理鹽法。初。上與輔臣論錢鈔鹽法。李東陽曰。鹽法尤重。因及奏討之弊。上曰。奏請才幾家耳。曰。奏請一而私賣十。之所以弊也。劉健等曰。宗藩亦不宜輒徇。上曰。近亦裁矣。

庚寅。上大漸。且召大學士劉健謝遷李東陽至乾淸宮東暖閣。上坐榻。諭曰。朕嗣統十八年。今殆不起。健等慰謝。上曰。朕自知之。天命不可强也。自序卽位始末甚詳。太監扶安李璋奉筆硯。上命太監戴義書曰。東宮年十五歲。未婚。可令歲舉行。又因漱齒不復飲藥。手健曰。東宮年幼。好逸樂。先生輩善輔之。令成令主。健等皆飲泣。戴義送出東角門。

辛卯。上召諭皇太子曰。後事悉如先帝遺典。祭用素羞。社稷事重。孝奉兩宮。進學修德。用賢使能。毋荒怠也。午刻。大風霾。雲端若有人騎龍上升。人多見之。俄上崩。年三十六。遺詔曰。朕以眇躬。仰承丕緒。嗣登大寶。十有八年。敬天勤民。敦孝致理。夙夜兢兢。惟上負先帝付託是懼。今遘疾彌留。殆弗可起。生死常理。雖聖智不能違。顧繼統得人。亦復何憾。皇太子厚照聰明仁孝。至性天成。宜即皇帝位。其務守祖宗成法。孝奉兩宮。進學修德。任賢使能。節用愛人。毋驕毋怠。中外文武群臣。其同心輔佐。以共保宗社萬萬年之業。詔下。深山窮谷聞之無不哀痛。吏民入臨有失聲者。初上禱雨。露立觸寒。太醫悞藥之。鼻血致大故。天下恨之。

史臣曰。上簡言愼動。慤誠充粹。闇然而日章。燕處必衣冠。雖置筆硯有常處。曰。凡事皆合如此。又曰。吾不自治。誰能治吾。日五鼓率起祝天。每值水旱災異。輒齋心露禱。減稅緩獄。郊祀奏樂有悞。召樂官詰問。惇敍彝典。動據太祖。置文皇永樂大典于宮中。時時省閱。小民章奏披覽必盡。有以人命訟寃者。未嘗不爲覆訊。寧失不經。臣下逆耳苦口之言。紛然雜進。而含容茹納。未嘗輕有罰謫。雖小官末吏考察黜退。如不得已。尤軫恤武臣邊帥。在位既久。見內外諸司弊端日積。欲痛加釐革。以復祖宗之故。而旁詢博訪。務窮根節。含洪隱忍。不欲太驟。愛惜財用。宮中進包索積累。左右欲棄之。特命送貯光祿宮中用牲口。日給粟豆。皆有籍記。尤重名義。論及後世靑史。恒爲悚然。中外方延頸跂踵。翕然望治。忽罹大變。哭臨之日。臣民號慟。頓不能興。梓宮所過。哭聲震野。其得人心之深如此。

鄭曉曰。帝仁恕恭儉。敬愼英明。淸心寡欲。愛民節用。方術宦寺。莫敢干撓。憫災思患。戢盜防胡。且崇德報功。興滅繼絕。憂勤惕勵。始終不渝。迹其修齊治平之效。蓋有得于二南六典九經之道矣。若乃崇祀奉慈而秩分甚嚴。友愛興獻而恩禮愈篤。悼念昭德而保護甚至。廟號孝宗。不亦宜乎。即位之初。徐溥劉健入內閣。王恕入吏部。自是衆賢並進。李東陽謝遷丘濬耿裕倪岳馬文升劉大夏周經戴珊張敷華黃紱何喬新彭韶楊守陳周洪謨許進楊繼宗屠滽秦紘鄧廷瓚謝鐸章懋張悅林瀚吳寬張元禎王鏊楊廷和劉忠韓文林俊楊一淸樊瑩熊繡諸君子。襄贊皇猷。旬宣方岳。當是時。朝多耆俊之臣。野無廢錮之彥。士修端靜之節。人懷躁競之恥。吏鮮苛黷之風。民懷樂利之澤。洋洋乎。蔚蔚乎。有豐芑棫樸之化焉。說者又曰。泰陵晝接再三。虛懷霽色。勵精訪治。將大有爲。而諸君子志在包荒。意存裕蠱。多思少斷。坐失良期。然十九年間。財以足民爲富。兵以薄伐爲威。刑以緩死爲恩。禮以隨時爲大。可謂與民休息。培植元氣者矣。內外安寧。幾至刑措。商周甲戊成康之盛。何以加焉。升遐之日。萬方哀痛。如喪考妣。豈偶然哉。豈偶然哉。

李維楨曰。諸帝山陵作原廟。后並坐配食。皇貴妃而下左右侍。一帝一后。獨泰陵耳。體貌大臣。開廣言路。節用愛人。休息乎無爲。近者歌謳而樂之。遠者竭蹶而趨之。德澤上昭天下。漏泉至于今。父老稱弘治之盛。雖漢文宋仁。何以加焉。

鄧元錫曰。聞諸父老言。敬皇帝之世。太平有象也。君臣恭和。海內雍晏。兆氓益殷熾阜裕。學士爭游情于三代兩漢之文。洋洋巍巍。斯爲盛。語曰。日中必暳。卽欲爲國家建治平無疆之統。斯千載一時矣。

朱國禎曰。三代以下。稱賢主者。漢文帝。宋仁宗。與我明之孝宗皇帝。匪獨天資粹美。亦由學問優長。漢文得之黃老。宋仁宗亦如之。我孝宗儒而兼綜。故其學獨正。其治獨隆。學士張元禎疏勸經筵講太極圖西銘諸書。上索而觀之。曰。天生斯人開朕也。其淵源如此。故發揮事業。巍然煥然。十八年中。深仁厚澤。幾于必世遠非漢宋可及。說者猶曰。外戚太厚。賜予太廣。此皆自兩太后起見。卽慶讚亦所不廢。愈見其大。又曰。冗員太多。則先朝傳奉革之殆盡。曰。中貴太盛。則李廣至于自盡。苗逵不聞弄權。蓋寬以成其孝。節以制其流。內外時措。各有攸當。稱曰聖主。又何疑焉。

何喬遠曰。帝仁心爲質。布政優優。右威左德。先賞後罰。至于外戚太厚。中貴太盛。予賜太廣。寧與之爲有餘。可謂如天之度。末年而聖。崩殂之日。深山窮谷。田畯紅女。無不哀吟思慕。若喪考妣。家比成康焉。國家以左爲上。

談遷曰。明當中葉，國家積歲熙洽。嗚吠烟爨。蒸蒸如也。豈不稱盛際哉。僅一二秕政。賢僉雜迹。或反爲所用。吏民嗛焉。孝宗在東宮久。稔知其習。首罷幸相。次第釐革。改步之初。中外鼓舞。曉然誦明聖。識上意所嚮也。優容言路。彙籲良士。六卿之長皆民譽。三事之登皆儒英。講幄平臺。天聽日卑。老臣造膝之語。不漏屬垣。少年慟哭之談。嘗爲動色。故良楛鑑斷。刑賞恬肅。雖壽寧之戚。天下豔之。然寵如竇憲。尙難泌水之園。驕卽武安。未請考工之宅。則帝心端可知矣。宵旰之勤。盡十八年如一日。而宣室之謨。畫天章之筆札。諸臣惟鎮靜之是務。補苴呵護。神理舒謐。欲脫略凡近。强往迥圖。尙未之逮也。而緌緌恥于速化。閭閻媿于佻達。考其歸宿。兢兢于先民。非德澤深厚。能摩切如此哉。詔不反汗。兵不屢駕。最軫念民力。于時水旱夷盜。多見告。吏民喁喁。忘流徙屠掠之憯。俱交口慕說。噫。孝宗何以得此于天下哉。億萬載無疆之休。一傳而斬。古者天子一娶十二女。帝姬嬪不廣。繇今而觀。先王之慮遠矣。

武宗承天達道英肅睿哲昭德顯功宏文思孝毅皇帝 御諱厚照。孝宗敬皇帝嫡長子也。母皇后張氏。弘治辛亥九月□□生。明年三月。立爲皇太子。戊午旣冠。出閣就學。受書甚習。能識宮僚名氏。或偶不入直。必問其故。當輟朝日。學士某幞束花帶。語左右曰。是在朝。且被糾矣。其聰穎類此。孝宗數幸春坊。閱所業。迎送如禮。甚愛之。遊幸必從。間好騎射。孝宗顧命輔臣。極稱上質美。善輔之。

辛卯。大行賓天。

壬辰。頒遺詔。

癸巳。罷營軍工役。

南京兵部右侍郎金澤爲南京右都御史。秩滿。雖吏部前具題。而諒陰遽命下。物論嚣然。

甲午。寧夏衛及廣武營地震。酉刻木星晝見。

乙未。禮部左侍郎李傑欽天監副倪謙擇山陵。

丙申。夜月犯房宿金木合于星宿。

己亥。下太監張瑜太醫院使施欽院判劉文泰御醫高廷和等于錦衣獄。先帝禱雨觸寒。瑜等不診視。遽藥之。鼻血致大故。英國公張懋及給事中王宸薛金御史陳世良等劾其罪。廷鞫。

壬寅。上卽皇帝位。詔曰。維我皇明誕受天命。爲天下民物主。祖宗列聖。鴻規大訓。傳在子孫。皇考嗣統十有八年。深仁厚德。覃被海內。治化之盛。在古罕聞。間復憫念民窮。勵精新政。訪求利弊。方將大有興革。綸音未布。遽至彌留。叩地籲天。無所逮及。天下之慟。矧予一人。比者親承遺命。謂主器不可久虛。而宗親文武羣臣軍民耆老。累牋勸進。拒之至再。情益懇切。永惟宗社重寄。不敢固辭。謹以是月十八日祗告天地宗廟社稷。卽皇帝位。顧國家創造之艱。眇躬負荷之重。惟正道是遵。惟古訓成憲是守。率皇考未終之志。擴而行之。康我兆民。登于至治。其以明年爲正德元年。大赦天下。與民更始。所有合行事宜。條列于後。云云。於戲。天位至重。民事至艱。尚賴中外臣僚。協心匡輔。以裨朕之不逮。用克紹先業。共保億萬年無疆之休。誕告萬方。咸使知悉。正德會見西夏主乾順吏部試選人論有宰相須用讀書人以刺時宰。

建寧大水。懷城舍。

乙巳。減葬儀冥器。

丁未。令太監扶安李興覃觀禮部右侍郎王華少卿吳昱詳定山陵。

戊申。虜大舉寇宣府。由新開口至虞臺嶺屯牛心山黑柳林。列營二十里。巡撫李進總兵張俊令分兵軍新河柴溝。凡萬五千人。已。虜毀垣入。左參將李稽迎戰。副總兵白玉黃鎮萬全右衞游擊張雄大同游擊將軍穆榮各拒于虞臺嶺。虜縱數千騎嘗我軍。玉置營高阜。虜笑曰。彼自處乾地。可立敗也。乃合營圍我。絕汲道。止留隘地一偶。張俊不知其計以三千人至萬全右衞城左墜馬傷足。援兵都指揮曹泰至應州鹿角山。玉等被圍。絕飲食掘井十餘丈不得泉飲馬溲而咀其矢會大雨雹以救解入後營。稽玉亦潰圍而出獨雄榮阻山間遇害。喪卒二千一百六十五人。失馬六千五百餘匹。他物稱是。俊等退虜躡其後僅得入萬全右衞城告急命都指揮陳雄張澄俱爲右參將各率京營二千人往又告急復命都督李俊神英充參將各二千人往人賜二金布二。時虜至宣府城下出懷中餅及麻布冠示人曰。此何物也。蓋虜諜入京得之闌禁不嚴如此。

嚴從簡曰按此漢虜勝衰之候我國家養兵百年極盛而熸一大變也合宣大之良殲于一旦。至今六十餘年而創痍之疾呻吟之聲往往在人耳目。邊軍緣此逡巡畏敵無復迎戰矣。

己酉右通政王玉降太醫使張瑜劉文泰等論死坐結交內官律不用合和御藥大不敬正條卒脫死。

庚戌太監苗逵監軍。保國公朱暉爲征虜大將軍總兵官。右都御史史琳提督軍務。太監張林理神鎗砲銃。都督同知李俊都督僉事神英爲左參將。都指揮陳雄都指揮僉事張澄爲右參將。禦虜宣府。戶部右侍郎王儼兼右僉都御史治餉。

辛亥太白經天。

壬子禮部尚書張昇請嚴宮殿門之禁斥逐眞人陳應循等西番灌頂大國師那卜堅參及班丹羅竹等奪印誥追賞賜。從之。

益苗逵京兵六千人。命武定侯郭良懷寧侯孫應爵練營兵待援。仍博舉勇略。

六月甲寅朔。募宣府土兵禦虜。

乙卯。上御西角門視事。百官奉慰。

都督李杲都指揮劉祥爲游擊將軍各率兵五千赴宣府。

兵部尚書劉大夏英國公張懋及給事中御史覈團營。

丙辰。翰林侍講張澯爲侍讀學士。檢討石珤爲修撰。

討思恩土官岑濬平之。濬好刼殺。逐田州土知州岑猛。兩廣左都御史潘蕃太監韋經總兵毛銳合兵十萬八千餘人。分六哨抵其巢。濬死。斬首虜四千七百九十級。後廣西右布政使馮鎬言士兵道掠甚于岑濬。乞後不得輕調。下兵部。

泰寧等兀良哈滿蠻等爲虜所侵。避內地。命撫卹之。

經略山海關工部右侍郎李鐩還朝。

丁巳。裁華亭丹徒丹陽金壇治農縣丞。

設豫旺城平虜守禦千戶所。城去韋州贏山僅百里。套虜出入必由之。從都御史楊一淸之請。

立潮河川新營于古北口外關。

定幼軍解補開豁例。

戊午。大賚文武及軍民人等。

定泰陵。敕太監李興新寧伯譚祐工部左侍郎李鐩督工。已。吏部考功主事慈谿楊子器言大行山陵有水石。興不悅。糾其妄。命司禮太監及禮工部覆視。遂下子器錦衣獄。皇太后聞而釋之。

發延綏兵援宣府。

虜入蔚州廣昌。趣保定兵赴紫荆等關。

裁瓜洲水驛。去京口驛近故。

己未。故貴州都指揮僉事史韜郭仁李宗武。都指揮使李雄。俱贈都督同知。征米魯。死盤江。

庚申。上大行尊謚達天明道純誠中正聖文神武至仁大德敬皇帝。廟號孝宗。輔臣議孝爲百行之首。敬爲萬善之源。庶盡之。

辛酉。團操畿內軍餘民兵。永平保定眞定河間大名各千人。廣平順德各五百人。

癸亥。頒謚詔。賚親王南京官。

寧夏固原環縣地震。寧夏尤甚。聲如雷。

甲子。監察御史李良請擇近侍召對大臣。翰林官儤直備顧問。上是之。

工部右侍郎張達卒。達泰和人。天順八年進士。授工部主事。歷南京光祿卿。純樸不事表飾。居官鮮玷。或論其粗率。笑而不問。其渾厚類此。

工科都給事中王纘等。乞裁錦衣衛帶俸畫士蕭增等。革工匠濫陞。下所司。

丙寅。大理寺左少卿張泰。錦州衞都指揮達順。巡撫都御史周季麟會計薊州草場。

丁卯。夜月犯天狗星。

戊辰。巡撫湖廣左副都御史韓重爲南京兵部右侍郎。

故太子少保南京兵部尙書張悅。贈太子太保。

庚午。占城國王子沙古卜洛遣沙不登古魯來貢。求封。父古來沒不明言。且請復安南侵地。給事中任良弼等言。古來存沒虛實難料。宜勘明。遣使廣東。令領勅歸國。不宜輕聽。禮部請檄廣東布政司咨報。且引給事中林睿使滿剌加不肯北面屈膝。幽餓以死。而不能問其罪爲證。從之。

談祺曰。按林睿死節。史諱不書。惟成化壬寅七月。命刑科給事中林霄行人姚隆往封暹羅。霄卒其國。弘治甲寅三月。錄子菲太學。或良弼誤霄爲睿。誤暹羅爲滿剌加乎。識此以俟博洽者正之。

辛未。前太子太保禮部尙書徐瓊卒。瓊金谿人。天順丁丑進士及第。授編修。成化丁亥進侍講。至前官。和易敦樸。文暢贍。時有警語。然才短無甚建明。嘗置妾與椒房有連。孝廟特擢尙書。論者謂其攀附。竟引去。

壬申。威州地震。

癸酉。徽王見沛薨。年四十三。謚曰莊。

甲戌。提督軍務撫治鄖陽右副都御史王鑑之改巡撫湖廣贊理軍務。提督河道右通政韓昇爲通政使理易州山廠。

乙亥。兵部請罷鈞州鎮守太監齊玄及沿邊監槍分守守備內臣。遂撤齊玄。餘議裁。

丙子。河州大雷雨。石崖山崩。約移七八里。裂爲溝。

戊寅。刑部右侍郎李士實疾去。

安奎呂翀任惠邊貢王翊陳霆徐暹爲給事中。惠暹南京。

復沙河縣于舊治。縣當孔道。避役遷僻地十數年。泉涸非便。至是復之。

庚辰。召南京太僕寺卿陳壁。浙江布政司左參政韓福。劉大夏薦。

科道交劾禮部右侍郎王華。典文招譏。太常寺卿兼翰林學士張元禎。奸貪附勢。通政司右參議熊偉。囑託取財。署鴻臚寺事禮部尙書賈斌。人品卑下。署太常寺事禮部尙書崔志端。穢行彰聞。巡撫順天都御史周季麟。交結權幸。巡撫山東都御史徐源。昏懦無能。南京戶部尙書熊翀。戶部左侍郎李溫。太常寺卿呂憲。老疾。右都御史金澤。應天府丞李堂。奔競轉官。丁憂太僕少卿陳大章。貪聲素著。俱宜罷斥。上不問。

鄭曉曰。張公元禎家居時。人爭薦。東白謂爲名儒碩輔。比起。又交章醜詆。諺曰。毀譽無常。朝玄暮黃。信然。

辛巳。右副都御史孫需提督撫治鄖陽。

壬午。奉孝肅皇太后主于奉慈殿。移孝穆皇太后左之。

癸未。巡按浙江監察御史邢昭言寬恤竈戶如三丁以下人免七十畝復其身。或丁多遞減十畝。或無餘田止免徭。報可。

七月甲申朔。兵部尙書劉大夏上團營實數精銳六萬五百七十四人。分三哨。各領以把總。次選二萬五千三百四十六人。汰二百八十三人。其三大營原額十五萬四千二百八十七人。耗九萬四千三百四十人。

乙酉。科道再劾王華張元禎等。皆公論之不與。不宜曲賜優容。自損治體。下所司。

戊子。起許進兵部左侍郎。同劉大夏提督團營。

庚寅。巡撫蘇松右副都御史魏紳爲刑部右侍郎。

前南京大理寺卿章格卒。格字韶鳳。常熟人。景泰二年進士。授南工部主事。歷郎中廣東按察副使。還琉球流人。改雲南撫緬甸諸夷。累進廷尉。居官以淸謹聞。

辛卯。夜月犯心宿。

壬辰。前南京太常寺少卿牛綸卒。綸涿人。景泰甲戌進士。館選授編修。歷左贊善太常少卿。綸善滑稽。又太監玉從子。好結權要。士論鄙之。

癸巳。提督軍務右副都御史史琳言參將陳雄敗虜大同之順聖川。斬八十七級。俘一人。敕勞之。

乙未。光祿寺卿艾璞爲右副都御史。巡撫蘇松。總理糧儲。

丙申。革壩上馬房飼牛。初成化十八年太監梁芳進牛。一日菽一斗。芻二束。計費千餘金。濫費如此。至是御史張津奏歸之犧牲所。

丁酉。召前戶部尙書周經。

夜。月犯壘壁陣西第二星。

戊戌。進劉健上柱國。李東陽謝遷少傅兼太子太傅。

太常寺卿兼翰林學士張元禎爲吏部左侍郎。學士劉機江瀾左春坊大學士兼侍讀學士楊廷和並少詹事兼學士。張芮進俸一級。侍讀學士楊暢爲太常少卿兼侍講學士。侍讀學士劉忠張潔白悅並學士。左諭德兼侍講靳貴費宏並太常少卿兼侍講。右諭德兼修撰毛澄爲左庶子兼侍講。侍讀毛紀左中允兼編修傅珪並左諭德兼侍講。順天府丞兼正字周文通爲光祿寺卿。尙寶司卿兼正字劉棨爲太常少卿。皆舊宮僚也。

南京給事中戴銑等言。今日成先帝之志者。實在陛下。柄事諸臣。或忘大體。將謂繼代之際。大小庶政亦當更新。先帝之所行而未久與所欲爲而未成者。一切罷廢。似非繼述之孝。伊尹告太甲曰。嗣王新服厥命。維新厥德。周公告成王曰。無念爾祖。事修厥德。陛下能法先帝。則增光祖宗可計日而待。章下所司。

餘杭大水。傷稼。

夜。月食。

丙午。崇王見澤薨。年五十一。謚曰簡。

丁未。忠義左衞改泰陵衞。

戊申。召廣西總兵都指揮僉事毛倫。前湖廣都指揮使康泰補廣西副總兵。

庚戌。許朝鮮市角弓歲二百雙。

辛亥。翰林院庶吉士潘希曾服闋。授兵科給事中。

壬子。浙江布政司左參政韓福爲大理寺右少卿。提督京西軍餘民兵。

八月㻂朔。甲寅。皇太后王氏爲太皇太后。皇后張氏爲皇太后。

乙卯。進太保瑞安侯王源太保壽寧侯張鶴齡並太傅建昌侯張延齡崇信伯王淸並太保。各加祿三百石。

丙辰。兩宮禮成詔天下。

大學士劉健等言六月以來。連雨傷稼。陛下登極詔條。中外歡忭。但各有司視爲泛常。如軍器鞍轡二局。各門各馬房倉庫各分守守備等內臣。舊設有數。今添至幾倍。豈可不減內官等監匠御用等監畫士多至數十百人。豈可不革內承運庫放支不立印簿。寧無侵尅。豈可不查司鑰庫貯錢。若洪武等錢不行。則新鑄亦爲虛費。豈可不用。至如內苑禽獸無算。宜盡放。舊宮人年老。或縱令寧家嫁遣。事干宮禁。則斷在不疑。責在有司。則請嚴加催督。其未盡事宜。令查奏處置。務臻實效。上嘉納之。

戊午。署承運庫太監龍綬請備覈先帝時傳取金銀之數。從之。

前太子少保禮部尚書劉岌卒。岌涪州人。景泰甲戌進士。授禮部主事。歷文選郎中。淸愼有聲。累官太常卿禮部尚書。署太常寺。弘治己酉乞休。謙謹厚德人也。

己未。設思恩田州流官。降土知府岑猛福建平海衞千戶。進雲南知府張鳳平樂知府謝湖俱廣西右參政。鳳署思恩。湖署田州。各賜敕。

談遷曰。夷習獷悍。樂其土風。苦漢法束溼。故西南土司嘗傳數十世不替。非夷德永于王章也。一姓相仍。上不異令。下不異俗。岑氏之興。云漢岑彭後。專土數百年矣。繩岑濬之悖。幷岑猛而奪之。何以服遠人之心乎。其後尋兵不已。劉忠宣謝事。幷挂吏議。亦要荒之深鑒也。

庚申。錄國初功臣康茂才五世孫永爲正千戶。吳復五世孫江爲副千戶。俱世襲。

莊浪左副總兵都指揮同知魯麟自述世績。求鎭將佩印。不得。徑歸莊浪。恃其部强。以子幼請告。兵部尚書劉大夏曰。彼虐不善用其衆。無能爲也。然未有罪。今予之印。非法。召之而不至。損威。乃爲疏奬其先世之忠順。而聽其就閒報可。麟卒怏怏死。

練武等營太監韋敏姚舉王庸調耀武顯武敢勇等營。尙衣等監太監何祥谷大用楊廣林貴黎安少監王剛張昭管神機等營左右哨左右掖。

癸亥。罷塔像齋醮。惟春祈秋報如故。

辰刻。金星晝見凡四日。

甲子。旦壽星見丙位。

乙丑。兵部奉遺詔裁監槍分守守備內臣二十四人。有旨仍舊。

丙寅。翰林侍讀徐穆吏科給事中吉時使朝鮮。修撰倫文敍戶科給事中張弘至使安南。頒詔。

前右副都御史劉潺卒。潺安陽人。天順丁丑進士。授刑部主事。歷郎中。持讞不私。參藩浙江陝西。俱廉愼。惟撫遼陽。于邊事多闕。

丁卯。南京吏部郎中蔡清爲江西提學副使。

前南京右通政强珍卒。珍字廷貴。滄州人。成化丙戌進士。令涇縣。拜御史。負氣敢言。嘗按甘肅江北。人凜然畏之。後按遼東。劾汪直。挑釁逮戍。三年。弘治初。起山東副使。歷撫宣府。被論。改前秩。性挺勁。風采見稱于時。

許雍王祐樘徙敍州。旣而不欲遷。乞修其邸。從之。

辛未。戶部奏減各城門倉場監局內官。報寢。

癸酉。日無光。至九月乙未皆然。

甲戌。夜流星自北斗魁北行至近濁。

丙子。召還朱暉史琳。

丁丑。翰林編修畢濟川請各山川祈禱遣官。止就近望祭。免道里驛騷。從之。

戊寅。汰傳陞冗官。太僕寺卿李綸降光祿寺少卿。太常少卿趙繼宗降鴻臚右少卿。尚寶司卿周惠疇降司丞。餘降減有差。

建安妖賊劉宗保等被擒。

河南鎮守太監劉琅與周府輔國將軍同鉍互訐。改薊州。以薊州太監陳榮改河南。

裁徐州兵備副使。

庚辰。南京吏部左侍郎楊守阯再考乞休。進尚書致仕。

辛巳。監察御史高良弼劾監軍太監苗逵奏功欺罔。乞梟之邊庭。不問。

前南京刑部右侍郎熊懷卒。懷豐城人。天順丁丑進士。性嚴重。薄嗜好。所至稱職。

辰刻木星見巳位。九月癸未滅。

九月壬午朔。裁武職冗官。

癸未。慶雲侯周壽舍人求買長蘆兩淮鹽引。戶部尚書韓文執奏。不聽。

夜。火星犯積尸氣。

甲申。前太子少保戶部尚書秦紘卒。紘字世纓。單縣人。景泰辛未進士。授南御史。言事見中。謫北容驛丞。尋令雄縣。忤獵閹下獄。調府谷。歷守葭。秦憂去。守西安。進陝西右參政。平番寇。進右僉都御史。歷撫山西河南宣府。累功遷左僉都御史。未幾進戶部右侍郎。忤萬安。謫廣西參政。自福建左布政進左副都御史。總漕及總督兩廣。忤安遠侯柳景。落職。薦起南戶部尚書。致仕。仍薦起總制西邊。有功。進太子少保。剛直嫉惡。通籍五十餘年。屢挫不詘。惠澤及民。始終全節。稱一代完人。年八十。贈少保。諡襄毅。

袁袠曰。秦公挺挺守正不撓。能使汪直稱其賢。非誠服其心能爾耶。

乙酉。趙權嗣忻城伯。（趙溥從子。）

兵部汰乞陞大漢將軍千百戶韓福敬等四十八人。福敬等故不入衛。磯上怒。于是駙馬都尉樊敬請復之。俱如舊。

丙戌。久雨星變。分遣官祭告郊廟社稷。

朝邑地再震。

丁亥。國子祭酒黃珣爲南京吏部右侍郎。

夜。大星流自天棓西入雲中。光燭地。

戊子。南京太僕寺卿陳璧爲右副都御史。整飭薊州邊備兼巡撫順天。尋疾去。

庚寅。濟寧魚臺有流星隕于西北。天鼓隨鳴。

辛卯。南京戶部尙書熊翀。戶部左侍郎李溫。右都御史金澤。各被劾致仕。

旌韓府襄陵王範址孝行。王刲股愈母。父薨。刻木供奉。忌日必哀。時新不薦不敢食。友諸弟。賙軍校貧乏。葬其不能舉者。妃劉氏亦有賢行。朝命譔文立石。

浙西紹興寧波皆地震有聲。

夜。月犯壘壁陣第六星。

甲午。翰林學士張燦爲國子祭酒。刑部左侍郎屠勳爲右都御史。

應天蘇松常鎭淮揚寧國地震。聲如雷。申刻。河鼓北斗俱見。數日。有流星墜松江海中。光如火。或云天狗星也。

乙未。夜。金木星合。

丁酉。賑延安。

己亥。起周經南京戶部尚書太子太保仍舊。

夜。嘉興地震。次日見白毛。

庚子。水星晝見于南京。夜。流星自天船東北行至雲中。

辛丑。平陽地震有聲。

甲辰。署太常寺事禮部尚書崔志端劾免。

乙巳。夜。月掩土星。

丙午。旦。金星犯右執法。

丁未。兵部右侍郎閻仲宇大理寺左寺丞鄧璋覈大同用兵罪狀。初。苗逵朱暉報冊欺誤。屢被論。故有是命。仍留京兵萬人。參將神英李俊張澄游擊將軍李果分戍宣大。

曉刻。月犯軒轅左星。夜。木星犯太微垣上相星。

傳陞右都督王濬爲左都督。仍帶俸。

戊申。通政使田景賢爲禮部右侍郎。署太常寺事。

巡撫山東右副都御史徐源致仕。

十月壬朔甲寅。陝西左布政使柳應辰爲右副都御史。整飭薊州邊備兼巡撫順天。

朝鮮遣使進香。賀卽位。

魯世子當漎薨。

提學官始立三等簿核諸生文行。並茂爲上。文不逮行次之。或無行無學爲下。禮部覆祠祭主事彭縉之請。

乙卯。久雨，戶部令官軍于張灣漕舟水兌。

罷陝西總兵武安侯鄭英都指揮僉事曹雄爲署都指揮僉事，鎭陝西。專固原防守。

丙辰。哈密忠順王陝巴卒。立其子拜牙郎爲忠順王。都督僉事奄克孛剌仍署哈密衞印。偕都督寫亦虎仙佐之。

召還宣府京兵諸將。時宣府虜遁。

虜入鎭夷千戶所。都指揮劉經戰死。

午刻日抱左右珥。已赤黃良久散。

丁巳。湖廣左布政使朱欽爲右副都御史。巡撫山東。

己未。祧熙祖皇帝。

辛酉。濬杭州西湖。

甲子。木邦軍民宣慰使罕列法遣使來貢。

庚午。葬敬皇帝泰陵。泰陵臨溪水直流若千里。制又卑隘。識者知其地之不吉矣。

談遷曰。泰陵有水石其地非吉壤。楊子器早言之。輔臣不加意。遺痛橋山澤靳于子。噫。德如孝宗。寧無畀地豚哉。

丁丑。祔敬皇帝太廟。

甘肅天鼓鳴。

己卯。視朝如常儀。退御文華殿。召輔臣三總兵六部院正官勞賜之。

大學士劉健等請就日講于十一月三日御文華殿暖閣。其經筵俟明春。從之。

是月。南安建昌廣信大疫。

十一月壬午朔。翰林檢討劉瑞。薦南京國子祭酒章懋。前吏部右侍郎王鏊。右僉都御史林俊。故右副都御史雍泰。陝西副使王雲鳳。河南參政王瓊。廣東參政王綸。安慶知府楊茂元。雲南布政司照磨余濂。廣西僉事胡獻。而鏊。俊尤人望。上是之。召鏊。俊。

榆林衞軍袁綬應詔言十九事。下所司。

甲申。始御文華殿日講。

乙酉。南京兵部尙書秦民悅改南京戶部尙書。時周經內艱不赴。

御馬監太監寧瑾等乞停核騰驤四衞勇士。給事中艾洪等。御史閻潔等各以爲言。竟不問。

戊子。起劉纓右僉都御史。巡撫四川。

曉刻水星犯鍵閉星。

庚寅。遣大學士李東陽祭靈濟宮。劉健等疏改太常寺官。

壬辰。南京刑部右侍郎張撫。南京左副都御史陳璚。順天府尹藺琦各劾罷。

魯府安丘王當淡薨。年三十四。諡榮順。

鎭守福建太監鄧原乞休。閩人留之。原安靜不擾。先鎭江西。孜孜民隱。痛懲虐吏。嘗行部。郡縣諸生請謁文廟。辭曰。吾輩名教罪人。何面目見先聖哉。

甲午。整理陝西邊儲戶部右侍郎兼右僉都御史顧佐還朝。

乙未。翰林院庶吉士胡煜爲吏科給事中。

丙申。命行人存問前太子太保吏部尙書王恕。時年九十。

監察御史吳璋請毁寺觀汰僧道。不聽。

丁酉太僕寺卿吳洪爲工部右侍郎理易州山廠。巡撫湖廣右副都御史王鑑之爲南京刑部右侍郎。

庚子。遼東天鼓鳴。

辛丑太監韋興太和山司香兼湖廣行都司分守。科道爭之。不聽。

癸卯。山東□布政使曹元四川左布政使郝志義並右副都御史元巡撫甘肅。志義巡撫湖廣。

甲辰。南京刑部尚書樊瑩致仕。

雲南孟養宣撫司思祿遣使貢方物。初孟密宣撫司之設。實割木邦地。已孟密酋思楪復侵木邦。累諭不從。乃調孟養思祿兵脅之。始還蠻莫章貢地。就撫。又多殺孟養兵。思祿仇之。奪金沙江故土。總兵沐崑巡撫右副都御史陳金累諭之。乃聽。各入貢。以綏輯功。賜崑等金幣。

馬駁王弘吳鉞蕭乾元蔣瑤房瀛羅玹陳鍾余禎文皓吳堂馬龍劉慶閻睿翟唐李廷梧孫迪許立劉相黃昭道柳尙義毋恩王鑑汪正周廷爲試監察御史。弘正立鉞相乾元瑤昭道尙義恩並南京。

丙午。邵武知府夏英上所輯蓏祚典要。

安南國王黎暉卒。世子敬前沒。次子誼嗣。遣使告訃。陪臣阮麟來告哀。阮寶珪來請封。

丁未。起雍泰南京右副都御史。提督操江。

代府和川王聰溜薨。謚宣懿。

戊申。右春坊右中允蔣冕爲右諭德兼侍講。

庚戌。翰林編修□□乞令史官儤直注起居。據事直書。下禮部。

十二月辛亥朔。上親視郊牲。

壬子。南京右都御史張敷華爲刑部尚書。

丙辰。太保長寧伯周彧進封侯。彧與東光人訟田。自請進封。吏部言恩授蓋出特旨。非自請也。上是之。

淮安懿世子見濂追封淮安王。

丁巳。敕修孝宗實錄。太師英國公張懋監修。少師大學士劉健少傅大學士李東陽謝遷總裁。署詹事府吏部左侍郎兼學士張元禎吏部左侍郎焦芳右侍郎王鏊禮部左侍郎李傑副總裁。少詹事兼學士劉機等纂修。

庚申。總督南京糧儲右副都御史葉贇爲南京工部右侍郎。

辛酉。行人何需諭祭黎暉。翰林編修沈燾工科左給事中許天錫封黎暉子誼安南國王。

乙丑。大理寺左少卿張泰爲右副都御史總督南京糧儲。

仍核各馬牛房會計芻料。

夜。月犯五諸侯東第二星。

丙寅。月犯鬼宿西北星。

己巳。遣官禱雪。

辛未。大理寺卿楊守隨秩滿。爲工部尚書。仍署寺事。

許壽寧侯張彧買補殘鹽。

癸酉。左都御史戴珊卒。珊字廷珍。浮梁人。天順甲申進士。授御史。督學南京。鑒拔不爽。遷陝西副使。仍學政。歷浙臬閩藩。撫治鄖陽。墾荒勦流寇。入刑部右左侍郎。至今官。先帝親鞫大獄。諸司震悚。珊從容開析。天威爲霽。每廷宣面問。移晷乃退。居官四十餘年。家無贏積。贈太子太保。謚恭簡。

袁袠曰。予童時數聞長老言浮梁戴公之知人。每試士閱文。卽知其人之心術器識。至年之修短。位之崇卑。

悉斷決不爽。可謂知言矣。及踐上卿。秉憲度。正己格物。遭孝皇殊顧。得行所學。卓爲名卿。並美簡肅。孰敢軒輕之哉。

宣府總兵張俊。鎮守太監劉清。巡撫右副都御史李進俱罪免。

前巡撫遼東右副都御史張玉卒。吳橋人。成化二年進士。

夜。月犯房宿。

甲戌。虜大入花馬池。抵固原平涼隆德靜寧諸路。殺掠二十日。明年正月甲申遁。

乙亥。旌魯府鎮國將軍陽銖陽鑍孝行。

南京監察御史陸崑上八事。奬直言以警循默。課科道疏多寡行殿最。復面劾以折奸邪。明淑慝以別人才。嚴糾察以勵庶官。稽詞命以防欺蔽。懲沮壞以養銳氣。均差轉以消偏重。專委任以精考核。上是之。

丁丑。設眞陽縣。隸汝寧。

戊寅。封祐檡東垣王。成鍪山陰王。祐權建德王。台孝眞寧王。

巡撫遼東右僉都御史張鼎改宣府。

右府都督僉事李旻總兵鎮寧府。

立仁壽宮皇莊。

庚辰。起馬中錫右副都御史。巡撫遼東兼贊理軍務。

國榷卷四十六

丙寅正德元年

正月辟朔。上詣奉先殿奉慈殿太皇太后皇太后先皇帝几筵行禮畢。御奉天殿受朝。

宣府地震有聲。

揚州河水冰。皆樹木花卉之狀。民間器內冰合。形如牡丹。

壬午。上御奉天門視事。自是至乙未皆不朝。

甲申。前大理寺卿田景暘卒。景暘字時中。高陽人。景泰甲戌進士。授御史。歷大理寺丞左右少卿。峭敏有幹局。

丁亥。日抱珥。色黃赤。隨白虹彌天。夜。崇明有紅光如斗。自東北沒于西南。聲如雷。

己丑。上親南郊。行慶成禮。免宴。

辛卯。賜羣臣假十日。

壬辰。右都御史史琳卒。琳字天瑞。餘姚人。成化丙戌進士。授工科給事中。遷陝西右參議。歷工部左右侍郎。經略邊關。至今官。虜寇榆林宣府。再督軍務。素喜談兵。宣府之役。僅斬三級。同苗逵朱暉張其伐。子鶴同苗上捷。冒陞總旗。屢被劾。時火星犯中執法。戴珊卒。占者曰。未也。琳繼之。贈太子少保。子鸞乞加贈謚。贈太子太保。寢其謚。

甲午。劉健等言。郊祀駕出。從閹過多。今祭太社。耕籍田。幸太學。在邇。守衛墻擁。若增添內侍。置之何處。乞敕司禮監視正統以前舊制定額。又常朝從閹漸增。內府各監局僉書官或七八十人。或百數十人。光祿寺傳辦日

加。承運庫賞賜匠役不知幾何。蟒玉乘馬不計其數。皇上春秋鼎盛。此後何以處之。望特施睿斷。盡行裁革。上
嘉納之。

雲南孟養宣撫使思祿。以歸蠻莫章貢地于木邦。給冠帶。不受。覬宣慰司印。朝議不許。第賜敕獎諭之。

乙未。中旨內官監太監劉瑾管三千營。御用監太監張永管神機營中軍幷顯武營神機營右掖。御馬監太監徐智調中軍。管奮武營。司設監太監馬永成代智。御馬監太監王潤代瑾。

戊戌。太師英國公張懋。少師大學士劉健。知經筵事。少傅大學士李東陽謝遷。同知經筵事。禮部右侍郎王華。少詹事兼學士劉機江瀾楊廷和。太常少卿兼侍講學士楊時暢。國子祭酒張潔。翰林學士劉忠白鉞劉春。太常少卿兼侍讀費宏。左庶子兼侍讀毛澄。左諭德兼侍講毛紀傅珪。右諭德兼侍講蔣冕。侍讀修撰石珤。直經筵。保國公朱暉。太傅新寧伯譚祐。少師吏部尚書馬文升。太子太保刑部尚書閔珪。戶部尚書韓文。禮部尚書張昇。兵部尚書劉大夏。工部尚書曾鑑。署大理寺工部尚書楊守隨。右都御史屠勳。署詹事府吏部左侍郎張元禎。署通政司禮部右侍郎沈祿。侍班。編修劉存業吳一鵬王瓚汪俊葉德賈詠。檢討汪偉劉瑞。展書。

南京刑部尚書張敷華改左都御史。

給致仕工部左侍郎潘禮月粟三石。禮齒踰八十一。草廬蔬食。不事干請。巡撫河南右副都御史韓邦問議周之。報可。

山東左布政使歐信爲右副都御史。巡撫大同。贊理軍務。

錦衣衞千戶屠璋詰固原邊防。

召貴州總兵都督僉事顏玉領奮武營。故宣府總兵顏彪子。巡撫洪鍾薦其廉勇。

己亥。召兩廣鎭守太監韋經。命尙寶監太監潘牛代鎭。

庚子。榮王祐樞乞霸州信安鎭莊田草場。不許。

辛丑。鳳陽有赤光如日。聲如雷。夜月犯心宿。

癸卯。總督兩廣兼贊理軍務左都御史潘蕃爲南京刑部尙書。

貴州右參將都指揮僉事李昂爲署都督僉事。總兵官鎭守貴州。

巡撫延綏左副都御史楊一清總制陝西延綏寧夏甘肅邊務兼督馬政。

乙巳。各科給事中周璽等上八事。親大臣以圖治化。清弊政以固人心。鹽法。皇莊。省供應以甦民力。光祿寺浮費。重詔旨以惇大信。各馬房倉庫等添設內臣。遵舊制以防詐僞。駕帖遠出。正貢賦以固邦本。惜名器以勵庶官。汰不職以新治化。章下所司。

陝西左布政使張泰爲右副都御史。巡撫□□。

丁未。議城通州護倉粟。

刑部右侍郎魏紳卒。紳字廷珮。曲阜人。五歲喪父。悲感弔客。母沒。廬墓三年。有嘉禾之瑞。成化辛丑進士。授刑部主事。有幹局。進郎中。讞獄詳明。尙書彭韶何喬新並重之。歷撫山西。固圉簡士。增築邊堡。拓寧武關城。改撫蘇松。救饑止織幣。所在皆以能稱。

己酉。兵部左侍郎熊繡爲右都御史。總督兩廣兼理巡撫。

楊一清言陝西災傷。預備救荒。條其事。從之。惟鹽法再議。

庚戌。雷震南京東安門皇城鴟吻。

二月辛亥朔。巡撫雲南右副都御史林元甫疾去。

壬子。始開經筵。大學士李東陽講大學首章。謝遷講堯典首章。

曉。刻木星退犯左執法及上將星。夜東北天鳴。

甲寅。署鴻臚寺事禮部尙書賈斌致仕。

巡撫保定右僉都御史王璟及□科都給事中張文御史葉永秀等各請革皇莊。閹臣推言之。不聽。

丙辰。前左府都督同知王錯卒。遼陽人。定遼後衞指揮使。累功。年八十一。

丁巳。右副都御史劉宇爲右都御史。總制宣大偏頭等關邊務。

戊午。旌晉府陽曲王輔國將軍奇渾賢孝。奇渾少孤。事母丁氏至孝。籲疾祈身代。憂悴骨立。積書千卷。出粟賑饑。

河南左布政使吳文度爲右副都御史。巡撫雲南。

庚申。廣西荔波思恩二縣隸河池州。仍屬慶遠府。

修蘆溝橋隄。

昏刻日生暈。色蒼白。中圍井宿。

辛酉。設浦江關守禦千戶所。仍隸松潘衞。

復立哈密陝巴功。勞甘肅太監楊定巡撫都御史畢亨總兵署都督僉事劉勝兵備副使李端澄等金幣。

壬戌。分守大同右衞都知監左監丞侯能鎭守大同。御馬監左監丞宋彬代分守。

癸亥。祀元淮南左丞贈平章幽國公謚忠宣余闕于合肥故里。

乙丑。上籍田。

戊辰。大學士劉健等言。譚景清等假公壞鹽法。大同報功濫陞至數百。京營左參將都督僉事神英侵馬價千餘金。抗不就鞫。御用監書篆缺人。吏部選送。今令本監進考。開奔緣傳奉之端。朝廷任賢圖治。責在有司。不宜以私恩壞定制。邪說廢公論。仍封原票進。如言不足信。乞賜歸以避賢路。不報。

文華殿辦事光祿寺卿張駿致仕。

己巳。戶部尚書韓文上言買補殘鹽之害。謂祖宗舊制。各鹽運使額徵。以待商人開支。商人稱便。近慶雲侯奏買殘鹽八十萬引。壽寧侯奏買九十六萬餘引。名雖買補。實侵正課。乞追銷領引。給還價銀。以復鹽法之舊。不報。

癸酉。停買珍寶。

郃陽地震。至乙亥連震。聲如雷。

劉健等言陛下卽位之初。天下引領太平。而朝令夕改。迄無寧日。百官庶府。倣效成風。非惟廢格不行。抑且變易殆盡。建白者以爲多言。幹職者以爲生事。累章執奏。則曰再擾。查革弊政。則曰紛更。憂在于民生國計。則君罔聞知。事涉于近倖貴戚。則牢不可破。臣等叨居重地。徒擁虛銜。或旨從中出。略不預聞。或有所擬議。徑行改易。臣等心知不可。義所當言。累有論列。多不見允。苦瀝愚誠。乞特允退。報聞。

乙亥。巡撫河南右副都御史韓邦問爲南京大理寺卿。提督保定等操練大理寺右少卿韓福爲右僉都御史。巡撫保定兼提督紫荆諸關。

丁丑。劉健等歷數政令之失。自劾求退。上慰留之。

遣文武臣分祀諸陵歷代帝王先師陵廟岳鎮海瀆諸神。

己卯。劉健李東陽謝遷俱求罷。不允。

禮科都給事中周璽等言。陛下卽位以來。今日飼鷹。明日飼犬。如是不已。則酒色游觀。便佞邪僻。凡可以役耳目變心志者。將日甚焉。寧止鷹犬哉。光祿寺九月內添席七十有奇。增費五千餘金。兵荒財匱。將何取辦。願修身養德。放鷹犬。止浮辦。節國家之財。禮部張昇等覆。上雖然之。終不能改。

湖廣鄖縣大火。

三月辛巳朔。壬午。山東左布政使陶琰爲右副都御史。巡撫河南。召還整理宣大糧餉戶部左侍郎兼右僉都御史王儼。

辛巳。昏刻。木星犯靈臺上星。夜。大星如月。自天市西垣流紫微東垣。尾跡炸散。聲如雷。二星隨之。已。天鳴。

癸未。翰林院庶吉士張禬服闋。授兵科給事中。

甲申。上幸太學。

丙戌。惠安伯張偉同都督李俊署都指揮同知許泰都指揮張澄劉祥操練東官廳新軍。

丁亥。劉健等言。自開經筵進講纔九日。多云兩宮朝謁。近又擇日乘馬。曠怠如此。臣等安所盡其心哉。乞惕然自省。日勤聽講。不報。

葺宋儒周惇頤墓。九江德化縣蓮花峰下。復濂溪書院。有司歲祭。江西按察副使邵寶之言。

祀宋太學生贈祕閣修撰徐應鑣于錢塘忠節祠。

大同地震。

己丑。錄宣大禦虜功。進保國公朱暉太保。餘陞賞。

壬辰。給事中張文等御史李鉞等各因災變言三事。重輔導。抑權幸。清弊源。章下所司。

戊戌。閣臣請逐私閹。從之。

己亥。吏部尚書馬文升以御史何天衢見劾乞休。不許。初。文升薦鄉人許進提督團營。劉宇總制宣大。兵部尚書劉大夏不謂然。侍郎熊繡以大夏鄉人推兩廣總督。怏怏不欲行。諷天衢劾文升。謂衰老不任。私巡撫福建右僉都御史王璟晉崔志學等。
鄭曉曰。秉銓大臣。非上結主知不得行其志。即上知。非內閣調護。亦不得安于其位。抑庵王直。之遇芳洲。陳
循。忠肅王翺之遇文達。李賢。命也。盧氏之遇萬文康三原之遇劉文穆亦命也。文毅倪岳。端肅或尚包荒。乃
謂二公太別白賢不肖。功名不及禮部兵部時。吏部之難非一日矣。
朱國楨曰。前語必焦芳所造。當時馬劉閔同心輔政。芳由詞林謫外。乞恩再起。得為吏部侍郎。其眈眈于諸
公。非一日矣。何天衢劾去馬文升。代者非劉大夏即閔珪。又嫉人厄之。芳乃得拱手取其位。本末昭然。而又
設不協之語。實以許熊蓋皆兩公鄉人。可引而證者。前朝內外均勞。自常事。熊何以不樂。許在弘治初已為
巡撫。威名甚重。久之督團營。薦豈私心。牽合若出有因。點綴羌非實事。芳之奸詭于此尤甚。讒人罔極。交亂
四國。正此之謂。然劫運方始。劉瑾得志。馬劉閔得免為幸。許進屠滽再出受辱。或言進實自盡。夫楊一清李
夢陽逮而得釋。瑾尚未敢顯僇大臣。何至于此。焦芳遇流寇走免。束衣冠于廷樹斬之。曰吾恨不手誅此賊。
乃其縣祀之鄉賢。有王屺雲大司馬送祀文可據。似又未必為惡于鄉也。
談遷曰。牛李之郄。馴至甘露。洛蜀之搆。禍劇靖康。甚哉。大臣不相下。非國之福也。鈞陽華容並望極當日。兩
賢豈相厄哉。貂勃干紀。眈眈其視。同舟之救。秦越人可使如左右手。況肺腑先帝者乎。銓樞隙而佞芳為漁
人之獲。彼兩賢亦無所逭責也夫。
夜。月犯斗宿西第三星。
庚子。中旨御馬監太監王宏管神機營右掖三司。尋管左掖幷耀武營。張景昌管右掖三司。
辛丑。刑部左侍郎兼右僉都御史何鑑核荊襄南陽漢中流民二十三萬五千六百餘戶。七十二萬九千六百
餘人。附籍還鄉各聽之。

中旨。神機營左掖太監馬永成調中軍二司管練武營兵仗局大使孫和管神機營右掖。
甲辰遣行人存問前南京工部尙書胡拱辰時年九十。
丙午府軍衞署都指揮僉事李隆爲中都留守孝陵衞指揮使梅純副之。純寧國公主之曾孫登成化辛丑進士。授懷柔知縣自免受世職。
丁未。南京大雷雨。壞東安門皇墻大報恩寺塔。
奉使安南翰林修撰倫文敍有父喪。改編修魯鐸代之。
戊申。尙膳監太監劉杲稱疾求監督京倉。許之。戶部右侍郎陳淸監察御史朱廷聲爭之。不聽。
夜。太原有火光如斗墜寧化王府。其光漸黃而白長六七尺已至二十餘丈芒耀亙天移時滅。
己酉。遼東廣寧斥堠旗端火發。
四月戊申朔辛亥。汰傳陞官以含山大長公主故。留南京錦衣衞千戶尹果百戶尹惠尹隆。
癸丑。英國公張懋等言。邇者陛下留心騎射。羣小雜沓。徑出掖門游觀苑囿。縱情逸樂。夫衞生之害。積于細微。銜橜之危。起于所忽。則不可不愼。必近侍左右引之非道。陛下不察而懊蹈之。臣等實爲寒心。上是之。
免葭涇靜寧三水平涼華亭莊浪眞寧西鄕隴西靖虜固原楡林甘州雹災田租。
壽王請湖廣劉家涓楊子港東山崙稅課。不許。
署大理寺事工部尙書楊守隨言。歲熱審例不及南京。五年審錄例不及各省。今置兩京俱熱審。各省亦審錄。從之。
雲南地震。次日仍震有聲。
甲寅。雲南木密關地震。有聲如雷。壞城舍。

丁巳。少師兼太子太師吏部尚書馬文升致仕。年八十一。給月廩歲役。

張志淳曰。馬公爲太宰。鈞州缺守。馬公鈞人也。用例貢李邦彥爲之。人皆驚異。及至任。嚴明廉幹。迥出同輩。州同知某者以主事謫。州判某以御史謫。皆唯唯聽從。出其下。州中大治。人始服焉。公之精于用人。誠不可以資格限也。

戊午。上御奉天殿受玉牒。

襄陽修漢諸葛亮廟。隆中以襄簡王葬徙其祠。漸頹。至是長史林光建于隆中之東山。

增南安捕盜通判。南康南城南豐新城主簿。

庚申。太子少保南京兵部尚書王軾致仕。進太子太保。

禁天下僧道潛住京師。

裁諸司濫占旗校匠役八百六十五人。

寧夏左屯衛蔣鼎堡災。斃二百六十五人。

壬戌。陳繼祖嗣寧陽侯。陳輔姪。

癸亥。兵科給事中楊一漢以上好騎射。時出微行。言人君不可他有嗜好。馳驟弓矢。尤非所宜。況深居九重。必清道而後出。秦皇游幸。變起副車。武帝微行。戒嚴柏谷。蓋天下重器。萬一不虞。所繫非細。報聞。

乙丑。雲南武定軍民府雨雹水溢傷稼。

丁卯。吏部左侍郎焦芳爲吏部尚書。以太監李榮內援也。

南京吏部尚書林瀚改南京兵部尚書。

旱災免延安田租。

戊辰。翰林學士武衞予告以宮寮。進太常少卿兼學士。

吏科給事中安奎言中外宂員。奔競賄賂。大爲新政玷。責對狀。引咎。奪月俸。

庚午南海清遠四會番禺各盜平

辛未。巡撫保定右僉都御史王璟疾去。

壬申刑科給事中湯禮敬言克謹天戒。消弭災異。報聞。

癸酉。翰林編修董玘歸姻畢。入纂修實錄。

乙亥。太常寺少卿兼翰林侍講學士楊時暢卒。時暢咸寧人。父戶部尙書鼎。成化戊戌進士。館選。授檢討。歷右贊善左諭德侍講學士。孝友諳典故遺事。有幹濟才而短于文。

丙子。吏部右侍郎王鏊爲左侍郎。禮部左侍郎李傑爲南京吏部尙書。

巡撫宣府右僉都御史張鼐入院。

兵部內閣言太監韋興先朝盜帑之罪。宜亟撤回。不聽。

丁丑。特授故衍聖公孔弘泰子聞詩翰林五經博士。弘泰疾廢。故榮其子。

初命御馬監太監牛宣守備南京。

五月庚辰朔。中旨。鼓勇營御用監太監吳輌調效勇營內官監太監鍾賢管神機營右哨頭司幷鼓勇營。內官監太監姚舉鎮守江西。

辛巳。禮部右侍郎王華爲左侍郎。少詹事兼翰林學士劉機爲禮部右侍郎。

陝西苑馬寺卿車霆爲右僉都御史巡撫宣府。

左府僉書都督僉事楊玉卒。

壬午。戶部左侍郎王儼致仕。

錦衣衞鎭撫司指揮僉事王銳。象房指揮僉事張銘。俱引疾。銳私游。銘潛詣涿州。東廠太監王岳廉得之。俱奪秩。

甲申。南京工部尙書李孟暘致仕。

乙酉。太原地震。

己丑。提督倉場戶部右侍郎陳淸爲南京工部尙書。戶部右侍郎顧佐爲左侍郎。總督漕運兼巡撫鳳陽右副都御史張縉爲戶部右侍郎。

庚寅。暑。讞減戍九十人。

中旨。惠安伯張偉。同英國公張懋。保國公朱暉。提督團營。

壬辰。戒寧夏墩卒擅出塞外收畜產。

密雲地震。有火起靑州衣甲庫。

癸巳。起洪鍾右副都御史總督漕運兼巡撫鳳陽。提督雁門等關兼巡撫山西右副都御史何鈞爲戶部右侍郎。提督倉場。

乙未。刑科右給事中許誥。以父進兵部左侍郎。引避。改翰林檢討。

詔各長史非進士必滿九年奏保。

丙申。瀧水知縣翟觀善撫民獠綏叛剪逆。進肇慶府同知。仍署瀧水。

兵部尙書劉大夏致仕。進太子太保。先是監察御史王時中以劉大夏及刑部尙書閔珪謀代馬文升。劾之。大夏乞歸。月廩六石。歲役八人。

談遷曰。正德初。諸耆宿皆屏居田間。雖先幾之哲。按其年俱高矣。馬鈞陽八十一。劉華容七十二。霜髭星鬢。而欲候曉鐘。衝夕露。不憊甚乎。大賢謀國。無傳位。有傳人。當日獨不爲善後慮耶。

沈德符曰。孝宗朝君臣魚水。千古美談。至今人能誦說。乃其中微有不然者。今人未必知也。弘治末年。馬鈞陽以十二年本兵。加少傅。改吏部。最稱耆宿。洛陽首揆長沙。餘姚次之。咸負物望。而劉華容新入爲本兵。戴浮梁亦起臺長。俱上所重。而眷劉尤深。因得非時召見。造膝三接。恩禮出諸貴上。即三相所調旨。有不當上意。亦與商確纂定。三相有從劉反問上今日何語。意不無怏怏。弘治十七年。因孝肅周太后喪禮。召閣臣議葬事。東陽還。同奏曰。臣已七年不得見皇上矣。其言懟乎感乎。次年鼎湖遂泣。似此局勢。即孝宗猶在。華容亦未必善去也。君臣之際。其難如此。寧獨桓使君撫箏。能令謝安涕泣哉。

禁官吏服玄黃紫。下民衣紗紵。

內織染局派浙直織幣二萬四千七百六十匹。尚書曾鈞言民匱。遂減其半。

丁酉。廣東左布政使徐節爲右副都御史。提督雁門等關兼巡撫山西。光祿寺卿王質爲右僉都御史。巡撫貴州。

戊戌。戒科道官挾私舉劾。時推銓樞。御史王時中摘刑部尚書閔珪。兵部尚書劉大夏。南京戶部尚書秦民說不得列。戶科給事中劉蒞言其謬。吏部謂言事宜協恭指實。故有是命。

鎮守遼東太監朱秀私廛于山海關之八里鋪。劾免。廛田仍歸鎮守。

己亥。敕巡撫蘇松都御史艾璞。巡江都御史雍泰勦盜。

中旨。御馬監太監魏彬管神機營中軍頭司。幷奮武營。

庚子。中旨。神機營中軍幷顯武營御用監太監張永調三千營神機營中軍二司。御馬監太監王潤代永。內官監太監張恩代潤。

壬寅。錦衣衛署事都指揮使趙鑑卒。

癸卯。南京兵部尚書林瀚等上十二事。隆大孝。集羣議。廣言路。崇儉德。改州治。昌平縣改州以密雲順義懷柔隸之便供應。省虛費。修武備。省匠役。節工作。清吏員。核馬政。上頗是之。

甲辰。戶部集議經費。京庫歲入百四十九萬金有奇。歲用至五百餘萬。因條八事。崇節儉。裁冗食。節冗費。罪人納粟。處置鹽法。清查積朽錢鈔。折銀。清查草場。上是之。

乙巳。敕錦衣衛指揮使趙良捕盜。

丙午。兵部左侍郎許進爲尚書。

曉刻。月犯昴宿西第二星。

六月。配朔。中旨命御用太監劉雲守備南京。內官監太監劉璟鎮守浙江。麥秀管南京織染局。御馬太監岑章鎮守遼東。梁裕鎮守福建。御用太監張永鎮守山東兼轄臨清。

神機營中軍二司設太監張英調神機左掖幷耀武營。御馬右少監楊春代英。五千營內官監太監劉瑾提督十二營操練神機營中軍二司幷練武營。司設太監馬永成代瑾。內官太監賴義代永成。

癸丑。兵部右侍郎閻仲宇爲左侍郎。巡撫遼東右副都御史馬中錫爲兵部右侍郎。

乙卯。御馬監奉御孫清鎮守貴州。

丙辰。宣府大雨雹傷禾稼。

己未。大理寺右少卿鄧璋爲右僉都御史。巡撫遼東。

辛酉。旱災免西安慶陽及各衛田租。

授孔子五十九代孫彥繩翰林五經博士。宋南渡。衍聖公端友自曲阜徙衢州。五世宋亡。洙讓爵于曲阜宗弟治。自後衢派不復祿。至是衢州知府沈杰求彥繩奏主廟祀。命授世官。其祭田西安五頃減稅。

禁民間服舍器用奢僭。

夜。雷雨擊西中門柱。暴風摧郊壇松柏大祀殿及齋宮鴟吻。萬全衞雨雹。

甲子。御馬監太監王宏鎮守薊州永平山海。召還劉瑯。

陝西徽州大雨水。溺人畜田舍。萬全衞復雨雹。

乙丑。守備南京御用監太監劉雲自敍功。乞陞養子偉錦衣千戶。部科糾之。不問。

丙寅。閣臣請重修玉牒。從之。

遣給事中錦衣千戶勘田。無錫蓋奸掾許祿奪妙相院及邑人某田獻魏國公徐俌。積訟不決。

戌刻。沂州有赤星如斗。流西北。後小星一隨之。

丁卯。榮王請之國。有旨俟明夏議之。輔臣再請。不報。

戊辰。宣府馬營堡大雨雹。深二尺。傷稼。

己巳。崇明海盜施天傑等來降。

庚午。劉健等言。近日視朝太遲。免朝太多。奏事漸晚。游戲漸廣。奢靡玩戲。濫賞妄費。非所以崇儉德。彈射釣獵。殺生害物。非所以養仁心。鷹犬狐兔。不可育于朝廷。弓矢甲冑。不可施于宮禁。天心示警。蓋已甚明。望惕然省悟。勵精圖治。庶可弭災導和。禮部尚書張昇亦言之。工科給事中陶諧。御史王渙各言災變。諧劾太監丘聚魏彬馬永成等。字訛被責。渙上五事。崇聖學以正君心。申詔令以隆大孝。公賞罰以服人心。絕內批以防欺蔽。飭財用以恤民窮。上是之。

辛未。吏部□□主事孫磐應詔言。今日庶政之弊。莫甚于內臣典兵。唐宋季世則有監軍。國遂不永。豈非永鑒。今鎮守分守監槍諸內臣。誅求百計。役占健卒。或抑買弦纓。或扣減馬料。或獵傷戰馬。或私奪耕牛。惡少聚斂。武職貪緣。遇警輒驅羸卒當之。故不能決勝。及有微功。虛張捷報。甚者跡未離于京師。名已登乎奏牘。沒者銜冤。創者抱痛。欲兵威之振。得乎。乞盡撤沿邊內臣。不聽。

癸酉。給事中張良弼、監察御史熊卓等上八事。正君德。求直言。嚴考察。杜請託。禁求乞。公賞罰。弭盜賊。恤收納。報聞。

劉健等摘廷臣疏要語錄上。一單騎馳驅。輕出宮禁。一頻幸監局。一泛舟海子。一鷹犬彈射。不離左右。一內侍獻飲。亦屑曲納。

泰寧侯陳璇卒。

甲戌。刑部右侍郎魏富疾去。

乙亥。蜀王賓瀚言。食鹽百引不贍。乞自市于重慶瀘州。不許。

丙子。雷焚孝陵白土岡空樹。懷仁地震。聲如雷。

湖廣平溪清浪鎮遠偏橋衛大疫。

七月戊寅朔。己卯。甘肅西路右參將吳鉞調莊浪。時副總兵魯麟卒。子經位輕。故楊一清薦鉞。

庚辰。巡撫湖廣右副都御史郝志義爲刑部右侍郎。

壬午。兵部郎中何孟春請崇孔子尊號。詳議從祀。史記列傳七十七人。索隱家語亦七十七人。史記有公伯寮秦冉鄔單。家語不載。更琴牢陳亢縣豐。今家語止七十五人。而史記之鄭國申黨顏何不載。載薛邦申績。杜佑通典載開元所贈自史記外。增蘧瑗林放陳亢申棖琴牢琴張。宋祥符大觀中去琴牢。餘並因之。縣豐家語作懸亶。字子象。禮記檀弓篇縣子。疑卽其人。而祀典不及。家語薛邦字子徒。申績字子周。史記載鄭國申黨同字。則邦卽國。績卽黨。論語釋文申棖。鄭康成云。蓋孔子弟子。申續。史記云申棠。今棠爲黨。續爲績。其訛無疑。唐宋加封申黨申棖俱從祀。夫二申猶二琴也。薛邦鄭國姓氏頗遠。不祀薛邦而并祀二申。不已瀆乎。乞補贈懸亶。削重祀申棖。公伯寮黨季孫。蘧伯玉不在弟子列。亦不當祀。史記云。樂記公孫尼子撰。馬總意林引劉瓛曰。緇衣公孫尼子作。亦宜祀于今日。章下禮部。

癸未。監察御史郭東山請罷新設鎭守分守守備內臣。奪月俸。

戶科都給事中張文右給事中倪議給事中劉蒞薛金言五事。謹內批。裁冗員。節恩禮。肅京儲。淸牧地。語多忤。切責之。各奪俸三月。冗員指內臣。

命御史覈沿邊及遼東屯田積穀。

總制陝西左副都御史楊一淸爲右都御史。仍總制三邊軍務。

甲申。貴州左布政使湯全爲右副都御史。巡撫湖廣兼贊理軍務。

陝西黑水苑地震。聲如雷。

乙酉。懷仁地震。聲如雷。

己丑。夜有星見紫微西垣外。如彈丸。色蒼白。

乙未。建安縣暴雷雨傷人。

庚子。廢武定之南甸石舊二縣。隸和曲祿勸州。

夜。諸城彗星見。

辛丑。夜雷災東平守禦千戶所。

壬寅。夜彗長五尺許。掃下台上星。
癸卯。進昌平縣爲州。
昏刻彗入太微垣。
乙巳。徵戶部四十萬金佐婚禮。告匱不聽。
巡撫江西都御史張本劾免。
丁未。提督操江右僉都御史林俊爲右副都御史。巡撫江西。初新昌民王武作亂。巡撫韓邦問捕之不克。上命操江林俊往視。并訪奏邦問事蹟。俊身諭武。解散之。因奏邦問才宜調簡。以俊代。俊上言昔朱熹劾提刑唐仲友。奪命授熹。熹辭不拜。包拯劾三司使宋祁解職。與拯。拯辭不拜。二人美刺具見。今日臣蹟類然。不敢竊位。不許。
八月朔壬子。武定士知府鳳英加雲南布政司右參政。以從征福佑米魯功。
左府都督僉事顏玉卒。
癸丑。昏刻。月犯房宿。
甲寅。上好騎射微行。給事中胡煜楊一漢張襘皆言之。禮部尚書張昇覆奏。勸勤學遠佞。報聞。
乙卯。內官監右少監崔杲往南京織幣。
丙辰。月犯斗宿魁第二星。
丁巳。都夔張賢胡玥劉澤爲給事中。
山東鼇山衞地連震。聲如雷。頹城。
戊午。冊皇后夏氏。

壬戌。鼇山大嵩衞及即墨地震有聲。夜有光隕即墨民家。化綠石。圓高尺餘。

甲子。徐行慶歐陽雲胡節林茂達蘇錫楊南金陳奎劉金爲試監察御史。

己巳。刑科右給事中湯禮敬等劾兩廣太監韋經侵帑回京。上不問。

庚午。命右少監鄭廣監丞王欣往甘肅寧夏監槍。兵科給事中楊一漢言部科不預聞。眞僞何辨。上不聽。

辛未。劉健等力陳時弊。報聞。

乙亥。夜流星自奎行近濁。二小星隨之。

丙子。前太子太保吏部尙書王恕疏謝存問。幷及時事。如嚴軍法以肅邊境。裁冗員以節財用。重官爵以惜名器。禁僭侈以化民風。存羨餘以備不虞。給民業以均貧富。皆今日制治保邦之急務也。

九月丁丑朔。戊寅。上御經筵。是早諭免午講。劉健等疏懇。不聽。

南京織造太監崔杲乞長蘆剩鹽萬二千引。戶部尙書韓文等執爭。不允。止予其半。

癸未。册賢妃沈氏德妃吳氏。

甲申。宛平縣棗林莊李大華。

乙酉。授莆田處士劉閔儒學訓導。閔孝友篤學。動循矩度。早孤貧不能葬。旅殯鄰園。三年不內。養母極誠敬。提學僉事周孟中嘗周之。副使羅璟立社學師。搆養親堂。知府王弼資田五十畝。母卒。廬墓毀悴。田還官。歲凶。弟婦欲析箸。閔閉戶自撾。感悟復合。巡按御史宗彝饒榶欲薦于朝。懇辭。知府陳效遂以學職請。

翰林院侍讀羅玘爲南京太常寺少卿。

瀋府沁水王詮鐕薨。謚端懿。

丙戌。監察御史杜旻請愼選儒生。俾都督同知夏儒爲師友。從之。

前提督操江南京左副都御史陳璠卒。璠字玉汝。長洲人。成化戊戌進士。館選。授兵科給事中。累遷刑科都給事中大理寺左右寺丞少卿。爲南京左僉都御史。進左副都御史提督操江而自恨不獲用文史顯。悒悒不樂。雖謹飭。無大建明。

戊子。翰林修撰石珤爲南京翰林侍讀學士。

庚寅。災傷免鳳陽田租。

巡撫大同右副都御史歐信卒。信薊州人。成化甲辰進士。授戶部主事。賑饑京西。活萬餘人。歷郎中。督餉大同。乘賤積穀五十萬石。其撫大同。繕備興屯。修舉廢墜。亦一時能吏也。

辛卯。劉健等以崔杲乞鹽引言先帝最注意鹽筴。奈何徇之。于是府部大臣科道具言其不可。是日午講畢。召輔臣暖閣。欲全予萬二千引。價。劉健等曰。半價足矣。上曰。既半價。何不引鹽也。李東陽曰。鹽引易夾帶。不如給價。上曰。夾帶事覺自有法。東陽曰。一得旨。卽船樹黃旂云欽賜皇鹽。孰敢詰之。上正色曰。天下事寧內官專壞之乎。如十人。則優者亦三四。先生輩所明也。言之至再。遂給引鹽之半。

壬辰。楚府榮陽王均鈥薨。謚端懿。

卽墨地震。

癸巳。南京科道會劾禮部尙書張昇。吏部左侍郎兼學士張元禎。南京工部尙書陳淸。侍郎葉贄。大理寺卿韓邦問。太常寺卿呂㦂。俱留任。

丁酉。鼇山衞地又震。聲如雷。

廣東連州盜越湖廣。廣西劫掠。府江道梗。

戊戌。總制陝西右都御史楊一淸言。防邊莫安于守。其策有四。修濬邊塹以固邊防。增設衞所以壯邊兵。經理靈夏以安內附。整飭韋州以遏外侵。謹上修邊事宜曰。延綏安邊營石滂池。去寧夏橫城三百里。可設墩臺九百座。瞭譙九百間。守軍四千五百人。石滂池至寧塞營西至定邊營百六十三里三百四十八步。平衍宜墻者。百三十一里三百四十九步。險崖峻嶁可劃削者三十二里三百五十六步。可就爲墩臺。聯寧夏東路花馬池有守禦千戶所。無險可恃。虜至仰客兵。可置衞興武營。有守禦千戶所。兵不足額。可募充材官。自環慶以西至寧州。要害也。而無兵備副使。可增設。韋州蠡山有慶王塚園。虜至發掘。奈何。可抽簡慶護衞守之。橫城以北黃河東南岸有墩三十六。瞭守石觜暖泉。可修築如故。毋移入河西。河西黑山營可按伏重兵如故。毋移入平虜城。上悉從之。

初遣太監許鏞右少監呂憲往浙江榷木。以部科執論。寢之。

大風霾。萊州大雨雹。海溢。宣府俄風火爇民居。

己亥。夜月犯積薪星。

癸卯。翰林編修謝丕省侍。

欽天監五官監候楊源奏。八月初。大角及心宿中心動搖。天璇天璣天權星不明。乞安居深宮。絕遠游獵。罷弓馬。嚴號令。毋輕出入。闢除內侍寵倖游佚小人。節賞賜。止工役。親元老大臣。日事講習。克修厥德。章下禮部。

甲辰。登萊地震。聲如雷。

十月辆朔丁未。貴州布政司左參議林沂入賀壽節。道聞免賀。遂止。奏陛下惓惓孝思。乞降敕。凡三節尙在通喪之內。俱輟朝免賀。章下所司。

戊申。濬任縣滏陽河。

己酉。肅州地震。

壬子。河南左布政使崔巖爲右副都御史巡撫大同。

刑部右侍郎郝志義卒。志義字宜之。清澗人。成化己丑進士。授大理評事。歷藩臬。撫湖廣。嚴毅狷介。居官廉愼。無一遺貲。後子貢士序乞祭葬。逆瑾銜之。奪序貢士。瑾敗乃復。

癸丑。掖縣天鼓鳴。

乙卯。衛府□□王□□薨。謚恭惠。

惠潮盜陳錦等平。

丙辰。增金州西鄉石泉漢陰茶課二萬四千百六十四斤。

戊午。少師兼太子太師吏部尚書華蓋殿大學士劉健。少傅兼太子太傅禮部尚書武英殿大學士謝遷。俱致仕。時太監劉瑾馬永成高鳳羅祥魏彬丘聚谷大用張永等。日導上狎游禁中。習武鼓譟不絕耳。戶部尚書韓文憂懣。對屬吏語輒泣。郎中李夢陽曰。泣何爲。大臣貴濟時耳。文曰。奈何。曰。政府顧命臣也。公輩爭於外。而政府持之。事必濟。文善之。令夢陽草奏。文芟之。明日叩閣臣。倡九卿入奏曰。近朝政日非。秋來御朝漸晚。仰觀聖容。日就清癯。皆言太監馬永成劉瑾等置造巧僞。淫蕩上心。毬馬鷹犬俳優雜劇錯陳于前。至導萬乘與外人交易。日遊不足。夜以繼之。勞耗精神。虧損志德。遂使天道失序。地氣靡寧。雷異星變。桃李秋華。考厥占候。咸非吉徵。竊緣瑾等惟知蠱惑君上。便己行私。誰思皇天眷命。祖宗大業。皆在陛下一身。今大婚雖畢。儲嗣未建。萬一起居失節。雖將此輩虀粉葅醢。何補于事。伏望奮剛斷。割私愛。明正典刑。潛消亂階。以保靈長之業。東宮舊閹王岳素剛厲。亦言我曹當簡汰。恩閣臣持之。太監陳寬李榮來內閣。欲流瑾等南京。健等厲聲曰。先帝親顧命老臣。今嬖幸若此。何面目見先帝地下。岳亦旁贊閣議。明日召諸臣左順門。吏部尚書許進首咎文曰。公疏云何。致聖怒若何。文曰。請以老身殉。毋多計。俄李榮手大臣疏曰。上謂諸先生忠愛。第此輩久習。不忍法。幸少寬之上徐處耳。衆囁嚅。榮目文。文曰。今海內民窮盜起。災變日增上輒棄萬幾。狎暱羣小。文等何得無言。榮笑曰。疏備矣。上欲少寬之耳。衆退。吏部右侍郎王鏊前曰。設上如故若何。榮曰。榮頸寧鐵錮之耶。而敢壞國事。瑾等聞之。夕遶上哭曰。微上恩。奴輩磔矣。上心動。又曰。王岳范亨奴輩耳。狗馬鷹犬何損政。而外廷譁焉。蓋司禮監無人也。于是上立詔瑾入司禮監。兼提督團營。丘聚提督東廠。谷大用提督西廠。瑾卽笞太監王岳范亨徐智于宮門。竄南京。健等知事不可救。卽辭。允故事。輔臣乞休。章三四上。瑾等惟恐其去之不速也。岳亨至臨淸。瑾遣人殺之。智幸免。初許進曰。此屬得疎斥足矣。若峻其事。恐有甘露之變。果如其言。

馮時可曰。予聞韓公里居。恂恂惟恐惡聲入耳。及當大事。屹如山岳。雖賁育不奪。仁者有勇。信哉。方八閹窘于公議。將擇竄自避。而羽翼勿繼。且有降心相從者。遂使猰㺄恣其披猖。神州幾爲陸沈。當是時使三公九卿。並輸肝膽。自固金湯。惡淪胥至此。君子所以不能無罪于長沙輩也。

談遷曰。宦官專政。俱色貨游宴。馴而極之。其後傾外廷之力。往往不能芟除。祗相因而靡。蓋彼晨夕上前。瞬息異態。乍嚬乍笑。其機莫測。雖請劍絕裾。持之甚堅。而不得其要領。非全策也。王岳范亨。以內臣而剪內臣。要領得之矣。其權蓰倍于政府。亦無以勝之。將狗馬鷹犬之好。眞有一日不能釋者耶。諺有之曰。日中必暳。方廷諍閣議時。相有韓魏公者。出空頭敕立斷諸閹。可瓦解也。乃濡忍而閹禍用成。亦操刀不割矣。

中旨。內官監太監楊森守備天壽山。余俊守備南京。三千營太監張永調神機營把總。提督十二營。奮武營太監魏彬代永。效勇營太監吳軻代彬。顯武營太監王潤代軻。尙衣監太監賈和代潤。兼管神機營中軍頭司。

確山縣天鳴地震。

己未。少傅大學士李東陽乞休。不允。初閣議。東陽語稍緩。中人謂非其事也。東陽祖劉謝而泣。健曰。何泣爲。使當日出一語。則皆去矣。

談遷曰。大臣不可則止。諤諤而爭。脫屣去之。道之正也。竊謂劉謝當不然。先帝馮玉几而命之。遠險周公之圖。近過佳兒之委。篤望如此。一朝睽隔。辭章朝上。解組夕出。宛解陰護。諒不再得。身既隱矣。念先帝付託之重。歃泣難安。洛陽餘姚自去。長沙自留。彼此未爲失也。但如王曾之誅雷允恭。韓琦之逐任中正。大奸之去如距斯脫。以觀今日。均未投其會矣。今或厚獎劉謝而訾長沙之靦顏。不亦苛乎。

陝西總制右都御史楊一清以寧夏貢紅花役卒千人。請停之。不聽。

酉刻。金星晝見。萊州地震。自癸丑後連震二十五。

庚申。李東陽復乞休。以同官皆去。臣獨留。何詞以謝天下。不允。

壬戌。吏部尚書焦芳兼文淵閣大學士。左侍郎王鏊兼翰林學士。並直閣。芳素不協士望。前泄伏闕事于中人。故德之。

癸亥。慶陽流星。聲如雷。

甲子。夜。威茂地震。

乙丑。命焦芳仍署吏部。

御馬監太監劉彝管福建市舶司。

成都地震。

丙寅。水旱。免保定河間永平天津田租。

御馬監太監陳貴鎮守宣府。

丁卯。夜。月犯鬼宿東南星。

戊辰。焦芳辭部務。

庚午。萊州地震七日。
壬申。拓外戚都督同知夏儒賜第工部乞寢役不聽。
茂州汶川地震。
癸酉。刑科給事中呂翀乞留劉健謝遷不聽。
太常寺少卿喬宇祭中岳還言所歷山陝洊荒守令多非其人乞加甄別從之。
福建道監察御史秦鋭糾儀趨緩下之獄謫江浦知縣。
甲戌。天壽山守備買性淫刑殺人下獄論死已減戍南苑。
永定上杭漳州地震。漳州隕星聲如雷。
乙亥。兵部尚書許進改吏部尚書。
十一月丙朔己卯。太常寺少卿喬宇言商湯陵在滎河縣北。嚙于河。請立廟祭。從之。
夜。月犯金星。
辛巳。兵部左侍郎閻仲宇爲尚書。
乙酉。吏部右侍郎梁儲爲左侍郎。少詹事兼翰林學士江瀾爲吏部右侍郎。
許徽王彰德田二百十三頃有奇原本衞屯額非制也戶部言之不聽。
許鳳陽守備太監倪文兼轄鳳廬等府衞軍民。
卯。刻木星晝見。
丙戌。陳和華珩爲南京試監察御史。
東廠太監丘聚言。松蘇民輸布三十萬匹自三月迄今僅收二萬五千匹。必司庫難之乞戶部限收。遂定旬日收五萬匹。
南昌南康大雷雨。安遠地震。
丁亥。兵部右侍郎馬中錫爲左侍郎。南京兵部右侍郎韓重爲兵部右侍郎。
己丑。夜月犯昴宿西第二星。
辛卯。工部右侍郎兼左僉都御史張憲爲右都御史。仍整理兩浙鹽法。
進浙江安吉縣爲州。湖州府。
南京戶部尚書秦民悦致仕。
前太子太保南京兵部尚書王軾卒。軾字用敬。公安人。天順甲申進士。授大理評事。歷南京兵部尚書。貴州米魯叛。兼右副都御史討平之。改南兵部。性淳謹。自奉簡約。事不避險。所至有聲。而黔功尤鉅。後贈少保。謚襄簡。
壬辰。夜月犯井宿。
癸巳。提督撫治鄖陽右副都御史孫需爲南京兵部右侍郎。
荆府樊山王見澋薨。謚溫懿。
乙未。刑科給事中德清陳霆謫六安州判官。時論四。宜守科候命。以退食綏之。
丙申。敕兵部尚書閻仲宇同太監苗逵英國公張懋等提督團營。
丁酉。南京監察御史長興陸崑等劾太監馬永成魏彬傅興羅祥谷大用。蒙蔽左右。游宴無度。乞盡行屏斥。以絕禍端。不聽。
己亥。南京右都御史高銓爲南京戶部尚書。南京操江右副都御史雍泰辭不赴。
後府都督僉事王銘卒。

癸卯。提督兩廣軍務兼巡撫右都御史熊繡改南京右都御史。

甲辰。戶部尙書韓文罷。劉瑾等伺隙不可得。適內庫贋金歸罪之。鐫級致仕。戶科左給事中徐昂救之。遂落職。昂除名。瑾遣人偵文。見跨蹇野宿而去。裝不盈車。無以罪也。

署通政事禮部右侍郞沈祿卒。祿宛平人。貢士。授通政司經歷。以婦爲昭聖皇太后姑。弘治初。超進右參議。歷今官。雖藉戚畹。其友愛足多也。贈尙書。

九江大雷電。

十二月乙巳朔。上親郊牲。

戊申。南京戶部右侍郞陳金爲右都御史。總督兩廣軍務兼巡撫。

庚戌。昏刻。赤星自紫微流井宿。七小星隨之。靑州有氣如龍。色紅黃。已蒼白而散。

辛亥。戶部左侍郞顧佐爲尙書。

戶部主事蘇時秀收鈔忤劉瑾。調鎭江通判。

復楊玉錦衣衞都指揮僉事。先降千戶。遇赦。調萬全都司。帶俸。

南京給事中戴銑等御史薄彥徽蔣欽等疏留劉健諸臣。劾太監高鳳從子得林冒陞錦衣衞指揮僉事。兼言晏朝廢學。游宴驅馳射獵非禮。忤旨。盡逮銑等三十人入京。

癸丑。恭順侯吳鑑卒。

昏刻。金星犯壘壁陣西第六星。

甲寅。南京太僕寺卿王珩爲南京戶部右侍郞。

丁巳。中旨命給事中俱守科。酉而出。錦衣衞直宿指揮仍偵之。

戊午。都指揮僉事溫和爲右府署都督僉事總兵、鎮守薊州永平山海。
庚申。進李東陽少師兼太子太師吏部尙書華蓋殿大學士、焦芳太子太保武英殿大學士。王鏊戶部尙書文淵閣大學士。
辛酉。戶部右侍郎張縉爲左侍郎。光祿寺卿王佐爲戶部右侍郎。南京工部右侍郎葉贄改刑部右侍郎。易州山廠工部右侍郎吳洪回部。
夜。月生暈白虹彌天。
甲子。卽墨三表山崩。
乙丑。命順天尹祈雪。
兵部主事王守仁謫貴州龍場驛丞。疏救戴銑等下獄。杖三十。
王世貞曰。雙溪雜記言王伯安奏劉瑾被撻幾死。謫龍場驛丞。名聞天下。楊文襄公作王海日公華墓志銘。其說亦同而加詳。攷之國史與王文成年譜行狀文集。止是救戴銑等下獄被謫。本無所謂劾瑾也。以楊文襄在吏部。用文成爲屬。王恭襄在本兵。與文成若一人。而鹵莽乃爾。安在其爲野史家乘耶。
丙寅。雲南按察使張恕爲南京右僉都御史。提督操江。
兵部左侍郎馬中錫改南京工部左侍郎。通政司左通政王敞爲通政司使。太常寺少卿孫交爲光祿寺卿。
故郕府妃汪氏薨。時疑其禮。閣臣王鏊曰。妃廢非罪。當復故號。祔景帝陵。葬以妃。祭以后。禮部儀注如之。輟朝
三日。祭九壇。
戊辰。潮州見火星如斗。落而復起。轉大如箕。
己巳。戶部郎中郝海工部員外郎畢昭濬會通河。

四川燕兒崖番蠻耳多折從得失寨番蠻合兒結入寇。被獲。其族縛合兒結贖之。

太原地震。聲如雷。

庚午。南京光祿寺卿胡諒爲工部右侍郎。理易州山廠。

夜。寧夏中衞星隕。鞏昌流星如火。往西南。聲如雷。數星隨之。

辛未。右僉都御史林俊辭巡撫江西。致仕。不許。

高顯何亮張九逵周用胡鎭爲南京給事中。

癸酉。巡撫延綏右副都御史文貴爲兵部左侍郎。

監察御史陳琳請留劉健謝遷。救戴銑等。謫揭陽縣丞。

悉除曲阜稅。

綏德衞指揮同知藍海爲署都指揮僉事。統練延綏士兵三千人從征。

甲戌。陳察羅鳳李鑑李春芳吳蘭何棐喩文璧王奎張璉任賢爲南京試監察御史。

萊州地五日九震。俱聲如雷。

吏部左侍郎兼翰林學士張元禎卒。元禎字廷祥。南昌人。天順庚辰進士。館選。授編修。憲宗初。勸行三年喪。尋引去二十餘年。弘治初。召修實錄。進左贊善。勸行王道。實錄成。進南京侍講學士。歷今官。肆力學問。專討張朱緒論。所友胡居仁陳獻章婁諒羅倫陳選輩。晚不入時。頗來姍侮。然終不失爲君子。或以殖產病之。亦責備之意云。天啓初。謚文裕。

李東陽曰。公爲詩文。始務奇崛。勇脫蹊徑。晚就平實。若出二手。然類爲人所重。莫爲軒輊。論議揭揭。尤深嫉惡。至不可近。及再入宦途。益寬厚。雖後進寒士。亦與抗禮。顧或爲貶抑。要其中容有所見。賢者之不可測如此。天每艱于生才。才者未必用。有如公者。豈易得哉。

王鏊曰。公入翰林。未幾卽歸臥林下。不起名高一時。天下士想望其丰采。及一旦起立華要。駸駸大用。或者始忌而毀焉。昧者弗察。紛然和之。亦不復究其初之何如也。一公之身。胡前譽之多。後尼之深耶。然公之名在天下。固不可得而掩也。

袁袠曰。張公好理學。有盛名。家居三十年。以累薦起。奮躋淸華。然卒困于讒口。夫一人之身。而先後毀譽頓異若此。是惡足盡信哉。

中旨罷左都御史張敷華工部尙書楊守隨。先是敷華上言。孝宗皇帝至德深仁。上畏下憫。方大有爲而龍御上升。繼序不忘。實在陛下。夫何夏秋以來。宴樂佚游。日狎憸壬。政令與詔旨相違。行事與成憲相乖。以致上干天變。下失人心。臣等所曠職而負慚。言官所切忠而懇疏者也。今給事中劉蒞御史朱廷聲等連章論列。陛下但付所司。英國公張懋與臣等列名上請。陛下曰。朕自處之。臣切歎之。臣請言時政之弊。四十萬庫藏已竭。而取必足數。五七歲童子何能。而招之勇士。織造停矣。而復行。傳奉革矣。而復濫。鹽法方遣整理。而太監崔杲復奏帶引鹽。土田方遣科臣淸覈。而太監張永仍奏討田地。管操太監何以數更。鎭守內臣何爲屢易。王欽鄧廣未嘗到部。而與甘寧監槍。則政令紛拏。韋經索取管庫。而推僱覓水手。則弊端滋蔓。國家大事。百臣爭之不足。數人壞之有餘。賈誼有言。天下大器。置安則安。置危則危。臣願陛下審所置焉。不報。守隨上言。陛下春宮之時。英明煥發。有過人之稟。早夜嗜學。有希聖之功。親禮師儒。有重道之志。辨別君子小人。有不惑之明。不近左右倿倖。有剛正之操。臣民仰之。以爲今日太平之望。而先皇龍馭。顧命諄諄。言猶在耳。陛下嗣位。率由舊章。夫何數月以後。左右近臣。不能祗承德意。竟取先朝良法善政而更張之。盡誣先朝直臣碩輔而剗汰之。天下嗷嗷。莫措手足。怨咨之風。致生災變。陛下獨不思其故乎。今內臣劉瑾馬永成谷大用張永高鳳丘聚羅祥魏彬等八人。各以奸險之性。巧佞之才。希意導諛。誣上罔下。恣意肆情。外人目爲八虎。而瑾尤甚。陛下獨與聚處馳逐。又親信而愛護之。今日以佚游荒樂之事導陛下。明日以諂佞承奉之言諛陛下。或于西海擊鷹搏兎。或于南城躡峻登高。或胡服而招騎射。或飾像以作龜趺。禁內金鼓音聞遠邇。宮中火砲聲徹晝夜。搬演雜劇。假降師巫。淆雜尊卑。陵夷賤貴。引車騎而供執鞭之役。列市肆而親商賈之事。巧飾百技。覬中上心。蘭室鮑肆。齊街楚語。近者日高未朝。漏盡未寢。豈其萬幾。誠無剡暇。此數人者。方且親幸攬權。强行暴虐。詐傳詔旨。放逐大臣。刑誅臺諫。邀阻實封。簧惑聖明。大開賄賂之門。擅專賞罰之典。傳奉官員。衆至千百。募招武勇。歲及童嬰。紫綬金貂。盡予爪牙之士。玉帶蟒衣。濫授心腹之人。內外臣僚。惟趨瑾勢。向也二三大臣。受顧託遺。今亦有潛交默附。漏泄事情者矣。臣于前月會同公卿僚佐。力陳其罪。中官傳旨慰勉。臣等俛伏至以死請。逮及日旰。方荷處分。臣等懽呼而退。以爲必正典刑。遠鑒延熹既往之徵。毋使臣蹈蕃武已覆之轍。凡內官有在八虎名下及與相厚善者。悉行放出。別選廉愼端恪之人。以備左右使令之役。將君德自正。治化自清。並不報。

是年。猺賊掠德慶州之都城。殺巡檢牟智。千戶林熙、高謙。

丁卯正德二年

正月乙亥朔。日食。上不朝。免賀。御門如常儀。

丁丑。內官監太監黃準侍皇陵。秉守備。倪文調南京司禮監太監。御馬監左監丞滿隆守備朔州。召李岑還。

己卯。雍王祐樗薨。年三十。謚曰靖。亡子。歸葬西山。國除。

徐學謨曰。列省藩封之盛。莫楚若也。然歲朘其民以供常祿。故地沃而民貧。洞庭以南。惟衡州稍饒給者。非以雍邸之絕封故耶。天潢之派。方蒸蒸繁茂。他日益封。衡知不免矣。

申刻。金星見。
壬午。朔州地震。
甲申。永嘉地震有聲。時桃李實。羣花發。二麥穗。
乙酉。上南郊。行慶成禮。免宴。
夜。福州地震。
丁亥。都知監左監丞王忻分守密雲古北口。召韋祥還。
夜。月犯井宿東北第一星。
戊子。河南山東左布政使汪舜民柴昇湖廣右布政使曹鳳並爲右副都御史。舜民提督撫治鄖陽。昇巡撫江西。鳳巡撫延綏。
吏部□□郎中張志淳爲太常寺少卿。提督四夷館。時遷官俱賂劉瑾。若文職則志淳始。
分守涼州太監張昭役卒捕土豹野味。巡撫曹元乞止之。不聽。
己丑。都知監右少監王秩分守開原。召黃延還。御馬監右少監許威守備山海關。召邢玉還。
辛卯。上不豫。
癸巳。仍錄前年六月大同戰功。賞格濫甚。
總制宣大右都御史劉宇回院。宇自陳修繕功。賂劉瑾以萬金。使子倖父事之。召敕未出。宇先至都門外。
甲午。建平伯高霳下獄。毆舍餘王鍾致自經也。論贖復爵。
丁酉。太監黃準守鳳陽。乞符幟。工部尚書曾鑑等以非鎮帥。得寢。
己亥。前南京刑部左侍郎張撫卒。撫寶鷄人。成化壬辰進士。授刑部主事。蔬布矯廉。撫貴州。寄帑千戶某。耗之。

迫索。至鬻女償納。生平無他才。以弈著。

辛丑。工科右給事中陶諧自請署印。下獄杖戍。

壬寅。戶部員外郎李夢陽謫山西布政司經歷。兵部主事王綸謫順德推官。中旨謂夢陽附韓文王岳。綸附劉大夏。蓋謹意也。

南京前府安鄉伯張恂卒。

廣東盜襲韶州。執同知韓銑。死之。贈右參議。

閏正月乙巳朔。許太醫院使王玉致仕。復其右通政。

丙午。上疾良已。視朝。

奪故永平大長公主賜第爲酒醋麪局外廠。署局事太監周魁請之。匿公主名。謂長陵衞李慶故宅。主孫李梅疏言公主遺像鳳床班劍等猶在也。命給直千二百金。

丁未。中旨增補守備內臣。都知監右少監屈讓往薊州黃崖口等營。右少監王鑑往臺頭營。司設監左少監萬釗往永平太平寨青山營。印綬監右少監劉睿往遵化灤陽等關。都知監右監丞高永往劉家營。印綬監右少監李準往薊州黏魚石。御馬監左少監馮旺往峨嵋山等營。都知監左監丞張鼎往黃花鎭。御馬監左監丞張仁往天城。兼管神銃。都知監左監丞王景和往懷安衞。都知監右少監孟山往龍門所。俱守備。都知監右少監畢安分守萬全左衞。又冠帶舍人魏英張容張寰谷大玘馬山。俱世錦衣衞百戶。太監魏彬張永谷大用馬永成之弟。

監察御史劉慶閻睿趙祐房瀛陳鍾孫迪劉子厲核邊餉。

己酉。巡撫陝西右副都御史張泰爲大理寺卿。

中旨。都知監奉御郭奉管神機營左哨頭司。趙瑛管三司。崔林管中軍右哨二司。右監丞溫暹管三司。

庚戌。南京兵部尚書林瀚降浙江布政司右參政。應天府尹陸珩降兩淮都轉運鹽司同知。並致仕。守備武靖伯趙承慶奪半祿。杖給事中艾洪呂翀劉蒞南京給事中戴銑李光翰任惠徐蕃牧相徐暹御史薄彥徽貢安甫王蕃葛浩史良佐李熙任諾姚學禮張鳴鳳陸崑蔣欽曹閔于闕下。御史黃昭道王弘蕭乾元逮未至。命即南京闕下杖之。俱削籍。王蕃任諾始下鎮撫司。詭事不預知。錦衣衛指揮牟斌曰。古人悔不與黨。君乃悔耶。獄具。劉瑾欲去奏首權奸字。斌不可。語同官曰。留此以為諸公地。昔宋鄒浩以失原奏被害。吾儕毋自為計。瑾惡之。林瀚以趙承慶陸珩示艾洪等疏。太息。蒙譴。蔣欽創甚。卒。初草奏。鬼夜誼焉。歎曰。吾義不得顧私。及拜杖不療。曰。吾瞑矣。按戒庵漫筆。元年十一月己卯。蔣欽貢安甫史良佐同上疏。下詔獄。明年閏正月望日。欽又獨疏。杖三十。又明日又上疏。被杖死。是欽凡三疏。前後史不載。

中旨。御馬監太監彭文提督九門。御用監太監金義管神機營中軍右掖三司。印綬監太監張辰分守四川建昌行都司。

壬子。翰林院學士白鉞太常寺少卿兼翰林侍讀學士李旻教習庶吉士。順天府尹林泮為戶部右侍郎。提督倉場。

工部尚書曾鑑致仕。

中旨。南京守備內官監太監鄭强改署司禮監。內官監太監劉瑯彭恕同强守備。

陝西都指揮使劉瑞以虜入謫戍。念薄失宥之。

工部尚書曾鑑卒。鑑字克明。桂陽人。戎籍生京師。天順甲申進士。授刑部主事。辨通州枉盜。改工部。歷今官。謹厚勤勵。無少失德。贈太子太保。

癸丑。少詹事兼翰林學士楊廷和爲詹事專內閣誥敕。

懷柔伯施瓚總兵鎮守貴州。

丙辰。巡撫甘肅右副都御史曹元改陝西。

中旨。光祿寺丞楊瑋謫山西隰州同知。

神機營中軍右掖御馬監太監孫和改立威營幷中軍四司。尙膳監太監張俊管中軍右掖。

丁巳。中旨。錦衣衞北鎮撫司指揮僉事牟斌調南鎮撫司千戶。以宮寮下詔獄。斌善視之

馮時可曰。當武宗時。薔蔚朝隮。上下靡靡矣。乃有不爲威怵。不爲利疚。如牟斌者。豈非叢棘中之蘭蕙耶。

潘杰同范宣北鎮撫司理刑。

己未。秦府保安王誠淥薨。亡子。鎮國將軍誠澈進封保安王。誠澈莊簡王公錬之庶子。祖訓無郡王庶子進封。孝宗寢之。至是特命。

夜。月犯靈臺下星。

庚申。工部右侍郎李鐩爲尙書。刑部左侍郎何鑑爲南京兵部尙書。河南左布政使才寬爲右副都御史。巡撫甘肅。

中旨杖南鎮撫司牟斌于闕下。降百戶閒住。

辛酉。禮部尙書張昇致仕。進太子太保。

掖縣地震。聲如雷。逾五日復再震。

壬戌。秦州衞指揮同知郭迦爲陝西署都指揮僉事。迦布衣。募兵勦石城滿俊功。授錦衣衞鎮撫。歷指揮。數從征。著威名。虜入固原。問郭迦存否。至是楊一淸薦。

癸亥。太子太保刑部尚書閔珪致仕進少保。給月廩五石。歲役六人。
右府帶俸都督同知神英僉書左府。
盧龍遷安灤州大風拔木晝晦。
甲子。右都御史劉宇爲左都御史。刑部右侍郞葉贇爲左侍郞。南京刑部右侍郞王鑑之爲刑部右侍郞。
乙丑。械尙寶司卿崔璿湖廣副使姚祥于長安左右門。工部郞中張瑋于張家灣。璿封使。祥赴官。瑋巡河。俱乘輿。爲東廠偵校所糾。下鎭撫司獄。上中旨械兩月。劉瑾欲樹其威。尋李東陽疏救。十日釋。永戍遼東鐵嶺衞。
大風壞奉天門右鴟吻。曉刻月犯房宿。鬱林北流博白陸川潯利衞地震。聲如雷。
丁卯。南京吏部尙書李傑改禮部尙書。工部右侍郞吳洪爲左侍郞。總督南京糧儲右副都御史張泰爲工部右侍郞。
戊辰。豐城侯李璽卒。
己巳。右都御史屠勳爲刑部尙書。巡撫寧夏右僉都御史劉憲爲南京刑部右侍郞。
中旨罷巡撫宣府右僉都御史車霆。
戶部主事張文錦收芻或爭門蹂死。削文錦籍。
秦府永興王誠瀾薨。謚榮惠。
庚午。中旨南京監察御史潘鏜附故閹王岳削籍。劉瑾盜大柄。每奏雜伎上前。樂甚。間進封事請裁。上曰。爾何爲。乃一一煩朕也。故瑾取臆決矯旨。上多未悉也。
監察御史王濟印馬直隸河南山東。還言徵駒擾民。自今止收種馬。其高四尺以上。齒十歲。存之。餘輸金。兵部覆從之。期三年。遣御史二。同太僕寺丞分印種馬。

夜。流星自斗柄西北行至鉤陳。二小星隨之。
壬申。太僕寺卿儲巏爲右僉都御史。總督南京糧儲。
癸酉。禮部左侍郎王華爲南京吏部尚書。
申刻。大風霾。雨土。
甲戌。右僉都御史張鼐爲右副都御史。
傳旨吏部汝兵備勸農管糧捕盜水利官添設者。
工部左侍郎吳洪修京通倉。
右通政姜清卒。成化甲辰進士。
總督兩廣右都御史熊繡總兵官伏羌伯毛銳副總兵康泰勦賀縣猺賊。平之。
二月丸朔己卯。閣臣疏請早朝報聞。
壬午。禮部申明禮制榜例。衣冠服舍輿蓋筵宴等俱如制。或特賜服不論。錦衣衛都指揮葉廣等言。本衛恩賜多異于諸司。遂仍如舊。
中旨內官監太監趙剛同署都指揮僉事楊恭守備山海關司鑰。
工部左侍郎吳洪修上林苑行殿。
乙酉。大裁內外添設官百十八員。
命太僕寺簡畿內馬五千匹入御馬監。
曉刻。萊州天鼓鳴。
丙戌。大理寺少卿張鸞爲左僉都御史。通政司右通政陳昜爲太僕寺卿。

丁亥。禮部右侍郎劉機爲左侍郎。國子祭酒張澯爲禮部右侍郎。

戊子。工部營繕員外郎錢仁夫致仕。時劉瑾橫嗌。仁夫得請。朝士羡之。

甲午。太常寺少卿兼翰林侍讀李旻爲寺卿署國子祭酒

都指揮僉事仇鉞爲游擊將軍。屯寧夏清水營。

兵部右侍郎韓重右副都御史張鼐清理貼黃。

中旨召宣府總兵李杲還。副總兵白玉爲總兵代之。

乙未。河間知府辛文淵擅調驛馬。發于廠校。命下鎮撫司。謫廣東。

丙申。中旨。尙衣監太監金鐺管神機營中軍右哨。

丁酉。前府都督僉事王受卒。世金吾右衛指揮使。

戊戌。江西清軍監察御史王良臣疏宥戴銑等。瑾矯旨下鎮撫司。以黨護。杖闕下三十。削籍。

巡按直隸監察御史王時中行部嚴治罪閹。東廠太監丘聚附劉瑾立威。偵逮鎮撫司。械于都察院門。滿月方奏。時中病甚。婦來泣省。左都御史劉宇過之。以請。遂戍遼東鐵嶺衛。

壬寅。分守密雲古北口左監丞王忻乞改鎮守。免鎮巡官節制。許之。仍賜符幟。

癸卯。鄭王祐柃薨。年三十四。謚曰康。

三月辟朔丙午。傳旨復中書舍人孫伯堅大理寺右寺副沈銳司賓署丞盧永春孫伯義司儀署丞孫伯强原俸。初皆傳陞中俸。

丁未。吏科給事中吉時謫鶴慶軍民府知事。直登聞鼓不受訴。致自戕下獄杖遣。

己酉。裁管糧捕盜勸農等通判四百四十五員。

庚戌。萊州地震。
逮巡撫山東右副都御史邵武朱欽。勒致仕。欽嘗劾瑾殺王岳事。瑾屏不以聞。後禁酤有自縊者。東廠訐奏。濟南知府趙璜削籍。推官張元魁戍邊。
陳善曰。傳云無畏人畏朱公以畏名齋。而獨不畏瑾。廷辨顯諍。有舉世所不敢言者。嗚呼壯矣。世之悻悻者率多靡。實非剛也。直狠耳。夫惟其有畏。斯能無畏哉。
辛亥。傳復外戚張岳張忱俱錦衣衛指揮使。金琦張麒高恒俱指揮僉事。朱臣張敎俱正千戶。金鼐任英梁露李衢俱百戶。
壬子。傳徵趙福等六十三人。育鷹內苑。
癸丑。傳陞外戚夏助錦衣衛指揮使。夏臣指揮同知。葉相何謙正千戶。葉椿葉鎧夏傑百戶。並世秩。
復毛倫署都指揮僉事。初附汪直威寧功。歷都督同知。直敗削籍。薦起守潯梧。還京營。至是辨訴功。尋加右都督。
貴州宣慰使安貴榮以安定功。進右參政。
乙卯。申刻大風霾。
丙辰。外戚都督同知夏儒封慶陽伯。
許琉球國王尙眞歲一貢。初朝貢不時。成化十一年。使還掠福州。始令二年一貢。比踰期。始飾奏。許之。
湖廣淸浪衞大雨雹傷稼舍。
己未。詹事楊廷和翰林學士劉忠爲南京吏禮部左侍郎。故事南侍右而不左。廷和忠皆不私謁瑾。銜之。屬吏部尙書許進疏名請時謂進伉直亦多徇瑾。

夜。月犯房宿南第三星。

庚申。命裁文臣贈廕例。閣部重臣及宮僚秩滿給告身者。例廕一輩。勳臣及文臣二品上。著績方加贈。凡謚廕祭葬。三品以上未秩滿給告身者濫。允罪之。凡恩典俱所司酌請。取上裁。未嘗濫。劉瑾欲政自己出也。

總制陝西延綏寧夏甘肅邊務右都御史楊一清引疾去。

戚畹錦衣百戶沈傳吳讓爲指揮僉事。

辛酉。南京國子祭酒章懋引疾去。

召鎮守陝西太監王與。調山西太監王宣代之。內官監太監朱秀鎮守山西。

壬戌。傳陞大功德寺住持宗澤僧錄司左覺義。緇流率賂近倖。稱門僧。傳陞乞陞。至塡署不能容。

癸亥。大慈恩寺禪師領占足陞灌頂大國師。大能仁寺禪師麻的室哩塔而麻桫耶那卜堅參。大隆善護國寺禪師着肖藏卜俱陞國師。給告身。上頗習番教。後大內創寺日誦經。

雲南師宗州土民阿本作亂。巡撫右副都御史吳文度征之。初裁雲貴巡撫及臨安騰衝兵備副使。至是暫留。

甲子。登州關侯廟賜額忠義武安王。

廣東兵備副使王倬。以崖州峒黎忞掠。親攻之。賊奔潰。

乙丑。河南提學副使王敕爲南京國子祭酒。

戶部郎中劉繹往遼東理餉。廠校刺其乘輿濫役。械戶部門滿月。

丙寅。閣臣請經筵日講。

大風霾。

戊辰。卯刻金星見。

己巳。陝西行都司地震。

辛未。敕文武羣臣曰。朕幼冲嗣位。惟賴廷臣輔弼匡其不逮。豈意去歲奸臣王岳范亨徐智竊弄威福。顚倒是非。私與大學士劉健謝遷尚書韓文楊守隨張敷華林瀚。郎中李夢陽。主事王守仁王綸孫磐黃昭。檢討劉瑞。給事中湯禮敬陳霆徐昂陶諧劉蒞艾洪呂翀任惠李光瀚戴銑徐蕃牧相徐暹張良弼葛嵩趙士賢。御史陳琳貢安甫史良佐曹閔王弘任訥李熙王蕃葛浩陸崑張鳴鳳蕭乾元姚學禮黃昭道蔣欽薄彥徽潘鏜王良臣趙祐何天衢徐珏楊璋熊卓朱廷聲劉玉遞相交通。曲意阿附。或傷殘善類。或變亂黑白。煽動浮言。行用頗僻。朕雖察審。尙務優容。後漸事跡彰露。彼各反側不安。因自陳休致。若自償則寘譴謫。其敕內未罪。吏部勒令致仕。毋使稔惡。追悔莫及。張懋等遇奏列銜。朕皆爾釋。後毋蹈覆自貽累辱。是日。跽諭羣臣于金水橋南。其敕瑾私筆。或曰焦芳爲之。

張瓚謝訥郭楫曾大顯張頤段豸張雲周鑰白思誠張潤吳儀爲給事中。

壬申。曉刻金星犯外屏西第二星。

癸酉。夜流星自文昌流東北行近濁。

南京通政司右通政夏崇文卒。崇文字廷章。湘陰人。太師原吉孫。成化戊戌進士。授南京吏部主事。歷郎中通政右參議太僕少卿。有文學。端雅清朴。孝宗時疏救進士李文祥。屢言事見採。

前巡撫貴州右副都御史錢鉞卒。鉞仁和人。天順甲申進士。授南京刑部主事。歷撫山東河南。轉南京光祿太僕卿。憂去。起撫貴州。激米魯福佑之變。性貪鄙。攜橐空青亦數十斛。後劉瑾毒陷。籍其貲妻子編配。

四月甲戌朔。丙子。賜魯府鉅野恭定王陽鎣墓碑曰旌孝。

虜入大同。禦却之。

丁丑。吳世興嗣恭順侯。

禮部右侍郎張濛爲左侍郎。翰林學士白鉞爲禮部右侍郎。

旱災。免貴州田租。

己卯。賜巡撫延綏都御史文貴等金綺。邊故有土塹。雖小而堅。文貴其外而內木。糜費巨萬。後多見焚于虜。

工部尙書李鐩預製鼇山燈。

癸未。喬岱魏彥昭宇文鍾陳鼐趙應龍李仲方德懋劉溥孟醇王注陳伯安原軒李紀儲珊王鼐楊邦禎宋璉爲試監察御史。鼐邦禎南京。

中旨以錦衣百戶姚景祥小旗張錦戍遼東鐵嶺衞杖四十。錦斃杖下。黨王岳。

丁亥。兵部尙書閻仲宇致仕。進太子太保。

己丑。寧王宸濠請音樂院色長秦華等冠帶如敎坊司。禮部言。親王樂工例不冠帶。上特許之。濠僭端見矣。

庚寅。禮部主事陸坦罪免。坦竊官物。前東廠太監王岳發之。下獄擬削籍。劉瑾惡岳。故幸閒住。

辛卯。刑部左侍郎葉贄致仕。

甲午。左都御史劉宇爲兵部尙書。

許守備懷安都知監左監丞王景和兼管順聖川。

乙未。西城坊草場火。

丙申。刑部右侍郎王鑑之爲左侍郎。巡撫河南右副都御史陶琰爲刑部右侍郎。

丁酉。中旨。官校王縉郭仁張欽羅錦薛鑑沈銳劉雄朱綬董安皆王岳黨。戍邊。

命陝西巡茶御史兼理馬政從總制楊一清議也。

寧夏衞地一日三震。

己亥。前太子太傅吏部尚書屠滽爲左都御史。

辛丑。曉刻月犯昴宿北第二星。

壬寅。兵部尚書劉宇兼督團營訓練。

五月蝕朔甲辰。總督漕運兼巡撫鳳陽右副都御史洪鍾。滿三考。加右都御史。

己酉。朝鮮國王李㦕。以疾無子。求弟晉城君懌署國事。從之。

中旨司設監左少監王鎮管神機營左掖頭司。

辛亥。杖監察御史馮允中。削籍。允中刷卷南京。參指揮張翰等罪。翰訐其復命枉道。得罪。翰等不問。

癸丑。中旨都知監左監丞梁瑶管浙江市舶司。還張和南京。守備山海關太監趙剛改分守

定河南各王府墳價。鎮國將軍給二百四十金。輔國減六之一。奉國減輔國五之一。中尉減奉國四之一。

丁巳。昏刻月食。

戊午。許度僧三萬人。道士萬人。

順天府丞周璽下獄。錦衣衞都指揮楊玉言。臣同監丞張淮戶部左侍郎張縉左僉都御史張鸞會勘皇莊。璽于臣止移檄。見輕。遂下鎮撫司杖訊。璽竟死獄中。璽嘗居言路。頗侮朝士。人亦不甚惜之。弘光初追謚忠愍。

辛酉。中旨令兵部主事謝迪致仕。謫兵部員外郎李昆解州知州。御史陳伯安南充知縣。迪大學士遷之弟。昆伯安忤劉宇。俱瑾譖去之。

南京太常寺卿呂憲致仕。

癸亥。宣府副總兵都指揮僉事白玉以援虜臺嶺功。進署都督同知。

甲子。南京吏部左侍郎楊廷和爲南京戶部尚書。南京禮部左侍郎劉忠爲尚書。總督漕運右都御史洪鍾改南京右都御史。

乙丑。通政司右通政盧亨爲南京太常寺卿。

丙寅。處置兩淮鹽法右副都御史王瓊總理漕運。

浙江左布政使林符致仕。進右副都御史。

己巳。復南昌左衞爲寧王護衞。護衞革于天順初。至是宸濠賂劉瑾以請。

撫治鄖陽右副都御史汪舜民爲南京右副都御史。順天府尹余俊爲南京工部右侍郎。俊初任□□布政被劾。知劉瑾必秉政。賂之。故特旨用俊。本俞俊。諱爲余。

曉刻。金星犯畢宿。

庚午。兵部尚書劉宇請內外諸司會選將才。從之。

中旨。錦衣正千戶張容爲指揮僉事。同覃泰管南鎮撫司。百戶谷大玘指揮僉事。同朱成管象房。百戶魏英正千戶。舍人丘安馬勉錦衣百戶。俱世襲。

亥刻。順聖川西城旗端有火。雨滅之。

壬申。工部郎中劉汝靖憂居。侵官地。下錦衣獄。杖三十。削籍。

六月醆朔。乙亥。夜。流星自中天雲中東北至雲中而散。

丙子。虜入寧夏鎮北等堡。

戊寅。謫刑部主事李瑋與國州判官。許承芳棗陽知縣。故刑部右侍郎郝志儀子序乞祭葬。下序刑部。瑋等擬罪失劉瑾意。俱下獄。

亥。刻萬全右衞洗馬林堡大雨雹。

總制陝西右都御史楊一清請修邊垂成。乞遣大臣續之。命寢役。盡徵其費入京。

庚辰。中旨都知監右少監韋祥分守陽和召侯富還。

癸未。前巡撫保定右僉都御史韓福總督蘇松糧儲。

丙戌。南京右副都御史汪舜民卒。舜民字從仁。婺源人。成化戊戌進士。授行人。拜御史。坐累謫蒙白衞經歷。遷東莞令。歷今官。有才略。矯矯以風節自勵。

戊子。右府武定侯郭良卒。良世勳戚。貲中落。好聚書下士。虜犯大同。上備邊六策。

辛卯。復戚畹邵英錦衣帶俸指揮使喜百戶。

丙申。舒晟張羽冼光洪範吳祺羅縉嚴紘田堦仇惠王璠謝琛馮顒林李瓊李雲賀泰爲試監察御史。琛南京。

中旨御馬監太監何名分守大同右衞。宋斌改左衞守備。召蔡恩還。

丁酉。歷代通鑑纂要成。

戊戌。固原驟雨。河溢壞城舍。

辛丑。予告監察御史高胤先坐借官車逮錦衣獄。廷杖民之。

七月

七月鈺朔癸卯。示內閣通鑑纂要訛字。奪禮部左侍郎劉機學士劉春太常少卿費宏侍讀徐穆編修王瓚等俸。太僕少卿季通禮部郎中胡清大理左右寺副何澤劉學右評事李瑆中書舍人王琪劉訊鴻臚寺序班周令林應禧錢祿張天保勒致仕中書舍人沈世隆吳瑤鴻臚主簿童漢序班郭晟沈秀康世鳳朱昇何珍張祚張崑。貢士華淳監生張元澄邵文恩汪惇王瓚高嵛張桓許魯黃清汪克章並削籍。時李東陽等核訛字。惟沈世隆吳瑤張桓華淳邵文恩而并黜其餘。則瑾之專也。

巡視居庸關監察御史王渙。失報唐家嶺之盜。下鎮撫司。杖之。削籍。渙以前言事忤瑾也。渙方引疾。掌道御史邢昭。經歷冉繼志以擅收印謫昭高密縣丞。繼志長子知縣。

沂州地震。聲如雷。

甲辰。巡撫湖廣右副都御史湯全致仕。

乙巳。兵部右侍郎韓重爲南京工部尚書。

丁未。致仕禮部司務孫聰改兵部。贊畫大同。瑾妹適聰。故巡撫崔巖鎮守太監侯能薦起之。

戊申。遣司禮左監丞張淮戶部左侍郎張縉左僉都御史張鸞錦衣衛都指揮僉事楊玉覆勘豐潤魏家店莊田。初弘治十年爭界。屢勘未明。至是巡撫右副都御史柳應辰戶部郎中何文縉員外郎胡經胡雄刑部員外郎陳輔順天通判杜萱等。坐前事。並下獄削籍。

雲南兵破師宗州盜阿本渠帥張華。就擒。

景州知州馬馭致仕。僉事孫博訐奏。逮錦衣衛杖之百。戍邊。

己酉。巡撫陝西右副都御史曹元爲兵部右侍郎。

平虜衛地震有聲。

辛亥。武平縣大風雨。壞城舍。

癸丑。巡撫江西右副都御史柴昇改陝西。巡撫四川右僉都御史劉纓改湖廣。

左春坊左諭德兼翰林侍讀傅珪侍讀顧清主試應天。

乙卯。周王睦㰘言。自永樂洪熙間加祿至二萬石。弘治初支如定制。乞仍加額。詔以始封定王。故歲加二千石。

祀宋朱熹于台州。

己未。虜五百餘騎入莊浪鎭羗等堡。
敕修山東曾子廟。
壬戌。中旨遣御用太監甄瑾奉湖廣太和山。
甌寧縣火。
癸亥。前南京協同守備武靖伯趙承慶卒。
乙丑。翰林編修謝丕引疾削籍。劉瑾怒其父遷也。
戊辰。曉刻火星犯積尸氣。
長泰縣大雨水。流八百餘家。傷稼。南靖縣亦如之。
辛未。揚州白塔河成。
八月軠朔。黃河淸。
癸酉。南京右都御史洪鍾爲南京刑部尙書。
乙亥。鎭守浙江太監劉璟以詔市果禽乞贓費。從之。于是採還四出。東南騷動。
戊寅。後府都督僉事戴廣卒。世大寧前衞正千戶。
己卯。右副都御史張鼐爲南京右都御史。
廣西南寧太平地震有聲。
庚辰。翰林學士劉春侍讀吳儼主試順天。
安遠侯柳文總兵鎭守兩廣。
辛巳。興王世子厚熜生于安陸。

壬午。韶州同知韓銑征獞賊。死之。贈廣東布政司右參議。
癸未。左僉都御史張鸞爲右副都御史。
甲申。中旨起復楊瑢光祿寺卿。署鴻臚寺事。
工部都水主事歐陽瓊養疴久。降崇德知縣。
乙酉。廣西太平府地震。
丙戌。少師兼太子太師吏部尚書華蓋殿大學士李東陽加俸一級。進焦芳王鏊少傅兼太子太傅。芳謹身殿大學士。鏊武英殿大學士吏部尚書。許進兵部尚書劉宇並太子少傅。
治豹房。上居之。不復入大內。
丁亥。召南京戶部尚書楊廷和直文淵閣。
戊子。中旨太子太傅伏羌伯毛銳鎮守淮安兼漕運總兵。召郭鋐還。
辛卯。總督蘇松糧儲右僉都御史韓福還院。
壬辰。陝西巡按御史李高。兵備副使張天衢。蘭州知州姜閎。並戍肅州。閎與甘肅游擊將軍徐謙有隙。被訐。聞于院道。刑部右侍郎陶琰。錦衣衛指揮佘寘。勘上。謂瑾意右武左文。謙止奪俸三月。
癸巳。錦衣衛都指揮使葉廣卒。廣靑田人。贈右府都督同知。
丙申。錦衣衛都指揮同知高得林署衛印。幷提督官校。
丁酉。播州宣慰使楊斌以平普安蠻功賂瑾。加四川按察使。故事土官有功。惟賜衣帶。或賞部卒。
己亥。四川左布政使羅鑒爲右副都御史。總督蘇松糧儲。
欽天監五官監候豐城楊源言火星入帝座。乞思患預防。瑾怒。廷杖。戍肅州。創甚。卒于河陽驛。妻度氏斬荻瘞之。源父浙江按察使瑄。故直節著。天啓初。贈靈臺郎。謚忠懷。

林之盛曰。古者以藝諫。況天官禨祥。與朝廷關切。借此獻替。亦居是職者所宜然。第敬事風微。曠官實多。每有靑紫薦紳。結舌若寒蟬者。而欲責之司天小臣。此實難矣。乃楊公以天文諫。繼之以死。今誦其牘。藹藹乎忠君愛國之思。溢于象表。嗟乎。李文正諸人安在。而須楊公效其忠藎耶。

九月辟朔。錦衣衛指揮使朱成。藁城人王增。各獻地爲皇莊。從之。凡獻地多非己業。上不之察。往往致訟。

中旨。錦衣衛指揮同知于永爲都指揮同知佐衛事。永以房術幸。嘗言回回女姣麗。勒都督呂佐進其女樂。又請盡召色目侯伯家女婦入宮。中外切齒。

曉刻。金星犯進賢星。

癸卯。兵部尙書劉宇進太子太傅。

夜。流星色靑白。自羽林南行至近濁。

乙巳。翰林編修王瓚爲侍講。江西左布政使戈瑄爲南京右副都御史。

丙午。戶部郎中郝海。工部員外郎畢昭等修大通橋至通州閘壩。費四萬餘緡。欲免陸運。然地勢高下懸絕。迄不能舟。

巡按浙江監察御史楊滋。以海寧嘉善等稅課局課少。倂之。

四川威茂州南村曲山等寨。自弘治四年叛。至是來歸。乞爲白人納賦。夷俗白爲善。黑爲惡也。

丁未。中旨革贊畫機務等官。例監止冠帶榮身。毋乞陞。

戊申。嚴自宮之禁。時閹人驟貴。愚民競自宮。至一村數百人。禁之不爲止。

庚戌。戶部右侍郎王佐爲左侍郎。總督漕運右副都御史王瓊爲戶部右侍郎。

壬子。夜。流星色赤。自奎西行至室。

癸丑。中旨。御馬監太監鄧玉鎭守甘肅。召楊定還。

甲寅。順天府尹李瀚爲右副都御史總督漕運。

乙卯。江西按察司提學副使蔡清致仕。時監司朔望朝宸濠。次日謁孔廟。清請同日。而謁廟先之。宸濠生日。監司以朝服。清去襪而入見。忤。因宴嘲清不能作詩。對曰。臣平生于人無私。蓋詩與私音近。宸濠益憾之。求復護衞。清有後言。引疾去。

賜秦府西安稅鈔。

丁巳。巡撫甘肅右副都御史才寬報明水湖之捷。斬虜四十餘級。

錦衣衞指揮僉事呂文英善畫。起家。例革爲百戶。奏復之。

庚申。中旨。印綬左少監張溫提督九門。

辛酉。初。晉莊王世子奇源。世孫表榮。俱早薨。先帝追封奇源靖王。表榮懷王。靖王餘子表槏表檷表株表栺。皆封鎭國將軍。至是求進郡王。禮部尚書李傑等難之。廷議。先年周悼王庶子睦楝等乞加封。先帝未許。然父旣追封。其子加封亦宜。遂封表槏等王爵。而詰所寢睦楝之封。出前禮部尚書張昇詔奪散官廪役。幷前侍郎今南京吏部尚書王華。與傑俱罷。司官降謫有差。

癸亥。傳陞錦衣衞所鎭撫朱鐸爲百戶。

丁卯。晉府庶人鍾鍑仍爲陽曲王。

戊辰。夜。水木金星聚于亢。

萊州地震有聲。

己巳。傳陞谷奉大用父。張友永父。錦衣衞指揮使。

庚午。雲南安寧新興地震連三日。

前湖廣總兵都督僉事歐磐卒。滁人。世指揮使。

十月鉀朔。壬申。夜。大風霾。

癸酉。尙寶司卿李玠等。以壽節不至勒致仕。

甲戌。大同游擊將軍署都指揮僉事馬昂爲署都指揮同知。

中都副留守梅純仍爲孝陵衞指揮使。純寧國大長公主之曾孫。成化□□進士。授□□知縣。解官。襲指揮使。進副留守。自乞回衞。

曉刻。土星犯上將。

乙亥。夜月犯羅堰中星。

丙子。禮部左侍郎劉機爲禮部尙書。南京吏部右侍郎黃珣爲吏部尙書。吏部左侍郎梁儲爲吏部尙書兼翰林學士專誥敕。仍國史副總裁。

陳州衞後千戶所改鈞州守禦千戶所。

丁丑。大理寺左少卿汪宗器終養。加光祿寺卿。

謫大理寺署寺正田中蘭谿縣丞。署寺副張雲鵬寧遠縣丞。右評事魯鐸河內縣丞。以擬英國公張懋舍人占田罪輕也。

傳陞錦衣衞帶俸指揮僉事馬山魏英張富同覃泰理南鎭撫司。

戊寅。翰林院庶吉士崔銑嚴嵩湛若水陸深翟鑾徐縉爲編修。段炅穆孔暉易舒誥張邦奇爲檢討。邵天和張九叙馬卿蔡潮高滂林文迪胡鐸爲給事中。劉廣生李艾黃如金傅元爲監察御史。王韋趙中道爲南吏刑部主事。

致仕光祿寺卿張駿召至。殆八旬。仍文華殿辦事。

辛巳。吏部右侍郎江瀾爲左侍郎。禮部右侍郎白鉞改吏部。太常寺少卿兼翰林侍讀費宏爲禮部右侍郎。太常寺卿攝國子監事李旻爲南京吏部右侍郎。

寧王宸濠請錄己孝行付史館。從之。宸濠喜夸炫。且賂逆瑾。輒得請。又乞易琉璃瓦殿。有旨許二千金。原于引錢內支二萬金給換。巡撫林俊言。古者采椽不斲。茅茨不剪。土階贊堯。卑宮頌禹。儒服河間。樂善東平。湘州之約儉。鎮西之輕財。皆帝王藩服美德也。寧府移封之初。序則至親。再造之會。國値至富。然皆不用琉璃瓦者。寧之先王。豈非有遐慕焉。今遽改之數世之後。非孝子順孫所以承前美也。伏望聖明篤懿親。斷大義。毋涉叔段京鄙之求。吳王几杖之賜。宸濠甚銜之。

壬午。洮州地震。

癸未。夜火星犯太微垣上將及土星。

甲申。兵科給事中王翊等覈遼東各倉糧芻。多虧腐。先後巡撫張鼐馬中錫鄧璋分守參政冒政右參議方矩管糧郎中王藎劉繹知州章英等俱有罪。徵下鎮撫司。鼐時任南京右都御史。中錫侍郎致仕。政巡撫寧夏。

乙酉。大理寺左寺丞費鎧引疾。勤致仕。

丙戌。南京戶部尚書楊廷和入朝。改戶部尚書兼文淵閣大學士。直閣。

惟卓嗣秦王。

國子司業周玉爲祭酒。

戊子。太常寺丞趙繼宗爲少卿。故羽流。

傳陞刑部左侍郎王鑑之右侍郎林泮各俸一級。

曉刻。月犯井宿。

己丑。旱災。免山東夏稅有差。

辛卯。戶部左侍郎王佐。大理寺右少卿王鼎。錦衣衞指揮僉事周賢。以勘魏國公徐俌無錫莊田盡還俌。而巡撫右副都御史艾璞巡按御史曾大有等。以扶同下鎭撫司獄。尋杖璞五十。徙其家海南。俌無錫賜田年久失業。奸掾許祿導訟賂璫。遂成大獄。

遼東總兵署都督僉事韓輔改中府。薊州總兵署都督僉事溫和改左府。

甲午。後府右都督毛倫爲征虜前將軍總兵。鎭守遼東。錦衣衞都指揮僉事劉祥爲署都督僉事總兵。鎭守薊州。

乙未。翰林侍讀朱希周疾愈還朝。

故都督同知葉廣子蕃襲錦衣衞指揮僉事。廣起總旗。歷都指揮使。非軍功。例不嗣。蓋特恩也。

錦衣衞都指揮同知高得林奏收餘丁五千人充役。從之。自是冗食益滋。

丙申。寧夏餉匱。增兩淮鹽引十萬兩。浙七萬。長蘆三萬。

丁酉。特贈御馬監太監丘聚司設監太監馬永成御馬監太監魏彬父俱錦衣衞指揮使。予祭一。閹人濫恩。前未有也。

戊戌。翰林編修魯鐸爲國子司業。

己亥。初武城中衞軍餘鄭旺女入宮。弘治末。旺陰結內使劉山求自通。山言周太后宮鄭金蓮卽若女。爲東宮所從出。孝廟聞而磔山于市。旺論死。尋赦免。至是仍煽浮言。有王璽者利之。潛入東安門。云國母鄭氏幽若干年。欲面奏。東廠執以聞。窮治寘極典。

談遷曰。宮禁祕密。至于震器發祥。典至重也。貪夫覬倖。固不足言。其後逆濠指斥乘輿。云抱養異姓。厚誣孝廟。未必非鄭旺劉山光之也。

十一月。𧙹朔辛丑。大學士焦芳乞先人祭葬。予之。

癸卯。陝西道監察御史許讚改翰林編修。父進冢宰。避嫌。給事中詰改檢討。又改讚。

甲辰。守備劉家口左監丞高永求兼分守燕河營。特許之。

寧夏地震。

乙巳。英廟貞妃王氏薨。年八十一。謚榮靖。

萬全都司開平衛地震有聲。

奪監察御史金洪。刑部員外郎趙廉官。罷右副都御史張泰。初。陝西三水人趙恕。婦梁氏外淫。謀殺恕。論死。已恕他坐入獄。通梁氏有身。因自誣服。洪按關中。罪梁氏杖。季春代洪。仍論死。廉錄囚。擬如洪。復移御史秦昂鞫之。如春擬。故洪廉坐譴。張泰失于察駁也。春候補京秩。瑾蓋行意風示諸司。

己酉。擇孔氏二人官學錄。主尼山洙泗二書院。

辛亥。四川道監察御史鄭陽劾徽王莊田忤瑾。下獄。謫旌德主簿。

夜。月犯昴宿。

壬子。大理寺右少卿藍章爲左僉都御史。巡撫寧夏。

乙卯。右副都御史張鸞爲大理寺卿。

夜。月食。

丙辰。授孔聞禮翰林五經博士。主鄒縣子思廟。

濟寧魚臺星隕。天鼓鳴。

丁巳。前大理左少卿劉獻爲左僉都御史。巡撫遼東。

己未。京師武弁二萬三千九百八人。秋俸三十九萬四千七百十三石。折九萬八千六百七十八金有奇。冗食始極。

吉王見浚乞湘潭商稅。不許。

辛酉。總督兩廣右都御史陳金奏田州岑猛悔罪。不欲赴平海衛。求從征自效。改近地。許之。逮參政謝湖時瑾受猛餽。徇其請。

是日至丁卯辰刻。木星見午位。

壬戌。巡撫延綏右副都御史曹鳳還院。

南京江西道監察御史郭浹憂去。合符不謹。謫豐城知縣。

癸亥。文華殿辦事光祿寺卿張駿爲禮部尚書。尚寶司丞周惠疇爲光祿寺卿。大理寺評事楊立爲太僕寺卿。高岱仝泰爲鴻臚寺左少卿。鴻臚寺丞華英爲光祿寺少卿。中書舍人紀世梁朱天麟爲太常寺丞。高榮爲尚寶司丞。以改錄通鑑纂要成也。

甲子。寧夏衞星隕有聲。

丁卯。上謚貞惠安和景皇后。

安仁伯王濬卒。濬上元人。孝貞太皇太后之季弟。其兄源。瑞安侯。清。崇善伯。皆謙愼守禮。濬贈安仁侯。

己巳。山西左布政使杜忠爲右副都御史巡撫延綏。

十二月辛酉朔。上親視郊牲。

密雲右參將吴玉爲署都督僉事總兵鎮守薊州永平山海。萬全右衞左參將孫成爲副總兵分守遼陽。

辛未。周府鎮國將軍安池嗣河陰王。蜀府鎮國將軍申鐓嗣慶符王。自秦府保安王誠瀲兄終襲爵。各藩徇例。

俱聽之。祿給益不可支矣。

壬申。水災。免遼東屯租有差。

甲戌。巡撫寧夏左僉都御史藍章乞肩輿涉嶺。詔責其自便。謫撫州通判。陝西按察使曲鋭爲左僉都御史。巡

撫寧夏。

巡撫直隸監察御史趙斌清宣大地八千九百餘頃。

復張綵吏部文選郎中。

乙亥。虜入定邊後衞長靜等堡。降都指揮武欽千戶鄒璋李綱秩。

丙子。守備山海關楊泰特陞參將。鎮守密雲古北口。

丁丑。山西奉國將軍奇灉訐奏僉事李情。下獄。謫鄖陽驛丞。

戊寅。朝鮮國王李㦕痼疾。弟晉城君懌署國事。母妃表請封懌朝鮮國王。遣太監李珍往。

辛巳。虜千五百餘騎入涼州永昌等堡。

壬午。諭旌寧王宸濠孝行。加歲祿二千石。賜衮龍飛魚文綺各三匹。仍書示宗室。蓋逆瑾受賂厚報之。由是驕

横日甚。

乙酉。巡撫宣府右副都御史劉璟爲刑部右侍郎。

山西布政司參議呂鏜除名。仍杖三十。鏜前任南京監察御史。同李熙王蕃貢安甫葛浩姚學禮陸崑論武昌知府陳海不謹。失實。俱下獄。

西安左衞指揮僉事楊宏爲署都指揮僉事。守備固原。初改守備爲備禦。至是仍改守備。

戊子。太原地震。

己丑。四川布政司左參議張官與順慶知府張賢不相能。各勒免。

庚寅。寧夏大沙井驛草燬十四萬三千束。詔逮前巡撫右僉都御史劉憲下鎭撫司。責償。

鎭守甘肅太監鄧玉徵。還南京閑住。以都知監太監楊定鎭甘肅。

辛卯。翰林院庶吉士閔楷服除。授禮科給事中。

錦衣衞都指揮同知于永致仕。上召永女。以鄰女進。懼洩。自免。子承襲指揮同知。永專導淫。上雖習其術。不能恆御女。致有宗祧之恨。

顯靈宮右正一劉雲徽。初封眞人。已被革。至是復其印誥。

壬辰。從承運庫太監秦文之奏。開浙江福建四川銀鑛。

吏科給事中張瓚往四川。刑科給事中林文迪往宣府。覈餉。

給莊浪土官都指揮魯經符幟。經奏乞。兵部持不可。不聽。

甲午。大同左副總兵溫恭爲征西前將軍。署都督僉事。總兵鎭守大同。

乙未。南京禮部尙書劉忠改南京吏部尙書。吏部左侍郎江瀾爲南京禮部尙書。

張坤嗣安鄉伯。

丁酉。司禮右監丞高金戶部員外郎馮顒往沂州勘涇王所請地土。還。劾淮安知府趙俊避事。蕭山知縣周庯欺隱。命各下獄。
故雲南都指揮同知劉桓。先從征貴州。坐陷平夷所。擬戍。宥之。子璽襲指揮使。
罷平羌將軍甘肅總兵劉勝。寧夏副總兵衛勇代之。
東垣王祐欅嗣鄭王。鄭簡王子十二。嫡長見滋夭。孫祐枔嗣爵。薨。亡子。簡王夫人張氏欲立子繁昌王見寖。屢奏瀆。以非次奪歲祿三之一。

國榷卷四十七

戊辰正德三年

正月妃朔癸卯。武清伯朱潔卒。子本嗣。

丁未。上南郊。

涇陽天鼓鳴。

辛亥。大計外官同知以下如擬。惟布按知府行太僕苑馬寺鹽運司官六十人具實蹟以聞。乃允之。附批翰林學士吳儼帷幙不修。令致仕。予告御史楊南金詐疾。削籍。餘乞假違限十月。皆如南金例。逆瑾以儼富需之不應。劉宇嘗撻南金。遂引疾。故皆得罪。聞者異之。

戊午。刑部左侍郎王鑑之爲南京右都御史。

己未。戶部右侍郎王瓊爲吏部左侍郎。瓊賂瑾。越三推得之。

平涼地震。聲如雷。

庚申。兵部上武舉條格。明年夏四月開科。初騎射。次步射。次策論。蓋議始先帝。迄今而備。

逮山西布政司經歷李夢陽下獄。逆瑾欲死之。夢陽與翰林修撰康海友善。瑾重海之才。海不爲屈。至是救夢陽。特爲請。得釋。而海竟坐是敗名。

前南京工部尚書侯瓚卒。瓚雄人。景泰五年進士。授戶部主事。歷撫甘肅。假赤斤蒙古之兵復哈密剌木八城。進兵部右侍郎。至今官。致仕。年八十一。子觀。進士。亦尙書。

癸亥。翰林編修豐熙爲侍講。
釋戶部左侍郎王儼獄。仍致仕。儼奉命暫理宣大糧芻。非專職。故得輕宥。
甲子。巡撫雲南右副都御史吳文度爲戶部右侍郎。南京大理寺卿韓邦問爲刑部左侍郎。
丙寅。前南京工部尚書胡拱辰卒。拱辰淳安人。正統己未進士。令黟縣。擢御史。言事剴切。進左參政。歷勷川貴兩廣叛夷。好興利除害。七旬懸車。年九十二。贈太子少傅。謚莊懿。
戊辰。湖廣左布政使顧源爲右副都御史。巡撫雲南。
初。巡撫四川右僉都御史劉纓。巡按御史楊璋。及參政吳彥華。副使張貫。參議郭祥鵬。議開巫山入夔之間道。纓等俱去任。彥華慨任之。詔罷役。御史王璟復以請。責纓等違旨逮之。纓奪俸六月。祥鵬降金華同知。璋免官。
二月己巳朔。巡撫湖廣右僉都御史劉纓爲南京大理寺卿。
光祿寺丞趙松歸省踰限奪俸三月。已有旨。引疾踰歲。勒免。
辛未。兵科給事中王廷相宅憂不赴部領符。謫亳州判官。
傳陞錦衣千戶張寰指揮僉事。冠帶舍人王德馬釗姚文朱福百戶。釗已任百戶。時授其兄鉞。誤作釗。有旨改鉞。鉞釗俱太監馬永成舍人也。
壬申。大名知府石祿加山東右參政。時行有司募納義官承吏祿輸工部二萬餘金。故擢以風示天下。
癸酉。河南左布政使張子麟爲右副都御史。巡撫湖廣。
甲戌。少傅戶部尚書武英殿大學士王鏊署詹事府事。吏部尚書兼翰林學士梁儲主禮闈。
丙子。刑部尚書屠勳致仕。加太子太保。給廩役。
中旨。尙衣監太監趙榮鎮守湖廣。

戊寅。南京國子祭酒章懋已疾去需召至是予致仕。

吏部推台州知府等二十六人。皆允之。惟夔州改推二人。且命中外五品上槪陪推。逆瑾紛更類此。自後或用其副。或連用播弄莫測。

四川道監察御史吳學稱疾逾限八月。吏部擬致仕。特削籍。

辛巳。南京右都御史王鑑之爲刑部尙書。出中旨。蓋鑑之擠屠勳。不由部推也。

賜外戚沈傅吳讓靜海閑田六千五百四十二頃有奇。

大風霾。

甲申。戶部左侍郎王佐爲南京戶部尙書。

閉浙江溫處銀礦。令布政司別項歲輸二萬金。

中旨。神機營左哨幷奮武營御用監太監吳輌調神機營把總右掖三司。御馬監太監張景昌代輌。尙衣監太監杜甫代景昌。

乙酉。南京刑部員外郎劉演。疾愈赴官。勒致仕。

前巡撫大同都御史周南督糧戶部郎中孫祿以儲腐下錦衣衛獄。

丙戌。工部右侍郎張泰爲南京右都御史。

戊子。右僉都御史韓福爲戶部左侍郎。

故甘肅副總兵都指揮同知魯麟贈右府都督僉事。特予祭葬。

曉刻。月犯心宿。夜。月犯天江心。

己丑。大同大風晦三日。平虜衛草場災。

庚寅。光祿寺丞趙松爲少卿。松因違限厚賂瑾。

傳陞錦衣衞舍人谷大寬副千戶大洪大原勇士黃賔俱百戶。

辛卯。黃霧四塞隨雨土霾。

壬辰。南京工部右侍郎俞俊改工部右侍郎。俊首賂劉瑾。歲三遷。

禮闈放榜考官入朝。焚至公堂延燬會錄板遺卷。先是焚惑守文昌。禮部尙書劉機待罪宥之。

癸巳。提督謄黃通政司右通政張綸爲右僉都御史。

安南國王黎誼來貢。

丙申。南京右僉都御史張恕爲南京工部右侍郎。

伊府儀賔龐進輔請採盧氏永寧宜陽嵩縣銀礦。戶部持不可。上命監司同進輔覈之。

前南京刑部主事陳言以弘治末察處致仕。奏辨復官。兵部員外郞董俊援言例奏辨。仍罷言。言屢愬。杖三十。戍邊。

固原鞏昌階州地震。

三月戊戌朔。傳陞勳衞張宗說爲錦衣衞都指揮使。

鞏昌階州地震有聲。

庚子。封祐櫃襄王。祐橏崇王。祐𣗬徽王。銓鉦瀋世子。譽榮岷世子。安襄上洛王。台豪壽陽王。誠澂保安王。秉𣚍汧陽王。奇濹寧河王。健樸安丘王。當涵鉅野王。

中書舍人陰盈起復。進士陳璋陳定之引疾。俱違限。盈謫晉州判官。璋定之勒致仕。

辛丑。予告南京右副都御史雍泰仍提督操江。

壬寅。武昌知府陳晦擢江西布政司左參政。

修會稽孝女曹娥廟。從巡按御史楊滋之請。

乙巳。楚府緍雲王榮淋薨。謚懷僖。

丙午。前巡撫雲南右副都御史林元甫卒。元甫莆田人。成化乙未進士。授工科給事中。數言事。歷山東左參政。德王欲厚葬妃。堅阻之。居官三十餘年。家無餘貲。

丁未。岷王彥汰乞故雍王府。徙其居。不許。

己酉。太子太保南京戶部尚書周經服闋。起禮部尚書。

庚戌。贈劉榮（瑾父）後府都督同知。瑾本淡姓。冒劉氏。自稱賜姓。

辛亥。吳傑嗣清平伯。（璟庶子。）

諭吏部嚴斥貪吏。旌廉能。初鄒平人孫淮言貪吏雖罷黜。以財請寄。仍復官。賄賂公行。此大弊也。乞遵高皇帝之法。革故鼎新。天下可理。故有是命。

壬子。策貢士邵銳等三百四十九人于奉天殿。賜呂柟景暘戴大賓等進士及第出身有差。

歸安南使臣阮詮等之喪。時卒于龍州。

甲寅。陝西行太僕寺丞陳璣爲總兵曹雄訐奏。下詔獄。事白。結逆瑾。改太僕寺丞。

總督蘇松糧儲都御史羅鑒請符驗。命罷符驗。自成化七年都御史滕昭始請。非例。止之。

冠帶舍人廖鵬奏過祥符擒盜。授錦衣百戶。濫賞冒功。鵬之惡始稔。

乙卯。太監劉瑾請歲遣科道覈各邊芻粟馬匹。許之。時上寓豹房。瑾擅威柄。朝事俱先稟決。大臣唯唯。覈儲之命。邊城震騷。道路以目。

丙辰。兵部左侍郎文貴僉左副都御史提督宣大延綏軍務時虜牧塞下不退。

戊午。械致巡撫遼東都御史張鼐馬中錫鄧璋分守參政冒政參議方矩管糧郎中劉繹王藎知州趙瑾章英于遼。巡撫大同都御史周南管糧郎中孫祿于大同。各追宿儲畢。仍赴鎮撫司以聞。後鼐中錫政矩藎以糧芻虧腐。俱削籍。

中旨分守宣府萬全都司御馬監太監宋彬調鎮甘肅。守備黃花鎮都知監左監丞張鼎代彬。御馬監左監丞范祺代鼎。

己未。太僕少卿劉璣爲太常寺卿。提督四夷館。劉瑾以鄉故。拔自外郡。歲輒再遷。

逮永平管糧戶部郎中劉乾及知縣郭議通判田泰指揮李英下鎮撫司。以灤陽驛草場火。乾請別委。觸瑾怒。

壬戌。增鄉試解額。陝西三十五人。河南山東十五人。山西二十五人。劉瑾焦芳之鄉。諷兵科給事中趙鐸奏之。又增四川十人。併入會試南卷。餘入北卷。南北各百五十人。著爲令。

癸亥。進士呂柟授翰林修撰。景暘戴大賓編修。二甲三甲首焦黃中胡纘宗俱檢討。故事。鼎甲即授官。餘選庶常。越三年學成。二甲授編修。三甲授檢討。而焦芳欲魁其子黃中。對策劣甚。猶高等。特授檢討。試錄刻黃中纘宗策。時制大變。

祀宋臣陳瓚陳文龍于興化。從福建左參政熊達大理評事徐元稔之請。

行人劉瓚治鎮平王之喪。入朝愆期。謫桐鄉縣丞。

故綏德衛署正千戶趙福殉虜。子宗漢超署指揮僉事。仍食正千戶俸。

甲子。戶部左侍郎僉左副都御史韓福整理湖廣糧儲。請開納。從之。

乙丑。大雨雹。

丙寅。郭勛嗣武定侯。郭良子。

招撫肅州叛番且卜苦等還居沙州。

前景州判官張蘭下鎮撫獄。蘭父瑋副都御史。乞葬祭。合例。逆瑾矯旨責其瀆。

四月戊辰朔。己巳。太僕寺少卿公勉仁謫都轉運鹽司同知。福建布政司左參政熊達謫夔州知府。監察御史李壐謫鄧州判官。俱劾罪不當也。

朔州馬邑地震。聲如雷。

辛未。涇州大雨雹。溺民居菽麥。

甲戌。初戶部請各邊年例銀。有旨軍屯民運。邊有成則。復輸銀。何也。且開中引鹽。恐致漁費。其議之。于是議令鎮巡官覈士馬。行開納事例。罷年例銀。

薛應旂曰。逆豎猶知年例之爲害。邊牆之無益。恐不可以人而廢言也。

甘肅太監鄧玉等請開茶鹽濟餉。不允。

乙亥。右副都御史曹鳳赴官。緩勒致仕。

開鬻武爵贖罪諸生入監度僧道例。提督宣大侍郎文貴經略邊關墩堡。計費五十萬金。故有此請。又借太倉銀三十萬。冏寺銀十萬。俟後償。銀未出京。入瑾之門殆四之一矣。貴迎瑾意。毀古墩臺更築之。內造箭窗砲眼以制虜。實無裨于用。虜殺掠人畜無誰何者。

昏刻。月犯軒轅右角星。

丙子。賜大同總兵署都督僉事溫恭蟒衣一襲。初。勳臣出鎮。間賜蟒。其後邊帥貪乞。不勝其濫。

丁丑。南京國子司業羅欽順送親踰限。削籍。停司業不補。

逮總制陝西右都御史楊一清布政司督糧右參政李思明安惟學以給事中安奎御史張彧覈邊儲虧耗也。至京。劉瑾惡其築邊太費。王鏊言于瑾曰。一清有高才重望。且爲朝廷脩邊而可以爲罪乎。李東陽亦力救之。得釋。放歸。

旌魯府鎮國將軍陽鉞妾周氏貞烈。年二十一。殉陽鉞。特許祔葬。

戊寅。太監韋霦覈餉兩廣。括庫金輸京師。蓋瑾欲搜遺利。外絡多詘矣。

中旨都知監左監丞高柰守備永平太平寨青山營。

己卯。前太子太保吏部尙書王恕卒。恕字宗貫。三原人。正統戊辰進士。館選。授大理評事。歷左寺副。疏失刑六事。出守揚州。濟饑。自江西河南左右布政。轉撫南陽諸郡流民。平襄陽盜。以左副都御史撫河南。遷南京刑部左侍郎。起復。改刑部。又南京戶部。改撫雲南。鎮閹錢能不法。沒其下金寶。疏二十上。聲震天下。進右都御史。改南京。又南京兵部尙書。改撫江南。拯蘇松之災。劾中官王敬千戶王臣。復兵部南京。以直免。孝廟首召。進吏部。諫傳陞。止內批。遇事輒論。不合則去。方嚴偉特。樹望四十年。完名終始。篤老好學。年九十三。贈太師。謚端毅。子承裕。戶部尙書。

袁袠曰。端毅公以忠誠受知憲廟。所論奏皆譏切貴近。無復諱避。悉見優納。及秉衡鑑。抑躁獎恬。斥幽陟明。援薦羣賢。布列三事。弘治初明良一德。朝野淸晏。唐之貞觀。宋之慶曆。不足多也。求之于古。眞希文君實之倫與。

王世貞曰。大臣吾以端毅爲巨擘焉。次則劉忠宣。孜孜爲國。知無不言者。王端毅也。孜孜爲國。知無不爲者。劉宗宣也。雖然。吾不難二公。難時之容二公者也。

何喬遠曰。王公立朝。身繫安危治亂者五十年。退以耆宿高天下者又幾二十年。王公沒。名在士大夫間不衰以擬韓范兩司馬。然在當時猶有漁色之譏。用是知士行之難也。

張志淳曰。眉州萬安。濟南尹旻。三原王恕。皆舉戊辰進士。官一品。其存心律己。爲國憂民。驗之于弘治以來。萬衰特甚。尹次之。王益盛。天之報施。隨人善惡而應。未嘗少爽。爲大臣者于此觀之。亦可猛省矣。

庚辰。南京吏科給事中陳伯獻。守制踰限。削籍。

給總督浙江備倭錦衣衞都指揮僉事魏文禮符幟。兵科都給事中趙鐸等言其非制。不聽。

辛巳。巡按陝西監察御史張彧清寧夏屯地。增四千四百餘頃。遷戶部主事。治屯。

壬午。應天府尹沈鋭爲南京刑部右侍郎。

甲申。南京右副都御史弋瑄改北院。

朱本嗣武進伯。潔之子。

夜。月犯南斗杓第二星。

乙酉。隴西雨雹尺餘。傷稼畜。

丙戌。吏科右給事中丘俊覈餉延綏。引疾。繳敕及劾之。復求入朝。勒致仕。

丁亥。曉刻。月犯羅堰中星。

己丑。罰致仕署大理寺事工部尙書楊守隨粟千石輸邊。初。河南人賈斌同從兄凱謀殺從弟澤。論死。守隨駁其重。巡按御史房瀛改擬杖。中旨從初擬。瑾怨守隨。因中之。併逮瀛。奪俸五月。少卿王鼎謫知縣。評事林富謫縣丞。魏納附瑾。遷通政司參議。置不問。

昏刻。火星犯右執法。

庚寅。修貴溪上清宮。自弘治八年燬。正一嗣教眞人張彥頨累請。先帝命俟寧益二王府修訖。至是幷責府第誤工者。

辛卯。武舉安國等六十人宴中府。

中旨御馬監太監谷大用提督勇士旗軍太監楊春同都指揮夏明等理勇士營。太監李堂同都指揮田中等理四衞軍營。

壬辰。四川左布政使李善爲南京右副都御史。善以瑾鄉人。再推得之。

哈密使臣寫亦虎仙入貢。不偕通事皮俊等自投邊牒于鴻臚寺。大通事王永請究其奸。寫亦虎仙奏永凌索。禮部言遠人脩貢宜懷輯毋生其心時永供奉豹房恃寵横恣詔戒永而寫亦虎仙以奸夷結諸番啓釁至是入京。

癸巳。吏部推鳳翔同知翟敬爲四川按察僉事。切責其私。敬故翰林檢討。坐親藩累落職。尋起官。時凡落職謫戍者。皆不得徇用。

徙滎河湯王廟于湯原里。距縣北七里。前廟縣北四十里。卑陋。太常寺卿喬宇議遷。

守備龍門所都知監右少監孟山請改衛分守。從之。

乙未。增御藥庫房上嬖伶官臧賢特允之。

旌慶府安化王寘鐇母妃楊氏貞節。故恭和王邃墁薨。楊絕粒七日死。寘鐇以聞。

丙申。寧王宸濠乞追奬先德。命諭祭其先王。

丁酉。前巡撫江西右副都御史張本卒。本錢塘人。成化乙未進士。授南京工部主事。歷守襄陽青州吉安。著能聲。及撫江西。玩盜見劾。名大損。

五月戊戌朔。寧王宸濠求入謝。禮部議不許。

庚子。刑部主事宋冕下獄。謫金谿知縣。時守衞官失其銅章。擬軍罪。不及官。忤瑾。

壬寅。下吏科給事中安奎御史張彧于錦衣獄。以覈餉寧夏糾慶陽同知趙楫及指揮丁廣等百三十餘人。俱追拷。并責戶部尙書顧佐等尸位徇情。令具奏。

乙巳。金星晝見于申。三日滅。

庚戌。伊王諟錙薨。年五十四。謚曰定。

辛亥。吏部左侍郎王瓊調南京。瑾薄其謝也。郎中趙鶴已遷知府。降高州同知。員外郎李瓚已遷通政司參議。降饒州通判。

蜀王賓瀚薨。謚曰昭。

壬子。戶部右侍郎吳文度爲左侍郎。太常寺卿劉璣爲戶部右侍郎。

貴州赤水衞火。

裁雲南寧州流官知州。流官自弘治十六年始。

乙卯。秦州禮縣天鼓鳴如雷。

進知州譚綬秦志雷爵通判。謝汝暘晁必登爲府同知。知縣張元春等爲知州。故事守令缺補。至是雙推請旨。蓋雖細政。瑾必預聞之。而後可遂其漁獵也。

丁巳。巡撫陝西右副都御史柴昇爲吏部右侍郎。

通政司右參議任良弼封奏不謹。謫建昌通判。

復萬全都司懷安衞儒學。裁自正統間。

壬戌。巡撫甘肅右副都御史才寬改陝西。

故萬全都指揮僉事張澄有斬獲功。未及陞。子輔例襲指揮使。陞署都指揮僉事。

甲子。中旨御用監太監郭通鎭守金齒騰衝

平江伯陳熊總兵提督漕運兼鎭守淮揚。

昏刻土星犯靈臺上星

前巡撫寧夏右副都御史王珣卒。珣曹人。成化己丑進士。令太康信陽。擢御史。寬厚質朴。無赫赫聲。循資至開府。亦不瘝職也。子崇仁崇文崇獻皆甲科。崇獻亦都御史

乙丑。兵部左侍郎文貴防宣府。右侍郎曹元治船通州。議暫增侍郎。從之。

丙寅。太監劉瑾奏弘治十五年至正德三年。各邊年例若干。遣科道分覈。從之。并覈折色鈔布鹽各項共五百十三萬四千五百七十金有奇。

六月丁卯朔。山西左布政使胡瑞爲右副都御史。巡撫甘肅。

戊辰。監察御史陳玉刷卷畢。劾各官。瑾矯旨謂不別功罪。謫湖廣布政司照磨

己巳。錦衣衞指揮余賓直點科道。工科都給事中許天錫不至。詢之。朔日自經。天錫閩縣人。弘治癸丑進士。謇諤有氣節。時劉瑾擅政。天錫忿激。一夕具登聞鼓狀。力陳時政。稿成。以首觸柱自經死。時妻孥無從者。惟一僮侍。次日僮懼。潛懷鼓狀亡。負天錫矣。嘉靖中子春訴冤。賜祭葬。或曰。瑾惡天錫核內庫。潛遣人殺之。血流被面。嘉靖實錄。

監察御史朱衮巡按雲南。參洱海衞指揮章表等侵帑。詔罪狀未明。謫嘉善縣丞。

兵科都給事中潘希曾監察御史劉子厲覈餉貴州湖廣。劾施州衞千戶蔣廷玉舒良臣等受財骫法。詔責希曾子厲條對未悉。徵下鎭撫司。逮湖廣巡撫右副都御史湯全督糧右參議華福管屯副使金獻民劉遜都指

揮僉事張塤及廷玉良臣俱逮入京。時全致仕。福獻民遷任。即其家補之。

益王祐檳乞歲自遣官祭生母德妃張氏于金山。以非制。書慰之。

庚午。兵部右侍郎曹元爲左侍郎。南京大理寺卿劉纓爲右侍郎。

故太保禮部尚書胡濙孫頤廕中書舍人。

尚衣監太監秦文奏內庫所貯蟒龍斗牛飛魚麒麟獅子等服。俱織于天順間。且盡。宜派造浙直。遂命織紵絲紗羅萬七千四百餘匹。蓋先朝賞服甚靳。自劉瑾用事。倖璫濫賞。亡篹。民力不堪矣。

辛未。監察御史閻潔爲山東按察司提學副使。潔乏文譽。以中官奴壻。又瑾鄉人。試諸生檢故牘塡名。試童生擇長篇錄之。于校閱曠如也。

戶部郎中劉乾張諸。主事時理餉紫荊關。以虧腐繫郡獄。償如其額。

壬申。何紹正師夔李鐸鄭裕盧綸李陽春王鑾張龍吳玉榮沈炤李淳許瀚于聰李憲王爌屈銓俞泰唐錦爲給事中。

癸酉。起復太常少卿兼翰林侍讀靳貴。

械給事中安奎監察御史張彧垂死。莫敢救。大學士李東陽言盛暑釋輕繫。宜宥奎彧。全朝廷待士之禮。始獲釋削籍。

甲戌。順天府尹胡富爲南京大理寺卿。勒南京光祿寺卿張賓致仕。賓年七十。時陪推。

太僕寺少卿劉聰督理京營及宣府居庸密雲古北口永平山海等馬政。

戊寅。刑部右侍郎韓邦問滿六年考。進尚書致仕。

雲南左布政使熊祿爲南京光祿寺卿。

故都督同知李文仍贈高陽伯。文以舍人立戰功至右都督。封伯。後失事。降都督僉事。進同知。孫珣訟其功。求爵謚。部議贈爵。餘已之。

庚辰。李昱嗣豐城侯。李璽庶長兄。

南京刑部右侍郎劉憲卒于獄。憲字廷式。益陽人。成化戊戌進士。授□□知縣。擢御史。總閱章奏。頗有聲。進大理寺丞。經略邊務。募兵數千人。虛糜無用。正德二年巡撫寧夏。大沙井驛草場火。時陞南部。以給事中閱邊劾憲欺隱。下錦衣獄。責償。情罪不相麗。聞者冤之。

壬午。設神木千戶所于朝陽崇文門外。

右副都御史周季麟。江西按察副使何琛陳恪。福建鹽運司同知錢承德。紹興知府劉麟削籍。御史姚壽謫鄧州判官。李璽謫□□驛丞。季麟巡撫順天。密雲人李成奪軍餘王信魚。忿訴。信怒擊妻死。成愬于衛官李琮。信懼捕自溺。承德時任兵備副使。以成從子順助訴論死。琛代承德。擬如初。麟以刑部員外郎錄囚。壽恪璽遞按部。不之問。至是順愬上。成成通州。季麟等俱獲罪。

癸未。巡撫陝西右副都御史才寬爲刑部左侍郎。

籍南康人吳登顯等家。太監谷大用領西廠。緹校四出刺事。登顯等徇午日競渡之習。緹校以龍舟禍之。自是民間見鮮衣怒馬作都下語者。輒斂跡相告。長吏密賂。或亡賴子奸喝售利。天下皆重足屏息矣。

復故庶人申鏳華陽王。初成化時坐鎭國將軍申錮訐奏褫。至是子賓鉦嗣封。求卹贈而不謚。

乙酉。發內庫成化錢給密雲後衞官俸。

丙戌。鎭守河南太監廖堂薦各官。擬某陞某調。吏部多徇之。吏科給事中何紹正等劾堂雖奉旨訪察賢否。注遷付之吏部。何擅爲。上是之。責堂自陳其所薦。下巡按御史核實。

戊子。山西巡撫右副都御史徐節削籍。罰粟三百石輸大同。節前任廣東布政使。參盜見劾。己丑。前左都御史張敷華卒。敷華字公實。安福人。天順甲申進士。館選。授兵部主事。歷郎中。遷浙江右參議。撫溫處礦盜數千人。弘治初。至湖廣左布政。荊王脅守臣以蘄州爲邸第。獨不署奏。巡撫山西太原。轉大同之餉。仍運米改陝西。計擒叛僧。擢南京兵部右侍郎。進右都御史。總漕。盡絕干請。歷南北臺。執議不阿。正德初。矯旨罷。風采凝重。爲士類稱首。瑾誅後。始贈太子少保。謚簡肅。

陳善曰。詩云。君子如祉。亂庶遄已。張公一發言議撫。而羣盜免死者數千。德至渥也。奕世而下。衣冠蟬聯。固爲善之報哉。

庚寅。巡撫大同右副都御史崔嚴改陝西。

大同平虜城災。

土魯番速檀滿速兒入貢。初元年。哈密忠順王陝巴卒。子速檀拜牙郎嗣。土魯番速檀滿速兒修好哈密。且入貢。求其眞帖木兒。甘肅鎭巡爲之請。兵部議。土魯番稔惡既久。今見我扞蔽拜牙郎。乃卑辭稱貢。其眞帖木兒羈留我郊。正古人質其所親愛。未可卽發。且館穀豐厚。孱而入。壯而出。亦朝廷懷柔之善。守臣孟先以情實聞。得旨。其熟計之。仍量勞速檀滿速兒奄克孛剌。

壬辰。早朝。罷。遺匿名書。御史奏之。俱指瑾等罪。上目訖。逆瑾叱羣臣跽奉天門。詰其自太監黃偉曰。彼擲此寧復立故所乎。徒枉人耳。瑾欲搜諸家。偉曰。彼寧留草也。時暑甚。有暍者。刑部主事何釴。順天推官周臣俱暍死。偉奮曰。此書俱爲民社事。慨然承之。不烈丈夫哉。瑾怒入。命李榮監視。榮起之曰。諸君憊矣。小豎投之瓜。瑾出。跽如故。瑾又怒榮而入。傳旨。榮就閒。偉徙南京。日晡。逮朝士三百餘人下鎭撫司。市人進飯不索直。進士陸伸夜卒獄中。都人洶洶罷市。明日。瑾微聞中人所爲。大學士李東陽疏救。得釋。

癸巳。購各番善馬。御馬監太監谷大用請責陝西甘涼鎭巡官。鎭巡官以馬出天方國。遠不可至。欲傳諭貢夷。兵部尙書劉宇檄甘肅鎭巡官遣官往。

甲午。大學士李東陽等請緩刑。言如逃軍盜馬。今戍邊。而主家鄰右火甲戍近衞。然罪有差等。或限其自首。如各官有犯通核歷年經承職名。僅一時之失。而窮一二十年之遠。以一事之差。而累數十人之衆。非惟人才難得。抑亦情有可矜。上大是之。

乙未。通政司右通政熊偉爲左僉都御史。巡撫大同。贊理軍務。

丙申。始授孔彥遂洙泗書院學錄。彥章尼山書院學錄。

前巡撫山西右僉都御史楊澄卒。

七月酊朔。戊戌。蜀府華陽王賓鉦乞湖廣澧州魚課。不許。

益王祐檳以食鹽千引。弘治十四年後止給三百引。乞如原額。戶部言王府食鹽原不支運司。始自正統間。後各藩引例。歲支鹽萬餘引。又奏乞。故先帝定例。千引止支三百引。難以再更。從之。

己亥。郁侃何沾林偉周謨張祐夏廷芝劉經朱儼曹岐薛鳳鳴王綸賀銳雷宗平世用范嵩尹綸李錫爲試監察御史。楊鳳馬溥然何沾汪景芳俱南京。

總督兩廣陳金上柳慶之捷。初。柳州之馬平洛容猺寇數萬。官軍分四道擊斬六千六百三十餘級。俘千五百餘人。進金左都御史。

庚子。鬻僧牒萬五千人。補光祿寺牲費。

前廣東按察僉事方良永服闋。推補河南信陽州兵備撫民僉事。瑾以弘治間添設。勒致仕。

己酉。孔顏孟三氏學定粟六人。時援納日盛。三氏學生亦波靡矣。

庚戌。趙弘澤嗣武靖伯。

壬子。諭鐘鼓司太監康能等慶成宴選用雜戲。令禮部徵天下工技百戲入京。于是角抵竿木魚龍曼衍之類。盛行于禁掖。

癸丑。南京工部右侍郎張恕卒。恕霸州人。成化辛丑進士。令夏津。拜御史。至今官。性儉素。雖久貴如未仕時。家無遺財。

甲寅。山陽大風雨雹如雞卵。傷人禾。

戊午。榮王祐樞之國常德。

裁山東福建南直隸管屯兵備副使。

己未。提督操江南京右副都御史雍泰爲南京戶部尚書。不五日。勒致仕。或謂其不媚中貴也。

庚申。劉瑾矯旨遣科道各一人核兩淮鹽引。

辛酉。賜慶雲侯周壽豐潤田八百七十頃。初田屬榮王。既之國。給壽。後雍靖王妃吳氏乞田。轉給定興滿城之田。畿郡賜莊。小民失業。

夜。月犯天鐏下星。

癸亥。夜。大星青白色。自閣道流至雲中。

乙丑。河南左布政使朱恩爲南京右副都御史。提督操江。

戶部言天下軍衞有司預備倉缺額。命侍郎韓福及撫按核先後官吏追償。

翰林院庶吉士孫紹先服闋。仍入院肄業。前此服闋俱改科道主事。紹先冀還翰林。託同年檢討段炅言于焦芳。創留之。後遂爲例。

始遣監察御史巡屯。從濟州衛指揮僉事闞銳之請。

陝西禮縣地震聲如雷。

八月丙辰朔。錄宣大禦虜功。賜侍郎文貴及鎮巡官幣二。羊酒一。餘各有差。

戊辰。命司禮左少監張淮給事中張雲御史王注戶部郎中董銳核內庫梭布八萬六千六百餘匹。虧萬有九千五百餘匹。中外官譴坐百七十三人。逮內官張誠侍郎王儼給事中任良弼御史藍章主事劉思賢等十三人。奪俸尚書顧佐李鐩等五十二人。餘宥之。

浙江巡鹽監察御史王潤督課遲緩。下錦衣獄。杖三十。削籍。著爲令。

己巳。左僉都御史劉瓛爲右副都御史。

給總督蘇松糧儲之章。

庚午。恭勤夫人李氏卒。予祭葬。太常寺歲饗。

癸酉。太子少傅吏部尚書許進致仕。劉宇覬吏部。會南京刑部郎中缺。推署員外郎主事劉吉余祐。瑾謂用署職越制。責進對狀。進謂資授少。故推署者亦故事也。再責之。引咎。罷奪左侍郎白鉞俸三月。選司俸五月。

丙子。翰林學士張芮謫鎮江同知。御史湯沐謫武義知縣。沐巡鹽河東。牙行有互訐。疑芮與沐有連。陰庇之。幷奏得罪。逮鹽運使李德仁。

己卯。太子太傅兵部尚書劉宇改吏部尚書。

辛巳。立內廠。劉瑾自領之。酷烈出東西廠上。盡逐市井傭汲游食之流。城東千餘人。持梃甘死。欲刺瑾。乃復之。又盡嫁嫠婦。京師閧然。乃止。

壬午。戶部尚書兼文淵閣大學士楊廷和進少保兼太子太保。

癸未。甘肅總兵都指揮僉事衛勇爲右府署都督僉事。

甲申。大學士李東陽等言。巡撫都御史等官總理糧儲。果有侵盜。自宜追償。若止督治不嚴。當從寬減。或免官。吏部覆上。有旨切責云。如錢鉞之擅改祿米。張縉馬中錫等之不職。王時中之酷暴。許進之越制選官。劉健謝遷韓文等之無知叩閽。餘不能盡舉。似此越律之罪不治。奚爲逆瑾之專恣强辨如此。

乙酉。夜。月犯天街上星。

丙戌。夜。月犯六諸王東第一星。

傳陞錦衣衞帶俸指揮使谷奉張友都督同知。

戊子。兵部左侍郎曹元爲兵部尚書。刑部左侍郎才寬改兵部左侍郎。戶部右侍郎林泮爲南京戶部尚書。

曹州盜趙實等流刧。詔捕之。

致仕山東管屯副使李惟聰罰米五百石輸大同。罷遼東游擊將軍金輔。仍罰米五百石。俱僞增屯田糧。

刑部郎中陳錄陸棟員外郎徐朴下都察院獄。坐稽獄久不上。株及錄棟。

己丑。翰林編修沈燾爲侍講。

追兩浙鹽司虧課。罰運使甯舉等俸三月。仍逮前運使楊奇晏輅宋明梁萬鍾同知亢通趙哲羅珦鄭洪運使王迪李用文孫簡李霖判官黃昌李從輔周思禮黎磐。俱去官或物故。皆錄其家。怨聲載路。

罰前戶部尚書韓文粟千石輸大同。侍郎張縉半之。輸宣府。偶戶部失籍波罪。

辛卯。夜。月犯軒轅右角星。

癸巳。戶部尚書顧佐致仕。給廩役。

甲午。巡撫延綏右副都御史杜忠致仕。

伊王姊貞丘郡主適儀賓蔡昇。昇卒。首觸壁死。詔旌其貞烈樹坊。

乙未。光祿寺卿孫交爲戶部右侍郎。提督倉場。大理寺卿張鸞爲刑部右侍郎。巡撫甘肅。右副都御史畢亨爲南京工部右侍郎。

河南府地震。

九月辆朔丁酉。前巡撫宣府右副都御史李進。坐虧餉。罰粟三百石輸宣府。

戊戌。兵部尙書曹元同太監張永英國公張懋提督團營。

己亥。昏刻大雷電。

庚子。災傷免鳳陽淮安揚廬徐和夏稅。

辛丑。罰致仕右副都御史朱欽雲南按察僉事張弘宜粟各三百石輸宣府。以沔陽弓矢久不解。欽嘗任湖廣布政。弘宜守沔陽。失催也。

壬寅。禮部左侍郎署太常寺事田景賢爲禮部尙書。仍署事。戶部右侍郎劉璣爲尙書。右僉都御史張綸爲大理寺卿。

癸卯。致仕南京戶部尙書雍泰。少師兼太子太師吏部尙書馬文升。太子少保吏部尙書許進。太子太保兵部尙書劉大夏。禮科右給事中趙士賢。御史張津。並削籍。吏科都給事中任良弼等。廣西道御史陳順等五十六人。俱罰粟輸邊各三百石。歿者免之。進子編修讚。檢討誥。調外。初。泰巡撫宣府。撻笞將官奪秩。後士賢津等交薦。大夏覆上。文升推操江。辭疾。今進仍推操江。推戶部尙書。失詳奪秩視事。劉瑾夙憾泰。且惡進矯旨加其罪。

夜。月犯羅堰中星。

廣東□布政使劉𦪀爲右副都御史巡撫延綏。太常寺少卿喬宇爲光祿寺卿。故通政强珍子汝學等與人訟被誣奏不法籍其家汝學汝思論死。

甲辰。進士劉瓚當補縣吏部悞擬評事。降瓚蒼梧縣丞。

丁未。通政使韓鼎爲戶部右侍郎。吏部文選郎中張綵爲左僉都御史。越二日。鼎失謝。勒致仕。貴州都勻長官司長官吳欽與其族士舍吳敏爭襲仇殺。兵部按欽之曾祖賴國初立功受爵。後陣沒。子琮幼。而弟貴借襲三世于法。敏不得嗣。從之。

戊申。致仕南京刑部尚書樊瑩。前右都御史高銓。及南京刑部尚書洪鍾。郎中邢珣張嵿。余貴員外郎余祜。左評事何正俱削籍。故隆平侯張祐弟祿與從弟禴及宗人沂渼爭襲爵互訐。南法司久不決。至是解京。祿得白。禴等遠戍。罪及舊讞。

己酉。戶部定諸臣罰粟定勒限。否則聽劾。大同輸千石。戶部尚書韓文。五百石韓文及侍郎張縉等九人。三百石都御史徐節。宣府輸五百石。員外郎吳純等十六人。三百石都御史李進等三人。太倉輸三百石。指揮僉事張經等四人。二百石布政周季麟等六人。百石尚書侶鍾。又都御史孫需等三人。布政李進等三人。御史吳學等三十九人。給事中李祿等十九人。郎中徐鍵等三人。三十石員外郎李夢陽。宣大輸三十石。給事中吉時等三十人。御史陳順等二十一人。二百石給事中艾洪等五人。御史王渙等十一人。檢討劉瑞。松潘輸二百石。都御史劉洪。時瑾竊柄。假此羅織取賄。後凡詿誤。罹網。往往賂瑾以免。

辛亥。月犯天陰南二星。

壬子。漕運右副都御史張縉。先以揚州饑。改漕二萬五千石。抵廬州所輸鳳陽。謂紊法。削籍。

月犯□星。

癸丑。兵部尚書曹元進太子少保。

太子太保禮部尚書周經告老不允。

荊州知府王綬自陳捕盜功進一級賜飛魚服。綬婁虐附逆瑾。監司反畏之。入覲都察院署其考曰。兩司畏其脅制而考語欺天。百姓苦其誅求而怨聲動地。雖得其實。竟不能去。又瑾鄉人工部主事馮友端監稅荊州。貪暴類綬。時稱二虎。

甲寅。致仕南京右副都御史陳壽以延綏虧餉宜償菽麥二千三百五十三石布千五百十四匹。訴貧乏。免之。

錦衣衛指揮同知余寘致仕。特賜歲役月廩。

乙卯。太僕寺卿陳最爲戶部右侍郎。

撫州知府劉介爲太常寺少卿。介繼妻美。張綵問介。我有求。能應我乎。曰。身以外惟命。綵曰。我所求新嫂也。敬謝君之諾。介默不敢對。少頃輿刼之。又慕平陽知府張忠妾。不應。令御史張鑰核餉文致其罪擬戍。旣遣妾得末減。

王世貞曰。屠諭德文陞嘗于史館見錄介事。後使過其鄉。介七十老矣。留屠飲。徐問其家。則結髮婦固亡恙也。屠猶未信。徵于其鄉人。固然。乃欲辨傳言之妄。未果。予謂國史不應燆誣至此。或介妻固無此事。或新妾而史悞以爲妻。未可知也。

丙辰。給寧王宸濠南昌河泊所。

戊午。錦衣衛指揮僉事谷大亮等二十人。乞往兩廣勦寇自效。許大亮等九人。仍禁後請。時權倖子弟借報效竄身邊鎭。冒功賞。或一日數處斬獲。實未嘗履陣也。其得請或否。則視權賂爲軒輊。雖有此禁。倖竇如故。

己未。夜大風雷。

庚申。外戚錦衣百戶張俊傳復指揮僉事。

辛酉。逮前太子太保兵部尚書劉大夏南京刑部尚書潘蕃伏羌伯毛銳下獄。初田州知州岑猛降福建平海衞千戶不行。改流官知府謝湖懼猛未至。及至則猛復據田州。逮湖詔獄。湖訟猛之叛由鎭守太監韋經總兵毛銳巡撫潘蕃也。經又訟巡撫劉大夏致之。大夏方鉏菜。卽就捕獄。上大夏蕃永戍肅州。銳奪太子太傅裁祿五百石。經閒住。湖削籍。猛改田州府同知視事。大夏本兵時。請汰勇士近倖憾甚。故瑾因猛陷之。大夏道汴。有司欲賂瑾。辭曰。此寧能飫彼意。第舉殘骸付之耳。時年七十三。日短衣候將領門下。人服其度。作宣召錄追憶財二十則。自謂多遺亡。

王世懋曰。予讀正德初紀。諸名臣蒙難事。蓋深有感焉。方八黨爲六部大臣所持。韓忠定蓋首創之事。成爲首功。不成當受首禍。瑾所欲甘心者。宜莫如忠定。然削秩輸粟止矣。劉忠宣爲孝宗所厚。正德初致仕。與瑾絕無纖毫怨。顧逮治最酷。謫戍肅州。當時雖云劉宇憾公孝廟時不爲地。然非有深仇。卽仇瑾亦不宜過聽。至是。蓋在孝廟時盡裁光祿無名供億。歲百萬計。又議革騰驤四衞勇士。諸內豎皆切齒。大抵犯一人者易爲解。犯衆口者難爲銷。此人臣出身任事者之難。不然。公之恭謹溫亮。終身無暴言遽色。蒙禍豈當爾耶。

癸亥。延綏慶陽大水。賑之。應天廬鳳淮揚旱。命吏部左侍郎王瓊賑之。

甲子。令宗祿按季支給。罪先期者。

中旨內官監太監周輝守備倒馬關。

十月乙亥朔丁卯。遣給事中御史十人覈各邊芻粟馬匹。仍令邏卒密察。自是陷及亡辜矣。

辛未。徵整理湖廣糧儲戶部左侍郎韓福。命南京工部右侍郎畢亨兼右僉都御史代福賑湖廣河南汝寧。

癸酉。錦衣衞帶俸指揮使劉俸自薦才略。夸甚。令莅南鎭撫事。劉宇子。

閔南京災停各項工作。

甲戌。張欽嗣彭城伯。張信子。

乙亥。裁遵化縣丞。

丙子。太子太保禮部尚書周經乞休。幷令南京戶部尚書林泮致仕。給廩役。泮視經之半。

戶部遣主事李緋淮安收糧請乘傳。不許。責尚書劉璣等妄引事例。禁其後。

丁丑。歲給蜀世子讓栩本色米三千石。不爲例。

給事中何紹正盧綸李陽春吳玉榮薛金胡洪張寶林文迪核大同宣府遼東甘肅等糧儲馬匹。貴州令巡按御史兼理之。

夷人兀弩骨赤等二十一人來降本山西人。被掠屬脫羅干部下。乘虜自仇殺得逃。各賜金。尋授兀弩骨赤錦衣衛副千戶。伯牙思忽爲頭目。伯兒合等十二人充御馬監勇士。故事歸義夷人皆安置兩廣。玆授官職。非典也。

己卯。吏部右侍郎白鉞爲禮部尚書。左都御史陳金改南京戶部尚書。南京右都御史張泰改戶部尚書。致仕。

卯刻。金星晝見。數日不止。

癸未。夜。月犯天罇下星。

甲申。韓府通渭王偕浕薨。諡恭裕。

丙戌。戶部左侍郎吳文度爲南京右都御史。左僉都御史張綵爲吏部左侍郎。通政使王敞爲兵部右侍郎。仍署通政司事。右副都御史劉洪爲右都御史。總督兩廣軍務兼理巡撫。

曉刻。金星犯亢宿南第一星。

丁亥。婺源朱爌以朱熹十代孫。求復其家。許之。

己丑。王昂金賢熊紀李學曾葉相葉良周金安金呂經朱璣爲給事中。良南京戶科。

庚寅。巳刻。南方有星自中天流至東南近濁。

兵科都給事中趙鐸等劾宣府太監陳貴。總兵白玉。右僉都御史鄧璋。市恩將士冒功賞。紀功御史郭東山不開被創實跡。上是之。璋玉奪俸。下東山錦衣獄。廷杖削籍。蓋賞格慶戰始天順元年。衝鋒破敵始成化十五年。至是戒紀功官毋立新名。否則罪之。

辛卯。整理兩浙鹽法兼右都御史張憲回院。

壬辰。盛鵬甯溥張瓛張纁鄺約高嶼顧英危行張芹李緯王九峰汪賜江萬貫杜昌章槩潘鋭周奎並爲試監察御史。

癸巳。錦衣衞都指揮同知高得林兼提督巡撫。

寧夏地震有聲。

甲午。翰林侍講王瓚爲國子司業。

十一月

朔。應天賑濟侍郎王瓊兼賑廬鳳淮揚。

蔚州地震聲如雷。

前江西提學僉事黄仲昭卒。仲昭。莆田人。成化丙戌進士。館選。授翰林編修。言事謫令湘潭。尋內除南京大理寺評事。癸巳進寺副。庚戌遷督學。丙辰致仕。年七十四。所著木軒集十四卷。

丙申。夜大霧。

謫禮科給事中曹大顯浙江布政司照磨。貴州道監察御史劉金桃源縣丞。俱核餉忤逆瑾。下獄。杖二十。

丁酉。張祿嗣隆平侯。張祐從弟。

戊戌。秦府奉國將軍秉欅嗣永興王。誠潤再從姪非制也。

己亥。有星自井宿東北流至軒轅。

臨海縣火。

庚子。吏科給事中何紹正戶科給事中盧綸頒曆導駕失儀被糾。各下獄。杖二十。調紹正海州判官。

辛丑。核遼東倉庫。罰先後都御史王宗彝陳琦韓重。郎中王濟。參政繆昌甯舉劉繹各粟千石。監察御史王獻臣胡瓚給事中吳彝侍郎張縉熊繡王佐。郎中羅榮陳大章居達楊志學。兵部尚書馬文升戶部尚書侶鍾顧佐各五百石輸宣大。給事中白思誠御史儲珊以重劾加俸一級。士論鄙之。

癸卯。撒馬兒罕國王沙亦乩等入貢。

前南京戶部尚書鄭紀卒。紀仙游人。天順庚辰進士。館選。授檢討。憲廟初上十二策。疾免。踰二十年補官。遷浙江提學副使。弘治初拜祭酒。疏諫齋醮。踰年改南左通政。歷南太常卿戶部右侍郎。至尚書。自負用世之學。家食雖久。同年劉健深知之。卒躋八座。則才自足致之也。

甲辰。順天府尹胡汝礪爲戶部左侍郎。

衞輝地震。

丁未。巡撫延綏右副都御史杜忠卒。

戊申。夜月犯六諸王東第三星。

前工部左侍郎潘禮卒。禮歸德衞人。天順庚辰進士。廉潔知名。正德丙寅年八十一。詔月廩三石。嘗鄉居。寇至。無長物。禮曰有酒可飲。盜諸飲而去。

己酉。禮部左侍郎署國子祭酒謝鐸致仕。鐸恬退。弘治間移疾。至是年七十五。

夜。月犯井宿鉞星。

丙辰。兵科給事中周鑰使淮安。還自刎舟中。凡使還。俱厚賂瑾。淮安知府趙俊許貸鑰千金而負之。遂憤死。逮俊論罪。巡按御史趙時中不以聞。削籍。

戊午。翰林編修吳一鵬爲侍講。

工部尙書李鐩致仕。

己未。福建按察副使張鼒誣搆泉州同知丁茂贓罪。且戍。茂訴得釋。鼒論死。

辛酉。南京右都御史吳文度爲戶部尙書幷南京戶部右侍郎王珩致仕。時吏部推文度珩補工部尙書。

保國公朱暉被劾辭營務。

癸亥。巡撫寧夏右僉都御史王一言卒。

前南京刑部尙書樊瑩卒。瑩字廷璧。常山人。天順甲申進士。授行人。擢御史。歷守松江平陽。至今官。誠慤簡易。宦績甚著。年七十五。逆瑾誅。始贈太子少保。謚清簡。

十二月戼朔。上視郊牲。

丙寅。南京刑部尙書洪鍾改工部尙書。右都御史張憲改北。

丁卯。泰寧三衞入貢。許市牛隻田器。

戊辰。給哈密衞忠順王速檀拜牙郎粟五百石。

己巳。巡撫宣府右僉都御史鄧璋爲南京戶部右侍郎。

庚午。工部左侍郎吳洪爲南京刑部尙書。

翰林院庶吉士安磐改吏科給事中。

惠安伯張偉提督團營。

太保長寧伯周彧卒。諡榮僖。

辛未。毀南京戶部鹽引銅版。改隸戶部。從巡鹽御史宇文鍾之請。戶部執奏如舊。不聽。後瑾誅。復之。

滿剌加國入貢。

壬申。刑部右侍郎李士實。右副都御史陳壁。戶部右侍郎何鈞。俱引疾年餘。勒致仕。

停各省物料。俟年豐輸工部。

癸酉。江西按察使陸完爲右僉都御史。巡撫宣府。大理寺左寺丞王憲爲右僉都御史。光祿寺少卿顏頤壽爲大理寺右少卿。

旱災。免應天太平寧國安慶徽池歸德田租有差。

甲戌。工部右侍郎俞俊爲左侍郎。巡撫陝西右副都御史崔巖爲工部右侍郎。

乙亥。滿剌加貢使火者亞劉等歸船風壞。求我造。部令自備。量助其力。

丙子。禮部郎中劉挺爲光祿寺少卿。監察御史楊斌甯杲爲大理寺左寺丞。斌瑾鄉人。杲儉邪進。

丁丑。山西左布政使賈錠爲右副都御史。巡撫陝西。

己卯。江西災。量免田租有差。

庚辰。命英國公張懋禱雪。

秦府輔國將軍秉欓嗣郃陽王。初郃陽溫穆王誠泓亡子。庶弟誠汾誠湌未及襲。秉欓誠湌嫡長子也。先帝謂再傳庶不許。瑾矯旨行之。

陝西巡茶御史翟唐。報陝西苑馬寺長樂靈武二監開城等七苑。馬萬三千八百二十六匹。詔給宣大各八百匹。

壬午。徐良嗣興安伯。徐盛從兄。

許開宗靈州鹽課備餉。

左府帶俸都督僉事支玉卒。

癸未。復昌平州爲縣。初改州。以懷柔順義密雲隸之。免徭役。至是仍舊。

戊子。以災傷。停徵兩京河南山東馬匹草租。

己丑。許下荆南上荆南湖北道分巡官攜家駐其地。期再歲。

嚴皇城紅鋪巡警之禁。紅鋪七十二。鋪各軍十人。夜巡銅鐸七十八。貯長安右門。初更搖鐸。歷西安北安東安。會長安左門而止。時法漸弛。兵部議覆設郎中增主事各一督巡。報可。

秦府部陽王秉欃薨。嗣爵冊使尙未至。賜祭葬如禮。謚安僖。

庚寅。提督南京糧儲左僉都御史儲瓘爲戶部右侍郎。總督漕運。右副御史李瀚爲右副都御史。署院。巡撫湖廣右副都御史張子麟爲左副都御史。改提督南京糧儲。時推張子麟儲瓘補戶部。既用瓘。責子麟不務公事。再有過。定加譴。治人莫能測瑾意也。

逮長蘆巡鹽御史新淦余禎下詔獄。時劉瑾以海鮮爲名。陰挾私鹽。禎絕之。長蘆舊萬。禎悉入部。瑾初厚望巡鹽御史賂。禎空手見瑾。瑾怒下之獄。猶日望其賂來也。久之不至。竟矯詔杖三十。戍肅州。坐掠重卒。禎字賓賢。弘治己未進士。以江陰□□擢御史。

李夢陽曰。予往在詔獄見君。爲涕泣念母。今母存而君則亡于非命。論者頗疑爲善而不報。夫孟子不云。天壽不二。修身以俟之誠若云云。則顏回之倫非哉。

慶成王府奉國將軍表㮾先聘典杖所餘丁田林女。適祖喪。至是服闋請婚。以舊禁本府軍校家選婚。不許。

辛卯。旌西河王府鎭國將軍鍾銘子奇洋孝行。

壬辰。災傷罷修京城。

己巳正德四年

正月丱朔戊戌。金吾左衞百戶王鳳翟勇侯良李經陳能周海李宣王瑞爲試百戶。放月餉違期。調邊衞。

辛丑。廣西左布政使王綸爲右副都御史巡撫湖廣。贊理軍務。時推南京光祿寺卿熊祿令致仕。

湖廣左布政使邵寶爲右副都御史。總督漕運。

陝西禮縣地震。

甲辰。劉瑾以陝西興平馬嵬鎭立義勇武安王廟。賜額忠義。瑾又作玄明宮于朝陽門外。費鉅萬。

故巡撫寧夏右僉都御史劉憲罰粟五百石。陝西右副都御史楊一淸苑馬寺卿車霆各罰三百石。

己酉。憲廟廢后吳氏薨。劉瑾欲焚其骸。大學士李東陽王鏊等言。漢成帝廢后許氏葬延陵交道廐西。光武廢后郭氏葬北邙山。凡廢后史書葬無庶人禮。廢后吳氏。憲宗皇帝詔云。別宮閒住。累朝以來供奉優厚。今禮不可闕。遂視英廟惠妃故事。祭用素羞于墓。

曉刻。金星犯建東三星。

庚戌。應天府丞李堂爲南京光祿寺卿。

日暈。有左右珥。靑黃色。

壬子。調廣西武岡戍兵千一百人于永州禦苗寇。

癸丑。刑部尚書王鑑之致仕給廩役。

乙卯。南京吏部右侍郎王瓊改南京戶部右侍郎。令南京通政司右通政程文致仕。文前大學士劉健壻。時文被推。瑾去之。

丙辰。工部尚書洪鍾改刑部尚書。兵部左侍郎才寬爲工部尚書。

曉刻。月犯房宿北二星。

晉府義寧王表槐薨。謚僖裕。

旌魯府鎮國將軍當漢及子健□孝行。樹世孝坊。

戊午。大理寺少卿李春削籍。春使福建娶妾。又多私齎。東廠糾之。仍罰粟五百石。

己未。戶部左侍郎胡汝礪改兵部左侍郎。

夜。有星自北斗魁東流至七公。後小星五隨之。

庚申。遣給事中張綸段豸胡玥王瑚監察御史房瀛沙鵬改戶部署郎中胡文璧張諾馮顒刑部郎中朱邊張淪劉祥陸棟兵部員外郎屠奎等爲監察御史。核京省稅。初覲官賂逆瑾。每省至二萬緡。多貸于京。還割庫金償之。瑾不自安。其黨張綵計核賦可掩也。于是各官又掊克充庫。天下騷然。

賑丹陽金壇饑民。

復連山縣舊治。天順中。徙小水坪嶺。

監察御史歐陽雲工科給事中吳儀削籍。雲儀使陝回。例賂瑾。適瑾矯名不受。以貪黜之。

辛酉。籍故右副都御史錢鉞家。初崇王祿萬石。例粳千石。粟九千石。弘治間鉞撫河南。遽以土粳四千石代粟。

至是崇王請給。觸瑾怒。責鉞紊制。籍其家。承奉唐名長史雷顒等各罰千石。鉞家杭州。且卒。子應禎應祥應祺應福應禧應祿及妻子分戍肅州固原莊浪等衞。遇赦不原。鉞之改粟爲粳。實因民便。而瑾以焦芳計。欲籍江南巨室。一敞篋內置衣飾一二。輒責富人倍納。杭人苦之。

敕戒榮王盁敦敬愼永保祿位。時就途騷擾故。

二月癸亥朔。甲子。增夜巡紅鋪指揮二員。舊三員。

陝西道監察御史林琦擬讞失當。調樂昌知縣。

丁卯。曹倣凃敬許鳳張璿顏正張縉李元俞緇童寬胡止爲試監察御史。

戊辰。申飭武學舊例。

己巳。琉球中山王尙眞入貢。

庚午。刑部吏董遜之告郎中周滌員外郎虞岳主事嚴承範章文韜擅易贓物。俱除名。陞遜之司務。司務例貢士高等序。郎中上。非掾選也。時無見闕。對品調各衙門。

壬申。太傅慶雲侯周壽卒。壽孝肅太皇太后之弟。性謹厚。不妄通賓客。年六十八。贈宣國公。謚恭和。

甲戌。傳陞錦衣衞指揮高得林後府都督同知。帶俸。

山東逋盜王紹吉等伏誅。

丙子。命瀋府永年王孫徵檔主府事。

停南京征科。罷工役。

己卯。宣府龍門衞地震。

庚辰。命錦衣衞正千戶石文義理刑。從都指揮楊玉之請。

辛巳。應天府尹黄寳爲右副都御史。巡撫陜西。令乘傳至京領敕。巡撫不自領敕。瑾邀賂創之。

中旨錦衣衛指揮僉事劉璋同楊玉辦事。

甲申。朵顔等衛都督花當貢馬駝鷹犬。乞賞駐關外。禮部議不時貢。卻之。上受貢馳賜其賞。

許南京湖廣河南陜西浙江贖罪粟一石。准收雜糧一石五斗賑饑。

丙戌。前大學士劉健謝遷削籍。先是舉懷才抱德之士。餘姚周禮徐子元許龍上虞徐文彪預名。屢求用。逆瑾憾健遷。矯旨謂餘姚隱士之多。必徇私援引。下禮等鎮撫司獄。且株及健遷。瑾欲坐逮籍其家。李東陽力解。焦芳曰。雖輕亦當除名。禮等戍邊。布政使林符邵寳李贊參政伍符參議尚衡馬輅紹興知府劉麟各罰米三百石。推官譙聰知縣汪度免官。著令餘姚人毋選京秩。健草詔并罪。

丁亥。刑科給事中沈炤先按事失當。下獄。當復秩。中旨謫湖廣布政司照磨。

戊子。勒山西右布政使姜洪致仕。時推福建左布政。中旨洪既年六十六。遂用湖廣右布政使陳良器。

給玄明宮緇竹廠地。廠年久無考。軍民宅葬數千家。皆他徙。暴骸冤慘。怨嗟盈路。

左府都督同知莊鑑卒。鑑遼東定遼右衛指揮使。知兵。勤慎小心。屢立功。

己丑。禁罷官留京。

南京禮部尚書江瀾卒。瀾仁和人。成化戊戌進士。館選。授編修。歷侍講侍讀學士少詹事吏部左右侍郎。孝友謹厚。子曉暉俱進士。嘉靖中贈太子少保。謚文昭。

庚寅。周塘嗣長寧伯。

辛卯。大理寺右少卿顔頤壽清理延綏屯田。

魯府鄒平王陽鏞薨。謚恭懿。

史賓襲錦衣百戶。憲廟保母莊靖夫人之孫。祖玉傳陞百戶。父端代之。至是賓求襲。兵部以非軍功格之。有旨保母恩三世而止。著爲令。

三月癸巳朔。禮科左給事中薛金監察御史宋璉核大同邊費。初侍郎文貴修邊。支費五十餘萬。瑾受賂實護之。

甲午。免南京錦衣等衞屯租。

乙未。廣西布政司左參議林瓚爲湖廣左參政。時并推山西左參議倪天民。命天民去天字。且禁其餘俱改之。

哈密衞使臣忽散木丁谷勒母罕默各訴通事王永索六十餘金。時永侍豹房怙寵。禮部不敢斥其罪。置勿問。第贖之。

罷廣東市舶司太監熊宣。回南京內官監。太監畢眞代之。

昏刻。月犯天陰南第二星。

己亥。夜。月犯井宿北第二星。

庚子。蓋州衞地震有聲。

壬寅。裁廣西太平府通判知事檢校。

癸卯。辰刻雨雹及霰。良久止。

乙巳。鎮守河南太監廖堂以擒盜功。參隨錦衣副千戶廖鵬進錦衣衞指揮僉事。實妄殺希功。

丁未。河南布政司左參政徐以貞爲右僉都御史。巡撫延綏。

水旱。免順天保定河間永平田租。

前巡撫延綏右副都御史王嵩已降陝西布政司參議致仕。至是復追徵糧芻。被劾下錦衣獄。坐侵盜論死。籍其家。收妻孥二十三人。法司以犯在赦前。改戍彰德衞。

己酉。考察朝臣。時吏部侍郎張綵昵劉瑾。箝制百官。故非時創行之。吏部又以前遣科道部屬。或斂賂侵庫。令御史伺察治其罪。蓋瑾欲掩其賂也。

吏科給事中邵和核鹽課。論奏諸司有遺。謫曹州判官。即邵天和。

辛亥。蓋州衞地震。明日復震。

夜。月犯天江第二星。

甲寅。遼東蓋州衞城樓鐘夜自鳴者三。東山大家峪山崩。約丈餘。廣寧中屯衞大興堡地陷。深四丈餘。諸城日照。贛榆安東衞各地震。

丙辰。賜哈密使臣寫亦虎仙飛魚衣一襲。

旌魯府鉅野恭定王陽鍌妃孔氏孝行。初陽鍌事繼母至孝。詔立旌孝碑。至是子當淪求彰母氏潛德。從之。

哈密忠順王速檀拜牙郎請還弘治初編管兩廣番人克伯赤九人。以叛逆不許。

丁巳。鎮守浙江太監劉璟以巡按監察御史史鑑瓜期願更留一年。不允。鑑諂璟謁由後門。憲體蕩然。

戊午。宣府屢失事。責提督左侍郎文貴後效。

己未。以久旱遣勳臣禱天地社稷山川。

南安流盜執同知趙鶴釋之。

魯府東阿王女臨城縣主辭房價璽書褒之。

國子祭酒周玉致仕。太僕寺少卿陳大章降馬湖知府。

大理寺少卿進光祿寺卿汪宗器致仕。卒。宗器。繁昌人。成化甲辰進士。授御史。歷南京大理寺丞。進少卿。蒞獄平恕。以劉瑾撓法乞休。

四月壬戌朔。癸亥。謫監察御史王濟□州判官。林偉國子博士。宇文鍾李錫姜佐韓廉高嶼知縣。□科都給事中馬騤推官。右給事中薛金南京詹事府主簿。俱考察不及。

遼府湘陰王恩譓薨。謚恭簡。

未刻。黃塵四塞。隨雨霾。

甲子。制敕房太常寺少卿劉棨罷。禁考察降黜者住京。

江西按察使陸完試右僉都御史。巡撫宣府。完陞秩踰三月入京。瑾創抑之。

乙丑。工部尚書才寬兼右都御史。總制延綏寧夏甘肅軍務。兵部左侍郎兼左副都御史文貴總制大同宣府軍務。初西陲失事。議設大臣節制鎮巡以下。故有是命。

丙寅。禮部左侍郎陸瀿爲南京禮部尚書。南京吏部右侍郎李旻代瀿。明日。復改旻南京左侍郎。

山西按察副使王鴻儒爲國子祭酒。劉瑾採時望拔之。

丁卯。敍柳慶功。賜總督右都御史陳金玉帶。

辛未。禮部右侍郎費宏爲左侍郎。太常寺少卿兼翰林侍讀靳貴爲右侍郎。

逮上高人戴克明。戍前禮部左侍郎黃景肅州。克明與景有隙。誣奏景龍袍不法。遂遣印綬左少監李宣刑部左侍郎張鸞錦衣都指揮同知趙良勘之。逮繫數百人。俱失實。惟石坊雕畫龍鳳幷鐫黃府字。坐犯分。籍其家。戍景肅州。餘五十八人戍邊。前江西參政黃綸巡按御史臧鳳及守令各罰粟五百石。克明亦戍邊。

肅州衞西山口營天鼓鳴。

甲戌。巡撫延綏右副都御史劉孟。以枉道還里。久不領勅。械吏部門。罰粟三百石。削籍。

免鎮守大同太監侯能。以虜入殺掠。幷責總制文貴。

乙亥。少傅兼太子太傅戶部尚書武英殿大學士王鏊致仕。

馮時可曰。當瑾初發難。六卿仗義攻之。韓司徒爲嚆矢。公以身幾焉。及司徒斥。二閣臣繼謝。公以人望特簡。士戴爲標。國倚爲柱。而公森森昂昂。如松拔灌莽。如鶴立雞羣。外不示同異。內有以陰折其萌。亦殫厥心矣。及瑾益肆。橫流滔天。不可防塞。公遂介于石。不終日以去。進如懸曜。退如收雲。乃其委蛇恬穆。略無居名競勝。抑何深至乃爾。昔人謂澹泊明志。寧靜致遠。公所以通神明。鏡始末。提緯宇宙。節立名全。豈非冰心玉壺爲地。君子哉。

丙子。中旨。御馬監太監梁玉鎮守大同。

丁丑。萬全都司柴溝堡地震。

西安後衞指揮同知朱贇等以先年虜入失守。戍利州衞。

戊寅。大理左寺丞甯杲謫潛山知縣。杲初御史。鬻鹽兩淮。已停鬻。未具奏遽任。

己卯。給事中李淳。監察御史仇惠。核延綏寧夏歲費。罰右都御史楊一清。僉事尙纁。慶府長史劉養浩。梁溥粟各三百石。致仕戶部尚書顧佐。侶鍾。韓文。郎中徐鏜。石昭各半之。時科道望旨。參劾方橫。噬爲能。不屬饜不止。

板冊。襲罕東衞都指揮使。賞卜兒加子。

辛巳。許翰林編修李時歸省。初請假。詰吏部例。安出。以成化末有詔六年歸省對。

大徵樂工入京。時教坊得幸。請禮部檄天下。上技于是乘傳續食者數百人。

壬午。孝宗敬皇帝實錄成。焦芳在弘治間覬進失望。至是修郄。如葉盛。何喬新。彭韶。謝遷。皆肆詆誣。同官李東陽等不敢矯異。故上表有是曰是。非曰非。豈敢專于獨見。疑傳疑。信傳信。庶以俟於將來之語。

丙戌。鞏昌。固原。秦。岷。寧夏中衞地震有聲。

丁亥。增環慶分巡副使。

監察御史趙時中巡按直隸。阮吉巡按陝西。還。少舉劾。下錦衣獄。後謫吉知成安。

己丑。暫停鑄錢。

辛卯。虜寇大同威寧海及左衞。

前巡撫貴州右副都御史張廉卒。歸安人。成化丙戌進士。

南京吏部左侍郎李旻卒。旻錢塘人。成化甲辰進士第一。授翰林修撰。闊達倜儻。不甚拘繩尺。人多忌之。

五月壬朔。罷巡撫大同左僉都御史熊偉。中旨改總制宣大兵部右侍郎兼右副都御史文貴右都御史巡撫大同。罷總制不設。

戊戌。命吏部擬纂修實錄官陞職等第。且謂先年劉健等修會典糜費。革其陞職。仍令李東陽等覆定。于是降少師大學士李東陽支從一品俸。吏部尚書梁儲爲右侍郎。少保戶部尚書楊廷和禮部尚書白鉞支從二品俸。禮部右侍郎靳貴爲光祿寺卿。左諭德兼侍講傅珪侍讀朱希周俱修撰。左諭德兼侍講毛紀降侍讀。五經博士潘辰仍典籍。光祿寺卿周文通降禮部郎中。仍支從四品俸。吏部郎中沈冬魁降員外郎。前翰林學士調鎮江同知張芮降兩浙鹽運司副使。守制禮部尚書劉機降從二品俸。左庶子兼侍讀毛澄降侍讀。侍讀顧清降編修。致仕吏部左侍郎楊守阯降右侍郎。南京吏部尚書王華降右侍郎。時劉瑾意抑儒臣。又焦芳以東陽軋己。導瑾裁之。

泰寧三衞女直都指揮僉事滿蠻以部落二萬人避迤北虜。求附鎮安等堡邊牆。議許之。

己亥。夜。武昌有碧光如電。隱隱有聲。已地震。

庚子。南京禮部右侍郎馬廷用。刑部右侍郎沈銳。太常寺卿盧亨。各引去。勒南京工部尚書韓重。國子祭酒王敕致仕南京太僕寺卿魏江閒住。俱考察自陳。

固原地震有聲。

壬寅。趙宗成文錢如京張叔安賀烘朱志榮魏境林近龍張球王佩周朝佐周期雍詹惠李邦用毛鳳爲試監察御史。近龍等俱南京。

癸卯。故南京守備太監鄭强從子節特授中書舍人閒住。

南京右副都御史李善爲南京刑部右侍郎。

甲辰。陝西左布政使夏昂爲南京太僕寺卿。罷浙江右布政使李贊。時吏部推贊昂。而贊以籍錢鉞流涕。瑾惡之。

監察御史喬恕謫邳州判官。恕按江西勘事不稱旨。

乙巳。南京國子祭酒蔡清卒。清字介夫。晉江人。成化甲辰進士。授禮部主事。改吏部。歷員外郎。憂去。起禮部。尋轉南京文選郎中。終養。起江西提學副使。旋乞休。已擢祭酒。未及聞命。淸身自力學。至敎人恆循舉業以入。曰。不如是。法堂前草深一丈矣。所著蒙引等書。學者宗之。萬曆中。贈禮部左侍郎。謚文莊。

　袁袠曰。蔡公明經而尤長于易。觀其去銓司而乞南曹。甘心淡泊。以遠權利。知時審勢。卒脫淮南之禍。見幾而作。不俟終日。非深于易者乎。

丙午。進李東陽正一品俸。進少傅焦芳少師兼太子太師華蓋殿大學士。楊廷和少保。加俸二級。署詹事府吏部左侍郎梁儲復尚書。俱實錄。恩瑾前奪陞秩而復加之。以示其德。

提督操江右副都御史朱恩爲南京吏部右侍郎。巡撫宣府試都察院右僉都御史陸完改提督操江。山東右布政使馬炯然爲左僉都御史。巡撫宣府。

夜。月犯天江東第一星。

丁未。翰林編修孫淸毛優潛京。葉德不職。俱閒住。陳霽不謹。勒致仕。侍講吳一鵬侍讀徐穆編修顧淸汪俊俱南京刑禮兵工部員外郎。編修賈詠李廷相溫仁和劉龍翟鑾俱調兵戶禮刑部主事。檢討王九思調吏部主事。編修崔銑陸深檢討汪偉穆孔暉易舒誥俱調南京禮戶部主事。詹事府主簿查繼先元城知縣。瑾嬌旨謂才識穎敏。擴充政務也。

瀋府臨川王詮鉌薨。謚榮懿。

戊申汝王佑梈乞滎澤河陰汜水退灘地六百二頃有奇。上特許之。

庚戌。江西浙江右布政使林廷選安惟學爲浙江陝西左布政使。附批翰林編修董玘謫安成知縣。焦芳譖于瑾。以玘姻謝遷也。

辛亥南京太常寺少卿羅玘爲寺卿。附陞李貢爲右副都御史。巡撫遼東。勒劉瓛致仕。故事。撫臣廷推。今中旨。何也。

壬子。纂修官翰林侍讀毛紀爲侍講學士。侍講豐熙爲右諭德。修撰傅珪爲左中允。朱希周爲侍讀。顧鼎臣爲侍講。編修滕霄傅壙爲修撰。典藩潘辰還五經博士。

中旨錦衣北鎭撫司正千戶石文義爲指揮僉事。

癸丑琉球中山王尙眞來貢。

甲寅。罷廣西布政司右參政楊茂元。

乙卯安南國王黎誼來貢。

丁巳。巡按山東監察御史胡節瓜代。斂金餽劉瑾。至是御史張禬發之。逮節戍肅州。山東右布政使張吉僉事毛廣鑴二秩。侯直削籍。

戊午。巡撫寧夏左僉都御史曲銳爲南京禮部右侍郎。

庚申。制敕房河南右參議周文通爲太常寺少卿。以參議外官無牙牌。奏改。命先是參議銜。朝參牌仍五品京職。

署欽天監事太常寺卿吳昊卒。昊臨川人。天文生。居官盡職。直言有清操。予祭葬。

六月辛酉朔。改曲銳右副都御史。仍巡撫寧夏。湖廣左布政使王綸爲南京禮部右侍郎。

壬戌。江西道監察御史阮吉巡按陝西。舉劾失當。謫成安知縣。

甲子。蘇松常鎮大饑。緩其征。

乙丑。賜眞人劉良輔祭葬。

丙寅。尹梅韓荆萬英田汝耔黃賓閻欽石柱陳鼎劉洙潘塤賴鳳爲給事中。已吏科都給事中李憲言。進士未練。宜試職一年。于是柱欽洙塤鳳俱試給事中。憲附瑾。淩人稱六科都給事中。

限郡王校尉二十人。舊三十人。瀋府定陶王初封僅十人。詔倍給之。著爲令。

丁卯。工部左侍郎俞俊爲南京工部尚書。右侍郎崔巖代俊。南京右侍郎□□代巖。

夜。大星青白色。自西南行至近濁。

戊辰。增陝西分巡僉事二。并令分巡官各攜家。無離所部。

定西侯蔣驥卒。居官二十餘年。家無餘貲。其鎮湖廣。瑾索賄勿應。

庚午。太常寺張志淳爲南京工部右侍郎。

樂平盜汪澄作亂。執知縣汪和。和弱盜。不之備。民兵三百人殲焉。和賂免。淮王以聞。自是連兵數年。

河決曹縣。趨沛縣飛雲橋。

壬申。順德知府郭紘乞休。以廉平留。加山東布政司右參政。

調各營書辦光祿寺署丞繆淮等外補州縣。初掾史賂權要帶京秩。至是快之。

嚴撫按官稽考符驗。如事未竣。罪之。劉瑾好刻。張綵創其議。

遼府應山和僖王恩鑙亡子。從子寵波求襲。命嗣輔國將軍。著爲令。

甲戌。光祿寺卿陳震爲太常寺卿。提督四夷館。震以鹽運使乞休。傳奉光祿寺卿。直文華殿。

丙子。內官監太監楊鎮使南京私鹽降奉御。

丁丑。鳳陽高牆少監金奉同南京戶部主事收糧。非制也。從守備太監黃準之請。

己卯。周璞嗣慶雲侯。周壽子。

械故右副都御史劉孟于吏部門。以吏部救。解。罰粟三百石輸居庸關。削籍。

庚辰。南京翰林侍讀學士石珤爲南京國子祭酒。五經博士潘辰爲編修。

壬午。罷俟補兵備僉事李晟。晟舉進士。成化末任都察院經歷。好談兵。製戰車。皆勿效。至是奏陣法隅落鉤連。可省兵食。而不言其繇。又歷敍淹狀。上春秋安攘六論古今經略一覽。俱大言無實。放歸。晟初稱造木牛流馬。又請鑄甲。甲成試馬上。數步而仆。

癸未。奪近年布政司管糧官敕。

乙酉。夜。月犯天街上星。

丙戌。罷總督蘇松等糧儲都御史羅鑒。不設。事歸御史。

丁亥。追罰前尚書樊瑩彭韶侶鍾侍郎王克復劉璟粟五百石。尚書何鑑。侍郎魏紳。都御史艾璞。御史饒榶右布政劉琬同知楊鋐各七百石。初松江匹布准米二石。成化二十年。巡撫王恕同知府樊節其米減五之一。其後詔等遞減布愈下。故得罪。

巡撫寧夏右副都御史曲銳失事免。

戊子。吏部尚書劉宇兼文淵閣大學士。宇粗厲。自總制賂瑾入內臺。好撻御史。轉兵部。恣賄。及改吏部。不自得也。瑾亟欲拔侍郎張綵。故相宇。初入直。瑾往賀。明日猶入直。瑾曰。此地豈容再入哉。遂不至。踰歲引去。時以焦芳流毒。曹元尸位。宇覗彼差勝矣。

庚寅。吏部左侍郎張綵爲吏部尚書。自文選郎中躐進不及歲。

巡撫宣府左僉都御史馬炳然改撫寧夏。尋進右副都御史。按察使楊綸爲左僉都御史。巡撫宣府。

七月辛卯朔。前府署都督僉事李璵充副總兵分守遼陽。

金縣天鼓鳴。

甲午。襄城伯李鄘卒。鄘碌碌庸流。晚婚太監魏彬弟英。多醜聲。

乙未。雷震周府門柱傷人。

南京工科給事中殷雲霄卒。雲霄字近夫。壽張人。弘治乙未進士。辛未令靖江。轉青田。乙亥進工科。年三十七。性方峭。所著石川集。

丙申。吏部右侍郎柴昇爲左侍郎。戶部右侍郎孫交改吏部右侍郎。

丁酉。右春坊右諭德豐熙署南京翰林院事。吏部擬陞學士。劉瑾久外熙。僅故銜往。

浙西旱。是日暴雨。至十月不止。腐稼。民大饑。

趙府輔國將軍祐椋言。宗藩輔導非人。向用科貢。近年多監生舍人衰憊者。乞嚴其選。詔從之。

荆王厚烇請左長史施魯加四品。紀善陳錦加長史。以越制。魯削籍。錦致仕。仍戒諭宗室。

隆平侯張祿使盆府道卒。

前南京戶部尚書張泰卒。泰順德人。成化丙戌進士。知沙縣。撫安盜孽。拜御史。歷今官。清愼一節。

己亥。命順天尹禱旱。

壬寅。監察御史劉尚義巡順天保定。駐天津。甯杲巡眞定廣平。駐眞定。薛鳳鳴巡應天淮揚。駐高郵。潘銳巡蘇松徽寧。駐蘇。俱捕盜兼督屯田。杲等貪悖出瑾門下。

乙巳。令朝士毋擕疾還里。

戊申。武定侯郭勛爲後府僉書。

前文華殿禮部尚書張駿卒。駿華亭人。貢士。善書。除中書舍人。供奉文華殿。歷今官。

庚戌。四川盜劉烈等流掠漢中衆二千餘人。

癸丑。刑部左侍郎張鸞免。印綬少監李宣降南京奉御。錦衣都指揮同知趙良降南京百戶。鸞等勘事江西還。賂劉瑾。瑾方刷其汚罪之輸金內庫。罷鎮守太監姚舉。罰右副都御史林俊等各粟三百石。

前南京工部尚書李孟暘卒。孟暘睢人。弟孟晊同成化壬辰進士。授給事中。致八座。以敦謹聞。孟晊終陝西按察使。

乙卯。征虜前將軍鎮守遼東總兵官左都督毛倫改湖廣。分守遼陽署都督僉事李琪總兵。鎮守遼東。

丙辰。鄭王祐檡請祿命旁支襲封。止歲給五千石。著爲令。

丁巳。中旨刑部右侍郎劉璟爲左侍郎。提督南京糧儲右副都御史張子麟代璟。太僕寺卿屈直代子麟。

戊午。劉瑾言校尉偵江西左布政使馬龍貪濫。僉事阮賓輕浮。命龍削籍。賓免官。

庚申。翰林院檢討焦黃中。庶吉士邵銳黃芳劉仁並爲編修。孫紹先爲檢討。紹先弘治十八年庶吉士。服闋。故事庶常三年始授秩。黃中仁藉父勢驟進。

八月辥朔。中旨傳陞錦衣衞冠帶舍人王聰百戶。聰簡乞。卽批簡上下兵部。

詔度各邊屯田。戶部左侍郎韓福往遼東。苛甚。義錦等州軍亂。尋撫定之。

壬戌。處士沈周卒。周字啓南。長洲人。博學。喜爲詩。雖以畫名。其潛德非人所及。所著石田稿客座新聞等書。年八十三。

癸亥。傳陞大隆善護國寺國師著肖藏卜爲法王。剌麻羅竹班卓班丹端竹卓羅竹朵而只堅參俱爲左覺義。道錄司左正一柏尙寬爲眞人。

鎭守陝西署都督僉事曹雄進都督同知。總兵給鎭西將軍印。別鑄靖虜將軍印給鎭守延綏吳江。

甲子。劉瑾偵報江西新建主簿孫環廉能宜擢。瑾蓋寄腹邏校。時有舉剌示公實攬權也。

前監察御史湯鼐戍肅州。赦歸。庽壽州。鼐兄檠。膂州人王濡賂。鼐不知也。濡訐鼐稱都主。侵官地作觀星樓。盜陵木。命給事中安磐錦衣千戶郝凱勘之。濡失實反坐。仍奏辨。遂坐鼐。援赦自脫。杖五十。仍戍肅。濡檠戍遼東。磐凱失出下獄。久之釋。直臣冤戍。晚又罹文網。哀哉。

丁卯。巡撫大同右都御史文貴劾免。

戊辰。定翰林院官學士一。侍講侍讀學士各一。侍讀二。侍講修撰五。編修八。檢討四。

己巳。懷寧侯孫應爵提督上林工程。

哈密衞火者馬黑木襲都指揮僉事。馬黑麻赤兒米卽子。

甲戌。南京禮部右侍郎王綸爲左副都御史。巡撫大同。

乙亥。旱災免同州朝邑等田租。
戊寅。應天府尹常麟爲南京禮部右侍郎。
虜入宣府。
柳州知府劉璉迎上官于木康崖。値盜死。不以聞。
壬午。南京大理寺卿胡富爲南京戶部右侍郎。
甲申。江西左布政使周宏爲應天府尹。
丙戌。浙江左布政使林廷選爲南京大理寺卿。
夜大星見山東益都臨淄樂安等縣。又靑州見紅光如虹。天鼓鳴。
是月。鄠渭南嘉禾生。
九月鋉朔。壬辰。巡按山西監察御史馬昊。嘗薦平陽知府張忠。已。忠侵帑。戍肅州。昊遷山東僉事。調外。
土魯番速檀滿速兒求還其弟眞帖木兒。命居之甘州。
己亥。翰林院庶吉士安邦爲吏科給事中。
左副都御史韓福免。
癸卯。徙吏部黃籍于內府千步廊。議出尙書張綵。于是成籍多湮。
乙巳。湖廣布政司右參政張翼爲右僉都御史。巡撫甘肅。
逮磁州知州白輔。下獄削籍。仍罰粟三百石。以枉道還家也。
孔承夏爲曲阜知縣。初授孔公統。被訐免。訐者承章承周。尋戍海南。于是敕衍聖公聞韶約束宗人。
丙午。兩廣江西湖廣四川陝西多盜。許各鎭巡諭盜自首擒捕。

丁未。夜。月犯天街南星。

己酉。翰林侍講學士毛紀爲學士。左中允傅珪爲侍講學士。

夜。月犯六諸王東二星。

貴州總兵懷柔伯施瓚。廣西副總兵張勇。俱劾免。

前南京戶部右侍郎王珩卒。珩趙州人。成化乙未進士。授工科給事中。歷官三十餘年。雖方嚴。不能宏堅。

辛亥。後府都督同知郭鋐卒。鋐合肥人。世指揮使。鎭廣西。總漕淮安。績爲著。

甲寅。南和伯方壽祥總兵鎭守貴州。永順伯薛勛南京操江。署都督僉事張文淵副總兵鎭守廣西。

丙辰。戶部右侍郎儲瓘爲左侍郎。光祿寺卿喬宇爲戶部右侍郎。

丁巳。吏部推劉遜廣東瓊州兵備副使。不許。初。遜被劾。謫澧州判官。又沮抑岷府。謫四川行都司都事。後薦列湖廣副使。裁去。至是勒致仕。

寧夏地震。

戊午。階州地震。聲如雷。

己未。大理寺左少卿楊潭爲光祿寺卿。

提督四夷館太常寺少卿李遜學兼翰林侍講。

閏九月帳朔辛酉。前府署都督同知馬澄總兵鎭守薊州。

壬戌。察罷雲南僉事劉用中。曲靖知府林堪。晉安知州朱易。時邏校四出。官吏少失其意。輒誣詆。瑾多從之。

夜。赤星自天津流至天棓而墜。聲如雷。

癸亥。巡撫大同都御史熊偉。鎭守太監侯能。以馬耗劾免。

昏刻月犯木星。

甲子邢寰爲南京刑科給事中謝國高公韶王堯封王鐩表朱冠楊淳袁宗儒爲試監察御史徐盈胡訓李補毛汝乾賈運王崧楊璵爲南京試監察御史。

徙文思院於安仁殿。

乙丑以旱災免延安夏稅萬一千六百四十餘石。

戊辰故韶州同知韓銑子廕國子生憫其殉寇也。

己巳特命翰林官撰貴溪上淸宮碑。

庚午命戶兵科給事中□□□□□□□□御史。

核錦衣衞本末議存留兵部覆上凡遇例賞授子孫各減革一級。

癸酉巡撫廣東監察御史袁仕劾屬吏四十餘人命如大計例行之初御史楊武以劉瑾鄉人倡議不時糾劾。後御史段豸按陝西劾屬吏詔各撫按如例遂多徽文所中考功不啻也。

甲戌夜寧夏地震。

乙亥月犯六諸王西第一星。

丙子諭吏科都給事中李憲等近來徇情曠職今後遇重事宜卽糾舉毋蹈故轍蓋科道畏瑾鉗忌欲藉耳目。令承望彈劾。

南京戶部主事張鍵擅宿察院乘傳逮下獄謫衞輝通判。

丁丑兵部主事徐子熙爲光祿寺少卿直文華殿凡供奉內殿俱雜流技藝時某上瑾詩干進遂令吏部選進士子熙甘就試縉紳鄙之。

劉瑾奏鹽法。一免徵天下戶口食鹽銀鈔。一巡鹽御史親掣。一禁私販夾帶。一裁虛引。詔從之。獨戶口食鹽如故。

談遷曰。戶口食鹽輸銀鈔于官。卽給以鹽。國初立法至善也。其後祇輸銀鈔。不復給鹽矣。豈非漁利成習。功令爲文具耶。逆瑾雖妄議。要未可以人廢言也。

戊寅。虜入大同團山墩。

癸未。大同副總兵都指揮同知馬昂爲署都督僉事靖北副將軍總兵官。鎭守延綏。

甲申。是月。虜伏延綏塞外。輕騎抵新興堡。誘副總兵侯勛出圍之。參將周誠指揮岳濂援之。亦被圍。尋解。斬九十餘級。我失亡亦相當。喪馬至二千七百餘匹。已虜入掠。圍總兵吳江于龍州城。參將王勛救免。總制才寬等以捷聞。敕勞之。

丁亥。吏部尙書兼左都御史屠滽致仕。

錦衣衞指揮使馬釗以擒盜功。進都指揮同知。太監永成姪。

署都督僉事楊敬爲參將。都指揮同知許泰爲游擊將軍。率五千人備虜薊州。

十月玘朔。巡撫延綏右僉都御史徐以貞遣壻上捷。被劾下錦衣獄。削籍。

南京戶部尙書陳金爲左都御史。

癸巳。山西按察使黃珂爲右僉都御史。巡撫延綏。

英國公張懋辭團營。仍提督五軍營。

中旨分守龍門都知監太監孟山鎭守延綏。都知監右監丞馬順代山。奉御薛深管神機營左掖二司。

甲午。南京禮部尙書張瀠改南京戶部尙書。

丁酉。順天府丞楊孟瑛仍杭州知府。初孟瑛守杭。濬西湖。至是御史胡文璧劾其妄費。吏部議使畢其工。遂遣之。
薊州分守太監高永失事免。
戊戌。南京兵部右侍郎孫需爲南京禮部尙書。
懷寧侯孫應爵秉提督團營。
辛丑中旨都知監右少監郭奉分守燕河營劉家口。奉御袁海管神機營左哨頭司。
壬寅。增宣府游擊將軍白春。
癸卯前順天府尹呂獻爲南京兵部右侍郎。南京提督糧儲右副都御史屈直改南京大理寺卿。
巡撫湖廣右副都御史王綸以武昌漢陽饑。勸賑。勸石。罪其靳者。部議勸賑不得行于窮州下邑。適滋其擾。上是之。
伏羌伯毛銳總兵提督漕運。
夜月食。
甲辰吏部復議藩戚不任京職之例。
丁未。涼州右副總兵都指揮僉事姜漢爲征西將軍署都督僉事總兵。鎮守寧夏。
戊申。南京太僕寺卿夏昂爲右副都御史。總督南京糧儲。
張元電蕭海張宏王度李璣王潮蔡澄鮮冕李如圭爲試監察御史。
魯府高密王當涓薨。諡康穆。
華陰地震有聲。

己酉。吏部推河南按察司僉事徐聯補陝西布政司左參議。從之。附陞魏訥右僉都御史。代劉挺。中外莫能測也。

廣東按察司僉事吳廷舉劾岷府使人陳鶴貪淫之罪。下鶴等獄。中戒宗室。

庚戌。南京光祿寺卿李堂爲南京左僉都御史。提督操江。

辛亥。祠漢丞相諸葛亮于雲南歲祭。從太監崔安之請。

癸丑。鎭守大同總兵都督僉事溫恭屢失事。降鎭虜衞指揮僉事。

甲寅。水災。量折漕粟蘇州二十五萬石。松江二十萬石。常州五萬石。

乙卯。巡撫遼東右副都御史李貢致仕。應天府丞王彥奇爲右僉都御史。代貢。廣東左布政使馮鎬爲光祿寺卿。

中旨。御用監太監馮寧分守四川建昌行都司。

丙辰。傳陞□□衞指揮同知張容都指揮僉事。百戶黃欽副千戶。總旗張明舍人王永俱百戶。容等私束劉瑾。因陞之不由奏乞。

右府武平伯陳勳卒。

十一月紀朔至日。朝賀。改望日進曆。

曉刻火星犯進賢。又流星自五諸侯至婁宿。光漸散。

庚申。前山東按察使王雲鳳爲國子祭酒。張綵薦之。亦變例也。

崔銑曰。王虎谷之節介豈非强哉。乃甘張綵之臨受劉瑾之包。與瑾鄙人孫聰交不終矣。古云。一薰一蕕。十年猶有臭。雖德難當劇。猶不可輕予。

壬戌。公侯伯都督俱試內府教場。

嚴鳳陽皇陵盜木之禁。

癸亥。總制陝西工部尚書才寬禦虜花馬池。出塞外。明日。追擊至𤜶羊泉。斬四級。虜大至。射寬死之。贈太子少保。諡襄愍。予祭葬。廕子介錦衣百戶。總兵曹雄懼得罪。賂劉瑾二萬金。令子謙入見。瑾偉其貌。許以兄女。遂以賄金納采。瑾喜甚。不問敗事。寬遷安人。成化戊戌進士。跌宕不羈。及領鎮好戰。馭下寡恩。故及于難。

楊一清曰。武侯李靖。未嘗廢營陣。世無岳武穆。豈可恃野戰以爲能哉。才之死固出不幸。而後之易其言。輕進貪功者。可以鑑矣。

乙丑。葺故兵馬副指揮闕敏廟。敏廣東順德人。國初從廖永忠征南戰沒。立廟順德。

傳陞朱鐸朱福朱寧朱安朱清朱秀朱通朱達朱祥朱銘朱銳俱錦衣正千戶。朱璽朱文朱聰朱忠俱所鎮撫。以宦官厮養。冒國姓。稱義子。

丙寅。逮前大同巡撫右僉都御史熊偉戶部郎中王翀。下鎮撫司。以召商納芻粟虧額。

丁卯。進吏部尚書張綵刑部尚書洪鍾太子少保。

傳陞錦衣衞舍人張林百戶。

己巳。中旨御馬監太監張鳳分守延安。

夜。月犯天街上星。

辛未。蘇州知府鮑瓚犯贓。下詔獄。戍撫順。瓚婁墨。見紈綺者即杖之。索贖金。有脫紈綺而逃。隸即以紈綺他衣之。使代償。

夜。月犯六諸王左右星及井宿。

乙亥。太僕寺少卿于琟刑部主事方位削籍。刑部郎中孫徽調外。樂工施鉞爭産。令妹置酒于校尉孫誧家。飲琟等囑徽。琟位留連踰夕。下錦衣獄。

丁丑。沂州郯城天鼓鳴。

戊寅。復廣東茂名縣儒學。成化間兵燹。幷入高州。

甲申。安南國王黎誼寵臣阮种幽其主黎誼弑之。初。阮种阮伯勝等竊柄。屠戮宗室。至是遷誼別宅。迫令自盡。欲立伯勝。丙戌。土目黎廣度黎垌鄭江等以國人討滅之。立灝從子賙主國事。賙一名瀠。改元洪順。追謚誼厲愍王。

乙酉。刑部尚書洪鍾兼右都御史。蒞院。

崔哲王鍇陳祥邢昭王廷相蕭選張璞爲監察御史。同劉繹李如圭鮮冕整理各路鹽法。兼捕盜。繹兩淮。如圭雲南。冕廣東。

保安衛地震。聲如雷。

十二月戊子朔。庚寅。裁廣西太平府通判。

辛卯。中旨印綬監太監趙總管神機營右哨頭司。都知監奉御陳璋守備石門塞。

壬辰。徵陝西總制工部尚書兼左都御史才寛入朝。時警息。

乙未。罷南京禮部尚書孫需。需清謹。瑾雖拔之。不一謝故也。

山西右布政使沈林私乘傳。削籍。仍罰大同粟五百石。

夜。月犯天陰南一星。

丁酉。署詹事府事吏部尚書兼翰林學士梁儲進太子少保。改南京吏部尚書。刑部左侍郎劉璟爲尚書。

才寬變聞。

夜。月犯六諸王西第二星。

戊戌。南京大理寺卿屈直爲左副都御史總督漕運。

平江伯陳熊戍海南。奪誥劵。罷右副都御史邵寶。熊總漕。宗人紹興衞指揮陳俊欲耗米易銀輸金。熊許之。瑾憾熊。因致重法。并罪寶。誅俊。

己亥。逮前松江知府金洪。巡按御史李廷梧下鎭撫司。以貢布被劾也。

庚子。戶部右侍郎陳昺致仕。進左侍郎。工部右侍郎畢亨爲尙書。南京右都御史裴憲爲南京禮部尙書。總督兩廣右都御史劉□爲南京右都御史。右副都御史戈瑄爲南京大理寺卿。

勑通政司左通政叢蘭往延綏。大理寺少卿周東往寧夏。尙寶司卿吳世忠往薊鎭。各清理屯田。

辛丑。應天太平大雨雹。

壬寅。虜亦孛來入河套駐牧。屢寇邊。總兵馬昂敗之木瓜山。斬三百五十六級。

癸卯。蔣巀嗣定西侯。李全禮嗣襄城伯。蔣驥李鄘子。

南京大理寺卿林廷選爲右都御史。總督兩廣兼巡撫廣西。

限鎭守總兵分守監槍游擊養廉田各十頃。副總兵守備各半之。毋占佃。

甲辰。南京左僉都御史李堂爲工部右侍郎。

乙巳。起右副都御史林俊巡撫湖廣。陝西左布政使安惟學爲右副都御史。巡撫寧夏。

四川東鄉通江積盜攻掠。

丁未。前大理寺卿張泰爲刑部左侍郎。

山東布政司左參政張鎮。擅檄有司供饋宿驛舍。削籍。

己酉。廣東按察使王哲爲南京右僉都御史。提督操江右僉都御史陸完爲左僉都御史。

庚戌。追奪大學士劉健謝遷誥及所賜帶服。初因陳熊詰責科道。于是科道言罪籍如健遷尙書馬文升劉大夏韓文許進等。宜追奪誥。身從之。吏部計健遷下六百七十五人。惟成化年遠者宥之。

檢累朝王府條例。

辛亥。許巡撫湖廣都御史王綸奪情署事。改林俊巡撫四川。

癸丑。中旨印綬太監朱奉鎮守金齒騰衝。

乙卯。廣西盜流入郴永。命巡撫湖廣都御史王綸備郴永。陝西巡撫都御史黃寶備漢中商洛。四川巡撫都御史林俊備夔州保寧。湖廣總兵毛倫備荆襄鄖陽。

前御史熊卓卒。卓豐城人。弘治丙辰進士。令平湖。拜御史。有聲。

丙辰。工部左侍郎崔巖兼右副都御史治河。

國榷卷四十八

庚午正德五年

正月辛未朔。罰巡撫山東右副都御史何鑑粟千石。御史徐瀌劉紳布政使王沂劉聰參政陳良器按察使劉宇僉事馬鑾指揮王瑾等八百石。巡撫右副都御史朱欽王儼等六百石。御史曹元高崇熙等五百石。布政劉璟賈錠等三百石。俱輸寧夏。初修孔廟牆溢額漁費。並得罪。

己未。前署大理寺事工部尚書楊守隨削籍。因鄞人重獄下大理寺駁讞。劉瑾謂守隨所私。仍罰粟二百石。

壬戌。徐淮捕盜御史薛鳳鳴在歸德日酣飲。謫徐州。騳騎畿內御史甯杲柳尚義爲左右僉都御史。杲尚義多斬獲。驟遷。鳳鳴尋復官。

增湖廣巡按監察御史。分湖南湖北。

乙丑。吏部右侍郎孫交調南京。

丁卯。南郊還。行慶成禮。日本使臣與朝鮮同班賜宴。

己巳。責吏部尚書張綵左都御史洪鍾等勘合失核。杖禮科給事中于聰張潤閔楷王鑾河南道御史李賦。餘宥之。

庚午。傳南京刑部尚書吳洪右都御史張憲大理寺卿胡富致仕。以南京錦衣衛指揮鄧炳爭產久不報。

癸酉。琉球官生蔡進等五人入南雍肄業。賜衣廩。

乙亥。南京戶科給事中葉良聽請囑被劾。削籍。

丁丑。戶部左侍郎儲瓘引疾去。

翰林院庶吉士蔡祐爲吏科給事中。

己卯。滿剌加國王使臣亞劉本江西萬安人蕭明舉也。亡命至是。同端亞智等來朝。賂大通事王永序班張宇。謀往渤泥國索寶。禮部吏侯永等僞造符印擾驛。後事洩。同輩忿叛。俱逮入京。論罪中旨。江西多玩法。如彭華李裕尹直徐瓊李孜省黃景多招物議。且鄉試解額過多。宜裁五十人。仕者毋除京職。永爲令。蓋焦芳夙憾華等。借瓘以快其私也。

庚辰。籍故尙書秦紘家。紘婦弟楊瑾家于紘。蒼頭丁旺怨之。訐其畜鐵銃。等違禁不法。逮重坐。聞者駭之。

辛巳。兵部查覈各衛官旂。

癸未。南京吏部右侍郎朱恩劉纓爲南京禮刑部尙書。恩附瑾。自按察副使二年五遷至尙書。

丙戌。太僕寺少卿張綸爲右僉都御史。巡撫大同。大理左寺丞楊武爲左僉都御史。巡撫宣府。

覈郡縣課金。

兵科給事中高淓丈滄州鹽山海豐等草場。劾前都御史張縉王沂王璟高銓侍郎崔巖等。銓淓父也。畏瑾。遂幷劾。

監察御史劉寓生刷卷貴州。凌忽臺司。相搆。偵校發之。下錦衣獄。械吏部門。削籍。

二月丁亥朔。左副都御史李瀚爲吏部右侍郎。戶部右侍郎喬宇爲左侍郎。太常寺卿陳震爲戶部右侍郎。太常寺少卿兼翰林侍讀李遜學爲戶部左侍郎。提督倉場。左僉都御史陸完爲兵部右侍郎。巡撫宣府。左僉都御史楊綸爲右副都御史。署院。

己丑。日本國王源義澄遣宋素卿入貢。素卿賂瑾黃金千兩。賜飛魚服。非制也。

辛卯。東寧伯焦淇爲征蠻將軍總兵鎮守兩廣。

癸巳。進楊廷和吏部尚書兼武英殿大學士太子少保。兵部尚書曹元爲吏部尚書兼文淵閣大學士。直閣。元與瑾葭莩之舊復賚入政府士論恥之。

戊戌。兵部左侍郎胡汝礪爲尚書。應天府尹周宏爲南京工部右侍郎。

國子監祭酒王雲鳳。以年少例生還試原學從之。

辛丑。南京吏部尚書劉恕改吏部尚書兼翰林學士。專誥敕。

兵科給事中屈銓。請刊定正德元年以來見行事例示中外。從之。按新例俱劉瑾紊制。人方側目。銓猶諂奉焉。

後兩月。祭酒王雲鳳效之。且請瑾幸太學如魚朝恩例。瑾尋敗。被劾。

王世貞曰。虎谷之用似亦張綵之力。但直節素著。豈一旦狠狽至此。況引魚朝恩例。使瑾知之。不益其怒耶。

亦有仇筆錄以俟考。

癸卯。署通政司事兵部左侍郎王敞還部。順天府尹李浩爲通政使。

甲辰。罰正一眞人張彥頨粟千石。禁其家不得鬻符籙。以蒼頭私乘傳鬻符籙。採藥物。廣東僉事吳廷舉劾之。

夜。月犯氐宿南星。

乙巳。夜。月犯房宿北二星。

丁未。山西副總兵都指揮僉事葉椿爲征西前將軍署都督僉事總兵官鎮守大同。

戊申。前內閣太常寺卿林章卒。章錢塘人。善書。

夜。土星犯太微垣上相星。

己酉。逮廣東布政司參議吳廷舉下錦衣獄。廷舉嘗枉道過家。偵校發之。鎮守太監潘忠怨廷舉劾其僉事時侵帑。下法司。遂被考自誣服。械吏部門。戍山西振武衞。

巡按江西監察御史弓元戍南丹衞。以斂錢餽劉瑾事少監李宣錦衣都指揮趙良故也。

庚戌。定王府喪禮。當遣大臣用都布按正官。當遣行人用分守官。

延綏右參將戴欽爲副總兵。鎭守山西兼提督代州三關。

三月㕲朔。兵部尙書胡汝礪卒。汝礪寧夏人。成化丁未進士。授戶部主事。歷郎中。遷大同知府。敢任事立威。賂劉瑾。拜順天府丞。驟進今官。未赴任。予祭葬。亦異數也。沒後瑾敗。事幸勿預其罰。

丁巳。四川雲陽縣地震。聲如雷。

戊午。考察各道御史田墀楊淳蕭海張元電調各部主事。趙鶴童寬李緯張宏降府推官。劉經孫迪潘銳嚴紘魏彥昭都侃范嵩方德懋待至日謫。

辛酉。陝西郃陽地震有聲。

壬戌。中旨南京司禮太監丘得同太監黃偉等守備

癸亥。昏刻火星犯亢宿南一星。

甲子。大風霾數日。

鎭守湖廣左都督毛倫言。安陸襄陽沔陽洊饑。俱先年侍郎韓福苛徵致之。詔不問。倫黨瑾。故敢訟福之失。然未盡也。

丙寅。兵部左侍郎王敞爲尙書。

毛玉劉紘葉溥爲南京給事中。周宣孫樂朱紘陳軾丁楷江良貴王瑤爲試監察御史。賀寬鄭行許洪宥爲南京試監察御史。

戊辰。改刑部署郎中等李嵩朱衮蔣曙劉和劉文莊馮時雍陸鼇張淮喻時涂文祥于鼇朱嘉會徐文華孫修張承仁陸芸梁材盛儀張琮高壇張麒詹源劉大謨許諫俱爲試監察御史。

庚午。憲廟敬妃王氏薨。謚恭懿。

辛未。詔旱霾令法司減罪雪獄。于是大學士李東陽等請行寬政。從之。

水旱免各處逋稅五百五十餘萬。

甲戌。柳州知府劉璉道值賊見殺。不以聞。

敕勞四川陝西江西湖廣鎮巡官擒盜功。

丙子。巡按湖廣監察御史翟唐奏蜀盜劉烈熾甚。僭號設官。守臣蒙蔽。瑾矯旨切責之。

己卯。翰林修撰何塘予告。

壬午。廣西太平府地震。

乙酉。前太子太保禮部尚書周經卒。經字伯常。陽曲人。天順庚辰進士。館選授檢討。歷今官。少穎敏。莊重寡言笑。孝友純至。在館久淹。或諷之速化。不爲動。其長户部。守正應變。剸裁不徇。晚起禮部。則胥曹元力不能無責備云。年七十二。贈太保。謚文端。

袁袠曰。周公以經國之才。秉匪躬之節。裁抑寺戚。節縮浮濫。上裕國用。下紓民力。嘉謀讜議。可謂有大臣之風矣。彼不知節用而亟于求財。朘膏血以塡谿壑者。亦獨何心哉。

南京右僉都御史王哲巡視江西。以盜熾。南贛界楚粤閩間扼之。

太子少保刑部尚書兼左都御史洪鍾總制湖廣陝西河南四川軍務。幷賑武昌襄漢。

四月炳朔。□科給事中郗夔覈榆林功。多冒濫。懼瑾禍。自經。改□科都給事中段豸往。

丁亥。雷州有大星如月。西流。尾如彗。隨沒。聲如雷。

庚寅。法司畏瑾。僅減死二人。

慶府安化王寘鐇反。寘鐇貌魁梧。相者紿云當大貴。又妖巫託鸚鵡神妄諛之。大理少卿周東度田繁苛。率五十畝爲一頃。人情大擾。巡撫右副都御史安惟學失將吏心。儒生孫景文說寘鐇誅劉瑾爲名。大事可致也。指揮何錦周昂丁廣謀如之。是日置酒召周東安惟學及總兵都督僉事姜漢太監趙弼李增藍彬少監鄧廣東惟學不至。酒半。執殺漢等。走殺東惟學及都指揮楊忠李睿左參議侯啓忠。燬公署。釋囚。盡收黃河船于橫城西。絕渡者。僞授錦討賊大將軍。昂廣左右副將軍。景文軍師。檄曰。近年以來。主幼國危。奸宦用事。舞弄國法。殘害忠良。蔽塞言路。致喪天下之心。幾忘神器之重。今闔城官軍共誅守臣之虐政害民者。持首來獻。予不得避奬率三軍。以誅黨惡。以順人心。副總兵楊英偶出楊顯堡。脫于難。陝西總兵曹雄聞變。促都指揮黃正統三千人戍靈州。盡收河船濟師。揚言決河灌城。安惟學字行之。臨汾人。成化甲辰進士。嘗守平涼。九年考最。進四川右布政。歷今職

楊一清曰。寧夏地沃饒。故稱樂土。自撫馭非人。横徵暴斂。軍始不堪。逃亡接踵。見存者日益困敝。至逆瑾時極矣。千戶何錦指揮周昂素梟雄。始懷異志。錦頗通文事。應武舉上京。見時政日非。語昂等曰。可舉大事矣。屬鎮巡俱更代。太監李增總兵姜漢雖無大善。不甚苛虐。撫臣安惟學嚴明。以藏廩空虛。軍政廢弛。與總兵申禁令。追徵積負屯糧馬匹。大理少卿周東清查屯地。又復嚴急。遂激亂被害。後總兵太監俱沾卹典。惟學既被旌錄。又以言者追奪。說者謂寘鐇何錦等蓄謀已非一日。惟學蒞任未及兩月。況比併公務。朘削私用者有間。作惡者何人。乃代伊受禍哉。蓋亂臣賊子必假藉事端以爲口實。故錦等必殺鎮巡。奪其兵柄。而後可逞。是時惟學雖寬。亦不能免也。

壬辰。太常寺少卿鄭宗仁爲南京太僕寺卿。

癸巳。四川流盜入陝西湖廣。遂增陝西副總兵吳鉉湖廣副總兵康泰協剿。

甲午。虜寇莊浪。總兵衞勇擊之。斬百五十八級。

乙未。司設太監王與鎮守陝西。

丙申。華州蒲州地震。聲如雷。

丁酉。免河南逋租。

庚子。致仕左府署右都督神英封涇陽伯。賜誥券。歲祿八百石。初。英自陳邊功。兵部謂年遠無考。不聽。

日本使臣宋素卿。本鄞人朱縞。逃日本。國王壻之。官綱司。至是入貢。故識之。私通問或發之。禮部議失遠人心。遣還。

辛丑。太僕寺卿王寅爲工部右侍郎。治易州山廠。

大理寺右評事吉水羅僑言。頃者亢旱風霾。陛下特降德音。蠲連坐。貰逋卒。而齋戒浹旬。雨澤尚滯。臣愚謂天心仁愛未已。欲陛下每事懲創。擴充善端也。夫古者視朝遊觀。皆有常度。賢妃有雞鳴之警。大臣陳卷阿之詠。今陛下臨朝或至日昃。宮掖之戲。喧囂達旦。殆非所以正朝廷大基業也。臣願陛下宵旰圖治。無遊于觀。便殿則閱奏牘。暇豫則覽經史。古者三公論道。工誦箴諫。故我朝以輔導責之內閣。言責付之科道。邇者百姓流移。赭衣載道。民窮財盡。元氣索然。羣臣不敢言。以有科道也。科道不敢言。以有宰相也。宰相言之不盡。復諉誰哉。臣願政治得失。生民利病。陛下與宰執商榷于內。許科道直言于外。古者進退大臣。皆有禮貌。黥劓之刑。不及大夫。邇者公卿方進隨罷。先臣忠藎碩德如劉大夏。猶不免竄戍。況其他哉。臣願賜放免。以示生還。古者律以繩民。例以輔律。我朝大明律及見行條例。最爲精密。近日法司比附深巧。隱中善人。臣願敕今後問刑。止依正律。果情重律輕。必奏請裁決。毋令權豎得持其間。疏入。輿櫬俟命。僚友莫敢往。瑾欲死之。李東陽救解。乃矯旨責僑庇大夏。下廷議。竟改吉安府教授。若盡移風俗。方奏用。

馮時可曰。羅公不摛藻。不談學。然進爲直臣。出爲循吏。學與文莫大于是矣。古者喪居禮樂崩壞。矧談說耶。取益于友。不如取益于心。良箴也。孔子所謂友直友諒。殆其人乎。太史達夫得之。如稽山竹箭。加以括羽矣。

癸卯。月犯建星東第二星。

甲辰。巡撫寧夏都御史馬炳然憂去。不許。改巡撫陝西。罷陝西巡撫都御史黄寶。徵前都御史楊一清。徐以貞。吏部言陝西寧夏俱多事。炳然寶各仍任。從之。

乙巳。蔣冕服闋。補右諭德兼侍講。

丙午。湖廣按察使王恩宅憂。楚王及鎮守官各言其惠民。仍留任。

虜寇遼東寺兒山臺。游擊高欽擊卻之。

起楊一清右都御史。總制陝西延綏寧夏甘涼軍務。即西征寘鐇。寧夏副總兵都指揮僉事楊英爲右府署都督僉事總兵。鎮守寧夏。游擊將軍都指揮僉事仇鉞爲副總兵。靈州守備都指揮僉事史鏞爲游擊將軍。時傳鉞從賊。故用鉞。冀間之。

分守獨石馬營都知監太監張弼改鎮守寧夏。都知左少監馬良寧夏監槍印綬太監姚遠分守獨石馬營。

戶部右侍郎陳震兼左僉都御史。暫往寧夏督軍餉。

罷延綏總兵署都督僉事馬昂。副總兵署都指揮僉事侯勛爲右府署都督僉事總兵。鎮守延綏。

己酉。削寘鐇屬籍。命涇陽伯神英爲平胡將軍總兵。同楊一清節制京營幷陝西寧夏延綏甘涼軍馬討之。

兵部右侍郎陸完爲左侍郎。戶部右侍郎陳震改兵部。

賑河間。

徵還丈田官。

辛亥。赦天下。詔曰。朕勵精圖治。越五六年。念世久承平。人多玩法。振起綱維。剗革奸弊。有司奉行過當。和氣勿臻。今春以來。亢旱風霾。星異迭見。四川湖廣寇盜縱橫。寧夏都指揮何錦等。戕害守臣。謀立安化王寘鐇爲主。招誘諸路。朕不敢赦。分釋脅從。撫定軍民。念供億甚勞。逋負相仍。方欲省刑薄斂。任賢使能。培養元氣。掃除災孽。以保我國家億萬年之祚。所有寬恤事宜。條列于後。云云 於戲。用兵者如不得已。用刑者必求其生。方興問罪之師。大布同仁之政。

敕御用太監張永總督寧夏軍務。御馬太監陸誾管領神槍。選京軍三萬人而西。御史涂文祥隨軍紀功。稱疾。降右府都事。改御史張琮往。

游擊將軍仇鉞襲執寘鐇。寧夏平。初。寘鐇遣何錦丁廣以三千人分據要害。將渡河。而鉞先駐別堡。寘鐇召之入。引疾不出。楊英等屯河上。約鉞內應。僞將軍周昂留守。問計鉞。鉞曰。舉事貴速。何不引軍而東。昂曰。兵出懼曹雄決河灌城。則家室喪矣。鉞謬曰。事成則封侯。乃憂家室哉。昂曰。然則各屠妻子耳。語頗泄。昂疑鉞疾亡狀。謂其下曰。明日當省鉞。如不出。殺之。鉞知之。伏舍下人衷甲以待。昂來候。即斬昂。號于市曰。鉞奉詔討賊。衆能從我乎。士民皆聽命。徑馳執寘鐇。逆黨驚潰。乃詐傳寘鐇令。召回何錦。密諭錦部將鄭卿。擊殺胡璽魏鎮等數人。呼曰。城中事定矣。趣殺巡河將劉鉞姜永等。衆大奔。何錦丁廣單騎走賀蘭山。獲之。

高岱曰。寘鐇狂豎子耳。其敢于稱亂者。有所侮而動也。寧夏之民。怨入骨髓。可必其從亂而無疑者。然則禍亂之興亡他。民易與爲亂故耳。乃寧夏西北重鎮。其控戎虜。備倉卒。所宜戒衣袽于朝夕。至數人倡亂。而上下錯愕。將士皆靡然從風。此其元戎之號令。撫臣之節制。可知矣。卒之身死人手。豈爲不幸哉。仇鉞不動聲色。而能立奇功于虎吻。亦偉丈夫也。非謀勇過人。能若是乎。雖然。寘鐇腹心爪距。盡遣之出。而獨留一周昂。

又復不備。其輕銳寡謀。蓋天奪其魄矣。不然。鉞豈能以匹夫而成功哉。

談遷曰。仇鉞幸脫刀俎之外。乃束身陷賊。無策之甚。豈寘鐇小豎不足慮耶。抑部曲駭潰。且與之爲進退也。決計俄頃。遂享其成。天下事又安可坐料哉。

永康侯徐溥卒。年十二。

鎭守遼東總兵署都督僉事李瑍卒。先金吾右衞指揮使。

有大星晝隕于通江。

癸丑。傳制封讓栩蜀王。表㰘新化王。表栺旌德王。表杋交城王。俊椻進賢王。充燿泰順王。充爔河內王。譽栯善化王。厚熙都昌王。勛㵪沁水王。

甲寅。巡撫陜西右副都御史黃寶罷。陜西按察僉事藍章爲右僉都御史。巡撫陜西。

五月乙卯朔。翰林學士毛紀爲戶部右侍郎。仍兼日講。南京太僕寺少卿張鳳爲南京右僉都御史。提督操江。

丙辰。湖廣盜劉惟華洪景清等掠桂陽。殺守備指揮鄧旻瞿翾劉懷百戶朱鏞趙章橋百戶于江擊景清惟華。皆殺之。江亦戰死。

丁巳。署鴻臚寺事光祿寺卿楊瑢卒。特予祭。如雜流何。

戊午。翰林侍講學士傅珪爲學士。

前巡撫大同左副都御史王綸杖斃二人。逮下獄。削籍。

右僉都御史魏訥巡撫蘇松常鎭。專理糧儲。初。羅鑒得罪。議革。秩至是仍之。

辛酉。右春坊右諭德兼翰林院侍講蔣冕爲侍讀學士。侍讀毛澄爲侍講學士。

壬戌。遼東署都指揮僉事□□□總兵。鎭守遼東。

瀋陽中衛城旗端自火。

乙丑。湖廣洞庭盜楊奇入城陵磯殺巡檢劉瑜。

丁卯。韓城縣地連震。

己巳。立萬全右衛儒學。

通政司左通政叢蘭清理延綏。蘭言十事。瑾矯旨切責之。

壬申。命神英班師。太監張永仍同楊一清等逮逆黨入京。

乙亥。前都察院右副都御史曹鳳卒。鳳上蔡人。成化辛丑進士。令祁門。拜御史。出守蘇州。有異政。稱良吏云。

丙子。金星晝見于辰。

己卯。廣寧衛天鼓鳴。明日復鳴。

庚辰。右僉都御史徐以貞巡歷保定兼理屯田。

辛巳。寧夏地震聲如雷。

壬午。傳錦衣衛帶俸指揮僉事朱羲南鎮撫司辦事。羲苗姓。以義子賜朱氏。

癸未。少師兼太子太師吏部尚書華蓋殿大學士焦芳致仕。芳首附劉瑾。薦張綵。綵秉銓日居間不盡聽。遂隙。瑾亦薄之。芳嘗受俘婢土官岑濬妾也。甚嬖之。與妻訢。瑾斥其過。子黃中充詔使。瑾不善也。遂引去。進不以正。徒諂容何益哉。

六月乙酉朔。徐州左衛指揮使時用于山東沿海總督備倭。

罷沽河之役。初濬沽河。抵鴉鴻橋。

己丑。南京工部尚書俞俊致仕。後附瑾。屢引疾。不允。

壬辰。大隆善寺禪師星吉班丹爲國師。左覺義羅竹班卓等爲禪師。剌麻乩竹爲左覺義。三竹挌剌爲右覺義。倫竹堅參爲都綱。大慈恩寺佛子亂奴領占捨剌札倶爲法王。剌麻捨列星吉佛子也失短竹爲禪師。大能仁寺剌麻領占播爲都綱。上諳梵教。星吉等皆得幸。

前少師兼太子太師吏部尚書馬文升卒。文升字負圖。鈞州人。景泰辛未進士。授御史。風裁肅然。擢福建按察使。南京大理寺卿。改撫陝西。平滿四之亂。屢逐虜。進兵部右侍郎。整飭遼東。撫叛夷。忤汪直。戍重慶。尋起家。歷今官。立朝五十餘年。文武兼資。臨事屹然不可奪。年八十五。贈太傅。謚端肅。

袁袠曰。敬皇帝之末年也。勵精綜核。寤寐俊髦。鈞陽馬公實秉衡鑑。六曹之長。皆民譽也。下至百司。濟濟可觀。是以士敦齒讓。俗返淳朴。衆賢和于朝。萬民和于野。雖成康文景之際。蔑以加矣。

淩迪知曰。文升性介特。寡言笑。不尚華侈。擧止嚴重。修髯偉貌。望之知爲異人。居官重名節。勵廉隅。雖位極人臣。名聞四夷。退然不敢自居。至于值事變。臨利害。屹然如山。不可搖奪。可謂社稷臣矣。

何喬遠曰。馬文升蓋有西征石城。撫安東夷。興復哈密三記。云孔子作春秋。書齊人歸田。不自功也。予考國史。石城之征。以歸項忠。亡一語及文升。何哉。興復哈密。許進撰平番始末。自敍勞苦。而文升乃言守臣貪功坐令其酋長得遁去。閫內閫外。予不知孰是。君子不自功。君子亦自功乎。其知無不言。能無不爲。至今稱名臣。無間然矣。

昏刻。土星犯太微東垣上相星。

癸巳。四川巡撫林俊奏眉州盜劉烈逃保寧山中。廖惠藍廷瑞近擊斬三千餘級。走陝西之西鄉。求撫。已調酉陽等兵。秋初夾攻。遂命總制洪鍾駐川陝湖廣界節制之。

甲午。巡鹽監察御史盛鵬報課違限。謫臨洮推官。

乙未。秦州洪基山崩水溢。

丙申。雷震萬全衞柴溝堡。

己亥。遣行人勞慶王台浤賜金及豐林弘農眞寧鞏昌諸王。

錦衣衞指揮使管南鎭撫司劉景祥。瑾兄也。疾篤。進都督同知。

工部左侍郞兼右副都御史崔巖報曹縣外隄潰。切責之。

庚子。增南安贛瑞汀漳鄖陽漢中保寧夔捕盜通判。又饒廣信武昌岳衡永重慶暫設。俟盜平裁之。

作大慶法王西天覺道圓明自在大定慧佛金印兼給誥。蓋上自命也。

辛丑。分守鎭番右參將李愷襲亦不剌於大沙河。斬四十餘級。還至井泉。又敗之。

後府都督同知劉景祥卒。賜葬祭加等。瑾兄故也。

壬寅。南京刑部右侍郞李善爲南京工部尙書。

甲辰。厚焜嗣都梁王。初都梁王厚烇進荆王。庶弟厚焜例進。

山西提學副使陳鳳梧言巡按御史擅考生儒。命戒之。

丙午。少傅兼太子太傅吏部尙書文淵閣大學士劉宇展墓還。仍致仕。

辛亥。南京大理寺卿戈瑄爲南京刑部右侍郞。太僕寺卿郭紳爲南京大理寺卿。巡撫遼東右僉都御史王彥奇改南京。進太僕寺少卿王憲爲右副都御史巡撫遼東。

增延綏寧夏巡按監察御史。兼理鹽課。

惠潮盜平。

七月卯朔。己未。前南京工部尙書俞俊卒。麗水人。成化壬辰進士。

庚申。進魏國公徐俌成國公朱輔太子太傅。

壬戌。楚王均鈋薨。年六十一。謚曰靖。

癸亥。前南京工部尚書韓重卒。重絳人。成化戊戌進士。授禮科給事中。陰險狠戾。尙書時尤營利。士論鄙之。

甲子。召兵部右侍郎兼右僉都御史陳震。

丁卯。兵部申明襲替事例。

昏刻火星犯房宿。

戊辰。宋景張景暘曹雷徐讚爲監察御史。（景睢州知州。）

故征西將軍寧夏總兵都督僉事姜漢予葬祭。

己巳。湖廣兵討柳永流盜。破之。

象山縣海溢。

庚午。翰林編修焦黃中送父芳還里。乞恩。進侍讀。

壬申。沔陽盜平。初盜圍岳州。陷臨湘。勢獗甚。至是擒斬。

亦不剌寇甘肅臨水堡。禦却之。

甲戌。歸養監察御史晉江陳茂烈貧甚。改晉江敎諭。資祿養母。俟母終起用。

乙亥。初翰林侍讀徐穆調南京禮部員外郎。至是服闋。改南京兵部員外郎。

丙子。陳熹嗣武平伯。（陳勳弟。）

夜。月犯天闕星。

戊寅。巡按陝西監察御史閻睿。言仇鉞功最。罰俸三月。初總兵曹雄攘功。瑾不欲鉞分之。然雄屯河上。鉞亦藉其聲援。

己卯。分守大同西路太監何銘守備大同左衞右監丞溫遲劾免。

庚辰。占城國世子沙古卜洛入貢。

辛巳。浙江布政司左參政何顯先守湖州。歲賦倍斂三萬餘金。御史胡文璧寬之。遷浙江左參政。至是遂削顯籍。編管遼東自在州。文璧奪俸三月。

八月甲申朔。前應天府尹冀綺卒。

丙戌。沙古卜洛封占城國王。遣禮科都給事中于聰行人劉宓。初左給事中李貫當行。中旨改聰。亡何瑾敗。仍貫往。值盜徐州。髡其首。求俟髮長。宓亦卒。凡七年未行。竟令占城自領封去。

壬辰。南京糧儲右副都御史夏昂爲工部右侍郞。

癸巳。偵校言湖廣左布政使涂旦鄖陽知府曹廉貪狀。俱削籍。

蠲寧夏今年田租。

許巡撫湖廣右副都御史王綸終制。

甲午。太監張永還自寧夏。上戎服御東安門。寘鐇及親屬頌繫諸王館。餘獻俘。是夕。上宴永等。劉瑾先退。永間出寘鐇僞檄。更列瑾十七罪。有反狀。上猶豫曰。瑾負我。永曰。遲則變中起。奴輩虀粉矣。陛下將何歸焉。永成等皆詆瑾。遂密發兵捕瑾。永復勸上親至近地觀變。時夜且半。瑾聞喧聲。披靑蟒衣出。縛下菜廠。分校封其內外私第。初瑾永有隙。永還師期望日獻俘。瑾欲緩。永遂先期入。瑾愕然。永計出楊一淸。秘甚。質明。下內閣。降瑾奉御。安置鳳陽。貸文武諸臣。盡革新例。議其罪。時事猝。從中發。邏卒飛騎交馳于道。衣冠失度。閭巷喧囂如沸。浹日乃定。先劉景祥死。都人私謂乘朝臣送葬爲變。中夜每聞甲馬聲。先敗。幸永發之早也。

乙未。夜火星犯天江。

丁酉。下瑾錦衣獄。上親籍瑾家。黃金二十四萬錠。又五萬七千八百兩。元寶五百萬錠。銀八百萬錠。又百五十八萬三千八百兩。寶石二斗。金甲二。金鉤三千。金銀湯鼎五百。袞服四。蟒服四百七十。襲牙牌二櫃。金龍甲三十。玉印一。玉琴一。獅蠻帶一。玉帶四千一百六十。又得金五萬九千兩。銀十萬九千五百兩。團扇飾貂皮中置刀二。甲千餘。弓弩五百。他物稱是。上見刀甲弓弩。怒曰。瑾果反矣。卽下獄。科道數其罪。會訊午門。刑部尚書劉璟纔折之。瑾笑曰。若輩皆德我。何得言。諸大臣噤不能語。駙馬都尉蔡震厲聲曰。震國戚。何賴于汝。叱榜之。時微震幾不能成獄。

朱國楨曰。劉瑾非張永不能除。永非文襄之言必不聽。然豈未信而敢輕發哉。觀其調停給銀一節。何等委曲而平日行事與面論。皆有以深服其心。故乘間一言。便能激發以收大功。文成杭州之會。當亦如之。不然以岳季方之清正。一施于曹吉祥。卽敗事。況庸庸者。又安能希冀萬一。文襄定寧夏。文成定江西。功非不偉。而妙在用張永。其作用機權。生平學問得力處。可以想見。斷斷乎國朝第一流人物也。

戊戌。大學士李東陽引咎乞休。不許。

吏部尚書張綵。錦衣衞都指揮使楊玉。鎭撫司指揮使石文義。下都察院獄。

太監張永言。慶王台浤臣事寘鐇。敕責之。奪護衞幷祿三之二。

己亥。大學士楊廷和侍罪。留之。

大學士曹元免。元無他才。好飲謔。每自瑾所出。意氣得甚。至是每夜竊焚器服踰禁者。

戶部尚書劉璣。兵部右侍郎陳震並免。

曉。刻金星犯軒轅木星。

辛丑。治瑾黨。大學士曹元。都御史魏訥楊武劉聰。侍郎陳震。都給事中李憲。修撰康海。大理少卿董恬。順慶知府莊襗。御史薛鳳鳴。部司務孫聰。參政楊儀。河南僉事白思誠。徽州知府柯英。河南參議王欽。太常寺少卿劉介。杭州知府楊孟瑛。侍讀焦黃中。編修劉仁。並削籍。都御史徐以貞。謫鳳陽同知。御史朱袞。新昌縣丞。吏部郎中王九思。壽州同知。王納誨。易州同知。右僉都御史蕭選。謫鄜縣知縣。傳奉檢討胡纘宗。嘉定州判官。編修黃芳。寧國府推官。主事李志學。眞定通判。韓守愚。濟南通判。

壬寅。吏科都給事中李憲劾瑾不法。瑾聞之笑曰。憲亦劾我耶。

漕運總兵伏羌伯毛銳免。

癸卯。曉刻月犯天街上星。

前太子少保吏部尚書許進卒。進字季升。靈寶人。成化丙戌進士。授御史。歷撫大同。忤太監石巖。謫守兗州。尋遷陝西按察使。歷左僉都御史。出嘉峪關復哈密。轉撫陝西。歷前官。忤瑾去。素悻直。敢犯權貴。亦多權術。人不能測。嘉靖中。贈太子太保。謚襄毅。

袁袠曰。端士不以俗易行。貞臣不以勢奪守。觀許公之始忤閹直。終抗逆瑾。幽囚而不懾。廷撻而不挫。其剛心勁氣。死生得失。惡能動之哉。

談遷曰。實錄云。進吏部時。進退百官。多徇瑾意。焦芳劉宇與進同鄉。不相能。陰中之得罪去。將行。賂瑾覬免後禍。何喬遠云。進先總督大同。嘗籍軍出僱役錢。曰尖丁。御史王汝言巡按大同。瑾遣給事中往勘。劾而密致汝言書。給事中曰。劾則殺許公。不劾則殺吾二人。吾自經也。汝言曰。寧殺吾二人。乃自草奏白其事。瑾大怒。令改劾。給事中曰。吾死矣。汝言仍前奏。瑾曰。二人不思還京耶。時中旨迫切。內外竄匿。進曰。吾自死耳。遂仰藥卒。其家諱之。在國史進似失之徇。在野史不惟靈寶戢恨。即王汝言輩並有生氣。或傳聞異詞也。

甲辰。湖廣右布政使陳鎬應天府尹丁鳳並爲右副都御史。鎬巡撫湖廣。鳳理南京糧儲。大理寺少卿顏頤壽爲右僉都御史。

南京工部尙書李善。左副都御史屈直。南京太僕寺卿王彥奇。被劾致仕。御史秦昂趙松□□寺丞紀世梁閒住。□□左布政潘楷□□按察使張禎御史宇文鍾削籍。□□府丞石祿謫陵州知州檢討段炅謫徐州判官□□按察使仲本降兩浙鹽運司同知。陝西總兵曹雄等免下臺獄。

罷江南新僉民兵。初增江南巡捕御史。

都督僉事韓玉鎭守陝西。

乙巳。徵太子少保南京吏部尙書梁儲。

丙午。河南左布政使張勛爲右副都御史。巡撫寧夏。

南京兵部員外郞徐穆顧清復翰林侍讀。刑部員外郞吳一鵬復侍講。工部員外郞汪俊。禮部員外郞賈詠吏部員外郞劉龍。兵部主事李廷相。戶部主事溫仁和。吏部主事董玘。刑部主事翟鑾。南京吏部主事崔銑陸深俱復編修。禮部主事汪偉穆孔暉。戶部主事易舒誥俱復檢討。

丁未。吏部左侍郞柴昇爲南京禮部尙書。通政使李浩爲兵部右侍郞。浙江右布政使夏景和爲右副都御史。巡撫宣府。

復革寧府護衞。瑾納宸濠賂得復。至是瑾秕政悉改正。

戊申。南京吏部右侍郞孫交爲南京吏部尙書。

劉瑾伏誅。瑾陝西興平人。本淡姓。幼冒投中官劉氏。鷙悍陰狡。有口辨。至怙寵竊威福。變易成憲。權震天下。寘鐇之變。首斥瑾。瑾不自安。術士余日明等指瑾從孫二漢當大貴。遂謀不軌。匿災異勿奏。兵仗局太監孫和遺之衣甲。兩廣太監蔡昭遺弓弩皆私貯之。法司奏反獄磔三日。繪處決圖示中外。

高岱曰。瑾一閹豎耳。其流毒搢紳。貽禍宗社。古今所罕見。此其故何哉。蓋瑾青宮舊閹。武宗素所信狎。所以蠱惑其視聽而播知其意嚮者。豈一朝一夕之故哉。吾因是而有感于儲君之近侍不可不愼其選也。古人師保之訓。如太公周邵之于成王尙矣。後世乃禮節繁多。尊卑闊絕。雖有宮僚之設而接見不移時。進講不數語。啓沃雖良。亦將如何哉。其退而與居者。不過數閹耳。朱墨易染。鮑蘭殊臭。安得不與之俱化乎。

何喬遠曰。予傳劉瑾而一時政事之兇忍。賢士大夫之僇酷。不以傷焉。觀其五年之間。威柄號令一出其手。□天子矣。瑾寢處士大夫若嚬笑報復闕也。彼何人斯。云法太祖乎。予讀瑾爰書焦芳劉宇炎熱之人耳。謂張綵變亂選法。故所坐獨重。綵胡名士也。予得見其弟繼家狀。嗚唔私慽。良有可信。其始託非也。予以是悲之。

談遷曰。逆瑾之橫。成於焦芳劉宇。赫赫閹部。其柔繞指。夫誰不波焉。怵于積威。人喪其守。然羅儒廷評耳。發憤上書。身名無恙。設茶陵輩抗節不回。安見流毒之酷也。方瑾負嵎時。精心極慮。惟外廷之是懼。反剸刃其側。舉九族而傾之者。非由他人。卽此比肩共事之張永也。怨盈于天下。禍發于蕭牆。吁可畏哉。若曰家有藏甲。果圖僞號。則薰腐之餘。渦涎自滿。又何異志爲哉。

前戶部左侍郞韓福戍固原。

衞指揮徐鯤嘗示人寘鐇僞檄。論死。戍其家。命復其官。

傳罷鎭守兩廣東寧伯焦淇。命安遠侯柳文總兵鎭守兩廣。

釋官吏遠戍其削籍者。仍冠帶閒住。都察院毋撻御史。

庚戌。復給前兵部尙書劉大夏都察院左都御史潘蕃告身。

傳命英國公張懋仍兼提督團營。鎮遠侯顧仕隆總兵提督漕運鎮守淮安。南和伯方壽祥總兵鎮守湖廣。

辛亥。禮部尚書劉璣服闋。改吏部尚書。總督陝西右都御史楊一清爲戶部尚書。

壬子。復設山東山西河南江西鄖陽薊州保定蘇松鳳陽雲貴巡撫都御史。以初革於劉瑾也。至是巡視江西右僉都御史王哲改巡撫。

癸丑。故南京右都御史張鼐卒。鼐歷城人。成化乙未進士。令襄陵。拜御史。敢言。坐他累謫郴州判官。弘治初。起河南僉事。歷右副都御史。忤瑾。雖長南臺僅數日。以遼餉下獄。罰二千石。嘉靖初。予祭葬。

九月餠朔乙卯。旱災。量免山東田租。

太平寧國安慶大水。溺二萬三千餘人。蠲田租。賑之。

何錦周昂等伏誅。

豐城侯李旻總兵鎮守貴州。

寧夏副總兵都指揮僉事仇鉞爲征西將軍署都督僉事總兵鎮守寧夏。

駙馬都尉黃鏞卒。鏞初休寧人。尙嘉祥長公主。

丙辰。錄寧夏功。加太監張永陸闇歲祿。進楊一清太子少保。封仇鉞咸寧伯。餘陞賞有差。

定坐監生歲率三千人。時監生三千三百人。乏廩。議減歷放回歲貢生監生讙訴。

丁巳。祭故都指揮僉事楊忠李睿百戶張欽。忠子襲陞二級。欽子一級。

戊午。太子少保南京吏部尚書梁儲改吏部尚書署詹事府事。吏部尚書兼翰林學士劉忠俱兼文淵閣大學士直閣。

己未。封太監張永兄富泰安伯。弟容安定伯。給誥券。祿千石。兵部尚書王敞等媚永。歸其功。

右通政叢蘭爲通政使。
寧夏右參將都指揮僉事保勛爲副總兵協守寧夏。
錦衣衛匠餘刁宣背刺精忠報國下獄戍海南。
庚申國子祭酒王雲鳳被劾乞休改南京右通政致仕。雲鳳初視學陝西好榜掠生徒。瑾善之擢祭酒。謁瑾詫其多髭。惶恐跪謝。後請頒刻新例。又欲瑾臨太學如唐魚朝恩故事。時論鄙之其得免于罪又平日虛譽也。
通政使叢蘭爲户部左侍郎兼右僉都御史督理寧夏延綏甘肅糧儲。
辛酉以禮部尚書白鉞兼翰林學士管誥敕。
吏部右侍郎李瀚爲左侍郎。禮部右侍郎靳貴改吏部。
工部尚書畢亨等奏革劉瑾亂政害人十二事以內官建祠造塋係舊制。罰亨等俸。餘從之。尋調亨南京。
復尚書劉機仍支正二品俸。前侍郎楊守阯王華原官。
都察院右副都御史楊綸劾免。
癸亥復各處兵備分守分巡及管糧參議。
甲子。南京國子監祭酒石珤爲國子祭酒。
乙丑工部尚書畢亨調南京。
戊辰。提督倉場戶部右侍郎李遜學改禮部。
國子司業王瓚爲南京國子祭酒。
己巳。順天府尹王鼎爲右副都御史。
復平江伯陳熊爵。

傳錦衣衞指揮使朱寧。南鎮撫司。同覃泰等視事。

壬申李鐩仍工部尚書張永西還道湯陰鐩敝衣冠束玉。踞迎乞憐。因起家。

工部尚書畢亨。應天府尹陳良器。工部左右侍郎張志淳崔巖。御史崔哲皆劾免。右僉都御史張禬。通政參議張龍。尚寶司丞屈銓。大理寺丞蔡中孚。□科都給事中段豸。皆謫外。瑾餘黨也。

癸酉。太常寺卿羅玘爲南京吏部右侍郎。魯鐸服闋。補國子司業。

議復謫籍五十三人。皆復官錄用尚書李傑孫需侍郎陳昴鄧璋胡富陶琰馬中錫。都御史張憲賈錠李貢邵寶胡瑞羅鑒。通政參議任良弼。府丞趙璜。司業羅欽順。編修何塘。給事中楊琥劉澤徐忱安奎潘希曾陳伯獻御史吳漳王潤曾大有劉子厲楊南金王時中。郎中劉思賢。員外郎韓俊葉釗主事唐胄傅浚謝廷瑞趙璧。評事羅僑。中書舍人何景明。布政姜洪沈林。按察使金獻民邢義。參政楊守隅楊茂元吳彥華。副使劉遜陳恪李全吳廷舉。僉事方良永盧翊知府劉麟張津。

錄寧夏功。進李東陽特進左柱國。楊廷和少傅兼太子太傅謹身殿大學士。劉忠少傅兼太子太傅。梁儲少保兼太子太保武英殿大學士進兵部尚書王敞太子少保。廕錦衣百戶。禮部尚書兼學士白鉞吏部尚書劉機。禮部尚書田景賢。刑部尚書劉璟。俱太子少保。餘賜金幣。

益司禮太監溫祥賴義谷清秦文范宣張欽歲祿。錦袍冠帶。舍人溫欽谷雄秦安爲副千戶賴友張銘爲指揮僉事。俱世襲。

封義子錦衣指揮同知朱德永壽伯。太監谷大用兄大寬高平伯。馬永成兄山平涼伯。魏彬弟英鎮安伯。皆給誥券。德不知所出。太監裴氏廝養。賜國姓。善造西域食餌。英非彬弟。冒魏氏。大用等援寧夏功

談遷曰。左貂之橫。始自王振。其子弟僅錦衣而止。汪直劉瑾至都督極矣。張永何功。輒膺茅士。各閹效其尤。

幾于爛羊。其後魏忠賢遂開上公爵賞之濫。日甚一日。所謂作法于涼也。

丙子。巡撫湖廣兼贊理軍務右副都御史王綸卒。慈谿人。成化甲辰進士。

四川盜藍廷瑞鄢本恕等作亂。廷瑞欲據保寧。本恕欲據漢中下荆襄。巡撫林俊議戍通江。果盜陷。僉事錢朝鳳等遁。會官兵自他縣回。盜疑援至。亦遁。合兵擊之。斬八百餘人。廷瑞死。擒廖惠。餘走陝西之西鄉。

乙卯。刑部右侍郎陶琰南京工部左侍郎馬中錫並爲右副都御史。琰總督漕運兼巡撫鳳陽。中錫巡撫大同。

前右副都御史顧源仍巡撫雲南。邵寶巡撫貴州。

錦衣衛都指揮使馬釗爲都督同知。都指揮同知張寰爲都督僉事。永成姪。寰永弟。

庚辰。復任良弼通政司右參議。

辛巳。復姜洪山東左布政使。金獻民貴州按察使。吳彥華楊茂元楊守隅浙江江西陝西左參政。劉遜李全吳廷舉俱雲南按察副使。

誅錦衣千戶張文冕。文冕本華亭黜生。入瑾幕。矯旨多出其手。至是妻妾入浣衣局。欽天監五官挈壺正皇甫政削籍。

何喬遠曰。高皇帝懲自古宦官專政之弊。閹寺令守門闥。給灑掃而已。不得預朝政。終高皇帝世。有雲奇先忠。欲救卒然之厄。吐詞未終。斃于蹕前。可以見當時宦者不得開其喙矣。成祖既取大位。恐中外人心不盡附己。遣使鎮守。遂爲故事。然不敢有所扞觸。至于仁宣之世。英宗幼沖。王振竊權。賴張太后時裁抑之。然當其時羣臣有過。動以上旨論之死刑。朝爲列卿。夕有小犯。徽纆纍纍。囚首跣足。若牽引奴隸。然百官緘結。不敢出一詞。有一劉球上章。及之匕首。箠刑夜碎其膚矣。縉紳罹禍。至于此極。土木之變。身家不免。未足償也。憲宗之朝則有汪直。武宗之朝則有劉瑾。肆行暴作。禍毒已甚。其他大要傳奉官爵。嚼嚙賦稅。其于蠹耗官民糜費已甚。令臣子不得執法。則已亦不敢有所壞亂。然阿丑爲戲。孝陵出守。張永一言付獄法市。若嚼蟣蝨。然可以見祖宗之法行而列聖之斷武也

壬午。禮部左侍郎費宏爲尚書。前南京禮部尚書張憲爲南京工部尚書。陳勛爲戶部左侍郎。提督倉場。胡富爲南京戶部右侍郎。前右副都御史羅鑒巡撫蘇松常鎮。總理糧儲。李貢整飭薊州邊備。兼巡撫順天。應天府丞陳玉爲右僉都御史。巡撫保定。兼提督紫荆等關。

癸未。復革荆府護衞之半。

十月艸朔。丙戌。兵部改正十八事。

丁亥。南京右通政王雲鳳致仕。

己丑。戶部右侍郎毛紀爲禮部左侍郎。鴻臚寺卿俞琳爲禮部右侍郎。署寺事。

誅劉二漢及親屬劉傑等。二漢年十歲。

築大名長隄。至沛縣飛雲橋。凡三百十里。

郃陽潼關地震。

庚寅。給番僧度牒三萬。漢僧道士各五千。

辛卯。江西桃源洞盜汪澄王浩等三千餘人就撫。復叛。掠樂平餘千。陷安仁。

復減九門稅鈔。

乙未。復劉大夏太子太保兵部尚書。楊守隨工部尚書。林瀚南京兵部尚書。韓文戶部尚書。許進太子少保吏部尚書。艾璞右副都御史。各仍致仕。

丙申。曉刻。金星犯亢宿。

丁酉。宣府副總兵都指揮同知劉淮爲鎮朔將軍都督僉事總兵鎮守宣府。

夜。月犯天街下星。

己亥。太監陶錦監丞賈振高諒王鎮王保劉聰呂祥殷俊王俊郭洪俱戍孝陵。籍其家。瑾黨。

吏部尚書張綵獄死。詔僇尸於市。流其家海南。幷誅錦衣衞指揮同知理北鎮撫司事石文義。百戶沈彬。籍其家。正千戶郝凱戍邊。綵初以吏部郎中家居。總制秦紘薦其才。晚節不終。

庚子。桂林慶遠柳州地震。

前戶部右侍郎何鈞卒。鈞靈寶人。成化乙未進士。

辛丑。免應天寧國太平池州田租。

癸卯。鞏昌地震聲如雷。

乙巳。開中鹽課百萬引于陝西三邊。

免霸州盜劉宸等三十四人罪。宸等俱農家。守臣以其善騎射。令捕盜有功。劉瑾舍人梁洪索貨。不應。幷誣爲盜。購之亟。始嘯聚刦掠。至是許自首。免。尋叛去。

復錦衣衞指揮僉事牟斌等官。

己酉。西寧衞地震有聲。

庚戌。起戶部左侍郎儲瓘管右侍郎事。右副都御史黃寶巡撫山東。鄧祥巡撫河南。周南巡撫宣府。胡瑞提督雁門等關兼巡撫山西。刑部右侍郎李士實爲右都御史巡撫鄖陽。

復羅欽順仍南京國子司業。

辛亥。水災。減嘉興湖州寧波夏稅。

壬子。處州同知張芮爲南京尚寶司卿。

太子少保禮部尚書兼翰林學士白鉞卒。鉞南宮人。成化甲辰進士。授編修。博覽强記。禮部時值逆瑾。頗不失正。贈太子太保。謚文裕。

十一月癸亥朔。贊皇知縣王鑾頌張永功。言永西過眞定。卽時雨至。比于皐夔伊傅。上褒永。再賜璽書。

丙辰。吏部右侍郎靳貴兼翰林學士。管誥敕。

起前國子祭酒章懋南京太常寺卿。倫文敘服闋。補翰林修撰。

己未。水災。免蘇常松江田租有差。

庚申。鞏昌地震有聲。

壬戌。前南京戶部尚書熊翀卒。翀光州人。成化己丑進士。令武進。拜御史。頗有風采。後未逮也。

丙寅。月犯司怪星。

戊辰。翰林學士傅珪爲吏部右侍郎。仍日講。

巡撫保定右僉都御史陳臺還院。

宥曹雄死。永戍海南。雄附瑾。增置鎭西將軍印。才寬之難。擁兵不援。更進左都督。瑾敗。降指揮僉事。下臺獄。子謙。博洽。揣兵事奇中。嘗從楊一清學。一清家居遺書曰。先生世所不可無者。而又世所忌也。此何時哉。彼勸先生出者。非愛先生者也。娶瑾從女。拷死于獄。一清惜之曰。謙料人則明也。處人則忠也。其所自料自處何哉。雄西安左衞指揮。弘治末以都督同知爲總兵。廉勇有威。兵尅期輒赴。素以才進。値逆瑾。搆難坐罪。雖愧明哲。人頗冤之。

昏刻。木星犯牛宿。

庚午。夜月犯酒旂星。

辛未。前南京戶部尚書高銓卒。銓江都人。成化己丑進士。授評事。歷任不染于議。惟巡撫保定。同太監李廣作興濟祠。爲時所惜。贈太子少保。

南京監察御史張芹劾李東陽受先帝之託。使瑾得荼毒天下。就使能倡始誅瑾。僅可贖罪。今攘他人之力爲己功。冒賞何善。爲身謀如此也。上不問。奪芹俸三月。

談遷曰。瑾横時。茶陵雖隨事解救。僅毫劑絲補。于大端潰決而莫之挽也。其自辨曰。凡票本擬旨撰寫敕書。或駁下再三。或徑自改竄。或帶回私宅。假手他人。或近出謄黄。逼令落底。眞僞溷淆。無從辨白。臣雖委曲匡持。期于少濟。而因循隱忍。所損亦多。此在他人代爲茶陵解則可。如出于茶陵。豈大臣體國之義耶。門人羅玘上書切規。良有以也。

南京光祿寺卿馮鎬爲右副都御史。巡撫保定。

癸酉。前南京戶部尚書吳文度卒。江寧人。成化壬辰進士。令龍泉。拜南御史。出守汀州。人甚思之。歷官三十七年。屋僅數椽。

都督同知高得林爲後府右都督。

丙子。兵部右侍郎李浩右僉都御史陳玉清理軍職貼黄。

丁丑。水災。免四川彭水武隆田租。

裁雲南永昌府仍軍民指揮使司。

壬午。前禮部右侍郎謝鐸卒。鐸字鳴治。浙江太平人。天順甲申進士。館選。授編修。歷侍讀。南祭酒。還今官。孤介恬直。潛心理學。蒐刊方孝孺集。年七十六。贈尚書。謚文肅。

何喬遠曰。鐸不就國子之命。孝宗促之起。可稱明主一時知遇之隆也。

十二月楑朔。乙酉。霜災免大同田租。
丙戌。松潘副總兵都指揮同知昌佐爲署都督僉事。總兵鎭守四川。
己丑。蜀盜掠南川綦江。殺照磨添堅等。
庚寅。申郡王襲封舊例。限嫡庶。否則止本職奉祀。諸弟姪不得混請。
癸巳。報盜入徐州呂梁洪。掠主事伍全署金。
甲午。上太皇太后尊號曰慈聖康壽。皇太后尊號曰慈壽。
丙申。昏刻。月犯斗宿。
丁酉。浙西災。湖州尤甚。悉免之。仍賑貸。
戊戌。開封大風晝晦。
丙午。夜。月犯罰星。
戊申。太子少保吏刑部尙書劉機。劉璟致仕。
己酉。太監喬忠吳經織造南京。許帶長蘆鹽二萬二千引。戶部尙書楊一清爭之。仍支萬二千引。給兩淮鹽價二萬金。
庚戌。傳陞錦衣衞指揮使朱寧堂上蒞事。都指揮僉事馬鉞。指揮使朱安朱福。俱管南鎭撫司。百戶姚文朱達爲正千戶。總旗朱麟張鐸俱副千戶。高文友王琦朱秀。舍人谷倉俱百戶。舍人朱相朱招朱賢趙銘王永俱所鎭撫。
辛亥。傳陞御用監各匠姜淮錦衣正千戶。王鶚相雄所鎭撫。方景百戶。又文思院副使三十四人。皮作局副使六十五人。各給牙牌。

是月。前陝西布政司右參議賀欽卒。欽字克恭。廣寧後衞人。少穎敏好學。潛心聖賢經書。推所得以淑諸人。正德初。劉瑾括田義州。民亂。顧相戒毋入欽里。欽諭定之。孝友忠信化其鄉人。所居醫巫閭山西。時遊釣淩谿之滸。其卒也。鄉人爲釣臺祀之。稱醫閭先生。天啓初追謚恭靖。

崔銑曰。賀醫閭篤行淵雅。確乎不移。亦管幼安之流亞與。敎人惟主小學。達序矣。陳白沙其無所見。勸讀佛書。豈名敎之外猶有別傳乎。

辛未正德六年

正月壬朔甲寅。太子少保戶部尚書楊一清改吏部尚書。南京兵部尚書何鑑改刑部尚書。

乙卯。中旨御用監甄瑾鎮守河南。

丁巳。南京科道劾參政甯舉副使楊二和李寬薛英史俊僉事陳暉等。中考功法。上是之。

己未。夜月犯畢宿。

壬戌。賜都指揮同知李瑾等十人各飛魚服。自逆瑾濫賞。凡弁閹廝養。陳乞紛然。時謠五十兩一件蟒。

甲子。後府右都督毛倫戍大同右衞。以瑾黨。

戊辰。蜀盜陷江津。按察僉事吳景死之。又僉事郝綰被執。贖免。事聞。贈景副使。予祭葬。廕子入太學。

己巳。大計天下官。降斥二千四百六十七人。

庚午。南京戶部尚書張瀊改南京吏部尚書。戶部左侍郎喬宇爲南京禮部尚書。

辛未。旌晉府鎮國將軍鍾鎖孝行。

癸酉。盜陷營山。分巡僉事王源死之。敕責洪鍾林俊。

甲戌。成都後衞指揮使陸震先進署都指揮僉事。播州宣慰使楊斌授按察使。皆賂瑾。至是革。

乙亥。吏部左侍郎李瀚爲南京户部尚書。

四川左布政使高崇熙爲右副都御史。巡撫四川。討江津播州蠻寇。

臨洮天鼓鳴。

丁丑。錄前都給事中趙士賢。署郎中李夢陽。主事王綸孫磐。御史徐鈺趙祐楊璋朱廷聲劉玉。南京御史周期雍王佩。給事中任惠李光瀚徐蕃牧相徐暹。監察御史貢安甫史良佐曹閔王弘葛浩姚學禮張鳴鳳王良臣。皆劉瑾所誣陷者也。至是悉錄之。

中旨。御馬監太監王潤鎮守湖廣。魏奉管四衞營。

江西兵三萬討桃源盜。陷于漳大敗。失指揮養勳通判梁奎。又寇陷新淦萬安新喻。命調兩廣土兵赴之。徵巡撫右僉都御史王哲。

庚辰。大學士劉忠屢乞休。不允。

中旨。太監畢眞鎮守山東。商飈鎮守福建。張倫鎮守雲南。李嵩分守居庸關。張鳳守備紫荆關。許全守備懷安。梁泰管廣東市舶司。

中旨。太監張景昌管三千營幷三千哨馬營。金義管左哨幷奮武營中軍。王方管中軍右掖三司幷揚威營中軍。閻淸管神機營左掖頭司幷耀武營。周聰管神機營中軍。張輔管中軍右哨三司。喬能管中軍右掖二司。

辛巳。京營署都指揮同知李瑾以千人討山東盜。進參將。

前南京國子祭酒王敕卒。敕歷城人。成化甲辰進士及第。授編修。坐事謫夷陵判官。弘治初起四川提學僉事。進河南副使。拜祭酒。性穎悟。博學多能。負才不檢。南雍以貪著。

二月壬朔。湖廣左布政使董傑爲右副都御史。巡撫江西。

南京工部尚書張憲卒。憲德興人。成化壬辰進士。授吏部考功主事。歷郎中。課覈明審。進山東參政。尹順天。俱有聲。服官四十年。端謹長厚。人莫能疵也。

夜。鄢縣大風雨。走石拔木。

癸未。戶部員外郎李夢陽爲江西提學副使。

中旨。尚寶監太監黎安鎮守江西。

甲申。吏部右侍郎傅珪爲左侍郎。翰林學士劉春爲吏部右侍郎。巡撫貴州右副都御史邵寶爲戶部右侍郎。督理倉儲。中府帶俸都督僉事張寰爲都督同知。

乙酉。四川盜熾。停駕帖採辦禽鳥大木蜜煎川扇等。詔悉停之。

戊子。增四川布政使管糧右參政。

己丑。雲南左布政使魏英爲右副都御史。巡撫貴州。

戶部右侍郎儲巏引疾致仕。

少傅大學士劉忠吏部右侍郎靳貴主禮闈。

河南丁卯貢士廖鎧除名。鎧鎮守太監堂從子。竄祥符籍。被劾。編修餘姚孫淸失官。爲代筆。至是給事中陳鼎劾之。

辛卯。英廟淑妃高氏薨。諡莊靖安榮。

壬辰。前巡撫貴州右副都御史汪奎卒。婺源人。成化丙戌進士。簡靜。尙氣節。

夜。月犯酒旗星。

乙未。浙江山東右布政使邊憲蕭翀。陝西左布政使燕忠並爲右副都御史。憲巡撫山東。翀保定。忠宣府。

虜入鎭靜堡。

丙申。提督易州山廠工部右侍郎王寅改戶部右侍郎。

增青州守備官。

選眞定保定河間達官軍舍給馬操練聽征。

宗室議寘鐇罪不赦。勒自盡。焚其屍。子台潛等幽西內。弟寘銑寘鋗廢庶人。鎭國將軍寘材以黨死。後山僧大千被逮。曰我安化王府寘材也。出故宮人視之。果然。

丁酉。巡撫蘇松都御史羅鑒。山西都御史胡瑞並劾免。

己亥。大學士李東陽等請停京城內外工役及豹房造寺。禁番僧出入。不報。時番僧綽吉我些兒以秘術幸。故言及之。

庚子。南京右僉都御史張鳳巡撫蘇松常鎭。

總督糧儲前右僉都御史王璟提督雁門等關兼巡撫山西。

錦衣衛指揮僉事牟斌仍北鎭撫司理刑。

徵修河工部右侍郎李堂專副使領之。

辛丑。各道監察御史王廷相等劾兵仗局太監孫和爲逆瑾造衣甲。宜罪宥不問。

亦迷河衞舍人賽哈襲都督僉事。揑克子。

壬寅。許高崇熙募土人及川南川西兵。

停江西徵派物料及陶器。

癸卯。順天府尹張遇爲工部右侍郎。管易州山廠。

乙巳。前太子少保工部尚書劉璋卒。璋南平人。天順丁丑進士。授戶部主事。歷撫鳳陽鄖陽四川。俱賑災殫力。嘗截漕八十萬石募人舟拯洛河之饑。入工部左右侍郎。長南京禮部。鎮靜知大體。服官四十年。敝屋僅給衣食。竟亡子。惜哉。

曉刻雨土霾。

丁未。大理寺左少卿陳世良爲南京右僉都御史。提督操江。何塘復翰林修撰。

蜀盜曹甫屯黃蟻驛。趨瀘州。右副都御史林俊撫諭之。佯聽命。令弟瑄流劫小市廂。指揮李蔭擊斬之。諸盜列江津七營。蔭等合酉陽播州土兵大敗之。斬甫等五百餘人。俘七百餘人。指揮汪洋陣沒。加襲署都指揮僉事。

夜。大星隕寧夏。頃之。天鼓鳴。

己酉。起左都御史陳金總制江西浙江福建湖廣南直隸軍務。

庚戌。雲南按察司副使吳廷舉爲江西布政司右參政。蘇州同知李嘉言爲江西按察司僉事。吏部尚書楊一清薦其才足戢盜。

三月辛亥朔。壬子。山東盜破樂安濱州高苑。

甲寅。盜掠彰德回龍驛。入延津封丘長垣東明曹縣。殺百戶張世祿。時文安盜劉宸劉寵齊彥名。擁衆萬餘。流劫山東。殺京營指揮張英等六人。詔官軍分備之。

戊午。甘肅總兵署都指揮僉事衛勇劾免。

癸亥。南宮寧晉新河隆平皇莊太監劉祥金鳳等。掊克劾免。改命太監馬昂左少監范禮。

延綏副總兵都指揮僉事王勛爲署都督僉事總兵。鎮守甘肅。

乙丑。廷策貢士。賜楊愼余本鄒守益等進士及第出身有差。愼大學士廷和子也。

林之盛曰。用修之博。有明一人。當時猶以面皮狀元誚之。夫豈輿論之平。而又挺立忠節。終身坎壈。徒以父文忠貴盛而受之謗。夫商氏之有廷柏也。謝氏之有丕也。人無間言。何獨於先生疑之。雖然。輔臣上事天子。下總百僚。其心事將以對天下。而必使其子與寒士爭進。令天下不能諒其心而疑其迹。則避賢亦或一道也。

長壽縣火。

國子監博士徐禎卿卒。禎卿字昌穀。吳人。景泰□□進士。簡伉不輕交人。砥礪名節。所著譚藝錄行世。

丁卯。盜入新喩縣。

山東盜陷金鄉。參政史學僉事杜昰各逮下錦衣獄。

己巳。定捕盜條格。棄城者斬。擒獲如塞上例。

盜入博野饒陽南宮無極東明。掠冀定祁開。

庚午。虜入河套寇邊堡。副總兵王勛等合擊敗之。斬六十餘級。

太保惠安伯張偉總兵巡撫大同。右副都御史馬中錫爲右都御史提督軍務。都指揮朱振戴儀充參將。以京兵三千人討盜。

盜陷濱州臨朐臨淄昌樂日照蒲臺武城陽信曲阜泰安。官軍輒敗。

辛未。山東備倭指揮朱泰敗盜于樂安。斬七十餘級。擒百餘人。

壬申。陝西右布政使石玠爲右副都御史巡撫大同。

敕整理糧儲戶部左侍郎兼左僉都御史叢蘭兼管固原蘭淸軍務。時巡撫陝西右僉都御史藍章捕盜漢中。

適套虜警。命暫屬蘭。
癸酉。盜入淸豐滑縣。
甲戌。南京右僉都御史張鳳改右僉都御史。仍巡撫蘇松。
乙亥。盜犯闕里。
治鎮守河南太監廖堂及弟錦衣指揮使鵬罪。降鵬指揮僉事。安置南京。鬻其私第。以巡撫鄧庠極言其刮利激盜也。鵬時稍失權璫意。因令嬖妾某出入朱寧家。鵬仍留任。寧每豹房休沐歸。輒宿鵬家。鵬反誇于人。寵賂益著。
丙子。傳諭直隸山東河南四川江西湖廣陝西兩廣用兵。去年正供外一切歲辦雜派軍需諸物料未徵者悉免之。
夜。曹州見流星。光燭天。頃之天鼓鳴。
丁丑。選庶吉士許成名劉棟張璧應良黃臣尹襄劉朴許復禮費寀王道張潮祝續王思孫承恩徐之鸞劉杲林文俊孫紹祖戴顒吳惠金臯劉夔郭維藩田荆張翀王元正陳寰劉濟張衍慶冼倘文邊憲張鼇山俞敷。命吏部右侍郎兼翰林學士靳貴侍讀學士蔣冕敎習。
南京禮部右侍郎常麟右副都御史夏景和俱降山西布政司參政。以前在福建斂餽太監陶錦。瑾黨。追論之。
戊寅。許盜自首免。
己卯。盜陷鄖城。
參將李瑾破盜于寧陽郯城。斬首百五十餘級。時劉宸攻郯城。殺掠。寧陽典史全椒康友惠抱鼓厲衆。鳩義勇數百人。抔土爲城。發門爲雉。守備粗具。選銳數十輩伏城外。陰劫之。斬獲數十級。衆愈定。友惠曰。賊忿必大至吾屬危矣。乃增城浚湟除器躬擐甲胄督視靡晝夜。遠探刺。信賞罰。隱然若大將。賊果大至。有欲踰城避者。友惠執斧厲聲曰。敢言避者死。此斧砲斃其渠帥。賊帥將火車攻城。潛燔之。賊計殫。又見城上朱衣執戈者長數仞。謂有神助。遂卻。遙謂友惠曰。若位卑有功不賞。何自苦若此。開門放我。當應千金。友惠叱之。即使壯士數十人躍馬刺之。賊墮橋。躍起策馬去。斬獲器械輜重。悉分諸義勇無少私。賊七至不挫。然官卑不錄。諸生上書訟不報。怡然曰。此吾分。勿復言。卒于官。百姓哀慕立祠。

松潘副總兵署都指揮僉事楊宏爲署都督僉事總兵鎭守四川。

盜犯信陽。都指揮僉事馬振等卻之。追至湖廣應山而敗。振及信陽衞指揮陳鎭死之。

四月朔。琉球國中山王尙眞入貢。

癸未。許大學士劉忠展墓。上嘗御經筵。退召李東陽等出忠會試錄文義多舛。東陽不敢對。忠聞之。亟請去。

甲申。勘江西失事官。時盜陷新淦萬安新喻。

夜。月犯井宿。

丙戌。山東盜陷萊蕪。知縣熊驂遁。

丁亥。光化縣火。

都督僉事楊英爲都督同知。英自陳寧夏防河功。

庚寅。南京太常寺卿章懋爲南京禮部右侍郎。

辛卯。中書舍人黃堂等訴。臣等由進士遷轉。必九年滿秩。不得同科道部屬。遂定科甲舍人再考得量轉。著爲令。

刑部員外郞宿進上言。內臣如王岳范亨。言官如許天錫周鑰。宜卹。大臣如兵部尙書王敞。宜罷。幷察瑾餘黨。

擇守令。遣官錄囚。寬免賦役。停遣官校。上怒甚。召閣臣。以薄暮未入。請宥之。遂廷杖五十。削籍。蓋以察瑾黨見
螫也。
盜李隆等二千餘騎。自蒙陰山突陷長山。參將李瑾追戰小清河。斬三百級。戰青城。斬二百餘級。
前戶部尚書顧佐刑部尚書屠勳韓邦問南京吏部尚書王華刑部右侍郎沈銳皆賂瑾。見獄詞各下巡按御
史論贖。
乙未。貴州乖西賊阿雜叛。
楚雄地三日五震。
夜月犯房宿鈎鈐星。
丙申。命懷慶府每春秋仲丁日祭元儒許衡。
魯府東阿王陽鏢薨。性孝友。能詩。工楷書。謚榮靖。
武靖伯趙弘澤管南京前府事。操江。
戊戌。徵山東備倭都指揮僉事朱泰管象房。錦衣衛都指揮僉事朱羲代之。
己亥。錦衣衛指揮使朱寧提督巡捕。
庚子。梧州電白俱地震。
前總督運漕右副都御史張瑋卒。瑋景州人。成化丙戌進士。授御史。歷陝西按察布政使。撫寧夏。三原王恕甚
重之。薦總漕。平生清苦。不殖產。子嘗墾田十餘頃。怒甚。盡畀于弟。微傷褊急云。
壬寅。通渭泰安大雨雹。傷稼畜。
覈李瑾報功虛實。

木星晝見。凡八日。

癸卯。山東盜五六百騎自青城經壽光。攻濰縣。知縣張志皐先遁。城陷。殺指揮張陞。知事杜德銘。破昌邑。至平度。

定宗室冊封仍遣給事中。

甲辰。詔鎮江祀宋留守宗澤。蘇常祀宋丞相文天祥。

午刻黃塵四塞。

丁未。夜木星犯壁壘陣西第六星。

戊申。巡撫四川都御史林俊自劾討賊無功。乞總制洪鍾便宜用兵。有旨切責俊。令鍾卽赴保寧。高崇熙專備播州。

己酉。司禮太監張永同法司錄囚。

五月庚朔。免直隸山東河南馬匹許輸金。

泰安天鳴。

辛亥。旌楚世子榮淢孝行。性仁孝。徒跣送葬。故旌之。

甲寅。四川盜藍廷瑞。廖惠自鹽亭掠富村及柳邊驛。殺百戶賈雄。茂州知州汪鳳朝擊之。敗死。總兵昌佐師至。盜趨梓潼。陷之。復自綿竹破劍州。殺判官羅明。趨江油。敎諭平越李藻決戰死之。藻正德甲子貢士。盜扼于官軍。還鹽亭。南部廷瑞營山人。廖惠鄰水人。

戊午。太子少保兵部尚書王敞乞罷。不允。命仍署通政司。

庚申。以蟲災免華州渭南等去年田租。

壬戌。刑部尚書何鑑爲兵部尚書。

盜魁宮太保伏誅。太保。永淸吏也。亡命。同劉寵等流劫。

翰林侍讀學士蔣冕爲少詹事。毛澄爲學士。侍讀顧淸爲侍讀學士。侍講吳一鵬爲侍講學士。修撰倫文敍爲諭德。兼侍講。編修賈詠劉龍爲左中允。李廷相右中允。俱兼修撰。陳霽爲左贊善。兼編修。

翰林侍讀學士徐穆卒。穆吉水人。弘治癸丑進士及第。授編修。進侍讀。使朝鮮。以修通鑑纂要。調南京禮部員外郎。瑾敗。仍侍讀。贈侍讀學士。性明敏博洽。善議論。年僅四十四。

山東流盜入河南。略陳橋鎭。都指揮僉事趙玉被圍。指揮使陳鵬戰敗。都指揮僉事朱振援之。解其圍。追敗于胙城。

山東盜陷平度。遂掠高密。

敎坊司左司樂臧賢恃寵。引疾。不許。詔進奉鑾。

南京守備太監傅容卒。賜昭功祠。

丁卯。盜楊謙等掠濬縣。知縣陳滯敗之。走太行山。

戊辰。傳制封訏淵伊王。表栿靖安王。睦櫧益陽王。睦樒奉新王。安泟河陰王。安祔鎭平王。安泗河淸王。徵鈴襄陵王。祐欒陽城王。秉櫸永興王。譽梃延德王。

己巳。河南盜乘舟入湖廣。犯應山。陷雲夢。掠黃州。都指揮張埙追敗之。乃趨江西星子。都指揮趙鉞敗之于左蠡。仍還湖廣。

辛未。河南按察使彭澤爲右僉都御史。巡撫遼東。

壬申。天津兵備副使陳天祥擒盜功。加太僕寺少卿。

甲戌。提督軍務右都御史馬中錫加左都御史。右副都御史王鼎加右都御史。

乙亥。太子少保兵部尚書王敞致仕。

四川巡視右副都御史高崇熙改提督松潘軍務兼巡撫。命林俊同太監韋興專討藍廷瑞等。

湖廣流盜入河南商城固始潁州。

丙子。裁劉家口遵化灤陽分守內臣。右少監梁僩太監劉睿仍改守備。

太監張永兵部尚書何鑑及科道官選京營南京守備太監黃偉兵部尚書柴昇及科道官選南營各賜敕。

丁丑。減臨清京倉監督內臣。

戊寅。設九江兵備副使移守備都指揮于安慶。

六月己卯朔。大慈恩寺大悟法王捨剌札死特治葬。

衡州安仁縣大水。

庚辰。汜水暴雷雨大水。壞城舍。

辛巳。虜寇延綏定邊營游擊時源敗之。斬三十四級。

壬午。火星隕臨江。大如車輪。又火星墜吉安。聲如雷。

癸未。山西盜李華等合劉宸等于壺關焚劫。

寧夏都指揮僉事陳恂等敗虜于唐渠。斬四十二級。

乙酉。韓府襄城王偕洄薨。謚安僖。

丁亥。盜楊虎入山西陷沁水。自翼城洪洞破趙城祁大谷。

禮科給事中陳鼎削籍。鼎言事忤吏部。謫漢州判官。中旨謂附瑾侵物價。前鬻平江伯陳熊居第。下獄。蓋鼎劾廖鏜冒舉賈忌也。
初河南按察使彭澤言。賊馮山谷之險。時劫彰德衛輝懷慶。必須山西河南同參將宋振夾攻。使進退無地。若但檄山西鎮巡官。往返月計。難以濟事。兵部議馬中錫督山西河南直隸兵集舟黃河南。防其濟。守雁門偏頭諸關。防其逸。彰德衛輝眞定保定順德各整兵堅壁。截其衝。然後募銳夾攻。從之。
雷震大同後衛石泉墩斃三人。
四川盜自江津敗後走綦江。纔四百人。流入貴州石阡。糾合三千人。指揮李韡等戰失利。遂陷婺川龍泉坪。焚屯寨。巡撫湖廣右副都御史陳鎬請調永順保靖土兵征之。時官兵怯。輒調土兵。剽掠甚于賊。有盜梳兵篦之喩。
辛卯。郟城知縣唐龍。濬縣知縣陳滯。曹縣署印知事楊謙。俱卻盜。進二秩。幷切責總制洪鍾陳金馬中錫惠安伯張偉。
壬辰。永順伯薛勳卒。
甲午。淮安鳳陽課駒給軍。免其輸京。
盜楊虎等自山西十八盤山還。破武安。燬臨洺鎮。掠威曲周武城清河故城景州。渡河復入文安。合劉宸等。都指揮桑玉達官指揮馮安屢敗。命署都督同知張俊以京兵二千人往。
乙未。江西華林山盜陳福陷瑞州。
戊戌。前順天府尹蘭琦卒。德平人。成化辛丑進士。
蜀盜藍廷瑞奔漢中。陝西兵圍之。乞還蜀聽撫。
己亥。右副都御史周南巡撫南贛汀漳南雄惠潮韶郴。以地衝。仍開府。

癸卯。盜復入山東自霑化趨郎墨。指揮陳鉦戰敗。遂破武城。至濟陽。

甲辰。虜亦不剌屯莊浪之蘆井。龍潭軍民多遁。參將魯經乞援。命游擊將軍吳英往。

乙巳。酌定恤典。一品葬費三百金。役二百人。二品給二百五十金。役百五十人。三品給二百金。役百人。三品秩未滿半之。開壙槩役五十人。四品下特恩酌奏。

丙午。止故右副都御史安惟學王綸祭葬。以工科給事中謝訥言惟學誅求激變。綸侵帑冒級也。

丁未。總旗粱次攄爲錦衣百戶。大學士儲之子。納錦衣衛舍人。冒廣東十三村功。

寧夏地震有聲。

戊申。前南京太常寺卿呂㦂卒。秀水人。父學士原廕中書舍人。成化薦北闈。中書應試自㦂始。文行能世其家。予祭葬。

是月。猺賊攻鄒縣。火民居三日。

七月配朔。壬子。許眞帖木兒還土魯番。

盜陷吳橋。

甲寅。陷南宮。

丙辰。吏部尚書楊一淸陳陝西邊務八事。議行之。惟寧夏紅花仍貢。

裁遼陽分守內臣。

盜陷冀州。

丁巳。盜陷棗强。知縣段豸死之。初拒斬二百餘人。攻益急。三日陷。豸赴水死。盜屠城。參將宋振駐東門。不發隻矢。盜尋去。贈豸太僕寺少卿。予祭。一子世錦衣百戶。

辛酉。金星犯左執法。
壬戌提督倉場戶部侍郎邵寶還部。巡撫河南右副都御史邵寶爲戶部右侍郎還部。
癸亥。盜陷武城樂安陽信霑化海豐青城攻樂陵。知縣許逵擊敗之。逵初築城浚隍。令鄉民垣周其室。且出奮
上通竇。可隻身出入。壯者伺刃竇側。盜至無所火。入竇輒擒斬。旗舉伏發。賊殲焉。後避不敢近。
乙丑。南京戶部右侍郎鄧璋爲左副都御史。巡撫河南。
定節孝官給三十金。自樹坊復其家。
戶部左侍郎陳勛卒。單縣人。成化辛丑進士。
丙寅。夔州獐子溪驟雨。山崩江溢。
丁卯。盜陷武安。自臨洺關北遁。
戊辰。遼東錦義天鼓鳴。
己巳。兵荒。免開封田租。
昏刻。土星犯平道。
庚午。福建地震有聲。
盜陷高唐禹城。
辛未。戶部右侍郎邵寶爲光祿寺卿。楊潭爲戶部右侍郎。
壬申。楊虎合劉宸劉寵復至文安。調宣府延綏副總兵許泰馮禎游擊將軍郤永各領兵討之。泰永千人自居
庸關至涿州。禎千五百自紫荊關至保定。
盜陷南宮。執知縣孫承祖。掠寧晉皇莊。

涿人王豸足涅龍紋及人王字。太監張永以妖異捕之。加祿百二十石。永欲自侯。至引劉馬兒三保太監。閣臣言二人身不受爵。乃沮。

設思恩府流官同知通判等。立鳳化縣。

盜掠阜城。入獻縣。

金星晝見。至八月戊午滅。

甲戌。刑部左侍郎張泰爲右副都御史。總制陝西延綏寧夏甘肅軍務。

乙亥。江西盜陷臨江。

陝西洮州成縣禮縣四川繇州各地震。

丁丑。提督軍務都御史馬中錫惠安伯張偉巡撫都御史蕭翀李貢邊憲王璟參將李瑾等坐玩寇被劾。有旨切責。

八月戧朔。刑部右侍郎張子麟爲左侍郎。

四川盜任倖羅萬等入貴州。破婺川縣龍泉坪長官司。

盜劉宸劉寵楊虎李隆等四十三人迎馬中錫張偉于良店驛。求撫。中錫以聞。命酌之。果解甲赴軍門。准自首律。

己卯。敕兵部左侍郎陸完兼左僉都御史。提督軍務。率宣府延綏及京兵討盜。

劇盜藍廷瑞鄢本恕等被擒。初盜欲緩我師。及秋而掠。度不可免。至東鄉乞撫。廷瑞本恕不出。請駐衆臨江市。副使馬昊曰。臨江市。蜀襟喉也。上達重敍。下連湖湘。其地饒富沃衍。可餧賊。自困耶。獨益治軍。盜因不敢東。又無可逸。乃以所掠女餌永順土舍彭世麒締婚。世麒白制府。受之。遂邀宴。伏甲擒廷瑞等二十八人。餘奔潰斬溺七百餘人。捷上。進洪鍾太子太保。林俊右都御史。蘭璋右副都御史。遣錦衣千戶卽其地斬于市。廖惠獨逃免。未幾復熾。

庚辰。南京禮部右侍郎章懋自起太常並未赴。許致仕。

壬午。總督漕運右副都御史陶琰爲南京刑部右侍郎。

癸未。前吏部尚書李裕卒。裕豐城人。景泰甲戌進士。授御史。歷任俱有聲。吏部時。鄉人李孜省方寵幸。言者以裕媒進。作辨誣錄。或疑其非實。然廉介足稱也。

江西福建盜千餘人陷南豐。湖廣盜數百人陷永寧樂安。

甲申。南京太僕寺少卿楊廉爲南京通政司右通政。

陸完兵出涿州。忽報盜在固安。上召閣臣於左順門曰。盜東而西其兵。非計也。欲促兵併力東向。閣臣稱善。盜近霸州。命副總兵都督白玉駐東安。參將都指揮王杲駐通州。陳勛駐永清。副總兵張俊往天津。

丙戌。南京戶部尚書張俊爲都察院右都御史。總督漕運兼巡撫鳳陽。

罷馬中錫張偉。歸其兵陸完節制。中錫迂緩。偉紈袴。俱不知兵。日事招撫。劉宸楊虎等以朝政不一。馬使君停無他能。卒此德乎。仍剽掠。官軍遇輒敗。特旨徵回。

丁亥。翰林院侍讀學士吳儼爲南京禮部右侍郎。

劉宸陷大城靜海。至清縣興濟滄州。知縣張汝舟入渾源。悉力拒賊。城陷。死之。子策亦遇害。贈光祿寺丞。蔭監

己丑。貴州乖西賊阿雜等平。

遼東人畜大疫。

壬辰。亦不刺虜寇柳條灣。分守鎮番左參將李愷擊斬四十餘級。

許貴州衛官暫免比試納米。

甲午。雷雯于溱王良佐邵錫吳巖柴方羅方黃鍾黃鏊汪元錫朱鳴陽陳霑黎奭傅鑰王江王元凱劉健馬性魯毛憲竇明任忠趙官徐文傳爲給事中。

盜五千餘騎復陷入青縣。殺致仕寺丞蕭英。

尋甸軍民府地震。聲如雷。

丁酉。太保保國公朱暉卒。暉才不逮父永。其謹厚足稱。屢專閫外之寄。

庚子。戶部右侍郎鄧庠疾去。

壬寅。霸州地連震。

乙巳。鎮守陝西總兵都督僉事韓玉卒。玉善撫部曲。屢立功。稱名將。

復故太子少保戶部尚書秦紘告身。總制右都御史馬中錫。惠安伯張偉。參將朱振。逮下獄。

談遷曰。龔遂解繩。張綱墮壘。賊何難于撫哉。第操縱在心。不一其術。馬中錫欵賊。俾賊偵朝廷舉動。知制府不足信。噫。其時可知矣。

崔銑曰。初薊盜之起。劉宸等八人耳。後至二十六人。辛未歲。掠彰德水冶不利。乃又西至史泉。史泉去府彰德二舍。四面山環。宸等各喜得僻地可爲樂矣。雖旬無他虞。乃散馬弛弓刀槊挂壁間。縱酒歌呼。夜乃召倡女酣寢。民兵偵知之。約指揮某夜往襲。戊夜至史泉東三里止。賊皆熟睡。是時人持梃可盡殲矣。而民兵爲首者利其貨。謂指揮曰。此屬坐而擒矣。而吾輩無利。遂去之而俘其棄餘何如。指揮許諾。遲明發砲。賊大驚。乃乘酒力躍馬持矛矢來。兵皆走。獨百戶張世祿戰死。賊自是不敢恣肆。溢爲數萬人。大師而後克之。嗟乎。無法不畏。不可以師。不貨無疑。乃可以勝。自今長老言之。未嘗不於邑也。彰德府志。

丙午。夏津地震。聲如雷。

九月朾朔。戊申。巡撫延綏右僉都御史黄珂為戶部右侍郎。提督倉場。

盜楊和劉宸劉寵齊彥名東入樂安。張興南入澤縣。楊虎西南入東昌。王□自東光渡河而西。分道劫掠。陸完求濟師。許之

己酉。廣西懷賀等縣猺賊平。

楊虎等圍滄州三日。不克。欲南。劉宸劉寵等適至。復圍之五日。中流矢。去之。

庚戌。初副總兵許泰游擊將軍郤永等擊賊霸州。斬數百人。始南奔。泰追之東光。斬二百五十餘人。永又破之景州。

霸州桃李華。

辛亥。陝西左布政使舒崑山為右副都御史。巡撫延綏。

壬子。盜陷武城陵平原禹城臨邑霑化茌平陽信蒲臺樂安。

癸丑。天津兵備太僕寺少卿陳天祥為右僉都御史。仍捕盜。

乙卯。免寧夏田租。

丁巳。戶部左侍郎邵寶兼左僉都御史。催漕。時滯運尚百六十餘萬石。促貯臨德天津。

盜陷靜海。

戊午。前巡撫雲南右副都御史張誥卒。華亭人。成化丙戌進士。

己未。戶部主事王崇慶乞復刑部主事宿進官。下獄。謫廣東壽康驛丞。

辛酉。延綏副總兵馮禎敗盜于阜城。擒斬八百六十四人。宣府游擊將軍郤永戰棗強。擒斬百三十人。永及副

總兵許泰又擊斬四百餘人。楊虎等東奔。
四川盜孽三千餘人復自陝西漢中流入寧羌沔縣。破略陽徽州成縣扶風。
癸亥。望月食。
翰林院庶吉士盛端明爲檢討。
楊虎等陷威縣新河。劉宸等陷日照海豐壽張陽穀丘寧陽曲阜泗水沂水費縣。
甲子。進士王萁上言兵事。切責之。
乙丑。川盜走貴州思南石阡。仍入蜀播州。宣慰使楊愛等擊敗之。仍走貴州。
己巳。廣東福建流盜復入永豐。陷樂安新淦。執參政趙士賢知縣申惠等。士賢贖免。
庚午。廣東猺破湖廣酃縣。
錦衣衞指揮使朱寧爲都指揮僉事。兼提督官校。
辛未。傳陞錦衣衞指揮使朱安提督官校巡捕。指揮使朱墻管南鎮撫司。
癸酉。山西山陰縣地震。聲如雷。
丁丑。南京守備成國公朱輔引年去。
崇王祐樒薨。年三十。謚曰靖。
都勻地震。
右府都督同知楊英鎮守陝西。
十月戊朔。己卯。刑科給事中竇明上言弭盜備邊擇將安民四事。忤旨。下錦衣獄。
辛巳。命巡撫四川都御史高崇熙駐重慶討盜。

癸未。太子太傅魏國公徐俌守備南京。
錦衣都指揮僉事朱寧例進都指揮同知。
盜入長山。典史李暹力戰死之。
甲申。劉宸等攻濟寧。不克。焚漕舟千二百有奇。執工部都水主事王寵。釋之。
贛州士民何積玉誘擒廣東盜張仕錦等。斬之。
丙戌。劉宸等寇曹州。馮禎許泰郤永戰于裴子岩。斬三百餘級。又追斬千八百餘人。
太監張永選團營得驍卒四萬三千人。練習聽征。
丁亥。昏刻金星犯斗宿。
己丑。虜入大同黃土坡。官軍失利。
壬辰。巡撫山西都察院右僉都御史王璟爲右副都御史。還院。
太常寺博士王子謨爲南京工科給事中。
前少保刑部尙書閔珪卒。珪字朝瑛。烏程人。天順癸未進士。授御史。歷撫江西。順天。總督兩廣。至今官。敦朴質直。器度博大。敭歷中外。不矯不隨。亦一代鉅人也。贈太保。謚莊懿。
泉州地震。聲如雷。
癸巳。夜月犯天高星。
丙申。江西布政使劉杲致仕。加都察院右副都御史。
盜陷廣平縣。
丁酉。虜亦不剌犯山丹衞。守備都指揮張鵬戰獨峯山。斬六十五級。再犯甘肅。副總兵白琮等戰黑紫溝。斬百六十餘級。時虜亦不剌丞相阿爾禿廝等爲小王子所敗。屢寇莊涼。亦不剌者。小王子丞相也。小王子與火篩仇殺。火篩死。以他事怒亦不剌。欲殺之。亦不剌懼。寇涼州。破安定王族。遂掠烏思藏。據之。轉寇洮岷松潘無寧歲。

戊戌。貴州盜踰馬梭關。復入四川。

甲辰。東寧伯焦淇卒。淇賂瑾。庚午鎭兩廣。至是恚死。

雲南洱海衞大理衞鄧川鶴慶劍川各地震。鶴慶劍川尤甚。壞城舍。傷人。

盜千餘人自宿遷渡河。攻虹縣。

十一月朾朔。巡撫湖廣右副都御史陳鎬卒。應天人。成化丁未進士。

戊申。南京科道復劾逆黨南京戶部尚書李瀚江西總制左都御史陳金。刑部侍郎張子麟。工部侍郎李堂。南京工部侍郎周宏。巡撫右副都御史顧源。舒崑山。南京太常卿張芮。通政參議呂元夫。山西參政常麟。夏景和。福建參政臧麟。雲南參政鍾渤。四川參議錢朝鳳。山東副使張憲。廣西副使鄧文質。山東僉事陳霆。賈欽。廣東僉事夏遂。揚州知府王鐸。□江知府張錦。河東運使劉繫。浙江運使仲本。寶慶同知蔡中孚。有旨。瀚等令自陳。陳金仍討盜。常麟等俱致仕。留臧麟等。

庚戌。御馬太監谷大用總督軍務。伏羌伯毛銳總兵。太監張忠監神槍。率京兵五千會陸完討盜。

壬子。昏刻。月犯秦星。

癸丑。大理寺卿張綸爲工部右侍郎。

甘肅總兵王勛敗虜觀音山。斬二百六十六級。

丙辰。戶部左侍郎兼左僉都御史叢蘭賑南畿河南。南京戶部左侍郎王瓊改戶部左侍郎兼右僉都御史。賑北畿山東。

巡撫四川右副都御史林俊辭陞賞。不允。令致仕。

巡撫宣府右副都御史燕忠爲大理寺卿。

戊午。順天保定河間萬全懷來隆慶衞地皆震。聲如雷。霸州自是日至庚申。震者十九。居民洶懼。

己未。增太原府通判。監督偏頭寧武雁門三關倉場。

辛酉。免山東粟豆二十四萬石。餘停折有差。

順天府丞趙璜爲右僉都御史。巡撫宣府。

壬戌。許大學士劉忠引疾去。廕一子中書舍人。

何喬遠曰。王鏊劉忠。皆賢相也。鏊通雅不失其正。忠稜岳有不可搖撼之象。傳曰。不有君子。其何能國乎。

癸亥。昏刻金星犯羅堰。

亦不剌虜寇甘肅。都指揮山丹守備張鵬戰新河北山。斬百八十餘級。

乙丑。蜀盜陷南川綦江。

丁卯。小王子虜寇宣府龍門所。守備右監丞趙瑛都指揮僉事王繼敗死。贈瑛太監。世錦衣百戶。繼都指揮同知。

戊辰。巡撫鄖陽右都御史李士實爲南京工部尚書。孫交爭之。不聽。

傳諭撫盜。散脅從。

辛未。前戶部尚書侶鍾卒。鍾字大器。鄆城人。成化丙戌進士。授御史。忤汪直被杖。後撫薊鎮保定。遷刑部右侍郎。憂去。坐累謫守曲靖。弘治初改官。至尚書。歷仕有聲。

虜酋亦不剌阿爾禿厮與小王子仇殺。屢入寇涼州。右副總兵蘇泰戰大河灘。斬百十三級。

敕戶部左侍郎兼左僉都御史叢蘭巡視廬鳳滁和兼賑濟。其河南歸巡撫鄧璋。淮揚徐邳仍屬漕運右都御史張縉。

癸酉大學士李東陽滿九年考。兼食大學士俸。

浙江左布政使劉琬爲右副都御史撫治鄖陽。

甲戌盜陷葉縣。

左府署都督僉事楊敬卒。定州人。世濟州衛指揮使。征迤北。陷虜脫歸。屢立功。

乙亥瘞畿內山東四川河南江西山西兵亂暴骸。從雄縣教諭魏綸請。

楊虎陷宿遷。淮安知府安福劉祥敗于小河。被執。沭陽諸生沈麒說賊脫之。并及靈璧知縣陳伯安。祥遇事敢爲。後戍嶺外。

十二月玎朔。己卯。提督軍務兵部左侍郎陸完爲右副都御史。總兵馮禎許泰游擊將軍郤永爲都督僉事。副總兵許泰爲署都督僉事。

盜薄近郊。平江伯陳熊寧晉伯劉岳豐潤伯曾愷分守京城九門。

科道官以修省言五事。曰黜不職。劾不職文臣尚書張澯。府尹張春。副都御史張勛。太常少卿趙繼宗。□□副使鄧文賈。知府張文淵劉光吳倌張爾。運使張愷。運同仲本。員外郎韓邦奇。知州徐朝瀚郝槃邵錦。通判李煒。參政臧麟。武臣鎮守兩廣安遠侯柳文。平江伯陳熊。都指揮房懷盛瑾徐節李銘楊軫。守補指揮袁杲。俱貪酷。錦衣千戶呂天瑞冒功。曰重名器。光祿寺卿周惠疇。少卿李通張暐。尚寶卿劉準。司丞高榮。濫致榮顯。又鴻臚中書文思院錦衣衛官廩歲以萬計。宜悉查革。曰節財用。曰禁科索。曰懲奸惡。各鎮守受訟蒐索富民。始廖堂廖鵬。南京守補私壟網利。始彭恕楊瓚。乞治罪。章下所司。澯自陳留用。餘皆斥降。

提督松潘軍務都御史高崇熙改巡撫四川。

辛巳。戶部左侍郎邵寶請復支運舊制。戶部格之。

湖廣盜入衡山。

游擊將軍郤永擊盜張興張旺等于濰縣。斬八百級。降五百餘人。

壬午。命順天尹禱雨雪。

曉刻。大星自軒轅流至近濁。昏刻。木星犯壘壁陣西第六星。

乙酉。巡撫江西右副都御史董傑卒。涇縣人。成化丁未進士。負才略。居官可紀。

直文華殿光祿寺卿周惠疇劾免。

丙戌。南京工部右侍郎周宏自陳免。

福建左布政使王鎮爲右副都御史巡撫蘇松常鎮總理糧儲。

丁亥。大星隕澤州。天鼓隨鳴。

錦衣衞都指揮使谷大中爲都督僉事。指揮同知朱成爲指揮使。俱冒功。

中府署都督僉事張文淵卒。

霸州知州王汝翼縱賊。屬下詔獄。

戊子。前太子少保兵部尚書兼翰林學士尹直卒。直字正言。江西泰和人。景泰甲戌進士。選館。授編修。歷兵部右侍郎兼學士直閣。尋進尚書致仕。疎俊不拘小節。頗負才氣。多物議。文贍逸渾健。步驟大家。所著歷代名臣贊皇明名臣言行通錄行世。年□十□。贈太子太保。謚文和。

免甘肅田租。

夜。月犯天高星。

己丑潘鵬張鳳儀朱昂李翰臣張羽張士龍張鵬屠世許完師存智王相常在王介屠僑朱廷佐盧雍施儒林有孚李潤朱爲試監察御史。

旱災免長興嵊縣天台蘭谿湯溪象山田租。湖州折漕七萬石。

辛卯。山東盜自丘縣突走廣平曲周威縣。北至淸河南宮棗强冀州。陷衡水。

武定侯郭勛爲征蠻將軍總兵鎭守兩廣。

壬辰。河南盜掠項城商水西華。攻開封。牒稱總督元帥。戒其黨妄殺。守臣告急。

癸巳。禮部尚書費宏兼文淵閣大學士直閣。吏部尚書楊一淸進少保兼太子太保。廕錦衣正千戶。署詹事府事吏部右侍郎兼翰林院學士靳貴爲禮部尚書專誥勅。吏部左侍郎傅珪爲禮部尚書。

甘肅副總兵蘇泰等敗亦不剌于大沙窩。斬百有七級。都指揮同知呂檜又敗之陸壩湖。斬七十餘級。多有斬獲。

乙未。給事中雷雯柴奇吳玉榮往畿內山東河南行營紀功。

丙申。召寧夏總兵威寧伯仇鉞提督三千營。

丙申。黃河淸自淸口至柳浦。凡九十餘里。連三日。甲午乙未丙申。

丁酉。吏部右侍郎劉春爲左侍郎。少詹事兼翰林院侍讀學士蔣冕爲吏部左侍郎。

兵部尚書何鑑進太子少保。右侍郎李浩爲左侍郎。巡撫大同右副都御史石玠爲兵部右侍郎。南京太僕寺卿俞深爲南京工部右侍郎。

己亥。大理寺右少卿謝綬爲都察院右僉都御史。巡撫大同。

盜入歸德夏邑永城虞城楊虎自義門集渡河。武平百戶夏時兵卒至。擊之。虎溺死。妻崔氏驍捷。領所部趙燧推劉惠爲長。

己亥。盜陷永城。知縣岢嵐王鼎綰印端坐。被殺。後錄一子入監。

夜。月犯氐星。

逮失事副總兵白玉山東保定巡撫右副都御史邊憲蕭翀下詔獄。免副總兵張俊。

庚子。平江伯陳熊卒。

辛丑。改總理河道右僉都御史張鳳爲右副都御史。巡撫山東。兼治河道。巡撫遼東右副都御史彭澤爲左副都御史。巡撫保定。

旱雹。免西安延安慶陽田租。

四川盜自陝西復入。劫掠。殺兵備副使馮傑于蒼溪之鐵山關。事聞。贈傑按察使。謚恪愍。廕子汝暐入監。尋改千戶。

壬寅。寧夏副總兵都指揮僉事保勛爲征西將軍署都督僉事總兵。鎭守寧夏。

癸卯。伏羌伯毛銳駐河南。馮禎時源金輔等兵屬之。太監谷大用右都御史陸完駐畿南。李瑾許泰郤永陳勛王杲熊偉劉暉等兵屬之。仍敕湖廣協援。

甲辰。南京戶部尚書李瀚自陳致仕。

流盜犯虹縣蒙城。

乙巳。山東按察使袁經爲右僉都御史。巡撫遼東。

都指揮同知王保擊盜于沈丘。敗沒。贈都指揮使。

陸完追盜。戰文安東鹿安州。皆捷。俘斬凡千人。

丙午。前巡撫寧夏右副都御史曲銳卒。萊陽人。成化辛丑進士。有吏能。

虜犯肅州。都指揮董傑擊斬百一十九級。

是月。流盜攻遂平。殺知縣王佐。縣丞毛繡。佐弘治乙卯貢士。贈太僕寺卿。廕錦衣百戶。攻固始。使致仕縣丞曾基控馬不從。死。攻息縣。致仕主簿邢祥詬罵死。趙燧等推劉惠稱奉天征討大元帥。燧副元帥。張□前軍都督。管□後軍都督。劉孜左軍都督。馬武右軍都督。邢□中軍都督。陳翰□部主事。餘各僞署不一。衆十三萬。列二十八營。應列宿。傳檄下郡縣。治橋道。儲餉。且戒其黨毋殺良民。至舞陽。劫庫釋囚。有僧德靜妄言唐王子。留之。欲擁立焉。破封丘。殺御史宋紀。攻鈞州。知州李邦彥力拒不克。怒甚。趙燧繼至。以故尚書馬文升家焉。去之。破寶豐。僉事孫磐以黃榜招燧。答曰。羣奸在朝。濁亂海內。誅殺諫臣。屏斥元老。乞皇上獨斷。梟羣奸之首以謝天下。斬臣首以謝羣奸。攻裕州。同知山陰郁采死之。都指揮拒之。頗有斬獲。賊益兵三萬而陷。指揮辛澤任綸知州李德仁皆遁。朱濟死之。鄉御史任賢助戰守。殉死。死者十三人。居民死三千人。采弘治戊辰進士。授刑部主事。降大名教授。還裕州。有蘭州集。贈光祿寺少卿。

壬申正德七年

正月朾朔。濮州地震有聲。

戊申。彰德地震有聲。

己酉。掖縣招遠天鼓鳴。

癸丑。南京提督糧儲右副都御史丁鳳改通政司使。

汝州火。
甲寅。南京戶部右侍郎爲南京戶部尙書。
盜犯霸州。京師復戒嚴。敕谷大用駐河間保定。陸完毛銳往來督禦。署都督僉事溫公守草橋。署都督僉事衞勇守蘆溝橋。指揮同知福英守羊房角。各千騎。
丁巳。巡撫寧夏右副都御史馬炳然理南京糧儲。
盜入大城。殺知縣張汝舟。主簿李銓。贈汝舟光祿寺丞。銓知縣。賜祭廕入監。
丁巳。促遼東兵討賊。時盜敗于湯陰。北走交河。
己未。上南郊畢。還行慶成禮。
申賞格。擒斬劇盜一。卽世正千戶。給千金。其將領進三秩。賞如之。滅一部者。許封爵。
辛酉。韓府高平王楷灤薨。謚榮和。
壬戌。伊府西鄂王訏滐薨。謚恭靖。
改養籍戶部左侍郎儲瓘于南京。
乙丑。甘肅總兵王勛游擊將軍吳英追敗亦不剌虜于赤斤番城。斬九十九級。
命咸寧伯仇鉞討盜。
丙寅。寧夏地震有聲。
丁卯。周府沈丘王同鐵薨。謚榮戾。
己巳。復甯杲柳尙義左右僉都御史。仍勦盜。杲尙義賂張永得之。兇徒規進。淸議亡論也。
設潼關兵備副使。

庚午。禁私鑄錢。時錢惡甚。至四枚准一。

甲戌。故登州通判邵章贈知府。萊陽縣丞陳韜贈通判。各予祭。

二月丙朔丁丑。右副都御史彭澤同咸寧伯仇鉞提督軍務。御馬太監陸闇監督軍務。司設太監尹生管神槍討盜。

己卯。戶部右侍郎黃珂兼左僉都御史。總督河南糧餉。

免竹谿縣去年田租。

盜掠利津。署都指揮周琮敗沒。掠萊州。指揮僉事蔡顯敗沒。

壬午。左僉都御史甯杲巡撫保定。兼提督紫荆等關。

癸未。宥故延綏總兵署都督僉事馬昂罪。降參將。防守鳳陽。

丙戌。蒲州華陰同官地震。

辛卯。應天府尹孫春致仕。

癸巳。游擊郤永等敗盜李隆于陳村店。敗劉宸于宋家莊。共斬四百四級。參將陳勛王杲各有斬獲。頗失實。

丙申。副總兵時源敗盜于陽武。斬三百七十八級。

癸卯。日本國王源義澄貢馬四刀甲。

三月𢇁朔。鴻臚寺卿劉愷爲右副都御史。總理河道。

翰林院庶吉士王道改應天教授。便養。

大學士李東陽等請御經筵。不報。

丁未。夜。柘城縣星流。天鼓鳴。

戊申。錄功副總兵都督僉事侯勛進都督同知。

渭南地震有聲。

己酉。鄜州地震。

庚戌。山西布政司右參政林廷玉爲通政司右通政。提督謄黃。

山東左布政使姜洪乞休。因言除寇安民事宜曰。用兵之道。主制客。逸待勞。飽待饑。今賊一人嘗兼馬。一日夜馳二三百里。椎牛倒廩。資食于民。而我軍所過。續食易馬。賊聞將至。列營待之。則賊爲主。飽而逸。我顧爲客。饑而勞。又官軍行不設奇。不分兵。不伏險邀擊。及至近賊。賊乘間去。事之不克。皆由于此。臣聞東來賊亦困乏。攻城不得。掠野無資。且南阻黃河。西阻太行。其往復循環。不過二路。西則魚臺濟寧金鄉過小灘。趨河南彰德衞輝大名。北則海豐霑化泊頭。趨滄景河間霸州。宜分兵駐濟寧德州海豐各二三千人。列營守戍。責以成功。賊自河西河北至。山東兵邀之。自山東至。則河南直隸兵邀之。使不得休息。若官兵不足。山東土兵可集。互爲犄角。賊可平矣。部議行之。

辛亥。前南京戶部尚書秦民悅卒。民悅字崇化。舒城人。天順丁丑進士。授行人。沈靜謹恪。進止有常。日讀書老不廢。觚翰至南京兵部尚書。內艱去。嘗疏乞休。言官刺其嗜進。人不以爲然。贈太子少傅。謚莊簡。

癸丑。吏部尚書楊一清等覆裁冗員。時數千人。得旨。僅文華殿供奉監生孫塘王飭張齡除名。序班王聰姚瓏謫外。

中旨。內官太監張雄提督東廠。

丁巳。大學士梁儲以子次攄妄殺人。御史張璉劾之。乞休。不允。

太原地震。

戊午。分戍濟寧、穀亭、安山、安平、東昌、沛各二千人。每漕舟各取一人充伍。
己未。嶧縣火，初火自空而隕，風鼓之。
盜陷碭山、蕭、睢寧。主簿金聲、丘紳、義士朱用之戰死。贈聲、紳知縣。廕子入監。
庚申。盜陷梁山，主簿時植敗沒。贈知縣。妻賈氏自經。二女被害。旌其貞烈。廕子入監。植通許人，監生。
山東成山衛文登縣秦始皇廟鐘鼓自鳴。少頃。殿火，其像如故。是日流盜攻縣。
癸亥。旌韓府鎮國將軍徵鑾孝行。
丁卯。劉宸掠蘄、黃。
夜。江西餘干仙居寨流星墜旗上，槍刀有光如星。
己巳。盜二萬餘次西平。副總兵時源、馮禎、參將神周、金輔擊敗之。盜走，半入城。官軍堵其門。夕攻之。斬千餘級。
副總兵劉暉逐盜滕縣。敗之。斬七百餘級。俘二百人。
裁神木千戶所劉瑾立。
庚午。巡撫貴州右副都御史魏英劾免。
前府帶俸都督僉事谷大中爲都督同知。
盜圍河南三日。副總兵都督僉事舒城馮禎及時源、參將神周迎擊之。參將姚信失利先遁。禎敗死。贈洛南伯。
謚襄愍，子大金襲陞都督僉事。
癸酉。雲南左布政使楊茂元爲右副都御史巡撫貴州。
江西布政司右參政吳廷舉敗賊于連河寨。

四月紇朔。山東左布政使姜洪爲右副都御史提督雁門等關兼巡撫山西。

南昌知府李承勛奉檄會副使周憲討華林盜。承勛得降賊黃奇爲間。夜以田州兵五百人襲之。賊自敗。官軍後。久絕人跡。斬關入賊寨中。大潰。斬三千餘級。賊平。而田州兵好掠。民謠曰。華林賊來亦得。土兵來死不測。黃狐跳梁。白狐立。十家九家遷柴棘。

戊寅。男子張用等五百餘人自宮求進。命逐之。

庚辰。前吏部尚書劉機改南京兵部尚書。

辛巳。罷巡撫寧夏右副都御史張勛。

壬午。兵荒。免食不落夾。

癸未。陝西按察使馮清爲右僉都御史巡撫寧夏。

甲申。水災。免淮安田租十六萬石。

昏刻。土星犯亢宿。

戊子。甘肅副總兵蘇泰夜襲虜。斬八十一級。或曰正月以來。虜酋阿爾禿厮亦不剌敗于小王子。率衆奔甘泉永昌肅州多疫。官軍割屍報功。

賑畿內山東粟二十萬石。

辛卯。雲南鎭守黔國公沐崑報安南長官司那代等叛。擊擒之。

丁酉。參將王杲値盜于蒙村。戰沒。贈都督同知。參將成釗不救。下釗獄。

癸卯。朱麟嗣撫寧侯。保國公朱暉子。遵孝宗之命。

五月⿸尸甲朔。以各災變修省。

丙午。劉宸劉寵奔登萊。陸完次平度。檄游擊將軍郤永參將溫恭都督白玉邀破之于古縣集。宸等大敗。以七百人西走。劉暉追及之淮河又敗之宸易服遁。凡擒斬二千六百餘人

罷九門守衛。

紀功御史雷宗有罪下獄。謫典史。

丁未。盜掠羅山。殺主簿王續忠。續忠靜寧州人。監生。先繕城道淮爲濠。羅山獨全。督鎮令帥諸邑民兵逐賊。同指揮沈鐙追至牢山而敗。續忠力戰死。贈知縣。錄子入太學。盜又破太和四繞潁州界。圍兵備李天衢于潁上。檄潁川衛指揮翟臣亢麟梁文援之。值于蓮花鋪。梁文戰死。壯士鹿鸚擒李龍李魁。圍解。

戊申。免午日宴。

盜劉惠自遂平趨成皐。永順土兵擊敗之。倉卒渡河溺二千人。斬八十餘級。

臨朐安丘雨雹。

辛亥。吏部尚書楊一清以考滿廕子。禁庸碌屢被劾者及子孫請乞。禮部尚書傅珪駁之。適吏部覆侍郎王瓊廕監。珪謂吏部亦爲請耶。卒如一清言。珪不能奪。

杭州地震有聲。

壬子。戶部左侍郎邵寶歸省。

楚雄地連震。聲如雷。甲子止。

甲寅。江西東鄉盜平。先後斬萬一千六百七十三級。俘七百五十餘人。破二百六十五柵。多兩廣土兵力。第淫兇嗜殺。總制陳金不能撫御。西人苦之。

戊午。太原地震。

己未。前翰林檢討劉瑞爲山西提學副使。

辛酉。李楫毛伯溫周廣李穩程昌陳言張翀孫泰孟洋董建中陳天錫楊時周劉澄甫余珊謝階曹鏜沈圻劉成德王金劉士元劉景宇鄭一初陳實馬陳圖汪珊爲試監察御史。

吏部尙書楊一淸等以修省言陛下每月視朝不過一二。非所以聞于外夷。訓後世也。又常宿豹房駐宿累日。後苑練兵鼓砲之聲震駭城市。以宗廟社稷之身不自愼惜。此羣臣所以夙夜不能安也。報聞。

馬中錫卒于獄。宥惠安伯張偉奪太保及歲祿。中錫家故城。其撫盜也。盜相戒勿犯故城。時流言中錫念桑梓通盜。故蒙重譴。

朱國楨曰。流賊猶鬼風也。有人于此。腠理不密。卒然乘之。幾通體浮腫。心腹不寧。要之元氣尙充。有剝膚難收之苦。無死解必傾之勢。元氣者本也。本不傷則力猶勁。泰陵所留厚矣。易世未幾。人心方固。雖內豎逆天濁亂宮府。而廟祏有靈。俄焉殄滅。事從反正。才俊滿朝。彭澤尙已。陸完疵于品而饒于略。大武山人誠亦不凡。重以邊之健將精卒。驅醜輩納江之湄海之澨。人謀已盡。卽微颶風。殘敗之餘。其能漏網乎。獨馬中錫淸直之品。用違其才。置非其地。賫志以沒。千古爲恨。當時楊文襄秉銓。條陳兵事。班班中肯。李文正當國。疏朝上夕下。本兵何鑑亦非執拗誤事者。乃獨不爲中錫地。使之桑梓掣肘。爲忌者所快。嗟乎。時方禍結。人亦數奇。眞無如之何矣。

壬戌。解州地震有聲。

諭士兵頭目約束所部兵毋擾害。

建州右衛貢夷至陽樊驛。値盜劉宸等。殺傷二十九人。掠三人。命厚卹之。

甲子。中旨分守懷來太監王綱鎭守宣府。

丙寅。湖廣兵敗盜于羅田麻城蘄水。擒斬五百八十餘人。焚溺亡算。

盜殺南京糧儲右副都御史馬炳然于夏口。炳然赴任舟過武昌。倨見守臣。匿盜不以告。盜劉宸等五百餘人。自團風鎮奪舟溯流上。詐稱候吏。登舟殺炳然。妾吳氏自溺死。遂掠漢口。指揮滿弼等追及。擒斬六十人。其一中矢溺死。視其屍謂劉宸也。贈炳然右都御史。謚毅愍。廕國子生。予祭葬。旌吳氏。炳然字思進。內江人。成化辛丑進士。令嘉魚。擢御史。歷今官。

河南盜趨徐州黃家閘。渡河。

己巳。副總兵署都督同知張俊疾免。故總兵白玉賂太監陸誾。得代俊。

庚午。報副總兵劉暉參將溫恭擊盜于冠縣。斬百七十八級。劉宸子仲淮及劉彥高皆死。指揮張勛戰平原。敗之。盜遁。僅二百餘人。

辛未。太原地震有聲。

壬申。邛雅嘉定資縣地震。

癸酉。巡撫雲南右副都御史顧源疾去。

河南妖盜趙景隆倡白蓮教。自稱宋王。糾千人。衣甲皆赤。自河南歸德轉掠鄼陽。巡視侍郎叢蘭令武平衛指揮石堅亳州知州張思齊等擊斬之。俘五百餘人。

劉宇卒。宇鈞州人。成化壬辰進士。令上海。拜御史。按貴州。坐事謫令施秉。肉袒謝諸守臣。弘治初。起守瑞州。歷山東按察使。雖剛愎。亦有能聲。進撫大同。正德丙寅。以右都御史總宣大。侵餉賂瑾。召入內臺。加太子少保。好笞御史。瑾善之。改兵吏部尚書。直閣。三日請老。聽展墓終老。

閏五月戊申朔。乙亥。故扶風知縣孫璽贈光祿寺少卿。予祭。廕子入監。初璽奉檄城略陽。值盜至。登陴拒五日。力屈死。盜投之江。略陽知縣嚴順忌之。云俱遁溺白水江。子紹相辨奏。果然。恤之。
丙子。遼東懿路城火。
丁丑。陝西左布政使洪遠爲右副都御史。巡撫陝西。
戊寅。盜楊氏（楊虎妻。號楊寡婦。）督騎掠濰縣。利津指揮喬剛禦卻之。僉事許達又敗之高苑。斬四十八級。未幾。盜錢鸞以百騎劫德平。追至楊二崖。殲之。又令指揮張勛邀之于滄州米家屯。凡俘斬二百七十五人。
呂柟曰。嗚呼。劉齊之寇其勢已大。非宸濠之初起可比。而樂陵知縣。武定僉事。其官又小于江西副使者也。乃公能成功于前。而不能保身于後者何哉。職有專不專。人心有同不同也。
己卯。命順天尹禱雨。
中旨御馬監太監崔安守備南京。廣東珠池內官太監史泰鎮守貴州。
庚辰。四川劇寇方四伏誅。四仁壽人。徙貴州。後從曹甫等作亂。破江津綦江。劫梁山。忤甫而鬩。變姓名潛走開縣。被獲。
甲申。咸寧伯仇鉞擊盜于光山。大敗之。斬千三百九十八人。盜潰走六安。
丙戌。河南盜轉掠黃陂。都指揮陳表敗之。退據羅田。都指揮潘勳保靖宣慰使彭翰等擊斬五百八十餘人。
戊子。傳制封榮滅楚王。健杖高密王。知燓義寧王。表檈榮□王。寵淯湘陰王。同銘封丘王。
己丑。虜亦不剌寇甘肅。官兵擊斬三十二級。
庚寅。巡撫大同右僉都御史謝綬卒。（朝城人。成化甲辰進士。）
前右都督神英卒。英世延安衛指揮使。嘗封涇陽伯。尋奪。予祭葬。不得謚。
辛卯。宥山東保定巡撫右副都御史邊憲蕭翀罪。復其官任。時謂其監壬辰。中旨御馬監太監張銳提督東廠。

河南盜平。初。盜攻六安。仇鉞令時源等進敗之七里岡。盜分爲三。神周追趙燧。姚信追賈勉兒。盜急。復合大戰宿州應山。官軍皆捷。盜遁。而劉惠自黃陂光羅至桐柏南召。源等追敗之。惠夜以十七人走嵩縣。多道亡。至土地嶺。困甚。自縊。張永兒以七百騎走。金輔陳珣等邀于上蔡瓜皮店。無一脫者。先後斬四千七百二十二級。俘百七十人。降七百餘人。賈勉兒又連敗于扶溝西華永城虞城。變姓名匿項城之丁村。獲之。趙燧連敗于宿州息縣。喪千餘人。走德安。自髡爲僧。匿江夏。護軍趙成獲之。

癸巳。虜阿爾禿廝寇嘉峪關。指揮僉事趙承序等襲斬百餘級。

盜廖惠侵閬中。官軍擊斬四百五十人。遂走東流。

乙未。夜月犯外屏星。

丙申。夜流星自天市至房宿。

丁酉。曉刻金星犯井鉞。

庚子。費縣汶蒙山崩。

辛丑。兵部議併功陞格。

盜劉寵等入湖廣。

壬寅。巡撫遼東右僉都御史袁經改大同。

六月辛亥朔。故翰林編修孫清爲山西提學副使。清無行。坐廖愷子代試落職。至是以伶人臧賢爲吏部地得起家。

方四餘黨四千人犯沔縣。副總兵閻綱擊敗之。追至老馬山。合苗蠻來攻。我都指揮劉毅千戶黃虎等敗死。贈毅署都指揮使。

甲辰。山西左布政使張貫爲右副都御史巡撫遼東。

庚戌。杭州地震有聲。

辛亥。給事中黎奭往江西王萱往四川紀功。

壬子。大星殞漢中隨天鳴。

甲寅。河南左布政使崔文奎爲右副都御史理南京糧儲。

安南國王黎晭來貢。

乙卯。亦不剌寇涼州副總兵蘇泰襲敗之斬八十餘級。

丁巳。中旨御馬太監耿宗分守遼陽。

盜劉寵等泛舟自橫州下九江歷安慶太平儀眞至于鎭江。俱肆掠。無誰何者。命彭澤仇鉞自湖廣東駐應天。

陸完自山東南駐鎭江協捕。

己未。盜泊和尙港去應天才六十里。官軍不敢前。

庚申。前刑部右侍郎葉贄卒。山陽人天順甲申進士。生平以淸謹聞。

壬戌。黑眚見初自河間順德遂及京師踰月乃息又見河南之封丘。

癸亥。巡撫大同右僉都御史袁經卒。寧鄉人。弘治庚戌進士。

琉球中山王尙眞來貢。

英廟麗妃劉氏薨。謚安和榮靖。

甲子。曉刻。金里犯鬼宿積尸氣。

巡撫山西右副都御史姜洪卒。廣德人。成化戊戌進士。歷官淸介。天啓初。追謚莊介。

丙寅。曉刻水星犯鬼宿。

丁卯。山東招遠縣赤龍如火。騰于天。隨天鳴。

戊辰。右都御史王鼎罷。

己巳。鞏昌地震有聲。

七月軠朔。甲戌。南京刑部右侍郎陶琰爲右都御史。巡視浙江。

丙子。司禮太監溫祥。刑部右侍郎戈瑄。錦衣指揮韓端。往岷府治黎山王彥漠。鎮國將軍彥汭。彥淮。淫縱之罪。彥淮降庶人。奪彥漠。彥汭歲祿。戍奸徒四十五人。

丁丑。陳儒嗣泰寧侯。陳璇子。

四川盜曹甫降總兵楊宏王憲副使張敏馬昊等。連敗之營山蓬州。俘斬千二百餘人。甫窘。洪鍾遣諭之。敏單騎入營。甫受命。廖惠不從。遂殺甫。而盜黨日散。

戊寅。副總兵劉暉時源郤永李宏並拜總兵官。分守山東河南兩直隸。各留千人。延綏兵還鎮遼東宣大兵過京。遂留不遣。

己卯。南京右都御史李士實改署院。南京大理寺卿郭紳爲南京刑部右侍郎。四川按察使公勉仁爲右僉都御史。巡撫大同。兼贊理軍務。

辛巳。巡撫都御史邊憲蕭翀各引疾免。

盜歷阜城交河。左僉都御史甯杲兵追之不及。殺良民百六十餘人冒級。科道交劾。

壬午。罷南京操江都御史陳世良。武靖伯趙弘澤。改任都御史俞諫。懷寧侯孫應爵。

癸未。刑部右侍郎戈瑄爲南京右都御史。

甲申。光祿寺卿鄭宗仁爲右副都御史。提督雁門等關兼巡撫山西。

丙戌。兵科給事中王昂劾吏部尚書楊一清不平不明。大壞選法。謫昂休寧縣丞。一清疏留。不聽。王雲鳳遺書一清曰。留王昂疏。人所傳誦。不聞唐介初貶之時。文潞公有此也。然介貶數月。卽復殿中侍御史。今昂卽不獲還之靑瑣。推薦超陞。亦在執事筆端耳。每恨李文達近稱賢相。然惡羅倫淪落以死。憾岳正坎坷終身而極貪之陸布政。反得峻擢。今文達之富貴安在哉。一身之榮顯可略。而天下指視之嚴可畏。且用舍之間。士風所繫。扶持正人。則善類慶而士風以振。獎進邪人。則善類沮而士風以頹。竊恐有奔趨富貴利達者。相見之際。非稱功誦德之詞。則乞憐希進之語。未有以直亮之言達于聰聽。以古人功業望執事者。故敢布其愚焉。昂及朞遷應天推官。

談遷曰。言官糾劾不聽。則被斥。亦其分也。文彥博不留唐介。李賢不留羅倫。大臣出身任國。安用此周旋飾休休之量哉。王雲鳳啾名人也。山中遺一清書。是不可已乎。後此大臣被劾。謫及言官。俱未嘗不留。留無一聽。更陰下之石。賈譽甚巧。設阱彌毒。故貌大臣者。不如其質也。

丁亥。夜月食。

戊子。伊府光陽王勉枏薨。謚榮靖。

提督倉儲戶部右侍郞黃珂改刑部。

大帽山盜何積欽等被擒。俘斬千七百餘人。

壬辰。太常寺卿侯觀爲戶部右侍郞。提督倉場。

南京國子司業羅欽順爲南京太常寺少卿。

癸巳。江西按察副使安陸周憲討華林盜。死之。憲字時敏。弘治癸丑進士。善星術。有賊黨以星至。且賀捷。憲曰。

我刑殺太重無制。曰刑殺利于兵。憲遂深入。中伏死。子幹馳救。創甚卒。詔贈按察使。諡節愍。予祭葬。廕子金錦衣百戶。旌其門孝烈。

李夢陽曰。天有大數。世有大運。人有大命。故京房、郭璞皆不免殺身。由是觀之。命可知已。

戊戌。鞏昌地震。

山東盜孽自冠縣劫朝城、大同指揮使追斬七人。戰死。

庚子。翰林檢討穆孔暉爲南京國子司業。

八月癸酉朔。盜劉寵等復自安慶抵應天。踰瓜州。傷我官軍。

癸卯。巡撫山東右副都御史張鳳致仕。

前署鴻臚寺事禮部尚書賈斌卒。薊人。監生。

乙巳。設汝寧南陽兵備僉事。

丙午。夜。開封有流星如月。隨天鳴。

丁未。監察御史周廣劾錦衣指揮朱寧。本太監錢能蒼頭。不宜冒國姓。稱義子。忤旨。謫廣東懷遠驛丞。

馮時可曰。武宗時。天下岌岌。周公惻怛忠懇。奮不顧身。發藥石之談。褫神奸之胆。雖貶竄僇辱。濱于九死。而梟獍斂手。鐘鼎不移。豈非其默扶力耶。居官居家。所至欲行古道。

虜阿爾禿厮寇永昌。亦不剌求我速刺討來地住牧。又女婚哈密都督奄克孛剌。

己酉。罷鎮守河南太監甄瑾。瑾頗安靜。

餘干桃源盜平。

庚戌。前通政司右通政王雲鳳爲右僉都御史。

癸丑。戶部主事曹琥疏救周廣。謫尋甸軍民府通判。後改廣信。有聲。終鞏昌守。

前太子太保兵部尙書閻仲宇卒。（隴州人。成化乙未進士。悃愊稱治。）

丙辰。前南京吏部尙書楊守阯卒。鄞人。成化戊戌進士及第。授編修。博極子史。同兄守陳自相師友。贈太子少保。予祭葬。

山西副總兵戴欽協守延綏。參將神周爲副總兵。鎭守山西兼提督代州三關。

辛酉。巡撫貴州右副都御史楊茂元改南京。（時復設副都御史。）

壬戌。江西左布政使任漢爲右副都御史巡撫江西。

癸亥。盜劉寵齊彥名汎大江下孟瀆。衆六七百人。陸完分兵促之。至通州。通判胡嵩指揮劉葵等拒之。不得登。夜。颶風作。舟壞。奔狼山。劉暉郤永等迫之。力戰。蒙盾奪其險。殺彥名。寵欲掠小舟入海。中矢溺死。餘殲焉。

高岱曰。國家二百年。盜賊倡亂。未有甚于此寇者。侵薄兩畿。蹂躪數省。雖漢黃巾何加焉。其卒盪定者。祖宗之慶澤天命之眷佑耳。當時諸臣所以控制之略。未見有持必勝而得萬全者。始焉馬中錫張偉固已失策玩寇。而繼之陸完谷大用毛銳等。視中錫等何彼此耶。成敗遲速。幸不幸耳。及中錫等下獄論死。而完等封拜崇顯。是惡足爲賞罰耶。要之摧敗賊鋒者。諸邊卒之功。而勦捕盪平者。各守臣之力。其馳騖中原。身當其難。則彭澤之勞勩似不可誣。而皆賞格所後也。雖然。幸賊無豪傑遠圖耳。使二寇據形勝。按紀律。相爲犄角。豈完等之所能制哉。乃若去鈞州城不屠。而入泌陽掘焦芳先墓。則公論在盜賊亦有之。孰謂其無良心也。

甲子。廣西右布政使沈林爲右副都御史巡撫貴州兼理軍務。

己巳。騰衝地震。明日又大震。傾城舍。地裂湧水。赤溺田禾。

庚午。江西設東鄉萬年縣。分隸饒撫。

餘盜劫掠滄州。

九月軠朔。癸酉。中旨。鎮守薊州永平山海太監王宏改河南。王忻代鎮薊永。罷鎮守雲南太監張倫朱奉。陝西太監王興令梁裕廖堂代。

甲戌。德府濟寧王祐榑薨。諡安僖。

虜寇西寧北川。守備江淮副使胡經拒之陶家寨旱平山。斬獲五十餘人。

丁丑。謫淮安知府劉祥。戍平越衛。錦衣指揮僉事牟斌韋璽降百戶。初尚衣監太監畜忠過淮安。與南京給事中劉絃（祥族姪。）爭舟。訴于上。下絃等獄。斌璽謂非其罪。故各譴之。祥治郡有聲。斌治獄平恕。時論惜之。

戊寅。雅州嘉定榮經名山夾江地震有聲。

己卯。許戶部左侍郎邵寶終養。

故泰興主簿黃璉贈知縣。賜祭。廕子入監。前狼山盜十二人逸入境。被殺。

壬午。玉山縣火。

癸未。南安贛州地屢震。

乙酉。江西總制陳金破華林盜。斬渠帥羅光備等。進太子少保。廕錦衣百戶。

戊子。召四川總制尚書洪鍾還。拜彭澤右都御史。總制四川。

庚寅。隆慶衞地震有聲。

癸巳。戶部右侍郎王瓊爲左侍郎。

錄平盜功。太監谷大用陸誾各加祿四十八石。世錦衣指揮。使總兵仇鉞進咸寧侯。提督陸完彭澤。俱太子少保。各廕錦衣百戶。監槍張忠尹生加祿廕正千戶。總兵劉暉郤永時源。俱右都督。神周都督同知。許泰署都督同知。陳珣都督僉事。金輔李瑾都指揮使。溫恭都指揮同知。白玉雪罪。馮禎復廕一子百戶。兵部尚書何鑑進太子太保。廕錦衣百戶。

命戶部發浙鹽二萬引付太監楊軏織幣。部臣持之不聽。

丙申。賜義子百二十七人國姓。皆中官蒼頭及市猾偶當上心。輒云義子。永壽伯朱德都督朱寧朱安外。朱國朱福朱剛並都督。朱春朱纛朱增朱斌朱政朱海朱岳朱昇朱晟朱彪朱鏞朱鈁並都指揮使。朱欽等指揮朱璋等千百戶鎮撫或旗舍。列籍錦衣騰驤諸衞。而朱採朱靜朱濤朱恩朱窺皆亡虜。亦至千戶。自後賜姓日廣。

召四川總兵楊宏還。以都督僉事陳珣鎮守四川。停巡撫高崇熙俸。時盜合川渡江。陷銅梁。營昌。趨內江遂寧安岳。入樂山中江金堂。

戊戌。沈燾服闋。補右春坊右諭德。

庚子。礫趙燧等。封其皮製鞍鐙。上每騎乘之。

十月辟朔。壬寅。周府海陽王安漨薨。諡□□。

甲辰。中旨。太監王堂管浙江市舶司。崔和鎮守雲南金齒騰衝。

吏部薦終養按察副使潘府。致仕工部虞衡司員外郎祁萃。養疾御史盧格。主事張翊。許之。未即用。

丙午。溫縣地震。

戊申。戶部右侍郎兼左僉都御史叢蘭還部。添註。

癸丑。南京左府保定侯梁任卒。

丙辰。中旨。鎮守甘肅太監宋彬大同鎮守太監梁玉互調。

乙未。中旨分守涼州太監張昭鎮守寧夏。太監許宣代昭。

庚申。水旱免紹興寧波嘉興金華嚴台溫田租。

辛酉。太子少保左都御史陸完署院。

壬戌。許宣府副總兵許泰在京治疾。

夜。大星流兗州。聲如雷。

甲子。拓豹房。

遼東廣寧等衞天鳴地震。

乙丑。朱寧朱安朱國並進後府都督僉事。寧安仍署錦衣衞印。朱謙錦衣都指揮使。朱剛都指揮僉事。以平盜功。

免餘干樂平等田租。

丁卯。免裕州鄢陵田租。

命修闕里。

戊辰。蜀府內江王友墦薨。諡莊懿。

巡撫貴州右副都御史楊茂元以擅作符幟。奪俸三月。

己巳。兵荒免所在糧稅加賑并備用貼丁等項。

十一月辛丑朔。壬申。益兵討蜀盜。廖惠右都督。時源爲平賊將軍總兵。提督四川軍務。

癸酉。夜。常德天鼓鳴。

戊寅。定遼前衞納級都指揮僉事張椿爲中府都督僉事。鐵嶺衞納級都指揮僉事傅鎧爲左府署都督僉事。

以討盜功。

己卯。給終養御史陳茂烈月粟三石。茂烈辭晉江教諭。貧不能支。有司復請廩之。

甲申。涼州鎮守太監許宣求食茶特准七百斤。戶部爭之不聽。

懷來衞隆慶右衞各地震有聲。

丁亥。命營軍邊軍互出入練習各三千人。先是近幸以京兵弱。請調邊兵入衞。如踐更例。廷議難之。大學士李東陽力言不便者十。皆不聽。其後邊將江彬許泰張洪神周號四外家軍。依憑威寵。都人苦之。

戊子。駙馬都尉楊偉卒。偉故興濟伯善之孫。尙崇德公主。

壬辰。禮部右侍郎李遜學爲左侍郎。南京禮部右侍郎吳儼改禮部。

癸巳。巡撫保定左僉都御史甯杲。提調天津兵備右僉都御史陳天祥。俱貪暴被劾。徵還。

乙未。司禮監張永以舊理御用監。盜庫七千餘金。太監丘聚發之。調永御用監。閒住。

丙申。通政司右通政林廷玉爲右僉都御史。巡撫保定。兼提督紫荆等關。順天府尹楊旦爲南京禮部右侍郎。監察御史雷宗謫瀏陽典史。宗紀功枉道汝寧。失事下獄。

戊戌。修大慈恩寺僧舍。

己亥。設紫陽縣隸漢中。

庚子。南京通政司左通政楊廉爲順天府尹。

是月。賊陷上蔡。知縣霍恩及典史梁逵死之。恩世燕山前衞正千戶。弘治壬戌進士。令山陽。憂去。補安邑。又憂去。補上蔡。年四十二。妻劉氏亦死之。贈恩光祿少卿。劉氏宜人。建愍節祠。子汝愚世茂山衞指揮同知。汝魯廕入監。

十二月辛朔。上視牲南郊。

壬寅。四川總制太子太保刑部尙書兼左都御史洪鍾致仕。

甲辰。南京吏部右侍郎羅玘致仕。

饒平縣地震。

戊申。吏部郎中王守仁爲南京太僕寺少卿。

監察御史張士隆劾光祿寺卿李良師事劉健。女適其孫承學。載父墓誌中。健去位背盟。改適貢士朱敬宜斥。良自引疾去。

庚戌。免光州上蔡遂平確山眞陽新蔡息光山固始商城裕州葉唐泌陽糧役。

辛亥。祈雪。

壬子。工部尙書李鐩進太子少保。刑部左侍郎張子麟爲刑部尙書。

禮部左侍郎毛紀憂去。

癸丑。仍令禮科給事中李貫行人劉文瑞使占城。貫等受命久淹。欲令占城領封。廷議不許。

都督僉事朱寧朱安爲都督同知。千戶汪瓚等百十六人陞級有差。自陳緝捕功。

丙辰。國子祭酒王鴻儒爲戶部右侍郎。

丁巳。刑部右侍郎黃珂爲左侍郎。工部右侍郎張綸改刑部。

戊午。免山東災傷糧芻。

錦衣衞都指揮使谷大亮等四百二十五人俱陞級。冒隨征功。

壬戌。易州山廠工部右侍郎張遇還部。

癸亥。前巡撫宣府右副都御史李進卒。曲沃人。成化己丑進士。

甲子。旱災。免蘇松常鎮田租。蝗災免保定河間滄州田租。

瀋府吳江王詮鑑薨。諡昭和

遼東都指揮使張洪張璽爲都督同知。

丙寅。太僕寺卿劉永爲工部右侍郎。管易州山廠。

前南京戶部尚書王佐卒。佐和順人。成化戊戌進士。授吏部主事。無他長。尚書尹旻偉其貌。拔天曹。積至八座。子雲鳳。亦祭酒。諛瑾見鄙。

旱災。免平陽太原田租。

巡按南畿監察御史李雲。疏上失用印。逮下獄。謫泉州推官。

丁卯。少師大學士李東陽致仕。

山西盜李五走延安。以妖術蠱衆作亂。殺指揮陳正。陷洛川。攻宜川白水。尋敗走。

戊辰。前太子太傅吏部尚書兼左都御史屠滽卒。滽鄞人。成化丙戌進士。授御史。王越薦其才。超僉都御史。至今官。練達精敏。有用世才。稍失防檢。正德初仍起內臺。善與時俛仰。其脫劉大夏死。人亦稱之。贈太保。諡襄惠。

己巳。延綏總兵官侯勛劾免。

應天府尹張淳爲左僉都御史。巡撫延綏。

國榷卷四十九

癸酉正德八年

正月辛朔癸酉。右副都御史俞諫提督江西軍務。陳金罷。

甲戌。廣寧前屯衞寧遠衞各地震。聲如雷。

丙子。傳陞兩浙鹽運司同知劉瑄改錦衣指揮僉事。瑄先守涿州。從征盜谷大用。上其功。陞兩浙。至是又賄改。

戊寅。山東布政司左參政張津爲南京右僉都御史。提督操江。

己卯。昏刻。月犯天高星。

代府昌化王成鍰薨。謚榮僖。

陝西布政司右布政使高友璣爲右副都御史。巡撫大同。兼理軍務。

辛巳。鎭守甘肅總兵王勛改延綏都指揮使。金輔爲平羌將軍。署都督僉事。總兵鎭守甘肅。

降虜脫脫太等充御馬監勇士。兵部執不可。不聽。

虜寇大同。圍副總兵神周于草垜山。

壬午。上南郊。

昏刻。金木星合犯。

癸未。福州地震。

甲申。太僕寺少卿孟春爲右僉都御史。巡撫宣府。

乙酉。署都督同知許泰管敢勇營。都指揮僉事江彬管神威營。武平伯陳熹管五軍營左掖。

金星晝見。己丑。滅。

丙戌。昏刻。金星犯外屏第三星。

戊子。兵部右侍郎石玠兼右僉都御史。提督遼東軍務。時海西夷屢犯邊。泰寧三衛久不通市。命玠先撫諭。

己丑。增宣府大同延綏寧夏甘肅餉。告匱。增鹽引二百二十五萬二千五百有奇。

夜。月犯土星。

辛卯。旱災。免西安延安田租。

壬辰。遼東長寧堡火。

湖廣副總兵李瑾以常德九谿等衛軍二千人赴江西。

癸巳。戶部右侍郎叢蘭兼右僉都御史。巡視西路。自居庸關至龍泉。右僉都御史陳玉。巡視東路。自山海關至古北口。

乙未。夜。月犯牛宿中星。

戊戌。大風霾。

二月掕朔辛丑。旌殉難孝子烈婦百十九人。列碑。立旌善亭。書其事。

四川盜廖惠等以千餘人降。受之。

四川總兵楊宏免。宏性怯。屢見敗。

甲辰。故西安後衛指揮使雲海贈都指揮同知。擊藍廷瑞陣沒。

乙巳。賑浙江竈丁。

鎮守徐邳總兵官都指揮同知李鋐爲署都督僉事協同提督江西軍務。

科道劾甯杲妄殺置不問。杲有奧援語人曰彈章盈車我無患也。

丙午。封都督僉事谷大亮永淸伯。錦衣衞指揮使陸永鎮平伯。（陸誾姪。）歲祿千石。

故西安衞指揮僉事殷輔殉寇。贈指揮同知。

昏刻月犯司怪星火星隕常山縣官舍。

庚戌。中府都督僉事溫恭爲署都督同知。

癸丑。寧夏總兵保勳劾免。

故萊蕪知縣固始熊騶贈光祿寺丞。主簿大谷韓塘贈知縣。各廕子入監。俱逐寇死。

辛酉。夜宣府新河口堡旗端有火光。

都指揮僉事魏鎮爲征西將軍署都督僉事總兵鎮守寧夏。

癸亥。賑河間保定。

桃源盜掠弋陽上饒。及于開化。參政吳廷舉往諭。被執不爲動。得歸。調金華所兵往。大敗。殺百戶朱眞鄧眞。沛

江主簿隆德齊敏勳之戰死。贈知縣。廕孫恩入監。

丁卯。咸寧侯仇鉞總兵署都督同知許泰副之。同領團操營。

三月庚午朔。設河南睢陳道兵備僉事。

壬申。徐源嗣永康侯。（徐錡庶長子。）

甲戌。內承運庫以需紵絲紗羅乞工部市萬疋。命半之。

丁丑。齊河夏津歷城大雨雹傷稼。

試監察御史孟洋下獄。洋論大學士梁儲屢被劾當去。禮部尙書靳貴陰求入閣。上責其排陷。謫桂林敎授。
戊寅。禁私閹。罪且戍邊。終不能革。
壬午。都督僉事朱國爲都督同知。國本許姓。錦衣副千戶。侍上往滄州禦盜。
甲申。兵部右侍郎石玠爲左侍郎。右副都御史王景改兵部右侍郎。
丙戌。虜千餘騎犯大同。攻朔州。圍馬邑。殺掠甚衆。總兵葉椿禦之。斬五十餘級。
丁亥。令天下築城。
戊子。改太平倉曰鎭國府。駐宣府兵。
己丑。右僉都御史陳玉爲右副都御史。
停內外非時考察。
辛卯。蘇松兵備副使謝琛浙江僉事吳希由分管水利。
癸巳。四川廖惠復叛。逮巡撫右副都御史高崇熙。以崇熙信惠之降。編置開縣臨江市。以副使張敏往。惠疑而執敏。殺數百人。
甲午。巡撫延綏右僉都御史金獻民回院。
乙未。成都衞軍餘范藻等乘兵餒作亂。
丁酉。大理寺右少卿吳世忠四川按察副使馬昊並爲右僉都御史。世忠巡撫延綏。昊巡撫四川。
四月妃朔庚子。慶王台浤請復護衞。不許。
癸卯。鎭筸五寨等盜平。
乙巳。文登萊陽地震有聲。

癸丑。江西盜王浩率衆萬人屯開化。分掠婺源休寧。

乙卯。雲南安南長官司土舍那伐謀叛伏誅。

丙辰。傳制封睦楧南陵王。原炫崇仁王。勛潪靈川王。致椹廣元王。寵沫沅陵王。

山丹衞天鼓鳴。夜隕霜殺穀。

戊午。四川右布政使趙鑑爲右副都御史。巡撫甘肅。張翼罷。

許開納授職。濟大工。

己未。刑部潰囚十七人。主事王世文紀存義下獄。尋獲之。

庚申。始御經筵。

辛酉。翰林修撰何塘謫開州同知。塘進講蹇澁中止。上怒。欲撻之。閣臣救免。

定遼右衞指揮使郭錦爲都督僉事。

壬戌。酉刻金星晝見。明日如故。

癸亥。前翰林編修邵銳謫寧國推官。

甲子。錦衣都指揮朱謙爲都督僉事。冒軍功。

乙丑。廖惠兵敗。斬之。惠隣水人。與營山藍廷瑞同亂。至是伏誅。

丁卯。宥伏羌伯毛銳。

五月戚朔。庚午。監察御史賀泰言義子賜姓之失。謫處州推官。

虜酋亦不剌乞蟒衣錦絹。駐塞修貢。又姻哈密都督同知奄克孛剌。語多悖。命善備之。

辛未。禱雨于天地社稷山川。

虜五千騎入八股泉。三千騎入靖虜墩。六千騎入鎮虜墩。五百騎入沙河。三萬騎入碌碢河。三千騎入滅胡墩。萬騎入淨溝。三千騎入懷遠墩。越七日偵大同兵至而遁。殺掠三千餘人。刼畜產數萬。

懷來衞地震。

癸酉。駙馬都尉樊凱卒。凱安陽人。尚廣德長公主。能守禮。解詞翰。河間諸郡貧民。越兩子卽私閹。禮部歲納數千人。猶譁訴。凱曰。此已無家志。意蘊憤。誠得發遣。使事藩王。嚴禁其後。不二年此患息也。論團營曰。軍士半私役矣。否則受錢代人役。或負擔以生。速操弱弓敗矢。取具臨時。食頃罷。一旦有緩急。非但不可藉。亦不能籍。宜于都城東曠郊。令指揮以下將兵各立保伍。毋得他出。給兵符爲信。且守且練。有事命將往統之。斯强幹而弱枝矣。

顧淸服闋。補翰林侍讀學士。

乙亥。東平東阿各地震有聲。

戊寅。霸州登州地震有聲。

己卯。虜五萬騎寇大同。自白羊口入。掠平虜井坪乾河。圍總兵葉椿潘浩于黃土嶺高山城。俄解去。趨朔州。犯馬邑。命咸寧侯仇鉞總兵。以京營六千人赴之。尋拜征虜將軍。節制宣大山西。侍郎叢蘭巡視兼督軍餉。

壬午。前兵備僉事李晟上兵書五種。法象。變通。軍禮。要括。春秋安攘論。重定事要。附錄兵圖。下兵部。

虜入山西。邊將神周等屢敗。遂大掠。

丁亥。發京兵九千分守倒馬紫荊居庸龍泉黃花鎭古北口。

戊子。榮王府災。

己丑。歸建昌稅課司于益王。

癸巳。開化盜爲參將李隆僉事儲珊都指揮汪洪嘉興同知伍文定屢敗。復歸江西。德興求撫。

甲午。虜千騎攻渾源。二萬騎復入大同。

德慶州日中雨石。大如卵。色赤而黑。人皆拾之。

六月戊戌朔。河決黃陵岡。界大名山東河南之間。命右副都御史劉愷兼理河道。愷起大隄。自魏家灣至雙堌集。亙八十餘里。

己亥。故監察御史任賢。贈太僕寺少卿。賢憂居。從同知郁采守裕州。城陷。罵賊死。

庚子。召巡撫延綏右副都御史舒崑山還。故事。撫臣劾免不入朝。崑山覬內臺不得補。乃引去。

旌陽曲王府鎮國將軍鍾鐨孝行。

逮江西按察使王秩。以輕撫桃源盜。

壬寅。宥貴州宣慰使宋然死。然部苗乖西阿雜等。以程番宣慰使安貴榮誘亂。然不能制。得罪。巡撫右僉都御史沈林奏。乖西苗賊阿雜等之叛。由宋然激之。然既罷職。復使其子妊承襲。恐苗民不安。宜將貴竹平伐等七長官司并洪邊十一馬頭金筑安撫二司。設為府。洪邊貴竹各設縣。皆以流官撫理。然姪儲及長官乘齊改授軍職。兵部下鎮巡等議之。林尋遷去。事不行。

郭子章曰。沈公之慮遠矣。而惜陳公天祥之覆議。見未及沈也。八十年後。貴竹平伐。設為新貴。沈之言不幾于左券乎。俾盡如沈言。貴陽其中土矣。

癸卯。禁有司科斂。

丙午。給事中潘塤劾甯杲江彬妄殺平民之罪。不問。

丁未。提調天津兵備右僉都御史陳天祥改巡撫貴州兼理軍務。

辛亥。戶部尚書孫交。禮部尚書傅珪。俱守職忤當道。致仕。

潘棠樂護爲南京吏科給事中。
兵部右侍郎石玠至開原遣諭海西諸衞各入貢。
乙卯。提督軍務右副都御史俞諫破桃源盜于貴溪。擒賊渠帥王浩時。盜黨尙衆。有司急功。互隱。仍議招撫。越兩月復變。
丙辰。張翰朱鑑潘湘張繼趙春胡文靜王汝舟牛天麟陳伯諒熊相王光李顒孫孟和蘇恩蕭瑞李節義鍾試爲試監察御史。
丁巳。雲南蒙自縣土舍祿祥爭襲職安南長官司土舍那代助之。戕其兄祿仁作亂。討平之。詔革蒙自土官安南長官司。改新安守禦千戶所。
己未。焦洵嗣東寧伯。焦淇第。
庚申。故葉縣知縣唐天恩贈光祿少卿。賜祭。蔭子入監。固始致仕縣丞曹基。贈通判。息縣致仕主簿邢祥。贈知縣。上蔡典史梁達子蔭吏。俱盜劉寵等見殺。
壬戌。火星隕豐城。尋大火。燬廬舍三萬餘。
都督同知白玉自陳東安功。進右都督。
山海關黃花鎭虜退。巡視都御史陳玉入朝。
甲子。前南京光祿寺卿楊俊卒。俊進賢人。成化丙戌進士。令丹徒。拜御史。歷政精敏。弘治末乞休。居鄰縣署。十年足不入邑門。親絡廬墓。
乙丑。夜分有星大如月。光燭地。食頃而滅。上海縣志。
丙寅。戶部左侍郎王瓊爲尙書。吏部左侍郎劉春爲禮部尙書。

前刑部右侍郎魏富卒。龍溪人。成化丙戌進士。

七月丁卯朔。己巳。署鴻臚寺事禮部右侍郎俞琳服闋。改工部右侍郎。添註。

旱災。免順天永平保定河間夏稅。

丙子。吏戶部右侍郎蔣冕楊潭並爲左侍郎。兵部右侍郎王瓊改吏部右侍郎。

丁丑。南京吏部右侍郎儲瓘卒。瓘字靜夫。泰州人。成化甲辰進士。授南京吏部主事。歷今官。貌不勝衣。嗜學不倦。日課一詩。清修博雅。文行並著。嘉靖癸未謚文懿。

庚辰。祠太公望于咸陽。歲仲春祭。

辛巳。前南京右都御史金澤卒。澤江寧人。成化丙戌進士。歷官無大樹立。然勤勵不怠。其四川參議參政廣東左右布政。並値饑盜。無失事。

四川總制都御史彭澤以盜孽喩思俸王某二百餘人奔入通巴山。容盡滅也。部議。增保寧開達等守備。從之。

癸未。右副都御史李貢爲兵部右侍郎。

廣西妖人李通寶等作亂。官軍擊斬五千餘人。事平。

甲申。有赤丸二。自空隕浙江龍泉縣治。如鵝卵。流入民家。跳躍如鬬。良久始滅。四日隕火毬二。延爇四千餘家。

乙酉。終養御史陳茂烈辭月粟。有旨褒諭。不允。

丁亥。夜金星犯酒旂下星。

戊子。兵部左侍郎石玠清理軍職貼黃。

蜀盜平。右都御史彭澤乞休。不允。蜀中多山險。千人刺矛。激弩。萬夫莫能當也。地多草樹窟凹。師勿習。往往中其伏。平野又多稻塍。騎步不得逞。氣卑濕。餉餇不飽。士馬物故過半。

己丑。四川左布政使王倬爲右副都御史。整飭薊州等處邊備兼巡撫順天。

翰林編修溫仁和爲侍讀。

庚寅。賜眞定唐顏眞卿杲卿廟曰二忠。歲仲春祭。

壬辰。滁陽王墓奉祀郭琥除名。滁陽王無後。國初蜀王主祀。其後屬滁州衞官。弘治間。定遠郭琥自言王後。賜冠帶奉祀。至是乞署印。部議奪其職。仍冠帶。

四川總兵都督僉事陳珣陝西副總兵都指揮藍海以追論失事並免。故利州判官曾璉贈上林苑左監丞。研縣主簿張岐贈知縣。並禦盜死。仍廕子入監。

癸巳。南京刑部右侍郎魏紳卒。宜春人。成化乙未進士。歷官無廢職。寬厚簡樸。有長者風。

八月輛朔。廣西宣化縣地震。

丁酉。都督同知張洪自陳山東河南功。進右都督。

戊戌。咸寧侯仇鉞報虜寇萬全衞沙河。擊斬三級。獲馬十四。失陣沒將吏二十餘人。馬百四十餘匹。命勞鉞羊酒。鉞最稱智勇。所失亡十倍所獲。竟蒙賞何也。

涼州都指揮僉事徐謙爲署都督僉事總兵鎭守四川。時兵部推及張洪。有旨洪及江彬許泰白玉溫恭已留京。不更用。責兵部對狀。何鑑等引咎。奪俸兩月。蓋洪等俱領邊兵侍豹房。

己亥。中書舍人袁贊予告給驛。以供奉官特許乘傳。僭矣。

庚子。初慶陽伯夏儒乞清河田三千三百餘頃。許之。縣民葛氏等言田皆己業。命司禮少監張淮戶部侍郎王瓊往勘。仍賜儒。葛氏等愬如前。下巡按御史錢如京。如京言清河正糧止千餘石。戚畹莊銀過萬金。民力何堪。乞以先年德府退地七百餘頃賜儒。令有司徵解。不聽。

江西盜走玉山。總制右副都御史俞諫等集湖廣江西浙江兵擊破之。擒渠帥劉昌等。餘千餘人復走桃源。

壬寅。故瑞金知縣宣城萬琛禦寇死。贈光祿寺少卿。予祭葬。蔭子入監。

甲辰。雷州大星如月。流西北。聲如雷。

丁未。夜。月犯羅堰上星。

戊申。曉刻。金星犯軒轅右角星。

己酉。四川會川衞地震。聲如雷。

庚戌。金星晝見。乙卯滅。

提督江西軍務總兵署都督僉事李鋐卒。鋐西征流盜。皆殫力。贈右都督。蔭子端都指揮僉事。

壬子。行人傅楫使德府治濟寧王之葬。期稍遠。聞母疾。乞暫省。特許之。

甲寅。前南京太僕寺卿張賁卒。成都人成化丙戌進士。

丙辰。國子祭酒石珤爲南京吏部右侍郞。

丁巳。夜。月犯司怪星。

庚申。南京兵部右侍郞呂獻。大理寺卿茅欽。俱劾免。

辛酉。左副都御史鄧璋爲刑部右侍郞。

壬戌。梁永福嗣保定侯。梁任子。

九月丙寅朔。南京右副都御史楊茂元爲南京兵部右侍郞。

丁卯。福建左布政使陳珂爲右副都御史。巡撫河南。

辛未。南京國子祭酒王瓚改北。應天府尹歐陽旦爲南京右副都御史。

癸酉。洛南縣火。

甲戌。江西兵破桃源洞。擒渠帥胡浩等。俘斬四百餘人。

丁丑。刑部主事陳良翰婦程氏殺婢。他日又欲殺婢。婢走訴東廠。下錦衣獄論死。良翰戍邊。

壬午。翰林侍講學士吳一鵬爲南京國子祭酒。

癸未。旱災免大同夏稅十之五。開封□□□各有差。

山西行都司都指揮同知潘浩爲征西將軍署都督僉事總兵。鎮守寧夏。

逮四川總兵陳珣。陝西副總兵藍海。初追盜俞思俸于富村。僞降北走陽平。渡江。襲殺都指揮姚震百戶周增于沙壩。趨東鄉。入巴山。尋出大安鎮。敗陝西兵。越寧羌。犯略陽而敗。珣不力追。我軍數失利。

甲申。寧夏地震。

遼府長垣王恩鉀薨。謚恭順。

乙酉。巡撫江西右僉都御史王哲卒。吳江人。弘治庚戌進士。授御史。有風裁。

丁亥。魯府鄒平王陽鑄子當涼當潩爭爵。命歸當潩。而當涼猶爭之。罪其導人包慶等。戍邊。

辛卯。傳賜蔚州衛都指揮僉事江彬國姓。時前衛右所正千戶楊瑄。大同右衛指揮使焦睿。前所試百戶焦椿。舍人焦桂。遼東前屯衛百戶張天祐。舍人張廷鸞。俱賜姓。更瑄名曰璋。椿曰棕。桂曰松。天祐曰海。廷鸞曰璧。俱改錦衣衛。

壬辰。虜入薊州大青山。

十月朔丙申。虜入寧夏宿嵬口。總兵官署都督僉事魏鎮禦于陶榮堡。中流矢卒。

中旨御馬監太監宋輔分守建昌。

丁酉。敕葬大慈恩寺灌頂大國師也舍窩著爲例。

戊戌。平陽太原汾沁等大雨雹。平地水丈餘傷人畜廬舍。

己亥。桃源餘盜復刼掠萬年縣新民應之殺兵備副使靈寶李情及浙江督捕指揮邢世臣。饒州通判陳逵秦碧。照磨馬驄。千戶許政。縣丞馬環。主簿佟禎。典史孔卓。情弘治癸丑進士。明年贈按察使廕子入監

庚子。翰林院庶吉士許成名劉棟張璧劉朴費寀張潮王思孫承恩劉泉林文俊孫紹祖爲編修。金皐吳惠郭維藩陳寰張衍慶邊惠爲檢討。黃臣祝續田荆劉夔張翀俞敦爲給事中。張鰲山爲監察御史。

寧夏地震。

壬寅。饒州及永豐浮梁俱火。

癸卯。翰林檢討汪偉爲南京國子司業。

甲辰。浦城火。

乙巳。虜掠遼東開原。既出。太監王秩參將高欽追之。被圍數日。失亡甚衆。

丁未。江西東鄉縣新民復叛右副都御史俞諫討平之。

癸丑。晉府新化王表櫞薨謚恭裕。

乙卯。遂安伯陳鏸總兵鎭守薊州。

增甘肅兵餉。

丙辰。宜興大長公主乞預卜墓。不許。

丁巳。故監察御史蔣欽贈光祿寺少卿。府丞周璽。都給事中許天錫。給事中周鑰。郗夔。御史馮顒。涂禎。僉事蘇泰。運使連盛。署員外郎刑部主事何釴。順天推官周臣。各復官賜祭。

己未。前制敕房供奉光祿寺卿周文通卒。文通善楷書。守官勤慎。其卒以執喪過哀。論者賢之。

庚申。臨江府火。

辛酉。署都督同知許泰爲右都督。

甲子。增貴州銅仁府守備。

十一月乙丑朔。虜入朔州。禦卻之。

大理寺卿燕忠使江西。初提學副使李夢陽。謁總制陳金。約曰。公奉敕治兵。予治諸生。無涉也。令諸生候巡按御史。長揖毋跽。故事監司五日一會揖。夢陽抗不往。御史所遂忤。御史江萬實又忤右布政使鄭岳。參政吳廷舉。而寧王宸濠故重夢陽。因爲夢陽執岳吏。脅報岳子沄與通賄事。聞。捕沄。于是廷舉及知府劉喬嗾陳金劾夢陽。遂命燕忠出治。下夢陽廣信獄。

談遷曰。李夢陽才傾一代。未免過于自負。廣信之獄。失之淩競。然持師儒之體。絕脂韋之風。要未可盡疵之也。世以鄭岳敗官。夢陽借逆濠中之。夫夢陽而愚人也則可。夢陽而少知自愛。彼惡已彰。卽未匿自避。肯藉其鉏網以陷人乎哉。逆濠自陷岳翹其名于夢陽。曰我爲天下惜才。奸人之雄。往往如此。予讀實錄。竊爲夢陽扼腕云。

谷□曰。李夢陽之劾已壽寧侯張鶴齡也。言論風采。震動天下矣。當是時。事關宮掖。左右之人。慮無不欲殺夢陽者。而夢陽不爲禍怵。不爲威懾。顧其人豈肯倚宸濠者哉。卽其抗師儒之節。振士子之氣。曰公奉勅治兵。余奉勅治諸生。非是自負。要所以全國體也。且夢陽才名一代。宸濠故陰借夢陽以自翹其名耳。乃世謂鄭岳之敗。夢陽借宸濠中之。嗚呼。盲者眩于五色。未可與較黑白矣。

己巳。兵部尚書何鑑罷。初白玉賂豹房諸近侍。求復官。鑑不從。因設穽誘其蒼頭通賄。發之。致引罪去。恩例概不及焉。

提督謄黃右通政楊琥申定武臣誥命首軍功。次恩令。次例陞兼有軍功。若專納銀加秩者皆不許。

辛未。錦衣衞都指揮僉事周賢卒。賢。駙馬都尉景之子。成化丙午順天貢士。景薨。授千戶。不矜貴勢。安靜自守。

給大慶法王領占班丹度牒三千聽自收度

癸酉。馬湖府地震。

丁丑。右都御史李士實致仕。

辛巳。右都御史陸完爲兵部尚書。

大同萬全都司各地震。

癸未。災傷免寧波衢州田租十八萬石有奇。

乙酉。貴池縣地震。

丙戌。巡撫保定右僉都御史林廷玉罷。

己丑。命陸完同太監谷大用英國公張懋等提督團營。

撫治鄖陽右副都御史張淳改巡撫保定兼提督紫荊等關。

癸巳。右春坊右諭德兼翰林侍講倫文敍卒。文敍。南海人。弘治己未進士第一。授修撰。使安南。以喪止。服除。進今官。少嗜學。有公輔望。人咸惜之。子以諒以訓俱進士。

甲午。服闋右副都御史王憲改提督撫治鄖陽。

前右副都御史劉杲卒。長洲人。成化乙未進士。

十二月𦓐朔。丁酉。總制陝西軍務右都御史張泰卒。泰。肅寧人。成化戊戌進士。居官能守職。然無所樹立。隨時俛仰。贈太子少保刑部尙書。

趙時春平涼府志云。泰本平涼縣平氏子。以饑鬻前平涼敎官子貢士某爲子。時方六七歲。數年令其讀書。弱冠登第。知所出。歷陝西按察使。購平氏。以饑盡。至是。總制不攜家。獨居偶疾暴卒。

火輪見越嶲衞。聲如雷。明日地震。

戊戌。成都重慶潼川邛州俱地震。

己亥。琉球國中山王尙眞入貢。

崇德縣甘露降。

召巡撫江西都御史任漢還朝。俞諫專任討盜。

整飭薊州邊備兼巡撫順天右副都御史李貢致仕。

兵部右侍郎石玠爲右都御史。

庚子。定各衞所馬五年擇賣。

辛丑。吏部尙書楊一淸等。以巡按雲南監察御史張璞巡按陝西監察御史劉天和爲鎭閹梁裕廖堂所奏。逮獄久未決。風紀掃地。乞早具罪狀。從之。

高州地震。

癸卯。交城縣地震。

甲辰。福建按察使劉遜致仕。

南京刑部尙書劉纓被劾罷。

前工部右侍郎胡諒卒。靈寶人。成化戊戌進士。素貪墨。連姻太監李榮。

南京刑部右侍郎鄧璋兼左僉都御史賑濟江西。
丙午。福州地震。
己酉。遣勳臣禱雪。
庚戌。南京工部尚書孫需改南京刑部尚書。
辛亥。翰林院庶吉士徐之鸞爲刑科給事中。
追贈誠意伯劉基太師謚文成。誥曰。學爲帝師。才稱王佐。孔明之任。豈間人言。敬輿之謀。不負所學。受爵能讓。懷辭金蹈海之風。成功不居。從辟穀封留之請。基九世孫處州衛指揮使瑜請祠謚。從之。祠曰翊運。因謚翰林學士承旨宋濂文憲。國子祭酒宋訥文恪。
癸丑。水災。免平涼夏稅麥豆萬六千三百石有奇。
甲寅。總督兩廣兼巡撫右都御史林廷選爲南京工部尚書。
丁巳。前府左都督谷大中卒。大中以太監大用弟冒功躐陞。
戊午。提督倉場戶部右侍郎侯觀回部。
吏部尚書楊一清議大臣當廕者。查例覓給。不必乞恩。從之。其廕監後登科。仍許補廕。
壬戌。增大名通判一。
是年。都御史趙璜奏革種馬。尚書何鑑執奏。止之。

甲戌正德九年

正月朏朔。刑部左侍郎黃珂改兵部尚書。南京刑部右侍郎鄧璋爲兵部右侍郎。右副都御史周南爲右都御史。

總督兩廣軍務兼巡撫。
丙寅。命兩京大臣科道及外撫按各舉將才。
丁卯。南京監察御史羅鳳等劾寧王宸濠掊克淫酷諸不法事。不報。
戊辰。大星流南直通州。光如晝。隨天鼓鳴。
壬申。工部右侍郎張遇改戶部。提督倉場。戶部右侍郎王寅改刑部。刑部右侍郎張綸爲左侍郎。右副都御史
藍章爲南京刑部右侍郎。
復改密雲分守太監呂安爲鎮守密雲古北口。永樂間設鎮守。正統己巳改分守。劉瑾復改鎮守。
癸酉。洵陽縣火。
夜。月犯畢宿。
甲戌。四川左布政使蔣昇爲右副都御史。巡撫南贛汀漳。
乙亥。詔有司存恤致仕廉吏。
丁丑。上南郊。
金州霾晦大風雨。
戊寅。上御奉天殿大宴羣臣夷使。至暮駕始臨。席各舉燭。
廣西思恩土官岑濬餘黨覃恩等作亂。
己卯。夜。月犯靈臺中星。
庚辰。大計降斥二千八百八十六人。
乾淸宮火。寧王宸濠獻燈。命獻者入懸。皆附柱壁。㸌甚。所貯火藥偶勿戒。延爇宮殿。上往豹房。回顧光焰燭天。

大樂之。

故漢中通判羅賢贈知府。蔭子入監。

壬午。諭修省。

癸未。大學士楊廷和梁儲費宏乞休不允。其言還邊兵。革禁中市肆。出西僧。皆不欲釐正。惟皇店嚴禁。下人工作織造。命酌緩急以聞。然亦勉卽一二事塞責。自閣臣外多不報。

甲申。翰林修撰呂柟言六事。聽朝政。還宮寢。親郊社。朝兩宮。遣義子番僧邊軍。罷各鎭守官貪婪。不報。

乙酉。月掩罰星。

丙戌。起陳壽右副都御史。巡撫陝西。

丁亥。戶部主事馮馴戶科給事中雷雯翰林編修王思。各言事。不報。

戊子。監察御史劉天和謫金壇縣丞。王廷相贛榆縣丞。太監廖堂鎭陝西。黷橫屢裁之。被訐。下鎭撫獄。法司論贖。中旨謫降之。蓋堂厚結同輩。得其助也。

岷府安昌王彥滵薨。謚榮和。

辛卯。戶部右侍郎張遇致仕。

壬辰。旌覲官卓異。江西湖廣左布政使陳恪黃瓚。山東江西山西右布政使方良永張嵿臧鳳。雲南按察使李充嗣。浙江福建副使徐蕃湯沐姚鏌。浙江左參議羅欽德。河南僉事劉玉。知府南昌李承勛。揚州孫祿。處州劉斐。金華劉澁。台州李光翰。

是月。致仕工部虞衡司員外郎祝萃。起陝西提擧副使。

二月朔。南京監察御史汪正。請擇宗室親賢入京。置左右。俟皇子生遣歸國。不報。

己亥。增戶部主事馬馴王一鱗區畫宣大邊儲

江西盜王浩等械入京伏誅。

庚子。上夜微行至敎坊司觀樂。

大學士梁儲翰林學士毛澄主禮闈。

太師英國公張懋辭團營。

辛丑。兵部右侍郞鄧璋爲右都御史總制陝西延綏寧夏甘肅軍務。改江西賑濟屬大理寺卿燕忠。時虜犯邊。侵諸番。

巡撫山西右副都御史鄭宗仁爲戶部右侍郞。提督倉場。

乙巳。作楚蜀晉肅寧遼伊秦魯韓鄭襄荆德崇吉徽諸王信符鍍金銅牌十八。鑄征虜平胡平狄諸將軍銀印。以乾淸火燬故也。

丙午。署詹事府事禮部尙書兼翰林學士靳貴兼文淵閣大學士。直閣。

刑科給事中徐之鸞以大臣數遷。請久任。下吏部。

丁未。右副都御史陳玉爲兵部右侍郞。順天府丞王翊爲右僉都御史提督雁門等關兼巡撫山西。

夜。單縣流星大如斗隨天鼓鳴。

戊申。永平民大饑。命賑之。運通州粟十萬石減其値。

夜。月犯左執法。

庚戌。吏部左侍郞蔣冕兼翰林學士。專誥敕。

新寧伯譚祐提督團營幷五軍營。時英國公張懋疏辭。故命祐代之。

癸丑。四川盜俞思俸等平。彭澤請班師。內江盜駱松祥等復亂。留澤平之。

林之盛曰。正德中流賊特羣盜鼠竊之雄。當時攻劫州縣。所在糜爛。一時求許樂陵其人擒斬賊首者。固不可多得。然朝廷命將出師。初以惠安。繼則伏羌。先後提京兵數萬。嬰城固守。立破城抵死之例。而禁之嚴。嗟夫守土之臣。城存與存。城亡與亡。其又何說之辭。然而所以禁奸戢亂者不在此也。民窮思亂。不揣循是圖而必曰捕之誅之。若以湯止沸。沸乃不止。故當年所在盜起。河北中原蜀中江西諸賊。揭竿斬木。曾一督捕能盡耶。

甲寅。左僉都御史金獻民爲右副都御史。

乙卯。追奪方山昭僖王鍾鋌謚。初有罪革爵。匿其實得請。

寧夏地震有聲。

丁巳。甘肅莊浪衞天鼓鳴。

廣東長樂縣大風雨雹。屋瓦皆飛。

己未。吏部右侍郞王瓊爲左侍郞。翰林學士毛澄爲吏部右侍郞。

設漢中守備都指揮。駐金州。

癸亥。禮闈增額。得霍韜等四百人。

右春坊右贊善兼翰林編修陳霽爲南京翰林侍講學士。

三月甲朔。故夏邑縣丞安宣贈開封通判。廕子入監。宣涖任七日。盜至。力不支死。

臨川盜陳玖等敗。斬之。

丙寅。英廟莊妃趙氏薨。謚恭靖。

右副都御史蕭翀巡撫貴州。兼贊理軍務。

戶部員外郎黃體行削籍。體行以宮災乞遣番僧義子邊軍。罷皇店內市。且曰。陛下于羣臣之言。或報而不行。或留而不報。豈不以羣臣皆外人也。人情莫親于母子。莫密于夫婦。試卽羣臣所奏。退詢仁壽坤寧兩宮。萬一可取則宜行之。上怒其妄引兩宮。令對狀。吏部擬謫興寧訓導。特除名。時體行以察典不謹。故託直言取重。後起知府。竟贓敗。

甲戌。嘉祥曾子廟成。撰御製碑文。

丙子。江西兵備副使胡世寧上言。江西之盜。撫勦二說相持不安。臣謂舊撫者不討。再叛者不撫。新起者必撲之于微。卽此三言而事定矣。又江西之禍。不止盜賊。寧府數年以來。威勢日盛。不逞之徒。導以非法。上下官司。承奉太過。數假火災。奪民廛地。買辦漸行于外郡。騷擾徧及于窮鄉。臣恐良民不安。皆起爲盜。臣下畏禍。多懷二心。禮樂政命。漸不出自朝廷矣。請見在都御史俞諫任漢中。專委一員。或選才望公忠大臣。兼提督巡撫之責。使統將帥。調兵食。興革利弊。皆便宜從事。更敕諭寧王。崇謙遠嫌。率祖訓。嚴戢下人。庶無意外之虞。兵部尙書陸完覆如之。得旨令寧王約束宗室。

談遷曰。胡端敏歷剪羣盜。不遺餘力。其規切宸濠。誠哉茂陵之先見矣。然不幸其言之中耳。設宸濠甘守藩服。黃屋左纛。侈心不萌。則後之人且以端敏爲苛論也。又所請都御史俞諫任漢。憂國之苦心。不嫌越俎。陸完最與宸濠善。乃亦曲全端敏。國家亦賴有若而人哉。夫如是。奚其喪。

戊寅。廷策貢士。賜唐皐黃初蔡昂等進士及第出身有差。

敍州地震。

己卯。宜興大長公主薨。母德妃魏氏。

少師大學士楊廷和以父春年七十九。求歸省。不允。令有司賜春羊酒。

壬午。魯府樂陵王陽鎗薨。諡宣懿。

癸未。敍州地再震。

己丑。巡撫江西右副都御史任漢被劾。引疾去。

庚寅。太子少保南京兵部尚書劉機致仕。

前光祿寺卿李良卒。齊河人。進士。令山陰。拜御史。出按盧鳳淮揚。賑饑民甚德之。獨女許劉健孫。改婚士論所鄙。

壬辰。桃源盜梅憲等復叛。官軍擊斬三百五十八人。平之。

移密雲兵備副使于永平。

癸巳。成都地震。

四月钾朔。敍州地震。

丙申。復徽王彰德莊田二百二十頃有奇。

丁酉。復寧王原革護衞及屯田。天順間革護衞。改南昌左衞。正德二年。賄劉瑾復之。瑾誅。旋革。至是宸濠疏請。兵部尚書陸完乞下廷議。濠徧賄當路。完語大學士費宏。宏曰。不知革者謂何。完厲聲曰。恐不能不與之耳。宏曰。如此。宏不敢與聞。內臣盧銘爲請。宏曰。我寧王鄉人也。但事理非所宜耳。完覆奏。借太祖爲言。錢寧又爲奧主。深忌宏。

談遷曰。逆濠狂悖。其始天下同舌而賢之。則謬爲恭謹。結納當路。俱受其餌而不覺也。陸完雖非端人。然才智出一時。上傾附逆濠。力爲其地。豈非簠簋之故哉。左手據天下之圖。右手自刎其喉。愚者不爲。假逆濠必叛。陸完必右之。明以九族殉此無用之金帛。至愚不爲也。嗚呼。人爲褊心所使。則川岳迷向。烏鵲改視。其陸完之謂乎。

南京吏部尚書張澯改南京兵部尚書。

戊戌。瀋府沁源王銓鍾薨。王讀書好文。謚榮靖。

己亥。賑遼東饑。

復昌平縣爲州。領密雲順義懷柔。正德初。南京吏部尚書林瀚言進州。尋劉瑾廢之。至是縣丞張懷奏陵寢供億之苦。遂進州。以縣協濟。

癸卯。進彭澤太子太保左都御史。時源左都督。馬昊右副都御史。澤請入朝。初澤西征。入問楊廷和。曰。以君才賊何憂不平。所戒旋師早耳。後澤方破盜奏班師。餘黨復蝟起。既發復留。歎楊公先見吾不及也。昊驍健善騎射。自僉憲屢破劇盜。皆身爲鋒。

乙巳。翰林侍讀學士顧清左中允兼修撰賈詠主武闈。

丙午。夜月犯亢宿。

四川榮縣徐良父被人殺。良赴救。亦殺彼一人。良論死。命減罪一等戍邊。

辛亥。南京右都御史戈瑄爲南京刑部尚書。改南京刑部尚書孫需爲南京吏部尚書。

乙卯。兵部左侍郎黃珂爲南京右都御史。

丁巳。右副都御史王縝上言四事。正大本（擇留親王）。省內臣。處驛遞。廣延納。不報。

辛酉。巡撫寧夏右僉都御史馮清爲戶部右侍郎。仍兼左僉都御史。督理陝西糧餉。兵部右侍郎陳玉爲左侍郎。通政使丁鳳爲兵部右侍郎。（馮清以西安延安慶陽等芻粟不繼。改徵金餉邊。故餉日耗。有米珠薪桂之誚。）

五月燚朔。乙丑。太子太保戶部尚書兼武英殿大學士費宏致仕。宏既忤權倖。御史余珊望指劾其從弟編修寀。

遂引去。恩禮俱減。僅乘傳。

南京太僕寺卿羅欽忠爲通政使。起邊憲右副都御史。巡撫寧夏。

開磁武安考城大雨雹。損麥禾。傷人畜。

癸酉。工科給事中賴鳳請教官參用進士。部議聽進士就教。報可。

江西左布政使鄭岳。吉安知府劉喬俱劾贓。削籍。提學副使李夢陽免官。參政吳廷舉奪歲俸。夢陽有才名。剛愎好訐人。藉宸濠快其忿。士論不與。

乙亥。夜。月犯東咸上星。

丙子。巡撫雲南右副都御史洪遠請停鎭守太監貢獻方物。不從。

己卯。濱州天鼓鳴。隕石。

丁亥。傳制封厚燿宗王。厚煜趙世子。旭陽通渭王。當澆東阿王。當漢鄒平王。厚焜富順王。思鈉長陽王。

己丑。土魯番速壇滿速兒使部長火者他只丁復據哈密。命右都御史彭澤總制軍務。量調延綏寧夏固原兵駐甘肅經略。時有總制鄧璋。澤辭兩帥。莫適任也。不聽。

庚寅。前南京大理寺卿茅欽卒。溧水人。成化戊戌進士。

六月𡰥朔。癸巳。中旨。守備朔州御馬監太監滿隆改分守獨石馬營。

南京大理寺卿于鳳喈卒。萊陽人。成化辛丑進士。勤敏有治才。

楚雄地連震。

乙未。江西大池盜張元等據樂安新淦山中。僞稱王。至是討平之。擒斬千七百餘人。

丙申。貴州程番盜程先等攻劫。署都指揮使張泰等平之。

丁酉。禁廣東番舶非期而至者。卻之。

甲辰。甘肅總兵署都督僉事金輔罷。四川副總兵署都督僉事徐謙爲平羌將軍總兵官鎮守甘肅。

鳳陽天鳴。地震有聲。

丙午。巡按陝西監察御史成文削籍。文劾僉事趙應龍縱子納賄。下應龍鎮撫司。遂訐文收廩直。狎夷婦。併繫獄。應龍亦削籍。

丁未。右府署都督吳玉卒。

夜。月犯羅堰上星。

戊申。虜入宣府西海子剽掠。

壬子。翰林編修汪俊爲侍讀。

甲寅。四川疊溪千戶所地連震。威州亦如之。

乙卯。進士張源范洵王俊民熊浹黃訓余瓚周文熙陳經田賦梁本茂翟瓚。行人黃重。俱爲給事中。

雲南瀾滄衛軍周達奏銀礦銅錫青綠皆可採辦。遂令鎮守太監梁裕等兼理之。

丙辰。工部署員外郎事主事韓邦靖請召還黃體行等以收人心。下鎮撫司削籍。

程啓充馬祿張仲賢呂秉彝周文光蕭鳴鳳王經周鵷趙永亨朱裳盧楫沈灼俱爲試監察御史。

戊午。蕭山訓導何重請禁浙東溺女。從之。

己未。前禮部尚書署太常寺事崔志端卒。宛平人。神樂觀道士。予祭一。

七月赶朔。山西偏頭守禦千戶所地震。

甲子。晉府臨泉王奇湑薨。謚榮穆。

乙丑。虜薄宣大欲寇天城陽和又分萬騎入懷安。攻順聖川。游擊張勛守備田琦廉彪敗死。命太監張永總制提督宣大延綏等軍務。都督白玉爲平虜大將軍總兵。發京兵二萬人。署都督僉事昌佐署都指揮姜義爲左右參將。又發兵六千。太監張忠監督都督溫恭爲副總兵。千總官湛臣宋贇爲左右參將。俱受永節制。忠奏臣與溫恭所領三千人俱邊兵。隨便擊虜。若受節制則進退有碍。上心許之。閣議不可。已溫恭亦佩副將印。閣臣又阻之。內臣謂內府見貯副總兵印何也。楊廷和曰故事多佩副將軍印。佩大將軍印不數人。近惟撫寧侯朱永。蓋大臣一時失檢耳。今白玉已佩大將軍印。既失之。溫恭又可佩副印乎。遂給忠符幟。

前右僉都御史張楨叔卒。巴縣人。成化己丑進士。

壬申。撫寧侯朱麒守紫荆關。寧晉伯劉岳守古北口。崇信伯費柱守居庸關。保定侯梁永福守倒馬關。指揮使西寬守黃花鎮。指揮同知福英守龍泉關。

高陵縣地再震有聲。

甲戌。瀋府稷山王銓鍙薨。謚榮和。

巡撫雲南右副都御史洪遠改南京大理寺卿。

丙子。旱災免順天河間保定田租。

戶部右侍郞侯觀兼左僉都御史。總督宣大軍餉。

戊寅。開中淮鹽于宣大各十五萬引。

己卯。浙江左布政使王懋中爲右副都御史。巡撫雲南。

進兵部尙書陸完太子太保。提督軍務。俞諫右都御史。江南功。

壬午。巡按湖廣監察御史王相。以致仕兵部尙書劉大夏年八十。請優禮。不允。蓋大夏本兵時裁抑中貴。故見沮。
甲申。虜屯近邊。窺居庸。增游擊將軍。備紫荆等關。
乙酉。前巡撫蘇松右副都御史艾璞卒。璞字德潤。南昌人。成化辛丑進士。授兵部主事。善事當路。大學士徐溥
本兵余子俊馬文升歷薦之。晚忤逆瑾。幾死。
丙戌。調延綏總兵王勛駐清水營。援大同西路。遼東游擊將軍林睿駐山海關永平各三千人。
南昌知府李承勛爲浙江按察使。
庚寅。復慶王台浤歲祿。
八月辛卯朔。日食。
壬辰。晉府河東王奇溎薨。謚榮安。
癸巳。寧王宸濠奏臣約束宗室。痛革前弊。上大喜之。
丙申。南京右府都督僉事李昂總兵鎮守貴州。
前南京吏部尚書黃珣卒。珣餘姚人。成化辛丑進士及第。授編修。平易厚重。不存畛畦。文亦如之。贈太子少保。
謚文僖。
丁酉。召巡視浙江右都御史陶琰還京。
貴州平頭苗合湖廣五寨苗作亂。肆掠。命巡撫貴州右副都御史蕭翀兼制湖北酉陽平茶邑梅各調土兵討
之。
巡按貴州監察御史鄺約撫平浪苗猛朔。
災傷。免平陽田租。

戊戌。翰林院庶吉士許復禮授兵科給事中。

辛丑。免眞定順德廣平大名田租之半。

虜入白羊口及浮圖峪。連營數十里。敕保定副總兵游擊劉寶馳禦之。

乙巳。京師地震。陝西渭源亦如之。

申九門盤詰之禁。

增兵部職方車駕郎中各一。

木星晝見。甲寅滅。

丁未。前巡撫宣府右僉都御史車霆卒。石州人。成化辛丑進士。性剛介。

戊申。岷府沙陽王膺鉋薨。謚端靜。

辛亥。夜月犯畢宿。

癸丑。養疾戶部右侍郎鄧庠改右副都御史。巡撫蘇松常鎭。

陝西饑。命總制右都御史鄧璋督餉侍郎馮淸兼理賑濟。右副都御史王憲駐漢中。撫流民。陳壽仍巡撫。

甲寅。太監劉寧劉允徵通薊河間莊租白帖下兵部。卽給驛中官廝養出皆然。

東平人吏部主事梁穀妄告變。詞連魯府歸善王當沍。命諸將會兵。遣司禮太監溫祥大理少卿王純錦衣衛指揮韓端執當沍。總兵官郤永駐河間。桂勇等繼之。訊之無反狀。蓋當沍愛袁質善射。趙岩以引禮舍人嘗飲當沍所。非謀逆也。穀少兒戾。交通市儈貴而厭苦之。又怨千戶高乾西鳳竹。遂嗾其告變。溫祥械質等至京。罷郤永等兵。巡按御史李翰臣辨其誣。而吏部尚書楊一淸信穀言。主之。以匿奸下錦衣獄。同穀置對。謫廣德判官。穀免贖還職。

湖廣總兵方壽祥疾罷。都督同知楊英鎭守湖廣。

茂州地震。

丙辰。木星犯六諸王東星。

戊午。災傷免應天田租有差。

己未。都督同知侯勛爲總兵官鎭守陝西。勛重賂權幸得之。

虜入寧武關。掠忻州定襄寧化。殺守備指揮陳經。

災傷。免西安田租有差。

九月[illegible]朔。壬戌。旌魯府鎭國將軍當灦孝行。

虜五萬餘騎自宣府入蹌懷安。趨蔚州。又三萬餘騎入平虜城南。都御史叢蘭總兵白玉等追之。潛置飯田間毒之。如農具伏火器于陽和天城懷安諸險阨。虜掠食田間。中毒。及伏發。多死。斬五十級。

癸亥。旱災。免廬鳳淮揚夏稅有差。

始設花氈帳房百六十二間。初令陝西製之。重門堂廡庖廄溷湢皆具。自後郊祀遊幸宿焉。

丁卯。安南黎暭入貢使臣阮文禮等道沒。命以喪還。初。黎灦生二子。暉昭一名鑌。僞封錦江王。暉生敬誼。昭生灦。暭。誼被害。暭立。而灦之子沱陽王譓及弟慮以兄子不得立。灦妻鄭綏女。譓妻鄭惟鐘女。鄭宗强且握兵柄。立暭非其意也。

刑部右侍郎王寅疾去。

庚午。翰林編修王思謫廣東三河驛丞。上好武。日戎飾習陣射。手搏虎被傷。閱月不朝。思言。孝宗之子惟陛下一人耳。當爲天下萬世自重。宜親享太廟。孝養兩宮。總攬乾綱。緝熙聖學。豈可嗜酒以荒志。好勇以輕身。惟是任怒喜。移威柄。弛紀綱。摧士氣。召天變。哉上怒。謫之。

甲戌。南京兵部右侍郎楊茂元爲刑部左侍郎。

庚辰。巡撫陝西右副都御史陳壽爲南京兵部右侍郎。

丁亥。督餉陝西戶部右侍郎馮清巡撫陝西。

總督漕運右都御史張縉以南京戶部尚書致仕。

戊子。諭錄四。

雲南十八寨叛賊平。夷降。衆欲掩之。巡撫洪遠以殺降非信。十八寨夷自是不復叛矣。

國子司業魯鐸展墓。

十月庚寅朔。夜。松潘衞大星自東流西。聲如雷。

壬辰。巡視浙江右都御史陶琰總督漕運兼巡撫鳳陽。

敍州大同太原地震。偏頭關守禦千戶所大雨雹。

癸巳。翰林編修董玘爲侍讀。

甲午。刑部主事李中疏諫護國佛寺駐番僧。言我憲宗爲妖僧繼曉所惑。旋斥之。至孝宗初。誅僇不貸。望陛下遠監漢唐中主之失。近法我憲宗孝宗之明。出番僧以謹華夷之防。建儲位以立天下之本。革義子以正天下之名。不報。尋謫廣東通衢驛丞。

己亥。故靈璧主簿蔣賢贈知縣。賢死楊虎之難。

庚子。修文廟禮樂祭器。

壬寅。工部左侍郎夏昂卒。吳人。成化甲辰進士。

戊申。工部右侍郎俞琳爲左侍郎。易州山廠右侍郎劉永回部。

己酉。修乾清坤寧宮。尙書李鐩提督營建。湖廣巡撫右副都御史劉丙爲工部右侍郎兼右僉都御史。總督四川湖廣貴州採木。已敕御馬太監谷大用司禮太監張雄總理內官太監張錠及都督同知朱寧提督。

辛亥。治大同失事罪。逮總兵葉椿都指揮程鉞下獄。

壬子。湖廣左布政使陳璘爲右副都御史巡撫湖廣。

提督四夷館太常寺卿廖紀爲工部右侍郎。管易州山廠。

甲寅。命各邊巡按監察御史覈殉事之臣加贈廕。

乙卯。茂州汶川各地震。

戊午。宣府游擊將軍郤永爲征西前將軍總兵官。鎮守大同。左都督劉暉總兵。鎮守山西兼提督三關。

兵部侍郎陳玉兼左僉都御史。提督東西路。左僉都御史陳天祥提督陝西三關。

吏科給事中張原上八事。汰冗食（工匠力士勇士校尉等）愼工作。禁貢獻。明賞罰。廣言路。進德學。不報。尋責其摭說。謫貴州新添驛丞。

十一月紀朔庚申。選團營六千人分前後營。與勇士四衛營各三千人。命右都督張洪都指揮桂勇賈鑑李隆分領之。於西官廳操練。

中旨。御馬監太監趙英分守遼陽。印綬監左少監白懷廣寧監槍。

辛酉。廢歸善王當沍爲庶人。徙鳳陽。初盜攻兗州。當沍嘗率家衆登城射卻之。蒙敕旌。由是喜武。善袁質等。多酒失。與長史馬魁有隙。魁因梁穀告變。怵魯王奏如之。及被執索兵器。即前所借弓弩也。竟誣坐質戍肅州西鳳竹安置塞上。魁論死。穀罪倍于魁。獨免。當沍既廢。猶未知所坐。中官紿曰。謁祖陵耳。比至。問何地。曰。高牆也。

大慟曰。寃哉即首觸牆死。

談遷曰。宗室寃慘多矣。未有若當沍之甚也。家不藏甲。目不習讖緯。賓客不勝詭。即多酒失。不過醉飽失節。乃擬以淮南梁楚之事哉。彼梁穀亡論已。陸完楊一清亦冒然爲之。其後各中末禍。安得謂天之夢夢也。

定歲貢生到部論期。

楚雄地震。

流星墜于翟昌。聲如雷。

癸亥。江西按察副使胡世寧爲福建按察使。

茂州懷來衞各地震。

中旨御馬監太監宋寶守備山西等營。

丙寅。巡撫湖廣右副都御史陳璘改延綏。右通政馮蘭爲光祿寺卿。

戊辰夜。月犯壘壁陣東第四星。

己巳。山東左布政使秦金爲右副都御史。巡撫湖廣兼理軍務。

免順天永平保定河間水災田租。

朵顏衞都督花當求增貢。暫許之。

錦衣衞都指揮同知朱寧辭署印。不允。寧故太監錢能舍人也。因馬永成入豹房。蒙殊寵。賜姓。投刺書皇庶子朱寧。

庚午。以虜數入宣大。罷鎭守太監孫清。宋彬。巡撫都御史高友璣。孟春。王璘。切責總制叢蘭。阿爾倫寇花馬池。掠官馬五百餘匹。參將尹清追逐百餘里。至方山中矢。死之。

壬申。前巡撫順天右副都御史陳璧卒。太原左衞人。成化壬辰進士。戇直守法。

中旨浙江鎭守太監劉璟調鎭兩廣。以市舶太監王堂代之。

大星流解州。聲如雷。

癸酉。襄陵縣白氣二道如帚。移時散。天鳴。

旌秦府保安王誠澂孝行。

夜。月犯畢宿。

甲戌。新都金堂雙流縣各地震。

丙子。南京工部尚書林廷選疾不起。予致仕。

裁蘇松兵備副使。河間大名鎭守總兵。

瓦剌侵哈密。土魯番速壇滿速兒敗之。斬八級。

丁丑。大理寺左少卿張檜陝西按察使李鉞爲右僉都御史。檜巡宣府。鉞提督鴈門等關兼巡撫山西。

改提督撫治鄖陽右副都御史王憲巡撫大同。劉暉爲鎭朔將軍總兵鎭守宣府。

魯府鎭國將軍陽鈹以兵荒辭祿。及異日祭葬。且乞致仕。部議致仕非例。若有疾免朝賀。從之。

庚辰。涼州永昌莊浪衞俱地震。聲如雷。

辛巳。命分守懷來太監于喜改鎭宣府。太監劉寶代之。分守大同右衞太監馬錫鎭大同。少監李環代之。太監羅籥鎭守山西。

壬午。右副都御史任漢撫治鄖陽。

增山西三關游擊將軍張綺。

左春坊左中允兼翰林修撰賈詠爲南京翰林侍講學士。
兵部尚書陸完新寧伯譚祐提督營建
災傷免開封田租。
甲申金星晝見壬辰滅。
丙戌廣西蒼梧盜殺指揮李鎮倪明等。
右都督許泰都指揮同知朱彬提督團營西官廳。
增巡視山西偏頭等關監察御史。
丁亥前刑部右侍郎王寅卒。容城人成化辛丑進士。
十二月卯朔辛卯左都督時源總兵鎮守山西兼提督三關。
乙未故江西兵備副使李情贈按察使予祭蔭子入監
辛丑祀唐相廣平郡公宋璟于南和。
靖遠伯王憲卒。
乙巳洮州衞地震。
丙午夜流星自井宿行至近濁後五小星隨之。
己酉盜劫安南貢物于池州。
增甘肅西路游擊將軍。
辛亥解州臨晉襄陵安邑聞喜夏縣俱地震有聲。
壬子夜月犯氐宿。

甲寅。署太常寺事太子少保禮部尚書田景賢引疾去。進太子太保。
乙卯。前南京戶部尚書雍泰卒。泰字世隆。咸寧人。成化己丑進士。令吳縣。拜御史。出守鳳陽南陽。歷右副都御史。巡撫宣府。杖參將被劾除名。正德初起操江。未至。擢南部。以冢宰許進諱其除名事。俱勒罷。清剛自立不畏強禦。許進嘗曰。吾遙望闕西見有二高。一爲華岳。一爲雍世隆。卒時榻有特聲如雷。天啓初追謚端惠。
談遷曰。雍世隆獨立不懼。衆皆仰之。在國史多微詞。云性剛動必近名。與物多忤。爲按察使則杖知府。爲都御史則杖參將。論者謂其粗暴任情。殊無大臣器度。其屢遭患難。亦自掇也。其論雖甚嚴。孔子曰。吾未見剛者。安知宣尼而在。不亟收之耶。
丙辰。安陸州地震。
丁巳。貴州總兵豐城侯李旻以掊克免。

乙亥正德十年

正月。朔庚申。太僕寺卿楊廷儀爲太常寺卿。
癸亥。上祀太廟。薄暮方出
乙丑。汾西平陽襄陵縣地震。
以郊祀當誓戒。羣臣昏刻始免朝。
丙寅。楚雄府地震。
丁卯。薄暮。上出宿齋宮。
戊辰。上南郊。夜二十刻始還宮。

庚午。月犯井宿。

甲戌。夜月犯軒轅左角星。

乙亥。大學士楊廷和等言祖訓曰。朕以乾清宮爲正寢。晚朝畢而入。清晨星存而出。除有疾外。平時不敢怠惰。蓋言視朝之當謹也。又曰。凡帝主居宮。常懷警備。日夜時刻不敢怠慢。雖親信如骨肉。朝夕相見。猶當警備。蓋言宮衛之當謹也。皇上近年以來。縱射逞欲。積習既久。廢祖宗之典。邊兵非宿衛之人。禁籞非操練之所。疑似之間。未免驚駭。不報。

寧夏地震。

丙子。虜入潮河川。

戊寅。故嘉善主簿李錫以逐盜開化死。贈知縣。廕子監生。

己卯。巡撫河南右副都御史陳璘改大理寺卿。

庚辰。吏部尚書楊一清等言。陛下比歲視朝太稀。又太晚。或日西。或薄暮。今漸至昏夜。小大諸司辰入酉罷。未免廢職。況侍衛之人。披執鎧仗。自朝至暮。饑餒困憊。遂令闕門之外。御街之旁。羣衆喧闐。殆同市井。且邊兵本爲防虜。今輪番京師。陛下又親教閱之。以天子之尊。行將帥之事。禁密爲攻戰之場。邊鄙將士。恃寵而驕。猖狂悖慢。容或有之。況密邇宮壼。意外之虞。不可不防。不報。都給事中李陽春等。御史于鏊等各言之。不報。

套虜二萬餘入花馬池。大掠固原。

甲申。巡撫貴州右副都御史蕭翀改河南。

丁亥。陝西左布政使曹祥爲右副都御史。巡撫貴州。兼理軍務。

民間訛言選宮女。御史張翰請禁之。不報。

前巡撫山東右副都御史徐源卒。長洲人。成化乙未進士。

二月己丑朔。庚寅。楚雄地震。

祀唐相張九齡于韶州。以九齡子伊闕令拯。又唐韶州刺史鄧文進宋邕州推官譚泌國朝永豐知縣鄧顒祔祠。又詔瓊州祀大學士丘濬于宋儒蘇軾奇甸書院。

辛卯。災傷免鳳陽滁徐田租。

壬辰。都指揮使張林張謙王瓛俱都督僉事。林。謙張雄姪。瓛張永蒼頭。

大同衛指揮同知李勇調武昌衛。勇父懷以游兵千總敗于虞臺嶺。降虜。詐稱陣沒。勇得嗣。而懷數誘虜入寇。兵部購之。因調勇。與之期若懷三年不歸則罪勇。

提督山西三關都御史陳天祥修築山險。

甲午。宣府總兵署都督僉事劉淮失事。降都指揮僉事。

雲南總兵黔國公沐崑辭太子太傅。

番僧完卜鎖南堅參巴爾藏卜來貢。襲大乘法王。

丁酉。保安寺大德法王綽吉我些兒本烏思藏使者。以祕術得幸。出入宮禁。至是請其徒領占綽節兒綽供劄失還居烏思藏。如大乘法王例入貢。且請國師設廣茶。禮部尚書劉春言烏思藏在西遠。性頑獷。雖設闡教王護敎王闡化王贊善王撫治。而入貢有節。令毋盜邊耳。今猝往。萬一詐誘羌胡。妄有求請。不從失彼意。從則生事。端害滋甚。願罷之。不聽。仍予誥。罷設茶敕。時上好異。習胡語。自名忽必列。習回回食。自名沙吉敖爛。習西僧敎。自名領占班丹。近幸張銳張雄錢寧等日治剎。靡帑無算。

癸卯。固原隆德俱地震有聲。

前南京右都御史劉洪卒。安陸人。成化戊戌進士。令陽穀。拜御史。得憲體。歷撫貴州。平米魯餘黨之亂。改四川。松潘夷弗靖。申嚴法令。邊人賴之。總督兩廣。平潮惠獞賊。贈刑部尚書。

甲辰。南京工部右侍郎俞深劾免。

總督甘肅左都御史彭澤以繒綺二千匹白金酒器一說土魯番和好。滿速兒喜。許歸哈密城及金印。澤不俟報。輒言事定乞休。

庚戌。南京糧儲右副都御史崔文奎爲南京工部右侍郎。

辛亥。大理府地震。

甲寅。應天府尹白圻爲右副都御史。管南京糧儲。

總兵卻永奏帶千戶李珍等二十六人。命止五人。

乙卯。虜入延綏寧夏。

丁巳。楚雄地震。聲如雷。

三月戊朔。己未。兵饑。免西充蓬溪鹽亭射洪等處田租。

庚申。晉府臨泉王奇湒薨。諡榮穆。

錦衣衞都指揮同知朱彬冒功爲都督僉事。後府食祿。

辛酉。廣寧衞天鳴。

癸亥。大理寺左少卿王純爲右僉都御史。巡撫宣府。

甲子。禁訛言採女。

丙寅。大學士楊廷和以父喪乞歸。不允。

戊辰。南京禮部右侍郎楊旦爲禮部右侍郎。署太常寺事。

己巳。楊廷和再乞守制。不允。

前戶部右侍郎韓鼎卒。鼎慶陽人。成化辛丑進士。授給事中。直言頗有聲。歷南京尙寶卿。後功名頓損。逆瑾以鄉曲引入戶部。廷謝仆不能起。子守愚附瑾得庶吉士。乞祭葬。許之。

月犯軒轅左角星。

辛未。初寘鐇敗時。以孫㒜材託僧大千匿之。以家人子詭㒜材就係。㒜材時年十七。薙髮寓河南永寧之千山庵。名正奉。亡何大千死。羣僧侮㒜材。走故縣鎭恚甚。自詣官言狀。傳致京師。召寘鐇舊宮人在浣衣局者識之。不能辨。㒜材抗言我義不辱。歸命朝廷耳。遂幽于鳳陽。

壬申。遣祭各陵。方祭裕陵。天忽雨。戶部右侍郎侯觀謂如祭大社。雨跽拜門下。衆從之。被劾奪觀月俸。

許楊廷和奔喪葬。訖卽入朝。遣行人護之。

癸酉。增紫荊三關兵備副使。眞定保定通判各一。

夜月犯亢宿。

甲戌。順天府尹楊廉爲南京禮部右侍郎。

戊寅。雲南右布政使李充嗣爲順天府尹。

己卯。鎭守大名都督總兵官郤永移宣府。

庚辰。寧夏地震有聲。

癸未。禮部尙書劉春以廣東左布政使羅榮按察使陳雍及安慶知府馬文來朝。各言守臣進貢之害。乞一切停免。報聞。

戶部主事戴冠謫廣東烏石驛丞。冠言。京師勢要之家子弟家人多冒名報功。錦衣如林。次係籍勇士。影射食糧。又有投充各監局匠役。此皆國之蠹也。國家歲漕四百萬石。此輩實當三分之一。陛下何忍以膏血養此無益之蠹哉。又逆瑾籍產以百萬計。貯豹房以爲私財。王者無私。乞盡付所司助軍需。

甲申。前南京工部尚書畢亨卒。山東新城人。成化乙未進士。授吏部主事。通儻有才。氣高不輕下人。心附逆瑾。晚節益損。

丙戌。提督四川軍務總兵時源爲征西前將軍總兵官。鎭守大同。

太師英國公張懋卒。懋以輔庶子。幼襲爵。弘治時承平久。孝宗頗厚懋。每扈從車駕。止令佩刀。不衣重甲。而懋日淫佚。侍妾百餘人。服飾奢僭。至侵削軍士充其欲。屢見劾。首班五十餘年。不經行陣。優老牖下。幸也。追封寧陽王。謚恭靖。

四月戊朔。壬辰。王瑾嗣靖遠伯。王憲子。

甲申。考察京官降斥有差。

丁酉。中旨都知監右少監丞喬能守備黃花嶺。

庚子。琉球入貢。

辛丑。前禮部尚書傅珪卒。珪字邦瑞。淸苑人。成化丁未進士。選館。授編修。歷左中允諭德。至今官。强毅有執。人不能干以私。禮部時番僧乞田百頃爲大慶法王下院。珪奏孰爲大慶法王者。敢並至尊書之。褻天子。壞祖宗法。大不敬。當誅。遂止。優人臧賢請改牙牌。珪語其長曰。爾寵可長保否。乃案制爲類奏。災異陳時弊十事。甚剴切。忤旨。罷。年五十七。嘉靖初贈太子少保。謚文毅。

癸卯。鎭守四川署都督僉事徐謙爲都督同知。

有星隕于廣寧邊堡。聲如雷。

甲辰。鉅野縣大霧六日殺穀。

乙巳。南京國子祭酒吳一鵬爲南京太常寺卿。

甘肅總兵署都督僉事金輔爲署都督同知。

丙午。甌寧懷安閩縣皆火。

安南來朝陪臣阮貴雅奏。龍州梁村灘舟壞。濡貢絹五十四。行人阮文煥溺死。上閔之。歸其喪。

丁未。廕故右都御史馬中錫子師言國子生。

慶陽伯夏儒卒。上元人。皇后父。嘉靖中贈□□□。謚榮靖。

楊一清曰。國朝禮遇戚氏。雖極貴寵。而例不治事。有踰節病民。未始不裁抑之。故凡姻聯帝室。皆得善保祿位。不失其令名。若慶陽以椒房之親。屢被榮封。列于五等。然能循禮畏法。子姓皆遵約束。不敢恃恩澤爲驕縱。門庭肅然。亦不失爲賢矣。

南直通州龍起。暴風雨。砂石蔽空。摧官庫及民舍四百餘楹。

戊申。禁三關開墾山場。

庚戌。國子司業魯鐸爲南京國子祭酒。

壬子。翰林院庶吉士劉濟授吏科給事中。

南通州大風雨。又星流。聲如雷。

賑通州武清漷縣饑。

癸丑。總理河道右副都御史劉愷爲兵部右侍郎。署通政司事。

甲寅。翰林編修黃瀾爲國子司業。

魚臺縣天鼓鳴。

丙辰。前江西兵備副使胡世寧下鎭撫司。寧王宸濠訐世寧前疏爲離間親藩。權倖右之。都察院望旨覆。謂世寧狂率。遣緹校往逮世寧方遷官還里。浙江按察使李承勛匿之。使間道就臺獄。御史徐文華疏救。不聽。

丁巳。設守禦千戶所于聚落高山堡。

大理寺卿燕忠卒。薊人。成化甲辰進士。

北虜掠固原之西騾子川。響石溝。游騎至彭陽鎭原。

閏四月戊朔。庚申。旌韓府鎭國將軍範堦孝行。

辛酉。吏部尙書楊一淸兼武英殿大學士。直閣。

霍韜曰。漢相俱由郡守。宋相須歷州郡。蓋取其知閭閻之疾苦。與人情之練達也。我朝若薛瑄入閣由御史。李賢由主事。皆爲一時名臣。今楊一淸亦由巡撫入閣。是誠立賢無方。善能通變者也。

壬戌。諸城縣雨雹殺穀。

癸亥。大同總兵署都督僉事葉椿失事。降大同前衞指揮使。

總督漕運右都御史陶琰引疾去。

丙寅。武鄉陽信冰雹殺穀麥。

丁卯。南京兵部尙書張瀔致仕。

戊辰。澤州壺關金鄉雨雹殺穀。

庚午。太子太保兵部尙書陸完爲吏部尙書。

辛未。阿爾倫寇延綏。總兵王勛禦之五國城。擒斬五十九人。復寇寧夏。總兵潘浩禦。敗之洪圍莊。斬十四級。

丙子。右都御史叢蘭總理漕運。巡撫鳳陽。

戊寅。召還總督甘肅左都御史彭澤。專任總制鄧璋。

朶顏衞所鎮撫失林孛羅襲右都督。

己卯。戶部尙書王瓊爲兵部尙書。時推彭澤。中旨用瓊。

庚辰。前南京右都御史熊繡卒。繡字汝明。豐城人。成化丙戌進士。授行人。拜御史。有風力。坐累謫知淸豐縣。進守鳳翔。旱饑。下車輒雨。歲登。歷山東左參政。右布政使。擢撫延綏。憂去。起兵部左右侍郎。裁騰驤勇士殆萬人。總督兩廣。逆瑾不能中。召總南臺。引去。簡直淸介。臨事有執。不殖生產。歷官四十三年。始終一節。贈南京刑部尙書太子少保。諡莊簡。子幼。月給粟一石。蓋異數也。

甲申。楊谷唐龍何鰲萬鏜成英李素王應鵬吳華何鉞張文明孫方袁澤高鉞爲監察御史。實授。

薊州海豐冰雹殺穀麥。

丙戌。大學士梁儲等請止太素殿天鵝房船塢等工。不報。

五月妁朔。兵部尙書王瓊同太監谷大用新寧伯譚祐提督團營。

戊子。右都御史石玠爲戶部尙書。南京禮部尙書喬宇改南京兵部尙書。

己丑。府軍衞帶俸都指揮使李隆自陳桃源功。進左府署都督同知帶俸。

壬辰。禮部左侍郎李遜學爲南京禮部尙書。

雲南地震。踰月不止。或百二三十震。黑氣如霧。地裂水湧。壞城舍無算。死數千人。傷倍之。

甲午。吏部左侍郎王璟爲右都御史。左都御史彭澤入朝回院。

丙申。周府鄢陵王同綏薨。謚靖簡。

丁酉。盜入公安縣。

增京城捕盜官軍定賞格。時盜熾。城內增七百九十二人。城外增千一百二十人。

戊戌。西番僧多冒貢請寺額。禮部尚書劉春請每寺給十契。陝西四川兵備仍給契稿。俟貢驗同。許入京。從之。

服闋禮部左侍郎毛紀爲吏部左侍郎。禮部右侍郎吳儼爲左侍郎。南京吏部左侍郎石瑤爲禮部右侍郎。

己亥。逮南京戶部主事王瑞。以放糧擅辱千戶王忠鄭僖。

亦不剌二萬餘騎破龍思闍兒阿忍等寨。將寇彰臘。四川守臣以聞。

庚子。夜。月犯建星。

辛丑。南京右副都御史歐陽旦卒。安福人。成化辛丑進士。純謹有文學。

甲辰。都督同知白玉降都督僉事。都督僉事溫恭降都指揮使。以宣大受賂攬餉也。

初。中旨令提督廣東市舶司太監曹宏採異香土物。巡按監察御史丁楷疏諫。不聽。

丙午。宥提督三關副總兵都指揮神周罪。降總旗。而納粟指揮僉事如故。

丁未。南京太常寺少卿羅欽順爲南京吏部左侍郎。

壬子。翰林檢討張邦奇爲湖廣提學副使。

癸丑。夜。大星自文昌流至近濁。尾跡炸散。

乙卯。前巡撫大同右副都御史王綸卒。綸濱州人。成化丁未進士。授給事中。有才略。伉傲酷暴。遷江西參議。參政。好笞屬吏。嘗巡湖西。有巨舟阻淺。不及避。盡榜之。死數十人。聽訟以先訴爲直。下郡縣。或直被訟者。輒怒仇視其弟綬。殊無士行。

是月。虜大掠固原隆德靜寧。總制鄧璋募死士夜入虜營。竊馬斬首賞各有差。

六月緻朔丁巳。鎭守宣府太監于喜部卒私騎官馬。總兵郤永杖之。喜誣永不軌。調寧夏。以寧夏總兵潘浩鎭宣府。

四川盜雷伯定等伏誅。

己未。巡撫山東右僉都御史趙璜爲工部右侍郞兼左僉都御史。總理河道。

裁陝西潼關河南彰德兵備官。

庚申。廣東右布政使吳廷舉兼按察副使。爲嶺西兵備。時猺警也。

巡撫直隸監察御史陳言以通州倉增內臣十一人。乞停止。命暫供職。以後京通總督仍二人監督臨徐淮安三人。著爲令。

兩廣總兵武定侯郭勛屢被劾。不問。

壬戌。增兗州同知大名通判。長垣東明曹縣城武主簿各一。

徐溝大谷縣大雨雹傷稼。

復神木千戶所于朝陽門。

甲子。夜月犯房宿。

乙丑。夜大星自天市水垣流斗宿。色青白。

丙寅。應天府尹黃瓚爲右副都御史。巡撫山東。

己巳。朶顏衞夷分道內侵。都指揮同知桂勇爲署都督僉事副總兵。禦之。初。花當子把兒孫以千餘騎入馬蘭谷。殺參將陳乾。又虜五百騎入板場谷。千騎入神仙嶺。千餘騎入水關洞。

分守松潘副總兵都指揮僉事吳坤爲署都督僉事總兵。鎭守四川。舊不設總鎭。時虜亦不剌走四川。將掠彰臘。坤欲避之猥言松潘去會城遠。請更設總鎭。賂本兵得之

庚午。通事程理聶勇。與朵顏貢使爲奸利。逮之。命各邊通事歲更之。

總督甘肅彭澤。以土魯番速壇滿速兒奉命後。歸哈密城印于都督滿哈剌三。寫亦虎仙已召還。頭目火者他只丁並上所奪赤斤衞印。哈密王速壇拜牙郎尙匿于其弟把巴歹營。因兄弟不咸。故未釋也。必重賞始克還。事下總制鄧璋。

夜。月食既。清源交城縣地震。

辛未。大學士梁儲等言。日者聞駕出西安門外。經宿而回。不知臨幸何所。道路相傳。衆口藉藉。禮天子出入。必備法駕。必傳警蹕。衞士環列。百官扈從。所以嚴至尊而防意外也。如南郊大祀。不過一宿。虎賁之旅。鷹揚之將。周旋左右。而直廬拱衞。官軍萬餘。警柝之聲。夜以達旦。至于皇城各門。又命勛戚重臣守視。今駕之出也。環衞何兵。扈從何人。居守何官。羣臣茫不與聞。若徒無故輕身而出。率意而往。擾擾塵埃中。萬一車馬有警蹶之虞。奸盜來竊發之變。何以備之。雖天神協相。決無是事。而臣等過計。實切寒心。聖性高明。洞燭事機。已非一日。必不輕動。竊恐左右羣小。覓諛希寵之徒。倡引事端。蠱惑聖聽。陛下偶未深思。而遽從之。導引之罪。殆不容誅。伏望陛下念祖宗付託之重。體臣民瞻戴之情。自今以往。端拱穆清。嚴內外出入之防。戒非時之宴游。屛亡益之嬉戲。秉持剛斷。以解臣民之疑。不報。

太原地震。

壬申。南京光祿寺卿王宸爲應天府尹。

癸酉。夜。嘉興暴雨。水頃刻丈許。壞民居害稼。

甲戌。尚膳監太監王奮弟仲金爲錦衣百戶。

給事中王良佐。監察御史周倫。主事侯綸奉命選各營衞官軍。時支餉官軍三十八萬四千七百四十五人。各監局供役者十八萬一千人。從征凡二萬九千十五人。逋亡六萬五千四百五十二人。團營見卒十三萬四千九百八十三人。選僅得二萬三千三百二十三人。覆選京衞得五萬八千三百四十一人。外衞萬三千八百二十八人。

丁丑。薊州總兵官遂安伯陳鏸劾免。

己卯。雲南潞江安撫司土官綿捧作亂。官軍誘執之。獄死。

初。貴州鎮溪千戶所苗民龍麻陽與銅仁長官司苗目龍童保各攻剽。至是擊斬之。

壬午。署都督僉事副總兵桂勇奏帶官旗等百三十人。許之。兵部議減。不聽。

陝西都指揮同知戴欽爲署都督僉事總兵。鎮守薊永山海。

癸未。巡撫甘肅右副都御史趙鑑改南京都察院。

甲申。復給湖廣忠峒安撫司忠建安撫司高羅安撫司印。永樂間。施州人譚文昌譚暹廖汝鳳秦忠逃入冒土官裔襲職。至弘治間正罪。印貯于官。至是巡撫右副都御史秦金奏田隆在忠峒。田本忠在忠建。田萬金在高羅。皆眞夷種。遂給印。而鎮南長官司冒于廖汝鳳。其司遂廢。

乙酉。前大同總兵都督僉事張安卒。

七月炳朔丁亥。陝西提學副使祝萃爲廣東左參政。

己丑。陝西左布政使李昆爲右副都御史。巡撫甘肅。

庚寅。故襄陽推官內江吳伯鈞。擊盜東鄉死。子鳳與廕入監。

壬辰。監察御史程啓充言。我朝軍職授官。悉准首級。載在會典。今倖門漸開。有買功冒功寄名竄名併功之弊。權要齎金帛私賂戰士易首級。曰買功。甲衝鋒斬獲而乙取之。甚至殺良報級。曰冒功。身在家庭。名隸行伍。曰寄名。賄吏胥洗補文冊。曰竄名。一人之身。一日之間。所在獲功。甘遼宣大兩廣川貴。相去數千里。不出門閾。皆報功累級。驟歷崇階。曰併功。乞勅兵部一清核。詔仍之。時爵賞濫甚。權要之疎族下逮廝養。冒至蟒玉。猶供賤役。如平涼伯馬山汲水盤馬于庭。朱寧嫁女。蒼頭數十人皆錦衣衛。壻齊佐三日來謁。寧令人奉盒曰。以餉吾壻。啓之則都指揮牙牌也。佐卽席拜恩。布衣王瓛不一歲官已都督。酒傭趙璀管皇店。旬日萬金。皆前所未聞也。

癸巳。白河縣地震。

乙未。江西建昌盜徐九齡肆掠踰三十年。至是討平之。斬四百八十一人。

丙申。虜萬騎入延綏新興堡。

丁酉。嘉興同知張龍乞復先任通政司右參議。吏部覆其無行。宜罪。有旨俟後命。蓋朱寧右之也。龍居喪。日宴飲。私鄰婦章氏。覓妾之。其夫蔡某怒而走役中貴家。且報怨。龍移妾往父事中貴。得釋。

戊戌。監察御史高公韶謫富民典史。公韶劾王瓊覬兵部。既用之後。私松潘副總兵吳坤。致花當患邊。瓊疏辨。上責公韶排陷大臣。御史蕭鳴鳳疏救。以朋護不聽。

己亥。重修太素殿。初朴甚。覆以茅。至是費二十餘萬金。役三千餘人。又御馬監鐘鼓司南城豹房新房火藥庫皆肇工。工部雖執奏。具文耳。權閹之莊園祠墓及香火寺觀。蠹帑不可勝計。

前巡按廣西監察御史朱志榮索賄土官屬吏私女婦。被劾下錦衣獄。戍貴州。

辛丑。許占城使臣力那巴等領封還國。初給事中李貫被命不欲行。遷延五年。奏占城自安南逐古來後。竄居赤坎邦都郎。國非舊疆。況古來乃占城王齋亞麻勿庵之頭目。殺王攘位。王三子。其一在。律以春秋之法。雖不問罪。亦必絕貢。故臣請領封。亦存其禮。而不廢斟酌之義也。詔從之。

談遷曰。占城雖險遠。業奉命矣。竟不一往。彼乘槎浮海者何人哉。卽曰夷人領封。當始議于朝貢之日。安有天書久下。委敕冊于海濱。而莫之問也。其示弱不淺矣。

西番冬沙族剌麻搶加掠西寧。指揮張麟失利。復掠碾伯。總兵徐謙合都指揮陶文參將魯經等戰咱隆溝山。斬九十餘級。俘二人。乃遯。

夜。海陽潮陽揭陽饒平暴風雨。壞城舍人畜亡算。

禮科給事中范洵請各省鄉試遣京考。部議寢之。

壬寅。給提學官關防。以江西提學僉事田汝耔始。

癸卯。夜。月犯外屏東第二星。

甲辰。虜寇羅文谷。指揮周召等擊斬十六級。寇張家口。指揮張源等擊斬三十級。

乙巳。游兵把總千戶魯經收固原城。聞虜警遽出。大敗。圍于水頭山。死四十九人。傷倍之。詔逮經。

丙午。廣寧衛地震。

丁未。夜。月犯天高東南星。

虜二萬餘騎寇花馬池。大掠平涼鞏昌。直抵隴州。官軍分遏不能禦。

戊申。夜。月犯司怪東第一星。

辛亥。夜。大星色青白。自中天流至近濁。

甲寅。降巡撫大同右副都御史高友璣爲湖廣副使。失事故。

前巡撫遼東右副都御史劉瓛卒。濟南人成化戊戌進士。

虜薄固原城殺西安府同知□□。總兵侯勛按兵不出亦不傳烽。恣虜掠。

八月軋朔。遣少監秦用敕楊廷和入朝。

丙辰。虜掠平涼。屯南山涇川。恣掠屬縣東及涇邠之亭口。南越華亭。至隴之汧陽。凡六日蹂踐千餘里村落爲墟華亭縣民洶洶欲夜遁。同知平定吳璉適行縣。令敢下城者斬。衆乃止堅守明日總兵官侯勛游擊杭雄鄭卿守備陶文王爵等共九千人。屯平涼城西二十里老山坡不援。

己未。虜潛移龍音寺堡杭雄前戰勛嗔其不聽命時虜纔三十騎榆林副總兵安國軍三千在鎮原。指揮吳寵兵千五百在彭陽城。可夾擊亦不出。平涼安東二衞。土其門。不顧外郭。承平久。民不識虜。不知避。驅掠人畜數十萬計。平涼諸生蒙廷珪上書巡按御史常在述兵勢凡數千言。不報。初虜之越華亭也。城西南村溝兩崖多茂林。華亭民楊循先伐木不絕。俟虜入十餘騎而絕覆之。仆聲殷地。虜方驚顧。循射殪其三人。餘策騎奔爲叢林所巓且行且殪之無脫者。又民劉廷松楊□常學不多所殪首級咸腐潰。平涼府志。

己未。雲南按察副使朱應登爲左參政。

辛酉。南京刑部右侍郎藍章兼左僉都御史清理兩淮長蘆鹽法。前巡撫宣府右僉都御史王雲鳳清理兩浙福建鹽法。

壬戌。御用監太監張永同御馬太監谷大用總管神機營並提督團營。

給還開平王常遇春玄孫瑋江都田宅。遇春長子茂安置廣西卒無子。亥子昇安置雲南生繼祖。繼祖生寧。寧生復塡注南京錦衣衞帶俸指揮使復子瑋。

丁卯。吏部左侍郎毛紀爲禮部尚書。

夜。月犯壘壁陣東第五星。金星犯太微西垣上將星。

戊辰。向信黎龍林潮董相伍希儒王偉王以旂賈啓熊蘭石金楊秉中張欽唐濂王溱沈霽鄭慕爲試監察御史。溱霽慕並南京。

癸酉。吏部右侍郎毛澄爲左侍郎。南京戶部右侍郎王鴻儒改吏部右侍郎。

丁丑。大理府地震。夜。月犯左執法星。

戊寅。前兵部尚書王敞卒。西安人。成化辛丑進士。

辛巳。中旨都知監太監傅倫鎮守廣西。

山西平虜衞地震有聲。

壬午。江西左布政使陳恪爲右副都御史。巡撫南贛汀漳。

監察御史張經劾太監于喜下獄。

虜自榆林入米脂綏德無定河大川至山西石州黃河西岸大掠。

九月甲申朔。庚寅。廣東封川廣西蒼梧俱無雲而震。

辛卯。北虜寇隴州。亦不剌復寇洮岷。右都督張洪總兵提督陝西諸路軍務。率萬人赴之。

金華知府劉澔推浙江副使。以降調官不許。蓋澔戶科給事時攻中官落職。猶憾之。澔字維馨。有秋佩集八卷。

都督同知馬釗爲右都督。馬永成蒼頭。自百戶起。

壬辰。設工部署郎中二人。催採木料。

解州地震。夜。月犯雒堰南星。

癸巳。中旨御馬監太監廖鑾鎮守陝西。吳景鎮守河南。杜甫鎮守湖廣。撤廖堂王宏王潤。

甲午。傳制封厚勳榮世子。厚燾福寧王。融燧韓世子。融焌長洲王。旭欄襄城王。厚橚廣安王。銓鐘雲和王。寘鐖豐林王。

兵部主事楊應奎以五萬金市河南陝西馬各千匹。

乙未。大理府地大震四日。

總督兩廣右都御史周南致仕。

丁酉。鞏昌通判孫璘獲虜諜細車罕帖木兒械入京。

己亥。楊廷和乞終制。不允。

陝西提學副使祝萃奏乞保全大臣名節。萬一天下有如羅綸之議李賢。未免微瑕寸朽。風化所關。苟有所見。情不容默。不報。

陝西都指揮僉事趙文爲署都督僉事總兵。鎭守陝西。

夜月犯天園西第四星。

庚子。大理府地復震。

壬寅。起陳金左都御史總督兩廣軍務兼巡撫。進太子太保。

癸卯。夜月犯井宿。

乙巳。總制陝西軍務右都御史鄧璋致仕。

中旨錦衣指揮僉事趙璽管象房。鎭撫司理刑百戶劉儒爲指揮僉事。儒太監雲從子。

丁未。月犯軒轅大星。

庚戌。中旨以太監張忠監督團營西官廳。佛保管神機營中軍四司立威營。御用監太監孔學管神機營右哨頭目並鼓勇營。

壬子。左僉都御史陳天祥爲左副都御史。提督陝西諸路軍務巡撫河南右副都御史蕭翀改陝西。

十月[illegible]朔。乙卯。中旨。鎮守貴州太監史泰調雲南太監李鎮代之。太監黎鑑鎮守山東兼管臨清罷梁裕畢眞。

丁巳。顏頤壽服闋。仍右僉都御史順天府尹李充嗣爲右副都御史巡撫河南。

南京右都御史黃珂奉表至。乞展墓。許之。

南京監察御史范輅上言。今日大計未定大疑未決。陛下獨御于上而皇儲不豫建也。宗室之賢孰與異姓義子。陛下日馳逞于騎射戎陣。曾念不及此。其如宗廟社稷何。不報。

談遷曰。康陵嗣服久。前星杳然。諸臣雖私憂之。莫敢抗簡。其後屢見之公車。上若罔聞也者。固遊宴不及閱。亦權幸無以激其怒也。世宗之明。涉及皇儲。輒立譴。則康陵時議者誠厚幸矣。

癸亥。都督同知朱寧爲右都督。以緝捕功也。

夜。月犯壘壁陣東二星。

甲子。水災。免長洲常熟嘉定田租。

丙寅。浙人曹祖誣告壽寧侯張鶴齡都督延齡陰謀不軌。命廷訊。免鶴齡兄弟朝參。祖懼。飲毒死。上益疑之。詰刑部尚書張子麟等。逮視獄主事數人繫詔獄。而祖死無他端。告變尤罔。乃寢不治。子麟等奪俸有差。上固疎外氏。及祖上變。闔門惶懼。賴太后力爲解。鶴齡兄弟亦厚獻始釋。

淮府德興王見瀰薨。諡莊僖。

丁卯。夜。月犯天廩北星。

戊辰。南京工部尚書柴昇疾去。

夜。月犯畢宿西星。
庚午。右副都御史王倬爲南京兵部右侍郎。
辛未。夜。月犯井宿東星。
壬申。河南右布政使孫燧爲右副都御史。巡撫江西。
癸酉。張崙嗣英國公。張懋孫。
甲戌。沂州地震。
乙亥。莒州地震。
南京右都御史黃珂爲南京工部尚書。大理寺左少卿李瓚爲左僉都御史。整飭薊州兵備。兼巡撫順天。
己卯。巡按南直隸監察御史施儒。治門卒戍外衞。過當。下獄。削籍。
辛巳。總理糧儲右副都御史鄧庠爲南京右都御史。大理寺右少卿胡瓚爲左少卿。
壬午。中旨太監張永。谷大用。新寧伯譚祐。尙書王瓊。兼提督大工。
前巡撫延綏右僉都御史吳世忠卒。世忠金谿人。弘治庚戌進士。授給事中。鯁介有文學。遇事敢言。遷湖廣右參議。銳意興革。逆瑾遣邏校伺仕楚者。或摘同姓胡某音同。娛逮世忠。忍受不辨。降山東僉事。歷撫延綏。留心邊務。逐虜失利。去官。才不逮志。知者惜之。
十一月㮚朔。錦衣衞都指揮使張蘭爲後府都督同知。太監銳姪。
甲申。南京禮部右侍郎楊廉言。國家歲暮祫祭。合食太廟之前殿。四孟時祭亦然。祫祭則德祖南向。懿祖以下皆東西列。時祭則德祖南向。仁祖以下皆東西列。臣愚以太祖取天下于北狄。功高萬世。宜合祭正南向之位。乞下廷議。章付所司。

丙戌。右僉都御史張津爲右副都御史巡撫蘇松常鎭兼總理糧儲。

庚寅。故巡撫寧夏安惟學子弘嗣廕國子生。罷其贈。

壬辰。浙江按察使范鏞爲南京右僉都御史提督操江。

乙未。虜入宣府雲州。

哈密衞都督同知奄克孛剌有功加左都督。

丙申。增揚州管糧通判。

甲辰。覈內閣藏書。委誥敕房主事李繼先典籍劉偉多見盜。

丙午。翰林編修趙永爲侍讀。

水災。免仁和錢塘海寧富陽餘杭臨安於潛新城安吉烏程歸安長興孝豐德淸武康寧海夏麥絲緜絹鈔有差。

戊申。朶顏衞都督花當令子把眞打哈等貢馬十四。云子把兒孫前犯順殺參將陳乾。已遁。詔受之。初兵部尙書王瓊以乾死請遣使詰花當。如花當不知。則執其子來歸償罪。花當不坐不服。則兵之。遼兵攻其左。宣大兵攻其右。破滅必矣。花當懼服如令。

王維楨曰。花當夷種也。輕生善鬬。豈憚我兵哉。貪漢財物。如啖甘蔗。舍而勿思咂之也。恭襄習之。故花當寧棄其子。意不絕漢好。卽如忍而不問。將無忌矣。今若此。則是薄賞之恩。予其降伏。誅伐之典。咎其犯順。威惠並著。以革其奸而誘其衷。若恭襄者。眞謀臣也。

己酉。司設太監劉允往烏思藏齎送番供等物。近幸言西域胡僧知三生事。土人曰活佛。遂遣允迎之。珠琲爲幡幢。黃金爲匕。供賜法王誥印袈裟及其徒饋賜以鉅萬計。內府黃金爲匱。期往返十年。又途帶茶鹽之利。亦數十萬計。允未發而津導已至臨清阻漕入峽江。舟大難進。易以艛艓亙二百餘里。至成都。有司作新館。旬日成。治入番物料。計銀二十萬。鎮巡爭之。減七萬。工作日夜不休。歲餘始行。以四川指揮千戶十人。甲士千人。而西。踰兩月至其地。番僧云佛子者。恐我誘害。不出。允欲威脅之。番人夜襲。我奪寶貨器械。武弁死二人。士卒數百人。傷半之。允騎得善馬疾走。僅免。還成都。戒下人諱其喪敗。空函馳奏乞歸。則上已登遐矣。

談遷曰。烏思藏在西蜀徼外。奉職貢。上卽好奇。爰遣一介之使。浹歲爲期可耳。何至靡帑數十萬。戒塗十年哉。事出不經。益誕謾。惟所欲爲矣。

庚戌。乾清宮肇工。

大理寺卿陳珂被劾免。

中旨御用監左監丞張明守備峨嵋山等營。撤宋寶。

壬子。大學士梁儲等言。劉允請敕如永樂宣德鄧成侯顯等例。奏帶太監劉宗等八人。錦衣指揮同知韋祿等百十三人。各給車馬船廩。又長蘆鹽引一萬兩。淮鹽引六萬。俱欲敕載于法。于例俱非所宜。乞收回成命。卽令朝貢使臣齎往。庶禮意不失。不聽。

十二月癸丑朔。日食。改次日視郊牲。

翰林編修李時爲侍讀。

浙江左布政使方良永致仕。時朱寧鬻鈔于浙。鈔敝價重。皆抑配于民。良永上言。陛下寵寧。富貴已極。豈區區規此鈔利哉。鈔價在寧所甚微。而浙民受害甚大。近年兵荒。食且不給。豈有贏餘買此無用之物。若借公帑以奉私征。臣不能也。所遣之人。督責郡縣。奉行過于敕旨。請面詰責。亟令罷之。若懷詐遂非。宜明正典刑。以謝天下。寧聞之大怒。欲重譴。或曰。彼豈畏罪徒。成其名耳。寧乃止。密還所遣者。良永待罪久。引疾者三。始克去。

陳善曰。長者之論方公。多惜其拙于政理。予謂錢寧一疏。直聲震天下。身幾不免。此智巧者所不能爲也。且彼雖拙于謀己。而長于濟民。故身退而名益重焉。豈所謂大智若拙者耶。

丙辰。監察御史徐文華疏阻迎佛。不聽。

勞四川巡撫右副都御史馬昊副總兵吳坤副使盧翊金幣。初虜亦不剌犯松潘。攻掠各寨。千戶張倫合番人夜襲。虜敗之始遁。

逮寧波知府翟唐。初浙江市舶司太監崔瑤以貢奉採茶蜜。又縱海船載貨入港。奸民附之。唐杖其人。尋疾沒。瑤奏唐阻截貢奉。命下鎭撫司。謫嵩明知州。

丁巳。虜入渾源應州馬邑威寧山陰。

戊午。戒諭淮王祐棨。王游戲無度。左右多亡賴縱虐。左長史海陽莊典白于巡撫右副都御史任漢。求去。事聞。下御史拷治左右。王疏辨。且留典。許之。鎭守太監黎安嘗至饒州。從者騎近端禮門。被撻。而寧王宸濠與王隙。嗾安誣王罪。典不能匡正。事下撫按。宸濠遽執典于府。箠之數日。卒獄中。于是王奏安挾仇殺典及他事。命司禮太監張欽右副都御史金獻民錦衣指揮使薛璽往按其狀。俱庇宸濠。安隱其交搆事。報王聽信奸徒爲惡。請戒諭。從之。罷安鎭守。蓋淮先王有古琴曰天風環珮。宸濠求不能得。遂隙。而饒州濱湖地衝濠久蓄異志欲呑併之。王奏辨不敢。及當事又諱之。典目將不瞑矣。嘉靖初。贈太常寺少卿。諭祭。

己未。南京戶部尚書胡富致仕。

巡撫保定右副都御史張淳被劾免。

庚申。巡撫南贛右副都御史陳恪爲大理寺卿。

癸亥。會寧縣地震有聲。

乙丑。遣大臣祈雪。

丙寅。南京右副都御史鄧庠爲南京戶部尚書。河南左布政使臧鳳爲右副都御史。巡撫保定。提督紫荆等關。

威寧侯仇鉞辭營務。

金吾右衞指揮使張英爲都指揮僉事。父勝陣沒。

昏刻。月犯井宿。

丁卯。公勉仁服闋。除右副都御史。巡撫南贛汀漳。

後府帶俸都督同知朱國爲右都督。冒征流盜功。

懷來衞地震。

戊辰。夜。月望食。

己巳。夜。月犯軒轅大星。

裁曹州武定州大名府兵備道。

庚午。中旨以太監郭原鎮守遼東。劉祥鎮守延綏。甯城總督兩廣。許滿鎮守江西。王保鎮守四川。

壬申。夜。月犯太微垣左執法及次相星。

前南京右通政徐說卒。宣城人。成化戊戌進士。

癸酉。吏部文選司郎中萬鏜。員外郎蘇民。主事馬理。王鑾及巡風主事余寬並下鎮撫司。贖杖還職。

暹羅國來貢上金葉表。四夷館不能譯。大學士梁儲上言。四夷館太常卿沈冬魁云。回回館專譯回回書。海夷附本館帶譯。近年八百大甸等夷字失傳。暫令頭目藍者歌在番敎習。今宜于暹羅夷使選一二人在館敎習。待成日送歸。從之。又貢船壞。特給修費。

乙亥。中旨。左府帶俸署都督僉事傅鎧右府僉書。後府帶俸都督同知朱彬張林僉書。林。太監張雄姪。

丁丑。南京大理寺卿洪遠爲南京右都御史。

湖廣致仕永順宣慰使彭世麒獻大木三十次木二百助大工。

己卯。前南京太常寺卿張芮卒。芮安邑人。成化戊戌進士。館選。授檢討。至學士。忤瑾。出守鎮江。再謫兩浙鹽運副使。稍遷處州同知。瑾誅。拜南京尚寶司卿。進太常。性坦朴。以嗜酒。于種學績文之事或非所好。稍忝于學士云。

旱災。免鳳陽淮安揚廬徐泗宿田租。

辛己。錦衣衛指揮同知白埈奏父尚書昂勤盜修陵功。命南鎮撫司視事。時武弁陳乞。文臣子弟亦效之。埈重費得錦衣。未幾。卒破家。

有熊飛麻城縣。獲之。

國榷卷五十

丙子正德十一年

正月癸朔酉刻。上始御奉天殿。朝罷。深夜。奔赴相蹂踐。將軍趙朗斃于禁門。其餘失簪笏毀冠裳。午門外從者喧覓官長。聲如市。徹于殿陛。已御史程啓充疏諫。不報。

甲申。署太常寺事禮部右侍郎楊旦改戶部右侍郎。總督倉場。

辛卯。撫治鄖陽右副都御史任漢爲南京大理寺卿。

壬辰。潘倣劉廷簠陳良玉周震樊繼祖陶麟蔣亨林有年李鎮吳闇陸時通甯欽鄭光琬爲試監察御史。麟時通。亨有年光琬並南京。

乙未。上南郊。先是。梁儲言。駕出若暮夜。護從供事數萬人。塵埃昏黑。禁門出入尤難關防。伏願深思大祀之重。駕出鑾回。悉遵故事。不報。

丁酉。署通政司事兵部右侍郎劉愷爲禮部尚書。署太常寺事。

戊戌。商人梁相等乞開賣河東餘鹽。從之。戶部不能奪。

庚子。增徐州管糧判官。

大同左副總兵林寬禦虜失律。降都指揮僉事。

南京禮科給事中徐文溥等請擇立皇儲。不報。

甲辰。提督軍務左副都御史陳天祥回院。

乙巳。召督餉兵部右侍郎馮清入朝。
丙午。南京太僕寺少卿文森爲右僉都御史。巡撫南贛汀漳。
丁未。故韶州同知上虞韓銑以正德初征叛猺死。贈知府。子沇入太學。
二月壬辰朔。左參將房潤充副總兵。鎭守廣西。
癸丑。松潘牆柵成。敕奬巡撫都御史馬昊。
甲寅。工科左給事中潘塤等以西安門外積慶鳴玉坊民數千百家巷泣云朝廷設教場。或曰築私第。此必近幸創說。非皇上意也。乞諭慰之。不報。
乙卯。馬邑地震。
丁巳。贈馬蘭谷參將陳乾都指揮同知。予祭葬。
襄府陽山王見滂薨。謚恭和。
大理蒙化地震。
戊午。命刑部郎中留志淑孫泰歐陽重吳山張元電馬文唐錦倪璋員外郎陳璋大理寺正洪聰劉經寺副金壘周敍錄四天下。故事。五年一遣。正德五年以盜熾而止。至是復命之。
庚申。巡撫江西右都御史俞諫致仕。寧王宸濠嗾御史張鰲山首劾之。自是屢見糾。遂引去。
清理兩浙福建右僉都御史王雲鳳致仕。陳天祥代。
辛酉。裁江西東鄉新設兵備副使。
夜。月犯天罇星。
壬戌。巡撫陝西糧儲戶部右侍郎兼左僉都御史馮清改刑部右侍郎。添注。

癸亥。給故右都御史熊繡孫目粟一石。太僕寺少卿何孟春請周其貧幼。故給之。

甲子。復留曹州兵備副使吳瑋。以治河決。從工部右侍郎趙璜之請。

丁卯。兀良哈寇遼東威遠堡。

戊辰。故縣丞袁瑤擊盜死。贈知縣。廕子國子生。

己巳。許楊廷和終制。

庚午。中旨後府都督同知朱彬都督僉事馬昂並進右都督。昂女弟適指揮畢春。善騎射。解虜語。已有娠。上召而嬖之。賜昂甲第一區。中官呼爲舅。一時顯奕焉。

壬申。中旨以右都督張洪監督團營西官廳。神周復指揮僉事。管勇士營。初江彬許泰皆邊將得幸。上好武。禁中設東西官廳。視團營。東領以太監張忠。西許泰。周罪謫。附泰洪得進。未幾及劉暉俱賜國姓爲義子。號外四家兵。彬彙統之。上別領閹人善騎射者爲中軍。晨夕噪聲震九門。浴鐵文組照耀宮苑。上名之曰過錦。上與諸將恒被黃罽甲。中外化之。雖金緋必襲焉。江彬許泰尤貴幸。承日紅笠上飄靛染天鵝翎爲貴飾。兵部尚書王瓊得賜一。謂殊遇焉。其後巡狩所經。雖督餉侍郎巡撫都御史俱衣罽甲以朝。

後府右都督張林卒。

夜。月犯建星。

甲戌。有大星隕薊州。

戊寅。令居庸關太監李嵩捕虎豹。生致之。巡按監察御史屠僑疏阻。不報。

己卯。亦不剌復寇西海。

庚辰。虜入遼東清河堡。

三月壬朔。吏科都給事中呂經等言。馬昂女弟之入皇上果爲皇儲計。宜博選世族。使備嬪御。奈何溺卑汚以自褻乎。望誅昂並斥孕婦。御史張淮等亦言之。不報。

丙戌。立泰州太昊伏羲氏廟。古成紀地。

追封英國公張懋寧陽王。

庚寅。時傳作宣府行宮備行幸。巡按御史盧雍疏諫。不聽。

癸巳。戶科給事中黃重上言。兩京大臣遷轉太驟。當重名器。有司陞調不常。當久任用。撫按論薦失實。當愼考覈。抽分官誅求太濫。當省榷課。報聞。

丁酉。巡撫宣府右僉都御史孟春王翃俱失事。降陝西浙江左參議。

戊戌。左都督劉暉爲總兵署都督僉事。桂勇署都指揮使賈鑑爲左右參將。團營操練。

癸卯。慶成王府鎭國將軍奇𣶒等兇惡。降奇𣶒庶人。表欃奇涇等奪祿有差。

定宗室婚封及期。巡撫及長史等亟奏。請毋啓郡王索賕致怨曠。

甲辰。閣臣言馬昂納妹事。不報。

戊申。兵部奏。哈密寫亦虎仙報土魯番止歸金印火者他只丁尙據城要重賕。請下甘肅備之。

庚戌。琉球入貢。

安南鄭惟鐐鄭綏與其黨陳眞弑國王黎晭。諒山都將陳暠自稱陳氏後。以諒山之甲逼交州。殺惟鐐。自立。夷號天應。陳眞攻之。走諒山。綏等共立譓。一名椅。改元光紹。尊灝哲宗明皇帝。謚晭靈隱王。追謚黎誼威穆帝。遣陳眞攻諒山。暠病死。獲其子昺。誅之。

四月壬朔。己未。山西慶成永和二王府歲祿折金。餘如舊。

庚申。鎮守雲南黔國公沐崑求歸葬母。不允。進太子太保。賂當事得之。

分守莊浪西寧左參將署都督僉事魯經爲都督同知。白士講功。

辛酉。廣東右布政使兼按察副使吳廷舉薦致仕布政使德興舒清初任主事。催稅杭州。築隄捍水患。轉郎中。

視事鈞州。掘錢十八萬緡歸公。帑乞量進京秩。或賜月粟。吏部寢之。

乙丑。楚府通山王榮濠薨。謚溫定。

丙寅。賜寧王宸濠書院名陽春。濠賂中貴所奏輒允。

戊辰。令各巡撫檢災賑濟。

甲戌。泰陵雷震火起。尋熄。

貴州巡撫都御史曹祥劾免聽勘。

乙亥。溫仁和服闋。補翰林侍讀。

丙子。原武縣大雨雹。

丁丑。先是織造太監史宣誣管閘主事王鑾。沛縣知縣胡守約俱下獄。南京吏科給事中孫懋等疏救。不報。

遼州和順榆社大雨雹。傷田苗人畜。

戊寅。中旨中府帶俸都督同知王爋爲僉書。爋自軍校不二年登五府。朱寧之力也。

庚辰。災傷賑順天永平保定河間饑民。

中旨御馬太監孫清鎮守河南。

五月辛巳朔。癸未。河南大饑。賑之。

丙戌。設開封治河同知。

丁亥。雲南左布政使鄒文盛爲右副都御史。巡撫貴州兼理軍務。
戊子。南京禮科給事中徐文溥薦致仕侍郎章懋學行。命有司存問。
己丑。賑陝西。
庚寅。土魯番歸哈密城。火者他只丁得重賂去之。速壇拜牙郎尙留阿速城。速壇滿速兒之弟把巴歹所。廷議別立安定故王千奔後裔。兵部請降敕一責滿速兒背德。仍量賞令改過。一諭把巴歹毋執迷貽悔。從之。
辛卯。翰林侍讀學士顧清爲少詹事兼學士。侍讀朱希周汪俊爲侍讀學士。左右中允劉龍李廷相爲侍講學士。侍講顧鼎臣侍讀溫仁和董玘爲左諭德兼侍讀。侍讀趙永李時爲右諭德兼侍讀。修撰滕霄爲洗馬兼編修。
壬辰。陝西華亭縣大雨雹。傷稼。河溢溺人畜。
丁酉。江西提學僉事田汝耔薦養疾御史宋景賈士安福劉養正。詔景復職。養正詣京。
庚子。故四川按察僉事王源予祭葬。
故廣東左布政使臨海陳選贈光祿寺卿。謚恭愍。
辛丑。鎭守甘肅總兵官都督同知徐謙致仕。以屢立功進右都督。
癸卯。前兵部右侍郎李貢卒。蕪湖人。成化甲辰進士。勤愼精敏。歷官稱治。
乙巳。贈南京吏部尙書黃珣太子少保。
甘州左副總兵都指揮同知史鏞爲平羌將軍署都督僉事總兵。鎭守甘肅。
中旨內官監太監王暘鎭守金齒騰衝。
丁未。把兒孫謀入寇。左都督劉暉總兵率團營五百人及邊兵禦之。

庚戌。巡撫雲南右副都御史王懋中致仕。

前太子太保兵部尚書劉大夏卒。大夏字時雍。華容人。天順甲申進士。選館。授兵部主事。歷郎中。太監汪直欲取安南。命檢永樂征調冊。匿寢之。出福建右參政。廣東浙江左右布政使。進右副都御史。治張秋決河成。改左副都御史。戶部左右侍郎。總宣大兩廣。並著績。入正兵部。孝宗屢召對。最被知遇。清修剛介。歇歷中外。政績卓然。晚遭禍戍邊。毅然之氣。卒不少變。天下重之。贈太保。謚忠宣。

袁袠曰。敬皇帝之御極也。寤寐忠良。優禮元老。廟堂有都俞之風。薄海奏熙和之績。維時華容劉公。獨以篤棐之忠。受特達之遇。晝日三接。寵冠百僚。造膝黼扆。前席宣室。屏人密語。日旰未退。雖元勳碩輔。腹心禁近。不得與聞。君臣之交。不啻魚水。朝野望治。立登三五。而鼎湖抱泣。遐荒僻裔。如喪考妣。劉公白首。束縛幽圄。遂戍青海。士大夫聞者。知與不知。無不流涕。遂使毒流縉紳。幾搖社稷。剝復相倚。天實爲之。夫既有君有臣矣。而垂成之功。隳于奄忽。是曷故耶。

馮時可曰。敬皇帝神聖。惟知人安民是急。公于此時。吐大赤。抱大素。外屏而內襄。迨登常伯。嘉謀嘉猷。與環珮雲韶並響岩廊。天子爲之都俞。如唐虞廷也。偉矣乎。嚴師拂士。心切望殷。如策追不顧騎。如急響不及弦。及其末路。卒爲倖幸所中。人嗜其薺。己啜其荼。休咎之不常如此。獨其終始持一節。盟諸上帝。不載兩心。自歧宜其建樹炳炳乎明。洸洸乎大。所謂五百年名世。豈偶然哉。

何喬遠曰。鬼神之事誠亦有之。予見華容人言。天順會場之火。若有三神人推劉公出之棘牆之外。公方裸。踰牆出。若有神人與之衣。其後先報以吉凶事。劉公卒用至大官。抑夫神之所佐者德也。三神人者。華容東山之神。劉公今子孫蕃衍。盛于詩書家。歲遞祀三華容神云。

六月婞朔。壬子。都督僉事孫棠充右參將。分守固原。

甲寅。酉刻。金星晝見。已未滅。
丙辰。都督僉事周倫守備靖虜。
丁巳。尚衣監太監浦智往浙江直隸織紗羅紵絲萬六千七百餘疋。工部難之。不聽。
戊午。故右都督張林子政世錦衣指揮使。林本太監張雄舍人冒功。
給事中周文熙等。乞槩覈蕃牧等衞所御馬監永清等衞工匠。工部盔甲廠軍器局營繕所織染所蘆溝橋抽
分竹木廠京城宮城諸門神宮監供用庫內承運庫太僕等軍役。上不聽。
宣府大雨。游擊將軍靳英方遣三千人禦虜龍門。至漫嶺迤東山水暴溢。溺七十餘人。
懷安城驟雨雷大震。草場火。
己未。南京右僉都御史范鏞爲右副都御史。巡撫雲南。
庚申。昏刻。月犯鍵閉星。
辛酉。夏津縣雨雹。
壬戌。巡撫山西右僉都御史李鉞改南京。提督操江。
乙丑。吏科都給事中呂經等。御史程昌等。論山西左布政使倪天民右布政使陳逵右參議孫清登州知府張
龍。爲天下四害。下吏部。而伶人臧賢庇清。朱寧庇龍。吏部尚書楊一清庇天民逵。科道僅言大臣庇之。不敢指
一清。
丁卯。浙江左布政使任鑑爲右副都御史。兼巡撫山西。提督雁門等關。
戊辰。南京吏科給事中孫懋等言。臣等累疏皆留中不報。抑左右權幸壅蔽耶。夫明目達聰。堯舜所以成治。偏
聽獨任。秦隋所以敗亡。願以堯舜爲法。秦隋爲鑒。

庚午。平原妖人胡文智伏誅。文智習妖術。往來衞輝間。作變世歌。興衰賦。誑人結黨。謀不軌。輝縣知縣朱卿捕之。

甲戌。宣府大雨雹。自正月不雨。至五月。至是冰雹傷稼。

丙子。裁廣西府江兵備道。

戊寅。前南京刑部尚書潘蕃卒。蕃字廷芳。崇德人。成化丙戌進士。授□部主事。歷撫四川。進南京兵部侍郎。出督兩廣。思恩土知府岑濬田州土知州岑猛相仇殺。蕃剿之。改流官。徙猛福建沿海千戶。拒命。逆瑾遂並罪兵部劉大夏並戍河西。瑾誅。得釋。蕃歷官持己。皆平實無可議。

七月䏁朔。甲申。許鎮守山東太監黎鑑收太山元君祠香金備修費。

乙酉。貴州車椀寨苗阿傍等作亂。命湖廣貴州會討。

丙戌。中旨御馬監右少監趙昇守備倒馬關。

戊子。災傷免霸州大城文安靜海葦課。

己丑。初鎮守河南太監廖堂附逆瑾。假進貢。後相沿焉。巡撫右副都御史李充嗣言。近時鎮璫進貢有古銅器窰變盆黃鷹角鷹錦雞獵犬羔皮等。皆假名科斂。又拜見銀。須知銀。圖本銀。稅課司銀。出辦椿草銀。扣除驛傳銀。馬價銀。甲首銀。快手月錢銀。河夫歇役銀。動數十萬計。而左右私弊不與焉。乞盡禁之。詔進貢如故。

癸巳。雲南按察使劉麟疾罷。

前江西按察副使胡世寧戍遼東。世寧下獄二年。竟坐罪。自是監司等畏寧藩。相覷以目。世寧子繼。奇士也。世寧擊賊江西。必從繼方略。十不失一。前疏上。繼跽曰。必重禍。奈何。世寧曰。吾業身殉之矣。繼竟痛憤死。世寧毋獨不哭。曰。此子在。當作賊。胡氏滅矣。

袁袠曰。方宸濠之謀逆也。吏于江西者。咸刦于積威。勢怵利啗。惟其欲之是聽。志富貴結腹心。如潘鵬王泰者不少也。間有稍知順逆者。不過循默自保。觀望規避。以脫虎口爲幸耳。孰有奮不顧身如胡公者哉。疏朝入而禍夕發。左右出入門戶寢居。皆逆徒也。而覓以脫身。間走械係。掖廷備嘗百毒。賴御史徐文華等抗章申救。僅而遠戍。然而己卯之變。孫許騈僇。遠近震驚。向使當事者採徙薪之議。謀謹履霜之明戒。先事制變。禍亂何自而生哉。

沛縣知縣胡守約削籍。初織造太監史宣過沛。索挽舟千人。守約半如命。半給值。宣不聽。因爭之。宣還。訐守約及管閘主事王鑾。俱下獄。贖杖還職。

甲午。翰林編修徐縉爲侍讀。

旱災。減兗州今年田租。

撫治鄖陽右僉都御史公勉仁卒。蒙陰人。弘治庚戌進士。

乙未。虜寇白羊口。左都督劉暉總兵。太監張忠監督軍務。參將桂勇賈鑑。各以西官廳兵赴之。

嚴從簡曰。宦官鎮守。宣德末事也。其出將則正德間也。一則宣皇彌留之際。一則權奸用事之時。可概也夫。

命兵部分諭慰軍民。時警甚。居人驚潰。謁陵之使聞虜已入白羊口。皆策馬而走。老幼扶攜。相屬于道。

瀋王幼壆薨。年五十五。謚曰莊。

丙申。兵部右侍郎丁鳳兼左僉都御史。提督宣大軍務。

丁酉。中旨令太僕寺給太監張忠馬三千匹。

大理府地震。

趙府襄邑王祐櫸薨。謚昭和。

戊戌。蒙化府地五震。

游擊將軍李琮防禦薊州。

己亥曉，刻月犯天園西星。

前少師兼太子太師吏部尚書華蓋殿大學士李東陽卒。東陽字賓之，茶陵人。以戎籍隸京師。幼稱神童，天順癸未進士。館選授編修，遷侍講，歷侍講學士、左庶子、太常少卿，擢禮部右侍郎，直閣。時召對，多規益。逆瑾擅政，狎視公卿，惟重東陽。東陽亦隨事彌縫，去其太甚，否則衣冠之禍不知何所極也。或訾其依違隱忍不即決去，識者悲之。所著懷麓堂前後續稿百餘卷行世。贈太師，謚文正。

周聖謨曰：西涯公當國時，有士人投絕句云：才名直與斗山齊，伴食中書日又西。回首湘江春草綠，鷓鴣啼罷子規啼。蓋譏其不能與劉、謝同去位也。果如所見，是使朝廷之上有小人，便無君子，成何世界。且西涯受顧命，不幸而當逆瑾，疏論廷辨，無所避忌，非伴食者。後生輕薄，忝其綺舌，乃至于此。後世豈無公論哉。

耿定向曰：公仕宦五十餘年，柄國且十有八年。鄭端簡謂公卒之日，不能治喪，門人故吏醵金餞賻之，乃克葬。又謂嘗過其門，蕭然四壁，不足當分宜輩一宴之費云。則公平生所以褆身者可知已。彼時權璫狂獮，公卿無不受其螫者，而卒不敢有加于公，豈有權術牢籠之哉。毋亦貞操潔履有以服其心耶。

徐學謨曰：東陽長於文章書法，遒麗稱一代宗匠。當劉瑾用事時，顧命大臣劉健、謝遷相繼去任，獨東陽浮沈亂朝，故中外有伴食之誚。然縉紳攖瑾羅織，猶不至如漢黨禁、唐白馬之酷烈者，多其寬解調護之功，瑕瑜自不相掩云。

何喬遠曰：東陽當閣十有八年，請退屢矣，不可則止。世以為大譏。君臣之際，固未易割也。智深而不伐，旁行而不失其正。古之人有行之者，狄梁公與梁儲之立朝，亦倣此意。

辛丑。故翰林侍讀贈學士劉球曾孫祚廕監。祚弟祠先廕。授知事。

京師武學生朱大周再劾大學士楊一清貪奢無大臣體。吏部議。下之法曹。上責吏部互飾。令陳狀。時一清偶忤錢寧。故陰嗾之也。

壬寅。西安府地震。

南京操江懷寧侯孫應爵疾免。南和伯方壽祥代。

虜入青邊口。命都指揮張安率京兵千人赴白羊口。

乙巳。益兵守紫荊等關。

丙午。工部右侍郎兼右僉都御史趙璜整飭順天武備。工部左侍郎俞琳兼右僉都御史。整飭保定眞定武備。慮虜深入。

丁未。巡按宣府監察御史張經謫雲南河西典史。經先劾鎮守太監于喜開隆慶州城西門便汲。不白喜。經又杖死人。喜誣其擅開城垣虐死亡辜。逮下獄。

戊申。雲南府地震。

八月庚戌朔。四川棘蠻作亂。命招諭。不聽。卽兵之。

辛亥。命都指揮同知袁傑韓平都指揮僉事蔣鑑高謙焦倫各將三千騎。撫寧侯朱麒安遠侯柳文將步卒萬人訓練聽征。

左都御史彭澤提督東西邊關。署都督同知金輔都指揮陳珣充游擊將軍。以京兵七千餘人防虜。時獲虜諜奸僧法順。故戒嚴。

癸丑。虜六萬騎寇宣府。由金道懷來至隆慶永寧。西至保安。總兵潘皓敗于賈家灣。都指揮朱春指揮王唐死之。再戰雞鳴山燕尾河。俱敗遂犯宣府。趨雞鳴山。自青山口破城砦二十。殺掠三千七百四十九人。畜產三萬四千有奇。命太監張忠等進兵。

旱災。免順天永平保定河間西安大同夏稅有差。

丁巳。命成國公朱輔總兵。同彭澤節制。給事中俞泰汪玄錫紀功。

購擒叛人猴兒李。授指揮使。賞二千金。即指揮李懷戰敗降虜為邊患

己未。翰林院庶吉士尹襄服闋。授編修。

庚申。賑宛平難民。

壬戌。裁廣信捕盜通判。

癸亥。逮宣府總兵官署都督僉事潘浩。

甲子。少傅兼太子太傅吏部尚書武英殿大學士楊一清致仕。一清始善朱寧。或摘一清疏。譏言可以惑聖聽。四夫可以搖國。是為寧也。寧銜之。遂引去。

乙丑。巡按山西監察御史李節乞優禮戶部尚書韓文。不允。

戊辰。南京鴻臚寺卿王守仁為左僉都御史。巡撫南贛汀漳。

應天武昌地震。

庚午。協守大同副總兵都指揮僉事朱振為鎮朔將軍。署都督僉事總兵。鎮守宣府。

廣東左參政祝萃致仕。以學行進一秩。

癸酉。尤良哈寇清河鹺場。

甲戌。貴州左布政使陳雍為右副都御史。撫治鄖陽。

前右參政毛珵爲南京鴻臚寺卿。以吏部尙書陸完姻也。

乙亥。左副都御史陳天祥卒。天祥吳江人。弘治丙辰進士。授青州推官。拜御史。警敏有才略。歷任有聲。其兵備天津。捕盜功尤著。身後諸子訟產。積至十餘萬。以是薄之。

太僕寺卿孫緖劾籍南陵縣丞韓思義輸馬價。吏胥苛索。思義以直告。被杖數日死。其家訟冤。下緖獄。

丙子。令河南道分巡駐汝州備礦盜。

刑部右侍郎楊茂元卒。茂元鄞人。吏部侍郎守陳子。成化乙未進士。授部主事。歷山東副使。治河。劾太監李興。謫長沙同知。起守安慶。累至南京右副都御史。持憲有風節。晚儢不決去。士論少之。

丁丑。署詹事府事禮部尙書兼翰林學士蔣冕兼文淵閣大學士直閣。

黔陽縣火。

戊寅。前巡撫山西右副都御史徐節卒。貴州衞人。成化壬辰進士。令內鄉。奏最。拜御史。敢言。嘗劾牛循萬安風裁凜然。出守太平。錮二驢于私廨。專逐鄉人出境。驛遞不聞也。其廉謹類此。

九月朔辛巳。逮鎭守大同總兵官時源。時寇入屢敗。殺掠死亡無算。代王俊杖及鎭國將軍聰溫聰濯等以前繩治怨之。以狀聞。太監張淮右都御史王璟錦衣衞指揮使陸宣往按之。獄上。

癸未。虜犯龍門所。官軍失利。

丁亥。禮部尙書毛紀兼翰林學士。專誥敕。仍署詹事府。

庚寅。湖廣左布政使龔弘爲應天府尹。

旱災免鞏昌濟南田租之半。

壬辰。南京禮部尙書李遜學改北。

延綏總兵官署都督僉事王勛改鎮大同分守涼州右副總兵□□代勛。
乙未。御馬監太監趙聰甘肅監槍。
丙申。陝西岐山盜魏景陽等平景陽本歸化回裔糾衆二千人流刼華陰至是討平之。
貴州大雨雹。明日地震。
丁酉。禮部左侍郎吳儼爲南京禮部尙書。
福餘衞那孩以三千人款塞乞賞且欲由開原入貢詔止之。
己亥。巡撫貴州右副都御史鄒文盛同鎭守太監李鎭總兵李昂征香罏山苗。會湖廣副總兵李瑾進師。
辛丑。趙府臨漳王見湷薨諡榮和。
上猶盜起。掠大庾。攻南康。殺贛縣主簿吳玭。
壬寅。禮部右侍郎石瑤爲左侍郎。國子祭酒王瓚爲吏部右侍郎。
癸卯。以寇退召彭澤入朝。都御史臧鳳李瓚仍駐各關。
王維楨曰。是歲也。小王子春駐威寧。秋乃始入者。伺我懈而冀得縱也。借使我兵以久待不至弛焉。彼計中矣。蓋北寇凡大入必招集諸部落。以利啗之。不得利不足示信。自寇駐威寧。卽識其計而備之。若恭襄者。眞謀臣也。
乙巳。左通政劉達爲左僉都御史。巡撫宣府。
後府都督同知張明爲左都督。
丙午。南京國子祭酒魯鐸爲國子祭酒。
故右都督毛倫子錦。襲錦衣衞指揮使。倫黨瑾。永戍。尋宥歸。錢寧微時受知于倫。故官錦。兵科給事中潘塤等毆之。不聽。

後府右都督馬昂罷。上嘗飲昂第。酒酣。召昂妾。不應。上怒而起。昂引疾。女弟亦疎。

十月配朔壬子。南京翰林侍讀學士賈詠爲南京國子祭酒

前太子太保刑部尙書屠勳卒。勳平湖人。成化己丑進士。授工部主事。歷刑部郎中。至今官。明法律。善斷。嘉靖中贈太保。謚康僖。

癸丑。都督同知朱安爲右都督。

甲寅。武安侯鄭英卒。

乙卯。前戶部尙書顧佐卒。佐臨淮人。成化己丑進士。授刑部主事。歷今官。忤瑾引去。然所守素高。迄莫敢害。年七十四。贈太子太保。予祭葬。

丙辰。傳制封勤熄周世子。申鑄石泉王。厚煌金谿王。旭櫓高平王。台泙弘農王。厚□永新王。寵洳長垣王。見瀾南樂王。厚𤇼懷安王。顯榕長樂王。勛溱沁源王。

曲靖軍民府地震。

丁巳。詔太監張忠侍郎丁鳳總兵劉暉班師。

中旨以李浩爲禮部尙書。署通政司。

己未。監察御史徐文華下獄削籍。文華言。太廟孝宗升祔。太祖當居東第一室。以擬周之文。世室虛西第一室。以俟太宗。擬周之武世室。仍遵太祖初年之制。孟夏特享於各室。三時合食於前殿。又壽春王而下二十一位配享。在伯叔則懿祖同昭。在兄弟則禧祖同穆。今二祖奉祧。而諸王猶祔食。所配何祖。所祔何食。此尤宜停配而罷享者也。上怒其妄言。特斥之。蓋文華多封事。或憾而罪之。

太原地震。

庚申。國子司業黃瀾爲南京翰林院侍講學士。

壬戌。裁肅州新設西路游擊將軍。

湖貴官軍攻香爐山苗。乘勝夜襲之。登其柵。斬二千人。俘五百人。

丙寅。翰林編修翟鑾爲侍讀。

于桂余守觀申理張漢卿劉文瑞爲給事中。何邦憲易瓚王紀爲南京給事中。

整飭保定等武備工部右侍郎俞琳還京。右侍郎趙璜仍留順天卹饑。

天方國入貢。

戊辰。虜入靉陽清河等堡。擊斬五十餘級。

己巳。東郊章綸楊樞胡潔朱寔昌許翺鳳汪淵曹珪胡瓊周廷用張英羅玉龔大有盧瓊謝源楊朝鳳龍彥爲試監察御史。大有等南京。

辛未。穆孔暉服闋。改國子祭酒。

癸酉。韓府寧遠王旭栓薨。謚宣和。

甲戌。浙江按察僉事韓邦奇削籍。邦奇乞停採辦。言鎭守太監王堂市舶太監崔琦織造太監晁進督造太監張玉。各遣人于杭嚴等郡催儹魚鰾茶綾等物進貢。不才有司官吏及糧里人等。倚是貢物。無敢稽察。任意科斂。地方被害。人不聊生。四太監伴貢之物。動以萬計。陛下所得者一。太監即所得者十。參隨人等所得者百。有司官吏所得者千。糧里人等所得者萬。利歸于私家。怨歸于朝廷。上供者一而下取者萬。望敕該部將貢物特從停止。仍揭榜戒諭。今後稱進貢需索騷動。奏請究治。庶民困可甦。而地方無虞矣。堂誣其阻格上供。且僭用輴逮下錦衣獄。除名。

十一月戊寅朔。己卯。設妓酒館。刑科給事中徐之鸞疏止。不報。

萬全都司天鼓鳴。

庚辰。廕國初弘文館大學士羅復仁曾孫與爲國子生。

壬午。湖廣盜賀璋羅大洪等平。

癸未。裁重慶捕盜通判。

廉州地震。

甲申。災傷免武昌漢陽襄陽荆黃岳常德德安沔陽安陸太原平陽澤潞田租有差。

辛卯。肅州衛地震。

癸巳。昏刻月犯井宿。

甲午。夜月犯天罇西星。

丙申。尙膳監太監往饒州督造陶器。

庚子。內降吏科都給事中呂經蒲州同知。兵科都給事中潘塤開州同知。王瓊在兵部。以塤論事不屈多報駁。並經出之。

癸卯。夜月掩氐宿東南星。

乙巳。祭故都御史馬中錫。巡按監察御史盧雍訟其冤也。

前巡撫宣府右僉都御史王雲鳳卒。雲鳳字應韶。山西和順人。成化甲辰進士。授禮部主事。歷郎中。劾太監李廣。謫知陝州。廣敗。起陝西提學副使。山東按察使。張綵薦于瑾。擢國子祭酒。瑾敗。改南通政。擢巡撫。踰兩月。章數十上。好奇立異。銳于取名。晚節不固。人多薄之。

林之盛曰。武廟實錄謂公爲祭酒時。與劉瑾女弟夫孫聰交。聰免官。公郊餞。致瑾不悅。改通政。夫先生筮仕之初。抗疏斬李廣。怡然貶謫。正色雅與瑾左。而謂暱瑾私人。以自喪其鼎。不亦誣乎。夫武錄之誣賢者多矣。新建之倡義也。而誣其從邪。王鑑之之清梗也。而誣其交瑾。楊文襄之匡襄也。而誣其復護衞。豈獨一虎谷哉。近李公楨稱公博學力行。以聖賢爲標的。居無惰容。儼然終日。嘗曰。一息不敬。便與天道不相似。列之眞儒。考此必有知公之深者矣。

談遷曰。一王虎谷也。在國史則玷。在林氏則瑜。此何說也。虎谷請刊新例。求瑾幸太學。則封事確可據。豈亦子虛烏有也。虎谷名甚高。謂不宜作此事。及得林氏說。採之以佐論定。

十二月朾朔。上視郊牲。暮出。夜分還宮。邊騎擁門。從臣幾不得入。或至蹂踐。

己酉。命順天尹禱雪。

癸丑。鄭府丹陽王見滏薨。諡靖和。

勇士營指揮僉書神周爲都指揮同知。周先都督同知山西副總兵失律降。

甲寅。南京右副都御史趙鑑爲右副都御史。清理浙江福建鹽法。

鎭守大同總兵官時源被逮。託疾免。

戊午。左都督劉暉總兵署都督僉事傅鎧都督僉事張椿爲左右參將。同團營東官廳練士。

己未。工部營繕郎中趙經爲太常寺少卿。仍視司事。經先守濮州。貪甚。在工部。交結權奸。竊帑不下數十萬。嘗被盜。不能盡攜也。性尤淫。多姬妾。尋死。朱寧令官校云治喪。守其家。僅婦子扶櫬出。囊橐姬妾皆歸寧。

楚雄大理蒙化景東地震。

辛酉。巡撫陝西右副都御史蕭翀改南院。

清理兩淮鹽法南京刑部右侍郎兼左僉都御史藍章致仕劾免。

壬戌。終養御史陳茂烈卒茂烈字時用晉江人。弘治丙辰進士性孝友篤學。貧甚不支伏臘。灌園藝蔬。太守閔其勞遣二力助汲閱三日往白守曰是使野人添事而溢口食也還之先倅吉安明允公恕民立祠歲享母喪。哀毀卒無子。巡按御史王應鵬請樹坊祀鄉賢祠優給其家從之。

袁袠曰漢世以孝廉設科取士猶有古意自鄉閭之教衰而孝友之風微士皆希寵千祿。遺其親而不顧若陳生者其獨行君子與。

談遷曰詩詠樂飢易稱苦節此爲遁世自好之士言耳。若夫通籍禁闥沾精帝庚。所謂身名俱泰也陳氏身服豸繡半菽不飽閉影北堂奉其母如嚴君以曾閔而兼原憲之狷嗚呼即求之古人不數數見矣

馮時可曰昔先王以四牡勞臣推其不遑將父母而以翩翩者鵻爲興何哉鵻一名鴃鵋䳋之鳥也宿有常木不他顧古人于君親之際竭其誠一其志有如此者陳侍御之養母瞬息不忘其不能畢四牡之業宜也餅罄罍恥母子相依終大事而卒以銜卹隕焉篤孝哉見素林公謂公隱衷粹行對天地質鬼神黃憲管寧之流非謬語矣。

懷來衞地震。

丁卯。巡撫大同右副都御史王憲爲戶部右侍郎兼左僉都御史巡撫陝西。

翰林編修景暘爲國子司業。

寧夏地震。

戊辰太監張玉請往陝西甘肅市貢物兵部疏止。不聽。

翰林編修崔銑爲侍讀。
己巳。河間水災。賑之。
庚午。雲南景東衛地數震。
辛未。中旨都指揮同知□□爲後府都督同知。指揮詹冕爲都指揮僉事。
大理府雷震。
壬申。巡撫寧夏右副都御史邊憲爲南京刑部右侍郎。大理寺左少卿胡瓚爲右僉都御史。巡撫大同。
魯王陽鑄。忿兗州知府童旭之治其私人也。訐奏旭不法。旭奏辨。命刑部郎中盛茂錦衣副千戶藍華按之。茂後期。亦被逮下旭鎮撫司不承釋之。仍戒諭魯王。
乙亥。周府崇善王安涫薨。謚恭順。
錦衣指揮僉事潘昇太監忠從子。朱寧奪其產。遷昇廣東署都指揮僉事僉書。實逐之也。
災傷免鳳陽淮安揚徐田租有差。
左都督劉暉選遼兵三千一百三十三人。參將杭雄選翰林兵亦如之。各團練聽征。
丙子。登州知府張龍入覲。求內遷。部科糾之。特進右通政。
是冬。命簡閱宣府鎮兵。時總兵官朱振以兵強弱相推。會巡撫劉日逵疏請檢閱精壯爲前營。次爲後營。前營出戰。後營爲援。從之。

宣府志曰。正德間宣鎮立前後營。分番以用。而無取舍之迹。庶幾乎更出之意矣。當時稱振有犬馬之才。而鮮忠貞之節。所謂才。其此類乎。是後前營恒統于總兵。後營則統於撫監。出戰爲援之法盡失之。法以久而敝者率類此。

是年。逮廣西按察副使陳陽。以巡按御史朱光榮貪恣。奏其罪。命械光榮至京。謫戍。降陽山東都轉鹽運司同知。

丁丑正德十二年

正月玎朔。新建縣火。

戊寅。召大臣科道于左順門。傳諭。已丑郊畢獵南苑。于是閣部等各疏止。不報。

山西左布政使鄭陽爲右副都御史。巡撫寧夏。

壬午。南京給事中周用等乞停內降沮倖進。監察御史楊必進等亦言之。皆不報。

癸未。上杭人賴思智屢殺賊。陣沒。贈武略將軍。子楷世襲試百戶。

己丑。上南郊畢。幸南苑。凌晨。文武諸大臣追從之。上方縱獵。門閉。不得入。哺時。令還候承天門。夜午入城。御奉天殿。行慶成禮。明日。以麞麅麂兔分賜大臣及翰林五品以上科道官。夜宴奉天殿。不設燭。侍贊如常儀。初上微行。猶諱之。至是特諭外廷。無力爭者。旬日再獵南苑。巡邊自此始矣。

癸巳。部院大計天下官。降斥二千五百九人。參議孫清知府張龍仍留任。科道再劾。不聽。

庚子。後府帶俸左都督朱國卒。本許姓。都督寧之子。日侍豹房。爲義兒。賜國姓。

辛丑。趙府洛川王見渥薨。謚榮恪。

壬寅。土魯番速壇滿速兒復據哈密。寇肅州。游擊將軍芮寧禦之。敗沒。哈密儒夷多土番姻黨。寫亦虎仙尤桀黠。實導滿速兒爲奸利。至是偶忤滿速兒。欲殺之。求解于火者他只丁。許賂幣千五百匹。期至肅州畀之。且曰。肅州可得也。滿速兒悅。遣虎仙及其壻馬黑木入貢。覘我守臣。以從使火者散者兒卽他只丁弟。懼變。併虎都寫亦虎之甘州促寫亦虎仙出關。不去他只丁遂復誘奪哈密城脅據沙州糾衆入寇。至兔兒壩寧同參將蔣存禮都指揮黃榮王琮禦之寧先至沙子壩被圍分兵綴存禮等不得合寧援絕死失亡七百人番又伴貢駝馬至肅州求和陰搆阿剌思罕兒寫亦虎仙等舉火爲應兵備副使陳九疇偵知之囚阿剌思罕兒等通事毛鑑等雖防守欲逸其黨賊薄城我軍外拒諸夷且變九疇不得發乃斬鑑等數人以徇並係其黨二百餘人賊失援始遁。

癸卯。故大學士楊士奇曾孫宗明特廕國子生上念其功。

甲辰。淸寧宮西廡災。

乙巳。連山縣野火延入城燬官廨民居殆盡。

丙午。工科都給事中石天柱等請停陝西織袍不報。

二月杉朔庚戌。中旨鎭守福建太監崔安改守備南京山西鎭守太監羅籥代安印綬監太監吳經代籥又都指揮使李琮爲後府都督僉事帶俸。

左都御史彭澤提督陝西三邊軍務鎭守寧夏右都督郤永總兵尋傳太監張永總制提督孔學監管神槍。

辛亥。大學士靳貴少詹事顧清主禮闈。

內傳給御馬監太監陳貴符檄捕盜。

甲寅。延綏副總兵署都指揮僉事安國爲征西將軍署都督僉事總兵鎭守寧夏。

辛酉。左春坊左諭德兼翰林侍讀董玘歸省。

癸亥。莊浪衞天鼓鳴。

戊辰。引疾右僉都御史文森致仕。

己巳。戶部右侍郎楊潭爲戶部尙書。總督倉場。

召整飭順天□□□□武備工部右侍郎兼右僉都御史趙璜還。

虜入開原鎭夷堡。參將孫棠太監王秩等禦之。追至創忽兒河。斬八十七級。

辛未。賑順天保定永平。

壬申。戶部右侍郎侯觀爲左侍郎。

甲戌。遣行人劉猕促大學士楊廷和入朝。並賜敕。

錄大同功。陞蔭有差。兵部尙書王瓊進少保。瓊結權倖。數承廕敍。

三月珩朔。丁丑。前巡撫貴州右副都御史魏英卒。英慈谿人。成化辛丑進士。年五十九。諭祭。

癸未。鄭綱嗣武安侯。鄭英子。

丙戌。翰林編修許成名歸省。

丁亥。許厚烱嗣東垣王。

庚寅。廷策貢士倫以訓等三百五十人。賜舒芬倫以訓崔相等進士及第出身有差。

有火光見平陽。聲如鼓。

壬辰。襄陽荆州大水。賑之。

前兵部右侍郎丁鳳卒。蠡縣人。成化丁未進士。

癸巳。上騎出北安門。從校纔數人。至順天府大市而還。比夜。傳制賜進士第。

戶科給事中王俊民劾大學士靳貴。不問。

乙未。南京光祿寺卿蔣恭爲右副都御史。管南京糧儲。

丁酉。焦芳卒。芳泌陽人。天順甲申進士。館選。授編修。歷侍講學士。謫桂陽同知。守霍州。後自南京右通政改太常少卿兼侍講學士。至入相。凶險寡學。有媢骨。始比尹旻。後附逆瑾。貽毒天下。無不切齒。

己亥。琉球入貢。

庚子。吏科都給事中黃鐘等諫上微行。不報。

壬寅。巡撫陝西戶部右侍郎兼左都御史王憲爲兵部右侍郎。

郴州地震。聲如雷。

甲辰。選翰林院庶吉士。汪佃余承勛黃易江暉王廷陳汪應軫劉世勝曹懷儲昱葉桂章葉式馬汝驥汪恩王三錫史于光陳沂鄺灝史道劉穆楊士雲張星廖嘡蕭與成林時鄭自璧劉士楊曹嘉閻閎李芳湯惟學黎貫席春王邦瑞許宗魯。署詹事府禮部尚書毛紀少詹事顧清教習。

四月柄朔。戊申。中旨。團營西官廳監督都督許泰朱彬張洪同新寧伯譚祐等監試武舉。

庚戌。巡撫寧夏右副都御史鄭陽改陝西。

監察御史張士隆等論陝西鎮守太監廖鑾姪鏜前坐罪。復冒錦衣千戶。狠戾貪淫。假進貢肆虐。不報。

辛亥。翰林侍讀崔銑予告。

災傷免保安州宣府隆慶等衞田租有差。

壬子。太子太保戶部尚書武英殿大學士靳貴被劾致仕。

癸丑。免順天永平保定河間逋課。

甲寅。翰林檢討郭維藩歸省。

丙辰。甘肅副總兵鄭廉及哈密左都督奄克孛剌敗土魯番於瓜州。斬七十七級而遁。時冦剌攻土魯番。滿速兒來求和。

廣西來賓縣大風雨雹拔木飛瓦。

戊午。湖廣按察使王時中爲右僉都御史。巡撫寧夏。

壬戌。南京監察御史汪珊上言五事。任邊將復總制重禁軍。簡內臣。實邊儲。不報。

甲子。撫州泉州地震。浙江金鄉衛自是月至七月己丑地震者十五。出白黑毛數尺。

戊辰。閔暑錄囚。

己巳。召遼東宣大甘寧都指揮魯祥段錦馬經李瑞黃鎮江山張鵬入京。

庚午。陳霽服闋改翰林侍讀學士。

辛未。福州自乙丑至是日地震。

甲戌。裕陵神宮監火。

五月癸亥朔。四川敘州僰人子普法惡等作亂。平之。初烏撒芒部二府蔦魁等寨。地接筠連珙等縣。周遭千里。山箐深阻普法惡身七尺通漢語。諳符籙。深自負。私夷婦來浪謂王母孫彌勒佛出世自稱蠻王擁衆劫掠巡撫馬昊檄諭不聽兵至青山下。來拒中矢死。斬千五百餘人。

福州地連震。

丙子。禮部尚書兼翰林學士毛紀兼東閣大學士。直閣。

戊寅。寧府典寶副閻順典膳正陳宣及內使劉良潛入京告宸濠陰謀。云信典寶正涂欽與致仕左都御史李士實都指揮葛江吏羅黃盧榮熊濟等鑿池造船。疑有非常。下錦衣衛獄杖五十。戍孝陵。餘不問。

庚辰。太原靈石武縣大雨雹。

癸未。上微行至石經山湯峪玉泉亭。數日乃還石經山寺。朱寧建窮極壯麗。邀上幸。

乙酉。鳳陽高牆庶人聰瀶聰瀾逸出。獲之。

丁亥。初。雲南寧州盜起。敗官軍。殺百戶牟禎。令子襲加級。

郴桂峒猺龔福全作亂。討平之。

己丑。裁平樂柳州南寧慶遠思恩添設通判。

工部請停內臣給葬。得旨。已太監徐通仍治葬。

庚寅。中旨御馬監太監丘得往鳳陽侍奉皇陵兼守備。都指揮僉事劉淮爲署都督僉事。

鎮守湖廣太監杜甫以盜熾乞巡歷所部。兵部謂非故事。上特許之。

壬辰。廕大學士梁儲蔣冕錦衣正千戶。辭之。改廕儲尚寶司丞。冕中書舍人。儲又辭。改中書舍人。

傳廕錦衣衞指揮朱福朱春朱杰朱鰲朱廷柱俱世指揮使。

乙未。太子太保左都御史彭澤致仕。時兵部尚書王瓊擠澤。科道交留。不聽。

上私幸南苑。

己亥。安肅縣大雨雹。平地水三尺。傷稼。

夜。火隕都察院獄。旋轉久之始滅。

辛丑。命參將蕭滓率遼兵戍宣府近地。

始榷進貢番舶。從廣東右布政使吳廷舉之請也。其後啓佛朗機之釁。謂廷舉作俑矣。

滁州牛產犢。一首二舌雙尾八足。

武鄉縣雨雹損稼。

癸卯。前應天府尹孫春卒。（尉氏人成化戊戌進士。）

六月乙巳朔日食。欽天監監正李源等以時刻悞推奪月俸。

辛亥。福州地震。

乙卯。刑部左侍郎張綸爲右都御史。

安遠侯柳文守古北口。署都指揮趙承序守白羊口。華勛守黃華鎮。時虜牧宣府塞外。

傳陞後府左都督許泰前府右都督張洪並賜國姓。

丙辰。都督僉事陸宣爲都督同知壽以朱寧薦進右都督。

初福建南靖盜起。衆殆萬人。有司不以聞。至是勦平之。

禮部尚書李遜學兼翰林學士。專誥敕。禮部左侍郎石珤兼翰林學士。敎習庶吉士。

壬戌。吏部左侍郎毛澄爲禮部尚書。右都御史王璟爲左都御史。右副都御史金獻民爲刑部左侍郎。

署通政司事禮部尚書李浩致仕。進太子少保。

癸亥。建州左衞指揮使張家奴等入貢。以洗改原敕職名。覬厚賞。事發。仍不減。

九龍見山陽縣。皆黑。一龍吸水。聲聞數里。攝舟入空而墮。大雨隨注。

丙寅。懷寧侯孫應爵卒。

戊辰。吏部右侍郎王鴻儒爲左侍郎。工部右侍郎廖紀改吏部右侍郎。少詹事顧清爲禮部右侍郎。右僉都御史顏頤壽爲右副都御史。

雲南新興州地震。大雨雹。傷稼。通海河西嶍峨等縣地震。壞城舍。

己巳。禮部尚書李遜學署詹事府。兼敎習庶吉士。

壬申。兵部尙書王瓊辭廕。卽注子朝翰錦衣左所正千戶。

夜。有火隕南昌。焰丈餘。饒州亦然。又星流建昌縣。焰燭天。天鼓隨鳴。

癸酉。增城縣有大星。化白氣而散。

七月乙亥朔。始命會昌侯孫銘攝太廟享。

太常寺卿楊廷儀爲工部右侍郎。理易州山廠。

山東按察僉事許逵爲江西副使。

丙子。工部左侍郎俞琳爲禮部左侍郎。署通政司事。

己卯。工部右侍郎劉永爲左侍郎。右侍郎趙璜注補。

朵顏花當子把兒孫請添人入貢。不許。又請增三十人。許之。

商南鄖陽縣各地震。

癸未。昏刻。月犯罰星。

甲申。進蔣冕太子太傅兼武英殿大學士。毛紀太子太保文淵閣大學士。

錦衣都指揮使岑玉爲都督僉事。遼東太監岑章舍人。

丙戌。南京守備太子太傅魏國公徐俌卒。性最孝。律身廉愼。不屈權貴。稍信禨祥。贈太傅。謚莊靖。

大理寺評事沈光大除名。刑部司務林華謫外。時緹校喧法司道上。光大華各杖之。朱寧謂其擅。俱下獄。時廠衛勢橫。朝紳畏之。校卒至各部白事。稱卿佐曰老尊長。卿佐多降色相接。

丁亥。巡撫山西右僉都御史李鉞回院。

己丑。鎭守寧夏總兵署都督僉事安國復都督同知。

庚寅。命巡撫南贛汀漳左僉都御史王守仁提督軍務。給符幟。俾便宜行事。

壬辰。署都督僉事李隆爲後府僉書。

大學士梁儲言京省水旱。乞蠲加派。上不省。

吏部尙書陸完等以上假裝將巡邊。疏止。不報。

癸巳。右僉都御史張檜提督雁門等關兼巡撫山西。

上戒裝將巡邊。巡按直隸監察御史通州張欽閉關上言。陛下欲過居庸關遊幸。宣大豈直爲遊玩以適一己之樂。想憤虜患而巡行耳。但可命將。不可親角。宗廟安危係于一身。今虜勢倉皇。中外洶洶。輕出遠遊。萬一有不虞。其如陛下何。況甘肅有土魯番之患。江右有山賊之擾。淮南有漕運之難。巴蜀有採辦之苦。京畿之間。夏麥少收。秋潦爲沴。陛下不是之憂。而欲長驅居庸。觀兵上谷。臣竊爲陛下危之。不報。

丙申。命戶部主事龍誥督徵山西逋課四十五萬金有奇。

虜數千騎由北山西河入寇。守備洗馬林都指揮張杲以五百騎禦之。一矢斃其鐵騎掠陣者。部卒競前。虜見其銳。遂引去。

夜。月犯畢宿。

丁酉。巡撫順天右副都御史臧鳳諫巡邊。不報。

戊戌。翰林修撰唐皐歸省。

己亥。戶部右侍郎鄭宗仁兼左僉都御史。總督宣大軍餉。時措置宣大糧芻。足支主客兵四五年。

辛丑。署鴻臚寺事禮部右侍郎吳泰卒。單縣人。儒士。素附中貴。

張欽再上言。陛下欲往天壽山圍獵。出居庸關。竊思自古天子未有不以安民爲重。今霪雨連旬。田禾湮沒。顧以不急之務使之動搖。此于安民之道有不可往也。居庸關艱折萬狀。車馬難行。以萬乘之尊遠涉險惡。陛下固不自愛。兩宮獨不挂慮乎。此于孝親之道有不可往也。北虜習于弓矢。漢祖且有白登之圍。我英宗且有土木之變。陛下輕身挺出。恐非萬全。此于禦虜之道有不可往也。陛下不念祖宗社稷之重。而輕與北虜爭一日之長。勝之不武。不勝則憂。此于繼統之道有不可往也。夫事愼于初則易。悔于終則難。臣職在言路。若不早言之。恐異日或有意外之虞。不避忌諱。伏望垂察。又不報。

八月𠩺朔。上微服出德勝門。幸昌平。外廷不知也。明日。大學士梁儲蔣冕毛紀追至沙河。請回蹕。上不納而還。張欽又上言。聖駕到昌平。卽欲過關。臣聞天子舉動所係非小。欲征虜必先廷議。明詔中外。羣臣扈行。今不聞朝旨。又無百官之扈從。錦衣衛之隨侍。此必有人借陛下之名。過關勾虜。圖危社稷。臣萬死不敢奉命。是日。欽令分守指揮孫璽閉關。南門太監李嵩欲赴昌平。欽曰。今日之事有死而已。可擅離所守乎。俄千戶閻岳等至南門傳旨。欽奉敕印守門。收扃鑰。誓曰。此皇家後門。有奪門者。御史手殺之。岳不得入。還報。上壯其節。不問。欽南直通州人。後還漢中知府。歷工部侍郎。復姓李。

林之盛曰。黃澤之謠。不能止八駿之遊。而閉關三疏。遂阻六飛出塞。何哉。張公一念血誠。眞足動天地。而濟之以愷切之詞。眉山所謂形格勢禁。理喻者無不備焉。武宗安得不憬然悟也。然當時羣小滿前。揶揄之者不少。而相忘于無譏。又何也。彼見其忠鯁。遂心折矣。若夫精神未至。徒鬬捷于口舌之間。無惑乎宮府相隔。而十不一報聞也。

丙午。禮部尚書毛澄等求回蹕。不報。

貴州巡撫右副都御史鄒文盛討清平衛平觀等寨苗。苗據香爐山流劫。遂集兵。以參政胡濂參議蔡潮都指揮潘勛指揮佘大倫統之。搗砲木寨。擒盜魁阿革。已漸進。分道夾攻香爐山。一月。終克之。

巡撫湖廣右副都御史秦金等乞免取鰣鰉魚。不聽。
戊申。大學士梁儲等及署詹事府事禮部尙書李遜學侍讀徐縉修撰楊愼等各請回蹕。不報。
萊州地震。
己酉。上欲出居庸關。不果。還宿御馬房。
獵近郊。問左都督朱彬邊計。彬指畫山川險易道路直紆。狀甚明審。上曰。信若此。朕何難擒黠胡耶。巡邊之意益決。
禮部尙書毛澄。成國公朱輔。壽寧侯張鶴齡。瑞安侯王源。都督同知張巒。給事中張漢卿朱鳴陽。監察御史李潤。王堯封李鎭。各疏請回蹕。不報。
夜。大星自天倉流至近濁。
辛亥。先是以代王府臨邊苦寒。議徙之。大學士梁儲疏止之。
壬子。梁儲等戶部尙書石玠各請駕回。不報。
設河間總兵。大名武定二兵備道。
甲寅。湖廣總兵官都督同知楊英卒。武陵人。
丙辰。晚。上還豹房。
丁巳。增靑州通判於顏神鎭防礦盜。
都督同知張璽總兵鎭守河間。都督僉事馮大經爲都督同知。
戊午。上夜御奉天殿視朝。
以災傷。停順天保定淮陽及河南山東十一年所逋馬匹。

後府都督同知神周爲右府僉書。

錦衣衞指揮使齊佐爲都指揮僉事。佐錢寧壻冒陞。

己未。水旱賑河間保定眞定大名廣平順德。

庚申。大庾上猶盜合攻南康。左僉都御史王守仁擊賊巢破之。

立泗州烈女何氏祠。氏年十六以貧鬻倡家自刎死。

大學士梁儲等再請豫擇近屬教養待他日元子生出就藩。服不報。

癸亥。罷古北口白羊口黃花鎭防兵。時虜退。

廣東左布政使吳廷舉爲右副都御史。賑濟湖廣。

夜。應天大風雷。

甲子。成國公朱輔掌中府守備南京。

賑應天米二萬石。

乙丑。德王見潾薨。母宸妃萬氏年七十。謚曰莊。

丙寅。夜上微行復出德勝門。趨居庸。宿一夕問張御史安在。時張欽巡白羊口也。追上不及。

鄭府眞丘王見消薨。謚榮隱。

丁卯。南昌縣火。

戊辰。鎭守兩廣武定侯郭勛還總三千營。

都督同知張簡爲右都督。太監張銳從子冒功。

建州三衞夷始納款。仍諭鎭巡官毋弛備。

己巳。國子祭酒魯鐸予告。

辛未。上度居庸關。遂幸宣府。令太監谷大用守關。毋縱出者。

王世貞曰。高皇愼擧動。惜繁費。自卽位後。以天下大計。嘗一幸汴梁。再幸中都。自是深居法宮。無都外之蹕。文皇定鼎幽都。北巡者三。世宗相定顯陵。南邁者一。然不聞旁覽形勝。行遊較獵。獨武廟輕離六師。馳騁八駿。不無祈招之歎焉。

楊秉義華淳李長席彖張天性吳廉李緯李學及宦傅良弼俱爲給事中。

癸酉。梁儲等求回蹕。不報。

九月艸朔。上次宣府。江彬故鎭將。導上遠巡。爲桑梓。重上營單騎出。鹵簿侍從不及。衞立鎭國府第。夜望高門。輒馳入索婦女。于是大姓賂左右以免。亡何樵蘇不繼。至毀廬舍。白晝閉市。

閣臣及給事中石天柱等疏諫。不報。

丙子。夜大星自北河流至近濁。

己卯。濟南靑登萊地震。

庚辰。益都大雨雹。

蒙化府地震。

辛巳。撫寧侯朱麒爲征蠻將軍總兵鎭守兩廣。

壬午。閣臣疏請回鑾。不報。

建安縣火。

夜。月犯秦星。

癸未。巡撫陝西右副都御史蕭翀。巡按監察御史帥存智。各請停織彩粧絨袞服。不聽。

乙酉。前南京禮部尚書王宗彝卒。宗彝。東鹿人。父大學士文。嘗鄉試不第。景帝特賜貢士。天順初。坐戍事白。復鄉舉。成化丙戌進士。授戶部主事。歷撫遼東。招諭建夷。已坐累降四川參議。番夷毀松茂餉路。修復之。累遷兵部左右侍郎。至尚書。忤瑾去。端謹重厚。居官輒盡力。不事表襮。贈太子少保。謚安簡。

辛卯。翰林侍講學士陳霽爲國子祭酒。

故左副都御史陳天祥贈南京兵部右侍郎。

南京戶科給事中史魯削籍。魯襄垣王儀賓史保從子。例不內授。魯前鎭江推官。善楊一淸。得之。武學生朱大用訐其事。一淸不問。

修南京太廟後殿孝陵明樓及內外城垣。俱雨損。

陝西府谷縣知縣張宜改錦衣衞百戶。宜貢士。自陳叔祖太監敏保護勞。願嗣百戶。特允之。

許洪嗣錦衣衞指揮使。故左都督朱國子。

四川長寧叛民陳保答伏誅。卽陳聰也。鬻于芒部。入烏撒。詭言天仙賜之神槍。更名保答。糾衆作亂。官軍擊擒之。

河決沒成武縣。

壬辰。上次陽和。

癸巳。閣臣復疏請駕。有曰。近日調發軍馬錢糧。概以總督軍務威武大將軍總兵官印帖行之。祖宗舊制。軍馬錢糧。非奉敕不行。今一旦帖行之。他日奸人詐冒。軍衞有司不辨眞僞。安能無他患。總督軍務威武大將軍總兵官。上自命也。

夜。月犯井宿。

甲午。南京兵部尚書喬宇等。御史陶麟等。各言擇儲宗藩。不報。

夜。大星自天庾流至近濁。

丁酉。萬壽節。百官遙賀。

巡撫蘇松左僉都御史張津上言。陛下輕社稷至此。萬一風露之感。銜橛之變。噬臍何及。昔我太宗北征。有仁宗監國。宣宗時巡。有英宗監國。今陛下之出。代理萬幾。視膳兩宮者。付之誰耶。不報。

戊戌。建安永安縣火。

虜五萬餘騎屯玉林。將入寇。上在陽和。聞之。命大同總兵王勛副總兵張輗游擊陳鈺孫鎮軍大同。遼東參將蕭滓軍聚落堡。宣府游擊時春軍大城。副總兵陶杰參將楊玉延綏參將杭雄軍陽和。副總兵朱鑾軍平虜。游擊周政軍威遠。

庚子。徵戶部銀百萬輸宣府。備勞軍士。閣臣及戶科給事中俞泰等疏止。不報。

上獵陽和。大雨雹。

昏刻。流星色黃赤。自東北行至近濁。五小星隨之。

壬寅。傳諭巡邊禦虜。凡百官朝見。諸司章奏。俱如常儀。

錄平孝豐叛功。孝豐湯九許密以强宗居山中自雄。每有司追捕。輒旅拒者三十年。非叛也。鎮守浙江太監王堂侈其功。上變。命巡撫蘇松右副都御史張津託他事赴浙。密勦之。俱受縛。斬八十九人。籍九家。戍遣百餘人。多無辜株累。進張津戶部右侍郎。仍巡撫浙江。廕王堂世錦衣百戶。

虜分道南下。屯于孫天堡。尋犯陽和。掠應州。王勛張輗陳鈺孫鎮率所部禦之。命時春蕭滓赴援。周政朱鑾及大同右衛參將厤循平虜城參將高時踵虜後。又亟徵宣府總兵官朱振參將左欽都勳龐隆游擊靳英俱會陽和參將江桓張杲爲後勁。

十月癸卯朔。上次順聖川。

甲辰。王勛值虜繡女村。方步戰。虜南循應州而去。

浙西雷震大雪。至十二月乃止。

乙巳。閣臣以虜議請駕勿輕角。不報。

張輗陳鈺孫鎭與王勛于應州城北五里值虜。戰數十合。頗有殺傷。薄暮。虜寇傍東山而退。仍分兵圍勛等。比曉大霧。圍乃解。勛等入應州。朱鑾及守備左衛城都指揮徐輔兵至。

丁未。王勛等出戰澗子村。蕭滓時春周政等兵至。虜別騎迎敵。我軍不得合。上率太監張永魏彬張忠都督朱彬朱振朱杰朱玉朱欽朱勳朱英朱隆朱雄參將鄭驄等兵自陽和來援。衆殊死戰。虜稍卻。諸軍乃合會。暮卽營其地。上止焉。明日。虜來攻。禦之。自辰至酉。戰百餘合。虜乃退。明日。引而西。上追至平虜朔州。會大風晝晦。乃還。是役也。斬虜十六級。我喪五十二人。重傷五百六十三人。乘輿幾陷。

辛亥。虜犯暖泉溝泥河兒上。次老王溝。虜退。還大同左衛。虜復入玉林城西及答兒莊三家川青山。命大同總兵王勛游擊陳鈺宣府副總兵陶杰參將楊玉游擊時春延綏副總兵朱鑾參將杭雄軍陽和。參將左欽萬全右衛參將都勳軍懷安。宣府總兵朱振還鎭獨石。參將江桓軍龍門。永寧參將張杲軍保安新城。宣府游擊靳英軍蔚州。遼東參將蕭滓參游龐隆軍順聖川西城。延綏游擊周政軍甕城驛。大同副總兵張輗軍廣靈縣。游擊孫鎭軍渾源城。老營堡游擊張琦軍應州。大同右衛參將厤循軍威遠。復令大同巡撫胡瓚鎭守太監馬錫嚴爲備。

丙辰。溫州楚雄俱地震。

己未。沁州地震。

辛酉。刑部仍錄囚承天門。

前總督南京糧儲右副都御史白圻卒。武進人。成化甲辰進士。

甲子。木星晝見。已巳滅。

乙丑。雅州地震。

丙寅。閣臣疏請駕。

泉州大疫。

敍州府雷大震。

寧夏地震。

丁卯。前右都御史王鼎卒。福州人。成化辛丑進士。

己巳。左春坊左諭德兼翰林侍講溫仁和修撰楊愼予告侍讀徐縉編修張璧歸省。

庚午。給事中黃鍾王爌朱鳴陽監察御史李潤王九峯各疏請回鑾不報。

壬申。南京大雷雨。

武進伯朱本卒。

十一月癸亥朔。上在大同。欽天監進曆如故。

杭州雷。

丁丑。中旨南京內官監太監劉璟守備南京。

錄四川按察副使馮傑殉盜功。蔭子汝霖涿鹿中衞百戶。

太監張雄還自行在。傳諸司章奏。卽賫往。

丙戌。翰林編修余本爲廣東提學副使。

前府都督僉事曹松爲都督同知。錦衣衞都指揮使張銘爲中府都督僉事。銘。太監欽從子。冒延綏功。

兩廣合兵破府江盜。斬六千餘人。俘千五百餘人。進總督陳金少保兼太子太保。太監甯誠。總兵郭勛各世錦衣百戶。兵部尙書王瓊少傅兼太子太傅。餘陞賞有差。嶺南險遠。凡用兵多殺良民誇捷。陳金得還京。

丁亥。少師兼太子太師吏部尙書華蓋殿大學士楊廷和復直閣。廷和入京時。屬上巡北。至是始得命。

翰林編修倫以訓歸娶。

四川兩河口溝番蠻平。

楊虎餘黨武定章等獲於山西靜樂縣。太監吳經蔭錦衣百戶。

戊子。上還至宣府。閣臣疏請回蹕宣捷。不報。

貴州巡撫都御史鄒文盛擣黑苗。

賜故太監廖堂祭葬。堂虐害河南。尙蒙卹。

癸巳。南京大風雪。拔孝陵木幾二百。

甲午。南京吏部右侍郎羅欽順歸省。

己未。大學士楊廷和請回蹕決獄。

黔國公沐崑生父都指揮使誠。贈都督同知。

中旨。御馬監太監畢眞鎭守江西。遼東太監郭原改薊州永平山海等關。鎭守山海關太監王忻改遼東。

丁酉。固原地震。聲如雷。

戊戌。大理府地震。

己亥。尋甸軍民府嵩明州及楊林堡守禦千戶所各地震。

辛丑。至日。上在宣府。百官遙賀。大學士楊廷和等尚書陸完等後期見糾。至明年正月壬寅。得旨不問。

給事中汪玄錫等。御史孫孟和等。以近聞祕旨。選京軍親征虜于于四海治。力言其不可。不報。

盜焚大學士費宏家。殺其羣從兄弟。蓋寧王宸濠憾宏指盜故也。

提督南贛汀漳左僉都御史王守仁平左溪盜。

十二月飪朔。上留宣府。閣臣請駕視郊牲。不報。

甲辰。禮部尚書毛澄等。給事中朱鳴陽御史王光等。俱疏請駕。不報。

戊申。巡撫貴州右副都御史鄒文盛攻黑苗于都。黎平之俘渠帥二十餘人。從賊八十餘人。斬一千五百一十九級。

郭子章曰。予過香爐山。若偃爐屹立羣山中。分爲三級。下則四面陡絕。環抱一岩。如爐之腹。而偃其中。中則巑岩聯絡。渾然巨塊。如爐之腰。上爲一坪。設一門。內可容數萬衆。有田有井。後門石兀立。如爐之柄。往諸苗雄據其間。自謂堅不可拔。已而官兵從後曳繩梯以破其堅。數十年逋寇。一旦撲滅。香爐之險。不足恃矣。是役也。鄒公主之。蔡少參潮佐之。而蔡功竟不錄。惜哉。

壬子。水災。免廬鳳淮揚田租有差。

前太子太保禮部尚書張昇卒。昇字啓昭。南城人。成化己丑進士第一。授修撰。直東宮。改左贊善。左諭德。孝宗初。進左庶子兼侍讀。劾劉吉。降南京工部員外郎。尋復官。至尚書。時羽流崔志端亦尚書。倨傲。昇嘗裁之。選宮女。禁倡優隸卒之家。遂騰謗去位。加太子太保。逆瑾時以事奪加銜。昇愿愨有餘。守官謹飭。兩主鄉闈。得侍郎儲。瓘編修陳瀾。皆名士。時稱得人。後贈太子太傅。謚文僖。

戊午。惜薪司歲增柴九百五萬五千八百斤。舊千八百十二萬斤。

復開納銀事例。初戶部輸三十五萬金于行在。上責額百萬。遂議鬻官等項。

戶部右侍郎楊旦爲右都御史總督兩廣軍務兼巡撫。應天府尹龔弘爲右副都御史總理河道。

翰林院庶吉士戴頤爲吏科給事中。

南京國子祭酒賈詠請博士助教學正學錄同行人等考選。許之。

己未。安遠侯柳文總兵鎮守湖廣。

癸亥。傳諭閏十二月遣官祀郊牲。閣部科道俱疏請駕。不報。閣臣九卿至居庸關請駕。禁不得出。乃還。

閏十二月軠朔。上留宣府。大學士楊廷和等以次出祀郊牲如常儀。

戒都門毋出朝臣。

曹州天鼓鳴。

丁丑。戊刻。瑞州東方有紅氣昇上。變而白。形如曲尺。又內外黑氣如闕。移時乃沒。

庚辰。安邑縣地震。

瑞州大雷雹。

丙戌。前禮部尚書李傑卒。傑字世賢。常熟人。成化丙戌進士。館選。授編修。進侍講。滿侍讀學士。以春宮舊進左庶子。徙南祭酒。憂去。後改太常少卿兼侍讀學士。遷□□□左侍郎。又爲本部左侍郎。進南吏部尚書。改禮部。持己矜嚴。在翰林最淹滯。晚忤瑾而去。逆瑾誅。名爲且用之。實不召也。贈太子太保。謚文安。

廣西太平府地震。

丁亥。立春。上迎春宣府。備諸戲劇。又飾大車數十輛。共載僧婦數百。婦女各執圓毬。車既馳。交擊僧頭。或相觸而墮。上大樂之。

前南京兵部右侍郎呂獻卒。新昌人。成化甲辰進士。䂊厚雅重。尤精舉業。

戊子。瀋府沁水王勛㴴薨。謚榮穆。

癸巳。前巡撫順天右副都御史柳應卒。巴陵人。成化己丑進士。有治才而倨。

戊戌。雷火災荆州公安門城樓。

庚子。前南京光祿寺卿張賓卒。賓單縣人。成化乙未進士。令睢縣。金壇。有善政。拜御史。有聲。歷南光祿。方推大理卿。劉瑾以不通餽罷之。性直諒。當官盡職。且不殉時好。以名節自勵。予祭葬。

戊寅正德十三年

正月辟朔。上在宣府。羣臣于奉天門遙賀。命婦朝三宮如常儀。

壬寅。太僕寺少卿何孟春爲太僕寺卿。

故右都御史朱英謚恭簡。

賜鎮守浙江太監王堂生祠。幷護敕。堂卜地西山。多毀民居古墓。嘉靖初。祠沒官。杭人快之。

佛郎機國遣加必丹末等入貢。請封。幷給符驗。廣東守臣謂非職貢所載。命遣還。其方物予直。

癸卯。孫瑛嗣懷寧侯。衛錞嗣宣城伯。孫應爵。衛璋子。

建虜寇遼東湯站堡。總兵韓璽等擊斬四十餘級。

良鄉涿武淸固安多盜。命右副都御史臧鳳左僉都御史李瓚督捕。

京師饑。命戶部賑卹。

鎭守江西太監畢眞請敕預南贛軍事。兵部以牽制寢之。

談遷曰。王恭襄好比羣小。獨重王新建。置于南贛。假以兵柄。雖畢眞不少徇也。專任責成。毋或遙制。士大夫爲國家宣力。非得託惡能勝其任而愉快乎。

虜牧河西延綏邊外。命延綏副總兵朱鑾參將杭雄游擊周政劉玉軍安邊營。指揮紀世楹馮大經軍便利城。總兵柳湧軍延綏。寧夏總兵安國各守鎭。副總兵路瑛游擊李永定軍淸水營花馬池定邊營。陝西總兵趙文右副都御史鄭陽駐固原經略。諸將聽自爲戰守。毋遙制。

傳遼東參將蕭滓率三千人往保定安肅霸州捕盜。

出內庫兵械改河南粟輸河間給總兵官張璽。

山東饑民乞食京師。命人給粟三斗。還鄉聽賑。

命右僉都御史李鉞督賑順天保定河間。

甲辰。天方國王寫亦把剌克入貢。

乙巳。禮部以駕將還。議羣臣具常服迎謁。已傳旨用戎飾。尋賜文武羣臣緋紵羅紗各一。其綵繡一品斗牛。二品飛魚。三品蟒。四品麒麟。六七品虎彪。翰林科道皆與焉。不計品。惟郎屬五品下不與。計五千匹有餘。禮科都給事中朱鳴陽等言戎飾非見君之服。乞仍本等冠服。不聽。

丙午。上還自宣府。羣臣戎飾迎德勝門外。具彩幛彩聯。稱威武大將軍。俱署銜。不稱臣。又列羊酒白金綵幣。手一紅梵夾爲賀。比夜。見上乘赤馬佩劍。邊騎簇擁。見火毬起戈干間。羣臣伏道左。上下馬坐御幄。大學士楊廷和奉觴。粱儲注酒。蔣冕奉果毛紀奉金花稱賀。遂馳入德勝門。宿豹房。時大雨雪。羣臣多僕馬相失。走泥淖濡衣。過夜半入城。

談遷曰。康陵怠政。至其末不勝狎矣。諸大臣未抗顏爭之。且不必爭也。倡率百僚冠帶如常儀。雖逆上命。亦無所罪。乃輒順其旨。表易而詞。帝易而元戎。古有之乎。吾未之見也。然而國祚猶磐石焉者。幸之哉天矣

竹溪縣天鼓鳴。

庚戌。上南郊。畢復幸南苑。南京禮部尚書吳儼等言事。不報。

嵩明州地震。

辛亥。上自南苑還宮。出御奉天殿。行慶成禮。

壬子。上夜御奉天殿宴羣臣。

癸丑。莊浪衞有星光如電。下隕。頃之天鳴。

戊午。青州蒙陰各地震。

己未。賜文武羣臣銀牌于左順門。一品重二十金。二品三品十金。鏤其上曰慶功。五采飾之。貫以朱組。四品五品及都給事中御史五金。左右給事中四金。給事中三金。鏤曰賞功。貫以青組。又各被以花緋而退。蓋酬前日之迎賀也。翰林不具儀。是日遂不賜。

鄰水縣天鳴石隕。

延綏參將都督僉事杭雄爲都督同知。仍治援兵。參將納□指揮僉事紀世楹爲副總兵。鎮守山西。兼提督鴈門等關。

庚申。中旨薊州總兵官署都督僉事戴欽改靖虜副將軍。鎮守延綏。延綏總兵官署都督僉事柳湧改薊州。

辛酉。上復如宣府。單騎出德勝門。從者四人。餘以次追及。楊廷和等疏諫。不報。

襄城人齊海自奏知兵。兵部罪其妄。命召之。

丙寅。行人王汝敬使□府。道擾。逮至京。除名。

丁卯。嘉定州地震。

忻城伯趙瑾卒。瑾謹飭寡失。

二月辛朔。上在宣府。

癸酉。瀋陽等衞地震。蒲河中左所天鼓鳴。

戊寅。守備鳳陽太監丘得求兼統廬淮揚徐滁和政務。特許之。

工部右侍郎兼右僉都御史劉丙卒。丙安福人。成化丁未進士。館選。拜御史。至今。官督採大木。操履清介。政尙嚴厲。雖數賈怨。而法令修舉。士民畏之。贈工部尙書。謚恭襄。

停順天河間保定歲辦。

令司禮監左少監秦用等八人遞賫奏赴行在。俱得乘傳。時駕出。四方奏事或半年不得旨。

己卯。慈聖康壽太皇太后王氏崩。

辛巳。上聞喪。

壬午。上至自宣府。乃發喪。羣臣素服俟於淸寧宮門。遺詔曰。予以菲德。獲配憲宗皇帝二十餘年。不幸茂陵上賓。賴孝宗皇帝及今皇帝光嗣帝業。區宇奠安。自正德元年以來。予與皇帝太后同受天下至養。慈孝無間。茲予壽登七十。得復侍茂陵左右。無復有遺憾矣。永惟祖宗創業垂統。艱難重大。皇帝宜以萬幾爲念。不得過予哀戚。成服三日後聽政。爾中外文武羣臣。尤宜協志劾勤。佐行化理。以永垂無疆之休。

彝陵州火。
癸未。巡撫宣府左僉都御史劉達爲左副都御史巡撫保定兼提督紫荆等關左僉都御史李瓚爲通政使署鴻臚寺事。
謫監察御史張士隆晉州判官。許完定州判官。前都御史薛鳳鳴罪廢猾橫于里。朱寧通其妾。尤庇之。鳳鳴坐其弟鳳翔事。收繫刑部。使妾挾狀走長安門自縊。因論鳳翔死。出鳳鳴。而完士隆以先後治獄調外。
設江西安義縣。
故南京工部尚書劉宣謚文懿。
丙戌。諭躬視大行山陵。閣臣疏諫。不報。
丁亥。錦衣衞指揮使廖鵬爲都指揮使署南鎮撫司事。朱寧薦之。
戊子。南京光祿寺卿張嵿爲右副都御史巡撫保定兼提督紫荆等關。
江西清軍御史范輅劾太監畢眞之橫肆。宜罪。乞撤回。不報。
分守涼州太監顏大經鎮守寧夏。罷太監張昭。
延綏楡林團操援兵參將都督同知杭雄總兵鎮守大同。
兵部主事陸震請終喪制。戒盤游。上不聽。
敕責分守金齒騰衝太監王陽參將沐崧以騷擾被劾也。議裁不果。
巡按直隸御史董相行部。以朱彬遣百戶朱英執平谷人爲營卒報怨。相救之。彬譖于上。謂相擅辱武弁。下錦衣獄。謫徐州判官。
辛卯。京師粟貴。出京通倉粟平糶。遣給事中戸部員外郎主事各一人同巡城御史監視。

刑部主事鄭懋德林桂下詔獄。朱寧所親錦衣千戶王注殺人有罪。員外郎劉秉鑑持之。寧怒。發其私囚糧。懋德桂以提牢下獄。尚書張子麟懼得罪。發注兵馬司。改擬謫懋德臨清州同知。桂平度州同知。

壬辰。前巡撫貴州右副都御史魏英卒。慈溪人。成化辛丑進士。

癸巳。趙王祐棌薨。年四十三。諡曰莊。

工科都給事中石天柱刺臂血上疏。極言徼倖不可以屢得。猝禍不可以復防。太康田於洛汭。煬帝行幸江都。皆以遠離宮闕。大禍潛構。利害之說。臣何忍驗。實臣之所大恐也。疏入。即易服待罪。

甲午。初巡按山東御史王相禁非例供奉。鎮守太監黎鑑誣之下獄。至是謫知沭陽縣。

戊戌。福建右布政使伍符爲南京光祿寺卿。

貴州苗賊阿傍等平。貴州湖廣之交。羣苗連寨。香爐山周四十里。稱險峻。其上平衍。阿傍等據之作亂。巡撫鄒文盛。總兵李昂。湖廣副總兵李瑾。合兵擊之。攻前科稍卻。密援崖克其巢。先後斬六百二十八人。俘三百二十三人。招復萬三千九百九十八人。敍功。鎮守太監李鎮及巡撫右副都御史鄒文盛。總兵李昂。副總兵李瑾。各廕一子世百戶。

高岱曰。阿傍等眇小夷酋耳。非有長駕遠馭之圖。高城深池之固。亦非有智謀之士運其籌。武勇之將制其兵。其稔惡肆亂。至厪三省之兵。歷二年之久。始獲平定者。蓋夷本桀驁。地復險遠。守臣之貪縱。既有以激之于先。將帥之玩愒。又不能遏之于其後。故釀亂至此極耳。嘗見近代于遠方守令。輕視易授。不以處罪瑕之徒。謫則以應瞶眊之陳乞。此輩豈有能爲民爲國遠圖者。遠方非朝廷之赤子乎。夫旬宣之化。激揚之典。近者爲易。而遠者爲難也。顧若是謬者何耶。然則靖諸夷之亂無它焉。慎守令之選而已。

己亥。猺賊龔福全等平。福全貌獰惡。據江西上猶廣東樂昌等縣。湖廣郴桂間害尤甚。僞稱延溪大王。巡撫湖廣奏金等會兩廣兵。擒斬二千餘人。
高岱曰。郴桂寇與橫水桶岡事略同。當時亦聲勢相倚。此非有深志遠圖。特以封疆之臣因循姑息。故稱據險猖獗。滋地方之蠹耳。所幸金與王守仁同時舉事。故諸賊不得相爲應援。而表裏受兵。又無所逃遁藪匿。故得以草薙而禽獮之。不然。卽韓盧之搏狡兔。恐不能窮三窟之誅也。

中旨陽和衛都指揮僉事馬炅守備儀眞。

敍州府地震。

三月。[子庚]朔。壬寅。上太皇太后謚曰孝貞莊懿恭靖仁慈欽天輔聖純皇后。

乙巳。頒謚詔。

丙午。上素服視事西角門。

丁未。工科給事中翟瓚等以內庫錫鐵等六十餘萬運宣府營造行殿。上言。阿房出而秦人畔。章華起而楚民仇。覆車在前。可不鑒哉。不報。

壬子。致仕左都御史彭澤削籍。逮甘肅巡撫左副都御史李昆兵備副使陳九疇至京。澤好飲酒使氣。朱寧挾威重。澤數切齒。兵部尚書王瓊郄于澤。先遣科道按哈密事。不能中。乃自訐其擅遣使增幣啓釁喪師。及昆九疇並宜罪。廷議多不平。禮部尚書毛澄稍折之。瓊厲聲曰。若廷鞫澤自吐實。澄曰。否否。古者刑不上大夫。戶部尚書石玠都給事中王爌石天柱皆曰不可枉。澤稍易奏稿數字。謂澤歸踰年失事。似亦可原。得旨。以澤失信貽害。斥爲編氓。

甲寅。四川慶符縣大風雹傷麥。拔木偃屋。

乙卯。中旨都知監太監劉岑分守開原。王秩分守山海關。御馬監太監黃玉分守潼關。兵科都給事中汪玄錫等言山海舊惟指揮及兵部主事。潼關惟軍衞。不宜增設內臣。不報。玉至潼關。苛甚。行旅皆取道山西避之。又邀索于河東。

丙辰。晉府輔國將軍表杶表楴表椑。奉國將軍表桃智烋俱畜私閹不法。奪半祿。

戊午。薊州總兵署都督僉事柳湧改平羌將軍。鎭守甘肅。

中旨。工科都給事中石天柱降臨安推官。刑科都給事中王爌降惠州推官。以爭彭澤事忤王瓊也。

庚申。起右都御史鄧璋巡撫甘肅。

辛酉。鎭守貴州總兵官都督僉事李昂爲都督同知。協守湖廣鄖陽副總兵都指揮使李瑾爲都督僉事。

壬戌。右參將都指揮同知馬永爲都督僉事。總兵鎭守薊州。

遼東隕霜殺稼。

南通州大風雨雹。

甲子。中旨。內官監太監侯欽守備萬全左衞。守備萬全左衞尙衣監太監馮敬調分守萬全右衞。內官監太監葉森分守獨石馬營。分守涼州都知監太監王欽調鎭守甘肅。御馬監劉悳分守涼州。內官監太監李昕寧夏監槍。

河南布政司左參政楊志學爲右僉都御史。巡撫大同。

丙寅。眞定抽分太監鄭璽請順德之南關宋家莊廣平之曲周仍設抽分。從之。橫征復起。

南安府地震。聲如雷。

丁卯。朱江嗣武進伯。朱本叔。

戊辰。上如昌平。開隧道。祭六陵。

琉球入貢。

守備鳳陽太監丘得鎭守延綏寧夏大同宣府太監劉祥馬錫許金顏大經俱改敕。閣臣疏止不聽。

前南京兵部右侍郎王倬卒。倬字用檢。太倉人。成化戊戌進士。歷令山陰餘千蘭溪善聽斷。擢南京御史。蹇直明幹。遷貴州兵備副使。例革。改瓊崖兵備。平劇盜。亡何進廣西按察使。歷廣東四川左右布政使。値藍鄢勢張。治軍實。立辦。拜右副都御史。巡撫順天。歷撫薊州。拯饑逐虜。功最著。又請通倉粟賑饑。久之進南兵部侍郎。所居官廉而不務徼名。家居立義莊千畝。年七十五。

四月巳朔庚午。衡州大雨水。

甲戌。提督居庸關太監谷大用益祿十二石。以村氓孤旅三人指爲奸諜被賞。

丙子。南京吏部尙書孫需致仕。

壬午。衡州大風雹。碎瓦斷木葉。

癸未。科道疏請駕不報。

甲申。執永平知府毛思義。時上幸密雲。民間訛傳欲括子女。思義示曰。車駕必不遠遊。皆奸徒煽惑。上怒。下錦衣獄。謫安寧知州。

丙戌。服闋禮部尙書劉春改南京吏部尙書。

改四川高縣爲州。

壬辰。國子祭酒陳霽被劾免。

寧夏地震。

大理寺卿陳恪卒。恪字克謹。歸安人。成化丁未進士。令宿松。擢御史。遷江西南贛兵備副使。裁于逆瑾。仍御史。

尋削籍。瑾敗。起貴州副使。歷河南左布政。旌能吏第一。進撫南贛汀漳。改大理。賜祭葬。天啓初。追謚簡肅。

五月己亥朔。日食。上次大喜峰口。先是幸銀山薊州遵化以及喜峰。欲招致朵顏三衛夷人納質宴勞。巡撫薊州右副都御史臧鳳疏諫。不報。

癸卯。輔臣及科道疏請駕。不報。

丙午。巡按直隸監察御史劉士元。兵科都給事中汪玄錫。各諫招致三衛。不報。

戊申。上還京。

壬子。傳諭山西鎮巡官。積儲。治河舟。及織造細絨氈等若干。巡按御史甯欽言。黃河波涌如沸。水急如箭。今欲多舟。二三時可渡萬數。非特殃民。抑或啓釁而貫他日之禍也。

癸丑。遼東地震。

常熟縣雷電。白龍一。黑龍二。並噴火。壞民居二百餘家。吸舟二十餘艘于空。斃二十餘人。

甲寅。都指揮僉事右參將張祐爲副總兵。鎮守兩廣。

清理鹽法右副都御史趙鑑爲左副都御史。

給太和山道士長蘆餘鹽五千引。戶部持之。不聽。

徙平樂都指揮于府江昭平堡。扼其要。

許分守潼關太監黃玉視潼關兵備例。管理陝商解蒲。

丁巳。執監察御史劉士元于行在。軍門杖之。下錦衣獄。初。上幸河西務。指揮黃勳借供應科斂。士元按之。逃至行在。譖其盡嫁民間女。匿少婦。并知縣曹俊等下獄。後謫士元廣東麟山驛丞。

壬戌。吏部員外郎何景明爲陝西提學副使。

癸亥。雲南黑鹽井地震。山崩井塞。

撫治鄖陽右副都御史陳雍爲工部右侍郎。採木。右副都御史趙鑑爲大理寺卿。

總督漕運兼巡撫鳳陽右都御史叢蘭專理巡撫。以巡撫順天右副都御史臧鳳總督漕運。

刑部尚書張子麟母老歸省。

揚州大雨彌月。

乙丑。傳陞冠帶舍人朱山朱準朱容朱淮朱渭朱欽朱義朱天爵朱印朱珂錦衣衛總旗。羣小得賜姓者。

傳陞錦衣衛副千戶馬良劉雄俱指揮僉事。總旗馬原副千戶。冠帶舍人劉京實授百戶。

定出使官朝見諸王禮。寧王宸濠驕恣。脅用臣禮。巡按監察御史范輅請遵祖制。欽定便服稱官。濠始怨輅。搆之。謫龍州宣撫司經歷。後濠誅。起福建僉事。歷江西兼副使。正德辛未進士。桂陽人。至謫所。修學埋骼。教授絃誦。羌人化之。世宗初復秩。泣送塡道。名其地曰滴淚崖。

賜西域朝貢番僧茶八萬九千九百斤。仍帶六千有奇爲例。時西僧侍豹房得幸。

戶部右侍郎兼左僉都御史張津卒。津博羅人。成化丁未進士。令建陽大城。有治行。拜御史。連守泉州寧波。士民德之。歷撫蘇松平孝豐盜。遷今官。性淸謹練達吏事。所至有稱。贈南京戶部尙書

六月己巳朔。大理蒙化趙州鄧川浪穹地震。

庚午。前寧夏總兵都督僉事李祥卒。延安人。世百戶。

敎坊司奉鑾臧賢乞閒。禮部覆上。不許。賢得幸于豹房。賞賚巨萬。賜飛魚服。甲第侈僭。縉紳以賄進。嘗奉命祠泰山。守令伏謁。監司郊勞。不知爲伶官也。況伶官例不引疾。又得部覆。濫旨等于貴臣。異矣。

壬申。服闋右副都御史王縝提督撫治鄖陽。

夜。西安府見巨人于撫署東。長二丈餘。已大風雨。

癸酉。章丘縣大風雨。水溢壞民居四千餘家。

中旨。綏德衛副千戶魏欽賜姓朱。陞錦衣正千戶。舍人張鑑張平安張海張鉞張糾張聰張來勤張來定張來順張來訓張來春張來進張和俱授錦衣衛小旗。

甲戌。傳制封詮鉦瀋王。勛沂稷山王。原熼玉山王。眞靜鉛山王。原熠安邑王。聰瀘昌化王。賓沚內江王。安涪沈丘王。知烱河東王。知爀新化王。經栱靖江王。

南京國子祭酒賈詠爲國子祭酒。

山東巡撫右副都御史黃瓚爲南京兵部右侍郎。

虜入四海冶堡。

己卯。晚上衰服告辭几筵。

涿州至蘆溝橋多盜。詔發京營二千人。太監張忠左都督朱泰總兵。兵部右侍郎王憲兼左僉都御史。俱提督軍務。都督同知桂勇賈鑑爲左右參將。俱捕盜。戶部左侍郎侯觀兼左僉都御史督餉。

庚辰。孝貞太皇太后梓宮發引。上晨出北安門迎。兩宮御平臺于京兆前。候殯。復入淸寧宮。率胡僧梵唄。乃發。朝臣步送德勝門。諸戚畹羣臣命婦道祭。方祭。上戎服乘顧侍郎所逸馬。夜宿淸河。

辛巳。中旨。錦衣指揮僉事劉熙爲指揮同知。同廖鵬南鎮撫司。

癸未。梓宮至山陵獻殿。駙馬都尉崔元林岳馬誠方祭告。上突至。衆駭散。夜宿帳殿。

甲申。葬茂陵。

丁亥。長樂縣潮溢。溺人畜。大饑。

己丑。上奉主還京。翰林修撰舒芬上言。孝貞作配茂陵。未聞失德。祖宗之制。既葬迎主。必入午門。昨孝貞太后主以從陛下駕入旁門。使他日史書曰六月己丑車駕至自山陵。迎孝貞皇后主入長安門。則讀者必以春秋公薨不書地之法求之。即孝貞不得正終之疑矣。宜明詔中外。示改過。不報。

壬辰。祔太廟。上暮入門。雷雹風雨大作。燭盡滅。

甲午。中旨鎮守密雲太監張信改薊州太監邢安鎮守密雲。

乙未。順天府丞張潤爲左僉都御史。整飭薊州邊備兼巡撫順天。南京光祿寺卿伍符爲右副都御史。巡撫山東。

七月戊戌朔。夜。金星犯井宿。

己亥。傳命總督軍務威武大將軍總兵官朱壽率兵巡遼東。宣大。延寧。甘肅。掃虜。至河南。山東。山西。兩京寇竊并剪之。給敕朱壽。即上自稱也。是日。諭九卿科道于左順門。面促革勅。時閣臣先入門。闔。尚書毛澄等皆泣諫門外。不納。大理寺右少卿吳堂被酒。厲聲呵止泣者。蓋希寵也。衆怒欲擊之。門內聞喧聲。明日。調鶴慶軍民府知府。

周應賓曰。草威武大將軍敕與復宸濠護衞者。或以爲楊廷和。或以爲粱儲。兩家子弟各有辨。事遠人亡。何從而斷。陳公槐以爲二者皆出于楊。陳于楊雖有私隙。然其人以伉直名。當不妄云。

傳陞後府都督僉事白玉爲都督同知。

錄應州禦虜功。陞賞九千五百五十五人。太監張永。魏彬。張忠。廕錦衣正千戶。朱彬如之。佛保。馬英。趙林。蘇進。馬睿。許全。李睿。劉祥。廕錦衣百戶。神周如之。

奸商呂鈴等請開河東東西池鹽。戶部執爭。不聽。

土魯番速檀滿速兒遣使請和不許。

壬寅。諭兵部進威武大將軍爵國公又諭太監谷大用蕭敬溫祥賴義秦文張欽蔣貴韋霦張淮李英張銳及都督朱寧兵部尚書王瓊俱世錦衣正千戶太監于經周昂侍郎陳玉王憲俱世百戶都督朱泰朱洪宋贇各進秩錦衣官舍朱政朱勳朱舍利朱得那俱世指揮使又閣臣楊廷和梁儲蔣冕毛紀廕錦衣正千戶餘賜金幣。

鎭守河間總兵官張璽以貪尅劾免。

癸卯。閣臣諫巡邊進爵不報。

甲辰。科道諫加爵俱不報。

夜流星燭地自天倉行至近濁。

丙午。昧爽上北幸出東安門羣臣送者五十二人敕大學士楊廷和供事看詳章奏擬旨馳進幷諭六科給事中張雲等。

吏科右給事中徐之鸞疏薦謫籍如編修王思給事中張原御史周廣高公韶等不納。

南京國子司業汪偉爲祭酒。

巡撫河南右副都御史李充嗣改巡撫蘇松常鎭總督糧儲。

遣大護國保安寺番僧覺義領占箚巴等往封烏思藏前闡敎主箚巴等乞鹽船三十艘戶部執奏上特給之。

箚巴等道恣至呂梁毆管洪主事李瑜瀕死。

中旨。都指揮僉事齊佐管南鎭撫司。

署都督僉事馬永爲都督僉事。

阿爾倫寇靖邊營。

瓦剌卜六王入貢駝馬。初土魯番寇甘肅。副使陳九疇購瓦剌乘虛掠土魯番。奪其三城。因勞以綵幣。大感悅。

裁密雲兵備副使。

丁未。上度居庸關。歷懷來保安。至于宣府。始上厭大內。家于豹房。至是又家宣府。葷豹房諸玩好婦女實之。仍戒居庸關毋出京朝人。

中旨錦衣衛指揮同知周暹象房管事。

乙酉。刑部右侍郎馮清改兵部右侍郎左僉都御史。治行在兵餉。

江西橫水桶岡盜謝志等。浰頭盜池仲容等。俱平。兩賊勢甚盛。左僉都御史王守仁受命總督。率江西湖廣兵夾攻。慮仲容助橫水賊。先撫諭以離之。自去冬十月進攻橫水。破巢八十餘。斬獲二千八百有奇。至是大享將士。聲言罷兵。陰誘執仲容。破巢三十八。斬獲二千有奇。詔進守仁右副都御史。鎮守江西太監許滿俱世錦衣百戶。賚奏錦衣千戶畢鎧進指揮僉事。畢大經廕百戶。鎧即眞從子。大經又鎧子也。

談遷曰。國史云。守仁奏捷。專歸功王瓊。極其諛佞。瓊亦甚加稱獎。奏請無壅。賞賚稠疊。權譎相附。識者鄙之。此必桂蕚時私人濫筆。何不察之甚也。外閫之頌本兵。亦恒例耳。平兩劇盜。僅廕百戶。視當時之峻擢厚錫者。尤不侔也。馳不教之民。剪滋蔓之寇。不及數月。遂成大功。謂其事難疵。遂以奧援譏之。妬賢嫉能。亦何所而不至耶。

高岱曰。守仁此役。其有所懲而然哉。往陳金平江西賊。率多招撫。故不旋踵而羣盜並起。守仁灼知其弊。事意征勦。不事姑息。而分合先後之算無遺筴。此所以兵費寡而成功速也。南贛自此數十年無潢池之警。豈非明徵乎。守仁自列之疏亦云。天下之事。成於責任之專一。而敗于職守之分撓。既重專征之責。又抑守臣干預之請。此所以得勝算而成功也。斯言其不誣哉。

甲寅。大學士蔣冕請旋蹕。毋貶尊號。不報。

乙卯。月犯外屏星。

己未。月犯六諸王。金星犯鬼宿。

庚申。寧夏地震。

甲子。逮巡撫雲南右副都御史范鏞。初。鏞令都指揮方仲署都司事。兵部以其擅。責之。鏞不服。遂被逮。人爲不平。

乙丑。旱災。免濟南東昌兗州夏稅有差。

八月。

戊朔。上在宣府。

定浙江江西湖廣南直隸罪發口外者。卽發近衞終身。著爲令。從都御史吳廷舉之議也。

辛未。夜。流星自天倉庫南行至近濁。

戊寅。國子司業景暘爲南京左中允。署南京國子司業。暘母老便養。

大學士楊廷和予告三月。當住俸。不允。

設廣東和平縣。

右都督郭錦總兵鎭守河間。

庚辰。晉府靈丘王奇澶薨。諡恭僖。

山西偏頭關城門銃自火。聲震數十里。傷人。

右都督朱洪總兵。提督東路山海等關。左都督劉暉總兵。提督西路居庸等關。

祠故信國公湯和于定海。右都御史韓雍于梧州。

南京尙膳監太監任宣乘輿于西上北門。被劾杖釋之。

癸未。慶府壽陽王台濠薨。諡和靖。

甲申。代府隰川王聰湲薨。諡康肅。

乙酉。上自萬全左衞歷懷來陽和至大同。

丁亥。天津兵備副使胡文璧謫延安府照磨。太監張忠管武淸直沽皇莊。縱侵市利。文璧杖其人。見中。逮獄謫之。

庚寅。故刑部尙書何喬新諡文簡。

福建福州軍索餉鼓譟。命逮左布政使伍符。符方進巡撫山東右僉都御史。初。鎭守太監羅崙。假修城徵三千金。符發六之一。致仕右都御史林廷玉。副使高文達。嘗干請不遂。俱銜之。故嗾餉卒辱符。而身諭解之以示功。覺莫正其罪也。後符逮至。下詔獄。贖杖還秩。

談遷曰。趙時春作平凉府志。以林廷玉儒籍平凉。傳其事云。伍布政與楊通判奪軍士月糧。軍遂作亂。屯市中將攻伍楊之衙。遷延不果。侯官巡撫林廷玉伺其意善。遂撫降之。許以時給糧。伍楊之黨反誣其導之也。靳勿與故葉元再亂。連日不解。廷玉不得已再撫之。不下。反質公食言。廷玉陰以義擕其黨。與鎭守太監兵誅之。夫實錄詆廷玉釀變。而趙以解棼稱之。大屬矛盾。然干請不遂。遽嗾叛卒。萬一不可制。奈何。此在庸夫猶不爲此。似非所以律廷玉也。彼夙敦名節。肯失計蹈于危險之途哉。伍符懼罪。藉廷玉爲口實。而實錄輒採其說。冤矣。至副使高文達。則吾所不知也。

辛卯。巡撫南贛汀漳右副都御史蔣冕爲南京戶部右侍郎。

癸巳。陝西行都司地震。

甲午。福州地震。

丙申夜流星自騰蛇行至五車。

丁酉。延平府火。

是月蘇松大水有九龍鬬于海。

華亭志曰東南澤國而水牛之患在恒雨。正德己巳秋大水。戊寅己卯又大水。次年。檢勘者不以實報。且指田間茭葑魚蟹。謂足充稅。使民財力重困公私逋欠流亡墊隘至于今不息也

九月戉朔。上次大同。初鎭守太監馬錫獻總兵葉椿第。令椿立鬻券。改總督府。又奪都指揮闞山指揮楊俊宅貰酒。榜曰官食亦立券實未嘗予直也

庚子。上至偏頭關。貴幸先掠良家子備幸。至數十車。在道日有死者。不以聞。

乙巳。晉府永和王表格薨。謚靖惠。

庚戌。前南京戶部尙書林泮卒。泮字用養。閩人。成化壬辰進士。授南京大理評事。歷順天府尹戶部右侍郎。至尙書。逆瑾時幸致政。尋罰粟百石輸邊。以貧甚苦之。家被火。晚廑僧舍。平生畏愼。事亦不撓。士大夫重其潔守。可方古人。第限于才。故勳業未著。天啓初謚恭清。

林之盛曰林公廉潔之操。始終不渝。其人溫如玉也。柳下惠和而有介。林公介而有和。善乎舒文節之銘公曰世不知清與廉之異。行若公者直曰廉而非清。清則易至于絕物。廉則一物之莫攖。和而不同。矜而不爭。實公此心。與清殊情。由此論之。公宜易名以廣風厲。而迄今無有擧之者。林文懿撰福州志云。吾鄉賢而不得謚。則有若林司徒。謚而實浮于名。則有若彭惠安。此所以衆心未厭而士論猶鬱也。當事者奈何不一議

之也。

辛亥。前南京工部右侍郎沈暉卒。宜興人天順庚辰進士。

癸丑。右通政李元吉張龍太僕寺少卿劉志道俱劾免。

故鬱林州同知鄭寶贈知州。寶署北流縣擊盜死。廕子入監。

上自封鎮國公歲祿五千石後府帶俸。

談遷曰。天子尊無二上。今貶損殊號。下同專閫。此有何足樂。而康陵欣然樂而忘天下也。雖章滿公車。如水投石。其故何哉。田獵游宴。非萬乘之務。舍而受兜牟擁刀劍。則雜技淫巧易集于前矣。嗚呼。唐莊宗自呼曰李天下。卒亡其國。康陵之克終。豈非社稷之靈乎哉。

順天府尹胡韶爲刑部右侍郎。太僕寺卿何孟春爲右副都御史巡撫雲南。

翰林編修陸深爲國子司業。

兵部增定武舉條格。以內閣兵部尚書爲考驗官。

應州功。都督朱寧子永安世錦衣正千戶。時六歲。復廕至右都督。賜蟒玉。錦衣衛指揮使秦玉爲都督同知。指揮同知魏天祥溫得爲都督僉事。指揮使于福爲都指揮使。指揮同知周暹正千戶李欽爲都指揮同知。副千戶張祥爲都指揮僉事。署指揮僉事趙信爲署都指揮僉事。正千戶蘇榮爲指揮使。署正千戶馬祥爲署指揮使。舍人張俊韓盛聰劉棟楊勝蕭迪谷柯蔣鍶張奇甯璽爲正千戶。陳釗爲百戶。天祥等皆太監魏彬張永趙林蘇進馬英張忠蕭敬谷大用蔣貴張淮秦文溫祥李英于經周昂子弟。已天祥等自陳功。進玉右都督。得天祥都督同知。信署都指揮同知。榮都指揮僉事。祥署都指揮僉事。迪璽奇指揮僉事。

鎮守貴州總兵官都督僉事李昂乞休。以廉謹改南京右府僉書。賚祿養。

江西鉛山人李鎮等作亂。寧王宸濠誘之以戕費宏者。至是巡撫孫燧捕滅之。
甲寅。封左都督朱彬平虜伯。左都督朱泰安邊伯。各祿千石。世襲。
丁巳。陝西右布政使李承勛按察使楊惟康。擅乘輿。奪俸四月。
己未。駙馬都尉林岳卒。岳應天人。尙德清大長公主。性孝友。公主化之。事姑克盡婦道。弟錦衣千戶㦤。每飯必待其至。樂與士夫遊。
分守寧夏東路右參將署都指揮使傅鐸自言功。進署都督僉事。
賑盧鳳淮揚蘇松水災。
辛酉。萬壽節。上在宣府。羣臣遙賀。
壬戌。中旨罷朔州守備太監王恭。
乙丑。服闋右副都御史沈林巡撫山東。
丙寅。旱災。免河間田租。
十一月虰朔戊辰。上渡黃河。
庚午。都督僉事張銘爲都督同知。萬全都司都指揮使都勳爲都督僉事。
壬申。鎮守薊州太監郭原科索吏卒七千餘金。下詔獄。戍孝陵。
戊寅。水旱。免遼東屯租有差。
己卯。上次楡林。
辛巳。月食。
丙戌。寧夏地震。

癸巳。免蘇松常鎮田租有差。
甲午。蒙化府地震。
趙武嗣忻城伯。趙槿子。
乙未。前戶部右侍郎張遇卒。遇項城人。成化甲辰進士。庸鄙一無能。善緣勢。在山廠侵牟無厭。
十一月酊朔。上蹕榆林。欽天監進曆如常儀。
戊戌。水災。免大名眞定田租。
庚子。檄西官廳勇士六千二百六十八人。馬六千五百七十二匹。赴宣大按狀。復檄太監甘淸高忠少監李漢柳進等九十一人赴延綏。其僮匠三百八十餘人。皆給傳以行。時上蹕遠塞。凡徵發俱遣尖夜馳檄。如邊帥體。後遂爲常。
辛丑。災傷。免杭湖秀水田租夏稅有差。
癸卯。蒙化府地震。
甲辰。臺基草場火。主事南大吉下法司。
乙巳。試監察御史喻茂堅南京試監察御史吳鎧俱以郊祀請駕。不報。
丙午。至日。上在榆林。羣臣遙賀。
戊申。遼東及海州衞俱地震天鳴。蓋州衞天鳴。
己酉。水災。免南昌九江南康臨江饒袁瑞夏稅有差。又免應天安慶寧國太平池廣德田租有差。
壬子。上至綏德。幸總兵戴欽第。尋納欽女。
丁巳。閣臣疏問安。不報。

戊午。巡撫遼東右副都御史張貫卒。蠡縣人成化乙未進士。

癸亥。徐鵬擧嗣魏國公。徐俌孫。

提督四夷館太常寺卿沈冬魁爲右副都御史巡撫河南。右通政汪擧爲太僕寺卿。河南右布政使童瑞爲順天府尹。

前府署都督僉事昌佐爲總兵官鎮守貴州。

給甘肅尖夜墩軍冬衣。舊例不之及也。

十二月丙寅朔。上在榆林。諸大臣以次覲。郊牲如常儀。

戊辰。徐州兵備副使余祐降南寧府同知。徐州知州樊準降南寧州同知。初南京尚膳監奉御王敬進鮮道擾。指揮王良發其硫黃等私物。敬求解于祐。不應。遂誣奏。準良辱之。并祐下鎮撫司。祐鄱陽人。少師胡居仁。弘治己未進士。人有過必面斥之。無後言。人以是重之。

己巳。南京監察御史謝楷等言。聖駕遠幸。各鎮守以及有司。指稱供御。揀選婦女。科斂財物。至牛羊雞鵝等畜。皆懸牌上用。不論價值。人心洶洶。從行軍士。侵民污婦女。動稱御旗牌軍士。誰復敢抗。陛下亦寧能悉聞此情耶。伏望早還龍馭。禁鎮守有司科斂等弊。不報。

災傷免山東田租有差。

戊寅。上自榆林歷米脂綏德渡河。幸石州文水。

癸未。前巡撫薊州右副都御史周季麟卒。寧州人。成化壬辰進士。歷官有善政。嘉靖中贈右都御史。謚僖敏。

戊子。錦衣衛百戶許寧太監金從子。爲指揮僉事。李鑾睿之弟。周章劉祥甥。爲百戶。冒應州功。

上次太原。初上在偏頭關。索女樂于太原。有劉良女。晉府樂工楊騰妻也。善謳。至是復召而嬖之。飲食起居必偕。左右或觸上怒。陰求之。輒笑解。江彬等皆毋呼之。

停陝西苑馬寺逋馬萬四千六十四匹。

辛卯吏部文選郎中聞淵爲南京通政司右通政。

初欽天監漏刻博士朱裕請修改曆法歲差。驗西域九執曆。禮部以十月望月食分秒時刻。中官正周濂等推算。與裕各不同。請裁定。濂等上言。漢劉洪作乾象曆。始覺歲周餘分太强。減二千五百爲二千四百六十二。至晉虞喜。宋何承天。祖冲之。立歲差法。元許衡。王恂。郭守敬等作授時曆。其法損歲餘。益天周。使歲餘浸弱。天周浸强。强弱相減。得日躔歲退之差一分五十秒。名曰歲差。非差失之差。乃今歲冬至歷來歲冬至不及天一分五十秒。歷六十六年有奇。而日退一度。所謂差也。攷元辛巳歲冬至。氣應五十五日六百分。唐一行以八十三年差一度。宋紀七十八年差一度。虞喜五十年差一度。何承天爲不及。乃倍其年。而反不及。劉焯取二家中數七十五年差一度。俱爲未密。至元太史令王恂。郭守敬等參考精詳。但辛巳距今二百三十七年。歲久不能無差。回回曆自開皇己未至今九百餘年。亦有踈舛。赤道歲差一分五十秒。距今辛巳該差三百六十分。黃道歲差一分三十八秒。今當差三百三十二分四十秒。此即損益之數。乞敕禮部議簡大臣督本監官總理其事。部覆頗以濂等古法爲是。仍命新法參考。

四川僰蠻復叛。陷高縣。慶符縣。巡按御史盧雍。劾巡撫馬昊既平普法惡等。不留兵將升州立縣之罪。有旨責昊立功自贖。

癸巳刑部囚逸。獲之主事喩義張文魁下錦衣獄。

晉府儀賓□□以殺人成獄。賂江彬矯旨免死。按察使耀州張漣曰。憲臣爲天子守法。今天顏咫尺。漣不奉詔旨。敢信公言耶。彬語塞。竟坐死。

林之盛曰。處脊臣不以直卽以術。直則詘于法言。術則囿于彀中。張汝器對彬。一何抗直悚人爾爾。故遂庵于永任術。張公于彬尙法。二者皆嘉。而張公尤重于世云。